桃江年鉴

（2015）

中共桃江县委
桃江县人民政府　主办

桃江县史志档案局　编

方志出版社
Publishing House of Local Records

图书在版编目（CIP）数据

桃江年鉴. 2015 / 桃江县史志档案局编，-- 北京：
方志出版社，2017.12
ISBN 978-7-5144-2839-1

Ⅰ. ①桃… Ⅱ. ①桃… Ⅲ. ①桃江县－2015－年鉴
Ⅳ. ①Z526.44

中国版本图书馆CIP数据核字（2017）第322609号

桃江年鉴（2015）

编　　者：桃江县史志档案局
责任编辑：罗　滔

出 版 人：冀祥德
出 版 者：方志出版社
地址　北京市朝阳区潘家园东里9号（国家方志馆4层）
邮编　100021
网址　http://www.fzph.org
发　　行：方志出版社图书经销中心
电话　（010）67110500
经　　销：各地新华书店
印　　刷：湖南省越来越好印务有限公司

开　　本：889×1194　　1/16
印　　张：21
字　　数：687千字
版　　次：2017年12月第1版　　2017年12月第1次印刷
印　　数：0001～1000册

ISBN 978-7-5144-2839-1　　定价：200.00元

《桃江年鉴》编纂委员会

《桃江年鉴》编辑部

编辑说明

一、《桃江年鉴》客观系统地记载全县政治、经济、文化等方面的发展变化情况和各部门工作成就、经验教训等，为各级党委、政府科学决策提供资政服务，为广大读者查阅资料、了解桃江县情提供方便。

二、《桃江年鉴（2015）》以马克思列宁主义、毛泽东思想、邓小平理论、“三个代表”重要思想、科学发展观和习近平总书记系列重要讲话精神为指导，坚持辩证唯物主义和历史唯物主义的立场、观点和方法，主要记载2015年度桃江经济社会发展情况和重大事件，各乡镇、各部门主要工作的新成果和新经验，同时刊载部分党政机关、企事业单位展示工作风采的图片。

三、本卷年鉴分正文和彩页两大部分。正文采用分类编辑法，设特载、大事记、综述、中共桃江县委员会、桃江县人大及其常委会、桃江县人民政府、政协桃江县委员会、群众团体、国防建设、法治、经济综合管理、农业、工业、城乡建设·环境保护、财税·金融、商贸·旅游、交通·邮电·电力、教育·科技、文化·体育、医疗卫生、社会生活、乡镇、先进名录、统计资料、附录共25个类目。彩页以形象生动、鲜明亮丽的图片展示桃江的风采。

四、本卷年鉴所载内容绝大部分由各乡镇、机关、企事业单位年鉴撰稿人员提供，并经单位主要领导审核把关，由《桃江年鉴》编辑部收编。涉及全县性的数据，以县统计局资料为准。各单位提供的数据，因统计时点、口径不同等原因，可能有些出入，请读者使用时注意。

五、本卷年鉴登载的县、县直机关和省市驻桃正科级以上单位领导人名录和乡镇领导名录，均以2015年1月1日—12月31日在职的领导班子成员为准。

六、本卷年鉴“先进名录”收录2015年度全县各级各部门荣获市级以上先进集体、先进个人名单。名单由各单位呈报，经编辑部甄别后确定，按单位归属系统排序。

七、本卷年鉴的编纂出版工作得到全县各级领导和撰稿人员的大力支持，谨致谢意。由于编者水平有限，本年鉴或有疏漏和差错之处，恳请读者批评指正。

目 录

特 载

大事记

综 述

中共桃江县委员会

桃江县人大及其常委会

桃江县人民政府

政协桃江县委员会

群众团体

国防建设

法　治

综合经济管理

农　业

工　业

城乡建设·环境保护

财税·金融

商贸·旅游

交通·邮电·电力

教育·科技

文化·体育

医疗卫生

社会生活

乡　镇

先进名录

统计资料

附　录

特　载

在县委经济工作会议上的讲话

中共桃江县委书记　谭建华

（2016 年 2 月 29 日）

同志们：

刚才，军田同志代表县委、县政府作了一个很好的工作报告，回顾总结了 2015 年工作，安排部署了 2016 年工作，既传达贯彻了中央、省市精神，又紧密结合了桃江实际，讲得非常全面、非常具体、非常到位，有很强的针对性和操作性，请大家认真学习领会，抓好贯彻落实。下面，我再讲三个方面的意见：

一、坚定不移地贯彻党的十八大、十八届三中、四中、五中全会和中央、省市经济工作会议精神

贯彻党的十八大、十八届三中、四中、五中全会和中央、省市经济工作会议精神，最核心最关键的就是认真学习习近平总书记系列重要讲话，要反复研读原文，深刻领会讲话精神。

（一）把握“五个关键”，总揽经济工作全局

1、*把握“四个全面”战略布局*。全面建成小康社会。党的十八大提出，到 2020 年全面建成小康社会，这是我们党确定的“两个一百年”奋斗目标的第一个百年奋斗目标。近两年，我县全面小康总实现程度分别提升了 9.6 和 7.6 个百分点，目前达到了 87%。全面深化改革。2015 年，我县 9 大类 60 项重点改革进展顺利。全面依法治国。2015 年，我县全面依法治县迈出新步伐，坚持把信访工作纳入法治轨道，化解信访积案 57 件，进京赴省上访分别下降 58%、48%。全面从严治党。近年来，中央出台八项规定，开展群众路线教育实践活动和“三严三实”专题教育，坚持反腐败斗争，干部作风有了明显好转，但是“作风建设永远在路上”，大家务必要始终绷紧作风建设这根弦。

2、*把握经济发展“新常态”*。习近平总书记指出，认识新常态，适应新常态，引领新常态，是当前和今后一个时期我国经济发展的大逻辑。任何一个国家都不可能持续保持高速增长，这是世界经济发展的客观规律。改革开放三十多年来，我国 GDP 平均增速保持在 10% 左右，但是近年来回落到 7% 左右，这表明我国经济已经由高速增长转入到中高速增长，进入了经济发展“新常态”。当前，我们要主动适应增长速度换挡、发展方式转变、经济结构调整、增长动力转换的新形势，自觉把思想和行动统一到党中央重大判断和决策部署上来，认真抓好各项政策措施的落实，以新常态统领各项经济工作。

3、把握稳中求进的工作“总基调”。今年中央经济工作会议强调，继续坚持稳中求进工作总基调，坚持稳增长、调结构、惠民生、防风险，实行宏观政策要稳、产业政策要准、微观政策要活、改革政策要实、社会政

策要托底的总体思路。

4、把握仍处于大有可为的“战略机遇期”的新内涵。习近平总书记在“十三五规划”建议说明中指出，“十三五”时期我国发展仍处于可以大有作为的重要战略机遇期。从国际环境看，和平、发展、合作仍是时代潮流，我国同各大国、周边国家、发展中国家等的关系持续平稳发展，国际影响力和国际地位明显提高。从国内发展条件看，我国处于工业化、城镇化加速发展阶段，市场潜力巨大，劳动力资源丰富，国民储蓄率较高，科技创新能力不断增强，转方式、调结构步伐加快，经济长期向好的发展趋势依然存在，体制机制不断完善，社会政治大局稳定。就桃江而言，近年来我们实施“135”工作思路，取得了明显成效，打下了坚实基础，我们完全有理由相信，只要全县上下倍加珍惜来之不易的良好局面，坚持一张蓝图干到底，也一定能抓住“十三五”这个大有作为的“战略机遇期”，实现跨越发展。

5、把握全面小康“决胜阶段”新的目标要求。“十三五”时期是全面建成小康社会决胜阶段，党的十八届五中全会提出了全面建成小康社会新的目标要求：一是经济保持中高速增长，产业迈向中高端水平。据测算，“十三五”时期，国内生产总值年平均增长速度需保持在6.5%以上。二是人民生活水平和质量普遍提高。到2020年，现行标准下的7000多万贫困人口全部摆脱贫困。三是国民素质和社会文明程度显著提高。基本建成公共文化服务体系。四是生态环境质量总体改善。主体功能布局和生态安全屏障基本形成。五是依靠改革开放推动制度建设。国家治理体系和治理能力现代化取得重大进展，各领域基础性制度体系基本形成，各方面制度更加成熟更加定型。

（二）把握“五大发展理念”，谋划经济工作

党的十八届五中全会提出了“创新、协调、绿色、开放、共享”的五大发展理念。创新是动力，协调就是要平衡发展，绿色就是要求可持续，开放就是不能封闭，共享就是改革成果要惠及全体人民。根据五大发展理念，对推进经济工作提出了“十个更加注重”的要求。一是推动经济发展，要更加注重提高发展质量和效益。二是稳定经济增长，要更加注重供给侧结构性改革。三是实施宏观调控，要更加注重引导市场行为和社会心理预期。四是调整产业结构，要更加注重加减乘除并举，其中“加”就是加快产业结构优化升级，大力推进创新创业；“减”就是减少对正常经济活动的行政干预，减轻企业负担；“乘”就是提高全要素生产率；“除”就是化解过剩产能。五是推进城镇化，要更加注重以人为核心。六是促进区域发展，要更加注重人口经济和资源环境空间均衡。七是保护生态环境，要更加注重促进形成绿色生产方式和消费方式。八是保障改善民生，要更加注重对特定人群特殊困难的精准帮扶。九是进行资源配置，要更加注重使市场在资源配置中起决定性作用。十是扩大对外开放，要更加注重推进高水平双向开放。

（三）把握“五大重要任务”，推进经济工作

对于2016年经济工作，中央特别强调要注重推进供给侧改革，提出了去产能、去库存、去杠杆、降成本、补短板五大任务。

1、去产能。产能利用率是判断产能过剩的直接指标，一般来说，产能利用率低于75%即为严重过剩。目前我国产能严重过剩的行业有钢铁、煤炭、平板玻璃、水泥、电解铝等，今年1月，李克强总理在国务院常务会议上明确要求，率先从钢铁、煤炭行业入手去产能。

2、去库存。主要是指去房地产库存。截至2015年底，全国商品房待售面积超过7亿平方米，这还仅是已竣工的现房数据，不包括预售中的期房。2015年房地产开发投资增速对GDP增长的贡献率仅1%，比2014年下降9.5%。全国商品房整体过剩已是不争的事实，去库存势在必行。

3、去杠杆。经济意义上的“杠杆”，通俗理解为“四两拨千斤”，即通过借债，以较小规模的自有资金撬动大量资金、扩大经营规模。个人融资融券、企业向银行借贷、政府发行地方债等，都是加杠杆的行为。适度加杠杆有利于促进发展，但如果杠杆率过高，债务增速过快，还债的压力就反过来会拖累发展。中央提出“去杠杆”，就是要通过提高生产效率、推动经济增长来改善债务结构，以行政力量与市场手段并举，逐步消化泡沫和杠杆问题，确保债务风险处在总体可控的“安全区”。

4、降成本。制度性交易成本、各项税费、社会保险费、财务成本等都是构成企业高成本的重要原因，其中社会保险费和物流成本最为显著，有数据显示，“五险一金”缴费占企业生产经营成本的一半，企业物流成本占销售额的比例，我国为20%至40%，发达国家在10%以下。中央已决定从制度、财税、金融、社保、流通、能源6个领域着手，为企业全面减负。比如，降电价、“营改增”、精简归并“五险一金”等。

5、补短板。管理学中的“短板”理论，又叫“木桶”原理，告诉我们，一个木桶能装多少水，取决于最短的那块木板。当前，我国虽然经济总量已居世界第二，但是经济社会发展仍然存在许多“短板”，比如基础设施、

经济结构、创新能力、城乡统筹、民生建设、生态环境等方面都存在不足。中央提出“补短板”，就是要以供给侧结构性改革为抓手，持续改善有效供给的数量和质量，提升有效供给的效率和效益，进而培育维持经济中高速增长的主要动力。

就桃江而言，仍然处于工业化中期的初级阶段，要素驱动、投资驱动还有很大潜力，相比于发达地区，我们去产能、去库存、去杠杆的包袱并不重，重点是降成本和补短板。

二、坚持一张蓝图干到底，紧紧围绕“135”工作思路抓发展

2012年以来，全县上下高度统一思想，紧紧围绕“135”工作思路来谋划和推进工作，取得了明显成效，2016年我们要继续紧紧围绕这一思路来抓发展。

（一）紧紧围绕一个主题

“推动科学跨越，建设生态桃江”这一发展主题，凝聚着全县广大干群的经验智慧，是我县经济社会发展的长期目标，完全符合中央提出的五大发展理念。这个主题包含两层含义：第一层含义推动科学跨越，是指桃江需要加快发展，面临的最大问题仍然是发展不足、发展不快的问题。当前，全国人均GDP7500美元，全省6300美元，全市4200美元，而桃江只有3500美元，与全国、全省、全市平均水平都还有较大的差距。我们要有决心、有信心、有定力，自加压力、心无旁骛、一心一意推动加快发展。第二层含义建设生态桃江，是指要实现自然、社会和谐发展，不违背客观规律，不以破坏生态资源和环境为代价。桃江“生态对接益阳”的战略与市里正在推进的“大益阳城市圈”和“东接东进”两大战略不谋而合，去年市里大力推进“一江三路”的整治，桃益公路沿线的环境得到了进一步优化，今后我们还将在基础设施建设、产业对接、规划调整、土地利用等很多方面享受到更多的、力度更大的优惠政策，我们要积极配合市里的两大战略，推动生态桃江建设。为了实现“推动科学跨越，建设生态桃江”这一长期目标，我们必须牢牢把握好2016年的工作思路和主要目标。

2016年，全县上下必须认真贯彻落实党的十八大、十八届三中、四中、五中全会精神，坚持一张蓝图干到底，积极推进“大益阳城市圈”和“东接东进”两大战略，着力扩大投资拉动、推进产业转型升级、统筹城乡发展，突出抓好交通、园区、产业、城镇和改善民生等重点工作，加大招商引资和项目建设力度，切实转变干部作风，为实现“十三五”良好开局、全面建成小康社会打下坚实基础。

今年全县经济发展的主要目标是：生产总值增长9.5%以上，财政总收入增长10%以上，固定资产投资增长20%以上，社会消费品零售总额增长12%以上，规模工业增加值增长10%以上，城乡居民人均可支配收入增长9.5%以上。

这些目标均与全市平均水平持平，既体现了中央、省、市经济工作会议精神对新常态下经济发展走势的科学研判，又紧密结合了桃江经济社会发展实际以及后发赶超的需要；既体现了自加压力的原则，又是通过全县干部群众的共同努力完全可以实现的。如经济增长目标，2016年中央定的经济增长预期目标是6.5-7%，省里是8.5%左右，市里是9.5%。县里综合考虑，确定了9.5%的经济增长目标，主要是考虑到要实现后发赶超，经济增速绝不能低于全市平均水平，否则会与发展较快区县市的差距越拉越大。

（二）牢牢把握“三大战略”

一是扩大投资拉动。投资、消费、出口是经济发展的“三驾马车”，目前我县出口非常有限，消费短期内难以迅速提升，因此，投资仍然是经济发展的主要引擎。今年中央提出的“五大重要任务”中的“补短板”，会给某些领域、某些地区，特别是小城镇和乡村带来投资机遇，全县一定要抓住机遇，进一步扩大投资拉动。

经济加快发展必须要有大的投资拉动。没有一段时期的大规模投资，就不可能有大发展时期，这是发展的基本规律。2003年，朱镕基总理答记者问的时候，讲过很深刻的一段话，大概意思是这样，我们国家虽然现在负了1万个亿的债，但是这1万个亿是用来搞基础建设，会带来经济的快速发展，近十多年来经济的快速发展充分证明了这一点，全国财政收入由2003年的2.2万亿元增长到了2015年的15万亿元。宁乡自2000年开始加大投资力度，“十五”期间累计完成固定资产投资265.6亿元，为“九五”期间累计数的4.3倍，年均递增40%。“十一五”、“十二五”期间，继续加大投资力度，为快速发展奠定了基础。“十二五”期间，宁乡GDP从490亿元增至1000亿元，财政收入从19亿元增至60亿元。益阳近几年，也着力扩大投资拉动，强力推进交通、园区两大会战，2015年完成固定资产投资1221亿元，是2010年的3.6倍，年均增长29.1%，“十二五”期间GDP年均增长11%，2015年达到1353亿元。

要负债搞基础设施建设。一个地方的投资，主要来源于立项争资、招商引资、负债建设和民间投资。只有通过政府负债搞基础建设，才能有发展空间和平台，才能激活民间投资，同时也有利于立项争资和招商引资。近年来，我县通过负债搞建设，不仅加快了基础设施建设，推动了发展，也得到了国家地方性债务置换的支持。中央从去年开始，三年内拿出16.4万亿，帮助地方政府化解债务，为地方扩大投资拉动奠定了条件。一是还清到期债务，缓解了续债压力。二是降低利息，减少了融资成本。三是清退社会资本，降低了金融风险。四是延期债务，提高了偿还能力。五是解除质押，为新一轮融资创造了条件。国家对地方性债务置换必须有两个基本条件：一是必须有实实在在的项目，二是必须是专项银行贷款。我县近年来的负债主要都是用于基础设施项目建设，完全符合条件，抓住了十分难得的机遇，2015年，桃江在全市区县市中争取化债资金是最多的，今年和明年我们还要进一步抢抓中央政策机遇，争取更多债券置换资金。

二是促进产业转型升级。传统产业必须做大做强，才有竞争力。比如水泥产业，“十二五”期间我县淘汰立窑水泥企业14家，年产能179万吨。淘汰这些落后产能，不代表我们不重视、不发展水泥产业，相反，我们是为了以更好的方式、更大的规模发展水泥产业，我县南方、东方两大旋窑企业符合国家产业政策，南方水泥还正在建二期，目前，长沙的南方水泥已经退出，宁乡的南方水泥也即将退出，今后，我县的南方水泥甚至还有可能建三期，成为湘江新区重要的供应基地，这样我县的水泥产业就成功转型升级了。又如竹产业，原来我县有大大小小的企业200多家，这几年逐步减少到120多家，这就是转型升级的结果。但是，目前真正销售过亿元的企业只有1家，过5000万的企业只有2家，税收过100万的企业只有2家，竹产业结构单一，附加值非常低，企业效益也非常差，楠竹的收购价只有30多元一百斤，竹农每亩的楠竹收益也不超过200元。如果这个产业不继续转型升级，那么，即使我县是楠竹资源大县，竹产业也迟早会被淘汰。相反，如果我们能够多引进几个像湘利富竹复合压力管一样的大项目、好项目，我县的竹产业就能够实现转型升级。因为，湘利富竹复合压力管项目生产出来的产品能够代替水泥管、铸管、PVC管等管件，制造成本却低30%-50%，产品市场前景非常好，这样的企业投产后，我县的楠竹资源优势将得到有效发挥，楠竹的收购价格也会得到提高，会进一步倒逼竹产业企业转型升级。我县还有茶叶、修山面、桃花江酒等传统优势产业，要敢于大胆地迈出新步伐，引进战略投资者，推动产业做大做强。要突出发展以三产业为主的新兴业态。比如电子商务产业，以电子商务为代表的创新创业，发展潜力巨大，一定会产生大品牌、打造大产业、出现大富豪。我县是全国电子商务进农村示范县，有电子商务企业153家，从业人员6000多人，去年电子商务实现销售收入10.2亿元，推动我县优质的农产品走向了全国，很多企业都是几年之内销售额就上了千万，春龙竹艺更是超过了1亿元。我县电子商务产业园将于3月开园，必将进一步推动电子商务产业发展壮大。又如文化旅游产业，去年全国经济增长6.9%，文化旅游产业却增长15.3%，旅游人数超过40亿人次。我县的竹海、浮邱山景区，前几年周末游玩人数一般只有几百人，现在达到几千甚至上万人。现在越来越多的人把休闲旅游当作了生活的一部分，桃江山清水秀，生态环境非常好，我们要抓住这一发展机遇，推动文化旅游产业加快发展。

三是统筹城乡发展。要大力推进小城镇建设。2015年12月，中央城市工作会议时隔37年再召开，如果说前一次中央城市工作会议主要是推动了大中城市的快速发展，那么这次中央城市工作会议必将给中小城市建设，特别是小城镇建设带来千载难逢的机遇。如果失去了这一轮机遇，我县将不可避免地被边缘化，因为2015年我国的城镇化率已经达到了56.1%，快速城镇化的过程即将完成，而且国家城镇化率达到多少，并不意味每个地方的城镇化率都会达到这么多，比如说国家的城镇化率提高到65%，抓住了机遇的地方，就能达到65%甚至70%，抓不住机遇的地方，可能就只有30%或者40%。因此，我们必须紧紧抓住这一轮城镇化机遇，努力推进全县城镇建设上一个新台阶。要大力推进扶贫攻坚。国家按照小康建设要求，提出以精准扶贫为着力点，推进扶贫攻坚工作。去年，市委书记、市长给区县（市）党政主要领导写了一封公开信，要求高度重视扶贫开发、易地扶贫搬迁和扶贫小额信贷三项工作。我也在常委会上作了专门布置，特别是小额贷款方面，中央贴息达15年之久，是推进精准扶贫多么好的政策，我们务必要进一步引起重视，全力去争取，越多越好。要实施城乡环境大整治。好的城乡环境就是生产力，我县生态环境优美，但是无论是施工环境还是生态环境，都有不同程度的破坏，必须下大力气整治。比如，一些地方因为乱搭乱建，导致一些项目在落地时选址难、拆迁难、推进慢。又如，破坏山体建房，既影响了生态环境，又带来了安全隐患，县政府专门发了通告，但还是屡禁不止。这表明相关部门和乡镇并没有从思想上高度重视这一点，并没有真正下决心去控制，应该履行的职责没有做到位。现在很多房屋都是80、90年代建的，建筑质量不高，二三十年过去了，很多房子又到了需要重新修建的时候，各级各有关部门必须引起高度重视，一定要科学规划，引导农民集中居住，严格控制违规建设。今年全县要开展大整治，实行大追责，谁再破坏环境，就要坚决追究谁的责任。关于农村清洁工程，我经常听到乡镇的同志埋怨这项工作，这表明一些乡镇领导干部的指导思想还没有真正转变过来，没有看到生态文明建设是当务之急，没有认识到整治农村环境就是乡镇工作的重要职责，工作上仍然存在消极应付的思想，所以既感到压力很大，又觉得很累。现在村级"四位一体"机制作用的发挥，大多局限于监督村级财务和项目建设上，村规民约、农村清洁工程、农村环境整治、良好社会风俗的形成等现实中迫切的、重要的内容都没有纳入，比如一些村畜禽养殖污染问题严重，已经影响到当地村民的生产生活，群众对此反映强烈。大家思想上一定要转过弯来，变被动为主动，全力促进城乡环境面貌不断改善。

（三）全力推进五项重点工作

交通建设方面：近几年来，全县共开工建设交通重点项目69个，总里程829公里，完成投资近60亿元，益阳南线高速、国道207、国道536（原省道308）、桃益公路、株桃公路、桃高公路竣工通车，桃马线、桃灰线、茅东公路桃江段完成提质改造，江北公路建成通车，高速公路、铁路建设完成上级规定任务，实现了内外畅通。

2016年，我们要继续朝着建成"1条航道、2条铁路、3条国道、4条高速、9条省道、18条县道"的目标努力，重点推进益马、益娄、常安、马安四条高速公路建设，目前全市在建高速公路里程300公里，我县就占了近100公里，同时我们还在积极争取渝长厦高铁在桃江设站，这是难得的机遇，大家要切实做好各项工作，推动我县早日进入高速时代。要确保S230南环线至高桥公路、S324牛田至大福公路建成通车，S229舒塘至牛潭河公路动工建设，S231乌旗山至鸬鹚渡公路、S217/S326灰山港至煤炭坝公路、G207武潭至马迹塘段改线工程要下决心做好前期工作。

园区建设方面：近几年来，桃江经济开发区累计完成基础建设投资30多亿元，建成了"三纵五横"路网，平整土地近3000亩，建成标准化厂房50多万平方米，引进和开工建设亿元以上项目14个，年均生产总值增长50%以上，园区税收由2011年的3052万元增长到2015年的1.23亿元，翻了两番；灰山港工业集中区获批省级工业集中区，使桃江成为全市唯一拥有两个省级工业园区的县，为全县招商引资和项目建设搭建了良好的平台。

2016年，桃江经济开发区要继续加大基础设施建设力度，提质改造金盆北路和金牛路，新建标准化厂房10万平方米。在此，我要特别强调一下：标准化厂房建设，很有必要，而且益处很多。一是招商引资可以立杆见效。因为提前做好了"三通一平"、土地报批和标准化厂房建设，可以确保好的项目今天签约，明天即可入驻。二是土地利用率可以大大提高。因为以前划给企业的土地，很多都在闲置，土地效益没有充分发挥出来，而且政府还浪费了土地报批的费用，现在建设标准化厂房，不仅可以集约利用土地，而且土地仍然属于园区，有利于园区资产保值和升值。三是可以减少融资压力。因为以前每个项目，政府都要进行前期投入，融资压力很大，而且一旦项目没有建成投产，政府的投入就难以收回。现在项目入驻标准化厂房的门槛很低，但是如果项目达不到预期，就可以清退出去；如果真是好项目，则可以把土地和厂房转让给企业。四是必须有一定的存量厂房。如果一定要等标准化厂房全部用完再新建，那和以前的模式就没有什么区别，一旦好项目来了后还是没有厂房可用。因此，保持一定存量的标准化厂房是必要的，根据桃江经开区的规模来看，保持10多万平方米的存量标准化厂房，确保可以容纳3-5个好项目，是科学合理的。灰山港省级工业集中区和马武工业小区也要像桃江经开区一样，建一些标准化厂房，力争经过3-5年的努力，形成较大规模。

产业建设方面：近几年来，投资过亿元的福德电气、宙盾防化科技、万维竹业等项目建成投产；金沙重机完成资产重组，实现扭亏为盈；投资6亿元的竹产业创新创业园完成部分主体工程，投资8亿元的南方二期、投资10亿元的湘利富竹复合压力管项目动工建设；引进凯邦置业、中广国际传媒、北京山水园林建设大型商贸物流和文化旅游产业项目；被认定为地理标志证明商标2个、“中国驰名商标”1个，转型升级有了突破。

产业建设仍然是“四大会战”的短腿，必须花更大的力气加以推进。要加快推进已经确定的项目。我县在项目审批的程序上是非常严格的，是经过了票决的，如果有不同意见，在讨论的时候可以充分发表，甚至可以取消项目，但是一旦确定了的项目就要坚定不移地推进，不能老是犹豫不决，特别是要加快推进已经签约的项目，任何部门、任何人消极对待，都是对发展的极端不负责任。要积极开展企业大帮扶活动。对于已经落地或者投产的企业，要进行全力帮扶，企业有什么困难，就帮助解决什么困难。比如，对桃江成长性好的企业，要下决心帮助解决融资难问题。当前，我县共有存款180多亿元，而贷款只有60多亿元，金融机构进一步增加贷款的空间还很大。今年，要进一步改革对金融机构的考核办法，考核标准就是对重点项目的融资支持，县委、县政府研究一批重点项目，哪些金融机构来支持，就表明哪些金融机构对桃江发展有信心，县里就重点支持、奖励哪些金融机构。

城镇建设方面：目前，桃花江大道、谷山南路、桃花南路和振兴中路等8条骨干道路全面拉通，芙蓉路、桃花路、资江路、金盆路等道路完成提质改造，浮邱山大道完成路基工程，县城30平方公里骨架已经拉通，“六纵六横”路网基本成形，建成了益阳市首座立交互通，省级卫生县城正式授牌。灰山港镇、马迹塘镇成功申报为国家级重点镇，马武融城取得实质性成效，城镇建设实现了扩容提质。

从2016年起，要逐步压缩政府性投资，推出一批PPP合作项目，努力扩大民间投资。浮邱山大道（西环线）要建成通车，“两供两治”以及老城区涉及群众生产生活需要的建设要加快推进，拆迁安置和土地储备工作要进一步加大力度。要加强县城环境、卫生、秩序整治，巩固省级卫生县城创建成果。小城镇建设要按照“六个一”的建设要求，每年每个乡镇都必须确保建成几个项目，年年有较大发展。

改善民生方面：近几年累计投入资金近100亿元，重点实施了社会保障、教育卫生、农村基础设施改善和扶贫帮困等方面的200多个重点项目，医疗条件显著改善，“大班额”问题有所缓解，116户特困家庭帮扶取得显著成效，人民群众有了更多的获得感。

改善民生始终是政府工作的出发点和落脚点。2016年，我们要继续以为民办实事为抓手，着力落实好10大类90项改善民生重点项目。首先是要做好社会保障工作，确保做到“两不愁、三保障”。“两不愁”指不愁吃、不愁穿，今年，股级以上干部结对帮扶的2089户贫困家庭，要下决心抓出实效，决不能走过场，“两办”的督查部门、组织部门和纪检部门要把这项工作作为重中之重来督查。“三保障”指就学保障、就医保障和住房保障，今年特别是要充分利用扶贫搬迁的有利政策，切实做好贫困人口的住房保障工作。其次是要做好安全保障工作，包括防汛、防火、防疫、防虫，以及安全生产、信访维稳等，确保做到不出事，社会大局和谐稳定。

三、坚决反对为官不为，切实肩负起加快桃江发展的历史重任

习近平总书记强调，“做人一世，为官一任，要有肝胆，要有担当精神，应该对‘为官不为’感到羞耻，应该予以严肃批评”。当前，“为官不为”已成为阻碍干事创业的毒瘤，有的领导干部找各种理由不做事，有的甚至还喜欢议论别人做事，造成了极其不好的影响，其危害不亚于腐败。桃江有两万多名公职人员，六七百名科级以上干部，如果齐心协力，真抓实干，将推动桃江实现跨越发展；如果为官不为，消极怠工，将一事无成，白白贻误桃江发展的大好机会。因此，我们一定要坚持以“为官有为”为荣、“为官不为”为耻，敢于担当，勇挑重担，努力作出无愧于时代、无愧于人民、无愧于历史的业绩。

（一）着力优化环境

1、优化人文环境。一个地方经济要有大发展，必须要敢于解放思想。我县搞招商引资搞了这么多年，都没有很大的成效，主要原因就是思想还不够解放。要加快发展，招商引资是唯一选择，项目建设是唯一载体。每次开展讨论或征求意见，大家在加快发展的问题上思想都统一，但是一遇到具体问题，就思想不通、阻力重重了，有的人斤斤计较、担心“钱被外地人赚走了”。如商贸物流园项目，这个项目对桃江发展的促进作用是非常大的，但那么多部门讨论来讨论去，主要集中在土地是几十万元一亩合适，划不划得来。我们推动产业发展，就是要吸引别人来投资，就要鼓励第一个吃螃蟹的人，只要项目真的能带动桃江产业发展，土地不要钱也可以，否则就是给再多的钱都不值得，拿地做项目与搞房地产开发是有本质区别的。反过来说，投资的出发点就是为了赚钱，只有让投资商赚到了钱，才能对桃江产生信心，才能带来更大的投资。希望大家能够

进一步解放思想，为加快发展扫清思想上的障碍。要积极传递正能量。现在，总还有那么一部分人，就是喜欢讲坏话、唱反调，把桃江讲得一无是处，专门传播负能量。去年民调，我县上半年排全省120位，下半年排107位，跟我县的实际情况极不相符，严重影响了桃江的形象，这样的结果不利于争取上级支持、不利于招商引资，对桃江的发展一点好处也没有。希望大家能深刻领会“赠人玫瑰，手留余香”的内涵，多一份包容，传递好正能量。要充分发挥好县内新闻媒体的舆论引导作用，年初习近平总书记到新闻媒体视察时指出，党和政府主办媒体必须姓党，要善于运用媒体宣讲政策主张、了解社情民意、发现矛盾问题、引导社会情绪、动员人民群众、推动实际工作。

2、*优化政务环境*。县域之间项目的竞争，一个重要的方面就是政务服务质量和服务效率的比拼。去年，我县实施行政效能登记备案制度，办事效率大大提高，以前需要20天办理的事情，现在不到2天就办好了。但是，政务环境还存在一些不优的地方，办事效率还可以进一步提高，办结时间还可以进一步缩短，还有一些别的地方可以办好的事情到了我们这里就是办不好。我们有些部门，不要以为政务办理是一项权力，而要把它当做一项责任，能够今天办好的就绝对不要拖到明天，能够加点班完成的就加点班，多想办法干事，少搬条条框框，切实优化好政务环境。今年，要将行政效能登记备案制度进一步细化，着力加大实施力度。

3、*优化法治环境*。当前，有的领导干部的法治意识还不强，对非法缠访闹访、阻工闹事、强行参工参运等违法行为，不会用法律的武器来处理，不敢挺身而出作斗争，导致有些地方黑恶势力无法无天，重点项目推进寸步难行。在年初省里举办的学习贯彻党的十八届五中全会精神专题研讨班上，专门邀请全国优秀县委书记——海南省乐东县县委书记林北川为我们传授了“乐东经验”，主要有三条：一是凡事找根源，只要有人闹事，背后必定有人；二是凡闹必打击，只要是阻工闹事的，坚决打击，坚决抓人；三是凡拖必问责，只要项目搞了一段时间没效果，肯定有人为官不为，坚决问责。我们学习“乐东经验”，以后也要这样做，对于破坏项目建设环境的，都要严厉依法打击，该抓的抓，该拘留的拘留，该问责的问责，绝不留情面。

（二）严格落实责任

1、*肩负历史责任*。党的十八大以来，中央提出了实现中华民族伟大复兴的“中国梦”和“两个一百年”奋斗目标，这是我们每个人的历史责任。特别是作为领导干部，必须对党和人民、对历史负责，要经常回过头来想想，自己担任一任局长、一届乡镇党委书记，到底解决了什么问题，创造了什么业绩，为当地留下了什么，是否经得起历史的检验。如果你所负责地方或部门几年没有发展，甚至一年比一年差，就是对人民群众的不负责任，对历史的不负责任。我们一定要有“为官一任，造福一方”的使命感，每年干成几件实事，不能干了一年、两年，甚至一届，还是涛声依旧，没有任何新的变化。

2、*担当发展责任*。桃江面临的主要问题是发展不足，无论是人均GDP还是人均财政收入，在全省排名都在50位以后，全面小康建设五大类指标中，经济发展类指标也是桃江最大的短板。桃江要缩小与发达地区的差距，实现加快发展，主要还靠我们这些人。大家要勇于承担发展责任，对于确定的重点工作任务，不能因为遇到困难就找各种客观理由，就打折扣，要拿出“敢教日月换新天”的拼搏精神，坚决完成所有目标任务。去年，我们改革了考核办法，对部门单位考核实行加分、减分两条线，对工作业绩与工作失误分别对待，定性与定量考核相结合，客观评价干部实绩，有效调动了全县各级各部门和广大干部干事创业的热情。今年，我们进一步完善了考核办法，确保考核结果更加客观地反映出各单位以及干部的工作实绩，切实营造鼓励干部敢于担当，勤于干事的良好氛围。

3、*强化履职责任*。作为领导干部，处在一个位置，就肩负一份责任，履职就要尽责。在履职尽责的过程中，我给大家提示几点：一是汇报工作讲结果。我为什么要求汇报工作不超过5分钟，就是希望大家汇报工作直接讲结果，而不是去强调各种客观理由。二是请示工作讲方案。不能只出“题目”，还要准备好解决方案，想好具体怎么做。三是布置工作讲标准。开会布置工作，不需要长篇大论，讲清楚需要做什么、怎么做、怎么奖惩，就可以了。四是总结工作讲贡献。不要把媒体报道、所获荣誉作为主要成绩来总结，而应重点讲办成了什么事情，为群众做了什么实事。在日常工作中，自觉做到这四点，有助于促进履职责任更好地落实。

（三）切实转变作风

1、*认真践行“三严三实”要求*。近两年，我们开展了党的群众路线教育实践活动、“三严三实”专题教育，党群干群关系进一步密切，干部作风明显好转。但是干部深入群众还是做得不够，大家可以想想自己一年到村上去了多少次，对群众的情况是否熟悉？各乡镇可以组织开展测评，看乡镇干部或者联村干部认识多少群众，是否认识党员组长、村民代表，有没有掌握群众工作基本方法？从这个方面来说，干部“群众工作能力”不足的危险非常突出。全县广大党员干部务必要把“严以修身、严以用权、严以律己，谋事要实、创业要实、做人要实”这24字要求，作为基本遵循，作为天天要面对的要求，时时铭记、事事坚持、处处上心，自觉把“三严三实”要求落实到工作中、体现到行动上。

*2、认清党纪党规越来越严的形势。*党的十八以来，党纪党规是越来越严，从出台中央“八项规定”到反“四风”，从“反腐无上限”到习近平总书记在十八届中纪委六次全会上提出要推动全面从严治党向基层延伸，从在县处级以上领导干部中开展“三严三实”教育，到今年即将在全体党员中开展的“两学一做”学习教育（即“学党章党规、学系列讲话，做合格党员”），以及中央新修订的《中国共产党纪律处分条例》比以前的条例要严得多，都可以看出来对于党员干部的要求越来越严。因此，大家要认清形势，牢固树立政治意识、大局意识、核心意识和看齐意识，不能说的话坚决不说，不能做的事坚决不做，切实约束好自己的言行，树立起党员干部的良好形象。

*3、着力加强党风廉政建设和反腐败工作。*中央提出反腐向基层延伸，具体落实起来，一个重要方面就是加大县乡村办案力度。全国检察机关将开展为期两年的集中整治和预防惠农扶贫领域职务犯罪工作，涉农和扶贫职能部门、乡镇干部和村支“两委”干部、村民小组长等都将成为重点关注对象。去年，我县给予党纪政纪处分139人，今年为落实“两个责任”责任追究年，办案力度肯定会进一步加大。落实主体责任，不是说自己做得好就可以了，单位出了问题同样要追责；落实监督责任，要坚持有案必查，否则就要追责。年前，我们组织开展了一次大清理、大整治，希望大家一抓到底，从严要求自己，千万不要因为小事毁了名节，进一步强化干事创业、风清气正的良好局面。

同志们，经过“十二五”时期全县上下的不懈努力，桃江赢得了来之不易的良好发展局面，为加快发展打下了坚实的基础。今年是“十三五”规划的开局之年，在经济下行压力不断加大的形势下，我们要推动跨越发展，实现后发赶超，可能会面对更多的挑战和困难，但只要我们继续保持优良传统和良好精神状态，齐心协力，真抓实干，就一定能够圆满完成今年的各项目标任务，为加快桃江发展作出新的更大的贡献！

桃江县人民代表大会常务委员会工作报告

——2015年12月29日在县第十六届人民代表大会第五次会议上

县人大常委会主任　符凤文

各位代表：

我受县第十六届人民代表大会常务委员会的委托，向大会报告工作，请予审议。

2015年的主要工作

一年来，县人大常委会坚持党的领导、人民当家作主、依法治国有机统一，紧紧围绕县委“135”工作思路，认真履行宪法和法律赋予的重大事项决定权、监督权、选举任免权等职权职责，组织召开人大常委会议7次，主任会议17次，对“一府两院”开展专题工作监督10项，决议、决定重大事项9项，完成选举任免31人次，各方面工作都取得了新进展、新成效。

一、服务大局，有效行使重大事项决定权

1、审查和批准了预算和决算。根据县十六届人大四次会议授权，审查和批准了2015年预算。常委会听取和审议了《2014年桃江县财政决算（草案）报告》、《2014年预算执行和其它财政收支的审计报告》和《关于调整2015年度预算的议案》，批准了2014年决算和2015年预算调整。

2、审议和决定了政府性融资议案。今年，县人民政府共提出融资议案8个，常委会就其中6项作出决议、决定，同意向金融机构融资16.05亿元。

3、审查了“十三五”规划纲要草案。常委会听取了我县“十三五”规划纲要草案，重点对“十三五”规划的各项指标进行了审查，对重大项目和重点工程的安排提出了建议意见，为科学编制“十三五”规划打下了基础。

4、审查了县城总体规划修编。常委会审议了《桃江县城总体规划修编（2015-2035）草案》，针对县域体系规划、中心城区规划等提出了16条意见建议，促进县城总体规划与县“十三五”规划、土地利用总规及各类专项规划的衔接，增强了规划的前瞻性和科学性。

二、突出重点，认真行使监督权

1、促进县域经济持续健康发展

深化计划和预算执行监督。常委会对计划执行、预算执行情况开展了调查和审议，对“十二五”规划完成情况进行了“回头看”，深入调研各项主要指标完成情况，督促县人民政府着力解决资金、土地等制约瓶颈，扩大投资拉动，推进项目建设，共同促进桃江经济社会持续健康发展。

推动经开区“退二进三”。工业园区是我县经济发展的引擎，常委会密切关注工业园区的发展。首次采取专题询问方式，对经开区东区“退二进三”工作予以审议，督促县人民政府及有关部门将“退二进三”工作纳入重要议事日程，拟定工作方案，强化工作措施，早日取得成效。

监督审计查出问题单位认真整改。近两年来，常委会更加重视运用“同级审”成果，对责任单位的整改情况加强了监督，这一作法得到了县委的高度肯定，被列入了县委综合改革项目。今年，常委会审议了《审计查出问题责任单位整改情况的报告》，根据“同级审”情况，对2个乡镇的决算和3个县直单位的部门预算执行，以及保障性住房专项资金使用中存在的问题，进行督促整改，并对整改情况进行了审议和票决。通过监督审计查出问题整改到位，促进了财政资金安全高效运行。

重视资江河道的保护和利用。常委会十分重视“母亲河”的保护工作，持续关注资江河道采砂管理工作。结合2013年作出的《关于资江河道采砂管理工作的审议意见》，督促县人民政府进一步优化资江河道第二轮采砂管理方案，切实加强对河岸、河道、洲体的保护，科学合理利用砂石资源，促进经济发展与生态环境保护的互助双赢。

此外，常委会听取了政府性债务情况报告，促进县人民政府制定科学合理的偿债计划，有效防范地方债务风险。组织开展了县城储备土地专项调研，促进融资平台规范管理，推动土地市场健康发展。开展了优化金融生态环境和防范金融风险调查，督促银信部门加大对地方经济发展的支持力度。

2、加快推进依法治县

加强对法律实施的监督。督促县“六五”普法的实施，成功推动我县义务教育阶段学校开设法制教育课程。参与省、市人大部署的《水污染防治法》《环保法》执法检查，确保相关法律法规在我县的贯彻实施。持续跟踪监督《禁毒法》《刑事诉讼法》审议意见的贯彻落实，督促法院执行工作，积极推进“一府两院”依法行政、公正司法，加快法治桃江建设步伐。

重视检察诉讼监督工作。常委会十分关注和支持县人民检察院开展诉讼监督工作，审议了《桃江县人民检察院关于诉讼监督工作情况的汇报》，提出了“强化诉讼监督意识，理顺诉讼监督机制，提升诉讼监督能力”的意见，支持建立相关联席会议制度，要求县人民检察院加强诉讼监督工作力量，提高监督实效，切实维护社会公平正义。

改进规范性文件备案审查工作。常委会坚持把规范性文件备案审查工作作为开展法律监督的重要手段来抓，多次听取县法制办相关工作汇报，了解县人民政府及其部门依法行政的具体情况，今年共完成22件规范性文件的备案审查。

3、促进民生事业改善

推动生猪养殖环境污染防治工作。常委会调查组深入村组、养殖场所，实地调查生猪养殖环境污染防治工作。常委会审议了《关于生猪养殖污染防治工作的报告》，提出了“规范产业发展、开展专项整治、建立防治长效机制”等建议，督促县人民政府及时出台了《桃江县畜禽养殖管理暂行办法》、《桃江县畜禽养殖污染防治方案》，启动了马迹塘镇丫峰村生猪养殖污染综合整治工作，促使养殖污染防治工作进入了重要议事日程。

重视县城停车场规划建设。常委会高度重视县城停车场规划建设工作，审议了《关于县城停车场规划建设工作情况的报告》，提出了“强化规划编制，落实配建指标，加强交通秩序和停车管理，严格违章处罚”等建议，督促县人民政府落实好县委提出的县城三年建设1万个停车位目标，切实加快停车场建设。

关注校车安全管理工作。常委会对校车安全管理工作开展了专题调查和监督，审议了《关于校车安全管理工作情况的报告》，提出了“完善校车管理长效机制、加强对承运公司的监管、提高学生和家长的安全意识”等意见建议，促进县人民政府进一步规范校车管理，确保校车运行安全。

着力加强信访工作。常委会把信访工作作为听民声、解民忧的重要渠道，共接待、处理来信来访65件，其中涉法涉诉信访件37件，指导进入司法程序7件、27人次，切实维护了当事人合法权益，积极推动信访工作纳入法制化轨道。

同时，我们还对计划生育利益导向落实情况开展了调查和监督，持续开展了“环保世纪行”、“农产品质量安全行”、“农民健康行”和“民族团结进步行动”等四大专项活动，对城乡低保和农村五保、病险水库除险加固、药品监管等工作进行了跟踪监督，回应社会关切，维护群众利益。

三、严格程序，依法行使选举任免权

常委会坚持党管干部与人大依法选举任免有机统一，进一步完善选举任免工作。根据人事议案，加强任前了解，组织拟任人员进行法律知识考试。在任命表决前，就任前了解的情况作全面介绍和说明，确保常委会组成人员的知情权。要求拟任人员在常委会上作供职发言，表明工作态度、任职打算和履职承诺。坚持把行使监督权与选举任免权相结合，采取听取和审议专项工作报告、开展调研视察等形式，加强任后监督。今年共任免国家机关工作人员20人次、人民陪审员7人次，接受市人大代表辞职2人，补选2人。

四、加强联系，扎实做好代表工作和指导乡镇人大工作

1、认真督办议案和建议。在县十六届人大四次会议上，13位人大代表提出对县城规划区内自然山体水体进行保护的议案。经常委会审议，促进县人民政府出台了加强山体水体保护的《专项规划》和《暂行办法》。常委会专题研究了116件代表建议的督办工作，制定了督办工作方案，明确了督办工作时间、步骤和措施，形成了常委会领导重点督办、各委室对口督办、常委会议听取和审议建议办理情况的有效机制。代表建议中，问题已经解决或基本解决的占总数的56.9%。

2、*加强联系走访*。坚持和完善人大常委会联系代表、代表联系选民的“双联”制度。年初，制定了27名常委会成员走访人大代表的工作方案，对走访联系代表工作进行台账管理。今年共联系走访代表190名，收集建议意见206条。常委会听取了《常委会组成人员联系走访代表情况报告》，同“一府两院”及政府有关部门充分沟通交流，促进相关问题的解决。

3、*支持代表依法履职*。加强了闭会期间代表活动的指导、服务和保障，下发了《人大代表联系群众工作室规范化建设方案》。全县共建有代表工作室15个，各代表小组全年开展视察、工作评议和代表述职等活动92次。常委会还组织省、市代表就灰山港新型工业化、国土开发、资江流域库区遗留问题等重要课题开展视察和调研，《关于调整省财政对我县小型农田水利建设奖补资金投入》等建议，引起了省财政、水利等职能部门的重视，得到了政策倾斜和资金支持。

4、*指导乡镇人大工作*。坚持机关各委室分片联系乡镇人大工作制度，指导和鼓励乡镇人大不断探索创新，丰富代表活动内容，增强工作实效。邀请乡镇人大主席、县人大代表列席常委会议，参与常委会重要活动。组织全县乡镇人大主席和人大秘书开展业务学习和工作交流，进一步提高了乡镇人大工作水平。

五、求真务实，努力加强自身建设

1、*着力加强思想政治建设*。扎实开展“三严三实”专题教育。按照县委统一部署安排，认真开展集中学习研讨，撰写学习心得，精心讲好党课，领会“三严三实”精神，恪守“三严三实”要求，塑造“三严三实”形象。扎实开展“学讲话用讲话”心得交流活动。认真读原著、学原文，强调学以致用、联系实际，要求每人撰写一篇《“四个全面”党员干部读本》学习心得，并开展了评比活动，引导党员干部深入学习贯彻习近平总书记系列讲话精神。

2、*着力转变工作作风*。紧密联系实际。在确定议题、开展调查时，常委会成员带头深入实际、深入基层，广泛联系群众、倾听群众呼声，及时收集和反馈社情民意，促使各项工作更好地体现人民的意志。心系群众办实事。常委会及机关扎实开展“一进二访”、“听民情、解民忧”、建设扶贫等专项活动，与群众打交道、拉家常，努力为群众排忧解难。

3、*着力提升能力水平*。加强业务知识学习。坚持专题监督与业务学习相结合，由常委会成员、机关委室负责人或者邀请专家讲课，今年共开展集中学习7次。加强调查研究。围绕县委的重大决策和县人民政府的重点工作开展调查研究，督促人大工作者全面咨情咨政，更多地关心关注和研究县情；在机关开展调研报告评比活动，撰写了《加快茶叶产业发展的调查与思考》等10篇调研文稿，为县委决策和县人大常委会履职提供第一手资料和有价值的建议意见。

各位代表，一年来，我们的各项工作取得了新的成绩，这是县委正确领导，常委会组成人员和全县人大代表、人大工作者共同努力，“一府两院”以及社会各界支持配合的结果。在此，我谨代表县人大常委会表示衷心的感谢！

在肯定成绩的同时，我们清醒地认识到，工作中还存在一些问题和不足，与县委和人民群众、人大代表的要求还有差距。比如，监督工作有待进一步改进，决定重大事项有待进一步深化，服务代表工作有待进一步加强，人大的工作方法有待进一步完善，代表建议办理的力度还要进一步加大。对此，我们将高度重视，深入研究，认真加以改进。

2016年的工作安排

2016年是市县乡同步换届之年，也是我县“十三五”规划实施的开局之年。县人大常委会将以党的十八大和十八届三中、四中、五中全会精神为指导，深入贯彻习近平总书记系列重要讲话精神，紧紧围绕“四个全面”战略布局，全面落实县委十一届七次全会要求，依法履职，扎实工作，为促进全县经济社会又好又快发展作出新贡献。

一、坚持正确的政治方向

坚定制度自信，维护宪法权威，毫不动摇地坚持和完善人民代表大会制度。坚持把党的领导贯穿于依法履职的全过程，保证党的路线方针政策和中央、省委、市委、县委的决策部署得到全面贯彻执行。深入落实中央《关于加强县乡人大工作和建设的若干意见》（中发〔2015〕18号）文件精神，推动我县人大工作创新发展。

二、依法行使各项职权

行使好重大事项决定权。修改《桃江县人大常委会讨论决定重大事项办法》，依法认真负责地就有关重大事项作出决议决定，促进决议决定的有效贯彻执行，确保将党委决策部署通过人大法定程序转化为国家意志和人民意愿，把人民当家作主的权力落到实处。加强和改进监督工作。组织对县城规划区内土地利用情况、乡村文化旅游产业、茶产业发展等工作开展专题监督，支持经开区东区“退二进三”；对县“六五”普法的完成情况开展调查和审议，就县“七五”普法规划的实施作出决议，改进规范性文件备案审查工作；支持司法机关全面深化改革，积极推进“一府两院”依法行政、公正司法；跟踪监督生猪养殖环境污染防治、县城停车场规划建设、校车安全管理等工作，促进热点问题的解决。坚持党管干部与人大依法任免的有机统一，做好选举任免工作。

三、做好换届有关工作

严格按照市委、县委的要求，精心组织和指导换届选举各个环节工作，切实发挥好县乡选举委员会和各选区工作小组的主体作用，选出符合要求的新一届县乡人大代表，确保换届风清气正。认真做好县十七届人大一次会议的各项筹备和会务工作。指导乡镇开好新一届人民代表大会会议。

四、充分发挥代表作用

加强同人大代表和人民群众的联系。深化“双联”制度，广泛征集意见建议，为党委决策和人大履职提供参考，为县人民政府工作提供依据。支持人大代表履职行权。健全学习培训制度，组织代表开展专题调研、视察评议等活动，提高代表素质和履职能力。依法保障代表活动经费，规范代表小组活动室管理，探索建立代表履职档案，激发代表履职活力。提高代表建议办理质量。加强对代表提出议案和建议的指导，切实提高代表议案和建议质量；选择代表建议反映集中的部门或工作进行视察，增强督办实效；对建议办理B类件实行跨年度跟踪督办，促进问题得到解决。

五、切实加强自身建设

按照上级统一部署安排，增加县人大常委会组成人员名额，优化成员结构，提高专职委员比例。不断加强人大常委会及机关的自身建设，推动人大干部年轻化、专业化，提升常委会审议和决策水平，打造务实高效、廉洁有为的文明机关。以乡镇人大换届为契机，加强乡镇人大建设。充实乡镇人大工作力量，提升保障水平，增强工作实效。

各位代表，贯彻落实中央《关于加强县乡人大工作和建设的若干意见》文件精神，做好新形势下的人大工作，责任重大，使命光荣！让我们紧密团结在以习近平同志为总书记的党中央周围，在县委的正确领导下，开拓创新，积极作为，为加快桃江发展作出新的更大的贡献。

政府工作报告

——在县第十六届人民代表大会第五次会议上

县人民政府县长　何军田

各位代表：

现在，我代表县人民政府向大会作政府工作报告，请予审议。并请县政协委员和列席会议的同志提出意见。

2015 年工作回顾

2015 年，全县上下认真贯彻落实党的十八大和十八届三中、四中、五中全会精神，在县委的坚强领导和县人大、县政协的监督支持下，主动适应经济发展新常态，克难奋进，创新实干，基本完成了县十六届人大四次会议确定的目标任务。

——综合实力稳步提升

预计（下同）全年完成生产总值 202.3 亿元，同比增长 8.8%；实现财政总收入 10.07 亿元，同比增长 7.5%；完成固定资产投资 174.7 亿元，同比增长 20%；实现社会消费品零售总额 77.3 亿元,同比增长 12%;实现城镇居民、农村居民人均可支配收入 22874 元、12074 元，分别同比增长 8.5%、10%；全面小康实现程度 85% 以上。

园区和产业建设成效明显。工业园区加快发展。桃江经济开发区完成基础建设投资 15 亿元，建成标准化厂房 22 万平方米，“三纵六横”主干道实现互联互通，第二污水处理厂完成土建基础工程，平整土地 650 亩、报批 648 亩，新建成项目 7 个、新投产 6 个，新引进投资过亿元项目 1 个。灰山港工业集中区完成基础建设投资 3 亿元，新开工项目 4 个、新投产 7 个，新引进投资过亿元项目 3 个。马武工业小区建成标准化厂房 8500 平方米,完成马武大道农村公路路基工程。产业建设力度加大。宙盾防化科技、桃花江竹材科技、县城 A 类生猪定点屠宰场等项目建成投产，金沙重机实现资产重组，万维竹业春节前可试生产，南方水泥二期和湘利富竹复合压力管项目动工建设，竹产业创新创业园顺利推进。浮邱山景区建设取得成效。成功引进凯邦置业建设商贸物流园。

转型升级步伐加快。工业结构不断优化。实现规模工业增加值 94.5 亿元，同比增长 8.3%。加大科技创新投入，全县新增高新技术企业 2 家、市级科技成果转化示范基地 3 个。加快淘汰落后产能，关闭竹凉席企业 82 家、水泥企业 16 家。推进名品名牌建设，“湘益”木业品牌成为中国驰名商标，获评马德里国际注册商标 2 件、省著名商标 2 件、湖南名牌产品 5 个。农业现代化加快推进。实现农林牧渔业增加值 36.5 亿元，同比增长 4.5%。实现粮食播种面积 105.3 万亩、总产 41 万吨。完成 30 万亩笋用林发展规划编制，新增笋用林面积 2 万亩、基地 10 个，新建林道 500 公里，已建笋竹两用林增效明显，亩均收入达 3000 元。桃花湖环湖公路完成路基工程，松木塘省级优势特色农业产业园完成年度建设任务。新建茶叶基地 4530 亩。流转农村土地 55.1 万亩,新发展合作社、家庭农场 128 家，新增省级示范合作社 3 家。获评省平安渔业示范县。第三产业发展提速。实现第三产业增加值 73.3 亿元，同比增长 11.8%。成为全国第二批电子商务进农村综合示范试点县。供销社综合改革试点稳步推进。马迹塘农贸市场春节前可正式营业。出台加快乡村文化旅游产业发展实施意见，重点推动“十大”项目建设,成功举办环湘（浮邱山）自行车赛和乡村旅游（沾溪）龙虾文化节。房地产、保险、石油、烟草、盐业、交通运输等服务业有新的发展。

改革开放取得实效。积极推动创新驱动发展，举办县长质量奖年度评选活动和首届创新创业大赛，全面推行“三证合一”，新增市场主体4800多个，5家企业进入省上市后备资源库。大力推进简政放权,完成“三张清单”清理公示，审减行政权力1070项，向乡镇下放经济社会管理权42项。政府机构改革完成年度任务，撤并和精简正科级单位17个。国有林场改革通过省级验收。市属四家下划国企改革任务基本完成。不断深化财政改革，县直一级预算单位预决算全面公开，财政结余结转资金清理成效明显，县直单位经营性资产实现统一管理。整合涉农资金4300万元，集中实施项目940个。完善政府债务管理，争取中央债券置换存量债务指标6.3亿元。强化税控联管和税收征管，财税收入稳步增长。成功举办文化旅游产业招商座谈会，全年引进投资过亿元项目7个、过5000万元项目15个。完善金融机构支持县域经济发展激励办法，对财政性存款实行调整约束，全年新增贷款16亿元，比去年增加5亿元。“省农信担”桃江办事处、长沙银行桃江支行先后开业，县农信社改制获批筹建。加大土地储备力度，探索公益类基础设施项目PPP模式，获批发行企业债券8亿元。完成“十三五”规划编制。实现立项争资16亿元。

——城乡一体加快推进

交通建设力度加大。全县15个交通重点项目完成投资22亿元。境内益阳南线高速建成通车，益马、益娄高速加快推进，常安高速复工建设，马安高速征地拆迁基本完成。牛大线、省道230桃花江大道至高桥段、石牛江镇绕线工程启动路基建设，国道207武潭镇改线、谢石线等5个项目纳入省“十三五”规划。硬化农村公路122公里，完成安保工程143公里，改造危桥20座、渡口7个。强力推进治超治限，公路管护得到加强。

城镇建设展现新貌。县城15个重点项目完成投资4.6亿元。完成县城总体规划修编和美人窝文化公园、村镇布局规划编制。金盆大道实现提质改造，浮邱山大道、雪峰山路路基成型。桃花江沿江风光带三期和枣树潭广场即将完工，新增绿化面积10万平方米、停车位1000个。资水北岸3.6公里城市防洪工程全面开工。县城公交停保场、老七星河截污治理工程和15座垃圾中转站春节前可竣工。消防指挥中心主体工程完工。实施城市管理行政相对集中处罚权，县城管理日趋规范，省级卫生县城正式授牌。深入开展“大整治”行动，桃益公路基本实现绿化、序化和美化。全面启动乡镇“六个一”建设和“六大优化”工程，马迹塘镇成为市级卫生镇，灰山港、武潭、高桥等小城镇建设成效明显。

农村基础建设扎实推进。完成18座病险水库除险加固和小农水重点县建设年度任务，解决22.4万农村人口饮水不安全问题。沾溪国家现代农业发展项目、农村土地综合整治示范县二期工程通过验收，改造高标准基本农田3.3万亩。整改50个村农电网，成为省新农村电气化县。农村无线数字电视加快推进，信息惠民宽带工程覆盖所有集镇和80%的行政村。新建农村邮政综合服务站150个。

生态建设得到加强。严格项目环评审批，否决不符合产业政策项目16个。首溪金矿和志溪河治理、灰山港地区大气污染防治取得实效。着力推进畜禽粪污无害化处理，马迹塘丫峰片区治污工程全面启动。完成20个地质灾害点应急治理。县城规划区内重要山体水体实现目录管理、分级管理和动态巡查。以修复保护为目标，科学制定资江河道砂石出让和监管方案，河道采砂船由37条减少至13条。严守耕地红线，完成永久性基本农田划定。两型示范建设稳步推进,拱门小区建设取得积极进展。美丽乡村和人居环境整治村建设完成年度任务，朱家村成为省级两型村庄。农村清洁工程位居全市前列。

——民生事业不断进步

社会保障水平不断提高。新增城镇就业5147人，转移农村劳动力就业3400人。园区企业养老保险过渡费率试点和大病医保全面推进，新农合、新农保参保率分别达98.43%、86.51%，“五大”保险实现扩面提标。新增住房公积金缴存2300人，发放贷款2.2亿元。新增公租房1882套,改造棚户区4200户、农村危房700户。低保、五保实现应保尽保。改扩建敬老院3所，完成老年福利服务中心主体工程。残疾人劳动就业服务中心建成投入使用。

科教文卫体全面进步。加强科技项目申报与管理，申请发明专利80件。完成20所合格学校、桃江一中运动场和桃花江小学改扩建一期工程建设，新增县城小学学位1080个。农村教师补贴实现提标，高考、中考成绩保持全市领先。县职教中心有序运行。省级现代公共文化服务示范区创建稳步推进，“欢乐潇湘·美丽桃江”系列群众文化活动、纪念抗战胜利70周年活动深入开展。《资江行》专题节目实现公开发行。广播“村村响”工程建设成为全国先进。全面启动7所县级公立医院综合改革，完成武潭、三堂街卫生院住院楼建设，成功创建全国基层中医药工作先进县和妇幼健康优质服务示范县。计划生育基层群众自治和网格化建设深入推进，人口计生工作实现“保良”目标。群众体育日趋活跃，成为省赛车运动基地。

其他事业协调推进。全力推进精准扶贫，深入开展“一进二访”活动，全县贫困人口、贫困村识别与建档立卡工作全面完成，116户特困户帮扶取得实效。基本建成食品药品单位基础数据库，日常监管实现全覆盖。防汛抗旱实现“五个确保”。桃花江核电厂区保护和科普宣教力度加大。鲊埠回族乡成为省民族团结进步示范单位。完成第三次全国经济普查。资源性价格改革稳步推进。县社区矫正中心建成投入使用。县政府网站位居全国同类网站第九。“两会一部”清整全面完成。国防动员、民兵预备役、武警、行政学校、外事侨务、对台事务、老干老龄、人民防空、610、移民、粮食、史志档案、农机、灌区、通讯、森林防火、水文、气象、共青团、妇女儿童、工商联、文联、红十字会、职工维权帮扶、新华书店、机关事务、桃锰和桃冶社区等工作取得新成绩。

社会大局和谐稳定。“四个全面”战略宣讲和文明单位、平安单位创建活动深入开展。建立村级（社区）信访代理员、部门联合接访制度，实现网上接访和办理信访事项，信访秩序稳定向好。完善县乡村三级安全监管网络，深入开展“九打九治”打非治违专项行动，安全生产成为全省先进。启动公安业务技术用房建设，建立反恐处突应急队伍，强化24小时“网格化”巡逻和周集中清查行动，严厉打击黄赌毒、涉黑涉恶等违法犯罪行为，社会大局和谐稳定。

——自身建设得到加强

法治建设取得新进展。大力推进“法治桃江”建设，深入开展法律“六进”活动，“六五”普法通过验收。主动接受人大、政协监督，认真执行人大及其常委会各项决议，积极支持政协参政议政，办理人大代表议案1件、建议116件、政协委员提案47件。全面推行政府法律顾问制度，加强政府重大合同法制审查，重大行政决策公开听证基本实现“应听尽听”，行政复议监督加强，行政执法不断规范。作风建设取得新成效。认真开展“三严三实”专题教育，加强重点工作、重大决策跟踪督办，着力整治“慵懒慢浮”，查处干部作风案件13件。建立网上在线咨询政务服务平台，畅通热线、官方网站等民意渠道，解决处理群众困难和各类诉求4962个。廉政建设取得新进步。不断完善惩防体系，全面公开行政事业单位办事信息，实施行政效能登记备案机制，建立公共资源交易网上报名制度，严格执行土地出让、项目招投标、政府采购法定程序，行政权力运行更加公开透明。认真落实党风廉政建设责任制，加强审计、监察、财政监督，严肃查处违法违纪案件134件，“三公”经费持续下降，政府形象更加清廉。

各位代表，奋斗历经艰苦，成绩来之不易。这是上级党委政府和县委正确领导，县人大、县政协监督支持，全县广大干部群众团结拼搏，驻桃部队、武警官兵、人民团体、离退休老同志、桃江乡友等社会各界人士关心帮助的结果。在此，我代表县人民政府，向在各个岗位上辛勤劳动的广大干部群众，向各位人大代表、政协委员，向所有参与、关心、支持桃江经济社会发展的各界人士表示崇高的敬意和衷心的感谢！

各位代表，我们也清醒地看到，当前全县经济社会发展仍然面临一些突出矛盾和问题，主要是：受宏观经济持续下行影响，部分经济指标增速低于预期，传统产业转型升级缓慢，新型市场主体培育提升不够，经济增长内生动力不足；土地资源环境约束趋紧，实体经济融资困难，部分重点企业竞争力和效益下滑；财政增收放缓，部分群众生活还比较困难，扶贫攻坚任务艰巨，民生保障压力加大；个别干部担当精神不足、破解难题能力不强，发展环境有待进一步优化，等等。对此，我们将高度重视，精准把握，努力以改革创新的思路和举措切实加以解决。

2016年工作安排

2016年是实施“十三五”规划的起步年，也是全面建成小康社会决胜阶段的开局之年。历经广大干部群众的奋力拼搏和艰辛付出，全县“十二五”经济社会取得长足发展，使桃江站在了一个新的更高的发展起点上。经过近几年基础设施的持续改善和干部力量的锻炼培养，我们完全具备了加快发展的基础和条件，桃江迎来了发展的黄金时期。新的一年，尽管我们面临内外条件变化带来的许多困难和挑战，但只要我们能够主动适应经济发展新常态，勇于担当发展重任，准确把握发展大势，善于抢抓历史机遇，充分挖掘和发挥自身优势，就一定能够爬坡过坎，推动桃江经济社会快速健康发展。2016年政府工作总的指导思想是：全面贯彻落实党的十八大和十八届三中、四中、五中全会精神，牢固树立创新、协调、绿色、开放、共享发展理念，加快推动“东接东进”战略，始终坚持“135”工作思路，强力推进交通、园区、产业、城镇建设和改善民生五项重点工作，全面深化各项改革，大力推进创新创业，着力优化体制机制，全力推进脱贫攻坚，努力实现“十三五”发展良好开局，为建成全面小康打下坚实基础。全县经济社会发展的预期目标是：生产总值增长9.5%以上，财政总收入增长8%以上，固定资产投资增长20%以上，社会消费品零售总额增长12%以上，城乡居民人均可支配收入增长8.5%以上，节能减排控制在省定目标以内，全面小康总体实现程度提高3%以上。突出抓好以下几个方面工作：

（一）突出抓好园区和产业建设，不断提升经济发展水平

坚持把加快园区和产业发展摆在政府工作的首要位置，大力实施产业强县工程。

强力推进园区建设。在继续完善园区配套功能的基础上，重点抓好项目引进和现有企业培育，强化项目支撑。桃江经济开发区完成基础建设投资6.2亿元，新建标准化厂房10万平方米，新修主干道路2.3公里，提质改造金牛路，报批储备土地500亩，引进投资过5000万元项目3个、投产3个，融资4亿元。加快东区“退二进三”步伐，有效盘活存量资产。灰山港工业集中区完成基础建设投资2.1亿元，新建标准化厂房4万平方米，报批储备土地300亩，新建供水管道6.5公里、污水管网10公里，引进投资过5000万元项目3个、投产3个。马武工业小区完成基础建设投资1000万元，新修主干道路600米，报批储备土地100亩，引进产值过5000万元项目2个、开工1个、投产1个。

强力推进产业建设。加快传统产业转型升级，确保湘利富竹复合压力管、高档复合板、鸿舜人防工程等项目竣工投产，完成南方水泥二期主体工程，竹产业创新创业园实现部分功能运营。着力培育新兴产业，完成金沙重机、紫荆铸业技改扩建和生物质热电联供项目主体工程，推动松木塘和灰山港风电场建设，积极发展住宅部品部件产业，确保规模工业增加值增长9%以上。加快推进现代农业建设。稳定粮食播种面积，引导土地规范有序流转，新增茶园2000亩、设施蔬菜基地200亩，支持浩茗茶业做大做强。新建笋竹两用林基地20000亩、林道300公里，引进1家规模竹笋加工企业。鼓励农村新型经营主体发展多种形式适度规模经营，创建省级示范家庭农场5个、示范合作社1家，争创省级家庭农场试点县。积极推动农业标准化生产，加强农产品质量监管。按照生态优先、禁批增量、严管存量、加快优化的要求，推动畜禽养殖转型发展。积极发展高效生态渔业，新建虾蟹养殖基地1000亩，科学打造资江百里渔业走廊。推动第三产业加速发展。完成商贸物流园一期、文体中心主体工程。建成县级电子商务运营中心和5个乡镇服务站、50个村级服务点，加快打通特色农产品上行渠道。着力培育驾培驾考、健康养老等新兴业态。做实做强桃花江旅游开发公司，大力推进乡村文化旅游“十大”项目建设，重点完成浮邱山景区停车场和游客接待中心建设，启动浮邱寺修缮改造，积极申报4A级景区。依法严控各类保障性住房异地新建，积极推行公共租赁住房货币补贴，严厉打击各类地下“黑开发”，促进房地产业持续健康发展。

全面加强产业要素保障。完善和严格执行国有建设用地计划，积极推进差别化供地和有序供地，全年报批土地1300亩以上。加快“三张清单”落地，认真落实项目审批、涉企检查优化改进措施，从严从快查处破坏环境典型案件，全力维护项目施工和企业发展环境。积极搭建政银企合作交流平台，大力支持市场主体上市融资，力争实现企业上市“零突破”。继续为重点企业和成长性好的中小微企业在项目、环境、减负、融资、营销方面进行帮扶，帮助企业解决实际困难和问题。

（二）突出抓好城镇和交通建设，加快推进城乡统筹

坚持把推进城乡一体作为政府工作的重要目标，大力实施城乡同建工程。

加快融入“大益阳城市圈”步伐。全力抓好县城区域定位、两型区用地规划和管理体制“三个调整”，积极推进总体规划、基础设施、公共服务和产业布局对接“益桃沅”一体化，努力让县城成为益阳中心城市的重要组团和益阳对接长株潭的重要平台，把桃益公路沿线土地全部调整为发展用地，支持两型区享受省级园区政策，充实人员编制，实行常设管理。着力拉通“三条通道”，确保2016年高标准建成桃益景观通道，2018年建成桃益高速干道，2020年建成资江桃益旅游水道。全面完成“三个集中”，实现农民居住相对集中，规划建设10个特色新村；实现所有土地流转集中，大力发展旅游观光休闲农业；实现各类生产要素集中，桃益沿线水、电、路、气实行统一规划建设。大力发展“三大产业”，着重抓好以桃江经济开发区为核心的竹产业、以竹海和黄金塘为核心的休闲旅游产业、以桃花江入城段为核心的美人文化产业发展。

强力推进城镇建设。统筹抓好高起点规划、高品质建设与精细化管理三大环节，加快海绵城市和智慧城市建设步伐。统筹空间、规模、产业三大结构，启动全县生态基础设施规划编制，完成县城老城区、西片区、江北片区及以桃花江大道两厢为重点的南片区控制性详规编制，建成县城市规划馆和城建档案馆。进一步理顺和

强化乡镇国土规划建设环保机构职能，启动村庄规划编制，推动农村住房标准化建设。确保浮邱山大道、雪峰山路建成通车，提质改造建设西路，完成雷公岩大桥桩基工程、城南区排水箱涵和西区雨污分流项目，启动美人窝文化公园基础设施建设，建好城南绿化带，新增绿化面积1万平方米、停车位2000个。完成江北堤防工程规划，启动滨江北路建设。重点支持灰山港镇发展和马武地区融合，积极发展特色小城镇，确保完成小城镇基础建设重点项目60个以上，建成城乡垃圾处理一体化工程。遵循城市生态肌理，做好重要山体水体保护。创新完善县城管理长效机制，大力实施城市管理“六大专项行动”，积极创建省市级卫生村镇，推动县城园林、路灯管理市场化改革和社会化服务，打造省级卫生县城升级版。

强力推进交通建设。加快完善路网体系。确保牛大公路一期、省道230桃花江大道至高桥、石牛江镇绕线、三栗线改造工程建成通车。完成舒牛公路改扩建、国道207武潭镇改线路基工程。启动桃花江汽车站建设，建成灰山港农村客运站。积极开展谢石线改建、牛田至朱良桥二期和桃花江航电枢纽项目前期工作。完成益马、益娄、常安、马安高速公路建设和农村公路硬化、危桥与渡口改造省市下达目标任务。报批储备土地200亩以上、融资1亿元以上。启动农村公路管养体制改革，建成舒塘、浮邱山治超站，持续巩固治超治限成果。

继续加强其他基础设施建设。深化涉农资金整合改革，切实做好中部片区项目建设。加快推进两型示范，建好拱门小区安置房。除险加固86座病险水库和200口骨干山塘，抓好第六批小农水重点县项目建设，分步实施农村安全饮水提质工程。完成三堂街变电站增容、40个村电网改造和酒湖线800千伏特高压线路建设省定任务。完成农村广播补点扩面和高山台站建设，实现农村信息网全覆盖。

（三）突出抓好精准扶贫和改善民生，努力增进人民福祉

坚持把保障民生民利作为政府工作的出发点和落脚点，大力实施公共服务提升工程。

全力推动脱贫攻坚。按照2018年贫困人口全部脱贫要求，编制精准扶贫三年发展规划。严格落实领导办点、单位帮扶、干部驻村责任机制，创新帮扶方式方法，推进“六大建设”、实施“六个一批”，确保年内减少贫困人口1.5万人，46个贫困村得到有效帮扶。鼓励发展新型村级集体经济，提升村级自我发展能力。全面落实强农惠农富农政策，启动农村集体经济审计工作。

不断强化社会保障。加大“五大”保险扩面征缴力度，做好机关事业单位工作人员养老保险制度改革并轨、医保异地结算、社保转移工作。加大新农合、新农保筹资力度，确保参合参保率分别稳定在95%、85%以上。加快健康产业基地建设，建成敬老院8所、养老服务示范点4个。完成公租房、城市棚改和农村危房改造年度任务。基本实现行政事业单位临聘人员住房公积金全覆盖。建立城乡低收入家庭核对认定中心，实施五保户住院护理补贴，落实残疾人“两项补贴”。加快劳动保障监察“两网化”和维权帮扶网络建设，加强“双联”工作，积极推进职工医疗互助活动，推动企业工资集体协商和农民工工资保障金制度向建筑领域外延伸。

优先发展科教文卫体事业。继续开展全国科普示范县创建工作。确保建成县职业中专实训大楼、武潭和灰山港镇完小新校区，完成桃花江、桂花园、近桃小学和鸬鹚渡镇完小改扩建二期，建设村级合格学校5所，建好教育“三通两平台”和校车电子监控平台。推动教育均衡发展，保持中小学教育质量全市领先。深化医药卫生体制改革，优化医疗资源配置，逐步建立分级诊疗体系。完成松木塘和牛田卫生院公卫楼建设任务。加快卫生计生服务管理改革，加强舆论宣传引导，积极落实“全面两孩”生育政策。深入推进全国计划生育基层群众自治示范县建设，确保60%村（社区）达标。加快省级公共文化服务示范区创建，开展本土文艺创作和文化惠民活动，推动传统媒体与新兴媒体融合发展。积极引进社会资本参与体育场馆建设，广泛开展全民健身运动。

统筹发展各项社会事业。加大人才引进和培养力度。深化乡镇行政区划调整改革，撤并67个建制村。启动农村综合服务平台建设。建立资江电站企地相关问题定期协调处理机制，完成修山电站下游河岸垮塌护坡工程，做好移民后扶人口核准工作。持续开展核电科普宣传和公众沟通。加强乡镇服务型统计建设，抓好第三次全国农业普查。建成梅林寺县级骨干粮库、气象防灾预警中心。启动县工人文化宫建设。加强森林防火设施设备建设。支持鲊埠回族乡创建全国民族团结进步示范单位。抓好民生价格监管。重视发挥共青团、妇联、工商联、侨联、文联、红十字会等群团组织作用，统筹做好国防动员、民兵预备役、武警、消防、防汛抗旱、农机、行政学校、对台事务、人民防空、宗教、老干老龄、史志档案、烟草、盐务、石油、邮政、保险、通讯、水文、610、新华书店、机关事务、灌区、桃锰和桃冶社区工作。

（四）突出抓好改革创新和扩大开放，全面激发发

展活力

坚持把深化改革创新作为政府推动发展的第一动力，大力实施创新驱动工程。

充分发挥创新引领作用。把创新摆在发展全局的核心位置，贯穿政府一切工作，引领和推动创新在全社会蔚然成风。完善县乡村三级创业就业服务网络，建立创新创业项目库和推介机制，加大创业小额贷款贴息支持力度，鼓励在外务工人员回乡创业，促进更多劳动者自主创业、多渠道就业。年内新增创业主体3500个，实现城镇就业5000人、农村劳动力转移就业3000人。支持传统企业信息化建设，发展互联网金融、网络配送等O2O服务新模式。发挥科技引领作用，完善发明专利激励机制，完成专利申请150项，新增省级高新技术企业1家。强化企业主体作用，撬动更多社会资本创办领办创业孵化基地，加快建设以竹产业创新创业园、商贸物流园、文体中心等为重点的众创空间；鼓励企业在关键技术领域研发、名品名牌建设等方面取得成果，年内新增省著名商标、马德里国际注册商标、省名牌产品各1件（个）以上。

充分发挥改革推动作用。继续深化行政管理体制改革，进一步精简优化行政审批流程，加强对下放乡镇经济社会管理权的指导和监管。稳妥推进事业单位分类改革。完善和强化税控联管，确保财税收入合理稳定增长。加强全口径预算管理，公开乡镇预决算，实现政府性重点投资项目绩效评价全覆盖。持续开展财政结余结转资金清理审核，盘活存量资金和国有经营资产，提高财政管理水平和效益。加强财政专户、政府债务管理，积极做好存量债务置换工作，有效防范财政风险。完善和严格执行金融机构考核激励、财政性资金存款调整约束制度，建立农村“三权”抵押融资产权交易和风险补偿机制。积极推动融资平台转型发展，做好公益项目PPP试点。加大土地储备经营管理力度，完成融资10亿元以上。加强重点企业和项目运行监测，强化民间融资监管，严厉打击非法集资，严密防范金融风险。建成农村土地承包经营权确权登记颁证数据库和土地管理信息平台。认真做好不动产统一登记工作。

充分发挥开放促进作用。全面加大招商引资力度。完善招商机制，全面推行行业招商。明确招商重点，突出招大、招群、招特。充实招商力量，组建专职招商队伍。强化招商保障，建好“三库一网”，完成行业发展招商研究报告。发扬“三千三万”精神，全年引进投资过亿元项目5个、投资过5000万元项目8个。按照“策划储备一批、申报推出一批、落地建设一批”的思路，充实完善项目储备库，加强可研评审论证，提高项目策划质量和申报成功率，全年完成立项争资18亿元以上。

（五）突出抓好社会治理和生态建设，切实增强发展保障

坚持把构建共建共享机制作为政府工作的努力方向，大力实施平安创建工程。

加快建设法治桃江。把握正确舆论导向，用中国梦和社会主义核心价值观凝聚共识、汇聚力量。加大政府工作透明度和宣传力度，增进人民群众对政府工作的理解与支持。全面推进依法治县，启动“七五”普法工作。推进信访制度改革，开展依法逐级走访，落实诉访分离制度，全力化解信访积案。切实发挥三级接访平台作用，加强人民调解、法律援助，有效解决群众合理诉求。

大力创新社会治理。坚持严管重罚，认真落实安全生产政府“打非”、企业“治违”主体责任，实现安全生产隐患排查整治长效管理、“打非治违”专项行动常态推进，坚决杜绝较大以上生产安全事故发生。加强应急避难场所建设，依法及时妥善处置突发公共事件。建成县食品药品检验所，加强日常巡查监管，保障群众食品药品安全。启动“智慧桃江”建设，实施城市和社会网格化综合管理，实现县城免费WiFi网络全覆盖。加强企事业单位民主管理，积极构建和谐劳动关系。深入开展“平安畅通县”创建活动，打造安全、畅通、有序的道路交通环境。建成公安业务技术用房主体工程，启动监管中心建设，新建县城电子监控点位200个、出县治安电子卡口5个。依法严厉打击侵财性犯罪、涉黑涉恶、涉毒涉赌涉黄、传销等各类违法犯罪行为，营造和谐稳定社会环境，不断提高人民群众的安全感、幸福感和满意度。

切实加强生态建设。严守生态绿线，抓好农村环境综合整治整县推进工作，启动生态基础设施规划编制和生态文明示范县创建。严格落实环境影响评价和环保设施建设“三同时”制度，完成松木塘石煤开采地区重金属污染治理，稳步推进灰山港地区大气污染防治，全面开展重点畜禽污染片区治理行动。实施山水林田湖保护和修复工程，科学推进羞女湖湿地公园保护和建设工作。落实最严格水源和耕地保护制度，实施好农村土地综合整治示范县三期工程。加强矿产资源保护性开发，编制第三轮矿产资源规划，开展“矿山复绿行动”，治理10处地质灾害隐患。严厉打击资江河道乱采滥挖行为，全面取缔资江行洪河道两侧违建砂石场。深入开展户外广告设置和加油（气）站建设秩序整治行动，切实规范桃马、

桃灰、桃荷、资北和国道 207 等主干道两侧路容、建房和赶集秩序。完成美丽乡村和人居环境整治村建设任务，继续强力推进农村清洁工程。

（六）加强政府自身建设

坚持依法行政。加强学习型政府建设，坚持政府常务会议会前学法制度。完善和落实重大问题公众参与、专家论证、风险评估、合法性审查、集体讨论决定等法定程序，着力提高行政执法质量。加强权力清单、行政处罚典型案例、财政资金等重点领域信息公开，完善公共资源交易管理，加强建筑施工领域市场整治，管好政府“看得见的手”。高质量办理建议、提案，建立“三张清单”目录动态管理机制，形成人大法律监督、政协民主监督、社会舆论监督、司法审计监督等权力运行制约和监督体系，挡住权力“寻租的黑手”。改善和加强政府管理，健全并严格执行监管责任制和责任追究制，实行监管和执法结果公示，用好市场调控“看不见的手”。

坚持科学施政。加强研究型政府建设，腾出更多时间和精力，深入一线调研，收集民情、汇聚民智，有效解决民生重大需求和改革发展中的复杂问题。坚持重大事项向县委请示、向人大报告、与政协协商，实行决策内容、程序及结果全公开。深入开展“一进二访”活动，强化县长热线和舆情在线阵地作用，畅通群众利益表达渠道，以方便、亲民、实用的方式，积极回应群众关切，努力打造有限、有为、有效的政府。

坚持高效理政。加强服务型政府建设，强化效能监察和行政问责，集中精力抓落实、解难题、办实事。建立重点企业、重点招商项目“一对一”服务机制，升级改造行政审批监察系统，建好 20 个村级便民服务点，坚决清除阻碍发展的“堵点”，提高服务效能。把政务督查贯穿政府工作全过程，强化目标预警机制，查决策落实、查工作进度、查滞后原因，坚决清除工作推进的“盲点”，确保政令畅通。巩固“三严三实”专题教育成果，锲而不舍纠正“四风”，重拳惩治“乱作为”，切实纠正“不作为”，集中整治“慢作为”，坚决清除影响干事的“痛点”，形成人人高效率、事事快节奏、件件求实效的优良政风。

坚持廉洁从政。加强廉洁型政府建设，从严教育、管理干部，坚决把纪律规矩挺在前面。认真落实党风廉政建设“两个责任”，进一步规范工程建设、政府采购等办事程序，从制度机制上防控廉政风险。坚持“零容忍”态度不动摇，加强重点领域、重大项目、重要环节和政府专项资金全程监控，强化政策执行、财政资金绩效、领导干部任期经济责任等方面审计监督。坚持勤俭节约，严控“三公”经费支出，确保行政运行成本“零增长”。

各位代表，我们正处在变革与奋进的伟大时代。全面建成小康社会，是 89 万桃江人民的共同梦想。让我们紧密团结在以习近平同志为总书记的党中央周围，在中共桃江县委的坚强领导下，在县人大、县政协的监督支持下，以只争朝夕的紧迫感、舍我其谁的使命感、不进则退的危机感，解放思想，开拓创新，敢于担当，务实肯干，奋力开创桃江“十三五”发展新篇章！

政协桃江县委员会常务委员会工作报告

——2015年12月28日在政协桃江县第八届委员会第四次会议上

县政协主席　李质彬

各位委员、同志们：

我代表政协桃江县第八届委员会常务委员会，向大会报告工作，请予审议，并请列席会议的同志提出意见。

2015年工作回顾

2015年，在县委的坚强领导下，县政协深入贯彻落实中共十八大和十八届三中、四中、五中全会精神，认真学习中央、省、市委关于加强社会主义协商民主建设的文件精神，牢牢把握团结和民主两大主题，忠实履行"政治协商、民主监督、参政议政"三项职能，着力推动桃江经济社会发展，取得了新的成效。

一、把握三个环节，协商议政水平进一步提高

今年以来，县政协围绕选题、调研、协商这三个关键环节下功夫，选取"金融支持地方经济发展、智慧桃江建设、加强城市管理与综合执法、加强生态环境保护"等12个重点协商议题，以政协全体会议、常委会议、主席会议、专题会议等形式，开展"双月协商"、专题协商12次，协商议政水平显著提高。一是审慎选题。在八届三次会议召开前，县政协向县委、县政府征求全年的重点协商议题，向主席会议成员、委室主任和部分政协委员征集议题，经县政协主席会议协商，报县委常委会议研究，确定了全年12个协商议题，使议题与县委、县政府急需解决的重点、难点工作紧密结合起来，提高了政协协商的针对性和实用性。二是深入调研。每个议题，县政协明确一名副主席带队，组织专题调研组开展实地调研。如工业产业发展调研，走访规模企业30多家，召开座谈会10多次；城市管理与综合执法调研，深入县住建局等11个县直部门、桃花江镇和有关社区、街道、农贸市场，进行了深入走访与问卷调查，赴株洲市攸县、醴陵市学习了工作经验，提出切实可行的建议意见。三是专题协商。调研成果成熟后，县政协及时与县委、县政府有关单位衔接，反复沟通，形成共识，积极推动相关工作的开展。如"加强生态环境保护，建设'两型'桃江"的协商成果报县委后，谭建华书记批示："请两办组织相关部门就加强生态文明建设提出具体方案上常委会。"县委常委、县委办主任肖立新组织召开专题会议落实谭书记的批示，县政府召开常务会议进行专题研究，出台了全面加强我县环境保护的规范性文件，协商成果得到及时转化。

二、突出三个重点，民主监督实效进一步增强

县政协从督办提案、民主评议和派驻民主监督小组三个方面入手，务实开展民主监督工作，取得了良好效果。一是抓提案督办落实。今年3月，县委在全县人大政协工作会议上对政协八届三次会议提出的54件提案进行了交办。5月和6月，县政协主席会议分别对《关于整治猪肉等食品安全隐患的建议》、《关于加强农村地区白蚁灾害防治的建议》两件重点提案进行公开督办。提案委对每件提案办理组织承办、协办单位与提案人进行了面对面的办理协商，两次会同县委办、县政府办督查提案办理落实情况，54件提案均达到了满意或基本满意。二是抓好民主评议。政协八届三次全会上，全体政协委员对县政府24个工作部门和法院、检察院进行了民主测评。县政协常委会对"县域内金融机构支持地方经济发展”进行了民主评议，评议组深入金融机构、企业调研，提出了客观实在的评议意见，对县域内金融机构及负责人进行了民主测评，对整改落实情况进行了跟踪回访，在县域内金融机构中产生了较大的触动。对此，县政府进行了专题研究，组织金融机构与规模企业进行了有效对接，下半年新增贷款4亿多元。三是派驻民主监督小组。创新民主监督形式，以协商计划为目标，向县商务局、县住建局、县检察院、县环保局、县供销社等12个单位派驻了政协委员民主监督小组，提出整改建议意见25条，促进了有关部门的工作。

三、完善三大平台，决策咨询渠道进一步畅通

为推动参政议政成果有效转化，县政协进一步完善了《参阅件》、《调研内参》《社情民意直通车》三大平台，将政协委员的建议意见直接反馈给县委、县政府主要负责人。今年，县政协主席会议视察、协商的重点议题形成《参阅件》9件，县委、县政府领导临时交办的重点调研课题，形成《调研内参》2件，编印《社情民意直通车》8期。这些建言献策，得到了省、市政协和县委、县政府主要领导的高度重视，县委、县政府主要领导多次作出重要批示。如：社情民意直通车《加快建设桃江“羞女湖”国家湿地公园的建议》，何军田县长批示：“请林业部门抓紧制定‘羞女湖’国家湿地公园建设保护规划，规划要在生态保护的基础上，兼顾旅游发展，使生态美景惠及于民。”一年来，三大平台就25项工作提出建议近80条，为县委、县政府决策提供了有益的咨询参考。此外，《湖南省桃江县建立政协智库》《湖南桃江县政协聚焦猪肉食品安全》《湖南省桃江县政协民主评议助推县域经济发展——给中小微企业实实在在的融资扶持》在《人民政协报》上刊载;《57名学子获桃江育才奖学金》在《湖南日报》上刊载；《“三大考题”的桃江答卷》等6篇协商议政的文章在《湘声报》上刊载,这些政协好声音，传递了桃江的正能量。

四、创新三项载体，委员履职空间进一步拓展

一是创建了县政协智库。为了更好地发挥政协人才密集的优势，今年从300名市、县政协委员中遴选、聘用19名委员担任政协智库“经济社会学者专家”，制定了智库专家的任期、职责及考核办法。二是积极探索开展社区政协委员工作室建设。成立了桃花江镇牛潭河社区委员工作室和武潭镇武潭社区委员工作室，建立了工作制度，安排了专门办公场地和适当经费。三是深入推进“三百三进”主题活动。一年来，委员创办企业、自主改扩建或招商引进投资2000万元以上的项目21个。薛志成委员在桃江经济开发区新建的湖南桃花江竹材科技股份有限公司顺利投产，率先实现竹产业转型升级；李少华委员致力打造我县木业品牌，其公司生产的“湘益”牌板材成为我县首个“全国驰名商标”；张抗军委员投资3000多万元创办的桃江环宇纺织新材料科技有限公司，逆势而上，产销两旺；郭立芳委员投资2000多万元创办的桃江宇洋农业综合开发公司，带动了沾溪镇的水产养殖和休闲旅游；肖学文、高最华委员以自己的创业经验和技术，带动当地群众发展笋竹两用林基地5000多亩。县直、乡镇机关的委员对口联系帮扶企业95家，为企业技术改造、项目申报、资金借贷、周边环境协调等提供了帮助。县经贸经促组积极对接“精准扶贫”策略，组织10多名委员深入鲊埠回族乡三个村慰问特困户30户，获得群众的一致好评。

五、加强界别联系，发挥经促会招商作用

团结出生产力。县政协立足联系面广、界别代表性强等特点，以活动为纽带，广泛联系社会各界，凝聚各阶层力量，在构建和谐桃江中发挥了重要作用。一是加强了界别联系。县政协注重加强同无党派人士、工商联及其他各界别人士的联系沟通，注重发挥民族、宗教界代表人士在政协中的作用，促进了民族团结、宗教和睦；支持工会、共青团、妇联等各界别的委员从大局出发，积极关注不同社会阶层的利益诉求，协助党委和政府妥善处理各方关系，团结鼓励各阶层人士共同致力于全县的稳定、改革和发展。二是充分发挥经促会的招商作用。县经促会注重加强与在外知名乡友的联络沟通，为招商引资、立项争资牵线搭桥，鼓励动员乡友为家乡经济发展献计出力。近年来，刘跃秋、李稳根、刘友良、易爱民等乡友分别建成了博得科技、福德电子、宙盾防化科技、闽益农业等项目；卢光辉、卢胜祥、王世光等乡友投资参与城镇、交通等基础设施建设项目；刘辉乡友捐资1000多万元用于牛田镇基础设施改善；钟渭贤、刘立荣、卢光辉、汪卫东乡友筹资1300万元设立桃江育才奖学基金，今年对桃江籍北大、清华等57位名校学子发放奖金90多万元；龚如舜、胡红苗、文高永权、何大兵等乡友创立的扶贫助学基金,每年扶助贫困师生100多万元。

六、践行“三严三实”，政协自身建设进一步提升

县政协党组认真践行“三严三实”的要求，深化教育实践活动成果，加强政协队伍建设和机关管理，努力打造学习型政协机关，不断提升履职能力。一是队伍建设得到加强。县委高度重视政协组织建设，健全了乡镇政协联工委，每个政协联工委的工作经费提高到1万元，并配备了政协工作联络员，11名政协联工委主任得到交流和重用。二是县政协机关内部管理更加规范。完善了机关管理制度，出台了《桃江县政协工作规范化指南》。三是打造学习型机关。建立了政协“书香阅览室”，购置政治理论、专业知识等书籍300多册，组织机关工作人员开展自学和讨论交流，致力将县政协机关打造为书香政协。

各位委员，回顾一年来的工作，我们深切体会到，县政协工作取得的点滴成绩，是县委坚强领导，县人大、县政府以及各部门各单位大力支持，各位老领导、老同志亲切关怀，政协各参加单位、全体委员积极参与和辛勤付出的结果。在此，我代表县政协常委会，向关心、支持和参与政协工作的各位领导、各位朋友，表示衷心的感谢并致以崇高的敬意！

在肯定成绩的同时，我们也清醒地看到，面对新常态、新任务和新要求，常委会工作还存在一些薄弱环节，如政协民主监督仍需加强，体制机制亟待完善，提案质量有待提高，履职能力明显不足等。对于这些问题，我们真诚希望各位委员对常委会工作提出建议意见，常委会将高度重视，认真研究，切实加以改进。

2016年工作意见

2016年是我县“十三五”规划的开局之年。在新的一年里，县政协在中共桃江县委的坚强领导下，紧紧围绕县委“135”工作思路和“十三五”规划的实施，认真履职，维护核心，服务中心，凝聚人心，努力为建设小康桃江、生态桃江贡献智慧与力量。

一、健全机制，着力推进协商民主制度化建设

制定新的政治协商规则。根据《中共中央关于加强社会主义协商民主建设的意见》《中共中央办公厅关于加强人民政协协商民主建设的实施意见》和省委、市委的文件精神，制定桃江县加强政协协商民主建设的实施意见，建立政治协商、民主监督、参政议政的规范制度。审慎确定年度政治协商计划。2016年，县政协按规定程序确定了“县财政预（决）算编制、全县国民经济和社会发展计划、县人民政府工作报告和县法院、县检察院工作报告、县重要人事安排、县重要城乡规划的编制与修改、县重大基础设施建设和重点项目的决策与实施、县政协年度重点协商任务”等八项协商计划。创新政协协商形式。建立和完善四大政协协商平台，即政协全体会议、政协常委会议、政协主席会议视察暨“双月协商”、政协专题协商。将年度协商计划通过四大协商平台完成；优化参与协商人员结构，推动协商过程和协商成果公开，促进协商成果转化；积极探索协商、监督与参政议政三大职能的融合，加强界别联系，提高履职成效。

二、积极履职，着力增强民主监督实效

以提案办理为依托。规范提案程序，控制提案数量，提升提案质量。扎实办理政协八届四次会议提案，确定2件重点提案，由县政协主席会议进行公开督办。务实开展提案办理监督，提高提案办理实效。以常委会民主评议为抓手。选择人民群众关注度高的“加强桃江国有资产管理工作”进行政协常委会民主评议。认真制定民主评议实施方案，组织委员成立评议小组，由分管副主席带队，深入调查研究，广泛收集意见，加强整改落实的跟踪督办，把民主评议过程、评议效果落到实处。以政协全会民主测评为重点。利用政协全会组织全体政协委员对县政府24个工作部门和法检两院的工作进行民主测评，并建议县委加强对测评成果的运用。以委员民主监督小组为载体。对县政协12个重点协商任务的承办单位和相关单位派驻委员民主监督小组，民主监督小组对该单位定期进行专题视察，并将视察结果和整改建议报县委、县政府主要领导和相关责任部门。

三、求真务实，着力提高参政议政水平

深入调查研究。加强和党政部门、智库专家的联合调研，深入实际，认真倾听群众的呼声，真正做到识民情、接地气，全面、准确地掌握实际情况，为群众代言，为老百姓鼓与呼。加强定性定量分析。对重点协商计划的研究，对调研中发现的问题要充分进行定性与定量分析，认真研判相关工作的发展趋势，准确把握发展规律，真正回答和解决“怎么办？”“怎么做？”的问题，力求使调研成果靠事实和数据说话。高质量办好三个刊物。精心组织撰写高水准的《参阅件》《调研内参》《社情民意直通车》，最大限度地反映各界别群众的愿望，使个别的、分散的意见和想法，通过政协平台得到系统、综合的反映，并提出解决问题的具体办法，为县委、县政府科学决策、民主决策、依法决策建诤言、献良策。

四、凝心聚力，着力助推经济社会发展

深入推进“三百三进”主题活动。深入开展百名农村委员进农家问冷暖；百名机关委员进企业解难题；百名企业家委员进项目促发展的“三百三进”主题活动，紧密联系县委、县政府的重点工作，提高委员服务经济社会发展的主动性和针对性。积极推进政协智库建设。

将政协智库建设与换届工作统筹推进，尽量将社会各界的精英人才吸纳到政协委员队伍和政协智库中来。稳步推进经促会与异地商会协会的深度融合。适应新常态的要求，积极推进各经促分会与异地商会协会的深度融合，探索经促分会与异地商会协会两块牌子一套人马的新路子。着力做好知名乡友回乡创业和以商招商工作，鼓励他们回乡参与产业建设、交通建设、城镇建设和园区建设。

五、依法依章，着力做好政协换届的筹备工作

认真学习领会中央和省、市委关于政协换届工作的文件精神，按照政协章程和市委的统一部署，按程序做好有关界别设置、委员和常务委员的名额及人选等方面的协商工作。搞好关于政协提前换届征求意见的工作，严肃政治纪律和政治规矩，严把委员入口关，从讲政治、讲大局的高度开展好政协换届工作。

六、锐意创新，着力加强政协自身建设

充分发挥县政协党组领导核心作用。在县政协党组的领导下，充分发挥政协常委会成员、主席会议成员和县政协机关干部的聪明才智，切实履行好政协三大职能，认真完成好县委、县政府交给的各项中心工作任务。积极推进所联系的重点企业和重点项目的建设，肩负起助推发展的责任。加强县政协机关管理。严格对照教育实践活动和“三严三实”的要求，进一步完善政协机关《规范化工作指南》，强化规范化管理，确保制度落实、管理到位。加强政协基层组织建设。加强乡镇政协联工委、县直委员联络组建设，配好配强基层政协组织的领导和政协联络员，保障好开展政协工作的正常经费。稳步推进乡镇社区县政协委员工作室建设，延伸委员履职触角。加强委员、联络员的培训，切实提高履职能力和水平。加强政协队伍的绩效考核。对县政协常委会、乡镇政协联工委和县直委员联络组、县政协机关、县政协智库专家学者四个层面推行绩效考核，为政协履职提供有力保障。

各位委员，新常态赋予新使命，新时代开启新征程。让我们在中共桃江县委的坚强领导下，奋发有为、积极进取，振奋精神、扎实工作，为实现中国梦的桃江篇章作出新的贡献！

大事记

1月

1日，桃江广播电视台打造的电视专题记录片《资江行》播出第1集。2014年3月，桃江广播电视台决定摄制大型电视系列报道专题片《资江行》，并同步推出《资水风光》摄影集和《行走资江》散文随笔。桃江广电新闻部创作团队历时8个月行程两万公里，13集《资江行》终于如期与观众见面。

8日，益阳香炉山茶叶股份有限公司在湖南商会大厦举行挂牌仪式，成功登陆湖南股权交易所成长板，为湖南股交所第一家挂牌的黑茶企业。县委副书记、县长何军田，副县长王军华，湖南股权交易所总经理易卫红出席挂牌仪式。公司坐落于桃江县马迹塘镇，是一家集科研生产、销售、生态旅游和茶文化传播为一体的综合性企业。

21日，湖南农业信用担保有限公司桃江办事处在桃江农业银行揭牌。省农业信用担保公司副总经理陈永红、副县长李尔州共同为省农信担桃江办事处揭牌。

22日，桃江县城总体规划（2015—2035）修编合同正式签订，新一轮县城总规修编工作全面启动。

22日，教育部确定37个国家特殊教育改革实验区，桃江县名列其中。湖南省获此项目的只有桃江县和长沙市。

23日，最高人民法院表彰全国优秀法院、优秀法官和办案标兵，县人民法院刑事审判庭庭长刘兆斌获“全国优秀法官”荣誉称号。

25日，在湖南省委农村工作会议上，桃花江镇崆峒村被授予“湖南省美丽乡村建设示范村”荣誉称号。崆峒村在美丽乡村建设中，建有1个AAA国家级景区桃花江竹海，1个省林业厅楠竹丰产基地黄金塘楠竹丰产示范基地，19家标准化农家乐和千亩绿色农业基地。

2月

6日，县委2015年经济工作会议召开。会议回顾总结2014年的经济工作，安排部署2015年的经济工作。县委书记谭建华、县长何军田在会上讲话，县委副书记向荣主持会议。县委常委、常务副县长周卫星宣读2014年度县委、县政府相关工作考核情况的通报。

9日，桃花江中心医院门诊医技住院综合大楼开张。大楼8层，建筑面积逾6000平方米，设有门诊部、医技科室和5个住院病区、1个中心药库，装备中央空调、制氧与中心供氧系统、直饮水系统、安防监控系统与医院信息系统等配套设施。

15日，县参保城乡居民基础养老金待遇调至75元/月/人，从2014年7月1日起增加15元/月。全县近13万人受益，每年增发基础养老金2300多万元。

16日，县委书记谭建华与24名青年干部面对面座谈，倾听赴广州挂职干部、乡镇挂职干部、信访局跟班学习干部、80后科级干部和90后干部的工作感言。县委副书记向荣，县委常委、纪委书记陈万军，县委常委、组织部长、统战部长雷越毅等领导出席座谈会。

25—27日，2015年县委中心组（扩大）第一次集中学习。与会人员学习中共十八届四中全会和中央经济工作会议精神，聆听中央、省、市宣讲团教授对十八届四中全会精神、社会主义核心价值观、小康社会建设、农村工作、宣传工作及党风建设、新环保法的解读。

26日，桃江举行育才奖学金基金受奖学生座谈会，40多名桃江籍知名高校学子齐聚一堂。受邀参加座谈会的成都置信集团康城投资开发有限公司总经理符美华博士作了主题为“做好个人职业发展规划”的励志讲座。四十一集团军原政委钟渭贤少将，市人大常委会原主任周再华，市政协原副主席文朗辉，县委副书记向荣，县人大常委会主任符凤文，县政协主席李质彬，县委常委、副县长曹萍等出席座谈会。

3月

1日，在全国妇联召开的纪念“三八”国际妇女节暨全国妇女先进典型表彰大会上，桃花江镇党委书记赵立峰被授予全国“三八红旗手”荣誉称号，县地税局办税服务中心被授予全国“巾帼文明岗”荣誉称号。

4日，县委召开妇女工作大会庆祝第105个“三八”国际劳动妇女节，会议表彰10个“最美家庭”，启动“弘扬孝德文化，创建文明家庭”活动。

10日，县委召开“发展大湖经济，建设全面小康”会议，传达省市发展大湖经济的重要精神，安排部署人大、政协、政法、宣传思想、办公室、组织、统战、计生、交通、农业农村、工业、园区、城镇建设等13项重点工作任务。谭建华主持会议，何军田提出具体要求，分管县级领导具体部署。在职副处级及以上干部，各乡镇、正科级及以上县直和双重管理单位主要负责人参加会议。

10日，县委、县人大常委会、县政府、县政协、县人武部在职实职县级领导到浮邱山乡白家河村金果生态果园开展义务植树活动。

20日，谭建华主持召开第7次县委常委会。会议听取2015年县级领导和县直单位联村安排和2015年县级领导联系重点工业企业、重点招商项目、重点产业项目的安排，听取《关于规范2015年考核奖励工作的意见》的情况说明，通过《关于规范2015年考核奖励工作的意见》《2015年桃江县在职县级干部重点工作目标绩效考核办法》《关于调整“三访三化促发展解民忧”专项活动县级领导、县直单位和乡镇联点安排及县级领导联系重点工业企业、招商项目和产业项目安排的通知》。

26—27日，县委举办村（社区）党组织书记培训班，全县309名村（社区）党组织书记参加培训。培训内容涉及廉洁履职、社会治理、中央精神解读、农村工作方法、惠农政策、基层法治、计划生育等方面，分管县级领导分别进行专题讲座。

26日，桃江县举行第二届“竹王”评选活动颁奖仪式，鸬鹚渡镇学堂湾村竹农杨孟贤培育的楠竹胸围达521毫米，被评选为“竹王”，杨孟贤获得10万元奖金，10位竹农培育的楠竹获得“桃江美竹”称号，每人获得2万元奖金。

30—31日，中国工程院党组副书记、院士王玉普一行受国家能源局委托，到桃江进行“内陆地区核电建设”调研。调研组实地考察核电厂区，参观桃江核电科技馆，并召开研讨会。中国核工业集团公司总经理钱智民，副省长黄兰香，市委书记魏旋君，市委副书记、市长胡忠雄，县委书记谭建华，县委副书记、县长何军田等陪同调研。

4月

3日，谭建华主持召开防汛抗旱工作会议。会议要求，遇资水历史最高洪水位，确保3个万亩堤垸不溃垸；遇设计标准内洪水，确保209座水库不垮坝，重点山塘安全防洪；遇暴雨山洪灾害确保不出现群死群伤；遇中等程度干旱，确保居民生活、工农业生产和生态环境用水不受大的影响，工农业生产损失降到最低；发生严重干旱，确保居民生活用水基本有保障。何军田作工作报告，县委、县人大常委会、县政府、县政协、县人武部在职实职县级领导，正科级及以上县直和双重管理单位主要负责人及乡镇相关领导参加会议。

14日，省林业厅副厅长唐苗生到桃江调研笋产业发展情况。唐苗生一行先后到马迹塘镇笋竹生产合作社的生产车间和笋竹两用林示范基地实地查看，对“分散办基地，集中初加工，解决竹农后顾之忧”的经营模式表示认可。县委书记谭建华、副县长李畅和陪同调研。

15—17日，省爱卫办专家对桃江创省卫进行验收。专家分成9个组，深入到县城机关、庭院、社区、街道、学校、医院、餐馆、商店、车站、商场等地，采取查阅资料、调查问卷、现场查看等方式，从爱国卫生管理、环境卫生及设施、城市环境保护、食品安全、单位和社区卫生和镇辖村卫生等11个项目对桃江创卫进行全面考核鉴定，考评记分为91.2分，并建议省爱卫办报请省爱卫会确定考核鉴定合格，进入省级卫生县城的公示程序。

21日，省地方志编纂委员会党组书记、副主任易介南一行在益阳市志办主任周冠军陪同下，到桃江调研地方志工作。易介南参观县情馆和方志馆，县委办主任肖立新就地方志工作情况进行汇报。易介南对桃江的地方志工作给予充分肯定。

22日，省轻工盐业集团董事长冯传良到桃江考察竹产业、茶产业、面业和酒业发展情况。冯传良一行实地考察黄金塘楠竹丰产培育示范基地、浩茗茶业、桃花江酒业和修山钟氏面业，并提出建议意见。县委书记谭建华、县人大常委会主任符凤文、副县长王军华陪同考察。

27日，县委召开2015年“平安家庭”创评工作会议。会议部署2015年的创评工作，表彰2014年度30户县级“平安家庭示范户”。县委常委、政法委书记陈震宇出席会议并讲话，县人大常委会副主任龚卫山主持会议。各乡镇、正科级及以上单位负责人参加会议。

30日，在湖南省庆祝“五一”国际劳动节暨表彰劳动模范和先进工作者大会上，益阳市东方水泥有限公司员工周瑞斌、桃花江镇崆峒村支书莫卫明被授予湖南省劳动模范荣誉称号，县中医院院长詹运开被授予湖南省先进工作者荣誉称号。

5月

6日，为期60天的桃江县农资打假“春雷”行动落幕，抽检显示，桃江农资市场产品合格率高于全国平均水平。此次春季农资市场整治行动出动执法人员300人次，执法车辆60台次，对全县200家农资经营门店每家上门检查3次以上，立案查处案件3起，查封不合格农资产品10多吨。

是日，县委、县人大常委会、县政府、县政协在职实职县级领导，副处级及以上干部，乡镇、县直单位“一把手”147人到益阳市反腐倡廉警示教育基地接受廉政警示教育。

7日，县“体彩杯”第十一届大众运动会开幕。此次运动会设有登山、三人篮球、公路自行车、拔河、乒乓球、羽毛球、单人跳绳、钓鱼、姚记双百分、中国象棋、4×100米混合接力赛、1500米中长跑等12个项目，报名总数1750人。470多名选手参加浮邱山登山比赛。

11日，中国科学院院士、中国科学院数学与系统科学研究院研究员丁夏畦因病医治无效，在北京去世，享年87岁。丁夏畦1928年5月出生于湖南桃江，1951年毕业于武汉大学数学系。曾任中国科学院数学所、系统所、应用数学所、武汉数学与物理所研究员，武汉数学物理所所长，所学术委员会主任。1991年当选为中国科学院院士。

是日，副省长李友志到桃江督查防汛工作。李友志先后到鸬鹚渡镇分水坳水库、桃花江镇牛潭河垸进行实地督查，检查县防汛会商室的水库视频监控及会商系统运行情况，并听取防汛工作情况汇报。市委副书记、市长胡忠雄，副市长谢寿保，县委副书记向荣，县委常委、常务副县长周卫星等陪同督查。

是日，全省基层政权和社区建设工作推进会在桃江召开，桃江的“四位一体”新型村级治理经验在全省推介。省民政厅党组成员、副厅长李劲夫，市民政局党组书记、局长聂新民，县委常委、副县长曹萍以及全省各市、州民政局分管负责人出席会议。

14日，根据《关于表彰第四届全国文明城市（区）、文明村镇、文明单位的决定》《关于表彰2014届湖南省文明城市、文明村镇、文明行业、文明单位、文明标兵单位的决定》，桃花江镇、卫生局、桃江一中、烟草专卖局、高桥乡分别入选“全国文明村镇”“湖南省文明标兵单位”“湖南省文明单位”“湖南省文明乡”。

29日，县委召开全县“三严三实”专题教育工作座谈会，正式启动“三严三实”专题教育活动。谭建华讲了题为《学习践行“三严三实”要求，做党和人民的好干部》的党课，何军田主持会议，雷越毅就全县“三严三实”专题教育工作作了部署安排。县领导，各乡镇和正科级及以上单位主要负责人参加会议。

5月，桃江县锦川贸易配送有限公司、幽悠经典婚纱影楼、波西米娅摄影楼、中海城发艺沙龙和标准美容美发足浴城等5家企业被确定为全国“商贸流通业典型统计调查企业”。

6月

2日，省竹蝗防治工作现场会在桃江召开。会上，省林业厅副厅长吴彦承对全省竹蝗防治工作提出要求，县委副书记向荣在会上致辞，副县长邓清波介绍竹蝗防治工作经验。市林业局局长肖正军，县政协副主席、县林业局局长黄平等出席会议。

5日，副省长张剑飞到桃江检查水上交通安全工作。张剑飞一行实地检查毛羊坪汽车渡口的停航封渡、船舶安全状况及安全设施、救生设备的配备情况，并查阅签单发航、船舶船员资质等相关记录。市委副书记、市长胡忠雄陪同检查。

8日，桃江举行莫应丰遗作遗物暨欧阳慧龄女士作品捐赠仪式，莫应丰遗孀欧阳慧龄将多年珍藏的莫应丰73件（张）珍贵档案资料及自己的部分美术作品捐赠给桃江县档案馆，其中包括莫应丰荣获的全国首届茅盾文学奖奖牌、《当代》荣誉作家奖牌以及当代文学奖证书和人民文学奖证书。

12日，全市山洪地质灾害防御暨水库抢险演练在武潭镇举行。市委副书记许显辉，常务副市长杨跃涛，副市长周振宇、谢寿保，县委书记谭建华，市防指有关成员单位负责人，安化、桃江、赫山、资阳、高新区5个山丘区县的区县长、分管副区县长，区县防指有关成员单位及山洪灾害重点易发区的乡镇党委书记、重点易发村的村支部书记等450余人观摩演练。

16日，在县人民医院学术报告厅，美国急诊医学会国际医学委员会主席、国际急诊医学项目部主任、马里兰大学医学院急诊医学科教授泰伦斯穆利作了题为“院内创伤急救体系”的学术报告。县卫生系统200多名临床医护人员聆听报告。

17日，洞庭湖生态经济区重点项目推进会暨桃江竹产业创新创业园开工仪式在桃江举行。

21日19时20分，三堂街镇合水桥村发生一起因建房破坏山体导致的山体垮塌事件，造成一死一伤。

23日，县委第11次常委会议研究医疗机构改革工作，同意将县肿瘤医院的人、财、物并到县人民医院，统一经营、统一核算、统一管理、统一分配，同时加挂“桃江县人民医院肿瘤分院”的牌子。根据国家医改政策要求，每个县原则上只设置1所县级综合公立医院、1所中医医院、1所妇幼保健院。

25日，国家卫生计生委原副主任、全国政协人口资源环境委员会委员陈啸宏率调研组到桃江调研人口与计划生育工作。调研组实地调研鸬鹚渡镇长江村和石牛江镇安陵坪村计生工作，听取计划生育工作的汇报。省卫生计生委党组书记詹鸣、市委书记胡忠雄陪同调研。

是日，2015年普通高校招生统一考试成绩正式公布，全县3229人参考，普高本科二批以上上线1537人，上线率47.60%。其中本科一批上线625人，上线率19.02%；600分以上考生84人，全市文理科前十强位居前列，空军招飞有6人文化成绩上一本线。

27日，桃江县湘益木业有限责任公司、桃江县宏森木业有限责任公司荣获“湖南省板业十强企业”称号；湖南桃花江实业有限公司、益阳市桃花江竹业发展有限公司荣获“湖南省竹产业十强企业”称号。

7月

8日，省妇联副主席卢妹香到桃花江镇看望慰问省级“最美家庭”龚庆和家庭。市妇联主席杨丽萍，县委常委、副县长曹萍陪同慰问。

13日，湖南省爱国卫生运动委员会正式发文授予桃江县“湖南省卫生县城”称号，桃江创“省卫”工作取得圆满成功。

14日，商务部市场体系建设司公布《全国电子商务进农村综合示范县名单》，桃江县成功获批为全国电子商务进农村综合示范县，湖南有8个县市获评通过。

16日，副省长蔡振红到桃江调研走访桃花江竹海和桃花江核电厂区。市委副书记、市长许显辉，县委书记谭建华陪同调研。在桃花江竹海景区，蔡振红一行参观竹文化馆，观赏丰富的竹工艺品、竹生活用品以及和竹有关的文化艺术作品。蔡振红表示，桃花江竹海风光独特，应挖掘本地特色，打造优良的旅游景区。蔡振红一行还查看桃花江核电厂区，参观核电科普展，详细了解核电厂区选址、AP1000技术特性和核电安全性特点等。

17日，县畜牧水产学会成立。18日召开首届会员大会，选举产生学会理事会。有个人会员152名，单位会员两个。

19日，国家工商总局认定桃江县湘益木业有限责任公司持有的“湘益”注册商标为“中国驰名商标”，填补桃江县没有驰名商标的空白。

29日，湖南东能投资集团董事长罗山东到桃江考察陶粒页岩项目扩建和轻质墙板基地建设项目。

8月

7日，桃江县首届县长质量奖在县经济开发区颁奖，县新兴管件有限责任公司、桃江久通锑业有限责任公司和湖南桃江南方水泥有限责任公司董建松获奖，副县长王军华为3家单位（个人）颁发奖牌和奖金，分别奖励10万元、10万元、1万元。

10日，桃花江镇西溪街罗凤保收到国家知识产权局寄来的《头痛头晕治愈康发明专利证书》，他潜心9年研发的治疗头痛头晕配方获国家知识产权局的权威认定和授权。

12日，桃江县育才奖学基金会在县教育局举行颁奖仪式，为荣获第八届育才奖学金的57名学子颁发奖金90.3万元。四十一集团军原政委钟渭贤，深圳金立通讯设备有限公司董事长刘立荣，省强生药业有限公司董事长汪卫东，广东金康投资有限公司董事长卢光辉，胡国清、曹萍等出席仪式并为获奖学子颁发奖学金。

15日，省档案局局长胡振荣与省人大教科文卫委联合到桃江检查2012年以来贯彻实施《中华人民共和国档案法》《湖南省档案管理条例》的情况。胡振荣参观“走进桃花江”展厅、党史陈列室、桃花江核电科技馆，检查县档案馆库房，听取汇报，对桃江的档案工作给予充分肯定。副市长黄东红，市档案局局长李笑春，县委常委、常务副县长周卫星，县人大常委会副主任吴小玲陪同检查。

18日，桃花江核电科技馆被中国科学技术协会授予“全国科普教育基地”称号，这是内地首家核电公司科普馆获此殊荣，也是益阳继市博物馆后第二个“国”字号科普教育基地。

25日上午，桃江县隆重举行周易书画藏品捐赠仪式。捐赠仪式上，周易先生将多年精心收藏的高希舜遗作及其学生书画作品等8件珍贵档案资料无偿捐赠给桃江县档案馆。

26日，桃江县在体育场隆重举行纪念中国人民抗日战争暨世界反法西斯战争胜利70周年文艺晚会。晚会由县广播电视台承办，主题为“勿忘国耻，珍爱和平，回顾历史、深刻反思、感召未来”。县委书记谭建华、县人大常委会主任符凤文、县政协主席李质彬及其他在家的五套班子领导，桃花江核电公司党组书记左云峰等与近3000名群众观看晚会。

26日，国家中医药工作评审专家组到桃江检查验收“全国基层中医药工作先进单位”创建情况。专家组观看创建工作专题片，听取情况汇报，查阅全县中医药工作的资料，现场检查县中医院的中药房、煎药室、制剂室、中医门诊，抽查牛田镇中心卫生院、松木塘镇中心卫生院，对桃江的创建工作给予充分肯定。省中医药管理局副局长李国忠，市政协副主席夏宏宇，副县长戴朝陪同检查。

27日，桃江县羞女湖国家湿地公园郭家洲片区概念规划设计在县交易中心完成招标，确定风土（北京）城乡规划设计有限公司为服务单位。桃江羞女湖湿地公园总面积2300.5公顷，其中湿地面积1916.6公顷，湿地率85.27%，位于资水下游，修山电站大坝至马迹塘电站大坝水域（含碧螺水库、渣潭溪、沾溪等支流的部分水域）及周边部分耕地、林地、交通运输用地，涉及8个乡镇32个村（社区）。

30日，中共益阳市委宣传部下发文件，增补桃江县档案馆等3家单位为市第三批爱国主义教育基地。县委组织部和县委党校204年将县档案馆定为党校现场教学点。

31日，“铭记历史·开创未来”纪念抗日战争胜利70周年书画展在老年大学活动中心举行。书画展从8月31日至9月2日，为期3天，收集作品200来幅，集中展出133幅，部分优秀作品送国家、省市参展。

9月

1日，桃江县城市管理行政执法局揭牌，桃江县城市管理和综合执法局正式更名为桃江县城市管理行政执法局。副县长刘武出席揭牌仪式。在更名仪式上，100多名城管执法队员庄严宣誓，表示竭诚为人民服务，建设美丽桃江。

7日，在2015年中国（湖南）非公有制经济发展论坛暨海外侨领侨商三湘行活动益阳市投资合作交流推介会上，年产2.5万吨竹缠绕复合压力管生产项目正式签约。项目投资方为华中绿谷实业发展有限公司，项目选址桃江经济开发区牛潭河工业园，规划用地面积4.67公顷，总投资1.6亿元，新建4条竹缠绕复合压力管生产线。项目建成后，年产值为两亿元以上，年创税收1000万元以上。

8日，省委原常委、省纪委原书记、省教育基金会理事长许云昭到桃江看望慰问一线教师。许云昭先后到灰山港镇甘泉山小学和县职业中专看望危海燕和卢彤两位教师，并送上慰问金。市委常委、纪委书记黄进良，县委书记谭建华，县委常委、副县长曹萍等陪同。

9日，桃江县5名教师获得全市首届“周谷城教育奖”。他们分别是桃江镇桂花园小学校长文梦强、桃江县职业中专学校教师李纯英、沾溪镇中心学校教师李乐奇、桃江四中教师周剑、大栗港镇完全小学教师胡梅林。

10—20日，全国第九届残疾人运动会暨第六届特殊奥林匹克运动会在四川成都举行，桃江肢体残疾运动员文晓燕获得个人200米和400米赛金牌、4×100米赛团体金牌、个人100米赛铜牌。在200米和4×100米赛中破世界记录。

15日，日本国际协力机构中国事务所所长助理土居健市、李瑾，日方高级咨询师石里宏，国家卫生计生委中日项目官员金真组成的中日调研团到桃江考察妇幼健康服务项目。湖南省卫生计生委妇幼健康服务处处长王若平，原益阳市卫生局副局长蔡国辉，县委书记谭建华，县委常委、县委办主任肖立新，副县长戴朝出席座谈会或陪同调研。调研座谈会上，戴朝汇报桃江县妇幼健康服务工作情况。调研团就妇幼保健服务的基础设施建设、技术人员培训等援助、合作重点在会上进行交流，并到县妇幼保健院、县疾病预防控制中心和县计划生育技术服务站进行实地考察。

16日，省党史联络组常益片组副组长曾繁友、刘国湘，成员张连华，省委党史研究室联络指导处副处长朱柏林到桃江调研党史和党史联络工作，市党史联络组副组长谌涤尘、文朗辉，市委党史研究室主任张运秋及县委书记谭建华陪同调研。省、市党史联络组参观县党史陈列室、“走进桃花江”县情展厅和桃花江核电科技馆，听取谭建华的党史工作情况汇报。调研组对桃江的党史工作予以充分肯定和高度评价。

17日，德国食品和农业部生物经济和可持续农林业司司长诺依曼一行来到桃江考察竹产业。国家林业局国际合作司副司长章红燕、湖南省林业厅副厅长柏方敏陪同考察。德国代表团考察桃花江实业科技有限责任公司防腐重组竹材生产车间，了解公司重组竹材建设项目，对桃江的竹产业发展给予高度评价。“德国援助湖南森林可持续经营项目”是一种用于扶持发展中国家进行森林培育管理的贷款项目，此次德国代表团来桃江是德国援助湖南森林可持续经营项目的高层考察，项目一旦启动实施，桃江将获得竹资源培育资金贷款3800万元。

20日，电影《我要回桃花江》在中央电视台电影频道播出。该影片根据桃江籍著名作家薛媛媛的作品改编而成，由县委、县政府和长春电影制片厂合作摄制，是第一部在桃江实景拍摄的发生在桃花江的故事片。

22日，第一届潇湘护理国际论坛在湖南省人民医院举行，美国、澳大利亚、新加坡和中国香港、台湾地区的专家、代表500余人参会。此次会议一个重要议程是品管圈展示大赛，桃江县人民医院选送的“大雁圈”获得全体评审专家的一致好评，获决赛优胜奖。

是日，在县政务中心工商窗口，副县长王军华为桃江县锦川贸易配送有限公司颁发桃江首张“三证合一、一照一码”商事主体营业执照，桃江县“三证合一”“一照一码”登记制度正式实行。

是日，“记住乡愁——盛世芙蓉逝去的家什”水墨系列画展在益阳尚东艺术馆开展，展览共展出盛世芙蓉创作的48幅水墨画作品。

是日，教育部公布2015年全国青少年校园足球特色学校及试点县（区）名单，桃江县桃花江小学、玉潭学校入选。

29日，县委召开农村精准扶贫促进村级集体经济发展、农村电子商务、“全国科普示范县”创建、基层组织建设暨领导干部“一进二访”活动大会。谭建华在会上讲话，何军田主持会议，向荣、周卫星作专题报告。县领导、各乡镇党委书记、乡镇长，正科级及以上单位党政主要负责人参加会议。

30日，县烈士墓园落成。桃江县在新建成的烈士墓园隆重举行“烈士纪念日”纪念活动，深切缅怀革命先烈的丰功伟绩，弘扬先烈的崇高精神。县委副书记向荣出席纪念活动并讲话，县委常委、副县长曹萍主持。

10月

2015年，湖南省文学艺术界联合会、中共桃江县委、桃江县人民政府联合主办纪念高希舜诞辰120周年“美人与竹”书画作品大赛。通过3个月的征稿，收到参赛书法作品356件，参赛绘画作品169件，10月8日，湖南省书协、美协著名书画艺术家组成的评委会对参赛作品进行了分类评审。曹述林的对联《竹雨松风琴韵，茶烟梧月书声》获书法类特等奖；刘文广的《美人与竹古诗》等10件作品分获书法类一、二、三等奖；杨城等30名作者创作的作品获得入围奖。谢运南的《疏林清禽》等11件作品分别获绘画类一、二、三等奖；安徽和县屠东辉等30名作者创作的作品获得入围奖。

9日，省商务厅厅长徐湘平率省政府督查组到桃江督查稳增长重大政策措施落实情况。徐湘平实地检查益马高速大栗港段、金盆南路、玉竹凉席等项目现场，对桃江的工作给予充分肯定。市委常委、副市长彭建忠，县领导谭建华、肖立新、周卫星等陪同督查。

12日，1937年7月13日牺牲的陆军第十四军八十三师四九八团团长曾宪邦将军墓地重修落成仪式在浮邱山乡回龙湾村隆重举行，县委常委、组织部长、统战部长雷越毅，县委常委、副县长曹萍，曾宪邦将军后人代表及县委宣传部、县委统战部、县民政局、县文广新局、浮邱山乡政府等单位负责人出席仪式。

18日，2015年湖南省第八届环湘自行车赛益阳站“美丽桃江·户外天堂”山地自行车爬坡赛开幕式在县城金盆广场举行，400余名运动员齐聚桃花江参加比赛。开幕式仪式上，湖南省体育总会专职副主席冯湘江宣布比赛开幕，湖南省体育局产业办主任潘绍钦为桃江县“湖南赛车运动基地”授牌。

19日，桃花江农业公园项目总顾问、万达集团副总裁莫跃明在副县长王作军，省人大代表、兖矿东华（湖南）文化旅游投资有限公司董事长、益阳江南古城项目总负责人王跃农，北京大学教育文化战略研究所研究员、管理学博士莫笑牛的陪同下，到桃花江农业公园项目选址现场进行实地考察，石牛江镇党委书记、镇长温钰辉介绍项目创意思路、初步规划、目前进展及下一步打算。桃花江农业公园项目是桃江县文化旅游产业招商座谈会重点包装的招商项目，正在申报国家高效农业项目和创建国家级农业公园项目。项目位于桃江县石牛江镇，规划用地192公顷，初步规划为“九区一走廊”，建设一个集现代农业园林景观与休闲、度假、游憩、商贸、地产等于一体的规模化乡村文化旅游综合体。

19—20日，桃江举行文化旅游产业招商座谈会，来自北京、上海、深圳的57名客商应邀参加。谭建华在座谈会上致辞，何军田主持招商座谈会和签约仪式。15个涉及物流、旅游、风力发电、食品综合开发等领域的招商项目当场签约。此次招商座谈会发布招商项目12个，签合同资金19.2亿元，签意向协议资金70亿元。

22日，中国林学会举办的中国林学会竹子分会五届四次全委会暨第十一届中国竹业学术大会在桃花江畔开幕。

26日，安化黑茶文化节闭幕。湖南浩茗茶业食品有限公司的“手筑茯砖”荣获“中国黑茶金砖奖”，副总经理丁深根荣获中国安化黑茶“制茶大师”称号。公司坐落在桃花江经济开发区，拥有国内最先进的黑茶清洁化加工生产技术和设备，采用电脑自控蒸茶、发酵系统和除尘除湿、烘房设备，生产工序严格按QS要求管理，率先实现黑茶从茶园到茶杯全程清洁化、连续化的不落地式生产，开启中国黑茶清洁化时代。

28日，湖南省春龙竹艺有限公司在上海股权托管交易中心挂牌上市。公司位于桃花江镇，拥有20多年的发展历史，厂房面积8000多平方米，公司主打产品有本色麻将席、碳化麻将席、竹叶青麻将席、水竹凉席以及各种规格的沙发座垫、汽车座垫等，是益阳市竹凉席行业中规模最大的民营企业，也是湖南省电子商务示范企业。

11月

15日，在长沙举行的湖南省首届农资信息交流暨产品展示交易会上，桃江金洲水稻种植专业合作社荣获“湖南省十优种植专业合作社”称号。专业合作社是由回乡创业的大学毕业生文振华与省级种粮大户高瑜共同创办的。合作社位于灰山港镇雪峰山村，拥有生产基地11个，社员191人，流转土地275公顷，其中水稻种植面积233.33公顷，富硒雪莲果、五爪虎辣椒、黑米等经济作物33.33公顷。

24日上午，县委书记谭建华到县中医院看望离休干部百岁老人周瑞庭，为老人送上鲜花、蛋糕和红包。周瑞庭1984年离休，享受3项副厅级待遇，是益阳市唯一健在的百岁抗战老兵。

是日，县委召开政府职能转变和机构改革动员大会。向荣主持会议，周卫星宣读《桃江县人民政府职能转变和机构改革方案的实施意见》，谭建华作重要讲话。根据《实施意见》，全县将减少正科级单位17个、副科级单位两个，政府部门调整为24个。

27日，湖南湘利富竹复合压力管项目开工仪式在桃江经济开发区举行。项目总投资达8亿多元,项目（一期）总建筑面积3.29万平方米，配备有生产车间、竹材料库、实验室等，新建竹复合压力管生产线4条。

是日，2015中国智慧政府发展年会在北京召开。根据会议发布的评估结果，桃江县委、县政府官方网站——桃江公众信息网在全国电子政务试点县（市、区）政府门户网站绩效评估综合排名中名列第九，进入全国前十强。本次测评由中国社会科学院信息化研究中心和国脉互联政府网站评测研究中心联合组织，邀请国内电子政务权威专家教授对全国政府网站进行综合测评。

28日，桃江县新增3家农民合作社省级示范社，分别是桃江县金洲水稻种植专业合作社、桃江县自良水稻种植专业合作社和桃江县桃林林产品开发专业合作社。全县有省级农民合作示范社9家。

12月

2日，以省档案局副局长薛冬英为组长的省评估组对桃江县档案馆晋级工作进行全面考核。县档案馆以93分的高分成功晋升为省一级国家综合档案馆。省评估组认为，桃江县委、县政府高度重视档案工作，档案馆建设标准高，基础业务工作扎实，特色档案征（收）集工作成果突出，档案信息化工作成绩显著，取得很好的社会效果。

4日，桃江县婚姻家庭纠纷人民调解委员会在县政务中心正式挂牌成立，桃江县婚姻家庭纠纷人民调解委员会领导小组向9名志愿者发放聘书。

8日，湖南省2015年度“爱心守护希望同行”留守儿童关爱帮扶活动启动仪式在玉潭学校举行。省委宣传部副部长、省文明办主任刘进能在会上讲话，市委常委、宣传部长胡立安主持仪式，谭建华在会上致辞。全省14个市、州的相关负责人、义工和留守儿童代表参加仪式。

15日，6艘标准化渡船驶进桃江港，并在县城潭头湾码头举行交接仪式。县交通运输局党组书记、局长符跃安和相关负责人参加交接。2015年桃江县改造渡船19艘，由省交通运输厅统一组织改造。新标准化渡船不但质量良好、外表美观，而且设计完善、安全性能优良；船舶采用"不沉式"设计，可确保船舶在所有舱室破损或船舶倾覆的情况下船体仍浮于水面，并能确保承载所有核定的乘客和船员不致沉没。

16日，桃江县整体推进教育信息化工程设备采购项目在县交易中心完成招标。项目总投资预算为1741万元，以教育部及省教育厅"三通两平台"，即"宽带网络校校通、优质资源班班通、网络学习空间人人通"建设为标准，建设教育资源公共服务平台和教育管理公共服务平台。其主要建设内容包括：完成107所学校的校园网建设，实现"校校通"，完小及以上学校实现"班班通"设备配备到每个班级，其他小学每校配备一套"班班通"设备，不同层次的学校采用不同的"班班通"教学终端；其中，采购"短焦投影＋电子白板＋计算机"设备507套、"65英寸交互式触摸一体机＋推拉黑板"设备100套、"55英寸交互式触摸一体机"48套、"人人通"计算机730台；建设直录播教室3间；建设视频会议系统，主会场系统1套，分会场系统20套；订制开发一个满足学校、班级、教师、学生、家长等多方需求并包含各种数字教育应用的教育平台。

17日，湖南省军区政委马必强到桃江视察人民武装工作。县委书记谭建华，县委副书记向荣，县委常委、武装部长曾梦辉陪同。马必强看望人武部干部，查看机关建设情况，听取桃江人民武装工作开展情况和干部队伍思想状况的汇报，了解民兵组织训练、战备物资器材储备等武装工作，对桃江人民武装工作给予充分肯定。

27日，中广核湖南桃江邱家仑50兆瓦风电项目正式启动建设，县委常委、副县长曹萍出席开工仪式，并宣布项目开工。中广核湖南桃江邱家仑50兆瓦风电项目位于灰山港镇铁矿坳村，总投资4.58亿元，装机容量50兆瓦，建设工期18个月。

28日，县政协原副主席、县关工委执行主任丁固威和县委老干部局负责人到县特殊教育学校，为聋哑学生姜慧敏颁发由省关工委授予的"湖南省残疾青少年励志奖"证书。

是日，桃江县民间文艺家协会会刊《桃江民间文艺》创刊号正式出版。《桃江民间文艺》创刊号收录文章近20篇、照片近40幅。

是日，政协桃江县第八届委员会第四次会议开幕。县委、县人大常委会、县政府、县政协全体在职实职县级领导、其它副处级以上在职干部，县人武部政委出席会议。大会应到委员245名，因病因事请假6人，实到239名，符合政协章程规定。

是日，湖南闽益农业开发公司正式登陆湖南股交所优选板（Q板）。公司位于桃江县牛田镇，2013年8月成立。公司投资1500万元，流转土地73.33公顷，采取公司示范基地＋合作社＋农户的形式，主打富硒无公害蔬菜、水稻种植经营，是一家以保障农产品安全为核心，致力于发展富硒生态农业的现代农业开发公司。2015年，公司开通网络平台，产品实现线上线下销售，是益阳市首家"互联网＋农业"的企业。

是日，全国档案工作暨表彰先进会议在北京举行，桃江县史志档案局副局长周勇被授予"全国档案系统先进工作者"荣誉称号。

29日，桃江县十六届人大五次会议开幕。大会主席团常务主席、执行主席汪铁波主持会议。会议应到代表278名，实到266名，请假12名，符合法定人数。县长何军田代表县人民政府向大会作政府工作报告。

是日，桃江县金沙重型机械制造有限公司铸造的中国最重的一体成型铸钢雕塑《碑》正式交付艺术家幸鑫所在的工作室。这件铸钢雕塑由一辆101吨重的老火车头一次性熔化、一次性浇铸而成。《碑》是长宽高2.45米左右，重量约100吨的实心立方体。

31日，桃江县举行230省道资江雷公岩特大桥开工典礼。副县长刘武宣布工程开工。资江雷公岩特大桥是230省道改建工程（即浮邱山大道）的控制性关键工程，大桥全长1010米，桥面宽26米，采用双向四车道设计，两侧设置有非机动车道和人行道。主桥结构形式为跨径长达90米的变截面悬浇预应力混凝土连续箱梁，引桥结构形式为现浇连续箱梁和连续空心板。工程估算投资1.4亿元，建设工期为3年。

12月，经过专家评审并结合网络投票，"我爱我家"2015年全国家庭情景剧展示活动获奖作品出炉。桃江县妇联组织拍摄推荐的作品《心愿》获"优秀作品奖"，成为湖南省唯一获此殊荣的作品。由全国妇联、文化部联合举办的"我爱我家"2015年全国家庭情景剧展示活动历时8个月，分编创征集、推荐选送、网络投票、展播推广4个阶段，有25个省（区、市）的114部作品入围，最终评出30个"优秀作品奖"。

综 述

桃江县概貌

春秋战国前，桃江属荆州地域，置县前属益阳县。《广舆记》《大明一统志》、同治《益阳县志》均载："益阳置县始自秦。"至明太祖洪武十四年（1381），益阳县辖26里，其中11个里属今桃江全境。清袭明制，顺治十一年（1654年），益阳县辖26里裁为23里，桃江全境仍是11个里。民国元年（1912），益阳县划分7个镇，其中鲊埠镇、桃江镇及大桥镇部分为今桃江县境。民国二十七年（1938），益阳县辖27乡两镇，其中桃谷、舒凤、桃江、金沙、桃源、子良、大桥、三山、瑞龙、栗埠、马埠、鲊埠、武潭13个乡为今桃江县境。民国三十五年（1946）秋，益阳县扩乡并保，设14个乡，其中桃林乡（原桃谷、桃江）、舞凤乡（原舒凤、三山、瑞龙）、碧螺乡（原武潭、鲊埠）、九岗乡（原马埠、栗埠）、桃源乡（原子良、桃源）、志源乡（原金沙、大桥）6个乡为今桃江县境。

1949年8月3日益阳县解放，设8个行政区，其中六、七、八行政区为今桃江县境。1950年7月，划乡建政、废保改乡、乡下设村，益阳县设11个行政区，其中六、七、八、九、十一共5个区，辖107个乡镇为今桃江县境。1951年7月，湖南省人民政府析益阳县六、七、八、九、十一区，置桃江县，并筹备成立桃江县人民政府，属益阳专区管辖。1951年9月14日，正式宣告桃江县人民政府开始办公。1952年2月16日，政务院正式批准桃江县人民政府成立。1952年11月，益阳专区撤销，桃江县划归常德专区管辖。1962年12月，恢复益阳专区建置，桃江县属益阳专区管辖。1994年3月7日，益阳地区撤地建市，桃江县属益阳市管辖至今。

1951年9月，桃江县划分为11个区、106个乡、5个镇、1351个村。1952年，全县改大乡为小乡，11个区不变，111个乡镇改为278个乡镇、1241个村。1953年1月，改区政府为区公所，按地名称谓，区乡镇范围作适当调整，全县分10个区，1个区级建制镇——桃江镇，下辖167个乡镇，1241个村更名为大组。1956年5月25日，撤区并乡，全县建立45个乡镇，乡下建立1398个初级社，取消大组。1958年9月，全县建立20个人民公社，实行政社合一体制，人民公社下辖169个大队，1553个生产队。桃江镇直属县人民委员会领导，马迹塘镇属县和公社双重领导。1959年1月，20个人民公社调整合并为14个，169个大队调整为209个，1553个生产队调整为1664个。

1961年4月，恢复区公所，公社体制缩小。全县辖10个区、3个镇、47个农村人民公社，209个大队划分为816个大队，1664个生产队划分为6733个。桃江镇直属县人民委员会领导。马迹塘镇以及后来建立的三堂街、灰山港镇仍属县和区双重领导。1984年2月，实行政社分开，先后恢复47个乡人民政府、4个镇人民政府，将合并后的774个生产大队，改建成774个村民委员会。1985年6月，撤销修山、武潭、松木塘3个乡，改建为镇，实行镇管村体制。全县辖10个区、7个镇、44个乡、774个村。

1986年12月，撤区建立办事处，全县辖41个乡7个镇，774个村（其中林场带村4个），38个居委会，8000个村民小组，274个居民小组。1995年，桃江县辖12个镇12个乡，773个村，8163个村民小组，54个社区。截至2015年，桃江县辖12个镇、3个乡，15个乡镇分别为桃花江镇、修山镇、三堂街镇、鸬鹚渡镇、大栗港镇、武潭镇、马迹塘镇、石牛江镇、牛田镇、松木塘镇、灰山港镇、浮邱山乡、高桥乡、沾溪镇、鲊埠回族乡。

2015年末，全县户籍总人口88.84万人；人口出生率为12.3‰，死亡率为6.45‰，人口自然增长率5.85‰。年末常住人口79.23万人，城镇化率42.67%。县境回族总人口1.1万人，其他民族有蒙古族、藏族、维吾尔族、苗族、彝族、壮族、布依族、朝鲜族、满族、侗族、瑶族、白族、土家族、哈尼族、傣族、黎族、畲族、高山族、水族、纳西族、土族、撒拉族、仡佬族、锡伯族、阿昌族、羌族、塔吉克族、京族等民族人员分布。

县境位于湘中偏北，资水中下游，地理坐标为北纬28°13′～28°41′，东经111°36′～112°19′。东与益阳市赫山区相抵，南与宁乡县接壤，西、西南与安化县相连，西北与常德市鼎城区相接，北与汉寿县共壤，东北与益阳市资阳区相接，县治驻桃花江镇。东北距益阳市28千米，东至长沙西站120千米，西经武潭至安化县城120千米，北至汉寿县城72千米，至常德市121千米。县境东西长73.3千米，南北宽51.5千米，总面积2068平方千米，为湖南省总面积的0.97%。

县境地貌类型多样，山、丘、岗、平地犬牙交错。山地以西南部居多，丘陵主要分布在西北部和东部，岗地分布于平原与丘陵之间，平原分布在中部资江和溪河两岸以及山间谷地之中。

县境地貌类型，按形态可分为平原、岗地、丘陵、山地四大类。其中平原又有江河平原、溪谷平原、残积平原；岗地有高岗、低岗；丘陵有高丘、低丘；山地有低山、中低山、中山等十小类之别。

平原　县境平原面积为543.86平方千米，占全县总面积的26.35%。其中江河平原占平原面积的64.3%，分布于资江沿岸及敷、善、泥、沾、獭、志六大溪流之下游；溪谷平原及残积平原占平原总面积的35.7%，分布于溪流上游两旁及山丘谷地之中。

岗地　县境岗地面积303.57平方千米，占全县总面积的14.71%。分布于中部地区，多为低岗地。在西北和东部丘陵地区，也有分布，多为高岗地。低岗地占整个岗地面积的41.9%，比高小于30米，高岗地占58.1%，比高小于60米，坡度为6°～15°。

丘陵　县境丘陵面积为608.12平方千米，占全县总面积的29.46%。其中低丘占丘陵面积的52.6%，比高小于150米，坡度多为15°～20°；高丘占47.4%，比高小于200米，坡度为20°～25°。

山地　境内山地大部分分布于县境西南部，其他地区有零星分布，面积562.98平方千米，占全县总面积的27.26%。其中低山占山地面积58.8%，中低山只占2.4%。山地山峦起伏，脉络清楚，呈线状延伸，相对高度大于200米，坡度大都在25°以上。

山脉　县境山脉，由雪峰山余脉入境，以资水为界，分南北两系。其南，多群山且高，西南则高山重叠，沟壑纵横，猴家大山山势险要，为桃江与宁乡两县的天然分界线。自此山脉分别向东、北、西三面延伸，西有城墙大山、轿顶山、天花山、盖土仑、疤子尖、天瑞山、三岔仑、丫头山、益阳仑、九岗山、三角窝、黄禾仑等，蜿蜒曲折40千米。东至猪嘴岩、大河顶、雪峰山、磬子仑、白水寨、南峰山等，延伸20余公千米。向北又分为两支，一支为露尖仑、七尖山、吉安仑、铜锣山、仙圣仑、浮邱山、安乐山，像一条长蛇，横跨县境，将全县分为东西两半。另一支由子良岩、拔英山、大佛岭至金盆山，形成明显的自然境界线。将灰山港与石牛江、桃江县与赫山区截然分开。资江的支流，呈树枝状分布其中。板溪发源于疤子尖与露尖仑，桃花江发源于城墙大山，志溪河发源于雪峰山。资江以北，寨子岗为常德、安化、桃江三县界山，近有天池山位于县境西北丘陵地带，向东、南两面延伸，向南走向资江岸边，有犀牛山、香炉山，约十余千米。向东南有九拐仑、峰包寨、曹婆仑、黄旗山、七里界、天子仑、明灯山、万民山等，纵横交错，绵亘45千米以上，形成弧形地带，为桃江县与安化、常德、汉寿、益阳四县市分界线。另有乌旗山、舞凤山、修山等，耸立资江北岸，峰峻如削。

县境属亚热带大陆性季风湿润气候。一年中1月最冷，7月最热，气温年较差为7.8℃。与周边县市均水热同季、暖湿多雨，且严寒期短，暑热期长；春温多变，夏秋多旱；热量充足，雨水集中；气候温暖，四季分明。境内雨水充沛，年平均降水量在1041～2255毫米之间，但时空分布不均匀。县境属资水流域。资江，长江支流，又称资水。左源赧水发源于城步苗族自治县北青山，右源夫夷水发源于广西资源县越城岭，两水于邵阳县双江口汇合称资江，流经邵阳、新化、安化、桃江、益阳等市县，于益阳市甘溪港注入洞庭湖，全长653千米，流域面积28142平方千米。

县内自然资源丰富，素有中国竹子之乡、有色金属之乡和建材之乡的称誉，是国家确定的山地综合开发示范县、商品粮基地县和瘦肉型猪基地县。地表植被繁茂，其中林地面积11.67万公顷，森林覆盖率达54%，竹林面积达6.86万公顷，居全省第一、全国第三，温家宝亲笔命名桃江县为“楠竹之乡”。地下矿藏丰富，县境发现的矿藏有25种。其中燃源矿产有煤、石煤、铀3种，金属矿产有金、银、锰、铁、钒、锑、钨、钼、铅、锌10种，非金属矿产有硫铁矿、花岗石、石灰石、硅石、高岭土、粘土、页岩、砷、重晶石、水晶、矿泉水、陶粒板岩12种。这些资源主要分布在灰山港、松木塘、板溪、三堂街等地，探明有储量的矿产15种。全县发现矿产地75处，其中燃源矿产7处，金属矿产39处，非金属矿产29处。锰矿储量达770多万吨，锑矿储量仅次于锑都锡矿山，花岗石储量400亿立方米，在全省乃至全国都占有重要位置；全县水资源总量达22.78亿立方米，可供开发的水能总量为14.4万千瓦，资江贯穿县境102千米，梯级开发潜力巨大，建成马迹塘电站（全国第一个低水头贯流式电站，年发电量2.4亿度）和修山电站、白竹洲电站和金塘村电站。

国民经济和社会发展状况

【概况】 2015年，县委、县政府按照中央和省、市决策部署，以深入开展“三严三实”专题教育为契机，紧紧围绕“135”工作思路，坚持一张蓝图干到底，着力调结构、转方式、惠民生，团结和带领全县人民主动适应经济发展新常态，克难奋进，创新实干，深入推进交通建设、园区建设、产业建设、城镇建设和改善民生五项重点工作，经济实现了平稳健康发展，人民生活不断改善，社会事业取得长足进步。

2015年实现地区生产总值203.24亿元，比2014年增长8.6%。其中，第一产业增加值37.28亿元，增长4%；第二产业增加值92.09亿元，增长8.1%；第三产业增加值73.87亿元，增长11.6%。三次产业结构比重由2014年的18.3 : 46.9 : 34.8调整为18.3 : 45.3 : 36.4，第二产业比重下降1.6个百分点，第三产业提高1.6个百分点，完成公共财政收入10.08亿万元，比2014年增长7.6%，其中地方财政收入6.76亿万元，增长22.5%。

农业。完成农林牧渔业总产值61.63亿元，比2014年增长4.1%。其中农业产值27.79亿元，增长6.7%；林业产值5.57亿元，增长6.9%；牧业产值26.18亿元，增长0.1%；渔业产值1.13亿元，增长15.1%；农林牧渔服务业产值0.96亿元，增长7%。全年粮食种植面积6.54万公顷，粮食总产量37.07万吨，比2014年增长1%，其中水稻产量33.48万吨，增长0.9%，粮食生产专业合作社达60家，2公顷以上的粮食种植大户1721户。油菜种植面积1.92万公顷，增长0.5%，产量29679吨，增长2.5%。肉类总产量83326吨，增长0.6%；出栏生猪96.7万头，下降0.3%；出栏牛3.67万头，增长7.3%；出栏羊1.36万只，增长9.7%；出笼家禽599.3万羽，增长5.2%；禽蛋产量2.10万吨，增长5.1%；水产品产量1万吨，增长15.2%。新增笋用林面积1300公顷、基地10个，新建林道500千米。完成2万公顷笋用林发展规划编制，已建笋竹两用林增效明显，亩均收入达3000元。桃花湖环湖公路完成路基工程，松木塘省级优势特色农业产业园完成年度建设任务。新建茶叶基地302公顷。流转农村土地3.67万公顷，新发展合作社、家庭农场128家，新增省级示范合作社3家。获评省平安渔业示范县。除险加固病险水库18座，完成小农水重点县建设年度任务，解决22.4万农村人口饮水安全问题。沾溪国家现代农业发展项目、农村土地综合整治示范县二期工程通过验收，改造高标准基本农田2200公顷。50个村农电网得以整改，桃江成为省新农村电气化县。年末农业机械总动力达80.98万千瓦。农村无线数字电视加快推进，信息惠民宽带工程覆盖所有集镇和80%的行政村。新建农村邮政综合服务站150个。

工业。工业园区加快发展。桃江经济开发区完成基础建设投资15亿元，建成标准化厂房22万平方米，“三纵六横”主干道实现互联互通，第二污水处理厂完成土建基础工程，平整土地43.33公顷、报批43.2公顷，新建成项目7个、新投产6个，新引进投资过亿元项目1个。灰山港工业集中区完成基础建设投资3亿元，新开工项目4个、新投产7个，新引进投资过亿元项目3个。马武工业小区建成标准化厂房8500平方米，产业建设力度加大。桃花江竹材科技等项目建成投产，金沙重机实现资产重组，万维竹业试生产，湘利富竹复合压力管项目动工建设。成功引进凯邦置业建设商贸物流园。转型升级步伐加快，工业结构不断优化。加大科技创新投入，全县新增高新技术企业两家、市级科技成果转化示范基地3个。加快淘汰落后产能，关闭竹凉席企业82家、水泥企业16家。

规模以上工业企业177家，完成规模工业增加值89.12亿元，比2014年增长7.9%。按主要产业分，竹木产业增加值29.01亿元，与2014年基本持平，占规模工业比重32.6%；建材产业13.3亿元，占比14.9%，增长19.3%；食品产业9.63亿元，占比10.8%，增长2.8%。规模以上工业实现主营业务收入319.8亿元，比2014年增长8.9%，工业产品销售率99.9%。规模以上工业经济效益综合指数为336.7%，比2014年提高8.5个百分点。单位规模工业增加值能耗为0.92吨标煤/万元，比2014年下降9.7%。桃江经济开发区、灰山港省级工业集中区入园规模工业企业69家，完成工业增加值46.74亿元，园区规模工业增加值占规模工业增加值比重为52.4%。总投资达8亿多元的湘利富竹复合压力管项目正式签约落户桃江经济开发区，其生产的竹缠绕复合压力管可成为钢材、水泥、塑料、玻璃等传统材料管材及管道的替代产品，将极大推动桃江竹产业转型升级发展。桃江县湘益木业有限责任公司所持有的“湘益”注册商标被认定为“中国驰名商标”。全县获评马德里国际注册商标2件、省著名商标2件、湖南名牌产品5个。

第三产业。实现第三产业增加值73.3亿元，同比增长11.8%。实现社会消费品零售总额84.05亿元，比2014年增长12.1%。按规模分，限额以上批零住餐单位零售额19.67亿元，增长17.4%，限额以下单位零售额64.38亿元，增长10.6%。按经营地分，城镇消费品零售额70.69亿元；乡村消费品零售额13.36亿元。按行业分，批发业零售额4.26亿元，增长12.5%；零售业零售额71.78亿元，增长12%；住宿业零售额1.04亿元，增长12.4%；餐饮业零售额6.98亿元，增长13.4%。全年外贸进出口总额2176万美元，比2014年增长25.3%，其中：出口2039万美元，增长28.9%；进口137万美元，下降11.6%。年内桃江获批全国第二批电子商务进农村综合示范试点县。

浮邱山景区旅游开发建设取得成效，桃花江竹海景区基础设施进一步完善。成功举办“桃花江竹海首届美食文化音乐节”“首届乡村旅游洋泉湾龙虾文化节”等休闲农业与乡村旅游活动。全年接待游客358万人次，创旅游综合收入13.8亿元，比2014年分别增长11.9%和12%。交通建设力度加大。全县15个交通重点项目完成投资22亿元。强力推进治超治限，公路管护得到加强。县内益阳南线高速建成通车，益马、益娄高速加快推进，常安高速复工建设，马安高速征地拆迁基本完成。牛大线、省道230桃花江大道至高桥段、石牛江镇绕线工程启动路基建设，国道207武潭镇改线、谢石线等5个项目纳入省“十三五”规划。硬化农村公路122千米，行政村客运班线通达率97.7%。完成安保工程143千米，改造危桥20座、渡口7个。至年末，全县民用车辆拥有量123232辆，比2014年增长7.2%，其中汽车44068辆，增长24.7%。全社会货运周转量13.24亿吨千米，客运周转量86816万人千米，分别增长12.1%和0.9%。全县邮政通信业务收入3.53亿元，比2014年增长3.8%；年末固定电话用户4.46万户，增长4.2%；移动电话用户42.72万户，比2014年减少2600户；宽带用户5.25万户，增长33.9%。全县金融机构各项存款余额为1807936万元，比年初增加211086万元，比2014年增长13.2%，各项贷款余额为766600万元，增加167594万元，增长28%。城乡住户存款余额为1433464万元，增加206458万元，增长16.8%。年内长沙银行桃江支行投放县域内贷款5.5亿元。全县17个保险机构保费收入4.84亿元，比2014年增长22.8%。其中人寿保险保费收入3.34亿元，增长24.6%；财产保险保费收入1.5亿元，增长18.8%。

申报科技项目14项，其中园区和工业集中区企业申报4项，到位资金205万元。申请专利215件，其中发明专利80件，比2014年增长160%。处罚假冒专利案件40件，处理专利纠纷两起。浩茗茶业和湘中水工两家企业成功申报为高新技术企业，新兴管件重新认定为高新技术企业，年末全县高新技术企业11家。年内桃花江果茶园、洋泉湾水产养殖基地、桃江县金洲原生态富硒雪莲果基地成为益阳市农业科技成果示范推广基地，全县建成市级农村科技成果示范推广基地11个，省级农村特色产业科技示范基地两个，省级农业科技园1个。湖南万有能源科技有限公司的“生物质颗粒燃料在烘烤烟叶中的应用与研究”获得市科技进步二等奖。全县有中小学校（含幼儿园）299所，其中普通高中5所、初中44所、小学93所（另有小学教学点34个）、幼儿园154所、特殊教育学校1所、中等职业教育学校两所。在校学生106153人，其中普通高中10909人、初中22004人、小学46155人、幼儿教育学校22141人、特殊教育学校81人、职业高中4863人。全县小学年辍学率为0，初中年辍学率为0.7%。高考本科一批上线675人，上线率19.02%；本科二批以上上线1537人，上线率47.6%，1名学生录入清华大学。中考九个学科的一次性合格率居益阳市第一、总平均分居益阳市第一。建设合格学校20所，县城桃花江小学、桂花园小学等学校扩容提质，新增县城小学学位1080个，县城小学“大班额”问题基本缓解。为义务教育阶段学生免除学杂费等共计4805万元；对各级各类贫困学生资助金额达1884万元。

“欢乐潇湘·美丽桃江”系列群众文化活动、纪念抗战胜利70周年活动深入开展，“欢乐潇湘·美丽桃江”乡村团体竞技大赛，50多个乡镇队伍参赛，参与演出和观看的群众逾5万人。完成送戏下乡40场，农村公益电影放映2900多场。“桃花江回民武术”“桃花江剪纸”市级非物质文化遗产完成名录申报工作，“凤山石砚”申报省级非遗保护单位通过专家组评审。开展全县中小学教辅材料出版发行、校园周边综合治理网吧等专项检查整治行动。现代花鼓剧《乡长打工》参加省艺术节比赛并获金奖。《资江行》专题节目实现公开发行。广播“村村响”工程建设成为全国先进。成功创建全国基层中医药工作先进县和全省妇幼健康优质服务示范县。全县7所县级公立医院综合改革全面推进。年末共有医疗卫生机构25个；卫生机构实际开放病床数3924张；卫生技术人员3872人（含临聘人员），其中：执业医师和执业助理医师1704人，注册护士1156人。新建居民健康档案52833份，累计建档644454份，建档率82%。婴幼儿死亡率2.62‰，5岁以下儿童死亡率控制在4.4‰，7岁以下儿童健康管理率99.1%，孕产妇系统管理率94.43%，孕产妇住院分娩率99.95%，高危孕产妇管理率为100%。年内未发生重大食品安全事件。组织篮球比赛、钓鱼比赛、登山比赛等赛事活动30多次。举办县第十一届大众运动会，参赛人次近1800人，为历年来规模最大的一届大众运动会。举办县“体彩杯”第三届男子篮球联赛。组队代表益阳市参加2015“我们的节日·端午·屈原杯”湖南省第二届群众性龙舟赛，并获得较好成绩。全县具备法人资格的体育社团两个，国家级体育俱乐部1个，县级体育协会、俱乐部11个。

固定资产投资。完成固定资产投资174.99亿元，比2014年增长20.2%。全县投资在建项目（不含房地产）557个，比2014年增加48个，完成投资164.99亿元，增长18.8%，其中按经济类型分，国有投资62.7亿元，增长30.7%，非国有投资102.29亿元，增长12.6%；按产业分，第一产业投资4.35亿元，下降20.8%，第二产业投资88.15亿元，增长2.5%，第三产业投资72.49亿元，增长53.2%。工业投资81.39亿元，增长9.3%，投资过亿元的宙盾防化科技、万维竹业项目建成投产，投资6.8亿元的竹产业创新创业园基本完成主体工程，投资过9亿元的南方二期项目开工建设。全县17家房地产开发企业共完成投资10亿元，与2014年基本持平；施工房屋面积133.56万平方米，下降4.4%；商品房屋销售面积47.69万平方米，增长5%。

招商引资。直接利用县域外资金84.19亿元，比2014年增长8%，其中，内联引资82.72亿元，增长9%；直接利用外资2415万美元，增长8%。引进市域外资金形成固定资产投资62.8亿元，同比增长7%；新引进招商引资项目63个，其中投资过亿元项目9个，同比增长80%，投资过5000万元项目15个，同比增长25%。成功召开全县文化旅游产业招商座谈会，签约项目15个，合同签约资金19.2亿元，意向协议资金达70亿元。

社会保障。社会保障水平不断提高。新增城镇就业5147人，转移农村劳动力就业3400人。园区企业养老保险过渡费率试点和大病医保全面推进，新农合、新农保参保率分别达98.43%、86.51%，“五大”保险实现扩面提标。新增住房公积金缴存2300人，发放贷款2.2亿元。新增公租房1882套，改造棚户区4200户、农村危房700户。低保、五保实现应保尽保。改扩建敬老院3所，完成老年福利服务中心主体工程。残疾人劳动就业服务中心建成投入使用。全县城乡居民人均可支配收入16036元，比2014年增长10%。人均消费总支出14034元，增长4.5%。人均文教娱乐服务消费支出2200元，占消费总支出比重为15.7%，人均住房使用面积62.6平方米。按城乡分，城镇居民人均可支配收入22935元，增长8.8%；农村居民人均可支配收入12058元，增长9.9%。全县养老、医疗、生育、工伤、失业五大社会保险提标扩面，征缴基金6亿元，城乡居民养老保险参保缴费人数31.33万人，总征缴率为86.64%。发放小额担保贷款433户5136万元。新增创业实体4132家，创业带动就业8302人，城镇零就业家庭扶助安置率100%。城乡低保月保障标准分别达到350元、175元，月人均救助水平城市达到275元、农村达到125元，农村五保户分散供养标准提高到2900元。救助医疗救助对象2.8万人次，落实12945名重点优抚对象抚恤补助标准。新建扩建武潭镇、罗家坪等3家敬老院。启动和实施老年福利服务中心、残疾人劳动就业服务中心等社区综合服务平台项目，民政公共服务设施加快发展，服务网络不断优化。

城镇建设。县城15个重点项目完成投资4.6亿元。完成县城总体规划修编和美人窝文化公园、村镇布局规划编制。金盆大道实现提质改造，浮邱山大道、雪峰山路路基成型。桃花江沿江风光带三期和枣树潭广场建设完工，新增绿化面积10万平方米、停车位1000个。资水北岸3.6千米城市防洪工程全面开工。县城公交停车场、老七星河截污治理工程和15座垃圾中转站竣工。消防410X指挥中心主体工程完工。实施城市管理行政相对集中处罚权，县城管理日趋规范，省级卫生县城正式授牌。深入开展“大整治”行动，桃益公路基本实现绿化、序化和美化。全面启动乡镇“六个一”建设和“六大优化”工程，马迹塘镇成为市级卫生镇，灰山港、武潭、高桥等小城镇建设成效明显。

生态建设。严格项目环评审批，否决不符合产业政策项目16个。首溪金矿和志溪河治理、灰山港地区大气污染防治取得实效。着力推进畜禽粪污无害化处理，马迹塘丫峰片区治污工程全面启动。完成20个地质灾害点应急治理。县城规划区内重要山体水体实现目录管理、分级管理和动态巡查。以修复保护为目标，科学制定资江河道砂石出让和监管方案，河道采砂船由37条减少至13条。严守耕地红线，完成永久性基本农田划定。两型示范建设稳步推进，拱门小区建设取得积极进展。美丽乡村和人居环境整治村建设完成年度任务。全县森林覆盖率64.15%，城镇污水处理率67.4%、空气质量达标率98.8%、地表水质达标率100%、农村垃圾集中处理率93.3%。朱家村成为省级两型村庄，桃花江镇、武潭镇、沾溪镇成功创建为国家级生态乡镇。

改革开放。积极推动创新驱动发展，举办县长质量奖年度评选活动和首届创新创业大赛，全面推行“三证合一”，新增市场主体4800多个，5家企业进入省上市后备资源库。大力推进简政放权，完成“三张清单”清理公示，审减行政权力1070项，向乡镇下放经济社会管理权42项。政府机构改革完成年度任务，撤并和精简正科级单位17个。国有林场改革通过省级验收。市属四家下划国企改革任务基本完成。不断深化财政改革，县直一级预算单位预决算全面公开，财政结余结转资金清理成效明显，县直单位经营性资产实现统一管理。整合涉农资金4300万元，集中实施项目940个。完善政府债务管理，争取中央债券置换存量债务指标6.3亿元。强化税控联管和税收征管，财税收入稳步增长。完善金融机构支持县域经济发展激励办法，对财政性存款实行调整约束，新增贷款16亿元，比2014年增加5亿元。“省农信担”桃江办事处、长沙银行桃江支行先后开业，县农信社改制获批筹建。加大土地储备力度，获批发行企业债券8亿元。完成“十三五”规划编制。

中共桃江县委员会

【中共桃江县委领导人名录】

书　　记　谭建华
副 书 记　何军田　向　荣
常　　委　陈万军　胡国清
　　　　　肖立新　雷越毅
　　　　　周卫星　曹　萍
　　　　　陈震宇
　　　　　曾梦辉（2015.06 起）
　　　　　刘　俊（2015.06 止）

年度文件目录

【桃发文件目录】

1. 关于鼓励和支持重点工业企业发展的若干意见（试行）（桃发〔2015〕7 号）

2. 关于推进全面从严治党的实施意见（桃发〔2015〕8 号）

3. 关于全面推进依法治县加快法治桃江建设工作的实施意见（桃发〔2015〕9 号）

4. 关于推进一批重点项目促进乡村文化旅游产业加快发展的实施意见（桃发〔2015〕12 号）

【桃办文件目录】

5. 关于继续开展对困难企业和困难职工对口帮扶活动的通知（桃办〔2015〕2 号）

6. 关于开展 2015 年办实事送温暖活动的通知（桃办〔2015〕3 号）

7. 关于印发《桃江县 2015 年办实事送温暖活动实施方案》的通知（桃办〔2015〕5 号）

8. 关于开展集中突击清收农村信用社不良贷款工作的通知（桃办〔2015〕10 号）

9. 关于印发《2015 年桃江县“三访三化促发展解民忧”专项活动工作思路》的通知（桃办〔2015〕18 号）

10. 关于印发《桃江县 2015 年防汛抗旱工作责任制》的通知（桃办〔2015〕27 号）

11. 关于印发《2015 年城关垸防汛抗旱分指挥部防汛抢险行动方案》的通知（桃办〔2015〕29 号）

12. 关于进一步贯彻落实中央八项规定、省委九项规定、市委十项规定精神的通知（桃办〔2015〕30 号）

13. 关于调整桃江县党的群众路线教育实践活动“听民情解民忧”专项活动帮扶责任人和帮扶对象的通知（桃办〔2015〕31 号）

14. 关于印发《2015 年“欢乐潇湘 美丽桃江”系列群众文化活动实施方案》的通知（桃办〔2015〕32 号）

15. 关于印发《桃江县创建全国科普示范县实施方案》的通知（桃办〔2015〕41 号）

16. 关于组织开展“八一”期间拥军优属活动的通知（桃办〔2015〕42 号）

17. 关于进一步加强重点工业企业帮扶工作的通知（桃办〔2015〕44 号）

18. 关于印发《桃益公路等干线公路两侧治乱控规整治方案》的通知（桃办〔2015〕46 号）

19. 印发《关于全面开展村（社区）“三资”管理专项监督检查工作方案》的通知（桃办〔2015〕48 号）

20. 关于印发《桃江县第三届“竹王”“美竹”评选活动实施方案》的通知（桃办〔2015〕50 号）

21. 关于印发《桃江县开展电子商务进农村综合示范工作实施方案》的通知（桃办〔2015〕52 号）

【桃办发文件目录】

22. 关于加强安全生产监管工作的意见（桃办发〔2015〕4 号）

23. 关于进一步推进全县计划生育基层群众自治的意见（桃办发〔2015〕7 号）

24. 关于进一步做好民调工作的意见（桃办发〔2015〕12号）

纪检监察

【县纪委领导人名录】

书　　记　陈万军
副 书 记　戴跃峰　文晓年
　　　　　蔡重阳
常　　委　龚玉兰　邹武胜
　　　　　刘庆辉　龚毅军
　　　　　钟国勋

【县监察局领导人名录】

局　　长　戴跃峰
副 局 长　龚玉兰　陈凤鸣

【概况】 中共桃江县纪委、县监察局内设办公室、组织部、宣传部、党风政风监督室、信访室、第一纪检监察室、第二纪检监察室、第三纪检监察室、第四纪检监察室、审理室10个部室。2015年，县纪委、县监察局认真贯彻落实习近平总书记重要讲话及中央、省、市纪委全会精神，以解决突出问题为导向，以强化监督执纪问责为抓手，以落实"两个责任"和深化纪检监察"三转"为保障，严格责任，严明纪律，严整作风，严惩腐败，严加监督，严抓自身，坚定不移地推进党风廉政建设和反腐败斗争。

落实责任。提请县委出台落实"两个责任"实施办法和追究办法，明确责任清单。实施"一张表"考核，把考核指标集中到执纪审查、信访举报、线索管理等"拳头"工作上，使监督责任落实起来更具体、更量化。县委常委会议先后十余次就落实中央、省、市纪委全会精神，开展"三严三实"专题教育，中秋国庆期间"四风"问题整治等多项党风廉政和反腐败工作进行专题研究并作出具体部署。下发《中共桃江县委桃江县人民政府领导班子成员2015年党风廉政建设和反腐败工作责任目标》，将党风廉政建设和反腐败工作各项任务分解落实到每一名县级领导。县、乡、村及各单位的二级机构均层层签订党风廉政建设责任状，构筑完备的预防体系。在绩效考核中，党风廉政建设实行"一票否决"，纳入全县综合目标管理考核。县委书记履行"第一责任人"责任，经常性地对领导干部开展廉政教育，对重要工作亲自部署、重大问题亲自过问、重点环节亲自协调、重要案件亲自督办。县委班子成员定期不定期对所分管、联系部门的党风廉政建设工作进行调研、督查，与分管联系部门"一把手"交心谈话，督促其认真履行"一岗双责"。县纪委出台《关于抓好县纪委全会明确的12个重点问题整治工作的通知》，把开展"12个问题专项整治"作为落实"两个责任"的重要内容，使责任落实与实际工作不脱节、不虚化。县纪委开展落实"两个责任"专项督查4次，专题约谈13人次，对履责不力的7个单位发出督促函。

制度建设。建立健全签字背书、责任报告、责任追究等八项制度，形成明责、定责、追责的完整链条。签字背书制度。要求相关事项的主要领导、分管领导、直接责任人在各类调查报告、核查报告等材料上签署明确意见，承诺所提供的内容客观、真实，并承担相应责任。签字背书的材料留存县纪委，作为实施责任追究的重要依据。一案三查制度。对发生违纪行为的部门单位，在查办违纪违规案件的同时，既追究当事人责任，又倒查相关领导责任，包括党组织的主体责任和纪检组织的监督责任。廉政巡查制度。实施专项巡查、突出问题巡查、驻点巡查、暗访巡查等灵活多样的巡查方式。在巡查中，突出问题导向，注重发现问题，限时整改到位，要求每个被巡查单位至少发现一个问题。述廉评议制度。组织承办益阳市2015年县处级单位党政正副职述廉评议工作，县委常委、组织部长、统战部长雷越毅，牛田镇党委书记胡喜明，高桥乡党委书记郭环球，县卫生局党组书记、局长吴建军，县交通局党组书记、局长符跃安，县发改局党组书记、局长刘小阳等5人进行集中述廉评议。

执纪审查。县纪检监察机关初查初核各类线索391条，立案134件，结案134件，涉及乡科级干部20人，给予党纪处分96人，其中党内警告35人、党内严重警告27人、留党察看6人、开除党籍28人；给予政纪处分44人，其中行政警告16人、行政记过10人、行政记大过1人、行政降级11人、行政撤职4人、行政开除2人。另行政免职2人。突出查办违反中央八项规定精神和"四风"类案件、侵害群众利益案件、贪污贿赂案件和失职渎职类案件。严格落实《桃江县反腐败协调办案暂行规定》，每季度组织召开一次反腐败协调小组会议，随时召开案情分析会，提升反腐合力。强化基层纪检组织纪律审查责任。由县纪委各室对15个乡镇、县直纪工委进行分片指导，并把纪律审查情况作为各单位年终履职考评的重要指标，层层传导压力，确保纪律审查工作不留空白。乡镇自办纪律审查案件66件，县直单位自办案件30件，桃花江镇、大栗港镇、松木塘镇、灰山港镇、县教育局、县卫生局等单位纪律审查数都在6件以上。

正风肃纪。针对四风问题开展督查30余次，下发督查通报7期，立案查处13人，其中科级干部1人，对24个单位29名工作人员点名道姓通报批评。在各类节假日发送纠“四风”警示短信，聘请党风政风监督员，在县党政大楼设置“廉政监督岗”，“5910”廉政帐户共收到主动上交的红包礼金26万余元。

监督问责。开展农村(社区)“三资”管理专项清理和基层干部不作为乱作为专项整治，查处58人，对16起26名违纪违法的基层党员干部公开曝光。加强对“一把手”的监督。县纪委班子成员约谈干部200余人次，对新上任的正科级单位主要负责人开展任前廉政谈话14人次，诫勉谈话50人次，函询22人次。针对事权、财权和用人权，在年终考核、廉政巡查时进行重点督查。对县卫生局等6个单位开展党风廉政巡查，把从中发现的16个问题全部纳入线索管理。强化对“三重一大”事项全过程的监督。严格执行领导干部个人重大事项报告制度，对党员领导干部婚丧喜庆事宜和出国出境实行申报登记备案全覆盖。县纪委干部参加各单位民主生活会，加强对领导班子履行职责和权力行使情况的监督，从参与一般工作检查转变到对部门履职情况的监督，发挥对检查的再检查、监督的再监督作用。强化责任追究，围绕县委县政府“135发展战略”，对五项重点工作涉及的交通、园区、产业、城镇和重点民生实事的162个重点项目实行登记备案，严肃整改和查处重点项目办理拖延、推诿扯皮、登记不实等违纪违规问题，坚持把督查问责贯穿项目建设的整个过程，确保重点建设项目落地。

信访举报。县委常委、纪委书记陈万军带队组织信访、司法、人社、民政等部门到各乡镇集镇开展“民本纪检与您同行”大接访大宣传活动。活动期间，发放各类宣传资料3万份，发放《桃江县党风政风监督联系卡》2000份，收到群众现场反映问题986个，其中现场答复837个，受理信访举报149件。对乡镇发送信访提醒函，对16个重复访问题进行督办，召开信访公开答复会4场。

廉政教育。县委中心组4次集中开展“三严三实”专题教育学习，邀请省纪委副书记李宗文作《全面从严治党，突出党风廉政建设》专题辅导，县委书记谭建华等县委常委带头上党课。县直各部门和乡镇“一把手”比照县委常委会做法，结合“三严三实”主体教育活动开展专题学习。通过各级“一把手”层层上党课，带动全县党员干部比学赶超。党风廉政教育延伸到农村基层，组织全县村(社区)支部书记观看《民主监督之路》《惩治村官腐败》等反腐倡廉教育片，县委常委、纪委书记陈万军专题讲授《严守村级财务“十不准”，当好农村发展领头人》的廉政党课。构建桃江电视台《清风在线》、桃江广播电台《廉政之声》、桃江纪检监察网《廉政桃江》、桃江党政机关办公楼《廉政课堂》四大宣传教育平台，以“漫画+打油诗+案例”形式编写《画廉说纪》，解读新版党纪处分条例，得到省纪委主要领导高度肯定，被《中国纪检监察报》和省纪委官方微信全文推介。组织在职处级领导干部，各乡镇、县直单位“一把手”147人到益阳市反腐倡廉警示教育基地开展廉政警示教育活动。开展节点预警，在端午、中秋等重要节假日，向全县领导干部发送厉行节约、廉洁自律等短信3000余条。

队伍建设。按照纪检监察机关“三转”要求，县纪委监察局对内设机构进行调整，对委局机关10个室进行调整，将办公室、干部室、宣教室、执法室、效能室、纠风室、廉政室、纪监室、审理室、信访室调整为办公室、组织部、宣传部、党风政风监督室、信访室、第一纪检监察室、第二纪检监察室、第三纪检监察室、第四纪检监察室、审理室，更加突出对问题线索的查办。严格落实乡镇和县直单位纪检监察部门主要负责人不分管纪检监察业务以外的工作规定，纪委副书记实行专职专责。加强对纪检监察干部业务能力的培训。县纪委机关开展“每月一讲”活动，鼓励纪检监察干部参加各类专业培训。12人次参加中央、省、市纪委举办的各类培训，举办纪检监察业务讲座5次，抽调8名基层纪检监察干部到县纪委跟班学习。组织全县各乡镇纪委书记、纪委副书记、监察室主任，县直各单位纪检监察组织负责人、监察室主任开展业务培训2场次。规范监督执纪流程，组织编写《“三转”后纪检监察重要业务工作流程图》，使工作流程图表化、通俗化，便于全县纪检监察干部掌握运用。严格内部监督，对全县纪检监察干部开展明察暗访4次，对1名纪检监察干部进行诫勉谈话。

(胡　巍)

【全县反腐败工作会议召开】 2月13日，桃江县第十一届纪委第五次全会暨全县反腐败工作会议召开。市纪委常委、市监察局副局长童立元，市纪委第四纪监室主任陈国宏出席会议。会上，县委常委、纪委书记陈万军作了《落实“两个责任”履行“三项职责”坚定不移推进党风廉政建设和反腐败斗争》的主题报告，县委副书记向荣宣读《关于作风建设等工作考核情况的通报》，县委书记谭建华在会上要求党员干部做守纪律讲规矩的表率，党委主要负责人勇于履行第一责任的职责。各单位“一把手”递交2015年党风廉政建设责任状。

【落实“两个责任”专项督查】 4月9—10日，县纪委、县委办组成联合督查组，分10个组对全县52个单位（15个乡镇、37个县直单位）落实“两个责任”等情况进行专项督查。6月16日，县委常委、县纪委书记陈万军对纪律审查工作相对靠后的5个乡镇开展落实“两个责任”约谈，重点就党委书记、纪委书记如何落实党风廉政建设主体责任、监督责任提出具体要求。

【开展述廉评议】 12月17日，桃江县2015年党政正职述廉评议工作会议召开。县纪委委员、“两代表一委员”代表以及各乡镇书记、镇长、纪委书记，县直单位党组织负责人、纪检监察组织负责人、县纪委室主任以上干部参加。牛田镇党委书记胡喜明，高桥乡党委书记郭环球，县卫生局党组书记、局长吴建军，县交通局党组书记、局长符跃安，县发改局党组书记、局长刘小洋等5人进行集中述廉，各述廉评议组组长对上述5人进行评议，参会人员对5人进行现场提问。

【市纪委对桃江县进行考核】 12月22日，市委常委、宣传部长胡立安，市纪委常委、市监察局副局长朱翠娥带队到桃江进行党风廉政建设责任制考核。在组织召开的桃江县述责述廉暨民主测评会议上，县委书记谭建华进行述责述廉，部分县直单位党组织负责人、纪检监察组织负责人、“两代表一委员”代表、党风政风监督员代表等100人对桃江县党风廉政建设责任制落实情况进行民主测评。在桃江县委落实党风廉政建设责任制检查汇报会上，谭建华汇报党风廉政建设主体责任落实情况，县委常委、纪委书记陈万军汇报了党风廉政建设监督责任落实情况。考核组还与20人进行个别谈话，并实地查看石牛江镇、县卫计局2个单位落实党风廉政建设责任制的情况。

县委办公室

【领导人名录】

主　　任　肖立新
常务副主任　文进余
副 主 任　蔡明焕　丁海鹏
　　　　　文兆星
　　　　　符赛龙（2015.03止）
纪检员、工会主任
　　　　　鲁定红

【概况】 中国共产党桃江县委员会办公室（简称“县委办”）内设机要保密局、政策研究室、信息综合室、值班室、督查室、秘书组、小康办、改革办、行政组9个机构，在职在编人员35人。2015年，县委办紧紧围绕县委工作中心和全县经济社会发展大局，强化参谋职能，搞好综合协调，团结务实，实现各项工作的新突破，圆满完成各项工作任务。

抓好以文辅政。起草各类文稿256篇，其中领导报告72篇、汇报材料89篇、领导署名文章9篇、调研文稿15篇、经验推介13篇，在市级以上内刊和媒体发表文稿132篇；编发内刊9期；制发公文89个、会议纪要33个。县委书记谭建华的署名文章《抓好党建意义重大》《新常态下县域经济发展的难题》《对党忠诚　以民为本　敢当重任　一身正气》《聆听习近平总书记讲话的感想》《决不辜负党和人民的重托》等，分别在《党建研究》《学习时报》《光明日报》《湘组研究》《新湘评论》等重要刊物上发表。注重挖掘典型，及时总结经验，所撰写的7篇典型材料中，《实施三大工程推进新型城镇化》被省委办采用，《内强素质 外树形象 打造桃江城市管理新常态》被《城建监察》采用，《桃江县科学开发竹林资源 切实推进富民强县》被省委办采用，《帮在困难处 扶出真情来——桃江县“听民情解民忧”活动帮扶困难群众有实效》被市委办采用。

搞好综合协调。严格控制文件数量，公文内容力求做到意尽文止、条理清楚、文字精炼，具有针对性和可操作性。与2014年相比，公文精简19%；加快公文传输效率，与信息中心合力开发桃江县公文分发签收系统，有效提高公文的传输速度。严谨细致办会，完成30余次重要会议、重大活动的筹备服务工作；发放各类会议活动通知420余个；优质高效地完成县委经济工作会议、党务工作会议、2015年文化旅游产业招商座谈会等重要会议、重大活动的筹备服务工作。牢牢把握党委系统信息主渠道作用，加强对省委、市委、县委信息报送和对乡镇、县直单位信息采集工作，全面反映全县工作动态和成果，切实为全县各乡镇和县直部门提供信息服务。围绕产业转型升级、农业农村、民生改善等群众关心的热点问题报送基层反映信息200余条，针对交通事故、森林火灾、暴雨洪涝等紧急事件报送紧急信息70余条。

办好各项事务。切实加强与人大办、政府办、政协办之间的工作联系，形成共识、形成合力、协同推进。加强日常值班和节假日值班备勤，认真落实24小时值班制度，确保上传下达畅通。制定县级领导晚间值班制度。进一步完善通知发放流程，改进移动MAS短信通知平台系统，制定通知发放办法，规范通知发放范围，提高通知发放效率，未出现一例因通知发放不及时或不到位而影响工作的情况。接待上访群众70余批次。按月编发《县委大事记》，及时办结党委系列政协提案。严谨细致做好县委领导的工作联络、批示件的交办和答复反馈工作，对领导交办的各项工作任务，做到“件件有着落、事事有回音”。承办督办县委书记批示、批阅件114件、县委专职副书记批示件18件。加强对全县保密工作的部署和安排，全面完成对2014年密级文件的清退工作和保密管理专项检查。认真开展保密宣传教育工作，开展保密培训2次，切实抓好2015年桃江考区高考、学考保密工作。优质做好机要通讯工作，全面完成上级文件、密码电报的收发办理，实现2015年密码通信工作“无差错、无事故”目标。圆满完成政工、计生、工会、综治、普法、文书档案、建设扶贫、美丽乡村建设、城关垸防汛、党委系列政协提案办理、“一进二访”“三访三化”等各项工作任务。

牵头服务中心工作。牵头开展全面建成小康社会、全面深化改革工作，县委小康办和改革办实现专人专职，认真传达落实上级会议精神和交办任务。全县全面建成小康社会推进工作37项考评指标整体情况为30升6平1降，整体实现程度可提升5个以上百分点。实现程度达到100%的指标有22项，占总数的51%，其中新增2项；改革成效明显。县定的9大类60项改革任务中，除第6项“贯彻落实省定科技体制改革有关方案”、第44项“贯彻执行湖南省司法体制改革试点方案”等省市相关政策出台或统一部署后才能启动外，其余58项改革均完成市定年度目标任务，特别是国家、省级改革试点项目成效明显。7月，代表益阳市迎接省委改革工作中期督察，获得省委督查组充分肯定。扎实做好“三访三化促发展解民忧”专项活动日常工作。每月收集整理台账资料，传达上级政策，督促指导各乡镇、县直单位开展“三访三化促发展解民忧”专项活动，较好地完成了上级交办的各项任务。认真做好“听民情解民忧”专项活动有关工作，由县级领导、乡镇和县直部门负责人对全县116户困难户进行“一对一”帮扶。组织全县办公室干部认真开展“深入践行‘五个坚持’，做党性坚强的党办人”征文比赛，其中一篇获省二等奖。

加强队伍建设。认真落实党风廉政建设主体责任和监督责任，以“三严三实”专题教育和“一进二访”“三访三化”活动为契机，切实整治“四风”问题，大力推动党风廉政建设。开展上廉政党课、廉政交心谈话、打招呼提醒等廉政教育活动，定期不定期督查上班纪律，机关党组织的战斗力、号召力和凝聚力不断增强。班子成员在平常自学的基础上，坚持每月一次中心组学习，并召开“三严三实”主题民主生活会。带头严格遵守各项规章制度，执行党风廉政建设有关文件、制度、规定。带头严格遵守财经纪律，认真执行“三重一大”和“三不一末位”制度。加大从源头上预防和治理腐败工作力度，规范资金审批程序，强化会审联签。加强对机关车辆、接待、财物、文印等方面的管理，严格压缩公务支出，杜绝大吃大喝、挥霍浪费现象，“三公”经费同比下降10%以上。加强基层办公室业务指导，采取“订单式”办法，抽调6名文秘人员到县委办跟班学习。健全以会代训制度，举办一期全县办公室主任业务知识培训班，坚持每季度组织召开办公室主任“碰头会”。加强工作交流和业务培训，利用QQ快捷方便的优势，及时为文秘人员答疑解惑。与县政府办、县督查局组成联合督查组对各乡镇、县直单位进行文风会风专项督查，促进文风会风的改进。加强干部培养，通过编选学习资料开展集中学习和自学，组室内部、组室与组室间相互学，选派干部到市委办、省委办跟班学等办法，切实提高全办干部理论水平和业务能力。坚持一切从实际出发，大力弘扬务实求真的工作作风，着力营造团结实干的氛围。注重人才选拔，从乡镇考录优秀文秘人员3人。

（李书志）

【“发展大湖经济　建设全面小康”会议召开】 3月10日，县委、县政府召开“发展大湖经济，建设全面小康”会议，传达省、市发展大湖经济的重要精神，安排部署人大、政协、政法、宣传思想、办公室、组织、统战、计生、交通、农业农村、工业、园区、城镇建设等13项重点工作任务。县委书记谭建华主持会议，县委副书记、县长何军田提出具体要求。

县委、县人大常委会、县政府、县政协、县人武部在职实职县级领导，在职副处级及以上干部，各乡镇、正科级及以上县直和双重管理单位主要负责人参加会议。县委常委、县委办主任肖立新在会上作《围绕中心，狠抓落实，着力提高服务水平》的讲话，部署2015年全县办公室工作。

【全县办公室工作业务培训班举办】 4月17日，举办全县办公室工作业务培训班，就公文制作、会议办理等12项业务工作进行集中培训。

【全面建成小康社会推进工作会召开】 5月29日，召开全县全面建成小康社会推进工作会，县委常委、县委副书记向荣，县委常委、县委办主任肖立新，县委常委、常务副县长周卫星以及各乡镇党委书记、党政办主任参加会议。县财政、交通、人社、教育、卫生、调查队、环保、林业、住建、水务、民政、农村部、工信、商务、农业、人民银行、科技、发改、体育、文广新、公安、安监、药监、法院的主要负责人，小康工作分管领导及指标具体负责人，县检察院、国税、统计、地税、房产、消防大队、国土、规划、畜牧、经开区、灰山港工业集中区主要负责人，小康办、政府办、督查局、统计局有关人员参加会议。

【"三严三实"专题教育座谈会召开】 6月5日，县委办组织召开"三严三实"专题教育座谈会，县委常委、县委办主任肖立新主讲"三严三实"专题教育党课，系统阐释"三严三实"的基本内涵、精神实质和实践要求。县委办、县委接待办、县信息中心、县机管局、县史志档案局的党员干部参加学习。

【经济社会发展形势分析会召开】 6月30日，全县办公室系统上半年经济社会发展形势分析会召开，纪委、组织、宣传、统战、政法委、检察、法院、督查、农村部、经济开发区、核电办、公安、两型区、文广新局等单位的办公室主任参加会议。

组织工作

【县委组织部领导人名录】

部　　长　雷越毅
常务副部长　周里忠
副 部 长　龙跃明
　　　　　赵　勇（兼纪检员）
　　　　　谢继红
　　　　　李霞珍（兼老干部局局长，2015.06止）

【概况】 县委组织部机关内设办公室、研究室、干部组、干部教育监督组、公务员管理办公室、干部信息组、组织组（加挂县直属机关工委牌子）等7个组室和党员教育中心1个二级法人机构，有干部职工26人。2015年，县委组织部围绕中心、服务大局，改革创新、扎实工作，统筹推进基层党组织建设、干部人才队伍建设以及组织部门自身建设，为全县经济社会发展提供坚强组织保障。

推进"三严三实"专题教育。全县47名县处级领导干部参加"三严三实"专题教育，扎实做好上专题党课、学习研讨、不严不实问题查找和整改及专题民主生活会等规定动作。特别是在不严不实问题查找和整改工作中，通过县处级领导干部自我剖析和设立征求意见箱、发放征求意见表、召开座谈会、谈心谈话等多种形式征求意见建议，县委书记与县级领导、乡镇和县直部门主要负责同志等156名领导干部开展"一对一"谈话，梳理归纳各类意见建议95条。县"四大家"班子查摆不严不实问题32个，县处级干部查摆不严不实问题113个。县级领导干部主动对号入座，对收集整理的意见建议，进行自我认领，并列出问题清单，制定整改方案，坚持边学边改、立行立改，所有问题基本整改到位。认真开展教育实践活动专项整治工作"回头看"，全县11个重点问题和52项专项整治问题得到有效整治。重点整治公职人员不作为、公款吃喝、信访举报处置不力等12个问题，点名通报21人，诫勉谈话2人。通过明察暗访开展"四风"问题专项督查30多次，通报批评29人，立案查处13人，向新闻媒体通报64起腐败案件和20起作风建设典型违纪问题。

加强领导班子和干部队伍建设。对乡镇和县直正科级单位的领导班子进行5次调整配备，调整干部216人，其中新提拔重用干部29人，交流干部103人，安排军转团职干部1人，机构改革退出领导职务和其他调整干部83人。进一步改进科级领导班子年度考察方式方法，在民主测评中增加领导班子成员现实表现排名等新内容，通过综合排名，对班子中表现优秀的和表现一般的干部进行精准定位，提高领导干部年度考察的准确性。积极推进政府机构改革，制定桃江县2015年政府机构改革干部人事政策、2015年政府机构改革退出科级领导岗位干部工作方案等相关激励政策和措施，有35名正科级领导干部选择享受副处级3项待遇提前退休，县卫生和计划生育局、县发展和改革局等8个涉改的合并单位的班子成员全部配备到位，在全市率先完成本轮政府机构改革干部人事安排工作。继续开展“三超两乱”专项治理，出台《关于预防和治理机关事业单位“吃空饷”、在编不在岗、编外聘用人员的实施办法》《关于印发〈桃江县规范机关事业单位人事管理有关问题的实施细则〉的通知》，切实清理“吃空饷”、在编不在岗、编外违规聘用人员问题，全县清理在编不在岗人员585人，清退编外人员482人，收缴“吃空饷”资金14.04万元。全县消化超配干部37名，占消化总数的43.5%。创新教育培训教学方式，向全县科级以下干部开放专题培训课堂，编印党员干部教育读本《热土桃花江》。组织主体班学员到长沙、浏阳、望城等周边发达县市开展“异地培训”，继续选派6名年轻科级干部到广州市人社局、环保局、街道办事处挂职锻炼，选派9名优秀年轻干部到市委宣传部、市林业局、市法制办等单位挂职锻炼。严格培训管理，对专题培训实行学时学分制管理，对主体培训实行封闭式管理，并建立全程跟班制、考核百分制和公开考勤等制度，举办主体班10期、专题讲座4期、专题研讨班27期，培训干部6000多人次。制定《桃江县科级领导干部负面记分暂行办法》，并建立个人负面记分档案，涉及领导干部97人次。严格领导干部任期经济责任审计，委托经济责任审计18人。对近7年内即将退休人员的出生年月进行全面核实，督促11人按干部档案年龄办理退休手续。开展违规和持有因私出国（境）证件专项治理，登记备案人员1409人。开展全县干部人事档案专项审核工作，重点审核公务员和参照公务员管理人员、在职副科级以上干部“三龄两历一身份”，初审档案2432卷，并对1635卷进行复核。做好档案材料的收集、归档工作，补入零散材料6000余份。制定桃江县2015年度人才引进计划，引进46名二本以上大学毕业生，其中硕士研究生学历的17人；考录公务员112人（包括法检两院考录人员），选调生5人，招录各类专业技术人员152人。下派11名科技特派员，分别派驻到部分乡镇卫生院和村、企业开展技术指导、技能培训和咨询服务等工作。

夯实基层党建工作基础。加强支部书记队伍建设。举办全县2015年村（社区）党组织书记培训班，7名县委常委亲自上课辅导；评选出32名优秀村（社区）党支部书记，在全县经济工作会议上进行表彰；加大从优秀村（社区）支书、主任中招考公务员和事业单位工作人员力度，招录2名公务员和1名事业单位工作人员；下派308名机关党员干部到村担任“第一书记”，其中市直单位11人、县直单位49人、乡镇248人。强化党员队伍教育管理。严格落实《中国共产党发展党员工作细则》和市委有关规定，全面推行“群众推优”入党，实行发展党员计划、培训、票决、公示、审查和责任制等“六项制度”，新发展党员393人，严格控制在市下达的计划指标之内；开展农村党员冬春训工作，为各村党支部统一购买《习近平总书记系列重要讲话读本》等学习资料，统一发放《基层党组织“三会一课”记录本》；拓展远教平台功能，创新党员教育方式，开办《党建之窗》电视栏目和《党建先锋》广播节目，抓好红星视频学用工作，红星视频参学率达95%，共产党员微信订阅人数超过8000人，“益阳党建通”用户数达3190人，全县共招收农民大学生学员140人；持续开展“在职党员进社区”活动，8000多名县直机关、企事业单位和人民团体在职党员，到居住地所在社区报到，并带头开展“宣传教育、倡树新风、扶贫济困、维护稳定”活动；积极探索农村党员积分管理，15个乡镇处置不合格党员59人，其中限期改正48人、劝退4人、除名7人；全面推行村干部坐班制、工作例会制和服务事项代办制等，统一印发《值班记录本》，并不定期对各村坐班制落实情况进行抽查；下发《关于进一步推进村民议事会规范运行的通知》，确保村级“四位一体”工作取得实效。扎实做好大学生村官管理服务。组织全县大学生村官参加市组织部安排的5天封闭式集中培训，提升村官队伍整体素质；积极引导大学生村官有序流动，25名大学生村官考录为公务员和国企事业单位工作人员，续聘2012届大学生村官5名。完善运转保障机制。县财政安排村级组织服务群众专项经费250万元，村（社区）党建工作经费增加至8000元，村级运转保障经费村均逾10万元，县城9个城区社区惠民项目资金由5万元提高到10万元，离任村主干补助标准由每月100元提高到150元；发放离任村干部生活困难救助资金46万元，救助530人；筹集困难党员关爱资金90万元，发放慰问资金74万元；大力实施“一村一策”，全县消灭集体经济空白村62个；共投入186万元（其中县财政155万元，争取市组织部补助资金31万元），改扩建部分村级活动场所；投入40万元完成灰山港镇38个村（社区）党员教育多功能系统建设；改造升级村级远教终端站点20个，投入150万元完成农村广播“村村响”文化惠民工程建设。推进村（社区）规范化建设，在马迹塘镇天府庙社区、沾溪镇杉木村等6个村（社区）先行试点，全县50%以上的村完成规范化建设。推进村级综合服务平台建设，制定出台建设方案和融资方案，明确责任分工，确保各项工作稳步推进。确定40个市级基层党建工作示范点创建单位，每名部机关干部结对联系1个示范点，指导开展创建工作。严格落实基层党建工作责任，将基层党建工作纳入全县目标管理绩效考核内容。认真考核全县各部门单位组织工作目标任务完成情况，对全县113个单位进行分类评定，其中“优秀”36个、“良好”61个、“合格”16个。

（尹云峰）

【韩明镜调研基层党建工作】 6月4日，省委基层办主任韩明镜到桃江专题调研农村基层党建工作，市委组织部副部长熊国平，县委常委、组织部长、统战部长雷越毅陪同调研。调研组先后深入桃花江镇株木潭村、浮邱山乡田家冲村和禁牌村、大栗港镇朱家村，实地了解“四位一体”村级治理模式运行、村级集体经济发展、乡镇党建工作机构设置和力量配备、基层党组织活动场所建设等情况，并组织乡镇党委书记和村党支部书记代表召开座谈会。韩明镜充分肯定了桃江县在加强农村基层党建工作中所取得的成绩，要求进一步压紧压实党建责任，创新有效载体，抓实各项工作，不断促推农村基层党建工作再上新台阶。

【全市基层党建工作调度会在桃江召开】 8月4日，全市基层党建工作现场观摩调度会在桃江召开，市委组织部副部长熊国平、市委基层办主任严文凯等到会指导工作，各区县（市）委组织（党群）部分管副部长、党建科（组织组）长参加会议。全体与会人员上午前往马迹塘镇天府庙社区、沾溪镇杉木村等6个规范化建设试点村（社区）现场观摩，下午召开座谈会，进行经验交流和工作部署。桃江县和大通湖区分别就规范化建设和发展村级集体经济做典型发言。

【县委党校主体班培训实行封闭式管理】 9月7日，2015年中青年干部培训班在县委党校开班。培训为期15天，实行全脱产和封闭式教育培训。培训期间全体学员必须在党校统一作息和食宿，每天早晨进行军事训练，课余组织红歌比赛、演讲比赛和篮球赛，开展慰问优抚对象、观看电影等课外活动。同时，实行组工干部跟班管理制度，严格请销假制度，全面推行百分制考核，切实推动学习风气转变和学习质量提升。

【胡立安督查“三严三实”专题教育】 9月8日，益阳市委常委、宣传部长胡立安一行到桃江督查“三严三实”专题教育进展情况，县委书记谭建华，县委常委、组织部长、统战部长雷越毅，县委常委、常务副县长周卫星出席汇报会。胡立安充分肯定了桃江县“三严三实”专题教育前段进展情况，强调要将群众路线教育实践活动后续整改工作与“三严三实”专题教育相对接，将问题整改贯穿专题教育过程，同时把专题教育与全县重点工作、年初确定的工作目标相结合，集中精力抓好改革发展稳定工作。

【举办全县组织人事编制业务培训】 11月10日，全县组织人事编制业务知识专题培训班开班，县委常委、组织部长、统战部长雷越毅出席并讲话，县直单位、乡镇组工人事干部参加培训。培训班为期2天，共安排8堂培训课，由县委组织部、县人社局、县编委办的业务骨干授课，内容涵盖干部教育监督工作、组工信息、基层党建工作、干部选拔任用工作、工资福利工作、事业单位人事管理等方面。

宣传工作

【县委宣传部领导人名录】

部　　长　胡国清
常务副部长　黄梦其
副 部 长　范学雷　胡建兵
　　　　　罗中华（兼纪检员）
文明办主任　胡日升

【概况】 县委宣传部内设办公室、理论教育组、县新闻中心（新闻宣传组）、县网宣办4个组（室），下设1个二级机构县文明办。有干部职工11人。2015年，全县宣传思想工作紧紧围绕县委、县政府重点工作，积极进取、奋力作为，极大丰富了广大人民群众的精神文化生活，工作卓有成效。

理论宣传。以县委名义印发《关于加强学习型党组织建设工作的实施意见》，并检查各乡镇、县直单位的有关学习情况。组织县四大家领导、在职处级以上干部及乡镇、县直单位班子成员开展“学习型组织创建”辅导报告会考学活动。在全县开展党员干部“学讲话用讲话”心得交流活动，向市委宣传部推荐报送微心得10篇，其中2篇分别被省、市内刊采用。组织参加省委宣传部“书记谈意识形态”和“四个全面”征文活动。县委中心组(扩大)学习4次，其中3次与全县“三严三实”专题教育活动相结合。在全县范围内广泛开展“四个全面”战略布局宣讲活动和“讲话精神进基层百姓微宣讲”活动。

文化艺术。张子清烈士纪念馆、桃江县档案馆成功申报市级爱国主义教育基地。在2015年“欢乐潇湘·文明益阳”美术、书法、摄影作品大赛中获4个一等奖、9个二等奖，4个三等奖，29个优秀奖；广场舞《欢聚一堂》在益阳市广场舞比赛中获得冠军。启动纪念高希舜诞辰120周年暨“美人与竹”书画作品大赛活动，完成作品征集及评审工作。建成广播“村村响”文化惠民工程，实现县、乡镇、村三级联动播出，出台相关管理办法，广播联网、扩面工程全面推进。桃江县文化体育中心、村级文化示范广场正抓紧建设，“省级公共文化服务示范县”创建工作平稳推进。成功举办乡村演艺团体大赛，200多个团队参加比赛。圆满完成“欢乐潇湘、美丽桃江”美术、书法、摄影作品大赛。《桃江历史文化丛书》四卷正在组稿，《桃花江是美人窝》歌碟正在录制。表现桃花江人精神风貌的电影《我要回桃花江》先后在央视电影频道、益阳电视台播出。群众性精神文明创建活动深入开展，志愿服务活动深入推进。社会主义核心价值观宣传形成氛围。

舆论引导。围绕县委、县政府“135”工作思路，在县内媒体开辟“五项重点工作巡礼”专栏。制作《竹乡新跨越》电视专题片，精心拍摄制作12个文化旅游产业重点项目招商宣传片，在《人民日报(海外版)》《中国日报》等五大媒体同步推出桃江外宣专版。配合中央电视台《我爱发明》专题采访，协助中央电视台7套拍摄《竹海桃江人》。联络中新网、新华网、《湖南日报》等各大媒体宣传推介环湘自行车赛桃江浮邱山山地越野车赛。策划《春天,我和桃江来约会》系列形象宣传，策划抗战老兵故事，策划《受阅官兵家乡父母守候屏幕观阅兵》等报道。配合市创新创业典型宣传，重点推介盛岸辉、郭立芳、王志强等创新创业典型。配合县妇联，在《湖南日报》《益阳日报》等媒体宣传龚庆和、卢佳祥“家风”故事。在中央级媒体上稿120余条，其中中央电视台7条，《人民日报》3条，人民网、新华网、中新网等90余条；省级媒体上稿140余条，其中《湖南日报》头条4条、要闻51条，湖南卫视、经视新闻联播30条；市级媒体上稿400余条，其中市电视台上稿210余条，《益阳日报》上稿230余条，头版头条20条。舆情信息调研工作成绩突出，由省舆情信息直报点升格为中央直报点。网络舆情管理成效显著，编发《桃江网络舆情专报》301期，县委领导直接批示处置《桃江网络舆情专报》24期，全年未出现重大负面舆情。强化县内主要微信公众号的引导管理。“桃江公众信息网”微信公众号排名多次进入全省前十名，“桃江广播电视台”微信公众号长期保持在电视新媒体榜单前列，仅次于湖南卫视和该电视台几档热门节目。

文明创建。全力推进“学雷锋送温暖”志愿服务活动，全年新增注册志愿者2700多人，协助桃江众心义工大队、红网桃江义工队等义工组织开展6次大型义工活动。成功申报3所乡村学校少年宫建设项目。承办湖南省2015年度“爱心守护·希望同行”留守儿童关爱帮扶活动启动仪式。积极做好益阳市第四届道德模范申报推荐工作。原县印刷厂下岗女工王中苏荣获“诚实守信”道德模范，鲊埠回族乡鲊埠社区居民詹新元荣获“见义勇为”道德模范。认真做好“我推荐、我评议身边好人”推荐工作，推荐的诚实守信道德模范王中苏、敬业奉献道德模范黄丽君、孝老爱亲道德模范胡正方成功入围全国身边好人。联合县妇联、县老干局部署“弘扬孝德文化·创建文明家庭”活动，重点开展“经典家训、文明家规”征集活动、“我为父母献孝心”家庭实践活动等系列主题活动。组织中小学校开展“网上祭英烈”活动。组建一支龙舟队，代表益阳市参加“我们的节日、端午、屈原”湖南省第二届群众性龙舟赛，获得较好成绩。学习和践行社会主义核心价值观掀起高潮，在县城芙蓉路、桃花路、文化路、振兴路4条主干道公路两旁路灯竿制作400套社会主义核心价值观、讲文明树新风宣传标牌。在县城、各乡镇、各单位以道德讲堂为阵地，以理论学习为抓手，认真组织单位干职工学习社会主义核心价值观。（蒋珊蕾）

【市新闻舆情联系会在桃江召开】 4月16日，益阳市新闻舆情工作季度联系会议在桃江召开。市委常委、宣传部长胡立安出席会议并作重要讲话，市委宣传部副部长陈正清，桃江县委常委、宣传部长胡国清和来自益阳市委宣传部、各区县(市)委宣传部及主流媒体的30余名负责人出席会议。会议通报第一季度新闻宣传报道及舆情处置情况，部署第二季度宣传工作重点任务，并围绕“加强业务交流，促进对外上稿”这一主题展开讨论。会后，与会人员前往桃花江核电科普基地参观并学习核电科普知识。

【中央电视台农业频道宣传桃江】 4月19日—23日，中央电视台农业频道《乡土》栏目摄制组走进桃江拍摄专题节目。摄制组到高桥乡、马迹塘镇、大栗港镇采访拍摄桃江的竹笋产业、民间艺术。

【举办新闻通讯员（网宣员）培训班】 5月15日，桃江县2015年度新闻通讯员（网宣员）培训班举行。县委常委、宣传部长胡国清到场讲话，县委宣传部常务副部长黄梦其主持培训活动。全县各乡镇、部门分管宣传思想工作的负责人、宣传干事、通讯员、网宣员参加培训。本次培训班特别邀请益阳日报社副总编辑曹舜奇主讲新闻写作知识，县委宣传部、县信息中心、县广播电视台和网宣办等单位有关负责人先后就有效应对媒体、网络信息采写与报送、电视新闻采访重点与新闻线索的提供、网络舆情引导等重点问题进行讲解和交流。

【五单位获文明创建省级殊荣】 5月14日，县委常委、宣传部长胡国清先后到桃花江镇、县卫生局、桃江一中、桃江烟草专卖局、高桥乡，将"全国文明村镇""湖南省文明标兵单位""湖南省文明单位""湖南省文明乡"的牌匾和证书颁发给主要负责人。县委宣传部副部长范学雷、县文明办主任胡日升参加授牌。

【杨金鸢调研县域文化产业】 6月25日，省委宣传部副部长杨金鸢到桃江调研县域文化产业发展情况。市委常委、宣传部长胡立安，县委常委、宣传部长胡国清，副县长邓清波陪同调研。

【中央电视台电影频道播放电影《我要回桃花江》】 9月20日15：00，电影《我要回桃花江》在中央电视台电影频道播出。《我要回桃花江》是第一部在桃江实景拍摄的发生在桃花江的故事片，影片于2013年1月开拍，11月获准公映，2014年获湖南省"五个一工程奖"。

【"美人与竹"书画作品大赛评选揭晓】 10月8日，纪念高希舜诞辰120周年暨"美人与竹"书画作品大赛组委会邀请湖南省书协、美协著名书画艺术家组成评委会，按照"公开、公平、公正"的原则，在长沙新闻大酒店对征集到的355件书法类作品、169件美术类参赛作品进行分类评审。经过评审，长沙市曹述林的对联《竹雨松风琴韵，茶烟梧月书声》获书法类特等奖；广州市刘文广的《美人与竹古诗》等10件作品分获书法类一、二、三等奖；河南永城市杨城等30名作者的作品获得入围奖。广西省桂林市谢运南的《疏林清禽》、辽宁省昌图县张驷敏的《幽幽竹伴归途》等11件作品分别获美术类一、二、三等奖；安徽和县屠东辉等30名作者的作品获得入围奖。

【《人民日报》等推出桃江外宣专版】 10月份，《中国日报》《人民日报》等五大媒体同步推出桃江外宣专版。10月8日《中国日报》22版推出《Resource-rich county ripe for change》专版，10月16日《人民日报（海外版）》15版推出《竹香飘四海 桃花映九州 桃江全力建设生态之城》专版，10月10日《香港商报》A7版推出《竹香飘四海 桃花映九州》专版，10月12日香港《大公报》B5版推出《湖南桃江 竹香飘四海 桃花映九州》专版，10月13日香港《文汇报》A29版推出《湖南桃江：桃花竹海"美人窝"》专版。

【魏委检查宣传思想文化工作】 12月7日上午，湖南省委宣传部巡视员魏委到桃江检查宣传思想文化工作，县委常委、宣传部长胡国清，副县长邓清波陪同。魏委到沾溪镇洋泉湾村文化广场、游艇渡口、村委办公楼，实地检查该村宣传思想文化工作。魏委认为桃江县乡村文化基础设施不断完善，充分肯定桃江宣传思想文化工作。强调要整合好资源，尽可能丰富老百姓的文化生活，加强宣传，提高老百姓的思想道德水平，开展好宣传文化活动，营造良好的思想文化氛围。

统战工作

【县委统战部领导人名录】

部　　长　雷越毅
副 部 长　刘建荣　林江华
　　　　　黄月华　张赛群
台办主任　陈赛军
纪 检 员　邓喜平

【概况】 县委统战部内设办公室、干部组、民宗组和经联组4个组室，县侨联、县台办与县委统战部联合办公，不单独内设组室，办公室工作、纪检监察、人事政工、财务、综合治理、计划生育、安全生产、工会、统计等机关事务和中心工作由统战部统筹安排。有行政编制7人，工勤编制1人。2015年，县委统战部全面贯彻中央精神，把握新形势新常态下统战工作发展机遇，以深化"同心工程"为抓手，紧紧围绕县委、县政府五项重点工作，突出做好凝心聚力文章。突出工作重点，提高服务水平，完成各项工作任务。

宣传学习。3月，组织全体机关干部和统战系统单位班子成员，集中学习全国统战部长会议、中央民族工作会议和中央宗教工作会议精神，进行系列研讨。6月上旬，组织统战系统全体干部集中学习中央统战工作会议精神和《中国共产党统一战线工作条例（试行）》；同时，通过以会代训、发放资料、网上学习平台等多种渠道和方式，组织乡镇统战干部及统战成员传达学习会议精神和《条例》。11月中旬，向县委第17次常委会议专题汇报中央、省委统战工作会议精神及桃江的贯彻实施意见。

走访交流。组织开展返乡人士系列联谊活动。接待走访联系返乡经济界人士148名，召开各类座谈会9个，洽谈返乡投资开发意向6个。开展统一战线代表人士大走访活动。走访各类统一战线代表人士400多人，其中党外代表人士148人、少数民族人士26人、宗教界人士14人、非公经济代表人士121人、台侨眷属54人。收集各类建言献策59条，整理上报21条。结合纪念中国人民抗日战争暨世界反法斯战争胜利70周年系列活动，开展起义投诚人员、黄埔军校同学会会员集中走访慰问活动，走访慰问42人，发放慰问金15000多元，摸排抗战老兵15人。

队伍建设。在年初机构调整中，县委将5名工作能力强的干部充实到统战系统各单位班子，班子成员平均年龄较原班子小11岁，文化程度均为大学本科及以上学历，单位班子实现年轻化、知识化，班子结构得到进一步优化。乡镇换届工作中，全县15个乡镇均明确统战工作分管领导，县直部门明确一名副职分管，逐步建立健全村（社区）统战联络员队伍。开展新一轮代表人士信息摸底工作。5月开始，根据中央统战工作会议精神，开展新一轮为期3个月的党外代表人士信息登记工作，并特别注重中央精神明确的新媒体从业人员等新一类代表人士的摸底；参照人大、政协和相关社团组织党外人士安排的要求，按1∶2的比例，摸底登记党外代表人士及后备人才830多人。开展覆盖各大领域的党外人士培训。11月12日—13日，举办有85人参加的党外人士培训班。其中有各级人大代表、政协委员中的党外人士，工商联、侨联、台联领导班子成员中的党外人士，非公经济组织、社会组织负责人中的党外人士，在桃工作的各民主党派成员、高级知识分子、各级劳动模范和新媒体从业人员。县委将统一战线工作纳入党委（党组）重要议事日程，明确各级党委主要负责人为统战工作“第一责任人”。统战工作纳入乡镇和县直部门单位绩效考核内容，县委统战部作为县绩考委成员单位，专门制定对乡镇和县直部门单位的统战工作年度精细化管理考核办法，不定期督促检查，日常与年终结合考核。统战政策知识列入各级党委（党组）中心组学习计划，纳入党校主体班教学课程。

民族宗教。开展宗教政策法规学习月活动。6月，采取“三进三送”（进宗教团体、进宗教活动场所、进信教家庭；送书送课送板报）的方式，在全县信教群众中开展以“国法与教规的关系”为主题的法治宣传活动，活动遍及全县138个宗教活动场所、信教群众10万余人。稳步推进鲊埠回族乡全国民族团结进步示范点创建工作。10月，在鲊埠回族乡开展全省民族团结进步创建互观互检活动，互观互检团参观考察鲊埠回族乡同心民族工业园产业建设、益阳市“最美乡村”军功嘴村美丽乡村建设、鲊埠清真寺民族文化遗产传承等情况，鲊埠回族乡与常德市鼎城区许家桥回维乡中堰村就全省民族团结进步示范点创建工作进行了探讨与交流。

统战工作。开展鼓励支持华人华侨积极参与公益事业建设的引联工作。3月27日，美侨捐赠的鲊埠回族乡“美侨谭德森、吴保仁公卫大楼”正式揭牌，谭德森遗孀、仁德慈善基金会会长吴保仁女士携子谭长生博士等一行应邀参加揭牌仪式并进行义诊活动。11月23日，修山卫生院综合楼建设通过香港应善良福利基金会验收，所有捐建资金全部到位。

创新创业。年初，县委常委会议明确要求统战部门要牵头做好创新创业的推进引导工作，统战部会同人社局、工商联等相关部门开展创新创业的系列宣传，牵头组织全县创新创业大赛。创新创业大赛投入资金50万元，组织200多人参赛。组织召开工商行业协会创新创业推进会和全县创新创业典型报告会，筹划以牛潭河经济开发区为基地，创建“桃江创新创业园”，会同有关部门拟定具体运作方案。

大统战格局。11月，县委第17次常委会议同意，由县委副书记向荣牵头负责，参照其他区县（市）情况和桃江实际，研究规范县委统战部、台办、侨联、民宗局等部门联合办公的问题，进一步推进大统战工作格局思路的实施。依据益阳市编委《关于构建区县（市）大统战工作格局有关机构调整的通知》精神，将构建大统战工作格局纳入机构改革，同部署，同调整，经县编委第3次会议研究讨论，县委统战部与县民宗局合署办公，县民宗局列为政府机构序列，保持执法主体地位，不单设机构，不单独核定科级领导职数，由1名副部长兼任县民宗局局长。县台办、县侨联与县委统战部联合办公，保持台办、侨联现有正科级单位属性，其机构职能、领导职数、人员编制不变。大统战工作格局下，县委统战部设部长1名（县委常委同时兼任组织部长、统战部长），副部长3名（其中常务副部长按正科级领导实职配备，1名副部长兼任民宗局长）、副科级纪检员1名、台办主任1名、侨联主席1名，副主席1名。共核定编制18个，其中县委统战部7个行政编制、1个工勤编制，侨联3个参公事业编制，原民宗局5个参公事业编制划入台办，台办共增至7个参公事业编制。实有人数15人。大统战机构调整后，工作机制上遵循三大原则：即经费归口使用，县财政只建立县委统战部一个独立核算单位，将县民宗局、县台办、县侨联2016年度预算安排的人员经费、工作经费及其他专项资金整体划入县委统战部；中心工作统筹安排，县委安排中心工作时按大统战机构进行统筹安排，县民宗局、县台办、县侨联不单独承担县委县政府安排给同级单位应承担的联村办点、防汛抗旱、文明创建等中心工作；干部交叉分工，民宗局、台办、侨联干部除负责职能业务工作外，同时承担统战部相关工作。人员统一调配，经费一支笔审批，机关事务和统战工作分工协作。（黄文杨）

【汤柳枝看望民建会员】 1月15日，益阳市委统战部副部长汤柳枝到县文广新局、县图书馆等单位看望在桃江工作的民建会员代表。汤柳枝在桃江县文广新局听取文广新局党组关于同党外人士合作共事的经验介绍。民建会员、县文广新局局长龚胜芳汇报个人工作，并对党派工作提出意见建议。汤柳枝充分肯定桃江县文广新局同党外人士合作共事成效，并寄语党外干部和在桃民建会员，立足本职，为桃江的发展建功立业。

【陈国新看望慰问特困侨眷】 1月16日，市外侨办副主任陈国新到桃花江镇等地看望慰问肖定涛等4户困难侨眷。陈国新详细了解肖定涛夫妇身体近况、生活状况及与国外亲人联系情况，鼓励他们保重身体，好好生活，早日恢复健康。

【众心义工队慰问抗战老兵】 1月23日上午，益阳市抗战老兵之家志愿者、桃江县众心义工队队员来到鸬鹚渡镇清塘村，看望慰问抗战老兵陈志中、陈柱中兄弟，并送去慰问款物。陈志中曾参加过有名的江西万家岭战役和湖南长沙会战；陈柱中曾在国民革命军水警部队服役。抗日战争胜利后，两兄弟回到老家。

【台胞台属联谊会第三次代表大会召开】 12月11日，桃江县台胞台属联谊会第三次代表大会在县城举行。益阳市台办主任汤柳枝，县委常委、副县长曹萍，益阳市台联会会长刘波出席会议。县委统战部、县台办、县各人民团体负责人及县台联会40名代表参加会议。会议听取审议桃江县台胞台属联谊会第二届理事会工作报告，学习习近平总书记新形势下发展两岸关系的讲话精神，选举产生桃江县台联会第三届理事会及领导机构，聘请台联会顾问、名誉会长。詹剑辉当选台联会第三届理事会会长，龙玉牛（兼秘书长）、刘胜才、黄国安、肖亮谋为副会长。

机构编制

【县编委办领导人名录】

主　　任　刘鉴明
副主任、纪检员　伍松华
副　主　任　文放龙

【概况】 县机构编制委员会办公室（以下简称“县编委办”）是县委、县人民政府具体负责全县机构改革和机构编制管理的职能部门。县事业单位登记管理局与县编委办一个机构两块牌子，内设综合督查股、机构编制管理股和事业单位登记管理股3个职能股室，核定行政编制7名，后勤服务事业编制1名，实有工作人员7人。2015年，县编委办不断深化行政管理体制和行政审批制度改革，规范机构编制管理，全面提升机构编制工作服务水平，各项工作扎实推进。

推进政府部门权力清单和简政放权工作。4月—6月，县编委办组织对全县55个政府部门的行政权力进行全面清理。各部门共上报行政权力4583项，审核转报类权力106项。经审查，并报政府常务会议审定，县本级保留行政权力共3514项，审核转报类权力101项。其中行政许可151项、行政处罚2473项、行政强制164项、行政征收45项、行政给付16项、行政确认70项、行政奖励41项、行政检查160项、行政裁决6项、其他行政权力388项（含备案、年检、行政调解、财政性资金分配等）。

6月30日，将权力清单在县公众信息网和机构编制网分别公示。在推进权力清单的同时，按照“便民利民，权责对等”的原则，探索向乡镇下放46项经济社会管理权。

做好政府职能转变和机构改革工作。《桃江县人民政府职能转变和机构改革方案》《桃江县政府机构改革涉改部门领导职数方案》经市委市政府和市编办批复，县编委办根据方案，在进一步调研的基础上，出台《桃江县人民政府职能转变和机构改革方案的实施意见》《关于实施〈桃江县人民政府职能转变和机构改革方案的实施意见〉任务分工的通知》《关于县直副科级以上机构设置的通知》。11月24日，召开政府职能转变和机构改革动员大会，明确机构改革工作于2015年底前基本完成，职能转变工作在3到5年内按照省、市部署要求完成。

做好事业单位分类工作。《桃江县事业单位分类工作方案和分类目录》获市编办批复。县编委办向全县各事业单位举办单位下发《预分类函》，进一步征求部门意见。在此基础上，形成《桃江县事业单位分类方案》，并经编委会议审核通过，行文下发。

推进事业单位登记管理制度改革工作。全面推行事业单位登记管理年度报告公示制度和开办资金验资登记确认登记两项改革。全县应进行年度报告事业单位428家，全部在桃江公众信息网公示。对开办资金需要变更的80家单位，全部按照开办资金确认改革要求，进行开办资金变更登记，为事业单位节约行政成本近100万元，得到事业单位一致好评。

机构编制管理工作。完善机构编制管理制度。结合工作实际，进一步修订完善《桃江县机构编制委员会（办公室）工作规则》，印发《关于机构编制有关问题整改工作方案》。建立编制使用台账，加强编制实名制管理，严格把住编制计划关，实行缺位补进，严禁超编进人。合理设置调整机构。按照“撤一建一”原则，成立桃江羞女湖国家湿地公园管理处，加快促进羞女湖国家湿地建设和发展；将林业局二级事业机构桃江县林业调查规划设计队和桃江县林权登记管理中心合并，组建桃江县林业调规划设计队（加挂桃江县林权登记管理中心牌子）；设立中共桃江县委全面深化改革领导小组办公室，与中共桃江县委办公室一个机构，两块牌子，加强全面深化改革工作的统筹协调。完善实名制数据库建设。对实名数据库中15258名人员的编制信息进一步进行核实完善，建立并完善全县部门单位的基础台账。坚持库内数据一月一更新，确保人员编制信息准确无误，真正实现动态跟踪管理。强化机构编制监督检查。1月，召开全县机关事业单位“吃空饷”专项治理动员大会，下发整改通知书66份，要求各单位限期整改。5月，由组织、纪检、人社、财政、编办等联合对全县机关事业单位开展吃“吃空饷”、在编不在岗、编外聘用人员等问题清理整治工作进行全面督查。出台《关于预防和治理机关事业单位“吃空饷”、在编不在岗、编外聘用人员的实施办法》，编制人事工作的督查成为常态化。（刘　舜）

老干部工作

【县委老干部局领导人名录】

局　长　李霞珍（2015.07 止）

刘牛元（2015.07 始）

副局长　刘　强　吴铁流

纪检员　胡大红（兼县关工委秘书长）

【概况】 县委老干部局机关常设股室有县关工委办公室，内设股室有办公室、业务股，下设二级机构有县老干部活动中心管理所。共有编制11人，实际在编行政人员8人，事业人员4人。局负责管理服务的离休106人、退休县级干部105人。其中，属县直接管理的离休干部86人，垂直部门离休干部18人、接受易地安置的离休干部2人；正县级退休25人；副县级退休80人。2015年8月，接受1949年10月1日至1950年6月30日参加革命工作的退休干部68名。

老干部待遇。重视离退休干部党支部建设。对全县15个乡镇和52个县直部门老干支部工作进行调研，组织召开全县老干部工作会议，举办全县老干支部书记暨关工委宣讲员培训班，指导5个乡镇、县直部门离退休干部党支部完成改选。指导个别乡镇、县直单位的组织建设、制度建设和先进性建设工作，推荐3名支部书记代表参加全县党建工作宣传短片拍摄。落实老干部政治待遇。举行老干部迎新春招待会和机关老同志座谈会，重大节日走访慰问老干部，重大事项征求老干部意见，重要会议邀请老干部参加，聘请县内外资深讲师为老干部解读中央最新政策。组织老干部理论学习2次，举办科普保健、环保讲座4次，组织老干部代表座谈会2次。为3614名老干部人手订阅1份《老年人》杂志。组织“经典家训、文明家规”的征集统评活动，征集24条，10条获奖。向县委老干部工作领导小组申请召开县委老干部工作领导小组暨关工委工作专题会议，明确规定老干部工作基层组织体系建设、规范管理服务流程、优化老干部政治生活待遇、提升县老干部活动中心（老年大学）社会效益等具体工作，印发2015年第17次《县委常委专题办公会议纪要》。落实老干部生活待遇。组织、督促对全县离休干部养老金实行政策性提标。对离休干部无固定收入配偶或遗孀生活待遇进行提标。落实益阳市委老干部局会议精神，上门走访慰问全县20名90岁以上或身患重症的离休干部、副县级以上退休干部。着力协调解决好老干部诉求。建立健全特困离退休干部帮扶机制。加大对困难老干部及遗属的救助力度，慰问特困老干部和遗孀84人，帮扶金额达6万元。为异地老干部报销医药费11万余元，符合条件的13名离休干部及时享受特护费。看望住院老干部78人，为26名老干部祝寿，为6名已故老干部协理后事。

老干部文体活动。以县老干部活动中心为平台，组织老干部参加钓鱼、象棋、扑克牌、麻将等健康有益的室内外文体比赛活动。推介全县"135"发展战略，组织近100名离休和县级退休老干部到县两型社会实践区参观视察工农业生产，组织老干部代表视察县审计局和桃花江中心医院等单位和重点建设工程项目，让老干部亲身感受桃江发展。开拓老干部视野，组织老干部代表到长沙高新技术产业开发区考察学习，感受长沙高新技术产业开发区经济与社会发展现状，借鉴外地成功经验，积极献言献策。

关心下一代工作。"六一"期间，深入县特殊教育学校，为70名残疾学生送上空调被、玩具等物资，开展慰问演出和共同包饺子活动。6月26日，组织老干部参加"禁毒"宣传活动。暑假期间，组织"五老"网吧监督员队伍和县关工委成员单位，开展网吧和文化用品行业专项督查2次。帮扶特殊、特困儿童50人次，发放资金3万元。健全老干部"夕阳红"志愿者服务队，组织老同志开展县城创卫、平安桃江创建等公益宣传活动和农村敬老院慰问活动。

老干部活动中心（老年大学）工作。规范教学管理。组织老干部前往资阳区、沅江市、安化县等区县市学习老年大学运行经验，规范教材、课程设置、班级管理等工作，提升老年大学服务水平。完善学员管理、教师管理、班主任管理等规章制度。完善硬件设施。投资近8万元，对活动中心4楼舞台进行改造，安装活动舞台72平方米，铺设地毯，改造幕布、背景及灯光，舞台整体效果得到改善。教学规模逐步扩大。广泛征求学员代表、班级负责人与教师意见，增设书画、剪纸专业，教学班增加到13个，注册学员达896人，新增学员102人。丰富校园文化。开辟宣传阵地，设置宣传专栏2个，刊登活动中心相关文字及图片资料，展示师生风采和老干部的精神风貌。完善老年大学艺术团、合唱团，由老年大学学员参与的节目《刘大娘笑呵呵》登上益阳市春晚舞台。10月16日，与资阳区老年大学的教学互动交流活动取得良好效果。组织县老年大学艺术团和志愿者服务队开展活动。5月22日，组织开展"义诊义演情系敬老院孤寡老人"活动，深入浮邱山乡敬老院，为敬老院孤寡老人义诊，送上文艺节目和慰问物质。开展庆重阳老干部文艺汇演等各类演出活动4场，收到良好的社会效果。提高场地利用率。年初，向有关乡镇和县直单位离退休干部党支部发出《关于邀请离退休人员开展活动的函》，承接乡镇、县直部门的大型活动16次，接待县直部门机关工会活动、老干部支部文体活动35次，达3000人次以上。管理规范、成效显著。5月21日，常德市委考察团参观考察县老干部活动中心，给予充分肯定。

老协工作。会同县老科协向益阳市委老干部局、益阳市老科协专题汇报，赴资阳区学习，形成换届工作情况汇报和全县茶叶产业调研报告。举办全县第一期乡村自我保健科普宣讲员培训班。组织第二届"长寿杯"老年人门球赛。8月31日，与县老年书画协会共同组织"铭记历史、开创未来——纪念中国人民抗日战争暨世界反法西斯战争胜利70周年"为主题的书画展，展出作品134幅。组织县老干部诗词协会编印《桃花江诗词》第9期，收录作品500余幅。会同县老年体协、老年门协组织各类比赛、交流活动20余次。（吴铁流　刘友明）

【宋冬春到桃江考察老年大学】 5月21日上午，常德市委副书记宋冬春率常德市各区县（市）委副书记、组织部长、老干部局局长、老年大学校长到桃江，专程考察桃江县老年大学建设管理工作。考察组参观桃江县老年大学及老年课堂教学情况，进行交流座谈。市委书记魏璇君，市委常委、市委秘书长孙达良，市委常委、组织部长、统战部长何俊峰等领导陪同考察，县委书记谭建华，县委副书记向荣，县委常委、组织部长、统战部长雷越毅等全程陪同。

【老干部视察两型区建设】 6月24日，县委老干部局组织全县部分离休、县级退休干部到桃江县两型社会实践区参观，实地考察算盘洲农民集中居住小区、湘腾庄园、崆峒村、拱门农民集中居住小区和黄金塘楠竹丰产培育示范基地，深入了解两型社会实践区的经济和社会发展情况。老干部们切身感受到桃江在建设绿色、美丽乡村方面作出的努力和带来的可喜变化，对践行“生态、低碳、环保”等新理念取得的成绩给予充分肯定和高度评价。

【百名老干部“书廉画廉”】 6月，老干部局联合县老年书画协会，组织动员近百名热爱书画艺术的老干部创作书画作品，弘扬廉政文化，助力反腐倡廉。老干部们紧扣廉洁主题，把握时代脉搏，将廉洁思想与书法艺术高度融合，创作书画作品百余幅。通过筛选，最终有18幅书画作品上报益阳市纪委，邓光明的《清风高节》和符竹书的《香飘云天外》画作分别荣获二等奖、三等奖，傅博文、王立群、张禄生的4幅作品入选《香远益清——益阳市廉政书画篆刻展作品集》。

【县关工委开展暑期网吧督查】 8月19日，桃江县关工委组织县委老干部局、县文广新局等单位相关人员与“五老”工作团代表，组成两个暑期网吧督查小组，对县城网吧进行明察暗访。督查组随机检查了10家网吧，对发现的个别网吧存在的环境卫生堪忧和有未成年人进出等情况，由县文化市场综合执法大队工作人员当场进行处理。

【桃江资阳开展教学互动交流】 10月16日，桃江县、资阳区老年大学共同举办的“携手共进，欢庆重阳”教学互动与交流活动在县老干部活动中心举行。双方学员将在老年课堂所学的内容在舞台上以独唱、器乐、歌舞等形式尽情演绎，受到观众的一致好评。益阳市委组织部副部长、老干部局局长张第军，市委老干部局副局长、市老干部活动休养管理处主任文潇宇，桃江县委常委、宣传部长胡国清应邀参加活动。

【谭建华为100岁离休干部祝寿】 11月24日，县委书记谭建华和县委常委、组织部长、统战部长雷越毅，县委常委、副县长曹萍到县中医院为百岁离休干部周瑞庭老人拜寿送上鲜花、蛋糕和红包。周瑞庭是河北邯郸人，1915年11月出生，1938年参加八路军游击队，1941年12月加入中国共产党并担任游击队队长。1950年南下进入桃江县工作，历任桃江县委常委、副县长、县革委会副主任、县公安局局长、县法院院长等职，当选过省、县党代表和县人大代表。1984年离休，是享受3项副厅级待遇的离休老干部，也是目前益阳市唯一健在的百岁离休老干部和百岁抗战老兵。

信访工作

【县信访局领导人名录】

局　　长　符心冰

副 局 长　何林保　戴泛波

　　　　　赵　华

纪检组长　刘　毅

【概况】 县信访局内设办公室、处信办案股、信访接待股等3个股室，对外加挂“中共桃江县委、县人民政府群众来访接待室”的牌子，有干部职工11人。2015年，县信访工作紧紧围绕县委、县政府重点工作，以“解决群众合理合法的利益诉求问题”为抓手，深入推进信访工作制度改革，取得较好的成绩。

来信办理。按照《信访条例》的相关规定和上级办信工作的要求，认真处理好每一封群众来信。办理群众来信225件，其中包括省长信箱27件，网上信件3件，均在规定时间内进行了转送、交办，办结率92%。

来访接待。按照《信访条例》的相关规定和上级关于来访接待工作要求，做好人民来访接待工作。县本级日常接待群众来访722批次，923人次，受理并转送、交办来访事项163件，当场解释答复信访问题559个，群众的合理诉求问题得到处理落实。

重要信访事项办理。办理上级交办的重要信访事项25件，无中央和省级交办件，其中市级信访交办件13件，县领导批示交办件12件，通过组织相关部门单位协调和县信访工作联席会议召集专题会议进行研究，均按期如质办结，办结率100%。

推行依法逐级走访工作。开展宣传、培训，引导群众依法逐级走访。通过电视、网络、电子显示屏，制作广告牌、悬挂横幅、发放宣传资料等多种形式宣传《信访条例》《依法逐级走访办法》。召开全县推行依法逐级走访工作动员暨培训会议，全县各乡镇和部门单位信访工作分管领导和信访干部参加培训。构建县、乡、村三级接访平台，夯实基层接访。推行县级领导周一接访制度，县级领导在信访局坐堂接访22场次，接待群众205批465人次。组织开展联合接访，从人社、民政等8个部门单位抽调9名工作人员，在党政大楼设立联合接访大厅，接待群众125批212人次，受理和办理来访事项16件，办结率100%。坚持双向规范，维护正常信访秩序。规范信访事项的受理范围和受理、办理、督办程序，严格按《依法逐级走访办法》的要求接访处访。依法规范信访人行为，加强教育疏导、训诫和依法打击处理，维护正常有序的信访秩序。

信访积案化解。上级明确2015年为信访积案攻坚年，县信访局认真组织化解信访积案。制定工作方案，成立专门机构，组织对全县的信访积案进行摸底排查，采取领导包案、县信访联席会议集中研究、信访部门组织协调、召开信访听证会等多种形式，成功处理化解19起欠拖不决、久诉不息的信访积案。

信访宣传。2015年是《信访条例》颁布实施10周年，县信访局组织开展多种形式的信访宣传活动。在县、乡两级信访接待场所制作17块大型宣传广告牌，悬挂宣传横幅158条，张贴宣传标语567张，利用电子显示屏滚动播放飞字信息685条，印发各种宣传资料10万份，印制依法逐级走访口袋书1.5万册。利用广播电视村村通，将《信访条例》的内容每天滚动播出。组织到15个乡镇开展下乡大宣传、大接访活动。

（刘　忠）

【全县信访工作会议召开】 4月3日，县委组织召开全县信访工作会议，各乡镇和县直部门单位的信访工作分管领导和信访干部200多人参加。县委常委、政法委书记陈震宇作主题工作报告，县委书记谭建华到会并作重要讲话，会议总结2014年信访工作，表彰先进单位10个、先进个人10名，部署2015年信访工作。

【《湖南日报》推介桃江信访工作】 9月10日，《湖南日报》以《桃江视频接访覆盖所有乡镇》为题宣传报道了桃江在信访工作中创新工作方法，开展乡镇视频接访的做法。

【《益阳日报》推介桃江信访工作】 12月25日，《益阳日报》头版头条以《春风化雨促和谐》为题，报道桃江县创新模式抓信访保稳定工作纪实，总结推介了桃江在创新体制机制，畅通信访渠道、夯实信访平台、推行逐级走访、全力化解积案、推进规范信访接待、构建网络平台等方面的经验做法。

【处理信访突出问题】 县信访工作联席会议加强对信访突出问题的处理，组织召开11次信访联席会议，处理11个信访突出问题，形成会议纪要，并按纪要的精神将11个信访问题处理落实到位。

接待工作

【县接待办领导人名录】

副主任　董　佳　王　娲

【概况】 县接待工作办公室（简称“接待办”）内设办公室、财务室2个机构，在职在编人员2人，借调人员2人，临聘司机1人。2015年，县接待办围绕县委、县政府中心工作，按照“接待辅政”的工作思路，以提高接待服务水平为目标，自觉增强责任意识，充分发挥接待“载体”功能，有效地推进接待工作登台阶、上水平，切实履行接待部门的职能作用，为领导机关顺利开展工作、扩大对外交流、推动经济社会科学发展做了大量工作。

整合资源，努力构建“大接待”格局。在县委、县政府统一领导下，县委办、政府办、县接待办为主体，县直各部门与乡镇直接参与，各指定接待场所积极配合，形成“集中管理、齐抓共管、协调灵活、运作高效”的“大接待”工作格局。把接待工作放到全县工作中来认识和把握，围绕中心，服务大局，充分发挥接待工作接触面较广、渠道较多、信息比较灵通的优势，主动掌握最新动态，及时为党委、政府提供有价值的信息，为领导当好参谋和助手。

厉行勤俭节约，规范财务管理。建立健全接待工作制度。由县委办、县财政局、县接待办牵头，制定《桃江县党政机关国内公务接待管理实施细则》。建立健全《加强和改进公务接待工作办法》《接待审批程序》《接待工作日常考评细则》等规章制度，对接待范围、程序、标准、纪律、组织领导等环节作出明确具体的规定，使每一个接待行为做到有章可循，按章操作。严格控制接待成本，对公务接待实行统一管理、限额支付、集体审核的办法，严格公务接待费的管理，杜绝公务接待费多支、乱支、滥支等。对各项费用报销和重大经费支出，坚持票据要素齐全、层层把关审批的原则。严格遵守八项规定，按照接待预算方案执行，做到接待规格不超标、经费不超支、私客不公请，专款专用，精打细算，坚持从简、从细、从严搞好接待工作。

坚持把握细节，突出地方特色。制定详细周密的工作方案。牢固树立“简单事不简单”，力求“以细节塑造大美”，对每一次接待的每一个细小环节都明确人员、职责、任务、时限要求和工作标准，确保做到随机应变、应对自如。提供个性化的服务。在接待过程中根据宾客个人的饮食习惯和生活习惯及时做出合理调整，以满足不同宾客的需求，为客人提供人性化、亲情化的接待服务。突出地方特色。在接待中尽量挖掘具有本地特色的接待资源，充分展示“美人文化”“竹文化”“茶文化”和“屈原文化”的魅力。在菜肴的安排上，尽量突出地方菜肴，推出了“桃江十大名菜”“十大地方特色菜”“全笋宴”等餐饮特色菜肴，给客人留下深刻的印象。在考察路线安排及景点游览上，考察点选择桃花江核电站、桃花江实业、桃花江竹业等具有桃江特色的企业，让领导和客人最大限度地了解桃江、支持桃江。参观旅游选择桃花江竹海、桃花湖、浮邱寺以及屈原天问台、罗溪瀑布、羞女峰等景点。

加强队伍建设，提供人才保障。作为桃江的“窗口”和“形象”，接待办工作人员不但要为客人提供“热情、周到、优质”的服务，当好桃江形象的展示员、经济发展的宣传员、历史文化的解说员、风景名胜的导游员、发展优势的推销员，把桃江悠久的历史文化、丰富的自然资源、发展的巨大潜力和干部的良好精神风貌向来宾们作好介绍和展示，以扩大桃江的知名度和美誉度，树立良好的对外形象。县接待办牵头，从全县各单位办公室人员抽调并组建一支50人的桃江旅游文化综合服务队伍，举办两次接待礼仪知识培训，在全县招商会活动中得到一致好评，“桃花江是美人窝”的文化特色进一步突显，接待整体实力得到明显提升。

服务中心工作，联系基层促发展。根据全县统一部署，县接待办“一进二访”活动联系村为灰山港镇肖家段村。对肖家段村的23户困难群众进行走访调研，详细了解村民的生活情况和存在的困难，并与困难群众面对面交流，零距离接触，实现困难群众走访全覆盖。针对收集的情况制定专门的台帐，做到一户一策，精准实施，以严实的作风推进精准扶贫。成立帮扶工作领导小组，号召身边亲朋好友捐资捐物，筹集爱心款6300元，衣物3袋。以多种形式帮助联系村困难群众解决生活、就医、就学等方面的实际困难。（高　琪）

党校工作

【县委党校（行政学校）领导人名录】

校　长　吴哲仪

副校长　刘俊兴　薛荣华

　　　　袁铁基

　　　　方　静（兼纪检员）

【概况】 县委党校内设办公室、教研室、教务科、行政科、图书信息中心5个科室。有干部职工23人，专兼职教师20人，其中高级讲师7人，讲师7人，经济、管理、科技和法学类专业教师12人。2015年，县委党校紧扣“135”工作思路，坚持正确的办学方向，不断拓宽办学思路、创新办学理念、提升培训质量，干部教育培训工作取得新的进展。

教育培训宣传。县委党校充分发挥培训干部的主渠道、主阵地作用。按照年初制定的干部培训计划，全年先后举办各类培训班13期，培训1600多人。其中，科级干部进修培训班2期99人、中青年干部进修培训班1期39人、专题培训班6期1191人、公务员暨事业单位人员培训班2期183人，全部实行封闭式管理培训，严格教学管理，努力优化师资配备，提高教学水平。按照年初计划，引进硕士研究生2名，组织教学交流活动和资深教师指导年轻教师“一帮一”的传帮带活动；试讲新课12堂。经过集体备课、集中试讲、专家评课、小组研究、不断完善，打造精品课5堂；聘请30多名省、市、县专家和部门负责人担任学校兼职教师，取得良好效果。创新干部培训方式，探索现场教学模式，新建立张子清革命烈士纪念馆和茶陵县革命纪念馆为党性教育现场教学基地。进一步完善与推进异地培训方式，新增岳阳市委党校、茶陵县委党校、芷江县委党校3个干部教育异地培训基地。精选多名优秀教师赴乡镇、县直部门、村、社区、企业等开展党建、法制、经济等专题宣讲,宣讲内容紧扣时政、结合县情，送党课40堂，受众2000余人。

县情调研与科研服务。深入研究《桃花江投资发展集团有限公司转型发展调研》《开展关爱抗日老兵活动的建议》两个县级课题，形成优秀调研报告并获得县委主要领导的重要批示。取得科研成果24项，其中课题立项3个（省级），课题结项3个（省级）；在省级及以上刊物发表论文8篇；省级理论研讨会获奖论文9篇。组稿编辑《求是心声》，分名课、名作、名事三大部分，收集优秀讲稿16篇、课题成果6篇、调研报告7篇、理论文章58篇、各类奖项57项，共48万字。县委党校被评为“2015年度湖南省党校系统科研工作先进单位”。

学校管理。加强绩效管理，制定《2015年工作目标绩效考核办法》，明确各科室及个人岗位职责，提高工作效率，使管理科学化、规范化。年初将各项重点工作、中心工作分解落实到分管领导和责任科室，年底各项工作全面完成。创新培训模式，制定严格的封闭式管理培训制度。主体班培训期间,学员统一食宿、统一作息、统一管理。班主任“全天候”跟班管理，分管教学副校长定期检查出勤情况、巡查课堂纪律、抽查课堂笔记。如有特殊情况需请假者，须经县委组织部批准，真正做到“管学不留情”。彻底杜绝学员之间相互公款吃请现象。制定《关于加强干部教育培训工作的规定》和《干部专题培训学分制管理办法》，进一步明确主体班班主任工作职责，加强班级管理和考核管理，提升干部培训管理水平。实行电子政务公开，做到学校党务、政务、事务及时公开发布，起到外树形象、内聚人心的积极作用。

文化建设。通过加强理想信念教育、革命传统教育、科学发展观和正确政绩观教育以及社会公德、职业道德、家庭美德、个人品德教育等，引导全体干职工形成解放思想、实事求是、与时俱进的精神追求。学校设立乒乓球室、棋牌室、卡拉OK室等工会活动固定场所，定期开展有规模、有影响的文体活动，为干部职工强身健体、愉悦心情创造条件。

基础设施建设。根据年初工作计划和培训的实际需要，将校园东边围墙和宿舍区通道进行改造，校园面貌焕然一新。投入资金15万元，新增学员功能活动室一间，添置教学电脑25台，实现了现代化技术教学。全面改造学员宿舍，更新空调、电视、床上用品等，为实行封闭式管理夯实硬件基础。

（夏　青）

史志档案工作

【县史志档案局领导人名录】

局　　长　鲁复生

副 局 长　周　勇

纪检组长　曾俊明

工会主任　唐向东

【概况】 县史志档案局机关内设办公室、史志股、档案业务股、政策法规股、档案馆和现行文件服务中心6个股室，有干部职工15人。2015年，县史志档案局围绕全县工作大局，不断创新服务机制，拓展服务领域，更新服务手段，提高服务水平，取得了良好的工作成效。获2014—2015年度益阳市文明单位称号，党组成员、副局长周勇被评为“全国档案系统先进工作者”，县综合档案馆晋升为省一级国家综合档案馆，局（馆）获全市档案法制知识抢答赛团体第二名。

机关管理工作。县史志档案局始终把班子建设放在首位，坚持内强素质，外树形象，努力构建团结干事、和谐共事、按章办事的“和谐班子”。强化干部队伍建设，不断强化干部教育和管理，提高干部政治素质。建立健全各项规章制度，坚持以制度管人。教育干部牢固树立为民服务意识，深入开展“三严三实”专题教育，扎实开展“一进二访”工作，深入扶贫联系点武潭镇善溪村开展扶贫工作，调查走访168户人家，核定贫困户59户，明确“一对一”结对帮扶贫困户8户，解决扶贫资金2万元，落实计生工作经费4000元。

档案业务建设。扎实开展机关档案工作规范化管理，完成档案年度登记单位160个，晋升（复查）省一级机关档案室3个，建成省特级机关档案室4个、省一级32个、省二级49个；开展林权证换发建档指导工作，指导县林改办整理林改档案2024卷，录入文件级和案卷级条目19万余条；开展农村土地承包经营权确权登记颁证档案规范化管理，及时对确权登记颁证档案工作进行指导，确保档案管理工作与确权登记颁证工作的同步推进；对40个单位进行档案执法检查，下发整改意见函10份，全部整改落实到位。

档案资源建设。扎实开展档案征（收）集工作，年内接收档案1781卷、2078件，征集桃江人物、民间特色档案资料162件。先后接受欧阳慧龄、周易无偿捐赠，将首届茅盾文学奖得主莫应丰的73件珍贵遗作遗物、著名国画大师高希舜及其弟子的8幅精品书画作品接收入馆。做好纪念桃江籍国画家高希舜诞辰120周年“美人与竹”书画作品大赛参赛作品登记、编号、保管工作。

档案信息化建设。争取领导重视，下发《中共桃江县委办公室、桃江县人民政府办公室印发〈关于进一步加强和改进新形势下史志档案工作的实施意见〉的通知》，将档案信息化建设纳入县财政预算，将史志档案工作纳入全县绩效考核内容。经公开招投标择优服务公司对馆藏档案进行数字化加工，录入案卷级、文件级目录41万条，实现馆藏存量档案电子检索。

晋升省一级馆。扎实推进省一级馆创建工作，制定创建省一级档案馆总体规划，对照《测评细则》落实责任，严格督查，狠抓工作落实。12月2日，以省档案局副局长薛冬英为组长的省评估组对档案馆晋级工作进行全面考核，县档案馆以93分的高分成功晋升为省一级国家综合档案馆。授牌仪式上，省评估组认为，桃江县档案馆建设标准高，基础业务工作扎实，特色档案征（收）集工作成果突出，档案信息化工作成绩显著，取得很好的社会效果，档案工作提升到一个新的发展阶段。

发挥服务功能。依托新馆平台，举办县情专题展、中国共产党桃江历史展，协办核电科普展。接待各级领导、各界人士356批5368人次，县综合档案馆被评定为全市第三批爱国主义教育基地。推出多项便民措施，优化查档环境，接待查档1982批次2786人次，利用档案23589卷次，出证1659份，得到广大群众及社会各界的好评。

推进史志工作。及时调整充实县党史联络组成员，配齐配强县党史联络组班子，建立党史联络座谈工作制度，保证党史联络工作有序开展。扎实开展党史资料整理与编纂工作。加强新时期党史资料的搜集和整理工作，完成《湖南党委工作纪事》《益阳党委执政实录》桃江部分内容和《美丽乡村》专版内容编撰工作。开展《岁月如歌》编纂工作，择优上报文稿5篇。扎实做好地方志资料的编纂工作。正式启动《桃江年鉴（2014）》编纂工作，得到省、市地方志办公室和兄弟县市同行的高度肯定，全市年鉴工作会议在桃江召开，推广桃江经验。根据省、市业务主管部门要求，启动乡镇简志编纂工作。明确各乡镇分管领导及专职撰稿人员，召开全县乡镇简志编纂工作动员暨业务培训会。及时上报《益阳年鉴》《湖南年鉴》桃江部分的稿件；筛选调研课题，撰写调研论文1篇。加强乡镇志、部门志编纂工作的业务指导。指导灰山港镇编纂《灰山港镇志》。做好地情资料的收集建档工作。并对所收集的地情资料分门别类，及时规范整理入柜，加以保存。将收集的方志书籍等地情资料全部整理进柜，为地情资料的保护利用提供便利。收集、保存各类书籍资料1000余册。（李美华）

【史志档案工作暨《桃江年鉴》编纂会议召开】 4月8日，县史志档案工作暨《桃江年鉴》编纂工作会议在县史志档案局召开。会议由县委办副主任蔡明焕主持，县委常委、县委办主任肖立新，县政府党组成员、政府办主任邓迎平出席会议并作重要讲话，各乡镇、县直单位及省市驻桃单位分管史志档案工作的领导、撰稿人员和县史志档案局全体干部职工150余人参加会议。会议回顾总结2014年全县史志档案工作，部署2015年全县史志档案工作和《桃江年鉴》编纂工作。会议对武潭镇等10个史志档案工作优秀单位、丁樱华等10名优秀个人进行表彰。

【消防安全知识专题讲座】 7月27日，县史志档案局邀请湖南省消防协会科普宣传中心教官杨亚,进行以“预防为主，防消结合”为主题的消防安全知识专题讲座。全局干部职工和物业人员参加。讲座从日常生活中消防安全知识方面存在的误区入手，重点对火灾预防暨防火、灭火、逃生和自救，以及消防器材的选择与正确使用进行系统讲解，并现场演示几种主要灭火器材的使用方法。

【县档案馆被列为市爱国主义教育基地】 8月13日，中共益阳市委宣传部下发文件，增补桃江县档案馆等3家单位为全市第三批爱国主义教育基地。县档案馆成立于1958年11月，2014年1月，建成全省第一批通过验收的县级国家综合档案馆。馆藏各类档案10.3万卷、照片8429张、图书资料7587册。新馆先后举办“走进桃花江”县情专题展、中国共产党桃江历史展，协办核电科普展等大型展览，接待参观的各级领导、业界学者、市县党校师生、中小学生及其他各界人士411批6720人次，被县委组织部和县委党校定为党校现场教学点。

【胡振荣检查档案行政执法工作】 8月15日，省档案局局长胡振荣带队，省档案局与省人大教科文卫委联合对桃江2012年以来贯彻实施《中华人民共和国档案法》《湖南省档案管理条例》情况进行行政执法检查。市人民政府副市长黄东红，市档案局局长李笑春，县委常委、县政府常务副县长周卫星，县人大副主任吴小玲陪同检查。

信息中心

【县信息中心领导人名录】

主　任　胡鹤鸣
副主任　史壮贤　薛虎军
　　　　詹国辉　龙小林

【概况】 县信息中心2015年定编10人，设办公室、信息部、技术部3个机关职能股室。

宣传报道。编发桃江公众信息网稿件4350条，派出记者采访报道518人次，开辟关于全县五项重点工作、核电科普宣传等10个专题专栏。红网桃江网站有限公司新招人员2名，编发稿件1324条。开展网友评选桃江县2014年老百姓最满意的“十件实事”、爱心众筹等一系列影响较大、社会反响良好的网络活动。桃江公众信息网官方微信推出一系列权威发布、民生关注、大型集体活动、便民服务、旅游推介等微信200期，被转发总量达8百万条，微信订阅户达16000人，平均每天的关注达5000，最高阅读量上6万，阅读量上万的微信达40多条，如《惊呆！这竟然是穹顶之下的桃江》《CCTV播出〈竹海桃江人〉桃江人看过都很自豪》《9·3阅兵式上，有我们桃江的大叔、欧巴和小鲜肉》等。开展老照片等微信活动22次，受到广大群众好评。《桃江手机报》包括桃江要闻、民生社会、图说桃江、关注天下、生活百科等7个栏目，不定时发布廉政准则、创卫知识、核电科普等中心工作宣传内容，定向宣传效果良好，是全县副股级以上干部、党代表、人大代表、政协委员、在外知名乡友，村支书计4157人了解家乡变化、关注国内动态的又一便捷平台。加大向人民网、中新网、湖南红网、益阳市政府门户网、《湖南日报》《益阳日报》等主流媒体推稿力度。在省级以上媒体上稿225条，湖南红网上稿347条，市级媒体上稿185条，及时向上对外发布桃江各项建设的正面报道，树立桃江良好形象。启动“走遍桃江”网络宣传推介项目，利用航拍飞机等摄影手段，多角度展示美丽桃江。开发建设“美丽桃江”图片资料库，发布桃江各类图片600余张。

政府网站建设。严格按照《信息公开条例》要求公开各类信息12443条。在桃江公众信息网主动公开政府信息6390条。全县各级各单位的财政预决算公开，县政府行政审批、环境保护、食品安全等重点领域信息公开，为建设阳光政府、服务型政府打下坚实基础。充分利用现有软硬件设备，为各单位建立网站子站，以站群形式实现网站的集中管理，信息共享能力大大提升。协助县纪委、县编委办、县安监局、县科协、县文化馆制作部门网站5个，节约财政资金近50万元。“县长热线”“办事服务”等网站精品栏目内容进一步完善，加大网络问政、政民互动。牵头组织全县各级各部门的37个网站开展自查、整改、自评工作，其中整改通过33个、申请关停4个，促推全县政府网站建设管理水平迈上新台阶。

电子政务建设。新完成桃花江大道两旁县政务服务中心、人民法院、公安局、司法局大楼的电子政务网络铺设工作。开展电子政务业务知识培训。5月20日，全县政府网站普查会议召开，以全面提升各级政府网站的权威性和影响力，维护政府公信力。8月28日，组织开展公文分发签收网络系统应用培训，与会人员全面学习整个系统的操作流程，进一步提高桃江县办公信息化水平，加强和规范公文管理，提升行政效能。做好县级领导办公的信息技术支持，提供党政大楼各类技术服务473次。建成桃江县党政公文分发签收网络系统，从10月1日起运行，实现非涉密公文无纸化传输。无线免费WiFi信号全面覆盖县党政大楼及附属楼全部办公场所。完成“三张清单”（行政权力、部门责任、收费项目）公开系统平台建设，组织力量分类录入资料。桃江县成为益阳市“三张清单”公开最早的县。

网络舆情监控。安排专人做好网络舆情监控工作，及时上报网络舆情信息，编发《舆情专报》318期。做好舆情处置与引导工作，发布主题帖11条以上，跟帖100条，成功协助妥善处理医疗、酒驾事故等重大网络舆情6次。

智慧桃江建设。9月份，桃江县积极推动和参与智慧桃江建设准备工作，组织人员赴东台、辽源实地考察智慧城市建设，撰写《智慧城市考察调研报告》，将智慧桃江建设申报为2016年全县改善民生重点工作项目。

人才队伍建设。扎实开展中心组及“三严三实”、周五下午干职工集中学习。较高标准完成党风廉政建设、党建、综治、安全生产、档案等工作，基础工作目标实现，人员的综合素质和能力不断提高，2013—2015年连续3年获得全县综合目标管理考核优秀（一类）单位。扎实开展群众联系点工作，在联系村石牛江镇苏团村开展“三访三化”“一进二访”等专项活动。9月17日，全体干部职工深入村组，上门入户开展问卷调查和摸底排查，走访81户农户，并做好相关记录，受到村两委的一致肯定和当地群众的赞扬。（胡艳芳）

【全国同类网站中名列第九】 11月27日，2015中国智慧政府发展年会在北京召开，中国社会科学院信息化研究中心、国脉互联政府网站评测研究中心颁发荣誉证书。在“2015年中国政府网站绩效评估活动”中，桃江公众信息网荣获“试点县（市、区）综合排名第九名”。

【获评全省优秀政府网站】 根据《湖南省人民政府办公厅关于2015年度全省优秀政府网站绩效评估结果的通报》精神，桃江县政府门户网站（桃江公众信息网）被评为2015年度全省优秀政府网站。

【《湖南日报》推介爱心活动】县信息中心利用网络平台，开展“爱心助学暨募捐签售会”、微信爱心众筹、看望敬老院老人、帮助桃江创业青年等一系列扶贫帮困志愿活动，在社会上产生了良好的反响，赢得群众的支持和好评。《湖南日报》就帮助8岁骨癌女童获赠88万医药费的爱心活动进行专题报道。

保密工作

【县国家保密局领导人名录】

局　　长　熊烂辉

【概况】县国家保密局（以下简称“保密局”）定编5人，实有工作人员4人。2015年，保密局认真贯彻落实中央、省、市有关文件精神，坚持围绕全县工作中心，按照“提高认识、明确责任、加强教育、保住秘密”的工作思路，规范制度，强化管理，充分发挥保密工作“保安全、保发展”作用。

加强组织领导，保密工作地位不断突出。强化组织保障，县委保密委员会由县委副书记任主任，县委常委、常务副县长和县委常委、县委办公室主任任副主任，县委办公室分管副主任任办公室主任，保密局局长任办公室副主任，各涉密要害部门负责人为成员，为全县保密工作有序开展提供坚强的组织保障。县委保密委员会时刻关注全县保密工作的发展，真正做到对保密工作常抓常议。严格责任落实，全县各党政机关均成立保密工作领导机构，做到机构、责任、措施、人员“四到位”。全面落实保密工作领导责任制，按照“谁主管、谁负责”的原则，明确各单位党政主要领导为第一责任人，对保密工作负主要责任，分管领导负具体责任，相关工作人员负直接责任；各单位保密工作与业务工作同研究、同部署、同落实，责任到位，落实到人。严格落实保密人员工作责任制，组织全县要害部门、部位涉密人员签订保密责任书，对重要涉密单位、重点涉密部位开展经常性的保密检查，在全县形成一级抓一级、层层抓落实的保密工作格局。健全工作制度，在加强保密工作制度化、规范化管理的同时，结合工作实际制定《桃江县保密工作规程》，进一步建立健全《桃江县定密工作拟申报制度》《桃江县领导干部保密制度》《涉密人员管理制度》《密级文件管理制度》《涉密载体销毁制度》《通信办公自动化及涉密计算机管理制度》《政务（党务）公开保密审查制度》和《涉外保密制度》等规章制度，确保了保密工作有章可循，实现全县保密工作“零事故”目标。

突出宣传教育，保密工作意识不断增强。将全县各级党政领导干部、要害部门人员、党政机关保密干部三类人群作为保密宣传的重点对象。对党政领导干部，重点抓好保密工作领导责任制的落实，并在县委党校开展教育培训活动。对涉密人员，严格落实岗前、在岗和离岗三个阶段的管理制度：上岗前审查、考试、签责任书；在岗要接受经常性教育、检查考评；离岗前严格审批、实行脱密期管理，并签订保密承诺书。对党政机关保密干部，突出抓好保密岗位资格审查，加强业务技能培训。定期对各级班子成员和副科级以上干部进行保密知识考试，凡在党校举办的干部培训班，均开设保密教育课程，学员保密知识考试不及格不能结业。充分运用桃江文秘群、桃江县委机关工作群等，开展网上保密业务咨询指导、典型案件通报、保密警示提示教育等活动，开展讨论和咨询300多人（次），业务指导活动18次，在节假日放假前通过QQ群发布保密提示信息22条，构建全系统覆盖、无缝隙对接宣传教育平台，进一步推动全县保密宣教活动的开展。上报经验材料、工作信息11篇，其中《桃江县开展保密知识教育讲座》《市国家保密局坚持桃江高考保密工作》分别在《湖南保密》和《益阳保密工作》《益阳保密网》刊发。组织开展《国家保密法实施条例》专项学习宣传活动。以新《保密法》为主要内容，持续把保密宣传教育纳入党组（党委、工委）中心组学习和公务员初任培训、任职培训和在职培训的重要内容；通过经常进行会议保密提醒，组织观看保密警示教育片、保密教育专题讲座等方式扩大保密宣传教育的覆盖面，提高针对性和实效性。

狠抓检查监督，保密工作基础不断夯实。全县2015年保密工作进行全面部署和安排，明确工作思路，加强制度规范，强化保密管理，充分发挥保密工作的作用，实现保密工作“零事故”目标。4月12—16日，对全县20个重要涉密单位进行以计算机信息系统及密级文件、关键部位保密设施为重点的保密工作大检查。4天检查计算机84台，其中涉密计算机38台，上网计算机51台；抽查涉密文件资料328份（卷）。对检查发现的突出问题，由保密局集中汇总，针对性地提出限期整改要求并适时组织开展保密复查。3月27—28日，对县委办、县政府办、县纪委、县委组织部、县委宣传部、县委政法委和县委农村部等单位开展涉及中央、国务院、省委、省政府文件保密管理专项检查。5月17日，派专人专车将2015年全部应退密级文件清退至市委办文电科，全面完成省、市下达的文件清退任务。6月5—8日，与教育、公安等部门密切配合，做好高考、学考试卷安全保密工作，考前严格检查试卷保密室，考试期间全程参与试卷签发签收，确保桃江考区高考、学考试卷的绝对安全。积极落实采购经费，“门户网站保密监控平台”于11月底安装并调试到位。

提升业务素质，保密工作队伍不断优化。着力配优干部队伍。根据人员异动，各重点涉密单位及时把政治素质高、业务能力强的干部充实到保密岗位，认真落实保密干部双重管理制度，做到保密工作机构健全、干部队伍素质过硬，全部保密员都具有大专以上学历，熟练掌握保密基本法规和保密技术，熟悉本单位业务工作和保密工作基本情况，较好地履行保密员职责。切实加强思想教育。积极动员全县保密干部学习贯彻十八届四中全会精神，深入开展忠诚教育、保密教育等活动，教育保密干部牢固树立正确的人生观、价值观，立足本职，爱岗敬业，确保保密干部队伍忠诚可靠。全面提升业务水平。认真学习中央和省、市委保密文件，吃准吃透上级文件精神；通过向兄弟县市（区）取经、加强专业学习和经常浏览保密业务网等方式，提升保密工作业务水平；加强对新进保密干部的传帮带工作，提升机要文件管理工作水平，进一步增强保密队伍综合素质和工作能力。（熊烂辉）

【举办保密知识讲座】 1月8日，桃江县召开全县办公室工作暨业务培训会，各县直单位和各乡镇办公室主任与会。县委常委、县委办主任、县保密委副主任肖立新作了题为《提高保密意识，加强保密责任》的保密知识教育辅导讲座，着重强调加强涉密计算机管理，加强涉密文件和密码电报的管理，加强办公室U盘管理，并列举一些泄密工作案例，结合当前国内外保密形势以及桃江县保密工作开展情况，就如何做好全县保密工作进行深入讲解。

【聂勇检查桃江高考保密工作】 5月25日，市国家保密局局长聂勇率检查组到桃江检查高考保密工作。检查组传达市领导关于全市2015年高考工作的指示，听取县招生办负责人的工作汇报，实地抽查县城关二中和县一中两个考点，重点查看考点保密室和视频监控系统。检查组充分肯定桃江的高考准备工作，并要求进一步完善高考保密管理制度，落实高考保密责任，加强对高考设备的日常维护管理，确保高考万无一失。

【开展保密检查】 6—7月，县国家保密局组织对全县党政机关门户网站信息发布工作进行保密专项检查，重点抽查县直单位18家，对个别单位提出整改意见，确保从源头上消除泄密隐患。

【王秋沙调研新《保密法》贯彻落实情况】 12月15日，省人大常委会委员、内务司法委员会副主任王秋沙，省国家保密局副局长傅建铁到桃江调研新《保密法》及其《实施条例》贯彻落实情况。市委副秘书长黄维民，县委副书记、县委保密委员会主任向荣，县委常委、县委办主任、县委保密委员会副主任肖立新，县人大常委会副主任汪铁波出席汇报会。王秋沙在听取汇报，查看相关台帐资料后，对桃江县贯彻落实新《保密法》工作情况给予充分肯定，认为领导高度重视，相关制度完善，严格落实了保密责任，宣教工作到位。省调研组还对与会人员提出的相关建议、意见作了答复。

桃江县人大及其常委会

组织机构及领导人

主　任　符凤文

副主任　汪铁波　胡跃宏　龚卫山
　　　　张亮荣　吴小玲

县人大常委会办公室

主　任　习均安

副主任　周正军（正科级纪检员）
　　　　史新宇

县人大选举任免联络工作委员会

主　任　蒋　文

副主任　刘运安

县人大内务司法工作委员会

主　任　郭洪涛

副主任　刘姣辉

县人大财政经济工作委员会

主　任　张范勋

副主任　钟　锋

县人大教科文卫工作委员会

主　任　许道初

副主任　夏末花

县人大农业工作委员会

主　任　熊春芳

副主任　吴建阳

县人大城乡建设和环境保护工作委员会

主　任　吴铁庚

综　述

【概况】 县人民代表大会常务委员会下设办公室、选举任免联络工作委员会、内务司法工作委员会、财政经济工作委员会、教科文卫工作委员会、农业工作委员会、城乡建设和环境保护工作委员会7个委室。有编制28个，其中行政编制24个、事业工勤编制4个。在编在岗人员26人，其中行政编24人。

2015年，县人大常委会认真贯彻落实中央十八大、十八届三中、四中、五中全会和习近平总书记系列重要讲话精神，紧紧围绕县委“135”工作思路，认真履行宪法和法律赋予的重大事项决定权、监督权、选举任免权等职权职责，组织召开人大常委会议7次，主任会议17次，对“一府两院”开展专题工作监督10项，决议、决定重大事项9项，完成选举任免31人次，各方面工作都取得了新进展、新成效。

着力加强思想政治建设。县人大常委会党组认真履行党建工作责任，高度重视党组和常委会思想政治建设，认真贯彻执行党的路线、方针、政策，严格遵守党的政治纪律，在政治原则、政治立场、政治观点和路线、方针、政策上，始终同党中央保持高度一致，坚决拥护中央决定的重大方针、政策和决议。坚持理论武装，认真组织学习中央十八届四中、五中全会精神，以及习近平总书记关于“中国梦”“四个全面”和“三严三实”专题教育等一系列重要讲话精神。扎实开展“学讲话用讲话”心得交流活动，要求机关干部就学习《“四个全面”党员干部读本》撰写心得体会，并开展评比活动，引导党员干部深入学习贯彻习近平总书记系列讲话精神，取得较好的效果。

扎实开展“三严三实”专题教育。按照上级统一部署安排，深入开展“三严三实”专题教育，认真开展集中学习研讨，精心讲好党课，广泛征求意见建议，深入开展谈心谈话活动，高质量召开专题民主生活会。

在开展"三严三实"专题教育过程中，县人大常委会认真落实中央八项规定、省委九条规定、市委十项规定的要求，严格对照党的群众路线教育实践活动专题民主生活会召开后的整改清单，逐一进行认真整改，22项问题已经基本整改到位。

深入学习研讨中央18号文件精神。6月，中共中央下发《关于加强县乡人大工作和建设的若干意见》，县人大常委会及时传达学习，组织召开关于加强县乡人大工作和建设的座谈会，结合桃江工作实际进行深入讨论，向省、市人大提出一些建设性的意见建议。

认真开展精准扶贫工作。严格落实习总书记"实事求是、因地制宜，分类指导、精准扶贫"的扶贫工作要求，扎实开展"听民情、解民忧"专项活动，为6户特困户安排资金近23万元，缓解就医、就学、住房等生活困难。在"一进二访"活动中，进村入户摸清底数，宣传政策，严格落实精准扶贫要求，努力为群众排忧解难。人大机关所联系的建设扶贫村迎接省扶贫办的抽检，相关工作得到肯定。

有效行使重大事项决定权。听取和审议计划报告、预算报告，审查批准2014年决算。审议和决定政府性融资议案，就其中6项作出决议、决定，同意向金融机构融资16.05亿元。审查"十三五"规划纲要草案，对重大项目和重点工程的安排提出建议意见，为科学编制"十三五"规划打下基础。审查县城总体规划修编，针对县域体系规划、中心城区规划等提出16条意见建议，促进县城总体规划与县"十三五"规划、土地利用总规及各类专项规划的衔接。

认真行使监督权。常委会议审议县城停车场规划建设、生猪养殖环境污染防治等10个议题，主任会议听取新一轮资江河道采砂管理方案、政府性债务等9个方面的情况，提出建议意见，促进"一府两院"及政府部门强化措施，促进相关问题的解决。在促进县域经济持续健康发展方面，首次采取专题询问方式，对经开区东区"退二进三"工作予以审议，取得一定成效。根据"同级审"情况，对2个乡镇的决算和3个县直单位的部门预算执行，以及保障性住房专项资金使用中存在的问题，进行督促整改，并对整改情况进行审议和票决。重视资江河道的保护和利用，督促县人民政府进一步优化资江河道第二轮采砂管理方案，切实加强对河岸、河道、洲体的保护，科学合理利用砂石资源，促进经济发展与生态环境保护的互助双赢。在加快推进依法治县方面，加强跟踪督办，对《禁毒法》《刑事诉讼法》实施情况等审议意见落实情况，开展跨年度连续跟踪监督。参与省、市人大常委会部署的《水污染防治法》《环保法》执法检查，促进相关法律法规在全县贯彻实施。围绕检察院诉讼监督等重大法治问题，深入开展专题调研，提出相关工作建议。改进规范性文件的备案审查，完成22个规范性文件的备案审查。在促进民生事业改善方面，围绕生猪养殖污染防治、县城停车场规划建设、校车安全等重大民生问题开展调查和监督，提出建设性意见建议，促进相关问题得到解决。加强信访工作，接待、处理来信来访65件，其中涉法涉诉信访件37件，指导进入司法程序7件、27人次，切实维护当事人的合法权益，积极推动信访工作纳入法制化轨道。持续开展"环保世纪行""农产品质量安全行""农民健康行"和"民族团结进步行动"四大专项活动，对城乡低保和农村五保、病险水库除险加固、药品监管等工作进行跟踪监督，回应社会关切，维护群众利益。

依法行使选举任免权。县人大常委会坚持党管干部与人大依法选举任免有机统一，进一步完善选举任免工作。根据人事议案，加强任前了解，组织拟任人员进行法律知识考试。在任命表决前，就任前了解的情况作全面介绍和说明，确保常委会组成人员的知情权。要求拟任人员在常委会上作供职发言，表明工作态度、任职打算和履职承诺。坚持行使监督权与选举任免权相结合，采用听取和审议专项工作报告、开展调研视察等形式，加强任后监督。任免国家机关工作人员20人次、人民陪审员7人次，接受市人大代表辞职2人，补选2人。

认真督办议案和建议。常委会审议县城规划区内自然山体水体进行保护的议案，促进县人民政府出台加强山体水体保护的《专项规划》和《暂行办法》。专题研究116件代表建议的督办工作，制定督办工作方案，明确督办工作时间、步骤和措施，形成常委会领导重点督办、各委室对口督办、常委会议听取和审议建议办理情况的有效机制。代表建议中，问题已经解决或基本解决的占总数的56.9%。

加强联系走访。坚持和完善人大常委会联系代表、代表联系选民的"双联"制度。制定27名常委会成员走访人大代表的工作方案，对走访联系代表工作进行台账管理。联系走访代表190名，收集建议意见206条。常委会听取《常委会组成人员联系走访代表情况报告》，同

“一府两院”及政府有关部门充分沟通交流，促进相关问题的解决。

支持代表依法履职。加强闭会期间代表活动的指导、服务和保障，下发《人大代表联系群众工作室规范化建设方案》。全县建有代表工作室15个，各代表小组开展视察、工作评议和代表述职等活动92次。常委会组织省、市代表就灰山港新型工业化、国土开发、资江流域库区遗留问题等重要课题开展视察和调研，《关于调整省财政对我县小型农田水利建设奖补资金投入》等建议，引起省财政、水利等职能部门的重视，得到政策倾斜和资金支持。

精心指导乡镇人大工作。坚持常委会领导和机关委室分片联系乡镇人大制度，邀请乡镇人大主席、县人大代表列席常委会议，参与重要活动。组织乡镇人大主席、人大秘书开展业务学习和工作交流，提高乡镇人大工作水平。

着力提升能力水平。加强业务知识学习，坚持专题监督与业务学习相结合，由常委会成员、机关委室负责人或者邀请专家讲课，开展集中学习7次。加强调查研究，围绕县委的重大决策和县人民政府的重点工作开展调查研究，督促人大工作者全面咨情咨政，更多地关心关注和研究县情。在机关开展调研报告评比活动，形成《加快茶叶产业发展的调查与思考》等10篇调研文稿，为县委决策和县人大常委会履职提供一些有价值的建议意见。注重加强干部的培养使用力度，向县委推荐提拔1名正科级干部，引进、交流使用干部5名。

着力转变工作作风。注重加强教育管理。认真传达贯彻上级关于党风廉政建设会议指示精神，加强对机关党员、干部的教育和管理，监督党员切实履行义务，严格规范党员干部的行为，确保每一个党员干部不踩红线、不越雷区。紧密联系实际，在确定议题、开展调查时，常委会成员带头深入实际、深入基层，广泛联系群众、倾听群众呼声，及时收集和反馈社情民意，促使各项工作更好地体现人民的意志。

着力加强制度管理。县人大党组认真履行廉政建设责任，坚决落实中央、省、市、县的作风建设规定，进一步完善人大常委会相关工作规则和廉洁自律等各项机关制度。严格公车管理和公务接待；公车管理严格规范，没有出现公车私用现象；公务接待本着合规、热情、周到、节俭的原则，没有出现违规现象。购置办公设施、用品，严格按照政府采购监管部门要求执行，坚持大笔开支集体研究决定。对机关近三年来财务工作进行“回头看”，扎实开展自查自纠，进一步完善机关财务管理，严格用制度管钱、管人、管事，做到按预算计划严格标准，严格开支、严格财务联签会审，全年“三公”经费得到严格控制。

（詹伟明）

重要会议

【第十六届人大第五次会议】 12月28—31日，桃江县第十六届人民代表大会第五次会议召开。会议听取和审议县人民政府工作报告、县人大常委会工作报告、县人民法院工作报告、县人民检察院工作报告；审查和批准十三五发展规划、桃江县2015年国民经济和社会发展计划执行情况和2016年计划草案的报告、桃江县2015年预算执行情况和2016年预算草案的报告；会议于31日选举郭洪涛、许道初、尹楚奇为委员。

【第十六届人大常委会第15～21次会议】 3月20日，县十六届人大常委会召开第十五次会议。会议审议通过了《桃江县人大常委会二〇一五年工作要点》。会中，围绕依法治国主题，市委党校副校长李振华为县人大常委会全体组成人员和县人大机关干职工作专题讲课。

5月28日，县十六届人大常委会召开第十六次会议。会议同意免去姚震、李尔州的桃江县人民政府副县长（挂职）职务，同意邹应安辞去市人大代表职务，决定任命邓清波为桃江县人民政府副县长（挂职），任命李希明为桃江县人民检察院检察员。会议听取和审议桃江县校车安全管理工作情况、县城停车场规划建设工作情况汇报。

7月30日，县十六届人大常委会召开第十七次会议。会议听取和审议《2014年桃江县财政决算（草案）报告》《关于2014年预算执行和其他财政收支的审计工作报告》《县人民政府关于2015年上半年国民经济和社会发展计划执行情况的报告》《县人民政府关于2015年上半年预算执行情况的报告》《关于生猪养殖环境污染防治工作的报告》；审查和批准县人民政府2014年决算，关于提请调整2015年度预算、提请结余结转资金安排收支、出资5000万元置换县农村信用合作联社不良贷款、将桃江一中改扩建项目银行贷款资金列入同期年度预算等4个议案，开展生猪养殖环境污染防治相关政策法规知识学习，并对相关议题进行投票评议。

9月25日，县十六届人大常委会召开第十八次会议。会议听取和审议《关于县城规划区内山体水体保护的议案办理情况的报告》《关于县十六届人大四次会议以来代表建议批评意见督办情况的报告》，对经开区“退二进三”工作首次开展专题询问，审查和批准将桃江县桃花江大道、谷山路和迎宾路棚户改造项目国家开发银行贷款还本付息资金列入县财政预算的议案，并对相关议题进行投票评议。

11月30日，县十六届人大常委会召开第十九次会议。会议听取和审议桃江县城总体规划（2015—2035）修编方案、审计查出问题责任单位整改情况的报告、人事事项、县人民检察院关于诉讼监督工作的报告、人大常委会组成人员联系走访代表情况的报告、关于县十六届人大五次会议有关事项的议案，并举行城乡规划法和检察院诉讼监督工作知识讲座。

12月20日，县十六届人大常委会召开第二十次会议。会议听取和审议关于“十二五”规划实施情况和“十三五”规划（草案）编制情况的报告、2015年国民经济和社会发展计划执行情况和2016年计划草案的报告、2015年预算执行情况和2016年预算草案的报告、决定列席人员名单、县人大常委会工作报告（讨论稿）。

12月25日，县十六届人大常委会召开第二十一次会议。会议进行人事任免，初审《关于代表异动和补选情况的审查报告》和县十六届人大五次会议有关事项。

【第十六届人大常委会第32～47次主任会议】 县人大常委会主任会议负责处理人大常委会的重要日常工作，年内共召开主任会议15次。会议先后听取关于2015年部门预算和重点项目支出安排情况的报告、新一轮资江河道采砂管理工作方案的报告、政府性债务情况报告、计划生育奖扶政策落实情况的报告、“十三五”规划纲要主要发展指标情况的报告。

重要活动

【调研视察活动】 4月14日，市五届人大桃江代表团第二代表小组前往马迹塘镇、鲊埠回族乡视察笋竹木等桃江特色产业，实地察看马迹塘镇鸬鹚湾笋竹两用林基地、竹缘林科公司和马迹塘竹笋专业合作社。

5月18日，市人大常委会副主任、党组副书记张群华一行调研桃江县规范性文件备案审查工作。市人大常委会秘书长兼办公室主任熊勇军、市人大常委会办公室副主任陈正谋，县人大常委会主任符凤文，县人大常委会副主任汪铁波参加调研座谈会。县人大常委会副主任汪铁波作主题汇报，介绍县人大常委会开展规范性文件备案审查工作的基本情况，认真分析存在的问题，提出有关建议意见。

7月2日，省人大常委会副主任徐明华一行到桃江走访省人大代表，同时调研桃江县竹木产业发展情况，实地察看桃江县黄金塘楠竹基地、桃花江竹业发展有限公司以及桃花江实业，认真听取县林业局和企业负责人关于竹产业发展的情况介绍。调研组充分肯定桃江竹木产业发展目前所取得的成绩和具有的潜力，鼓励益阳市、桃江县深入挖掘桃江竹资源优势，学习外地先进经验，进一步做大做强竹产业。

8月6日，县人大常委会主任符凤文、副主任张亮荣来到鸬鹚渡镇，采取听工作情况汇报、查看台账资料、到村现场调研的方式，开展党建工作调研督查。符凤文强调，村级“四位一体”建设能够有力促进村级事务的民主公开公正，要不断完善议事规则，切实发挥好作用；党员发展要注重质量，实现“群众推优”和组织把关的紧密结合，防止功利性入党；镇党委、各党支部要注重加强党员教育，按要求落实好“三会一课”等党建活动，党组织负责人带头讲党课，镇党委要对党课资料和内容认真把关，确保讲课者和听课者都能得到很好的党性教育；要进一步加大投入，确保村级活动场所建设任务如期完成，并逐步完善相关设施设备；对于软弱涣散的村党组织，要建立工作台账，制定整顿方案，加强工作力量，明确时限，通过组织整顿解决突出问题，加强基层党支部建设。

8月25日，省人大常委会执法检查组到桃江，对《大气污染防治法》的贯彻实施情况进行调研。检查组一行先后到灰山港镇的南方水泥、鼎盛建材，鸬鹚渡镇久通锑业等企业，了解废气排放与处理及烟尘治理设施运转的情况，并赴沾溪镇荷叶山桃花江核电项目厂址实地查看新能源筹建情况。检查组对桃江县在大气污染防治等方面所采取的有效措施和取得的成效给予充分肯定，并希望桃江县进一步加强法治宣传，加大联合执法力度，引导企业转型升级，减少污染物排放，为人民群众留下一片绿水青山，建设生态桃江打下良好的基础。

12月15日，县人大常委会副主任胡跃宏、吴小玲率县人大代表、县政协委员来到马迹塘镇丫峰村，视察该村生猪养殖污染治理工作。县十六届人大常委会第十七次会议审议《关于生猪养殖污染防治工作的报告》，提出“规范产业发展、开展专项整治、建立防治长效机制”等建议，督促县人民政府及时出台《桃江县畜禽养殖管理暂行办法》《桃江县畜禽养殖污染防治方案》，启动马迹塘镇丫峰村生猪养殖污染综合整治工作，促使养殖污染防治工作进入重要议事日程。

【开展执法检查】 6月8日，市人大常委会副主任袁国军带队，对桃江县贯彻实施《环境保护法》和《水污染防治法》情况进行执法检查。市人大执法检查组先后察看县城污水处理厂、牛潭河工业园区第二污水处理厂选址、口味王槟榔厂生产废水处理车间、自来水二水厂及取水口、原久通矿冶厂、县城生活垃圾无害化处理场等地，对县城及周边环境保护、生产生活垃圾和污水处理、涉锑企业关闭、饮用水水源地保护情况进行认真检查。要求桃江进一步提高认识，积极探索解决环境保护法和水污染防治法实施过程中存在的困难与问题，切实担当起环境保护的重任，维护人民群众的切身利益；加大宣传力度，营造好氛围，提高公众参与度；进一步加大监管力度，切实维护法律的严肃性；进一步加大查处力度，严肃查处污染环境的单位和个人，严格责任追究；加大整治力度，积极改善环保设施，引进环保先进技术，积极与上级对接，强化立项争资，切实加强环境治理；进一步提高专业素质，不断提高执法水平和能力。

【召开人大工作培训会】 7月8日，县人大常委会组织召开人大工作培训会，为全县乡镇人大工作者集中充电。全县15个乡镇的人大副主席、人大秘书参加。培训会着重就修改后的《预算法》相关知识、乡镇人大有关业务知识、如何开展闭会期间的代表活动作了培训和学习。县人大常委会主任符凤文强调，作为一名人大工作者，必须掌握政治制度、国体、政体的基本含义，深刻理解人民代表大会制度，坚持和完善人民代表大会制度；做好人大工作要正确认识和处理与党委的关系、与政府的关系、与人民群众的关系、主业与副业的关系等四个关系。乡镇人大要高标准完成好工作任务，必须加强学习，提高理论水平和业务能力；了解职责，积极履行好职责；注意工作方法，提高工作水平，工作要有计划，工作程序要规范，工作质量要高，不断探索乡镇人大建设的新途径、新方式，努力开创全县人大工作新局面。

【监督审计查出问题单位的整改】 县人大常委会重视运用“同级审”成果，对责任单位的整改情况加强监督，这一作法得到县委的高度肯定，列入县委综合改革项目。听取和审议《审计查出问题责任单位整改情况的报告》，根据“同级审”情况，对2个乡镇的决算和3个县直单位的部门预算执行，以及保障性住房专项资金使用中存在的问题，进行督促整改，并对整改情况进行审议和票决。通过监督审计查出问题整改到位，促进财政资金安全高效运行。

【推动经开区“退二进三”】 工业园区是县域经济发展的引擎，县人大常委会密切关注工业园区的发展。县人大常委会第十八次会议听取和审议《桃江经济开发区东区“退二进三”工作》，首次采取专题询问方式，对经开区东区“退二进三”工作予以审议，督促县人民政府及有关部门将“退二进三”工作纳入重要议事日程，拟定工作方案，强化工作措施，早日取得成效。

【重视资江河道的保护和利用】 县人大常委会十分重视“母亲河”的保护工作，持续关注资江河道采砂管理工作。结合2013年作出的《关于资江河道采砂管理工作的审议意见》，督促县人民政府进一步优化资江河道第二轮采砂管理方案，切实加强对河岸、河道、洲体的保护，科学合理利用砂石资源，促进经济发展与生态环境保护的互助双赢。

【加强督办促进代表建议落实】 县人大常委会专题研究116件代表建议的督办工作，制定督办工作方案，明确督办工作时间、步骤和措施，形成常委会领导重点督办、各委室对口督办、常委会议听取和审议建议办理情况的有效机制。代表建议中，问题已经解决或基本解决的占总数的56.9%。加大督办工作力度，主要体现在坚持将普遍关注的带倾向性的重点问题列入常委会和主任会议议题，专题调研、审议，提出审议意见或发出会议纪要，坚持重点建议重点督办。提高建议办理时效。在代表建议批评督办过程中，特别是在仔细全面审查、认真面商沟通、及时跟踪落实3个环节中，主动加强与县政府办及相关承办单位衔接，掌握办理动态，随时跟进，确保问题的有效解决。创新督办工作方法。在建议办理过程中，不断探索和创新，形成人大督办与政府督查相结合，建议督办与人大各工委的专题调研相结合，人大督办与联系走访代表相结合的“三结合”工作方法。

桃江县人民政府

【县人民政府领导人名录】

县　长　何军田

副县长　周卫星　曹　萍

戴　朝　李畅和

王军华　刘建芳（2015.10 止）

刘　武　姚　震（2015. 3 止）

王作军　邓清波（2015.03 起）

李尔州（2015.5 止）

郭清平（2015.10 起）

年度文件目录

【县人民政府（办公室）部分文件目录】

1. 关于做好 2015 年粮食生产工作的意见（桃政发〔2015〕1 号）

2. 关于印发《桃江县第二期学前教育三年行动计划（2015—2017 年）》的通知（桃政发〔2015〕3 号）

3. 关于进一步加强新时期爱国卫生工作的意见（桃政发〔2015〕4 号）

4. 关于印发《桃江县环境保护工作责任规定》的通知（桃政发〔2015〕5 号）

5. 桃江县人民政府关于印发《桃江县 2015 年农业保险工作实施方案》的通知（桃政发〔2015〕6 号）

6. 关于印发《桃江县医疗机构设置规划（2015—2020 年）》的通知（桃政发〔2015〕7 号）

7. 关于印发《桃江县土地利用总体规划（2006—2020 年）调整完善工作方案》的通知（桃政发〔2015〕8 号）

8. 关于公布县政府部门行政权力清单的通知（桃政发〔2015〕9 号）

9. 关于推进向乡镇简政放权工作的通知（桃政发〔2015〕10 号）

10. 关于公布县政府部门责任清单的通知（桃政发〔2015〕13 号）

11. 关于实施森林禁伐减伐三年行动的实施方案（桃政发〔2015〕14 号）

12. 关于加强资江干流水电站坝区安全管理的通告（桃政通〔2015〕4 号）

13. 关于在县城禁放礼炮严格规范限放烟花爆竹的通告（桃政通〔2015〕6 号）

14. 关于对桃益线桃江段治乱控规的通告（桃政通〔2015〕29 号）

15. 桃江县人民政府森林防火戒严令告（桃政通〔2015〕35 号）

16. 关于资江河道砂石开采禁采区、保留区和禁采期的通告（桃政通〔2015〕36 号）

17. 关于发布桃江县 2015 年第一批次小城镇用地的征地通告（桃政通〔2015〕39 号）

18. 桃江县人民政府办公室关于印发《桃江县加快发展城市公共交通的实施意见》的通知（桃政办发〔2015〕1 号）

19. 关于印发《桃江县重污染天气应急预案》的的通知（桃政办发〔2015〕2 号）

20. 关于加快实施“信息惠民·宽带乡村”工程的通知（桃政办发〔2015〕10 号）

21. 关于印发《桃江县林业生物灾害应急预案》的通知（桃政办发〔2015〕11 号）

22. 桃江县人民政府办公室关于印发《桃江县 2015—2017 年农业机械购置补贴实施方案》的通知（桃政办发〔2015〕14 号）

23. 桃江县人民政府办公室关于《桃江县大气污染防治实施方案》的通知（桃政办发〔2015〕15 号）

24. 关于金融服务“三农”发展的实施意见（桃政办发〔2015〕16 号）

25. 关于印发（桃江县农村广播

网运行维护管理暂行办法》的通知（桃政办发〔2015〕23号）

26. 关于印发《桃江县重大食品安全事件应急预案》的通知（桃政办发〔2015〕25号）

27. 关于印发《桃江县物业管理实施意见（试行）》的通知（桃政办发〔2015〕26号）

28. 关于印发《桃江县2015年地质灾害防治方案》的通知（桃政办发〔2015〕27号）

29. 关于印发《桃江县防汛抗旱应急预案》的通知（桃政办发〔2015〕30号）

30. 关于印发《桃江县突发性地质灾害应急预案》的通知（桃政办发〔2015〕31号）

31. 关于促进房地产市场健康稳定有序发展的实施意见（暂行）的通知（桃政办发〔2015〕37号）

32. 关于印发《桃江县烟花爆竹突发事故应急预案》的通知（桃政办发〔2015〕41号）

33. 关于印发《桃江县危险化学品生产安全事故应急预案》的通知（桃政办发〔2015〕42号）

34. 关于印发《桃江县生产安全事故灾难应急预案》的通知（桃政办发〔2015〕43号）

35. 关于印发《桃江县矿山事故灾难应急预案》的通知（桃政办发〔2015〕44号）

36. 关于规范发展我县竹凉席产业相关工作的通知（桃政办发〔2015〕45号）

37. 关于印发《桃江县农业“三项补贴”改革实施方案》的通知（桃政办发〔2015〕47号）

38. 关于印发《桃江县广播电视直播卫星“户户通”工程建设实施方案》的通知（桃政办发〔2015〕50号）

39. 关于印发《桃江县资江河道第二轮采砂管理工作实施方案》的通知（桃政办发〔2015〕51号）

40. 关于印发《桃江县公共租赁住房管理暂行办法》的通知（桃政办发〔2015〕52号）

41. 关于印发《桃江县不动产统一登记工作实施》的通知（桃政办发〔2015〕55号）

42. 关于印发《桃江县县城规划区山体水体保护与利用管理暂行办法》的通知（桃政办发〔2015〕56号）

43. 关于做好低温风雪冰冻天气应对工作的通知（桃政办函〔2015〕3号）

44. 关于进一步加强秸秆焚烧工作的通知（桃政办函〔2015〕29号）

县人民政府办公室

【领导人名录】

主　任　邓迎平

副主任　杨　龙　刘亦虎　郭除夕　何国伟（兼纪检组长）　张云飞　方银飞　熊楚舒　文有洪　杨松柏　符心冰　孙大军

【概况】 县人民政府办公室（简称“县政府办”）是县人民政府的直属办事机构和协调机构，是协助县人民政府领导处理人民政府日常事务的工作部门。县政府办行政编制40人（含县长、副县长，县政府调研员、副调研员），机关后勤服务人员7名。有内设机构7个。

完善办事制度，提高工作效能。坚持把制度建设作为提高工作效能的首要举措，牵头完善出台《桃江县人民政府办公室工作制度》和《桃江县人民政府办公室干职工绩效考核办法》，办公室各项服务得到有效规范，办事效率不断提高。严格规范文件审签程序，控制发文数量，进入县政府办文程序的各类文件原则上不超过5个工作日完成审签程序。处理发文291件，处理各类来文919件，政府系统发文数量比2014年下降25.6%，没有出现一起因办文不及时而影响工作的情况。全面完成文件的档案整理，保密制度得到严格落实。对县政府常务会议、县政府专题会议、上级电视电话会议等政府系统各类会议的组织主体、报审程序等逐一明确，对需要纳入政府决策程序的事项，先行组织认真讨论、把关。办理县政府常务会议12次、专题会议46次，确保会议服务周到高效。严格控制全县性大型会议数量，全县性会议比2014年减少22.6%。明确政务督查督办工作范围、职责和程序，强化结果运用，有效确保政府系统政令畅通。

加强督查协调，确保政令畅通。围绕县委、县政府中心工作、重点工作、领导交办事项，加大协调、跟踪、落实力度。办公室正副主任牵头组织各类专题协调会议400次，解决各类问题近500个。牵头负责省、市重点民生实事和改善民生重点项目工作，出台重点民生实事考核办法，建立改善民生重点项目月调度、季通报制度，组织3次现场督查，提请政府主要领导对重点项目进行调度，15项重点民生实事全面完成，80项重点民生项目完成70余项。按照县里统一安排部署，牵头组织开展治超治限、桃益公路秩序整治等专项整治行动，鲊埠汞非法生产后续问题、板溪锑矿信访维稳等重大事件和矛盾纠纷得到有效调处。牵头完成涉农资金整合、石高桥美丽乡村建设等工作，为南方水泥二期、800千伏酒湖线、久通锑业年产5000吨锑白加工等重点项目建设提供优质服务与协调。强化税收协控联管，全面建成社会综合治税平台，建立“以电控税”机制。扎实推进私房出租自营税控联管，控税9000万元以上。加强重大部署决策督查，对县委、县政府确定的五项重点工作落实情况开展专项督查，确保重点项目工程进度。加强县级领导交办工作督查，承办县政府领导批示276件，办结269件。加强文风会风和县长热线督查，开展县长热线值班情况电话督查3次，文风会风和县长热线工作专项督查2次，对督查中发现的问题进行通报并督促责任单位及时整改。

畅通民意渠道，解决热点问题。推动热线工作重心下移、关口前移，出台《桃江县人民政府县长热线工作考核办法》，强化热线办事方式、办理实效的考核，维护热线的权威性。受理县长热线件4672件次，其中信箱受理909件、电话受理3359件，办结率100%；市长热线信箱81件、电话交办件323件，办结率100%；问政湖南65件，办结率100%。创新建议提案办理方式，对农村公路赶集、资江电站库区遗留问题处理等重点建议，组织相关部门会商办理，拿出具体方案。政府系统承办的116件人大代表建议、47件政协委员提案全部办理完毕，满意率和基本满意率达到100%。切实加强应急处置，对应急预案进行梳理和修编，完成应急预案手册的编写工作，上报突发事件信息35期，协助处置突发事件26起。

开展经济领域调研。将开展调查研究作为解决突出问题的重要途径和参与行政工作的重要手段，积极为政府领导献计献策。围绕县政府常务会议确定的29个调研项目和全县经济社会发展中难点热点问题，先后完成促进村级集体经济发展、“十三五”规划编制、财政性存款调整、计生基层群众自治、涉农资金规范整合、畜禽粪污防治、规范民间融资、突发性群体事件风险评估、县城规划区内私房改造管理、加快推进乡村旅游发展等调研课题，调研成果均纳入县政府决策程序，并形成15件规范性文件。在国家、省、市刊物上发表领导署名文章和调研文章17篇。严格按照领导要求认真完成各类会议讲话材料及各项工作汇报材料起草工作。负责起草向省部级领导、市（厅）级领导来桃江检查指导工作的各类汇报材料40余篇23万余字。围绕县委、县政府的重大决策，完成县政府领导在县委经济工作会议、项目建设调度会议、财税工作会议和各项专题会议上的讲话80余篇37万余字。采编反映全县经济社会发展的各类信息200条，其中被省、市政府研究室采用58条。

优化后勤服务，统筹推进工作。严格执行国库集中支付制度、政府采购制度、财务会审联签制度、“三不一末”制度，加强经费管理，落实上级关于厉行节约的规定，机关正常运转得到有效保障。切实保障老干部待遇，按季度向老干部汇报全县政治经济形势，尽力支持配合老科协、老体协、老书协的工作。不断规范人事工作。进一步完善机关干职工编制、人事档案和工资资料，做好2015年档案审核工作。严格按照县委组织部的要求，对全办干部职工档案进行整理登记、电脑录入、查漏补缺、分类汇总和完善归档。及时办理2名调动人员的劳资手续、3名退休干部的退休手续。开展工会活动3次。组织全办人员积极参与义务献血、大众运动会等一系列活动。扎实推进其他工作。深入开展“一进二访”活动，机关股级以上干部深入桃花江镇大华村、鹅公桥村开展访贫问苦，并根据实际情况制定帮扶计划。加大对精准扶贫联系村的帮扶支持力度，为桃花江镇大华村累计投入和争取项目资金100余万元，硬化村级主干道5.2千米，安装路灯80盏，新增电力台区1个，建成垃圾池16个，18千米林道建设和20公顷国土整理进展顺利。社会治安综合治理、计划生育、创卫、防汛、文明创建等各项工作任务全面完成。（杨　攀）

督查工作

【县督查局领导人名录】

局　长　范尚华

副局长　高惠明　彭文华　胡剑辉

【概况】 县督查局由县委督查室、县政府督查室、县优化经济建设软环境办公室、县有错无为问责办公室、县绩效考核办公室整合而成。2015年，有人员编制14个，其中机关行政编制13人、机关后勤服务全额拨款事业编制1人，在编13人。机关内设办公室、督查一室、督查二室、考核室。

提升督查实效。先后就《县委常委会议纪要》《县政府常务会议纪要》《县长办公会议纪要》的落实和县委经济工作会议提出的交通、园区、产业、县城建设“四大会战”和改善民生五项重点工作，以及“三访三化”、“一进二访”、平安创建、干部作风建设等重大活动开展督查130余次。同时，根据县委、县政府领导安排，配合县委、县政府各阶段重点工作，突出对事关群众切身利益的县城创卫、棚户区改造、农村清洁工程、治超治限、防汛抗旱、竹蝗虫防治、扶贫帮困、安全生产、社会保障等工作开展了专项督查。发《桃江督查（通报）》14期、《督查专报》22期。

着力维护发展环境。受理投诉25件，办结25件，办结率达100%。突出加大对益马高速、益娄衡高速、马安高速、益阳南线高速桃江段及石长铁路增建二线等重点项目征拆进度和维护施工环境的督查，多次深入项目建设现场，协调处理阻工事件。加大对桃花江竹业有限公司年产20万立方米秸秆竹纤维板建设项目、桃江宙盾防化滤毒设备建设项目等一批投资规模大、见效快、贡献大的重点项目施工环境的督查力度，着力维护施工环境，有效促进项目建设的进度。严格执行涉企检查审批、处罚备案制度，涉企检查备案101起，处罚备案6起；联合纪检、财政、物价等部门加大“三乱”专项整治力度，进一步规范行政执法行为。督促相关单位实行行政效能登记备案制度，受理备案254起，有效提升行政效能，维护了政务环境。同时加大对破坏项目建设环境的打击处理力度，公安机关查处影响重点项目建设施工环境的案件59件，其中刑事案件23件、治安案件36件，行政拘留73人、刑事拘留24人、取保监居16人、捕诉3人。

严格绩效考核。根据县委、县政府决策，在认真研究并征求意见的基础上，对全县绩效考核进行改革，下发《2015年度桃江县乡镇、县直和双重管理部门绩效考核办法》。打破以往考核常规，改进考核办法，制定《2015年重点工作目标考核细则》。对照《2015年重点工作目标考核细则》，严格按照时间节点要求对重点工作进行督查、验收，全面完成全县1368项重点工作目标的考核。

认真开展市绩效评估迎检工作。配合县委办、县政府办进一步理顺工作机制，起草《2015年桃江县迎接市对县绩效评估工作实施方案》，分解市绩效评估指标任务，明确责任，规范考核流程，健全上报数据台账，全面完成迎接市对县的各项考核任务。（张　萍）

法治政府建设

【县人民政府法制办公室领导人名录】

主　任　郭洪涛

副主任　夏志红

【概况】 县人民政府法制办公室内设办公室、行政执法监督室、行政复议室3个股室，有行政编制5人，实有工作人员4人。2015年，全县法制工作围绕《中共中央关于全面推进依法治国若干重大问题的决定》的有关部署和要求，稳步改革、积极创新，取得了较好成绩，荣获“2015年度全省依法行政工作先进集体”。

全面加强政府正确履职工作建设。加大简政放权工作力度，在公共资源交易、城市管理、环境保护、食品药品监督、城乡规划、安全生产等领域不断合理划分和依法规范政府部门事权。出台《关于推进向乡镇简政放权工作的通知》，将全县8家政府职能部门共30项行政职权直接或者委托下放给乡镇政府。深化行政审批制度改革，新一轮行政审批事项清理全面完成，精简政务服务事项122项，取消收费项目44项，审减行政权力1070项。积极探索城市管理行政管理体制和山林土地确权纠纷管理方式创新。全面推进部门依法履职，组织完成部门梳理行政职权工作，出台《关于公布县政府部门行政权力清单的通知》等规范性文件，建立权力清单和责任清单制度，及时将“四张清单”在桃江公众信息网公布并实施动态管理。各部门严格按照权力清单、责任清单和负面清单履行职责、行使职权，主动接受监督。严格规范执行政府合同管理，年初率先实施政府合同审查管理规范制度。根据县政府2014年出台的政府合同管理办法，加强对政府原有合同的清查管理，清理复查各类政府合同162个，审查2015年度政府重大合同20余件，合同标的金额达到50余亿元。加大政府合同公开征求公众意见及人大审议政府重大合同力度，提高了政府合同管理水平。

严格依法实施重大行政决策制度。加强和改进规范性文件制定。通过加强网上征求意见、人大监督指导制定、行政决策听证等形式，进一步拓展公众参与规范性文件拟制的途径和方式。在采砂处置等领域积极探索政府规范性文件拟制中涉及重大利益调整论证咨询机制。

认真进行重大行政决策程序建设。按照《桃江县人民政府重大行政决策程序实施办法》的要求，进一步细化重大行政决策事项，明确实行听证的重大行政决策事项的具体标准和范围，逐步摸索并实行重大行政决策目录化管理。县政府严格执行重大行政决策公众参与、专家论证、风险评估、合法性审查、集体讨论决定五大程序，政府常务会议坚持重大行政决策程序未完成不上会制度及政府法制机构负责人列席重大行政决策会议制度。落实政府重大行政决策公开听证制度，共完成县城禁放礼炮严格规范限放烟花爆竹等重大行政决策听证5场次，基本实现重大行政决策听证“应听尽听”。全面落实政府法律顾问管理，建立并完善县政府法律顾问专家库，出台桃江县政府法律顾问办法，加大政府部门及乡镇政府充分发挥法律顾问在重大行政决策、推进依法行政中的积极作用的考核力度。

深化行政执法体制改革进程。在治超、采砂许可等方面不断健全统一领导、综合协调、分工协作的行政执法管理机制。出台《桃江县城市管理相对集中处罚权实施办法》，加强和规范城市管理相对集中行政处罚权工作。在食品药品监督、环境管理执法等领域积极推进综合执法。加强对全县行政执法人员证件动态管理考核力度。

坚持严格规范公正文明执法。加强食品药品、安全生产、环境保护、劳动保障、医疗卫生等关系群众切身利益、群众反映强烈的重点领域执法及刑事惩处违法行为工作力度。严格执行重大行政执法决定法制审核制度，不断规范行政执法案件受理、调查、审查、决定人员签名记录制度，确保所有执法环节有据可查。开展行政执法案卷评查，不断强化严格适用行政处罚裁量权基准在案卷评查中的考核力度。完成2015年度行政执法典型案例，积极推行案例指导制度。初步探索行政许可裁量权基准制订和适用的试点。

有效制约和监督行政权力。以政府合同管理为抓手，不断健全政府内部权力制约机制。完善政府财政资金分配使用、国有资产监管、政府投资、政府采购、公共资源转让、公共工程建设等权力集中的部门和岗位监督力度，强化内部流程控制，基本实现决策权、执行权、监督权适度分解与制衡，积极探索实行分事行权、分岗设权、分级授权、定期轮岗制度建设。完善和强化政府内部权力的专门监督。严格实施收支两条线管理制度执行情况的财政监督，加大预算监督力度，严格财政资金拨款程序，开展重点项目财政专项检查。完善审计监督对公共资金、国有资产、国有资源和领导干部履行经济责任情况进行审计全覆盖。加强和完善政府法制监督，发放行政执法监督通知书8份。法制审查建议30多份。严格对规范性文件制定实施条状监督管理。拟制并出台县政府规范性文件13件、政府办规范性文件9件、政府各部门规范性文件51件、乡镇规范性文件89件。基本实现县政府各部门和乡镇政府规范性文件合法性审查制度、“三统一”制度、有效期制度全覆盖。乡镇政府规范性文件基本实现报备管理。收到公民、法人和其他组织申请审查或解释规范性文件3起。行政复议和应诉工作充分加强。受理并审查行政复议案件23件，发挥行政复议化解行政争议的主渠道作用。基本实现县政府分管负责人及政府部门主要负责人行政案件出庭应诉，县政府参与行政应诉案件35件，司法监督空前加强。政府部门及乡镇政府“12345”社会求助服务平台建设基本实现一把手工程，行政执法举报投诉机制不断完善，举报投诉案件基本实现两个工作日内及时依法处理。

政务公开建设工作全面实施。坚持以公开为常态、不公开为例外原则，推进决策公开、执行公开、管理公开、服务公开、结果公开。实现财政预算、公共资源配置、重大项目建设批准和实施、社会公益事业建设等领域的政务公开。稳妥推进行政处罚决定书等行政执法文书网上公开。电子政务平台、便民服务平台和社会求助服务平台建设与政府服务水平不断提高。

依法行政的组织领导和推进工作不断加强。加强依法行政组织领导。把坚持依法行政、建设法治政府摆在突出位置。把依法行政工作任务和改革发展稳定任务同部署、同考核、同落实，明确行政首长是推进依法行政的第一责任人，对本地区、本部门推进依法行政、建设法治政府工作负总责。明确政府常务会议议题凡是涉及重大决策和出台规范性文件的，须于会前七日交县法制办合法性审查，县法制办主任全程列席政府常务会议并独立发表法制意见。严格实施法制培训，举办常务会议会前学法4次、副科级以上领导干部依法行政专题研讨班2期。严格实行目标管理考核，将依法行政工作纳入年度综合目标管理考核，实施乡镇、行政执法重点单位、公共服务重点单位分类考核，考核结果直接与各单位及领导班子年终考核挂钩。着手实施依法行政巡查通报制度，加强对依法行政工作的动态监测。全面开展依法行政示范单位创建活动，确定县农业局、县工商局为全县依法行政示范单位。重视法制机构和队伍建设，发挥法制机构在推进依法行政、建设法治政府方面的组织协调、督促指导、考核评价作用和法律事务方面的参谋助手顾问作用。

（刘锋华　文艳芳）

【政府常务会议学法成常态】3月13日，县长何军田主持召开2015年桃江县人民政府第二次常务会议，原则同意县法制办提出的《桃江县政府常务会议学法实施计划》，计划安排常务会议专题学习3次、会前学习6次、自主学习11次，政府常务会议学法成为常态。

【公布四张清单】4月14日，县人民政府办公室印发关于转发《桃江县关于推行县政府工作部门权力清单制度工作实施方案》等4个“四张清单”（权力清单、责任清单、负面清单、收费清单）工作方案的通知。明确法制办负责责任清单工作，全面组织完成54个政府职能部门责任清单工作，并经县人民政府第6次常务会议批准同意，于6月30日在桃江公众信息网予以公示。

两型社会建设

【桃花江“两型社会”建设实践区领导人名录】

党工委书记　文志军

党工委副书记

管委会主任　夏　薇

管委会副主任　胡弘韬　夏建秋

纪工委书记　付建明

党工委工委委员　刘春蕾

【概况】2015年，桃花江两型社会建设实践区（简称“两型区”）党工委和管委会按照“生态对接益阳”的总体发展战略，结合县“135”经济发展工作思路，优先保护良好生态资源，合理适度开发建设，重点发展现代观光农业和文化旅游产业，依托桃花江竹海打造益阳“绿心”，把桃益公路建设成为生态走廊，并将核心区建设成为全县城乡统筹示范区、两型社会建设示范区、新农村建设示范区，综合提升农民生活环境品质。

项目工程稳步推进。推进拱门小区农民集中居住建设工程并逐步完善小区内基础设施建设。完成解放庄、石高桥3千米环山公路样板工程建设，完善环山公路两侧公共基础设施建设及绿化工程，年底竣工通车。自来水管网项目工程由省建科院完成施工设计和预算，管网建设、加压泵站建设和高位水池建设均已完工，埋设自来水管道9000余米，完成桃益沿线绿化带提质改造工程。

农村环境不断优化。成立两型区查违控违拆违工作领导小组，扩大巡查区域，加大控违宣传，加强查处力度，两型区牵头组织3次每次为期两天的大型查违控违宣传，由县“三级联动”指挥部牵头，组织两型区、县国土资源局、县规划局、县城管执法局等相关单位在辖区内进行4次大规模的查违控违宣传。会同县“三级联动”指挥部、县国土局、县规划局、县执法局等相关部门停建并拆除新的违章建筑，发现新建违章48起，上报处理48起。积极配合市“一江三路”整治工作，成立桃益公路桃江段建设管理办公室，对违章建筑进行严格控制。石高桥美丽乡村建设全面启动，河道拨硬工程、河道绿化和游步道工程已全部完成；石高桥文化广场完成场地平整工作并启动主体工程建设。

两型创建扎实开展。将两型建设纳入全县考核，出台《2015年桃江县两型社会建设工作考核办法》，对全县各县直单位及乡镇的两型建设工作进行考核。多形式多渠道开展两型宣传，在村庄、社区、企业、学校、机关以及人流密集处发放《两型知识宣传手册》《两型创建实用手册》2000份，将两型知识纳入县委党校主题培训班内容，益阳市两型办副主任刘则平作了《两型社会和两型城镇建设》的专题讲座。在省市媒体发表新闻信息30余篇，在桃江公众信息网开设“建设两型社会、推进生态文明”的两型宣传专栏，通过制作两型专题片、专题报道等形式，多渠道进行宣传。在算盘洲小区和株木潭中学围墙制作两型示范创建相关知识展板。积极申报两型示范创建项目，组织申报2个省级示范创建单位和1个省级低碳技术推广项目，大栗港镇朱家村成功申报为省级两型创建村庄。（肖　靖）

【农民集中居住工程】算盘洲小区一期工程竣工以后，两型区组织出台《算盘洲小区置换方案》，以房屋置换及装修奖励的形式引导村民入住。有15户居民签订入住协议，3户入住。拱门小区规划入住267户，投资3800万元，完成土地平整、下水道工程、小区内道路硬化及河道配套工程和路桥配套工程，小区内所有基础工程基本完工。

【石高桥美丽乡村建设】两型区按照“生产发展、生活宽裕、乡风文明、村容整洁、管理民主”的新农村建设总要求，“以改善生产生活环境、带动农民持续增收、促进农村和谐稳定”为切入点，将石高桥村1条2千米的环山公路进行改造升级，路面由3.5米拓宽至6米，并进行硬化、黑化、绿化以及亮化建设，对片区110栋民房进行立面改造，做到“七统一”，对片区内1700米河道进行生态治理改造，打造成群众休闲生活带，对片区内农户庭院进行绿化、硬化、洁化、序化等个性化改造，并对空心房、危旧房加以整治改造，扎实开展环境卫生整治工作，全面建设成田园美、村庄美、生活美的美丽宜居村，提高村民生活品质，大大促进生态文明建设，提升了群众幸福感。

【“一江三路”整治】 根据市“一江三路”整治要求，两型区积极开展益桃线桃江段整治。牵头组织县城管执法局、县公路局等相关部门做好益桃线两侧违章的整治工作，对违建棚亭杂屋做到应拆尽拆。拆除135处，取缔流动摊点36处，拆除违规广告招牌45处。成立益桃公路（桃江段）建设管理办公室，制定《益桃公路（桃江段）建设管理实施方案》，长效管理步入正轨。对益桃线桃江段两侧绿化带以及人行道进行提质改造，原8.86千米3米宽人行道砖全线拆除2米，安砌3.8万米侧沿石花围，并与道路两侧223户农户签订地坪租赁合同，进行绿化改造。把益桃线建设成“四季常绿、桃花为主、竹子搭配、错落有致、色彩丰富”的生态桃花大道。 （范博琳）

民族宗教

【县民族宗教事务局领导人名录】

局　　长　李建兵

副 局 长　莫志辉

纪检组长　李乐钦

【概况】 县民族宗教事务局是县人民政府主管民族宗教事务的职能部门，系全额拨款的正科级事业单位，2015年，定编5人，有局党组成员3名，工作人员2名。桃江县是湖南省39个宗教工作重点县之一。经依法登记批准开放的宗教活动场所138处，其中佛教52处、道教10处、基督教65处、天主教10处、伊斯兰教1处。佛教、基督教活动场所分布于全县15个乡镇，天主教活动场所分布于桃花江等7个乡镇，道教活动场所分布于灰山港和松木塘2个乡镇，伊斯兰教活动场所清真寺在鲊埠回族乡境内。备案在册宗教教职人员96人（佛教27人、道教31人、基督教23人、天主教2人、伊斯兰教13人），其中男性69人，女性27人；大专以上文化程度5人；年龄30岁以下1人，40岁以下6人。信教群众历史统计数据为11.9万余人，以老年人及女性为主，文化程度以初中、小学为主，职业以农民和自由职业者为主。2015年，民族宗教事务局贯彻执行党的民族宗教工作方针，依法依规处理民族宗教事务，践行为人民服务宗旨，增加人民群众信任感、满意度，全面推行政务公开，施行阳光政务，各项工作取得良好的效果。

发放穆斯林群众肉食补贴。1月，将2014年的肉食补贴通过“一卡通”发放到位，发放成功率为99.2%。9月，联合县物价局、县财政局以及各乡镇人民政府，对全县具有清真饮食习惯的少数民族群众进行全面摸底、登记造册，核实人口异动情况。

“两种”考生审核工作。按照省民宗委等四部门文件精神，向考生做好政策解读工作，为考生提供全方位服务。全县有157名考生申请高考优惠加分，通过与县公安局及市民宗局认真比对，全县有144名考生符合加分标准，公示期间，无一人上访或举报。在全县中小学教师招考中，认真核实参考人员的民族身份，确保少数民族考生真正享受到民族优惠政策。

全省民族团结进步创建互观互检。10月，全省民族团结进步创建活动示范单位互观互检活动在鲊埠回族乡开展。县民族宗教事务局与鲊埠回族乡协作安排活动。考察组参观鲊埠回族乡同心民族工业园、益阳市“最美乡村”军功嘴村和鲊埠清真寺，回族群众的花鼓戏、舞龙舞狮、擂大鼓、传统武术表演，得到省民宗委和参加活动的其它市县领导的好评。开展少数民族干部调查并建立电子档案。贯彻落实民族民贸企业相关扶持政策，企业得到优惠，桃江县湘益木业公司每年享受国家财政贴息100余万元。

宗教调研工作。深入宗教团体、宗教活动场所和信教群众，开展调查研究，及时掌握宗教界面临的难点、热点问题，以及宗教教职人员和信教群众的诉求，依法管理宗教事务，为宗教界服务。到宗教团体走访调研10次，到宗教场所走访调研30余次，听取宗教团体和宗教活动场所人员对宗教工作的意见。3月，市人大常委会副主任刘时贵到桃江调研宗教工作，县民宗局组织10位信教群众参加调研座谈，参会人员就巩固宗教和谐稳定的良好局面，贯彻党的宗教基本方针，维护信教群众的合法权益等方面提出建议。妥善解决宗教问题6起，协助化解涉及少数民族群众的矛盾纠纷3起，民族宗教界全年未发生一起越级信访及群体性事件。

宗教政策法规宣传。6月，采取“三进三送”的方式，在全县宗教界开展以“国法与教规的关系”为主题的法规宣传月活动。“三进”，即宣传活动进宗教团体、进宗教活动场所，进信教家庭。“三送”，即送书、送课、送板报。向宗教团体、宗教场所及信教家庭送去《中华人民共和国宪法》《习近平关于全面依法治国论述摘编》《宗教政策法规文件选编》等书籍3000余册。局党组成员给信教群众讲授宗教政策法规课30余堂。宗教活动场所有普法联络员和宣传员，五大宗教团体制作规范化的宣传栏和制度牌。

宗教活动场所安全隐患排查。9月，县民宗局同市委统战部、市民宗局对桃江辖区内的宗教活动场所进行安全大检查。对宗教场所的消防设施、疏散通道、安全出口、安全用火用电用气、房屋建筑、安全制度等方面仔细查看，确保无安全隐患，明确要求宗教场所安全工作责任人及时排查、记录情况。

宗教界服务社会。充分利用以“教风”为主题的和谐寺观教堂创建活动平台，引导宗教界服务社会、服务人群，开展慈善活动。宗教界人士扶贫帮困10余起，“金秋助学”活动中，伊斯兰教、佛教助学资金达4万元，帮扶贫困学生40名。伊斯兰教在古尔邦节中，帮助困难群众60余户，帮扶资金2万元。阿訇李梦姣患有尿毒症，家庭困难，需巨额医药费，桃江伊斯兰教组织爱心捐资38万元。宗教界人士还积极参与新农村建设，捐资修建农村基础设施。（夏叶荷）

机关事务管理

【县机关事务管理局领导人名录】

局　长　刘乐平

副局长　邓放明　安　宁

　　　　徐胜前（兼纪检组长）

【概况】县机关事务管理局是负责县委、县人大常委会、县政府、县政协等机关行政事务的综合服务机构。2015年12月机构改革，更名为县机关事务服务中心。机关设办公室、管理股、物业股。在编干部职工7人。

加强两院三楼管理。进一步加强安全保卫、上访疏导的工作力度，杜绝上访人员上楼和进入会议室闹访现象的发生，切实维护好大楼办公秩序。重点做好防火防盗工作，制定防火、防盗、防恐等预案，杜绝人为责任事故，确保大院安全稳定。加大保安巡查力度和大院进出车辆的疏导和管理控制力度，加强对车辆停靠的指挥，规范大院车辆出入、停靠秩序。认真抓好卫生保洁与美化亮化工作，确保美观整洁，为大院工作人员提供相对舒适的工作生活环境。扎实抓好水电供应和水电设备与线路的定期检测检修，确保水电供应正常。及时做好各单位办公用房清理调整完善工作。

继续加强基础设施建设及公共服务设施建设。切实抓好党政大楼两台老旧电梯的换新工作，历时3个月竣工。改造并提质升级六楼县委工作会议室，搭建附属楼后院健身器材区域玻璃顶棚，提档升级两个食堂（机关食堂和人武部交流食堂）部分硬件设施，安装交流楼的净水器，协助拆除大院后全部民房。

搞好日常服务保障。抓好电视电话会议室和附属楼会议中心两个会议室的保障及接待车辆管理，确保运转正常无事故。及时完成交流干部的生活保障服务工作。（倪万书）

政务服务

【县政务服务中心领导人名录】

主　　任　胡红艳

副 主 任　刘德云（兼县公共资源交易中心主任）

　　　　　曾少婵　　刘　辉

纪检组长　莫毅雄

【概况】2015年，县政务服务中心机关内设办公室、业务股、政务公开股、督查股、电子政务办等5个股室，有干部12人。下设县公共资源交易中心，获“湖南省2015年文明窗口单位”称号。

政务公开工作全力拓面。加大公开力度，全年通过县公众信息网发布各类政府信息1.2万条，其中各单位机构设置、职能职责、领导信息、内设机构、联系方式等基础信息全面公开，财政资金、住房保障、食品安全、环境保护、安全生产、征地拆迁、价格和收费等重点领域信息达1200余条，人事招聘、人事任免、社会保障、社会救助等各类通知公告375条，舆情在线、县长热线等政民互动类信息510条，县政府常务会议信息15条。重大政策法规解读、重大突发事件信息等主动及时公开发布，涉及教育、医疗、公共交通、水电气、住房保障、金融、通讯等行业的公共企事业单位全面公示办事信息公开指南和目录，办事信息公开率实现100%，及时处置网上依申请公开政府信息9起，并在规定时限内进行答复处理；政务服务全面公开服务事项的名称、依据、程序、时限、收费依据等；公共交易方面，通过县公共资源交易网对每个项目的概况、资金来源、招标方式、投标条件、时间、保证金要求、中标公示等信息全面公开，利用《益阳日报·魅力桃江》专版，宣传相关法律法规、政策规定、交易流程及业务知识，借助交易大厅显示屏同步直播随机抽取、开标、评标（视频）全过程。加强队伍建设，全年就办事公开、政府信息公开、乡镇基层便民服务等专题组织举办培训班3期，参训人员达380余人次。县政府信息公开工作在全国电子政务试点县排行中位列第八。

政务服务工作全线提质。夯实基层便民服务平台，组织对42项审批服务事项下放乡镇工作进行前期业务培训，多次深入乡镇，就事项进驻、人员管理、业务办理等情况进行督查，指导牛田镇建成示范性便民服务中心；按照有服务大厅、有办公设备、有标识标牌、有流程事项、有信息公开栏标准，投入100余万元，分两批建成20个标准化村级便民服务点。完成行政审批和服务事项流程优化，做好中央、省下放到县一级8项行政许可项目的承接落实。完善并联审批一票制收费机制，牵头起草项目分类告知书，对涉及部门、要求资料、办理时限、收费标准等在一张纸上体现，严格按程序操作，严格按标准收费，严格按时间要求办结，避免办事群众多头跑，防止规费税费流失，实施联合踏勘41宗，一票制收费170宗，收费金额约869万元。推行重点项目行政效能登记备案制度，行政审批效率明显提高。理顺政务服务全程代办机制，为松木塘镇风力发电项目、工矿区棚户改造项目等全程代办相关手续。实行窗口政务服务评议，通过短信平台让群众对窗口和窗口工作人员进行监督、评议，所有行政审批无一例不作为、乱作为、缓作为情况，群众满意率达99.8%。加强大厅纪律作风建设，下发督查通报14期，处理违纪人员12人，调整违纪人员2人。27个进驻窗口共办结政务服务事项112729件，按时办结率100%，收取各类税费3.78亿元。

公共资源交易规范有序。实施网上交易，完善交易平台，解决了上传容量小、更新时间慢等问题；取消现场报名，强化县公共资源交易网功能，完成网上交易146宗，成交额2.7亿元。加强"四库"建设，进一步规范评标专家库、代理机构库、监委库和投标人（供货商）库等"四库"管理，实行随机抽取制，抽取代理机构126次、评标专家391次。规范场内管理，建立查验台账，取消项目联审程序，查验8项资料精简为7项，即交易时间、评审结论、交易方式、网上下载（答疑）通知、是否排斥投标人、重大事项报告回函、纳税信用证明单；严格评标区管理，采取凭证进入、封存手机、屏蔽信号、全程电子监控、人员现场监督等措施，实行无业主评委制与专家回避制，加强场内交易服务，实现场内管理零差错。受理交易项目473宗，成交金额18.16亿元，其中支出型交易423宗，预估15.78亿元，成交15.16亿元，节约0.62亿元，节支率4%；收入型交易50宗，成交3亿元。（殷　姿）

【重点项目行政效能登记备案制建立】 县政务中心将全县交通、园区、产业、城镇和重点民生实事工作中的150个重点项目全部纳入行政审批登记备案范围，梳理核实出需要办理各类行政审批、政务服务项目136个，其中非入园类项目116个，入园类项目20个。根据136个重点项目情况，在县政务中心设立效能登记综合窗口，将所有涉及重点项目行政审批的县发改局、环保局等15个职能部门确定为登记部门，先由各部门自行登记，再汇总到综合窗口联合审批，各行政职能部门承诺入园类项目审批总时限不超过30个工作日，非入园类项目审批时间不超过60个工作日。全县116个非入园类重点项目报建总时限未超过30个工作日，较承诺时间提速50%，较法定时限提速84%；20个入园类重点项目报建总时限未超过15个工作日，较承诺时间提速75%，较法定时限提速92%，行政审批效率明显提高。收费标准全面公开，任何执收部门无权减免。（黄精文）

【荣获"湖南省2015年文明窗口单位"称号】 3月9日，湖南省精神文明建设指导委员会授予桃江县政务服务中心"湖南省2015年文明窗口单位"称号，这是中心继获"湖南省2010届文明单位"后精神文明建设的又一殊荣。中心始终坚持"外树形象、内强素质"，以"高效、规范、便民"为目标，以精神文明建设为抓手，着力打造"一流团队、一流窗口、一流业绩"，抓学习培训、抓活动开展、抓作风建设，创新办事方式、创新交易方式、创新服务模式，为全县经济社会持续健康发展营造优良的政务服务环境。（殷　姿）

【政府采购合同首公开】 《中华人民共和国政府采购法实施条例》规定，除涉及国家秘密、商业秘密的内容外，政府采购合同必须全面公开。4月9日，张家码头市场周边区域市容秩序辅助性服务外包项目及桃江县森林公安局干警制服采购项目采购合同在益阳市政府采购网上公开，这是桃江县政府采购项目合同的首次公开。公开采购合同，大大提高政府采购信息透明度，使公众能够了解合同的全部内容，强化公众对政府采购的监督，也从制度上推进政府采购的规范化、法治化进程，避免"天价采购""黑心采购"等问题，让政府采购真正回归阳光、公平、公正。（祁　梦）

【新政务大楼装修建设启动】 7月23日，县政务服务中心新办公大楼室内装饰装修工程正式启动施工，来自株洲、益阳等地的3支施工队伍上百名工作人员同时进驻新大楼。新政务服务大楼位于桃花江大道与资江路交汇处，总建筑面积7597平方米，由政务大厅、交易大厅、办公区3部分组成，装修建设工期为120日，搬迁工程总投资1700万元。投资320万元完成大厅天棚工程吊顶、大厅圆柱大理石安装、地面砖铺设等工作，投资58万元完成弱电线路安装。（徐望军）

【“五有”村级便民服务点建成】 县政务公开办按“五有”标准对村级便民服务平台进行规范化建设。“五有”即有集中的办公服务区、有基本的办公硬件设备、有统一的标识标牌、有明确的服务事项和办事流程、有固定的村务公开栏。至12月，全县有40个村（社区）按“五有”标准完成规范化建设并投入运行，共接受群众咨询、代办事项77400余件次，印制分发《办事指南》55300多份，示范点村干部坐班率实现100%。（吴灿平）

桃锰社区

【桃锰社区服务指导中心领导人名录】

工委书记 黎跃平
工委副书记、主任 胡霞初
工委委员、副主任 陈文革

【概况】 桃锰社区服务指导中心内设办公室、资产财务股、社会保障股3个职能股室，定编9人。2015年，桃锰社区服务指导中心围绕县委、县政府重点工作，结合企业破产改制后成立的新的管理单位特点，突出维稳、安全这一中心，各项工作取得了较好的成绩。

把维稳、安全工作放在首位，及时消除一切不稳定、不安全因素，努力打造平安社区、和谐社区、幸福社区。始终把维稳、安全工作作为头等大事来抓，预防为主、重点防控，未发生一起群访、越级访及社会治安事件，未发生一起安全事故，确保一方稳定平安。

继续做好中国五矿服务对接工作，促成中国五矿金瑞公司尽快启动桃江锰矿矿山生产。每季走访慰问中国五矿金瑞公司一次，主动对接，解决他们工作、生活上的困难，营造良好投资建设环境。

进一步改善居民生活条件，积极争取政策为困难群众排忧解难。春节期间争取解困资金11万余元，走访慰问困难群众100余人，对辖区原有低保对象进行一次全面清理整顿，按照“应保尽保、应退尽退”原则，办理城镇低保295户535人，办理城镇医保656人，办理意外伤害保险1400余人，600余人办理城镇居民医疗保险，为133户340人申报租赁住房补贴13.2万元，为1378名退休人员办理养老金调待，对800余名退休职工进行身份认证。安排资金7.8万元，对三处大的垮塌护坡、各种基础设施及危房及时进行维护修复。巩固原有成果，继续下大力气搞好农村清洁工程工作，投入资金8.3万元。

宣传工作有新起色。坚持以正面宣传为主，开辟宣传专栏，宣传党和国家的方针政策，宣传习近平一系列重要讲话，宣传中央十八大及十八届三中、四中、五中全会和中央经济工作会议精神，宣传中央、省、市、县“两会”精神，宣传“三访三化”促发展解民忧活动及党的建设过程中涌现的先进典型，宣传工矿棚户区改造有关政策和规定。加大对外宣传力度，在县级及以上新闻媒体发表文章100余篇，其中《人民日报》3篇、《经济日报》7篇、《新湘评论》1篇，人民网、新华网、中新网、凤凰网、搜狐网、红网等网站60余条。（朱金良）

【《人民日报》推介桃锰棚改经验】 5月25日，《人民日报》第5版《中国道路中国梦·新改革故事》专栏以《棚改新居安得民心》为题，刊载由桃江县桃锰社区服务指导中心朱金良讲述的桃锰棚改故事，共1100余字。桃锰社区服务指导中心对辖区棚户区430套老旧房屋采用“新建一批、维修一批、改造一批”方法进行改造，居民居住条件得到很大改善。

【《新湘评论》推介桃锰优秀共产党员】 中共湖南省委机关刊物《新湘评论》第六期《党员小故事》专栏以《“教授”级服务员》为题，推介桃锰社区离退休党支部委员臧立生热心公益、关心邻里、助人为乐的先进事迹。1940年出生的臧立生60年代初毕业于中南矿冶学院，70年代入党，是湖南省属企业桃江锰矿第一批工程师，因各种原因与高级工程师职称失之交臂，工程师一干就是30余年，直到2000年退休。退休后的臧立生主动向社区请缨，到老年人活动室义务服务，被称为“教授级服务员”。

桃冶社区

【桃冶社区服务指导中心领导人名录】

主任 曹挥（2015.10止）

副主任　曾　慧

【概况】桃冶社区服务指导中心成立于2011年2月，属桃江县人民政府直属正科级事业单位，核定事业编制2人，另返聘3人。辖区总面积3.26万平方米，住户438户，离退休人员564人,其中离休干部3人、工伤退休人员113人，另外离休干部配偶3人，退养家属工63人，抚恤人员3人，伤残军人、退役参战人员12人。2015年，桃冶社区以创建和谐社区为宗旨,本着“以人为本、服务群众”的准则,重实效、办实事，通过加强社区服务，美化社区环境，繁荣社区文化，倡导群众自治，构建社区和谐，不断提高社区中心管理水平，取得较好的成绩。

社区建设求“强”。桃冶社区领导班子狠抓干部队伍建设，尤其注重加强基层组织建设，充分发挥两个支部在社区环境卫生、矛盾调处、老年活动、扶贫解困等方面的作用。通过加强对社区党员的教育和管理，在社区建设和居民自治工作中发挥了核心作用，在社区居民自我管理、自我监督的各项工作中，起到把关、监督、协商、参谋和堡垒作用。开展党员“五个一”活动，即当好一名联络员、带好一幢居民楼、帮好一家困难户、出好一个金点子、办好一件社区事，鼓励党员加入到社区志愿者服务的队伍中，参与社区中心的扶贫助困、义务劳动、爱绿护绿、发放宣传资料、提供便民服务等各项活动，影响和带动其他离退休人员发挥余热，为社区的稳定和谐出谋划策，传递正能量。

社区稳定求“安”。“发案少、秩序好、群众满意”是社区综治工作的目标。桃冶社区采取支部和栋长联系会、走访、接访、慰问等多种形式开展国家法律法规等的宣传学习，进一步提高离退休人员遵纪守法、执纪守规的意识。对辖区其他居民、外来人口和青少年进行法制安全教育。逐步增强辖区内群防群治力量和矛盾纠纷排查调处力度，及时调解纠纷，做到矛盾在源头控制、纠纷在基层化解、问题在一线解决。结合辖区特点，制定“平安社区”创建工作方案，组织召开离退休支部成员和楼栋长会议，从不同层面和角度，向社区居民宣传有关创建的知识，调动社区居民参与创建工作的积极性。做好防火、防盗、防事故预防措施的落实，将平安创建工作落实到户落实到人。加强对流动人口的动态管理，由各栋栋长深入各家各户进行摸底，掌握流动人口的底数和动向，定期不定期地深入到居民家中查对人员，建立流动人口台账，对出租房屋、流动人口及时跟踪管理。始终坚持以民为本，切实增强服务意识，提高服务、接待水平，做好对信访突出问题的排查化解，共同维稳。对群众来访热情接待，对信访事项做到“件件有回应、事事有结果”。桃冶社区收到外地各类来信来访件20件，办结20件，办结率100%。接待来访群众30起86人次，未发生一起赴京非访，实现“五个绝不允许”和进京非访“零登记”的工作目标。

社区服务求“实”。桃冶社区始终将“为民服务”作为工作的出发点和落脚点，关注民生，改善民生。发动党员带头组织志愿者服务队开展扶贫助困、爱绿护绿、综治维稳等系列活动，不断扩大服务内容与拓展服务渠道，提高服务质量。“两节”期间，多渠道争取解困资金10余万元，惠及离退休人员和社区内其他困难人员500余人。“七一”期间，组织两个支部开展上门慰问特困党员活动，慰问党员8人。重阳节，出资近6000元支持离退休支部组织50多名离退休党员到周立波故居和烈士陵园学习参观。“八一”期间，对原桃冶退役的15名特困伤残军人、志愿兵和参战人员进行慰问。安排专人定时负责做好500余名离退休人员养老金发放的认证工作，切实做到便民利民。组织3名离退休支部成员和13栋栋长听取“预防为主、防消结合”为宗旨的家庭用电、用气安全知识讲座，进一步提高辖区居民的安全意识。对家属区乱种乱植、私搭乱建行为进行大规模整治清理,改善了辖区环境。3月，把绿化工作纳入2015年的重点工作计划，5月份和有关苗木专家衔接，实地进行整体勘查和规划，根据实际制定社区绿化方案，确定种植地点和树种，进行造景绿化，共新建花园4处，种植树木1.81万株，绿化面积达529平方米。做好家属区基础设施维护和修缮工作，硬化地面180平方米，疏通地下排污管道70米，清洗琉璃井12个，处理经2栋外墙渗水180平方米，新建地下排水道、琉璃井、挡土墙，处理经1栋、经4栋、经6栋下水道堵塞问题，切实改善了民生。在白蚁防治所的协助下，出资近2万元，对家属区两次进行灭蚁，并请技术人员向居民普及白蚁常识，使白蚁得到了有效遏制。完成经1栋、经2栋、经5栋、经6栋84户经适房住户和居士巷产权证的办理工作，继续开展对离退休人员生老病死慰问工作和“金秋助学”“党员关爱”活动，做好近600名退休人员医保参保基数核定、输入、上报工作和档案管理、网络舆情等日常工作。

社区活动求“和”。组织全体工作人员开展有益身心的爬山活动。利用离退休人员时间充裕的特点，组织离退休人员及家属开展形式多样的群众性的文体娱乐活动，如广场舞、棋牌等。出资支社区“冶金厂文体健身队”参加“舞动中国”的比赛，积极修缮和改造离退休活动室附属设施，使离退休人员老有所学、老有所乐。

社区共建求“融”。充分发挥楼栋长在社区群众自治中的积极作用，引导群众转变观念，做到自我管理、自我服务，达到维护社区稳定的目的。根据桃冶社区是纯单位型社区、居民群众构成相对简单的特点，选配13名综合素质好、责任心强、热心公益事业的楼栋长，协助社区开展工作。从离退休人员中选出热心公益、为人正直的人任信息员，发挥其联络作用，搭建群众自治平台。组建社区楼栋、单元网格信息员体系，及时掌握社区内各种信息，实现横向到边、纵向到户的全覆盖、无缝式的管理。（钟　敏）

政协桃江县委员会

组织机构及领导人

【政协桃江县委员会领导人名录】

主　席　李质彬
副主席　陈奇才　刘楚江　任小琳
　　　　黄　平　胡　桃
秘书长　蒋胜丰

办公室

主　　任　蒋胜丰（兼）
副 主 任　胡福林　颜小元
正科级纪检员　杨赛明

提案委员会

主　　任　刘一周
兼职副主任　文进余　左　交

经济科技委员会

主　　任　彭孟武
兼职副主任　黄志刚

社会法制群团联络委员会

主　　任　甘尚平
兼职副主任　尹楚奇

文教卫体委员会

主　　任　胡　桃（2015.04 止）
　　　　　刘胜辉
兼职副主任　黄梦其

人口资源环境委员会

主　　任　肖文武

综　述

【概况】　2015 年，县政协有委员 267 人，由 19 个界别组成。共分 5 个县直委员联络组和 15 个乡镇联工委。至年底有常委 34 人。县政协内设办公室、提案委员会、经济科技委员会、社会法制群团联络委员会、文教卫体委员会、人口资源环境委员会 1 室 5 委。机关工作人员 21 人。

2015 年，在县委的坚强领导下，县政协深入贯彻落实中共十八大和十八届三中、四中、五中全会精神，认真学习中央、省、市委关于加强社会主义协商民主建设的文件精神，牢牢把握团结和民主两大主题，忠实履行“政治协商、民主监督、参政议政”三项职能，着力推动桃江经济社会发展，取得了新的成效。

协商议政。2015 年，县政协围绕选题、调研、协商三个关键环节下功夫，选取金融支持地方经济发展、智慧桃江建设、加强城市管理与综合执法、加强生态环境保护等 12 个重点协商议题，以政协全体会议、常委会议、主席会议、专题会议等形式，开展“双月协商”、专题协商 12 次，协商议政水平显著提高。审慎选题。在八届三次会议召开前，县政协向县委、县政府征求全年的重点协商议题，向主席会议成员、委室主任和部分政协委员征集议题，经县政协主席会议协商，报县委常委会议研究，确定全年 12 个协商议题，与县委、县政府急需解决的重点、难点工作紧密结合，提高政协协商的针对性和实用性。深入调研。每个议题，县政协明确一名副主席带队，组织专题调研组开展实地调研。如工业产业发展调研，走访规模企业 30 余家，召开座谈会 10 余次。专题协商。调研成果成熟后，县政协及时与县委、县政府有关单位衔接，反复沟通，形成共识，积极推动相关工作的开展。

民主监督。县政协从督办提案、民主评议和派驻民主监督小组 3 个方面入手，务实开展民主监督工作，取得良好效果。抓提案督办落实。3月，县委在全县人大政协工作会议上对政协八届三次会议提出的54件提案进行交办。5月和6月，县政协主席会议分别对《关于整治猪肉等食品安全隐患的建议》《关于加强农村地区白蚁灾害防治的建议》两件重点提案进行公开督办。提案委对每件提案办理组织承办、协办单位与提案人进行面对面的办理协商，两次会同县委办、县政府办督查提案办理落实情况，54件提案均达到满意或基本满意。抓好民主评议。政协八届三次全会上，全体政协委员对县政府24个工作部门以及法院、检察院进行民主测评。县政协常委会对“县域内金融机构支持地方经济发展”进行民主评议，提出客观实在的评议意见，对县域内金融机构及负责人进行民主测评，对整改落实情况进行跟踪回访，在县域内金融机构中产生了较大的触动。派驻民主监督小组。创新民主监督形式，以协商计划为目标，向县商务局、县住建局、县检察院、县环保局、县供销社等12个单位派驻政协委员民主监督小组，提出整改建议意见25条，促进了有关部门的工作。

决策咨询。进一步完善《参阅件》《调研内参》《社情民意直通车》三大平台，将政协委员的建议意见直接反馈给县委、县政府主要负责人。县政协主席会议视察、协商的重点议题形成《参阅件》9件，县委、县政府领导临时交办的重点调研课题，形成《调研内参》2件，编印《社情民意直通车》8期。这些建言献策，得到省、市政协和县委、县政府主要领导的高度重视，县委、县政府主要领导多次作出重要批示。三大平台就25项工作提出建议近80条，为县委、县政府决策提供有益的咨询参考。此外，《湖南省桃江县建立政协智库》《湖南桃江县政协聚焦猪肉食品安全》《湖南省桃江县政协民主评议助推县域经济发展——给中小微企业实实在在的融资扶持》先后在《人民政协报》上刊载，《57名学子获桃江育才奖学金》在《湖南日报》上刊载，《“三大考题”的桃江答卷》等6篇协商议政的文章在《湘声报》上刊载，传递桃江的正能量。

委员履职。创建县政协智库，从300名市、县政协委员中遴选、聘用19名委员担任政协智库“经济社会学者专家”，制定智库专家的任期、职责及考核办法。积极探索开展社区政协委员工作室建设，成立桃花江镇牛潭河社区委员工作室和武潭镇武潭社区委员工作室，建立工作制度，安排专门办公场地和适当经费。深入推进“三百三进”主题活动，委员创办企业、自主改扩建或招商引进投资2000万元以上的项目21个，县直、乡镇机关的委员对口联系帮扶企业95家，为企业技术改造、项目申报、资金借贷、周边环境协调等提供帮助。

经促会招商。立足联系面广、界别代表性强等特点，以活动为纽带，广泛联系社会各界，凝聚各阶层力量，在构建和谐桃江中发挥重要作用。加强界别联系，注重加强同无党派人士、工商联及其他各界别人士的联系沟通，注重发挥民族、宗教界代表人士在政协中的作用，促进民族团结、宗教和睦；支持工会、共青团、妇联等各界别的委员从大局出发，积极关注不同社会阶层的利益诉求，协助党委和政府妥善处理各方关系，团结鼓励各阶层人士共同致力于全县的稳定、改革和发展。充分发挥经促会的招商作用，注重加强与在外知名乡友的联络沟通，为招商引资、立项争资牵线搭桥，鼓励动员乡友为家乡经济发展献计出力。

政协自身建设。县政协党组认真践行“三严三实”的要求，深化教育实践活动成果，加强政协队伍建设和机关管理，努力打造学习型政协机关，不断提升履职能力。队伍建设得到加强。县委高度重视政协组织建设，健全乡镇政协联工委，每个政协联工委的工作经费提高到1万元，并配备政协工作联络员，11名政协联工委主任得到交流和重用。县政协机关内部管理更加规范，完善机关管理制度，出台《桃江县政协工作规范化指南》。打造学习型机关，建立政协“书香阅览室”，购置政治理论、专业知识等书籍300多册，组织机关工作人员开展自学和讨论交流，致力将县政协机关打造为书香政协。（彭炼才）

重要会议

【政协桃江县第八届委员会第十一次常委会议】 4月23日召开。会议学习《中共中央关于加强社会主义协商民主建设的意见》《中共益阳市委关于加强人民政协协商民主实施的意见》，协商通过《政协桃江县委员会2015年工作思路和要点》《政协桃江县第八届常委工作绩效考核办法》《2015年乡镇政协联工委和县直政协委员联络组工作绩效考核办法》，协商有关人事工作。

【政协桃江县第八届委员会第十二次常委会议】 7月24日召开。会议听取并讨论县人民政府上半年全县经济形势情况通报，民主评议县域内金融机构支持地方经济发展工作。

【政协桃江县第八届委员会第十三次常委会议】 12月10日召开。会议听取县委办、县政府办2015年提案办理情况通报，协商桃江县“十三五”规划和2016年县政协工作要点及协商计划，以及关于辞免和撤销有关委员职务的建议、委员增补建议名单、县政协第八届第四次会议议程、日程、常委会工作报告、提案工作报告等。

【政协桃江县第八届委员会第十四次常委（扩大）会议】 12月27日召开。会议协商通过关于2016年提前换届的决定，协商了有关人事安排、委员异动增免、选举办法、大会选举总监票人、监票人，总计票人、计票人名单和大会期间委员组分组建议名单，宣布大会注意事项等事宜。

【政协桃江县第八届委员会第四次会议】 12月27—30日在县城召开。会议听取并审议政协桃江县第八届委员会常务委员会2015年工作报告，听取并审议政协桃江县第八届委员会常务委员会关于八届三次会议以来提案工作情况的报告，听取并审议政协桃江县八届四次会议提案审查情况的报告，补选政协桃江县第八届委员会常务委员，举行大会参政议政发言，听取并协商讨论县政府、法院、检察院工作报告，书面协商县计划工作报告、预算工作报告，协商通过政协桃江县第八届委员会第四次会议政治决议等各项决议等。

【政协桃江县第八届委员会主席会议】 年内召开主席会议20次。先后协商县政协工作要点和思路、常委会重点调研方案和报告、2015年重点提案、县政府2015年财政预算方案等。县政协主席会议紧密结合全县工作重点、难点，确定引导县域内金融机构支持地方经济发展、智慧型城市建设、基层供销社综合改革、文化旅游产业发展、预防职务犯罪工作、完善城市管理和综合执法工作、做好移民产业发展工作等10个调研课题，分别由正副主席牵头，组织专委会和相关单位的专家深入实地调研，形成详实的调研报告。主席会议根据调研成果，进行专题视察，形成参阅件9期，提出合理化建议80条，为县委、县政府决策提供有益的咨询参考。

重要活动

【调研马迹塘笋产业】 4月12日，由县政协副主席陈奇才率领的县政协工业产业调研组到马迹塘镇调研笋产业发展情况。县政协调研组成员对发展竹笋产业提出了建议意见。

【成立智库聘请19名智库专家】 4月23日，县政协召开会议，建立桃江县政协智库，聘请黄梦其等19人为政协桃江县第八届智库“经济社会专家学者”。县政协主席李质彬，副主席陈奇才、刘楚江、黄平、胡桃出席会议，乡镇联工委主任、县直政协联络员联络组长参加会议。

【任小琳调研猪肉食品安全并督办重点提案】 4月29日，县政协副主席任小琳带领部分政协委员到商务局开展猪肉食品安全调研，督办《关于请求整治猪肉食品安全隐患》重点提案。

【县政协主席会议督办白蚁防治提案】 6月29日，县政协主席会议到县房地产管理局，对重点提案《加强农村地区白蚁灾害防治的建议》进行公开督办，县政协副主席任小琳出席。县政协主席会议建议，政府在农村地区白蚁防治问题上要加强宣传，加大投入，加快开发新技术，加速治理，防治结合，控制蚁害，将损失减少至最低。

【听取县政府上半年经济形势情况通报】 7月24日，政协桃江县八届十二次常委会议召开。会议听取县人民政府2015年上半年经济形势情况通报，常委们对上半年经济形势情况进行了讨论，提出许多意见建议，民主评议县域内金融机构支持地方经济发展工作。县政协主席李质彬，县委常委、常务副县长周卫星，副县长王军华，县政协副主席陈奇才、刘楚江、任小琳，秘书长蒋胜丰出席会议。

【上半年政协工作点评会议】 8月14日，县政协召开2015年上半年政协工作点评会，秘书长蒋胜丰汇报县政协上半年工作，各乡镇政协联工委主任、县直政协委员联络组组长以及县政协智库专家在会议上发言，客观分析，总结经验，为做好下半年政协工作提出了意见和建议。县政协主席李质彬，副主席陈奇才、刘楚江、任小琳出席会议。

【专题协商全县移民产业发展工作】 9月23日，县政协副主席刘楚江、秘书长蒋胜丰、人资环委主任肖文武在县移民局专题协商全县移民产业发展工作。县政府办、县农业局、县林业局、县水务局、县畜牧水产局有关负责人参加。

【专题协商城市管理行政执法工作】9月28日，举行城市管理行政执法工作专题协商会，县政协副主席任小琳、秘书长蒋胜丰、县政协城市管理行政执法工作专题调研组成员出席会议，县政府办、桃花江镇、具备行政执法职能的相关单位负责人和县城管行政执法局班子成员参加。

【“三百三进”主题活动现场推进会】10月29日，县政协“三百三进”主题活动现场推进会在灰山港镇举行，县政协副主席陈奇才、刘楚江、任小琳、黄平、胡桃出席，县政协秘书长蒋胜丰主持，县政协机关委室主任、乡镇政协联工委主任、县直政协委员联络组组长参加。

提案办理

【概况】县政协征集提案57件，经提案委员会审查，立案54件。至8月底，所有提案办理回复完毕，见面率100%，办复率100%，满意率98%。

县政协主席会议将《关于整治我县猪肉食品安全》《关于加强我县农村地区白蚁灾害防治》作为重点提案。主席会议分别对这两件重点提案进行公开督办，形成《参阅件》。县政协提案委与县政府办一起对承办提案任务重的单位进行集中督查，进一步明确办理工作要求，有效确保提案按时办结。5月下旬，县政协提案委与县政府办一起对提案任务重的6个单位进行集中督办，进一步明确办理工作要求和办理时限。10月中旬，提案委与政府办一起对重点单位承诺落实的提案进行再次督查。11月初，县委办、县政府办按照县政协提案委的要求，组织专门督查组，对政协32个B类提案的落实情况再一次进行专门督查，确保提案办理真正落到实处。12月对不涉及稳私、不违反保密规定的提案答复意见在桃江公众信息网进行集中公示，接受社会监督。县政协通过规范提案办理程序、完善提案工作机制、创新提案办理方式和开门办提案等方式，使提案所提建议得到较好落实，促进一批事关全县经济社会发展中的重大问题和群众普遍关注的热点难点问题的妥善解决，为建设生态桃江，推动科学跨越做出积极贡献。

群众团体

总工会

【县总工会领导人名录】

主　　席　龚卫山
党组书记　许道初
副 主 席　许道初　邓白龙
　　　　　习红兵　李望秋
　　　　　符玉文
党组成员、纪检组长　李越屏

【概况】 2015年,县总工会按照“团结、规范、创新、提升”的思路,认真落实2015年重点工作任务,聚焦抓基层、强基础,聚神改作风、提效能,聚力补短板、控风险,开拓进取,求真务实,推进各项工作取得一定成效。

维护职工合法权益。扎实开展“春送岗位”“夏送清凉”“金秋助学”“冬送温暖”工会四季帮扶服务活动。筹资137.2万元共慰问、救助困难职工(农民工)3287人次,提供就业岗位5066个,筹资6.44万元慰问重点工程、工业企业和服务行业在高温一线工作的职工1768名,筹资6.45万元帮助28名特困职工和农民工子女上学。协调落实“双联”和项目化帮扶。组织帮助困难企业解决问题16个,慰问困难职工238人次,送去慰问金12.52万元。用心推进职工医疗互助活动。组织全县168家基层工会11593名职工参加职工住院医疗互助项目,2854名女职工参加女职工特殊疾病保障项目。做好职工信访接待、劳动争议调解、法律援助工作。开展女职工关爱行动。着力加强县职工维权帮扶中心建设,获评省五星级帮扶中心。

组织职工建功立业。紧紧围绕全县交通、园区、城镇、产业建设“四大会战”和改善民生等155项重点工作,组织开展以“聚力小康·建功桃江”为主题的劳动竞赛。下发《关于印发2015年劳动竞赛工作计划的通知》,4月27日,组织各乡镇(开发区)、“四大会战”有关牵头单位及全县31家规模工业企业的工会主席94人,到东方水泥公司现场观摩“师带徒”“示范岗”“挖潜增收”劳动竞赛活动开展情况,召开“全县劳动竞赛动员大会”。以工业企业、重点工程、公共服务窗口等为主要领域,以非公企业为重点,以班组竞赛为基础,组织开展劳动竞赛:由经开区工会、两型区工会和有关乡镇工会分别牵头组织,开展区域发展示范性劳动竞赛,促进园区建设大会战;由县工信局工会、商务局工会、供销社工会和乡镇工会分别牵头组织,在全县企业中开展以“四创四增”为主要内容的劳动竞赛,促进产业建设大会战;由县交通运输局工会、交通建设指挥部工会和县住建局工会、县房产局工会分别牵头组织,在重点工程建设领域和保障性安居工程项目中开展以“六比四创”为主要内容的劳动竞赛,促进交通建设大会战和城镇建设大会战;由县政务服务中心工会和教育、卫生系统工会分别牵头组织,开展以“四讲四比”为主要内容的劳动竞赛,打造行业服务品牌;由各工会女职工委员会牵头组织,在全县女职工中开展“芙蓉杯”竞赛,形成工业企业、服务行业、重点工程、女职工芙蓉杯竞赛“四位一体”劳动竞赛格局。联合县安监局组织开展“安康杯”竞赛活动,以矿山、危险化学品、建筑施工、交通运输等重点行业、非公企业一线班组和职工为重点,发动213

个单位19809名职工参赛，开展安全文化活动和安全隐患排查，参赛企业死亡、重伤事故明显下降。健全政策落实、生活补助、医疗帮助、健康关爱、节日慰问“五位一体”劳模管理服务机制，充分发挥劳模的示范引领作用。春节期间，筹资7.8万元走访慰问全县128名劳模。5月20日，组织全县四级劳模集中学习交流、实地参观。9月下旬，组织部分劳模到郴州、株洲等地学习劳模创新工作经验，推进“职工（劳模）创新工作室”的创建。

构建和谐劳动关系。重点通过“五导”强力推进工资集体协商工作。狠抓组织领导，县委、县政府高度重视，成立县推进工资集体协商工作领导小组具体抓，县财政安排专项工作经费，充分发挥劳动关系三方协商机制作用，主动与县人社局、工商联、企业家协会等联动，形成合力。狠抓宣传引导，4月17日，举行全县工资集体协商“春季要约行动”启动仪式；安排1万元专项资金用于奖励先进单位和个人，并进行宣传报道，营造良好的氛围。狠抓分类指导，加强工资集体协商指导员队伍建设，举办工资集体协商指导员培训班，分类创建示范点，实行“一线工作循环服务”，重点做好50人以上企业逐一单个签订工资集体协商协议工作，有54家50人以上企业签订工资集体协商协议。狠抓活动主导，5月份组织乡镇工会集中开展“要约月”行动，同时通过树立典型、培育推广，实现以点带面推进整体发展。狠抓检查督导，组成联合督导组，定期深入基层工会督导检查，定期调度工作进展情况，形成基层工会主动要约、企业行政应约、上级工会整改建议、劳动部门执法检查的工作链。规范续签和新签工资集体协商协议共904家（其中签订单个协议87家、区域性协议19家、行业性协议12家），覆盖职工3.65万人。组织开展“公开解难题、民主促发展”主题活动，指导32家企业工会开展厂务公开和职代会等民主管理工作，推进企事业单位职工代表大会制度和厂务（校务、院务）公开制度的落实。继续开展劳动关系和谐园区、和谐企业创建活动。推动企业与职工签订劳动合同和集体合同，企业工会发挥在劳资双方关系中的协调作用。

深化宣传教育工作。牵头组织全县三个层级的“平安家庭”创评工作，有效提升平安建设的参与率和认同度。全面开展“工人阶级宣传月”活动。落实“职工拒绝毒品零计划”行动，参加“6·26”集中宣传活动，组织开展“蓝结行动第四季”——禁毒宣传进企业活动。组织开展“主力军风采、劳动最美丽”征文比赛活动，64个基层工会报送作品114篇参赛。组织开展“劳动光荣·运动快乐”登山比赛活动，在动员基层工会组织初赛的基础上，11月13日，县总工会组织74个单位、587名职工在浮邱山进行决赛。组织全县工会女职工开展“最美芙蓉花”微信大赛、“芙蓉杯竞赛十年回顾”征文比赛。组织开展“聚力小康、平安桃江”送戏到基层工会活动，6月9—15日深入到乡镇、工业园区、企业、社区巡回演出8场。持续开展职工心理疏导和人文关怀工作，受理职工心理咨询679人次，对全县275名工会干部进行心理测试。

加强工会自身建设。强力推进“会、站、家”一体化建设。围绕“两个信赖”要求，推进基层单位建会和发展会员工作，积极开展“农民工入会集中行动”，新建工会组织120家，新发展会员4165人（其中农民工会员3301人）；深入开展“职工之家”建设，灰山港镇总工会被评为“全国模范职工之家”、县供电公司工会被评为“全国模范职工小家”；推进“职工维权帮扶站”建设。加强工会知识培训和工会干部培训。将党的工运理论、方针政策和工会基本知识纳入领导干部培训（县委党校主体班）内容；5月21—22日，组织全县166个基层工会的275名工会干部进行集训。被评为“全省工会干部教育培训先进单位”。加强工会活动阵地建设。争取县工人文化宫建设纳入县委、县政府重点民生建设项目。大力开展“走基层、转机制、强基础”活动，上半年组织对全县正科级单位工会进行分组联系、指导、调研，下半年进行分组督导，推动工会工作的落实。切实加强“学习型、服务型、创新型”机关创建和规范化建设。持续组织开展机关干部轮流上业务辅导课和评比活动、学习心得交流活动、调研报告评比活动。抓实党建和党风廉政建设。积极理顺关系确保地税代收、财政代扣工会经费工作步入正轨，工会经费“收、管、用”工作规范开展。　（肖桂英）

【“冬送温暖”活动】 元旦、春节期间，县总工会筹资82.4万元，开展“冬送温暖”活动，慰问、救助困难职工（农民工）1491人。其中，由县级领导分别带队慰问31户重点特困职工。同时，走访慰问全县128名劳模和先进工作者。

【女职工歌手比赛】 1月16日，县总工会在县影剧院举行“职工展风采·才艺显魅力”女职工歌咏比赛。全县各基层工会的积极响应并热情参与。各基层工会选拔，17名选手进入决赛。经过激烈角逐，最终按得分高低评选出一等奖1名、二等奖2名、三等奖5名。获得一、二等奖的3人代表桃江参加益阳市总工会举办的“劳动者之歌”全市女职工歌手大赛。

【“春送岗位”活动】 2月28日，县总工会、县人社局、县妇联联合举办“春风行动”大型招聘会。招聘会上，来自县内外的44家企业进场招聘，提供就业岗位5066个，涉及桃花江实业、新兴管件、皇爷槟榔、华艳生物、华美达酒店等行业。有484人与招聘企业达成就业意向。

【黄新民调研国有企业改制情况】 3月26日，省总工会副主席黄新民，到桃江调研县属国有企业改制、职工权益维护、集体企业职工队伍和工会工作情况。县委书记谭建华，县委常委、组织部长、统战部长雷越毅，县人大常委副主任、县总工会主席龚卫山陪同。黄新民肯定桃江县国企改革取得的成绩，认为改革比较扎实，优惠政策比较好，县属集体企业和县属国有企业改革改制工作同步推进的做法很好。他要求县总工会要进一步协助县委、县政府做好对下岗职工的再就业培训和特困职工帮扶工作，让职工真正感受到工会是自己的“娘家”。

【全县工会工作会议】 4月17日，全县工会工作会议、女职工工作会议暨工资集体协商“春季要约行动”启动仪式召开。市总工会党组成员、副主席张享敦，县领导雷越毅、王军华、任小琳出席会议。县人大常委会副主任、县总工会主席龚卫山主持会议。大会听取全县工会工作报告、女职工工作报告，宣读2014年度有关表彰决定，企业三方代表签订工资集体协商协议，部署2015年全县工会工作。张享敦在会上对桃江工会工作取得的成绩给予充分肯定，向受表彰的先进集体和个人表示祝贺，向各条战线上的广大职工表示敬意。他要求桃江工会系统深化认识，忠实履职，积极适应新常态；突出重点，围绕中心，服务职工有新作为；多措并举，强基固本，自身建设有新突破。雷越毅指出，各级工会要适应经济发展的新常态，服务全县经济社会发展；2015年是省级劳动模范的评选之年，要深入开展“中国梦·劳动美”教育实践活动，营造劳动光荣的良好氛围；要强化措施，加大职工维权力度；要从严标准，加强工会自身建设，不断提升工会工作影响力。

【“平安家庭示范户”评选活动】 4月27日，县总工会牵头组织召开会议，部署全县“平安家庭”创建评比有关工作，明确各乡镇和各单位的工会、综治办、妇联（妇委会）为“平安家庭”创评活动的责任单位。至8月15日，全县各单位抓紧制定实施细则，层层召开会议动员部署。8月15日至9月20日，集中开展平安家庭创建工作和宣传工作。平安家庭创建工作以乡镇、县直单位和村、社区为主体组织实施。9月20日至11月30日为评比表彰阶段。家庭参与面100%实现，家庭成员知晓率100%，家庭平安达标率90%以上。在各级推选的基础上产生县级“平安家庭示范户”30户，每户奖励1000元。

【劳动竞赛动员大会】 4月27日，县总工会2015年“聚力小康·建功桃江”劳动竞赛动员大会在益阳市东方水泥有限公司会议室召开。市总工会党组成员、副主席唐新华出席，县人大常委副主任、总工会主席龚卫山主持。唐新华强调引领全县广大职工积极参加劳动竞赛，充分发挥其在经济社会发展的作用，要求着重总结好经验，选出典型，培养先进，夯实基础，创新工作。

【召开劳模座谈会】 5月20日，全县劳模开展参观学习活动，以进一步弘扬劳模精神，在全县营造“劳模光荣、劳动伟大”的良好氛围。县委常委、组织部长、统战部长雷越毅，县人大常委会副主任、县总工会主席龚卫山，副县长王军华，县政协副主席任小琳出席座谈会。来自全县各条战线的82名全国、省、市、县级劳动模范参加参观学习活动。“全国粮食生产大户标兵”文湘桃、全国卫生系统先进个人杨林、湖南省劳动模范莫卫明、县级劳模胡卫红等各级劳模代表发言。雷越毅强调要围绕全县重点工作、全局工作，多树典型，大力弘扬劳模精神，在全社会形成尊重劳动、尊重知识、尊重创造的良好氛围，促进经济社会又好又快发展。

【郭谷轩调研工会工作】 6月24日，市总工会党组书记、副主席郭谷轩专程到桃江了解县总工会上半年工作开展情况及工会工作中遇到的困难与问题。市总工会办公室主任罗维国、副主任刘佳富等陪同。县总工会党组书记、副主席许道初汇报工作情况。郭谷轩对桃江县总工会的工作予以充分肯定，认为各项工作有章法，每项工作的推进措施扎实，卓有成效；有亮点，“平安家庭”创评、职工心理疏导和人文关怀等工作走在全市乃至全省前列；有思考，反映的具体问题，客观实在，带有全局性；有实效，有一个经验丰富、勤勉敬业的班子，有一支真抓实干的好队伍，工作实实在在做得好，所以有作为，有地位，得到省、市总工会的一致赞许，得到县委县政府的高度重视。郭谷轩表示，市总工会将竭尽全力、恪尽职守，积极支持桃江县工人文化宫建设。

【“6·26禁毒宣传”活动】“6·26”禁毒宣传月期间，县总工会开展以“参与禁毒斗争、构建和谐社会”为主题禁毒宣传月活动，落实“职工拒绝毒品零计划”行动。6月26日，在新龙超市前坪参与县禁毒委组织的集中宣传活动，展出宣传展板1块，发放宣传资料2000份。组织各基层工会深入社区企业，加强对干职工和农民工的禁毒教育，教育广大职工“珍爱生命、拒绝毒品”，积极参与禁毒人民斗争。发放各类宣传资料1.5万份，悬挂宣传横幅100多条。

【“夏送清凉”活动】 7月28日至30日，县总工会组织开展“情系职工、服务发展”夏送清凉慰问活动，筹资6.44万元，购置消暑物品、防暑药品、清凉饮品和维权资料，分别由县四套班子领导带队，分四组慰问在高温天气下坚守“四大会战”一线工作岗位的1768名职工和农民工。

【金秋助学活动捐赠仪式】 8月21日，县总工会举行全县2015年“大爱桃江·圆梦学子”金秋助学活动捐赠仪式，市总工会党组副书记、副主席肖贵云，县委常委、组织部长、统战部长雷越毅，县人大常委会副主任、县总工会主席龚卫山，副县长王军华、县政协副主席任小琳出席，各乡镇、县直部门和垂直管理单位工会负责人参加，募集爱心款6.5万元，现场为20名考上二本以上大学的困难职工和农民工子女提供每人2000元的助学金。肖贵云强调，各级工会进一步做好爱心助学工作，扩大救助学生范围，不仅是针对大学生，还要延伸到家庭特别困难又品学兼优的中学生，并建立健全跟踪服务机制，始终与困难职工家庭学子心连心。龚卫山要求各级工会高度重视困难职工和困难农民工子女就学问题，积极开展助学活动，让广大困难职工和农民工真正感受到党和政府的关怀和工会组织的关心。

【组织工会会员登山比赛】 11月13日，县总工会举办“劳动光荣·运动快乐”工会会员登山比赛，共有587名选手报名参赛。比赛在新修的浮邱山景区公路进行，总长3.188千米。比赛分青年、中年男女4组，每组取前15名，设一等奖1名、二等奖4名、三等奖10名。4组选手分批展开比赛，青年男子组丁坚、中年男子组曾永成、青年女子组文银斌和中年女子组周小叶分别以25分40秒、27分20秒、31分20秒、29分19秒的成绩获得冠军。

妇女联合会

【县妇联领导人名录】

主　席　刘跃芝

副主席　向芸珂　吴建辉

【概况】 县妇女联合会成立于1951年9月，是各界妇女的群众团体。2015年有在职干部职工4人，离退休干部职工2人。机关设办公室、儿童部、权益部等科室，建立县女领导干部联谊会和县女企业家协会。2015年，县妇联围绕上级妇联工作部署和县委、县政府工作中心，充分发挥职能作用，创造性地开展各项工作。

创新创业服务。举办“春风行动”专场招聘会，290名妇女现场达成就业意向，占总人数的60%。推荐267名妇女参加全县电子商务培训班、SBY创业培训班、就业技能培训班，妇女占全县参训总人数的49%。联合县人社局等单位举办“创新梦·创业梦梦圆桃花江”桃江县首届创新创业大赛，推荐指导18位女企业家参加大赛，有8家企业入围复赛，县女企协会员单位湘腾庄园的“鹅—牧草—葡萄循环生态种养”项目荣获二等奖。联合工商联、团县委举办“巅峰盛会共谋发展”桃江县首届工商企业家论坛，邀请博商管理学院、智慧之光的专家讲授企业转型升级、走进互联网时代等课程，包括女企业家在内的300余人参加论坛。邀请益阳市女企协会长、湖南艾华科技集团有限公司总经理王安安到桃江介绍创新创业经验，近30名女企业家参加会议，共同探讨创新良策。组织县女企协会员举办创业经验分享会4次，走访考察企业26家。

保障妇女儿童合法权益。建立健全维权机制，协调召开维护妇女儿童权益工作联席会议，调整妇女儿童维权联席会议成员及联络员，印发《桃江县维护妇女儿童权益工作联席会议制度》。开展“平安桃江”创建系列普法宣传活动。在“三八”维权周、“六一”“6·26”“11·25”“12·1”等时段，深入社区、机关、学校、村组，开展宣传活动，通过媒体宣传、专家授课、发放宣传资料、举办知识抢答赛等多种形式，宣传男女平等基本国策、妇女维权法律法规、禁毒、防艾、安全等知识，在全社会营造妇女儿童维权的良好氛围。进一步加大源头维权。加强与相关部门的联系协调，推动《桃江县关于开展农村土地承包经营权确权登记颁证中妇女土地权益维护工作实施意见》的贯彻落实和试点工作任务的完成。成立桃江县婚姻家庭纠纷人民调解委员会、为化解婚姻家庭纠纷、维护妇女儿童的合法权益、促进家庭和谐、维护社会稳定发挥积极作用。加强和完善反家暴多机构合作，在县中医院建立反家暴医学鉴定中心。做好日常信访接待工作，2015年受理群众来信来访122件，接待率达100%，做到件件有回音、事事有答复。

文明创建主题活动。联合县老干局、县教育局、县文明办、县信息中心、县广播电视台，开展“弘扬孝德文化、创建文明家庭”活动，通过开展“经典家训文明家规”征集、“我为父母献孝心”家庭实践、“育孝子”未成年人思想道德建设、“孝老爱亲巾帼志愿者在行动”等专项活动，大力弘扬孝德文化，全面提高广大群众及家庭传承孝德文化的自觉性和主动性。开展“寻找最美”主题活动，“三八”节期间，在全县妇女工作会议上，宣传表彰县级“最美家庭”10户。开展寻找“最美”征文活动，收集征文37篇。在县内各大媒体及微信公众号，连续报道易红清、周阳辉等5户、“最美创业”龙咏非、“最美湘女”黄丽君等典型的先进事迹。龚庆和家庭被评为省级“最美家庭”。湖南公共频道、《湖南日报》社专题采访报道龚庆和家庭的优秀事迹。以龚庆和家庭为对象拍摄的家庭情景剧《心愿》，推荐到全国妇联参加“我爱我家——2015年全国家庭情景剧展示活动”，获得优秀作品奖。举办“庆三八·扬文明家风·展巾帼风采”健身运动会。“三八”节期间，县妇联组织210名在职副科以上女领导干部举办健身运动会，女领导干部在拔河、乒乓球等5个竞赛项目中竞技交流，展示新时期女领导干部的良好精神风貌。配合省级卫生县城创建工作，继续开展“创卫美家园文明我先行”活动。邀请专家进行创卫知识专题讲座，组织开展居民卫生大扫除。定期与县农清办、县督查局一道督查“清洁庭院巾帼示范”活动情况，进行排名通报。

优化妇女儿童发展环境。汇聚各界力量开展关爱活动。组织100名“爱心妈妈”结对100名留守儿童，连续三年由“爱心妈妈”与结对留守儿童在心理、情感、学习、生活等方面进行互动关怀。牵线111名深圳爱心人士结对111名特困儿童，每月给予100元爱心救助。在桃江公众信息网微信平台刊发“被钢钉锁住青春的桃江女孩”付倩的故事，引起爱心人士的广泛关注，为其筹集爱心款20万元。推进“太阳能暖心”工程，为困难妇儿捐赠并免费安装太阳能热水器13台。组建灰山港镇和平巾帼义工队、桃花江商业城巾帼敬老义工队，开展爱心帮扶活动20场次，慰问敬老院5家，募集资金18万余元，救助困难妇儿400余人，长期结对帮扶50多户贫困农户。扎实开展家庭教育。举办了百场现代家庭教育公益讲座，培训家长1200余人。举办儿童早期家庭教育讲座3场，培训年轻母亲900余人。积极向省、市妇联上报家庭教育精品课程。大力争取妇女儿童公益项目。先后争取并实施关爱妇女儿童项目5个，落实项目资金260万元，全年完成宫颈癌筛查2.35万人；“母亲健康快车”提供义诊和咨询5场次，服务妇女2680人。PAC流产关爱、导乐分娩项目投放县妇幼保健院，导乐分娩项目、“母亲健康快车”一台投放桃花江镇中心医院。开展妇女儿童发展规划终期评估工作。大力实施妇女儿童发展规划，扎实组织终期监测评估，桃江作为全市唯一县级单位迎接省政府妇女儿童工委督导检查，通过听取汇报、查阅资料、看现场等方式，对全县规划实施工作进行全面评估验收，在全市终期监测评估反馈会上受到充分肯定和高度评价。

自身建设。强化妇女干部能力建设。县妇联将妇女干部能力建设培训班纳入全县干部培训总体规划。6月16—18日，组织对乡镇妇联主席、县直妇委会主任和部分优秀女干部进行关于男女平等基本国策、妇女儿童权益保障、妇联工作实务知识的专题培训。10月27日，县妇联召开传达学习中央党的群团工作会议精神暨宣传工作会议，全县乡镇妇联主席、县直妇委会主任参加会议，系统学习中央党的群团工作会议精神和《中共湖南省委关于加强和改进党的群团工作的实施意见》，宣讲益阳市第五次妇女代表大会精神，切实提高妇联干部做好新形势下群团工作的综合素质和行政能力。开展示范“妇女之家”创建。在全县开展创建示范“妇女之家”活动，“三八”节期间，对2014年度示范“妇女之家”进行表彰授牌。10月份，组织对申报的16个村（社区）“妇女之家”进行考核验收。同时，积极向上级妇联推荐条件成熟的“妇女之家”创评各级示范“妇女之家”，全年创建市级示范妇女之家2个。建立健全女干部人才库。对全县优秀女干部进行摸底，经各单位推荐，收集39名45岁以下副科级女干部、中层骨干、30岁以下高学历女干部的详细信息，更新各类女性人才库，并印刷彩版《桃江县优秀女性人才推荐名册》，为县委人事决策提供参考。（文 萍）

【开展禁毒宣传活动】 2月28日，县妇联牵头，联合县总工会、团县委，围绕“远离毒品，健康生活，拥抱美好人生”禁毒宣传主题，在新龙超市门口、湘运汽车站等地方开展禁毒宣传活动，活动现场展出有关扫黄、禁赌、禁毒、防艾等知识的宣传展板，发放各类宣传资料500余份，咨询解释60余人次。

【妇女工作会议】 3月4日，全县妇女工作大会召开，县妇联主席刘跃芝总结2014年工作，明确2015年工作重点。会上启动桃江县“弘扬孝德文化，创建文明家庭”活动，表彰2014年度10个“最美家庭”。

【桃江县首届创新创业大赛】 县妇联联合县人社局等单位举办“创新梦，创业梦，梦圆桃花江”桃江县首届创新创业大赛，大赛从3月18日开始，历时4个月。县妇联推荐指导18位女企业家参加大赛，有8家企业入围复赛，县女企协会员单位湘腾庄园的“鹅——牧草——葡萄循环生态种养”项目获大赛二等奖。

【维护妇女儿童权益工作联席会议】 8月25日，全县维护妇女儿童权益工作联席会议召开。县维护妇女儿童权益工作联席会议成员单位围绕创建“平安桃江”，通过举办培训班、开展各类普法宣传活动，着力提高妇女儿童维权能力和意识，全面推进农村妇女土地权益维权工作。妥善处理妇女儿童来信来访，帮扶救助贫困妇女儿童，确保妇女儿童群体稳定。同时，成立家暴举报中心，开通妇女维权公益热线，建立维权工作站，构建完善妇女儿童维权工作网络。建立健全轮流接访制、首接负责制、信息分析制、定期回访制等工作制度，形成妇女儿童维权工作合力，助推社会和谐稳定。

【婚姻家庭纠纷人民调解委员会成立】 12月4日，桃江县婚姻家庭纠纷人民调解委员会在县政务中心正式挂牌成立，标志着全县婚姻家庭纠纷调解工作正式步入法治化、正规化轨道。挂牌仪式上，桃江县婚姻家庭纠纷人民调解委员会领导小组向9名志愿者发放聘书。

共青团桃江县委员会

【领导人名录】

书　记　夏　薇

副书记　陈宏伟

【概况】 共青团桃江县委员会内设办公室、学校部，有干部职工5人。2015年，共青团桃江县委员会围绕省、市团委和县委、县政府工作部署，立足桃江工作实际，扎实工作，全县团的各项工作和建设实现新的发展。2015年被共青团益阳市委评为共青团工作先进单位。

自身建设。各级团组织依托党建带团建，坚持“巩固、调整、发展”的工作方针，扎实推进乡镇团组织格局创新，不断扩大“两新”团建覆盖。不断强化创新意识，进一步激发团组织的内在活力。9月，组织“团干部如何健康成长”座谈会，团市委书记孔令强和县委组织部部长雷越毅出席并讲话，使团干们对自身的成长成才有了更加深刻的认识。11月举办2015团干培训班，邀请团省委宣传部部长彭力、团市委副书记袁野分别授课，80名县直和乡镇团干参加，有力促进基层团工作。出台《关于加强全县中小学校团队工作的实施意见》，组织7名优秀少先队辅导员赴井冈山团中央教育培训基地培训。严格实行党务公开和信息公开，及时公开财务预决算、“三公”经费等相关信息。严格执行民主推优工作，坚持“从群众中来，到群众中去”的民主管理方针，确保公平公开公正。认真学习关于加强廉政建设，反对腐败的重要论述，组织学习习近平总书记反腐败工作重要论述、《整治“党和国家工作人员利用婚丧喜庆等事宜借机敛财问题”的实施方案》，开展“三严三实”专题党课学习和“两条例一准则”的专题学习，增强了干部遵纪守纪意识。

思想引领。5月29日，主办桃江县“红领巾相约中国梦”文艺汇演活动，1200余名学生和家长参与。联合教育系统将每年9月定为“弘扬和培育民族精神活动月”，开展主题班会、主题征文、演讲比赛，介绍革命先烈的优秀事迹，参观德育基地等活动，加强爱国主义教育和中华传统美德教育。石牛江镇中学的“知行”“日省”系列活动和玉潭学校的雅行教育尤为突出。6月，举办第三届“魅力之光”杯中学生核电科普知识竞赛和桃江县首届“桃核杯”中学生核电科普知识竞赛活动，全县中小学生12600余人次参加，营造良好的核电科普氛围，该活动被评为市共青团工作优秀项目。3月植树节，开展以“护绿”为主题的家庭亲子义务植树活动。组织参与2015年度益阳市“最美(优秀)少年”“最美(优秀)少先队辅导员”“最美(优秀)少年集体”“湖南省少儿才艺大赛”等评选活动，获得荣誉33个，在少年儿童群体中产生广泛的影响。构建共青团网络宣传引导工作新格局，组建共青团工作专属QQ群、共青团网络宣传员QQ群、青年交流微信群，并在年初开设“桃江共青团”微信公众号，为传播青年声音、增进青年交流奠定基础。

创新创业。7月，举办全县首届创新创业大赛，宣传发动全县各行业共计45个项目报名参加比赛，在复赛和决赛中邀请省、市、县专家担任评委。其中“桃江共青团”微信平台对进入复赛的9个项目进行集中推介，并推选3个项目参加市级创业大赛，其中“农村清洁工程垃圾回收综合利用”项目获得市级第二名。本次大赛获评市共青团工作优秀项目，为桃江创业青年提供一个展现自我的平台，营造良好的创业环境和氛围。利用团县委微信公众平台“桃江共青团”发布有关创业工作信息57篇，举办“青春风采”栏目，宣传推介12名优秀青年的创业事迹。积极向省市推荐优秀创业青年，8名创业青年加入湖南省农村致富带头人协会和益阳市青年企业家协会。开展创新创业培训，9月，联合工商联和妇联举办桃江县工商企业家论坛，邀请专家授课，200余名企业家和青年创业者在培训现场交流。参与人社局组织的创业专家咨询团，宣传创业政策，为创业青年答疑解惑，帮助5名符合条件的创业青年申报帮扶贴息工作。

志愿服务。5月，成立全县义工培训基地，建立灰山港和平义工队、石牛江村官义工队、档案局志愿者服务队等队伍，服务范围从县城辐射到各乡镇；组织专门的民调志愿者队伍，50名青年服务综治民调工作。开展大型主题志愿活动，举办主题为“青春有爱·志愿同行”志愿活动，1260余人参与到“关爱特殊学生，促进健康成长”志愿者进学校、“志愿服务进社区·义工与你零距离”志愿者进社区、“服务农村·青年先行”志愿者进农村“三进”志愿服务活动中。在关爱留守儿童行动上，团县委创新形式，筹资开拍公益微电影《亲爱的小孩》；2月份，举办主题为“用心点亮希望·用爱温暖人心”关爱留守儿童新春助学活动和微公益项目推介会，现场募集儿童读物1800余本，多媒体设备2套，资助贫困学生100名；牵手玉潭学校开展“周五关爱团”活动，在每周五的下午，志愿者老师为留守儿童带去音乐、美术、舞蹈、书法等丰富多彩的课外活动课；6月1号与华美达酒店策划“牵手留守儿童过六一”的文艺晚会和自助餐活动。这些活动产生广泛影响，其中“周五关爱团”荣获省级“雷锋号”青年志愿服务平台称号。2015年全县组织各类志愿服务活动420余次，主要领域是服务社会大局、关爱留守儿童、慰问抗战老兵、传播传统文化、义务助残、爱护环境等方面，内容包括春节慰问和6·26禁毒宣传、县城创卫、义卖募捐、无偿献血和服务政府活动以及大型赛事。

（陈曦明）

【微公益项目推介会】 2月3日，共青团桃江县委员会在大汉华美达酒店桃花江厅举行“用心点亮希望·用爱温暖人心——关爱留守儿童新春助学活动暨2015年微公益项目启动仪式”，旨在推介团县委“爱心课桌”“图书漂流”“梦想教室”“周五关爱团”4项微公益助学活动，为留守儿童募集所需要的学习用品、教学设备及志愿服务。团市委副书记林英，县委常委、组织部长、统战部长雷越毅出席活动，活动现场募集儿童读物1800多本，多媒体设备2套，资助贫困学生100名。

【亲子义务植树活动】 3月14日上午，团县委组织20户家庭在修山镇开展“植绿——团县委亲子义务植树活动”。

【进社区志愿服务活动】 5月4日，团县委组织53名青年党员及志愿者走进桃花江社区开展志愿服务活动。来自各行业的志愿者为社区居民提供多项义务服务。为居民免费安装电脑和手机软件、免费理发和义诊体检，开展法律咨询、禁毒宣传、核电宣传等活动。

【庆“六一”文艺汇演】 5月29日，由团县委主办，桃花江小学承办的“红领巾相约中国梦”庆“六一”文艺汇演暨校园文化艺术节活动在县影剧院隆重举行。

【关爱留守儿童公益活动】 6月1日晚，团县委携手大汉华美达酒店举办关爱留守儿童公益活动，邀请来自桃谷山小学这20名留守儿童参加酒店自助餐活动，为20名留守儿童送上小礼物，留守儿童感受到父母般的温暖。

【首届“桃核杯”中学生核电科普知识竞赛】 6月25日，由团县委、县教育局、桃花江核电项目工作办公室、湖南桃花江核电有限公司主办，桃江公众信息网、桃江县广播电视台协办，桃江玉潭实验学校承办的桃江县首届“桃核杯”中学生核电科普知识竞赛在桃江玉潭实验学校隆重举行。全县有51所中学参加初赛，选手达12537人，96位同学进入第三届全国“魅力之光”杯核电科普知识竞赛复赛。此项竞赛的开展，将核电科普知识的宣传工作提升到一个新的高度。

【“团干部如何健康成长”大讨论活动】 9月11日，桃江县“团干部如何健康成长”大讨论座谈会召开。团市委书记、党组书记孔令强，桃江县委常委、组织部长、统战部长雷越毅出席座谈会，来自乡镇、县直团委书记代表、优秀创业青年团干代表、义工队团干代表、个私企团干、学校战线团干代表等各个行业的团干代表参加了座谈会。会上，10名团干代表围绕“团干部如何健康成长”，结合自身工作实际和个人的成长经验踊跃发言。

【举办2015年度团干培训班】 11月25日，2015年度团干部培训班在县委党校举行。全县乡镇团委书记、县直团工委及非公团组织负责人、学校团组织及少先队负责人共计80余人参加培训。

残疾人联合会

【县残联领导人名录】

理 事 长　胡远程

副理事长　严定强　卢达斌

纪检组长　李超军

【概况】 县残疾人联合会是隶属县人民政府领导的正科级群团机构，是将残疾人自身代表组织、社会福利团体、事业管理机构融为一体的联合团体，机关设办公室、康复股、宣教就业股、维权股4个股室，有事业编制8人。全县有残疾人5.62万人，15个乡镇成立残疾人联合会，每个乡镇明确了残联理事长和一名残疾人工作专干，从事残疾人工作，每个村（社区）按文件要求选聘一名残疾人专职委员。

2015年，全县残疾人工作按照“权责下放、重心下移”的工作思路，以残疾人“两个体系”建设为主线，以“党的群众路线教育实践活动”“三严三实”“三访三化促发展解民忧”和“连千村帮万户扶贫工程”为抓手，坚持关爱与管理、帮扶与教育并重的原则，创新工作方法，扎实开展各项业务工作，取得可喜成绩。

残疾人事业发展环境。制定社会保障政策。县委、县政府高度重视残疾人事业，继《关于促进残疾人事业发展的实施意见》和《残疾人事业“十二五”发展规划》之后，又相继出台涵盖残疾人群体的低保、五保、新农保和新农合等优惠政策。继续发放一、二级重度残疾人护理补贴和特殊生活补贴。为全县8586名一、二级残疾人缴纳新型农村合作医疗个人部分资金77万元，为5198人代缴养老保险52万元；为10309名一、二级重度残疾人发放护理补贴788万元，为6224名一、二级重度残疾人发放特殊生活补贴18.7万元。加大残疾人事业宣传。充分发挥新闻宣传的鼓舞和舆论监督作用，加强与电视、报纸、网络等媒体的联系，大力宣传残疾人法律法规和政策文件精神，及时报道残疾人工作动态。全年在各级网站及报纸上发表新闻信息80余篇，其中国家级23篇、省级17篇、市级19篇、县级21篇。在爱耳日、全国助残日、国际盲人节期间，县残联围绕活动主题，广泛宣传残疾人工作，组织开展形式多样的扶残助残活动，印发宣传资料4000余份，在县城繁华地段设置免费咨询台，接受群众咨询。各乡镇残联组织丰富多彩的扶残助残活动，其中沾溪镇举办预防孤独症知识讲座，开展面向残疾人及其亲属的康复知识培训，并组织志愿者到贫困残疾人家中慰问，就残疾人和残疾人事业有关方针政策、就业条例及各项优惠政策进行宣传，与残疾人交流互动。

“为民办实事”项目。开展“0岁—6岁贫困残疾儿童抢救性康复”活动。项目任务指标57名，包括脑瘫儿童康复20名、孤独症儿童康复5名、智力残疾儿童30名、人工耳蜗装配2名。其中，脑瘫、孤独症儿童在长沙博爱医院、资阳区妇幼保健院进行系统的康复训练，智力残疾儿童送往县中医院，听力残疾儿童在省残疾人康复中心装配人工耳蜗，项目实现康复对象训练率100%、训练时间100%、建档率100%、康复经费到位率100%。实施贫困残疾人家庭无障碍改造项目任务指标31户，总投入资金22万余元，根据残疾人意愿和实际需求对其家庭进行相关无障碍改造及添置必要的无障碍设备。免费配送残疾人辅助器具2000余件，投入资金60万元，免费白内障患者复明手术80例，为200人发放居家托养补贴，为精神病患者免费发放3万余元药物及60张面值500元的精神病门诊卡，为40名残疾人免费安装假肢。

保障残疾人权益。县残联始终把残疾人维权作为一项十分重要的工作来抓，不断强化岗位责任意识，加大法律救助工作力度，依法维护残疾人权益，确保全县残疾人群体稳定。全年接待来信来访600人次，化解矛盾纠纷20件次。全年无群体性缠访闹访，无非法上访。建立班子成员轮流接访制度，完善理事长热线服务机制，明确信访责任，与残疾人友善沟通，为其释疑解惑、排忧解难。帮助在县城非法营运的53名残疾人到益阳丰泰体育用品有限公司稳定就业。残疾人法律救助工作站充分发挥司法救助、法律援助、法律服务的功能和作用，不断完善残疾人法律救助工作机制，全年办理法律救助案件21件，涉及残疾人30人，结案21件。对义务教育阶段的贫困残疾学生实行“二免一补”优惠政策，残疾学生随班就读率达95%；对19名贫困残疾人或贫困残疾人家庭子女的大中专学生进行救助，推荐4名残疾学生到省特校就读。全县为824名残疾人发放机动轮椅车燃油补贴21.4万元。全县共核发残疾人证22215本，新核发4047本，发证率40%。

残疾人就业创业。县残联积极争取政府支持，加强与财政、地税部门的联系，不断加大残保金征收力度，为残疾人就业工作提供资金保障。按照县政府“逐年递增10%，最终达到全额征缴”的要求，2015年，残疾人就业保障金财政代扣比例提高5个百分点，全县征收残保金630万元，比2014年增长9%。加大就业扶贫示范基地建设。益阳丰泰体育用品有限公司申报为益阳市残疾人就业示范基地，为110名残疾人进行定岗就业培训，固定就业残疾人51名。省残联定点培训机构湖南龙门企业管理培训中心为在丰泰就业的残疾人进行就业延伸服务，并指导丰泰成立“残疾人之家”活动室，以促进残疾人的稳定就业。开展残疾人职业技能和实用技术培训。根据市场需求，创新培训形式，注重培训实效，培训盲人按摩初、中、高级技师32人，花卉园艺工培训60名，盲人保健按摩门店管理人员培训2人，盲人医疗按摩人员培训与等级考试1名，SYB培训5人，淘宝云客服培训3人。全县各类残疾人在各行业不同岗位就业人数达5000人。搞好盲人按摩机构规范化建设，按照省残联有关文件精神，严格执行标准，扶持和打造一批规范化盲人按摩机构。统一制作标识标牌，统一规范内部设施，加强内部管理，全县新增3家盲人按摩机构并顺利通过达标验收，安排20余名盲人就业。

丰富残疾人精神文化生活。加强残疾人运动员选拔和培养，积极推荐残疾人参加各项比赛，并取得可喜成绩。残疾人运动员文晓燕在全国第九届残疾人运动会暨第六届特殊奥林匹克运动会上获三金一铜，破两项世界记录、一项全国记录，被推荐参加2016年残奥会。

健全残疾人工作服务平台。建成总面积890平方米的“桃江县残疾人劳动就业服务中心”办公大楼，6月上旬正式投入使用。与县中医院密切配合，疏通理顺各种关系，0岁—6岁智障儿童康复机构项目正式落户县中医院，县中医院成为全省53家定点康复机构之一。在此康复的儿童有30人，每年争取上级资金逾60万元，基本上解决智障儿童康复费用。

（文　斌）

【于洪礼慰问特困残疾人】 1月23日，省残联副理事长于洪礼到桃江走访慰问特困残疾人。于洪礼听取县残联关于残疾人基本服务状况和需求专项调查工作情况汇报，对桃江的工作给予充分肯定，并对桃江的残疾人工作提出进一步的要求。

【谭奇元到桃江调研】 4月21日，省残联副理事长谭奇元到桃江调研重度残疾人“两项补贴”发放及创业扶持工作。调研组充分肯定桃江县所取得的显著成效，认为桃江县“两项补贴”发放工作宣传发动到位，残疾人证清理核查能严把办证关、入户核查关、举报核实关，将补贴资金按时足额发放到残疾人手中，让残疾人享受到党和政府的关爱。在残疾人创业扶持项目上，桃江县调查摸底选准对象，上门核实指导帮扶，严格项目资金使用，激发家庭困难又有创业欲望的残疾人的创业热情，进一步促进残疾人脱贫致富。

【残疾人工作会议】 4月23日，桃江县残疾人工作会议召开。县委常委、副县长、县残工委主任曹萍出席会议并讲话。县政府办副主任张云飞主持会议。县残工委成员单位负责人、各乡镇分管残疾人工作的领导和残联理事长、专干参加了会议。县残联理事长胡远程向大会作工作报告，总结2014年工作，部署2015年工作。

【“全国助残日”活动】 5月17日是第二十五次全国助残日。此次助残日的主题是：关注孤独症儿童，走向美好未来。县残联组织乡镇残联理事长召开专题会议，部署“助残日”活动，下拨了部分活动经费。副县长曹萍到益阳丰泰体育用品有限公司慰问残疾人员工，县残联到县特校慰问残疾学生。

【白内障免费复明行动】 自4月20日始，县残联精心组织，发动乡镇残联摸底，开展为期一个月的白内障爱心复明行动。为800余名群众进行白内障筛查，为80名白内障患者进行免费手术。

工商业联合会

【县工商联领导人名录】

主　　席　吴小玲（2015.03止）
　　　　　胡　桃（2015.04起）
党组书记　林江华
党组副书记　王克明
副 主 席　张胜利　文兆荣

【概况】 县工商联、总商会两块牌子、一套人马。2015年有工作人员8人，其中主席1名、党组书记1名、党组副书记1名、专职副主席2名、秘书长1名、副主任科员2名。

2015年县工商联围绕“大众创业、万众创新”这一主题，充分发挥职能作用，努力探索商会活动途径，不断创新商会工作方式，为服务非公有制经济、促进“两个健康”发展开展一系列扎实有效的工作，得到县委、县政府的高度肯定和社会各界的广泛认同。

创新创业。县工商联积极行动，主动作为，发挥引领示范作用。组织并参与桃江县首届创新创业大赛。积极投身全民创新创业行动。组织执常委、商协会会长50人参加全县创新创业和促进非公有制经济发展动员大会，推选桃江县竹之韵贸易有限公司总经理盛岸辉、八一农场场长王志强、宇洋农业综合开发公司董事长郭立芳、羊贵妃养殖有限公司董事长张颂锋等非公经济代表人士在会上作典型发言。组织50余名非公经济代表人士参加省创新创业先进典型巡回宣讲桃江报告会。召开全县由各行业商协会（社）及相关部门参与的创新创业动员会，进一步调动各方积极性，扩大社会参与面，取得明显的效果。由副主席钟应兵牵头，发动工商联会员参与创办“桃江创新创富孵化基地”并于12月授牌开业。副主席吴镜川的锦川贸易有限公司成功转型，4月注册微淘电子商务公司，并成功加盟湖南现代农商信息有限公司86077平台。两个月时间内，微淘公司与桃江50家供应商签订合作协议，在平台上线的产品达5000余种。常委殷向荣联合7位股东及30余位老板加盟，打造总投资2亿元、广场面积达2万多平方米、拥有38个品牌系列的美安居家具建材广场。

服务维权。县工商联开展“进企业、送关怀、当帮手”活动，全体人员发挥各自特长和优势，深入80余家企业，上门服务200余次。当好参谋帮手，协助新兴机械转型上市，破解环评难题；帮助竹缘林科进行产品包装开发，电商对接，扩大销路；与灰山港镇联系，解决好环宇无纺布扩规发展用地问题；联系益马高速指挥部，促进东方水泥销售；推动亚强环保项目中试、指导宇洋农业综合开发；搭建银企平台，主动联系农行、中行、建行、建信村镇银行等金融机构，对接项目和企业，先后为博得科技、罗溪开发等重要项目召集双方联系会议多次；协助企业维权，积极调解浩茗茶业厂区围墙垮塌纠纷，调处锦川贸易有限公司与外地经销商的矛盾，维护本地企业在对外竞争中的合法权益。

交流活动。4月，组织全县近200家企业负责人在华美达酒店举办跨行业互促交流活动。金沙重机总经理贺云、环宇烟花董事长瞿文高、竹缘林科董事长肖学文、步行街商会会长刘正凯等企业（商会）负责人作了经验交流发言。5月，组织20余名执常委企业家在武潭镇就如何抓住马武融合发展的机遇，壮大非公经济产业，共商促推武潭经济发展开展交流活动。10月，组织部分企业家参观学习山西太原湖南商会及其所属的企业，开阔本地企业家的视野，拓展对外交流的平台。

光彩行动。认真开展结对帮扶活动。在工作经费非常紧张的情况下，拿出2万余元支持联系村——沾溪镇泉水井村的工作，看望慰问30余户特困群众。对计生后遗症患者张秀娟一家进行后续跟踪帮扶，给松木塘镇、沾溪镇、高桥乡的小学和幼儿园的孩子们发放佛山益阳商会爱心人士捐献的童装2500件。关怀重点帮扶对象。2015年，两次上门慰问石牛江镇车冲村特困学生彭湘，送去慰问金2000元，与有关部门联系为其落实住房建设资金，解决实际困难。在“一进二访”活动中，县工商联结合自身优势，组织部分企业家开展光彩行动，给武潭镇杨雪文一家送去扶贫帮困资金3万余元。引导企业家投身公益事业。组织9名常执委捐资10余万元，帮助松木塘镇天子山村无房户严彩纯新建一座100多平米的住宅。第四组全体非公企业负责人，在江跃明副会长、钟应兵副主席带领下，筹资近3万元为修山镇洪山小学的留守儿童建起桃江第一个“爱心教室”，并捐献一台钢琴和大量的文具用品；每个季度邀请大学毕业生来给孩子们上课，为山区孩子们接受优质教育提供帮助。

组织建设。进一步充实领导班子力量，及时吸纳优秀人士进入领导岗位。1月，增补2名副主席、3名副会长、10名常委成员，另有两名常委分别晋升为副主席和副会长。加强基层商会和异地商会建设。与县工商局联合，启动乡镇基层商会的筹建工作，桃花江、马迹塘、武潭、三堂街、大栗港、浮邱山、石牛江、松木塘、灰山港9个分会正式挂牌成立。积极开展对外工作，主动参与并指导首个异地商会——长沙桃江商会建立，赴广州、深圳、佛山、惠州、株洲、太原等地进行异地桃江商会建设的前期调研，初步达成惠州、株洲、太原等地桃江商会建设的共识。（张胜利）

【首届创新创业大赛圆满结束】 7月2日下午，在华美达酒店举办的以“创新梦·创业梦·梦圆桃花江”为主题的桃江县首届创新创业大赛圆满。此次大赛由县工商联、县人社局、县科技局、团县委、县妇联联合举办，从3月18日开始，历时近4个月，经过初赛、复赛两轮激烈角逐，最后9个项目进入决赛。经县工商联推荐并指导策划包装参赛的灰山港镇环宇纺织的《水溶性绣花无纺布技术》项目夺得大赛第一名，《可卸式自动灭火垃圾箱》获三等奖。

【为贫困对象盖新房】 8月，县工商联主席胡桃在开展“一进二访”活动中，得知松木塘镇天子山村27岁的间歇性精神病患者严彩纯家庭的特困情况后，工商联与县民政局、住建局联系，并组织非公企业负责人蒋成益、张九如、李泽云、易晓华、李业红、肖学文、瞿文高、熊元志等，出资10万余元，为其修建一栋面积110平方米的新房，并添置床柜、被服及煤气燃具。

【首届工商企业家论坛】 9月15日，县工商联邀请博商管理科学院院长、清华大学深圳研究生院企业成长研修中心主任刘炳成，24SO信息科技公司总经理、湖南移动电子商务推进委员会主任、著名电子商务导师覃富有，桃江云龙鞋城董事长习云龙担纲主讲，为全县各工商企业的300余名负责人和管理人员，分别以《企业转型升级与创新发展》《走进“互联网+”新时代》《成功人士经验分享》为主题，结合中小企业发展实际，采取经典案列分析、课程互动讨论、知名企业分享等多种形式，作三堂辅导讲座，为工商界人士开拓视野和思路。

【王兆成到桃江调研基层商会工作】 12月22日上午，全国工商联会员部处长王兆成到桃江调研工商联基层商会建设情况，副县长王军华，县政协副主席、县工商联主席胡桃陪同调研。王兆成一行前往桃江县工商联桃花江分会和桃花江步行街商会，查阅台账，与商会负责人交流，了解基层商会的建设和工作情况，听取县工商联的汇报。王兆成认为，桃江县工商联在县委县政府的领导下，积极开展工作，取得良好的社会效益，基层商会联系非公有制经济企业作用突出，效果显著。希望继续完善组织，发挥作用，促进经济发展。

归侨侨眷联合会

【县侨联领导人名录】

分管领导　张赛群

【概况】 县侨联是归侨、侨眷组成的人民团体，正科级事业单位，核定全额事业编制3个。全县有外侨、华侨、港澳台同胞和留学生775人，遍布近30个国家和地区；有归侨2人，侨眷、侨属和港澳同胞眷属近3000人。2015年，县侨联坚持“以人为本、为侨服务”宗旨，围绕县委、县政府中心工作，以“推动科学跨越、建设生态桃江”为核心任务，立足新起点，侨联工作开创新局面，

凝聚侨心。及时掌握和管理老年归侨动态，足额发放老归侨生活补贴，定期上门走访归侨。对特困侨界群众开展走访慰问活动，春节、端午节、重阳节前慰问一批特困侨属。组建志愿者队伍与空巢侨属“结亲”，定期开展帮扶工作。多方征集归侨侨眷侨属对侨联工作的意见建议，并认真研究加以落实。加强与境外侨界的联系，及时掌握归国华侨回乡探亲信息，主动上门与其联系，通过接待来访等途径不断密切与海外侨胞的亲情乡情联络。

侨胞支持公益事业。摸清全县海外留学生情况，建立资料库。摸清全县海外人员国内亲属情况，建立档案。明确各乡镇侨情联系领导和各村侨情联系人员，建立档案。县侨联多次赴省外侨办了解境外侨界社团动向，主动与侨界社团对接，争取境外社团和海外侨胞支持桃江公益事业建设，2015年争取5个境外基金会援建桃江卫生、教育等公益事业建设，收到很好的社会效果。引进香港方润华基金会捐赠45万元，建设大栗港卫生院综合大楼；引进美国谭吴保仁基金会捐赠30万元，建设鲊埠卫生院公卫楼；引进轩辕基金会捐赠25万元港币，建设沾溪镇贺家坪小学教学楼。为高桥小学争取香港惩教社后续帮扶资金

1万元；为浮邱山广恩小学争取美国欣欣教育基金会后续帮扶资金1万元，组织全县侨界代表人士19人加入益阳市侨商联合会，定期走访侨企界代表人士，了解其困难需求，尽力为其排忧解难。侨属肖亮谋在大栗港镇办生态农庄，县侨联同该镇统战委员一道帮其与当地村民理顺关系，使他如愿承包山林280公顷、水面1.33公顷，建成大统农场。

保障机制。建立由法院、检察院、公安机关、司法局和县侨联等单位参加的涉侨信访案件办理联系会议制度，各单位均建立涉侨案件联络机构，建立健全相关制度，并开展相关工作。县人民法院聘请县侨联胡艳桃担任“人民陪审员”，县司法局为涉侨人员提供专业的法律咨询服务。通过部门联动，增强侨联协调涉侨案件和依法维护归侨、侨眷权益的能力。

【“美侨谭德森吴保仁公卫大楼”揭牌】 3月27日，美国华侨谭德森、吴保仁夫妇捐建的鲊埠回族乡公卫大楼——“美侨谭德森吴保仁公卫大楼”正式揭牌，谭德森遗孀、仁德慈善基金会会长、北加州湖南同乡会会长谭吴保仁和谭长生等一行应邀参加揭牌仪式。揭牌仪式上，县委常委、副县长曹萍对谭德森吴保仁夫妇的义举表示感谢，希望鲊埠卫生院全体医务人员传承善举，热情服务乡亲，期望仁德慈善基金会继续关心桃江基层医疗卫生事业建设。谭吴保仁表示，虽身在国外，但心系家乡，愿意为家乡的发展和祖国的强盛出一分力。仪式结束后，谭长生和妻子谭瑛为村民义诊。

（黄文杨）

【涉侨业务知识培训班】 5月6日，县委统战部召集乡镇统战委员，在县委统战部会议室举办涉侨业务知识培训班。县委常委、组织部长、统战部长雷越毅出席培训班并讲话，县委统战部常务副部长刘建荣主持培训。雷越毅要求各乡镇以搞好服务为重点，做好港澳台侨海外统战工作；以特色发现、教育培养为重点，做好党外代表人士队伍建设工作；以依法管理为重点，做好民族宗教领域统战工作；以促进创新创业为重点，做好非公经济领域统战工作。培训内容包括新时期港澳台侨海外统战工作，统战宣传、信息、调研工作，党外代表人士队伍建设与同心工程、新时期民族宗教、非公经济领域统战工作。各乡镇统战工作的分管领导，县委统战部全体机关干部、工商联、民宗局、台办、侨联主要负责人参加培训。

【韩国南海郡文化交流协会到桃江考察】 9月13日，韩国南海郡文化交流协会到桃江观光考察，副县长曹萍、陪同考察。协会一行桃花江竹海风景区，参观考察侨资企业浩茗茶厂。在桃花江竹海，代表团成员观赏了4666.67公顷竹林的竹海景观，品尝景区擂茶和黑茶。

国防建设

人民武装

【县人民武装部领导人名录】
部　　长　曾梦辉
政治委员　刘　俊（2015.02 止）
　　　　　陈跃海（2015.02 起）
副 部 长　胡端坤（2015.03 止）

【概况】 县人民武装部（以下简称县人武部）是桃江县的军事领导指挥机关，受上级军事机关和同级地方党委、政府双重领导，主要负责全县的民兵、预备役和动员征集等工作，设军事科、政工科、后勤科。2015 年有干部 8 人。

思想建设。县人武部紧扣时代主题，坚持以“举旗铸魂抓根本，聚焦打赢提质效，从严治党树威信，强化主业谋发展”为总体思路，为推进国防和后备力量建设发挥服务保证作用。着眼举旗铸魂，切实加强理论武装和思想政治教育。突出抓好理论武装，持续深入学习贯彻习主席系列讲话精神，以中宣部和总政编印的两个读本为基本教材，结合学习中国特色社会主义理论体系，以党委中心组学习、干部理论轮训、基层理论学习为载体，重点学习领悟习主席的政治信仰、历史担当和为民情怀，切实掌握马克思主义的立场观点和方法。严密组织思想政治教育，落实新修订的《思想政治教育大纲》，统筹抓好主题教育和经常性思想教育、法纪教育、形势政策教育。开展“学习践行强军目标、做新一代革命军人”主题教育，对照新一代革命军人“有灵魂、有本事、有血性、有品德”的标准要求，查找和解决信念信仰、练兵动力、血性胆气、道德品行方面的问题，凝聚践行强军目标、履行使命任务的意志力量。开展系列活动，充分利用桃江红色资源，广泛开展“传承红色基因、当好红色传人”和“雷锋家乡学雷锋”主题实践活动。认真贯彻全党全军文艺座谈会精神，结合人武部实际，参加军分区开展的“强军风采”系列活动。积极参加纪念中国人民抗日战争暨世界反法西斯战争胜利 70 周年系列活动。打好意识形态领域斗争主动仗，开展网上“四反”专项行动，加强涉军舆情应对，建好用好网络引导队伍，加大人防技防力度。着眼提质增效，聚力抓实军事斗争准备政治工作。牢固确立战斗力标准，进一步规范和落实党委议训议战、领导干部参训、专武干部、民兵营长定期集训等规定。落实战斗精神常态培育机制，着力破解少数现役干部和专武干部在军不务军的顽症，消除“后备后用、后备无用”，打仗“轮不上”的思想。瞄准实战准备补齐短板，全面分析军事斗争政治工作准备形势，找准差距，列出清单，逐一补齐弱项。按照“二战”建设《规划及措施》明确的时限，完成编组的民兵预备役心理战、法律战专业分队建设，组织人员参加军分区民兵心理战分队骨干培训，规范“编、组、训、用、保”等正规化建设路子。着眼整风整改，以作风建设牵引提高党建工作水平。抓好党委机关“三严三实”专题教育，对照习主席指出的 10 个方面突出问题、《决定》揭批的 8 种不良倾向和省军区指出的 6 个方面问题，边教育、边清理、边规范，着力整顿思想、整顿用人、整顿组织、整顿纪律。严肃党内政治生活，落实组织生活若干规定和细则，严格检查讲评，自觉参加组织生活，开展思想互助，接受教育监督。从严落实党管干部要求。按照“对党忠诚、善谋打仗、敢于担当、实绩突出、清正廉洁”军队好干部标准,强化党管干部、组织选任。加大专武干部的教育管理和培养考察，向县委、县政府推荐使用优秀专武干部，营造有为有位的良好氛围。紧跟政策形势变化，创造性做好随军家属就业、计划生育等工作，着眼推进融合，深入抓好民兵预备役政治工作。做好双拥共建工作。深入贯彻新时期拥军优属拥政爱民工作精神，以新一轮全国双拥模范城（县）命名表彰活动为契机，积极协同地方做好双拥创建工作，评选推荐双拥模范单位和个人，推动军人优抚政策落实。协调地方搞好“退役军人之家”建设，加强对“双带双促”（带头建设家乡、促进经济发展，带头维护稳定、促进社会和谐）各项活动落实情况的检查督促。落实两个《规定》，紧跟深化改革步伐，修改完善党管武装相关制度规定，进一步完善任前强化、任中述职、阶段考评的制度链条，在强化军地依法履职中推动军民融合深度发展。抓好全民国防教育，加大国家安全形势教育，深入宣传富国与强军相统一、军民融合深度发展等战略思想，引导干部群众关心支持国防和军队建设改革，支持军事斗争准备。结合军事日活动，邀请知名专家教授给军地领导宣讲国家安全形势。筹划召开桃江县国防教育会议,抓好国防教育系列教材（读本）推广使用，推荐国家或省级国防教育基地命名。

军事工作。认真贯彻省军区“能打仗、支援保障打胜仗”指示精神和“一拓三改”组训思路（拓展训练内容，改进组训方法，改革考核形式，改善保障条件），从严从实抓好部队战备训练。紧贴实际抓战备。对辖区重点目标进行现场勘察，修订完善27个方案预案，高标准拍摄战场环境分析录像片，受到军分区通报表扬。进一步规范战备值班制度，严格按照至少保持1名主官和50%干部在位的要求抓好落实，年初省军区突击检查时，县人武部紧急拉动民兵应急分队，全员全装按时到位，得到省军区充分肯定。坚持常态抓训练。按照省军区“脱稿表述、两面思考、三处可用”的要求，严密组织机关干部研究作业，副部长参加军分区的抽考，成绩优异。认真抓好体能训练，军事训练考核，干部人人参考，人人合格。求真务实抓训风。坚持以良好的训风考风带动训练的有效落实。民兵训练严格按照规定的人数、天数、内容组织实施，坚决摒弃少训、漏训甚至不训的现象。立足实战抓演习。坚持把“湘江—2015”演习作为提高全县国防动员能力的契机，精心筹划，严密组织，共投入资金27万余元，出动民兵和保障人员共100余人，动用推土机、挖掘机、装载机等大型机械7台，聘请专业技术人员辅设光缆到演习现场，协调桃江电视台出动6台专业摄像机全方位进行拍摄，确保演习画面实时传送，受到上级好评。严格把关抓征兵。深入抓好宣传发动，部长征兵电视讲话和征兵信息在桃江电视台黄金时段滚动播放，对全县6所中学的学生实行面对面宣传。通过多渠道进行宣传，征兵工作得到社会广泛关注。征兵过程中严把“五关”（体检关、政审关、廉洁关、定兵关和安全关），圆满完成征兵任务。

后备力量建设。成立由常务副县长任组长的整组领导小组，形成军地合力。在三堂街镇召开全县民兵整组工作会议，下发各类表卡册软件资料，确保基层建设规范统一。对全县兵员潜力分布情况进行调查摸底，进一步掌握兵员潜力和编兵基础。坚持以作战编成带动人员编组，确保“编为战、编为用”思想落到实处。各编兵单位狠抓基干民兵的政治审查、出入转队、资料建设、集结点验等重点工作。3月下旬，市县两级对整组情况进行专项督查，各类登记统计、制度牌规范有序，基干民兵名副其实，在位率保持在90%以上。全县基层武装部建设基本达标，其中三堂街镇武装部达到省军区样板单位水平。把桃花江镇、马迹塘镇、石牛江镇、供电公司、浮邱山乡禁牌村村级民兵营5个单位定为示范点，确保“桃马”（桃江至马迹塘镇）、“桃灰”（桃江至灰山港镇）、“江北”（资江以北乡镇）3条线上都有上档次的基层武装部。

安全稳定。严格落实军分区提出的“安全工作是红线，是底线，甚至是生命线”的安全工作要求，保持高压态势，确保安全稳定。强化教育引导，先后组织2次安全警示教育、4次战备防护教育、2次政治纪律和法规政策教育，引导大家增强法规意识、军人意识和安全防范意识。扎实抓好武器弹药专项清理，建立每周五由一名主官对武器弹药进行清点的制度。加强手机的使用管理，在办公楼一楼大厅设置手机储存柜，严格控制智能手机带入办公楼。严格保密室、文印室管理，对有业务往来的广告店、文印室组织两次排查，严防失、泄密问题发生。进一步规范营院秩序，严格落实营门登记、查验制度，划定车辆停放区域，夜间由干部带队对营院实行不间断巡逻，早上交班时报告夜巡情况。牢固树立“舍得花钱买平安”的理念，先后投入8

万余元，完成营门防恐设施配备，对2台指挥车进行大修。实行军地联防。坚持定期到信访局、维稳办、了解情况，建立涉军上访“重点人员”台帐，做好涉军维权工作，妥善处理9起涉军纠纷，劝阻3批(次)准备赴省进京上访的涉军人员。

党管武装。认真落实党委议军、双重领导、双向兼职、现场办公、述职考评、过“军事日”等基本制度。县委召开党管武装工作述职会议，并对先进单位和个人表彰奖励。将乡镇党管武装工作纳入年度绩效考核，有力推动武装工作落实。民兵预备役工作经费从65万元增加到150万元，实现逐年递增。先后投入专项经费300余万元，用于人武部“部库合一”、作战值班室升级改造、大门和围墙建设。主动参建参治，先后组织出动民兵预备役人员1500余人次参与抢险救灾、扑灭山火、城市清洁等急、难、险、重任务，受到地方政府和人民群众的好评。高度重视部队参与新时期扶贫开发工作，两次召开会议研究部署工作，明确责任分工。扎实开展“一进二访”活动，部长、政委两次带队到牛田镇小坞村调查摸底，摸清困难家庭，核准贫困原因，理清脱贫思路，完成规划设计、驻村结对等工作。每名营以上干部联系1户贫困户，对小坞村贫困学生开展捐资助学活动，捐款5500元。（张　林）

【山洪地质灾害演练】 6月12日，县人武部协调县水务局、电力局、卫生局、电视台等单位，组织民兵应急分队70余人，模拟实战，开展防御山洪地质灾害演练，对水库抢险、电力抢修、通信抢修、道路抢修、山体滑坡、转移群众等13种情况进行处置。此次演练组织严密、行动迅速、贴近实际，民兵应急队伍行动迅速、高效、有序。参加演练人员得到充分锻练，应对突发事件的能力得到提高。

人民防空

【县人民防空办公室领导人名录】

主　　任　黄琼芳

副 主 任　昌红强

纪检组长　吴光明

【概况】 县人民防空办公室2007年6月升格为独立核算的正科级事业单位。2015年有在职干部8人，内设综合股、政务服务股和宣传教育股3个股室。县人防办严格执行人防政策法规，按照“以建为主、以收促建”的原则,强力推进人防工程建设，加强行政执法，进一步加大人防易地建设费征收力度，人防工作稳步推进。

完善制度，规范管理。坚持将“准军事化”机关建设与机关效能建设有机结合起来，推行规范管理，做到以制度管事，以制度管人，进一步规范行政行为，提高工作效率。根据省、市人防办相关文件精神，年初，人防办党组召开班子成员会议，对全年的工作进行研究、部署，对各项工作进行具体分解，落实到岗位，统一思想，明确目标，充分调动全体人员的工作积极性，为全年工作的开展打好基础。健全完善机关管理制度、财务管理制度、人防行政审批管理制度等各项制度，对“四张清单”进行规范清理，为实现管理规范化、程序化、法制化提供制度保证。

强化宣传，增强人防意识。2015年，人防办开展内容丰富、形式多样的宣传活动，大力宣传《湖南省实施〈中华人民共和国人民防空法〉办法》《湖南省人防工程维护与管理规定》等法律法规和防空应急避险知识。通过手机微信，宣传人防法律、法规和人防基本知识；借助订阅《中国人民防空》杂志进行宣传。订阅35份《中国人民防空》杂志，分送至县委、县政府、人武部有关领导，加深县领导对人防工作的了解。积极推进人防知识进课堂，在县城5所初级中学开设人防知识课程，向广大学生传授人防知识，着力提高学生的人防意识。6月份，印制人防知识读本10000册分发至县城初级中学，保证学校人防教材落实到位。扎实开展防灾减灾宣传活动。结合“5·12”防震减灾日，在县城广场、超市、县人防办办公楼举办大型防空防灾图片展览，宣传《湖南省实施〈中华人民共和国人民防空法〉办法》《湖南省人民防空工程与维护管理规定》等人防法律法规，举行人防知识及“防灾减灾”知识咨询活动，活动期间共发放宣传资料3000余份，悬挂、张贴“防灾减灾”宣传标语2条，发放《公众应急手册》300余册。每季度更新社区人防知识宣传栏内容，人民群众的人防知识知晓率不断提高。在桃江公众信息网和桃江人防网站及时发布人防办工作动态，宣传人防工作经验。开展送法下乡宣传活动。6月，在县法治办的组织下，人防办制作人防法制宣传展板，到全县15个乡镇进行普法宣传活动，收到很好的宣传效果。

夯实基础，提升预警能力。着重抓好警报建设，强化防空警报器的日常维护和管理。6月上旬，通过政府招投标采购，按照县城规划和警报建设的要求，在县城新增5台电声警报器，并安装调试完毕。全县防空警报器达16台。严格执行防空警报器的定期检查维护管理制度，每季度对警报器逐台进行全方位检查检测，派专人进行维护，使其始终处于良好状态，确保城区警报鸣响覆盖率达到100%。10月下旬，组织县城各中小学校负责人、社区负责人和警报协管员召开警报试鸣和疏散演练会议，确保11月1日警报成功试鸣和疏散演练顺利进行。提高人防通信指挥能力和应急救援通信水平，加强短波通信和人防移动指挥车管理，明确由宣传教育股负责，对短波电台实行定人、定时、定位制度，每周与省、市人防办进行无线联络3次，出勤率达100%。利用人防移动指挥车进行防汛指挥和值守，开展人防指挥通信车跨区机动演练，在益阳、常德至桃源三地进行，演练科目包括通信电台联络、单兵通信与指挥系统联络。

依法行政，提升执法效能。协调建设、规划、国土部门将人防工程“结建”审批前置，严把审批关，加大人防工程的监管力度。对县城规划区内新开工建设的高层建筑，依法督促按标准建设人防工程。加大人防易地建设费征收力度，严格按照省政府文件规定进行规费征缴，全年征收人防工程易地建设费130万元。加大行政执法培训力度，执法人员于5月参加县法制办组织的行政执法培训，并组织全办人员学习《湖南省实施〈中华人民共和国人民防空法〉办法》《湖南省人防工程维护与管理规定》和《行政诉讼法》。县人防办党组成员分批次参加县委党校脱产培训，主要选修法制法规；选送两人参加为期三天的全县应急管理培训；7月初，选送一人参加省人防办组织的行政执法培训，提高行政执法人员的理论水平。进行人防工程消防安全检查，通过与企业负责人座谈联系、上门协调、实地检查的方式，结合县消防安全月活动，对东方新城和跃宇富锦花园人防工程项目进行消防安全排查，确保安全。

全面部署安排，推进中心工作。专题研究和布置反腐倡廉和纪检监察工作，及时向县纪委报送工作情况和党风廉政建设执行情况。积极推进招商引资，定期联系桃江竹产业创新创业园建设工作，项目顺利推进。开展“三访三化”活动，重点开展“一对一”帮扶和“一进二访”活动，结对帮扶浮邱山乡洪桥头村的零就业家庭郭宝书，制定帮扶计划并上门指导帮助，寻找脱贫致富的路子，给予资金扶持12000元，解决帮扶对象生产生活中的困难。积极支持美丽乡村建设，对灰山港镇杨家湾村给予美丽乡村建设资金20万元。每月对浮邱山乡西峰寺村的扶贫工作进行调查摸底，上报收集的情况。加强与村支两委的联系，按照扶贫工作计划进行部署安排。

（吴仔宜）

【贺坚到桃江调研人防工作】 4月21—22日，省人防办党组副书记、常务副主任贺坚率省人防办财务处、秘书处负责人到桃江调研人防工作。贺坚实地察看桃花江核电站、桃江人防应急指挥中心场地建设情况，充分肯定桃江人防工作所取得的成绩，要求桃江县管理好、使用好人防专项资金，按照“履行战备职能、参与城市建设、融入应急管理、服务经济社会”的要求，抓住桃花江核电站建设的契机，搞好人防应急指挥中心的建设，逐步完善指挥通信系统，充分发挥人防设备设施的效能。

【防空防灾知识宣传】 5月12日，县人防办在县城广场超市前坪举办《湖南省实施〈中华人民共和国人民防空法〉办法》《湖南省人民防空工程建设与维护管理规定》和应急知识宣传活动，展出宣传展板10块，发放法律法规读本2000份，进行防空防灾知识宣传。

【防空警报建设】 6月，县人防办按照年初人防建设规划和警报建设发展的要求，结合县城区扩容，通过政府采购和进行招投标，采购5台电声警报器并进行安装调试，警报运行状况良好。县城安装防空电声警报器16台，警报音响覆盖率达到100%。

【桃江试鸣防空警报】 11月1日，根据《中华人民共和国人民防空法》《湖南省实施〈中华人民共和国人民防空法〉办法》和湖南省委、省政府、省军区《关于加强人民防空工作的决定》的有关规定，为落实益阳市人民政府确定的人防警报试鸣日制度，经县人民政府批准，桃江县组织全县防空警报试鸣，城区12所中、小学根据所制定的疏散演习方案，全力配合警报试鸣进行疏散演习。警报鸣响率和警报音响覆盖率达100%。

消　防

【县消防大队领导人名录】

教导员　陈伍君

大队长　黎伟军

【概况】 县消防大队始建于1981年，下属1个中队（桃江中队），

2015年有人员34人，其中干部9人、战士18人、其他人员7人。配备水罐消防车2台、32米举高消防车1台、抢险救援车1台、A类空气压缩泡沫车1台，各类灭火抢险器材装备40余种、400多件（套）。2015年，消防大队以“单项工作争一流，全面工作创先进”为目标，切实打牢政治思想、战训业务、后勤保障、火灾防控四项工作基础，确保火灾形势和部队管理的稳定。

火灾形势持续平稳。2015年，全县发生火灾112起，无人员伤亡。未发生较大火灾事故和群死群伤恶性火灾事故，火灾形势持续平稳。消防大队接警出动196次，抢险救援84次，出动消防官兵1713人次，出动消防车226辆次。成功处置“1·22”母婴城天然气泄漏火灾、“2·5”花果山美人窝竹席厂火灾、“11·21”鲊埠回族乡胶板厂火灾、“6·21”三堂街山体滑坡救援，圆满完成全国“两会”、抗日战争胜利70周年、十八届五中全会等重大时间段的消防安全保卫任务。加强廉政文化建设，被湖南省公安厅纪委评为“湖南省公安现役部队廉政文化建设示范单位”。全县消防工作被市消安委评为“全市消防工作先进区县”，被益阳市公安消防支队评为“防火监督工作先进大队”“后勤工作先进大队”，3人荣立三等功，2人获嘉奖。

班子建设。以强化为民务实作风建设为抓手，坚持每月一次党课教育，每周两次政治文化学习，有力提高了部队管控能力。开展民主评议活动，加强党建工作。开展学习宣传中央十八届四中、五中全会和习近平总书记系列讲话精神，依托地方教育资源，邀请专家为官兵进行专题授课；深化“为何从警、如何做警、为谁用警”大讨论活动，及时发现和解决官兵中存在的思想问题，及时消除官兵压力和心理障碍，确保人员思想稳定。扎实开展“三严三实”专题教育整顿、集中整治消防执法腐败专项行动等活动，结合全国消防部队近年来发生的违法违纪案件，以“以案析理、以案讲法”开展教育活动。贯彻落实支队“帮建支部、帮带干部、帮抓骨干”的精神，邀请支队党委常委参加“三严三实”主题民主生活会及“五个一”工作，规范基层党组织建设，为实现班子建设好，制度落实好、队伍素质好、工作业绩好、作用发挥好奠定了基础。通过各种活动，全队官兵都能做到文明执法、公正执法、廉洁执法，切实提升大队执法公信力和群众满意度。

队伍建设。坚持“全员参与，以练为战”理念，努力实现“消防铁军”的目标。根据2015年整建制中队实战化训练比武竞赛活动方案，制定详细的实战化训练、考核计划及奖惩方案，实施中队周考核、大队月会操。扎实开展400米综合体能训练操、100米翻越板障操、攀登挂钩梯操等项目，做到以训带管。结合夏季消防安全检查要求，每周利用两天时间对辖区三类场所进行熟悉演练。结合单位实际情况，制定切实可行的灭火救援预案，同时进行灭火知识及逃生知识教学。全年组织官兵开展单位“六熟悉”演练78次、夜间演练32次，其中对县华奥化工有限责任公司、三友气体有限公司、宏达乙炔气体有限公司等易燃易爆危险化学品企业，以及桃花江、三堂街、沾溪等乡镇敬老院等开展专项灭火、应急救援演练。以精细化考评为抓手，以纠治“三松”为根本，从起居作息、出操上课、外出执法、内务秩序、环境布置、礼节礼貌等方面，统一标准，统一要求，让官兵有章可循，达到一日生活条令化、内务秩序规范化、管理方法科学化的要求。严明部队纪律，从严纠治“三松”问题，强调安全防事故，杜绝事故违纪苗头。结合全年“五无一创”活动要求，成立安全管理领导小组，明确安全员，建立健全安全管理责任制，层层签订安全工作责任状，深入开展条令、条例学习，认真抓好集中教育整顿，每月进行一次安全形势分析研判，树牢“安全工作大于天”的理念，确保部队的安全稳定。

扎实整治。以法律法规为准绳，确保“消防社会化”稳步推进。通过日常监督检查及历史数据分析，对全县夏季消防形势进行分析研判，并紧密联系各行业部门，整理出全县易燃易爆危险品场所、歌舞娱乐场所和社会福利机构等12类场所的消防情况资料，全体执法干部对重点单位底数清、情况明，为下一步执法做好充足准备。积极争取县政府支持，先后由县委常委、常务副县长周卫星，县委常委、宣传部胡国清，副县长王军华、曹萍，政协副主席任小琳等带队开展一系列消防安全检查工作。8月25—27日，县政府组织对全县13个行业部门开展夏季消防工作督查。联合安监、教育、民政、住建、商务及乡镇政府等开展行业、部门消防安全检查。在“8·12”天津港重大火灾爆炸事故后，以及“9·3”抗战胜利70周年阅兵安保期间，加大执法力度，对辖区生产、储存甲醛、乙炔等危化品企业进行全面摸底排查。不定期对公众聚集场所开展夜间检查，督促整改隐患，确保了辖区火灾形势的持续稳定。大队加强与县广播电视台合作，依托县电视台、广播电台、各乡镇广播站，定期播放消防法规政策宣传、消防实用知识介绍、消防形象报道、消防警情等资讯。做好消防宣传“七进”工作，联合县教育、民政、安监、文化等部门，分别开展“平安老人”“平安社区”“消防军训”以及警营开放等一系列宣传活动。据统计，活动发放消防宣传资料5000余份，发送消防安全短信10000余条，极大提升各单位自我防范意识和处理火灾事故的能力。联合省消防协会对30余家党政机关开展消防培训。“8·12”天津港事故发生后，消防大队立即集中约谈并培训全县易燃易爆场危险化学品企业和全县重点高危单位。同时，通过每周宣传培训日活动，大力推广“桃江消防”官方微信的普及，微信工作落实专人专管，坚持每日更新，通过各类消防常识、趣味消防知识以及实用常识的宣传，官方微信取得良好的宣传效果，关注用户数达到2751人，注册数为217人。

（梁　毅）

武装警察

【武警益阳支队桃江县中队领导人名录】

中队长　廖超群

指导员　崔湜睿

【概况】　2015年，武警益阳支队桃江县中队全面贯彻落实总队、支队两级党委扩大会议精神，紧紧围绕“夯实基础、开拓进取、争创先进”的总体目标，扎实工作，积极作为，在开展“学习践行强军目标，做新一代革命军人”主题教育的同时，以“学法规、用法规、守法规、保安全”“枪弹安全管理秩序整顿”“执勤安全教育整顿”等活动为契机，以作风纪律整顿为着力点，狠抓部队内部管理和官兵作风养成，对管理、执勤两个方面的隐患加大治理力度，圆满完成全年的各项工作任务。

队伍能力素质提高。部队风清气正，坚持大事讲原则，小事讲风格，凡是关系士兵利益、经费问题和重大决议的工作一律会上讨论通过，不搞个人说了算。中队先后推荐2名技术兵、3名战士参加支队骨干培训，3名战士选改士官。年初拟订创建学习型党支部的目标，认真抓好周三学习，提高干部的理论水平和新形势下明辨是非的能力。

队伍稳定，关系和谐。结合主题教育活动针对性强、时间跨度长的特点，中队通过问卷调查和民主讨论，制定方案，查找问题，不断引导官兵对主旨思想的领悟和对现实发展的认同，激发官兵争当“四有军人”的热情。同时，在支队专题辅导的基础上，认真组织小课串讲和理论学习，开展新“四有军人”大讨论和“心得体会交流”等活动，观看红色电影，确保教育活动入心入脑。抓好经常性思想工作，充分利用“三互”“三个半小时”“双四一”等载体，针对性地做好经常性思想工作，确保官兵思想稳定和内部关系和谐。教育活动中，中队投稿156篇，上稿153篇。

干部组训，全员纳入。中队始终把执勤工作列入重要议事日程，贯彻落实“湖北会议”精神，每天利用早上开饭时间对前一天的执勤情况进行通报，明确当天注意事项，每周利用队务会对执勤工作进行讲评。每月召开形势分析会，分析当前社会意识形态和执勤现状，将执勤好的个人张榜公布。中队干部严格落实查勤制度，把“帮思想、练执勤能力”落实在每一个岗位，切实做到查到位、查到人，及时发现问题、解决问题，把隐患消灭在萌芽状态。坚持把评选“优秀哨兵”“优秀网络查勤员”纳入每月“优秀基层官兵”评选的范畴，调动官兵工作积极性。针对中队官兵执勤压力大的实际，中队从增强哨兵执勤能力入手，在利用好两个“时间段”上下功夫。在专哨专训期间，中队坚持干部组训，全员纳入、分岗组织的原则，提高哨兵处置问题的能力；在执勤的两个小时内，中队依靠值班干部和网络查勤员，对当班哨兵进行情况处置训练，有效提高了哨兵的执勤能力。以“湖北会议”和战训法集训为基础，按照全员参与、全面分析、全时段演练的要求，中队全面开展勤务研究。通过学习和训练，使官兵对目标及周边了如指掌。结合执勤转型和正规化执勤等级评定等活动，开展执勤隐患大排查、大清理，及时发现和消除各类执勤隐患4处，封闭多年来的硬隐患监区“生活便门”，筑牢安全屏障，有效预防各类执勤事故的发生，确保部队安全稳定。

科学施训，突出重点。根据中队兵员结构，搞好调查研究，制定训练计划，合理安排训练时间，完成了队列、擒敌术、射击、班组战斗等20余个课目的训练，平均参训率不低于75%，各课目综合成绩评定达到及格以上。针对8名新兵下连后5千米和器械训练及格人数不到40%的实际，中队坚持科学组训、循序渐进，保证90%的新兵所有课目达到及格。中队分别迎接总队半年和年终军事训练考核，得到各级领导的认可。针对军事训练发展不平衡的实际，中队从抓“教头”着手，年初召开军事工作会议，成立军事训练领导小组，进行教学分工。对政治思想强，军事素质精的战士加强培训，规范教学动作要领，提高其任教能力。发挥班长刘岗军事技术过硬的特长，利用周末和业余时间进行传、帮、带，充实教练员队伍。根据任务重、时间少、人员少的实际，充分利用业余时间练兵，突出分训和补训，保证训练的“四落实”。

严抓管理，部队风清气正。加强条令和各类规定的学习，不断强化职责意识、使命意识、纪律意识，使人人自觉争当履职尽责的模范，形成官兵凝神聚力抓落实、谋发展的良好氛围。以人员管理为重点，突出抓干部、士官管理，加强勤杂人员和在外人员的管理和监督，严格落实官兵外出请销假制度。加强正规化建设。从官兵的日常养成入手，坚持抓点滴、抓细小，在一日生活制度、集合站队、呼号声音上下功夫，以规范内务秩序为抓手，每天指定专人进行卫生检查，利用小橱窗曝光，干部和士官日常生活中形成良好习惯。统一官兵的洗漱用具、茶杯、迷彩箱和衣物柜，规范档案资料和库室设置，对中队营区设施进行整治和维修。在“百日安全竞赛”活动中，中队始终坚持抓好经常性、基础性工作的落实，注重把各项活动有机结合起来，共查找并整治安全隐患19处。

抓后勤服务，强化保障能力。在经费使用上，中队严格执行财经纪律，坚持党支部当家，司务长理财，严格控制各项经费，加强经费使用的监督，确保各类经费使用合理。先后投入7000余元，购置豆浆机、导热锅等，提升了伙食质量。落实总部“早餐一杯牛奶一个鸡蛋”的要求，落实伙食五项制度，官兵对伙食的满意率达99%。春节、清明、五一、端午、中秋、国庆等节日期间，中队听取官兵意见，精心制订节日食谱，保证官兵吃饱吃好。严格枪弹管理，落实主官亲临、双人双锁和同进同出制度，兵器室严格落实“三铁四器”制度。（倪　涛）

法　治

综合治理

【县委政法委领导人名录】

书　　　记　陈震宇
副　书　记　李有斌　温大华
　　　　　　陈一兵　尹楚奇
纪　检　员　汪学著
综治办主任　璩海雄
综治办副主任　吴　松

【概况】 县委政法委员会（简称“县委政法委”）是县委领导、管理全县政法工作的职能部门。县委政法委机关内设办公室、政工室、执法监督室、稳定办4个办室，有行政编制12人，工勤编制1人，实际在编人员14人。2015年，县委政法委围绕中心、服务大局、深化改革，着力维护社会稳定、维护司法公正，加强“平安桃江”“法治桃江”建设，为全县经济社会发展营造了和谐稳定的环境。

维护社会稳定。把维护社会稳定置于各项工作的首位，守住维稳“六条底线”，营造和谐稳定的大局环境。构建多元化矛盾化解体系，积极预防化解各类社会矛盾，确保大局稳定。强化社会稳定性风险评估，全年县级层面组织评估14次，经评估和防范化解后全部准予实施。各乡镇和县直部门共有51项重大事项进行风险评估和备案，做到应评尽评，有效规避决策风险。妥善化解各类群体性事件，全县发生群体性事件43起，按照桃江县《预防和妥善处置群体性事件实施办法》启动二级响应1次、三级响应3次、四级响应39次，对出现的不稳定事件和复杂情况进行快速处置，未引发次生矛盾和问题。

保障社会安全。以提高人民群众安全感为重点，加强治安防控体系建设，营造更加安全有序的社会环境。继续加大“天网工程”建设力度，前期12个治安电子卡口和260个移动电子探头通过验收并正式投入使用。投入328万元，对城区“天网工程”1—4期的196个模拟监控点位进行数字化升级改造，共安装高清探头525个。力推“天网工程”向乡镇、村组延伸，全县有10个乡镇完成第一期工程建设。深入开展治安巡逻防控，强化专业巡防队伍建设和移动警务平台建设，在县城科学划分防区，24小时开展“网格化”巡逻，提高路面“见警率”。落实“一村一警”，全县建警务室25个，配齐驻村民警和社区民警314名。各乡镇均组建专职巡逻队和村级义务巡逻队，形成“大巡防”工作格局。严厉打击各类违法犯罪行为，协调公安机关持续深入开展“禁毒会战”“扫黄禁赌”“打黑除恶”和打击侵财性犯罪等专项整治行动，破获刑事案件352起，刑拘436人。查办黄赌案件212起，“两抢一盗”发案较2014年下降7%。

推进平安创建。牢固树立抓基层打基础的思想，不断夯实基层，落实“平安桃江”创建责任。大力推进基层平安创建活动。全县各级各部门评选出基层平安家庭示范户3600余户，并集中在9月下旬进行授牌表彰，提高广大人民群众对平安创建活动的参与率和知晓率。加大平安宣传力度，制作平安建设动画宣传短片，推出《平安之声》栏目，全县政法宣传骨干在各级媒体上稿680余篇。全面推进网格化服务管理工作，制定下发《桃江县网格化服务管理实施办法》，科学设置121个网格，明确156名网格管理员。大力推进特殊人群服务管理工作，加强对社区矫正人员、刑释解教人员、社区戒毒人员、有肇事肇祸倾向精神病人、涉毒危重病人等特殊人群的防控工作。全县在册社区矫正对象395人，全年未发生脱管、漏管和重新犯罪现象。摸排掌握严重精神病人50人，逐一落实救治和管控措施。累计收治涉毒危重病人52人，其中涉毒艾滋病人40人，减少社会乱源。加强专业性、行业性调委会建设，先后成立医患纠纷、婚姻家庭纠纷、民间金融纠纷3个人民调解委员会，并在4所医院、18个公安派出所、县法院及中心法庭、县检察院和县两型区设立33个人民调解室。继续加强交通事故联调联处中心建设，联调联处中心行政调解交通事故1125起，司法调解209起，法庭审结330起，调解成功率和协议履行率均达98%。

推进司法公正。强化监督，规范执法，提升执法司法公信力。建立县委常委会定期听取政法机关党委（党组）工作汇报制度，在全县15个乡镇巡回开展“预防职务犯罪乡村行”活动，对执法办案重要岗位及问题多发环节开展专项检查4次，发现和整改问题32处。严格落实党政领导干部、司法内部人员干预司法活动记录、通报和追责制度。开展“三严三实”专题教育活动，加强政法干警理想信念教育和法治理念教育，政法领导班子和干警未发生重大违纪违法问题，确保队伍纯洁。

服务经济建设。政法机关围绕全县“135”工作大局，紧跟县委、县政府决策部署，着眼企业所需、群众所盼，出台优化经济发展环境的一系列措施。坚持主动介入，协调处理全县“四大会战”和民生建设中出现的突出矛盾纠纷20余起，为各乡镇经济建设提供强有力支持。持续开展政法领导干部联系重点企业（项目）活动，由县政法机关领导班子成员带队，确定一名中层骨干、一名专职联络员，对40家重点企业（项目）实行一对一帮扶。继续实行“一企一警”“一企一律师”制度。政法机关对涉及重点企业（项目）建设的有关事项简化程序，开设“绿色通道”，提高工作效率，赢得企业的好评。优化发展环境，对损害群众利益、扰乱社会经济秩序的地方黑恶势力，始终保持严打高压态势。全年打掉5个团伙，判决39人，查处破获破坏经济发展环境案件66起，破获涉众型侵财案件39起，为群众挽回经济损失300余万元。依法严厉打击各类拒不支付劳动报酬案件，为457名农民工追回工资739万元。

加强队伍建设。开展“三严三实”专题教育活动，按照“五个过硬”要求，多形式、多层面加强政法队伍建设。加强思想教育，把理想信念教育摆在政法队伍建设首位，组织全县政法系统中层以上骨干参加法治理念培训班，政法干警的法治理念和理想信念得以提升。注重能力培训，全县政法系统积极开展“大培训”“大练兵”“大比武”等活动，涌现了“全国优秀法官”刘兆斌、省文明立案窗口、省涉诉信访接待文明窗口法院立案庭等先进典型。狠抓纪律作风，严肃查处政法干警违纪违法案件，扭转发生在群众身边的不正之风。查处的政法干警违纪案件中，党内严重警告1人、党内警告3人，行政撤职1人，行政记过2人，行政警告4人。（张　圣）

【政法综治信访工作会议召开】 4月3日，桃江县召开政法综治信访（平安建设）工作会议。县领导谭建华、向荣、陈震宇、刘建芳、任小琳、龚卫山等出席会议。各乡镇党委书记和分管综治工作负责人，县直副科级以上单位主要负责人，政法各单位全体班子成员、二级机构负责人参加会议。会议总结2014年桃江县在社会综合治理、法制建设方面取得的成绩，分析当前形势，对2015年的政法综治信访工作作了部署。

【法治理念教育培训班】 8月14日，桃江县举办政法系统法治理念教育培训班。县委常委、政法委书记陈震宇主持，政法系统各单位全体班子成员及中层骨干参加培训。县委政法委副书记尹楚奇就近年来政法机关的一些负面典型案例进行点评和剖析，市委党校教授周铁涛、湖南师范大学法学院教授黄捷分别讲授《宪法精神和法治建设》《刑事诉讼法的地位和基本精神》。

公　安

【县公安局领导人名录】

局　　长　刘建芳（2015.10止）
　　　　　郭清平（2015.11起）
党委副书记、政委　肖　文
党委副书记、副局长　曹奠坤
副 局 长　夏程辉　文　胜
　　　　　李跃强　贺益军
　　　　　张　进
工会主任　李光明

【概况】 县公安局设政工室、指挥中心、警务保障室、纪监室4个综合管理机构，辖治安管理大队、刑事侦查大队、巡特警大队、国内安全保卫大队、经济犯罪侦查大队、禁毒大队、公共信息网络安全监察大队、人口与出入境管理大队、法制大队、交通警察大队、看守所、拘留所12个执法勤务机构；设桃花江、凤凰山、花果山、牛潭河、浮邱山、高桥、沾溪、鸬鹚渡、大栗港、马迹塘、武潭、鲊埠、三堂街、修山、石牛江、牛田、松木塘和灰山港18个派出所。全局有公务员429人、职工13人、协警39人。2015年，县公安局围绕全县“四项建设”和“135”工作思路，锐意进取，扎实工作，为全县经济社会发展创造了安全稳定的社会环境、公平正义的法治环境和优质高效的服务环境。110接处警中心被评为全省公安机关110接处警工作成绩突出集体，刑侦大队被评为全省公安机关打黑除恶工作成绩突出集体、全省优秀刑侦大队，县公安局被市公安局评为全市县级公安机关党风廉政建设优秀单位和禁毒会战成绩突出集体，被县委、县政府评为“绩效考核一类单位”、党务工作优秀单位。

维稳工作。围绕反恐维稳主线推进平安桃江建设，建立应急队伍和反恐处突队伍，加强情报信息的收集和重点人员的管控。圆满完成“两会两节”“八一”“九三”期间各项维稳安保任务和系列重点活动保卫任务，成功化解群体性事件和串联集访事件，确保全县政治大局稳定。

严打犯罪。深入推进“禁毒会战”“扫黄禁赌”“打黑除恶”打击侵财性犯罪以及“打击盗骗毒、全力保民安”等专项整治行动。2015年，破现行刑事案件498起（其中命案2起破2起），刑拘562人、治安拘留1264人、强制戒毒224人。相继侦破“6·6”杀人案、“9·14”杀人案、部督“9·17”网络赌博案、部督“6·26”污染环境案、部督“2014-269”号毒品目标案、省督“2014-909”号毒品目标案、刘某邦非法集资案以及曹某、何某生产、销售有毒有害食品案等大要案件，打掉恶势力团伙5个，办理黄赌案件229起，查破毒品案件167起，查处破坏经济发展环境案件71起，办理治超案件18起，破获经济案件39起，挽回损失300余万元。根据市公安局的统一部署，3月20日起在全县范围内开展禁赌专项行动，悬挂横幅标语300余条，办理涉赌刑事案件17起、治安案件54起，采取刑事强制措施28人，治安拘留167人。人民群众对社会治安状况评价比2014年提高1.43分。

治安防控。投入资金400余万元，完成了1—4期“天网工程”升级改造，新增摄像头400个，并加强管理和维护，全年联网率100%，正常运行率95%以上。开展24小时“网格化”巡逻和每周一次集中清查行动、蹲点守候行动，现行案件得到有效遏制，2015年“两抢一盗”发案率比上年下降7.1%。强化实有人口管理，提升窗口服务质量。强化旅馆业和网吧实名登记，有证旅馆和无证旅馆新旅业系统安装率均达100%，网吧实名登记率逾95%。加大特殊涉毒人员的收治力度，2015年收治49人，有效减少社会乱源。加强危爆物品管理，开展全面销毁爆炸物品活动，确保“不流失、不炸响”。开展监管场所“五化建设”，确保监所安全。加强道路交通安全和消防安全管控，全县未发生较大的交通、消防安全事故。公安业务技术用房奠基，三堂街派出所竣工，其他各项基础设施建设有序推进。

规范执法。加强民警培训，2015年组织集中授课5次，上门指导讲课8次，随岗培训3期30人次，参加省、市轮训、集训42期103人次。严格案件审核，规范执法办案场所的使用和管理，有效提高案件质量，确保执法规范、安全。加强执法突出问题的专项整治工作，每季度对全局执法质量进行全面抽查考核，及时发现和纠正执法问题。2015年下发执法监督通报26期，纠正和指导整改执法问题352个，进一步推进执法公开、公平、公正。

队伍建设。丰富警营文化，组织开展登山比赛、篮球赛等活动，激发队伍活力。加大从优待警力度，为民警购买工伤等保险，参加职工医疗互助、省公安厅民警基金会，解决民警的后顾之忧。建立健全民警维权机制，及时查处侵害民警权益事件，保障民警执法安全和人身安全。2015年，查破该类案件26起。规范辅警队伍管理，严格劳务派遣制度，从制度上加强对辅警队伍的管理。加大宣传力度，2015年在中央、省、市三级媒体上稿347篇，省、市两级公安内网上稿264篇，树立公安良好形象。加强民警廉政教育，强化内外监督，加大民警违纪违规查处力度，2015年查处民警8人。

（童立里）

【瞿晏平到桃江调研】 1月27日，副市长、公安局长瞿晏平在市公安局党组成员、政治部主任詹望彪和市局警令部主任邓勇陪同下到桃江调研公安工作。县委常委、政法委书记陈震宇，副县长、公安局长刘建芳，县公安局政委肖文陪同调研。县委书记谭建华、及相关单位负责人参加公安工作汇报会。

【“送法下乡”活动】 2月5日，县公安局联合检察、法院、司法、药监等10个部门到灰山港镇开展“送法下乡”活动。县委常委、政法委书记陈震宇，副县长、公安局长刘建芳及乡镇、社区和村委法治骨干230余人参加此次活动。

【破获“2015-909”毒品目标案】县公安局禁毒大队在高桥派出所和大栗港派出所的配合下，历经两个月的专案侦查，于3月26日成功破获省公安厅“2014-909”号毒品目标案，斩断一条从广东东莞贩运毒品至益阳各区县的贩毒渠道，一举抓获贩毒团伙成员7人，缴获冰毒1010克、K粉1526克、麻古210粒。

【休闲娱乐场所业主及从业人员培训会】5月28日，县公安局召开休闲娱乐场所业主及从业人员培训会。会议由治安大队大队长胡德为主持，局党委委员、副局长文胜、贺益军分别讲话。治安大队、禁毒大队、桃花江派出所、凤凰山派出所等单位主要负责人及社区民警，县文广新局稽查大队大队长，城区休闲娱乐场所业主代表和从业人员80余人参加会议。

【民警义务献血24500毫升】7月21日，县公安局组织民警开展义务献血奉献爱心活动。此次活动有70余名民警参加，献出鲜血24500毫升，充实桃江血库。

【“禁赌”专项行动】治安大队联合桃花江、凤凰山、牛潭河等派出所及巡特警大队，组成禁赌小组，深入推进“禁赌”专项行动，相继查处涉赌行政案件15起，治安拘留81人；刑事案件6起，刑拘11人。查获电游赌博机62台，8月6日所有电游赌博机被集中销毁。

【侦破一特大网络赌博案】8月20日，县公安局在省公安厅、市公安局的具体指导和安徽省芜湖警方的全力配合支持下，历经一年时间，成功侦破参赌人员上百万、涉案资金高达数千万元、盈利超过千万元的“958”网络赌博案，带破“哈哈”网络赌博案，抓获嫌疑人25名，冻结、扣押赌资200余万元，查扣涉案车辆7辆，涉案电脑30余台。

【“9·3”特护期联勤武装巡逻】9月1—5日每天9：00至24：00，县公安局联合武警中队开展联勤武装巡逻统一行动。9月1日、2日晚在全县范围内开展集中统一清查行动，出动警力180余人次、警车40余台次，清查出租房屋72间、旅馆55家、网吧32家，收缴管制刀具15把。破获现行刑事案件3起，刑事拘留7人，查处治安案件10起，治安拘留18人。

【公安业务技术用房奠基典礼】9月29日，县公安局举行公安业务技术用房奠基典礼。副市长、公安局长瞿晏平，市公安局党组成员、政治部主任詹望彪，县委书记谭建华，县委常委、政法委书记陈震宇，副县长、公安局长刘建芳等出席奠基仪式。县财政局、发改局、住建局、规划局、国土局、城建投公司、桃花江镇政府等单位负责人，县公安局全体党委成员、各派出所所长，以及消防大队、武警中队、森林公安主要负责人参加。奠基典礼由县公安局党委副书记、政委肖文主持。

【侯占先到桃江调研】11月18日下午，省公安厅人口与出入境管理局副局长侯占先，在市公安局党组成员、副局长张正怀，人口与出入境管理支队支队长李志文的陪同下到桃江调研指导户政工作。副县长、公安局长郭清平，局党委委员、副局长李跃强接待，桃花江镇党委书记，局人口与出入境管理大队、桃花江派出所和凤凰山派出所的相关负责人和户籍民警参加汇报会。

【集中退赃活动】12月29日，县公安局在刑侦大队前坪举行集中退赃活动。将2015年10月以来，县公安局通过“打击盗骗毒、全力保民安”专项行动收缴的赃款赃物退还给害人。此举展示“打击盗骗毒、全力保民安”专项行动成果，赢得辖区人民群众的信赖。

检　察

【县人民检察院领导人名录】

检 察 长　王国余
副检察长　苏跃明　陈历程
　　　　　曾彦杰
　　　　　丁益良（兼纪检组长）
反贪局长　符　亮
反渎局长　熊立春

【概况】县人民检察院内设政工科、办公室、监察室（研究室）、行装科、技术科、案件管理中心、反贪污贿赂局、反渎职侵权局、侦查监督科、公诉科、监所检察科、控告申诉检察科（举报中心、国家赔偿办、司法救助站）、民事行政监察科、职务犯罪预防科和法警大队15个职能科室。2015年有干警69人，临时聘用人员10人。2015年，县检察院围绕县委和上级检察机关的工作部署，坚持“目标引领促落实、抓住重点求实效、问题导向抓整改”的工作思路，以执法办案为中心，充分履行检察职能，稳步推进检察改革，较好完成各项工作任务，取得较大的工作成效。

查办和预防职务犯罪。认真落实中央提出的反腐工作新要求，年初，专题分析研究如何适应“两反”工作新形势、如何破解办案难点、如何整合办案力量等问题，明确办案方向及重点，确定年度工作目标，充实自侦部门办案力量，坚持“有贪必反、有腐必肃”的反腐败工作指导方针，扎实做好查办和预防职务犯罪工作，着力服务县域经济发展。全年立案查办贪污、贿赂和挪用公款案件10件17人，向人民法院提起公诉8件14人，判决6件7人。其中分别立案查处三堂街镇、武潭镇水管站5名工作人员利用职务便利，采取虚报工程材料款的方式套取农村安全饮水工程专项资金，并进行私分、侵吞案件，桃花江镇打石湾村原3名村干部利用职务之便挪用村民征地拆迁补偿款，给他人进行营利性活动案件。反渎职侵权部门立案查办滥用职权、玩忽职守案件4件12人，向人民法院提起公诉1件4人并开庭审理，办案数居全市前列。职务犯罪预防部门针对近年来基层干部职务犯罪案件多发的现状，积极撰写基层干部职务犯罪分析报告并提出预防建议，得到县委的认可。在全县开展“预防职务犯罪乡村行”活动中，宣传党的反腐倡廉政策，开展警示教育，促进农村基层组织的工作人员依法行政、廉洁履职。“五个一”（听一堂职务犯罪预防教育课、观看一部职务犯罪警示教育片、发放一本预防职务犯罪学习读本、递交一份廉政承诺书、举办一次举报宣传活动）活动在全县15个乡镇和县国土局等10个县直单位开展，得到广大基层干部的一致好评。注重加强行贿犯罪档案查询系统管理，指派专人负责，严格把关，重点监督，为各相关单位提供真实可靠的查询依据。全年在建筑、交通、制造等10个行业、领域接受行贿犯罪档案查询353次。

严厉打击刑事犯罪。坚持以维护稳定和平安创建活动为工作重点，着力服务经济发展新常态，始终保持严打高压态势，依法严厉打击刑事犯罪，全力维护社会稳定。全年受理公安机关提请逮捕案件339件437人，经审查，批准逮捕332人，不批准逮捕105人；受理审查起诉案件479件653人，审结471件591人，依法提起公诉413件516人，不起诉58件75人。在审查批捕、起诉过程中，坚持办案质量与社会效果并重、教育与惩处并用，做到宽严相济，于法有据。针对全县社会治安现状，在把准事实和证据的基础上，主动与公安机关密切配合，做到快捕快诉，配合法院加快审判，确保及时、准确打击犯罪，着力维护良好的社会治安环境，切实增强人民群众的安全感。

依法加强诉讼监督。县检察院充分履行诉讼监督职能，着力服务法治桃江建设。2015年，办理立案监督案件6件6人，纠正侦查违法2件2人，纠正漏捕并获有罪判决5件6人。办理抗诉案件4件4人，二审均已改判，追诉漏罪漏犯7件7人，并得到有罪判决，纠正侦查违法10件，纠正审判违法1件；督促看守所打击“牢头狱霸”26人次，其中加戴械具20人、异地羁押2人、严管4人，有力维护在押人员合法权益。对全县479名监外执行罪犯进行专题检察，发现漏管7人，重新犯罪1人，并向责任单位提出纠正意见；发现暂予监外执行情形消失且刑期未满的1人，向执行机关发出收监执行建议并监督收监执行；对3名脱管的缓刑罪犯建议执行机关提请法院撤销缓刑执行原判刑罚；办理特赦案件5件5人。办理民事行政诉讼监督案件16件，其中监督行政机关不当履行职责案件6件，支持起诉案件6件，执行监督案件3件，审判程序违法行为监督案件1件。

强化自身监督制约。扎实开展规范司法行为专项整治活动，对2015年办理的各类案件946件进行网上质量考评；对2010年以来作撤案、不起诉处理的16件自侦案件进行逐一评查；邀请人大代表、政协委员和各界代表共20人参加“规范司法行为征求意见座谈会”，对查摆和收集到的问题严格按照见事、见人、见原因、见整改措施、见整改结果、见责任追究、见经验教训总结的“七见”标准抓好整改。开展以“规范司法行为，提高司法公信”为主题的人大代表视察活动，获得了代表的点赞。在规范司法行为专项整治行动中，公诉科被评为“全国老年法律维权工作先进集体”，公诉科干警艾梦婕荣获“全省优秀公诉人”称号。努力打造“阳光检务工程”，始终坚持以公开促公正，严格落实有关规定要求，扎实做好检务公开工作，自觉接受社会各界监督。向全县580余名人大代表、政协委员、人民监督员书面汇报检察工作情况并征求意见。10月，开展以“查办与预防职务犯罪，推进反腐倡廉”为主题的检察开放日活动，邀请县人大常委会、县政协的领导及社会各界代表共23人参加活动。利用全国检察机关案件信息公开平台向社会发布法律文书417份，发布程序性信息908条，在桃江公众信息网发布检察工作动态信息26条，通过移动信息平台发送检察工作信息11条，受众达2万余人次。加强对自侦案件的监督，严格落实逮捕职务犯罪嫌疑人由上级检察机关决定，讯（询）问职务犯罪嫌疑人一律全程同步录音录相的规定，做到所办案件一律网上运行，坚持对所办案件进行质量评查，同时严格落实人民监督员制度和纪检监察跟踪督查、回访考察等制度，确保干警在查办自侦案件过程中不出现违规违纪问题，确保自侦案件立得准、诉得出、判得下。（郭旭光）

【规范司法行为专项整治】3月至12月底，检察院开展规范司法行为专项整治工作。专项整治工作严格执行修改后的刑事诉讼法、民事诉讼法、行政诉讼法，集中整治检察环节司法不规范的突出问题，进一步完善制度规范体系，加强对司法活动的管理和监督，促进检察机关司法规范化建设。通过开展集中整治，促使全院干警牢固树立规范司法、公正司法的理念，着力纠正思想观念、司法行为、纪律作风方面存在的突出问题，构建有利于严格规范公正文明司法的长效机制，全院干警的司法行为进一步规范，司法作风进一步改进，司法公信力和群众满意度得到进一步提升。

【举报宣传周活动】6月23日—26日，县检察院开展以“落实举报规定，推进反腐倡廉和规范司法”为主题的第十七次“举报宣传周”活动，在县城繁华地段设置宣传点，采取现场悬挂宣传横幅、张贴宣传挂图、播放影视资料、发放宣传资料等形式，现场接受群众举报、控告、申诉、咨询，并请县广播电视台进行宣传报道，以扩大宣传声势和社会效应。同时，组织人员到全县15个乡镇集中开展送法进社区、进乡村、进校园、进企业活动。26日，举办“检察开放日”活动，邀请部分人大代表、政协委员、新闻媒体、机关干部、群众代表走进检察院参加活动，增进社会各界和广大群众对检察工作的了解。

【县人大管委会调研诉讼监督工作】9月15日上午，县人大常委会副主任龚卫山、内司委主任王志伟、常委会办公室主任刁均安、县政法委副书记尹楚奇、内司委副主任刘蛟晖到县检察院调研诉讼监督工作，县检察院领导班子成员、相关业务科室负责人参加调研座谈会。

【县政协调研预防职务犯罪工作】10月10日，县政协主席会议视察暨第四次“双月协商”县检察院预防职务犯罪工作会议召开。县政协主席李质彬，副主席陈奇才、任小琳、胡桃，秘书长蒋胜丰，法制群团委主任甘尚平，办公室副主任胡福林，县纪委副书记、监察局局长戴跃峰，县政法委副书记李有斌，政府办副主任熊楚舒，县公安局副局长李跃强，县司法局局长陈建华，县审计局局长刘造军，县人民法院副院长戴志峰以及县人民检察院全体班子成员和相关科室负责人30余人参加会议。

【检察开放日活动】10月16日，县检察院开展以“查办与预防职务犯罪，推进反腐倡廉”为主题的检察开放日活动，邀请县人大常委会副主任龚卫山、县政协副主席任小琳，县人大内司委主任王志伟，县政协法制群团委主任甘尚平，各乡镇人大副主席、政协联工委主任，以及人民监督员、律师代表、群众代表、媒体代表40余人参加。

法 院

【县人民法院领导人名录】

院　　长	杨铁松	
副 院 长	戴志锋	吴一军
	周东勇	刘怡中
党组成员	吴一军	刘怡中
	周东勇	薛立吾
	王　筱	孔曙光
	李习军	

【概况】县人民法院内设办公室、政工室、监察室、行政科、审判管理办公室、司法技术室、刑事审判庭、民事审判一庭、民事审判二庭、行政审判庭、审判监督庭、立案庭、执行局法警大队、社会抚养费征收非诉讼案件执行分局14个机构。全院实有在职人员102人，其中公务员100人，职工2人。2015年，县人民法院围绕“努力让人民群众在每一个司法案件中都感受到公平正义”的目标，依法履行审判职能，不断加强队伍建设，各项工作取得新进展。2015年受理各类案件4145件，审执结3436件，比2014年分别上升13.5%和5.4%。

刑事审判。2015年审结刑事案件484件540人。其中，审结涉毒案件126件133人，“两抢一盗”案件88件109人，赌博、“地下六合彩”案件44件55人，危害食品药品安全案件6件8人。对情节轻微的初犯、偶犯和过失犯罪，依法从轻、减轻或免予处罚。着重刑事附带民事案的调解和轻微刑事案的和解，开展社区矫正工作，注重青少年犯罪的预防与教育，参与社会管理综合治理，有效遏制各类犯罪，巩固打击成果，全力维护社会稳定。

民商审判。2015年审结各类民商事案件2240件，其中调解、撤诉938件，调撤率41.9%。妥善审理婚姻家庭、房地产纠纷、劳动争议、道路交通事故等各类民商事案件，全力维护人民的权益。依法审理经济发展新常态下的各类经济纠纷，审结股权转让、债权债务、资产处置等案件437件，涉案金额9933.5万元，维护公平诚信的市场经济秩序。依法稳妥审理天京金破产案件，积极引导当事人通过法律途径解决合理诉求，确保破产工作平稳有序进行。扎实开展农商行改制专项服务活动，审结相关案件186件，执结143件，依法清收农村信用社贷款320余万元，为农商行改制工作顺利开展提供强有力的司法保障。

行政审判。坚持实质性化解行政纠纷的工作思路，积极应对行政诉讼案件大幅增长趋势，审结行政诉讼案件118件。通过开展庭前、庭中、庭后“一案三建议”活动，规范行政执法行为，促进依法行政。

执行工作。2015年共执结案件594件，比上年增长76.2%。创新执行举措，大力推进司法协助网络平台建设，实现当事人户籍、车辆、工商登记、存款信息网上查询，查控各类信息8273次，冻结、扣划财产2657.8万元。完善对失信被执行人的惩戒机制，在全国法院执行网上公开曝光225名失信“老赖”、10家失信企业，并发出限制高消费令。开展拒执违法犯罪专项打击活动，全年司法拘留拒不执行人民法院判决、裁定的被执行人62人，其中6人移送公安机关追究刑事责任。

司法公开。加快“司法公开三大平台”建设，努力构建开放、动态、透明、便民的阳光司法机制。推进审判流程公开，对依法应当公开审理的案件一律做到公开审理，并通过视频录播、网络直播等方式，全面公开庭审过程。选取危险驾驶案件、涉毒案件等普法教育意义大、社会关注度高的案件，主动邀请社会公众旁听观摩庭审，扩大审判效果。推进裁判文书公开，除法律有明确规定的案件外，所有裁判文书一律上网公示。2015年在中国裁判文书网公示生效裁判文书2543份，公开率达100%。推进执行信息公开，开通执行查控、关联案件查询、执行公开在线服务等功能，方便当事人及时获取执行流程等相关信息。

权力运行。审判环节制衡、审判过程监管、审判质量监督有机结合，实现对审判、执行工作的全方位监督。严格落实《关于进一步规范刑事诉讼涉案财物处置工作的意见》，扎实开展“违规收费专项检查活动”，从严规范查封、扣押、冻结、处理涉案财物司法程序。进一步规范法官与当事人、律师、中介组织的接触、交往行为，防止利益输送，杜绝司法腐败。

审判质效。建立案件常规评查与重点评查、专项评查相结合的机制，着重评查上级法院发回重审和重大改判的案件，并将评查结果纳入法官绩效考核，严格兑现奖惩。2015年评查案件3187件，发出案件质量情况通报6期。通过执行、申诉、评查等多环节多渠道发现瑕疵案件和问题案件，按照审判监督程序予以纠正。2015年有6件案件依法进入再审程序。发挥审判委员会的监督和指导作用，定期总结审判经验、研究重大疑难复杂案件，进行类案裁判指导。完善审限动态监控机制，对临近审限的案件，预警催办督办。开展一年以上未结案件专项清查，提高案件延期的审批权限，防止无故超审限案件的发生。审判质效继续保持全市领先。2015年县法院审判案件诉讼周期在全市法院中最短，发回重审和改判案件比率在全市法院中最低，服判息诉率等多项司法绩效考核指标位居全市法院前列。

司法为民。落实立案登记制，在立案大厅设置立案登记操作规程，并张贴流程图，引导当事人快速准确进行立案登记，依法保护当事人诉权。推行网上立案、预约立案、电子送达等便捷方式，方便群众诉讼，减轻群众诉累。加大司法救助力度，全年缓、减、免交诉讼费12.4万元，发放司法救助金15.2万元。开展法制宣传讲座、巡回审判等便民司法活动，将司法服务送到村委社区和田间地头。开通“村村通”平安综治广播栏目和法院微信平台，推出贴近基层群众生产生活的“以案说法”栏目，用鲜活的案例营造学法、懂法、守法良好氛围。推进涉诉信访机制改革，推行“诉访分离”，把信访化解纳入法治化轨道。2015年，县法院将5件信访案件纳入诉讼程序，其中3件裁定进入再审。通过定期排查、跟踪回访、完善救助体系等举措，抓好信访积案化解和新访源头防控，年内无新增信访案件发生。对涉及全县经济社会发展大局的重大部署、重要工作、重点案件，主动邀请人大代表和政协委员视察工作、旁听庭审。加强民意沟通和舆情应对，主动回应司法质疑。完成人民陪审员“倍增计划”，提高了人民群众参与司法的广泛性和民主性。

审务保障。坚持以党建带队建促审判的思路，深化干警的社会主义核心价值观、社会主义法治理念和法官职业道德教育，时刻警醒干警恪守司法良知，坚守司法担当，为公正为民司法、推进司法改革提供可靠的思想政治保证。以“三严三实”专题教育活动为契机，扎实开展纪律作风大反思、大整顿等专项活动，整改“四风”问题和群众反映强烈的“六难三案”问题。落实党风廉政建设责任制，全年组织纪律作风明查暗访16次。开通与最高人民法院联网的网上举报系统，完成举报线索的受理、核查、处置工作。全年共收到信访举报6件，立案查处违纪干警1人。开展优秀庭审、优秀裁判文书评比等业务竞赛活动。全年选派67名干警参加各类培训，组织集中培训9次。提高教育培训的针对性和实效性，制定涵盖审判业务、党风廉政、文化建设等方面的培训计划，采取发放书籍资料、集中座谈交流等方式强化学习效果。（潘智慧）

司法行政

【县司法局领导人名录】

局　　长　陈建华

副 局 长　包志高　刘燕勤

纪检组长　郭永平

工会主任　欧阳红

【概况】 县司法局内设办公室（加挂政务服务股的牌子）、政策法规股、法制宣传教育股（加挂桃江县依法治县领导小组办公室牌子）、公证律师工作股、基层工作管理股（加挂社区矫正工作管理股的牌子）、财务装备股、政工室，归口管理县法律援助中心、县公证处、桃花江律师事务所，下辖15个司法所，核定政法专项编制79个、事业编19个。2015年实有干部职工81人，其中公务员66人，事业工作人员15人。

法治建设。创新宣传载体，在桃江广播电台开辟《平安之声》专栏，每天10时、12时两个时段播放平安新闻、法治常识和法律故事。在县城沿江风光带建成3条“法治文化长廊”，在桃益公路沿线株木潭中学外墙建成1条“法治文化墙”。创新法治教育形式，作为全省唯一的试点县，从2015年下学期开始，在全县各中小学3—8年级开设法治知识课程，并举办法治教师培训班。完善中心组学法制度，6月25日，桃江县举办“依法治县”专题培训班，县四套班子领导、在职副处级以上干部，乡镇、县直副科级以上单位主要负责人，政法综治分管负责人和相关执法部门班子成员等460余人参加集中学习。开展“法律六进”（进机关、进企业、进学校、进社区、进农村、进单位）活动，县法治建设讲师团全年开办法治讲座50余场次，受教育群众达6000多人次；在全县15个乡镇大规模开展“送法下乡”活动。深化法治创建活动，全县共有7个村、3个社区被省司法厅、省民政厅评为“全省民主法治示范村（社区）”，11个单位被中共湖南省委法治湖南建设领导小组评为“全省依法办事示范窗口单位”，4家企业申报“全市诚信守法示范企业”。9月，桃江县“六五”普法工作顺利通过省、市检查组的验收。大栗港镇朱家村、马迹塘镇天府庙社区被省司法厅、省民政厅分别授予湖南省第七批“民主法治示范村”“民主法治示范社区”荣誉称号。

人民调解。推进规范化司法所创建活动，全县15个司法所按照“八有”和“六统一”的标准对外观标识和内部设置进行统一规范，全县大部分村（社区）调委会达到规范化建设标准。加强专业性、行业性调委会建设，2015年，桃江县成立婚姻家庭纠纷、民间金融纠纷和环境保护纠纷人民调解委员会等3个调委会。全县成立专业性、行业性人民调解委员会8个，在4所医院、18个公安派出所、县法院及中心法庭、县检察院、县两型区设立人民调解室33个。排查化解矛盾纠纷，坚持月排查、特殊时期不定期排查，对排查出来的纠纷定方案措施、定承办人员、定办结时间。继续开展“三调联动化矛盾，息诉息访促平安”专项调解活动，2015年全县各级人民调解组织成功化解各类纠纷案件7231件，协议涉及金额达5000余万元。全面推行“以奖代补”制度，对人民调解员所调处的案件，严格按照《湖南省人民调解案件“以奖代补”管理暂行办法》奖励到位，2015年发放28.98万元。

社区矫正。创新管控举措，全面实行社区矫正对象手机定位信息化管理，建立社区矫正对象指纹签到报到管理制度。总投资近100万元建成社区矫正中心，11月投入使用。接收社区矫正对象1195人，累计解除819人，在册社区矫正对象376人。关怀特殊人群，协调民政、教育、社保、监所等相关部门解决安置帮教工作中的具体问题，在湘益木业建立社区矫正、安置帮教基地，对“三无”刑释解教人员、无业社区矫正对象进行就业安置。至2015年底，全县有刑释解教人员499名，帮教率达100%，就业安置率达96%，服刑人员基本信息核实率、重点帮教对象接回（送）率、刑释人员重新犯罪率均控制在指标之内。

法律服务。加大宣传力度，针对不同群体，分门别类印制法律援助宣传册70000份进行宣传。完善援助站点，县法律援助中心加强与政府有关部门、法院和已设立的援助站的联系，新建涉军法律援助工作站；与团县委组建青少年维权专家服务团队；与县妇联组建家庭律师讲师团和妇女儿童维权工作站。积极参与信访接待，安排专职律师每周参加县委、县政府领导信访日涉法涉诉接待工作。注重法律援助便民服务，对行动不便的老年人和残疾人等特殊对象实行电话预约、上门服务制度；掌握全县低保人群信息，建立花名册，为低保户开辟法律援助“快速通道”。县法援中心全年共受理法律援助案件254件，其中办理低保户法律援助案件70件，接待来访咨询400余人次，来电咨询200余起，按50%的比例电话回访当事人，群众满意率达100%。巩固“一村（社区）一法律顾问”制度，全县7个法律服务所共联系14家企业，39名法律服务工作者共联系78个村。6月份，法律服务工作者到各自联系村和社区举办法律知识讲座。开展“公证五进”（进学校、进农村、进企业、进社区、进单位）活动。县公证处全年共办理各类公证事项583件，其中涉外及涉台港澳公证事项223件。全县两个律师事务所办理各类法律事务398件，避免、挽回经济损失836万元，担任常年法律顾问31家，承办法律援助事务139件。强化司法鉴定监督管理，两个司法鉴定所全年共办理鉴定案件568件。

队伍建设。充实基层司法所力量，通过政府购买服务的方式，聘用2名工作人员从事社区矫正工作，定向培养司法行政干警3名，2015年省公务员考试招录司法助理员3名。重视干部学习教育，全体司法行政干警在益阳市人民警察学校进行了为期一周的培训；组织全体机关干警赴韶山毛泽东故居、南县厂窖惨案遗址开展爱国主义教育活动。狠抓干部作风建设，全局各单位安装人脸识别签到机17台，局机关每日公布考勤情况，每周统计，每月通报；各司法所向局纪检监察室定期上报考勤原始纪录。按要求开展党的群众路线教育实践活动、“三访三化促发展解民忧”“三严三实”和“一进二访”等活动。

（孙　庆　郭　亮）

【全省“送法下乡”活动启动】 2月5日，“湖南·益阳2015年元旦春节送法下乡”活动启动仪式在灰山港镇举行。省委法治办行业指导处处长黎飞跃，市委常委、政法委书记陈冬贵，副县长、公安局长刘建芳，县政协副主席任小林等出席活动，县委常委、政法委书记陈震宇主持启动仪式。活动出动法治宣传车17台次，发放各类法治宣传资料5000余份，解答法律咨询100余人次。

（孙　庆）

【“法治文化长廊”建成】 3月，县城沿江风光带“法治文化长廊”竣工，工程共投资10万余元。“长廊”设16块法制宣传展板，主要宣传与群众生产生活息息相关的法律法规知识和法治县创建基本常识，旨在向广大市民传播法治理念，弘扬法治精神，宣传法律知识。

【专业性人民调解委员会】 6月30日，经县三调联动领导小组研究决定，成立县民间金融纠纷人民调解委员会，地点设县司法局，由主任、副主任和调解员8人组成，主要受理调解民间金融纠纷案件。10月26日，经县人民调解工作领导小组同意，由县委政法委牵头，县妇联、县司法局、县民政局联合成立“桃江县婚姻家庭纠纷人民调解委员会”。调委会地点设县政务服务中心婚姻登记处，由主任、副主任、调解员11人组成。成立“桃江县环境保护纠纷人民调解委员会”，地点设县环境保护局法制股，由主任、副主任和调解员8人组成。（郭　亮）

【孙庆在宣讲比赛中获省、市奖励】 7月10日，县司法局干部孙庆代表桃江县司法行政系统参加益阳市司法局举办的“践行湖南司法行政精神”宣讲比赛，宣讲县司法局鲊埠司法所所长薛茂林的先进事迹，获得第一名。8月12日，孙庆代表益阳市司法行政系统参加湖南省司法行政系统“践行湖南司法行政精神”典型宣讲比赛，获得优秀奖。

（郭　亮）

【傅莉娟到桃江指导工作】 7月17日，省司法厅副厅长傅莉娟到桃江督查指导司法行政工作，先后对玉潭禁毒教育学习基地、石牛江司法所、益阳市诚信守法示范企业湖南华艳生物、桃江县道路交通事故人民调解委员会、桃花江镇金凤社区和县社区矫正中心进行现场督查，对县司法局的人民调解工作、法制宣传工作和社区矫正工作给予充分肯定。（孙　庆）

【涉军法律援助工作站成立】 7月31日，桃江县涉军法律援助工作站正式挂牌成立。工作站由县人民武装部、县司法局共同领导和管理，地点设县法律援助中心，县法律援助中心主任兼任站长。援助站对军人军属申请法律援助实行优先受理、优先指派、优先办理。

（孙 庆）

【社区矫正对象信息化管控】 县司法局加强全县社区矫正对象管控，在全县推行信息化管控制度。8月，为全县15个司法所各配备监管专用手机一台，各社区矫正对象配备定位手机，并规定其随身携带，保证24小时处于开机状态，实现活动位置适时监控。9月，全县建立社区矫正对象人脸识别签到报到管理制度，为每个司法所配备人脸识别签到机，社区矫正对象实行人脸识别签到报到。信息化管控制度促进社区矫正监管从“人防”向“技防”转变，基本形成社区矫正信息化管控网络。（郭 亮）

【中小学设立法治课程试点】 桃江作为全省唯一中小学设立法治课程试点县，从2015年下学期开始，在全县中小学3—8年级开设法治知识课程，发放《法治教育》读本4.8万册。8月31日，桃江县举办第一期法治教师培训班，县委常委、副县长曹萍出席培训班并作动员讲话，全县各中小学校168名骨干教师参加培训，邀请湖南师大、人民出版社等单位多名专家授课，课程内容紧扣法治教育教学实践。2015年，全县168所中小学校986个班级上法治课1万多堂（次），受教育人数达5万余人（次）。（郭 亮）

【“六五”普法验收】 9月9日，桃江县代表益阳市接受全省“六五普法”工作检查验收。省政府法制办主任陈雪楚，省委法治办副主任、省司法厅副厅长傅莉娟到桃江进行实地检查。市委常委、政法委书记陈冬贵，市人大常委会副主任王刚强陪同。陈雪楚先后到桃花江镇桃花江社区、县人民法院等单位检查工作台账，并以座谈和随机提问的方式，详细了解各单位“六五”普法工作的落实情况。检查组对桃江县“六五”普法工作给予高度评价，并提出指导性的意见建议。（郭 亮）

【县社区矫正中心投入使用】 11月初，桃江县社区矫正中心正式投入使用。该项目是湖南省2015年为民办实事项目和县重点民生实事项目，于5月开始筹备，9月办结相关手续动工建设，10月中旬竣工。该项目位于桃花江镇太平路65号，建筑总面积278平方米，分为学习室、训诫室、档案室、心理矫正室、社会联络室、监控室、警务室、大厅、报到室、会议室、主任室、宣告室等12个功能室，总投资近100万元。（孙 庆）

交通警察

【县交通警察大队领导人名录】

大队长	罗建辉
教导员	高文武
副大队长	杨 宏 罗向华 胡泽仁 胡 杰 黎军辉
工会主任	江 波

【概况】 县交警大队辖10个中队、所。其中综合管理机构2个：综合指导中队、交通管理中队；执法执勤机构5个：车管所、事故处理中队、科技中队、公路巡逻中队、桃花江中队；派出机构3个：灰山港中队、马迹塘中队、三堂街中队。全队有交通民警79人，管理道路通车里程2304千米，机动车保有量9.28万台，驾驶员11.2万人。2015年，县交警大队以人民满意为目标，以绩效考核为抓手，在防事故、保平安、促畅通、惠民生上取得突破性进展。

安全形势保持平稳。2015年，全县发生一般以上道路交通事故6206起、死亡71人、受伤2.4万人，经济损失1054.79万元，死亡人数比2014年持平。全县查纠道路交通违法5.69万起（其中非现场占80%）。全面排查治理道路安全隐患，深化“百千万生命防护工程”，全年排查道路隐患85处，治理31处，设立警示牌26块，建设波形防护栏15公里，安装减速板262处。落实客货运输企业和驾驶人定期检查通报、车辆驾驶人GPS动态监管等安全防范制度。在城区9个路口安装新型电子警察及监控系统，全县建成9个卡口。

道路管控能力提升。城区13个交通拥堵点（段）分别明确责任领导和责任民警，实行定人、定岗、定责管理。推出新的勤务考核办法，由分管纪检监察工作的大队领导带队，组建专门的督察考核队伍，定期不定期地进行督促检查，确保路面见警率、管事率有效提升。大力开展机动车违停、酒后驾驶、治限治超、涉摩违法行为等专项整治，查处机动车违停4954起、超速4.64万起，道路通行秩序持续好转。县城芙蓉路、桃花路提质改造后，大队着手智能化交通管理建设，经多方调研和论证，制订交通基础设施设置方案。完成芙蓉路、北山路、獭溪路、近桃路4条公路的标志标线1.62万平方米，制作道路交通标牌300余块，在芙蓉路、桃花路安装隔离栏杆4000余米，在芙蓉路的太平路口、资江路口、花桥路口、金凤路口和桃花路的湘运路口、戏台坪路口、都汇国际路口等处安装8个电子信号灯和9个电子警察监控抓拍系统，交通智能管理水平得到较大提升。

公正执法，重点整治。坚持抓好重点时段、重点路段、重点车型和重点交通违法"四个重点"，实行严管重罚、精确治理。组织开展治超治限、货运车辆严重交通违法整治、校车交通安全隐患排查治理、酒驾、摩托车专项治理等系列专项整治活动。7月、8月开展"夏季攻势"和"打非治违"行动,取得显著效果。2015年，查获货车违法515起，摩托车违法647起，酒驾40起，涉牌涉证1599起，超员58起，营造遵规守法、安全出行的交通环境。本着"不漏一车、见车见人"的原则，做好学生接送车辆的排查、整顿工作。深入辖区中小学校、幼儿园，开展接送学生车辆专项排查整治，检查接送学生车辆125台，查获违法行为6起，下发整改通知书5份。6月，联合县交通局运输管理所对桃江鸿运汽车运输有限公司65台运危车辆进行集中检查，排查安全隐患45处，对80余位运危车辆驾驶人和押运人面对面进行教育，进一步增强了运危企业负责人和驾驶人的法律意识、责任意识和安全意识。联合安监、交通运输等部门，对客运企业、运危企业、校车管理企业、驾校、旅游公司、车辆检测企业开展经常性的安全检查和道路交通安全宣传，排查各类安全隐患70余处，下发整改通知书52份，责令限期整改。确保重点企业未发生重特大道路交通事故。

深入推进四项建设。在城区增设具有卡口功能和视频功能的电子监控系统全部9个，后端搭建智能交通管控平台，前端所有数据接入管控平台，实现智能化管理。1月、5月和8月分别举办执勤执法业务培训、交通事故处理业务培训、协管员业务技能培训。9月，组织法制员和执法民警开展执法记录仪培训，出台《桃江县公安局交通警察大队执法记录仪使用管理规定》。在加强警务实战训练的基础上，执法规范化建设得到加强。以执法考评为抓手，切实加强法制工作，全年召开法制工作会10次，组织法制培训5次，抽查一般程序案卷876份，下发执法质量考评通报10期。以"3+2"警调工作法为基础，最大程度确保警调满意率。122接处警、车辆上户、驾驶人考试等方面的回访满意率达到97.3%，不满意数据在首次回访中满意率达100%。

队伍活力不断激发。通过理论学习教育、观看警示教育片等多种形式，着重解决民警队伍中存在的9个突出问题。制定并下发实施方案，办案单位做到有案必受、受案必核、立案必查。通过自查自纠，查处问题6处。同时，对原有制度进行清理，制定完善12项制度。成立执法检查督导小组，采取明查和暗访相结合的形式，定期不定期到窗口、路面中队进行监督检查，及时解决民警执勤执法、事故处理等工作中存在的问题，有效避免违规违纪现象的发生。聘请"警风警纪监督员"15名，全方位对民警执勤执法情况进行监督。召开执法执纪座谈会20余次，听取意见建议70余条。开展干部人事和机构编制专项清理工作，对大队所有聘请协警进行认真清理，并全面规范聘用渠道、性质、待遇和岗位职责。

春运安全保卫工作。春运期间，投入警力80人次，查纠违法行为5424起。全县发生一般以上交通事故199起，死亡10人，受伤51人，直接经济损失18万元。未发生涉警重大群体性事件。大队领导分片包干对各重要路段的春运工作加强督导，确保春运工作有序开展。坚持"谁检审、谁签字、谁负责"的原则，严格核发春运车辆临检合格证432张，客运驾驶人准驾证480张。在中心城区及308省道、206省道等重要路段沿线增设临时春运执勤点24个，实行24小时服务，查处超速行为12614起、客车超员16起、酒后驾车13起。在客货运站场、危险化学品运输企业以及S308、S206等路段开展交通安全宣传服务，组织宣传活动9场，发放资料35000余份，发送手机短信12500余条。建立交警、媒体、群众"三位一体"的举报、曝光、查处联动机制。春运期间，未发生一起死亡10人以上重特大道路交通事故，未发生因管理不到位引发的长时间、长距离交通拥堵。

（谌 峰）

【文明交通行动计划】 2月16日，县文明委牵头成立桃江县实施"文明交通行动计划"领导小组，制定下发《桃江县"文明交通行动计划"实施方案》。县交警大队下发《桃江县开展2015年"我参与、我安全"百城千乡交通安全宣教活动的通知》，开展校园交通秩序维护活动，活动持续120余日，对1730名驾驶员进行交通安全再教育培训，并在3个办案窗口滚动播放交通安全宣教片769场次。

【多措并举治酒驾】 年初，县交警大队成立专门的领导小组，制定切实可行的工作方案，采取领导包科室、科室包中队、民警包路段的方式，将酒后驾驶治理任务分解到每个人，并与刑警、巡警和派出所联合行动。注重宣传，营造出“开车不喝酒，喝酒不开车”的浓厚氛围，充分利用报纸、电视、广播、网络、手机短信等各种媒介，及时曝光违法者。为一线中队配备7部酒精测试仪、43部执法现场记录仪、77台警务通，配齐配全夜间停车指示牌、反光锥核桶、反光背心等警用装备。查处酒驾交通违法42起，其中酒后暂扣6起、醉驾11起。

【科技强警】 县交警大队超前谋划，实施科技强警战略，以办公自动化带动各项管理服务工作现代化，以现代化促进正规化建设，提高科学化管理水平。加强高清视频监控点建设，提高覆盖率；新增5个公路电子卡口，并对原有的11个公路电子卡口进行维护，建立覆盖城乡的道路电子监控网络，构建事故预防新防线。清理和维护城区道路灯控系统，提高闯红灯自动记录设备配置率。

综合经济管理

发展和改革

【县发展和改革局领导人名录】

局　　长　刘小阳
副 局 长　习世芳　汤元林
　　　　　孙　军（兼纪检组长）
工会主任　刘小钉

【概况】 2015年，县发展和改革局（简称“发改局”）紧紧围绕服务全县经济社会发展大局，全力推进机关党风廉政建设和作风建设。积极进取，开拓创新，敢于攻坚，各项工作有序推进。

履行部门职能，服务县域经济发展。2015年立项争资目标任务为16亿元，谋划包装重大项目21个。全年争取到位资金项目494个，到位资金超过18亿元。积极参加国家专项债券的申报，前三批共争取专项债券资金1.35亿元。积极支持园区建设，争取上级支持经开区项目5个，共计争取中央和省级投资3006.6万元。完成229省道线桃江县石牛江镇区段改线工程可行性研究报告的批复。积极支持并协调五凌电力松木塘风电项目、中广核邱家仑风电项目前期工作，并于8月完成项目核准，与县人民政府签定投资协议。完成县第二污水处理厂、浮邱山光伏发电、经开区光伏发电、闽益农业光伏发电等项目的立项申报工作。稳步推进重点项目建设，全年完成固定资产投资174亿元。狠抓重点项目调度，将全县33个重点建设项目中的18个纳入益阳市2015—2016“532”项目库重点调度。积极推进省级重点项目和绩效考核项目，确保省级重点工程顺利实施。有序推进规划编制工作，桃江“十三五”规划体系包括1个总体规划、1个重大项目库、23个专项规划和12个重大研究课题。其中12个重大研究课题和23个专项规划均形成初稿，多次梳理并修改，规划纲要形成草案，初步形成重大项目库“十三五”重大项目库。收集重大项目289个，总投资2116亿元，“十三五”期间计划投资1832亿元。积极支持经开区企业发债融资工作，认真对照文件和申报程序，组织培训，确定债券公司，开展相关工作，在12月5日前报国家发改委，12月底拿到批复，通过发债融资逾8亿元。高效推进投资项目在线审批与监管平台建设，根据《投资项目审批事项梳理及填报指南》，组织召开专门会议，收集发改、规划、国土等26个单位的投资项目网上联合审批事项目录，联合审批事项申请材料信息表，审批、核准、备案流程图。推进项目网上申报和网上审批工作，推进政府投资项目储备编制三年滚动投资计划工作。组织水利、农业、住建、环保等5个部门指导并谋划洞庭湖生态经济区水环境综合治理2016—2020年项目58个，积极加强与省、市项目的申报与专项资金的争取，在水环境综合治理引水调水、蓄水保水、清水活水工程中争取项目5个，总投资8.83亿元，并上报省发改委。9月10日，市发改委组织全市7个县市区召开高标准农田建设实施方案评审会，桃江县项目建设地点涉及15个乡镇228个行政村，项目按年度实施，计划投资6.5亿元，到2020年建成集中连片、旱涝保收的高标准农田1.4万公顷，建成区域亩均粮食综合生产能力提高100千克以上。积极推进政务服务公开和招投标监管工作。政务窗口紧紧围绕年初确定的工作目标任务，按照合法行政、程序正确、高效便民、诚实守信、权责一致的要求，依法行使行政行为，办理各类政务服务事项391件，即时办结率100%。严格按照招标法，落实县政府文件，增强招投标监管工作的可操作性。运用电子招标投标规范招投标活动，规范中介服务机构的从业行为。

履行党风廉政建设责任制。落实中央规定，严守政治纪律。努力提高政治敏锐性和政治鉴别力，在大是大非面前旗帜鲜明，在关键时刻头脑清醒，始终在思想上、行动上与党中央保持一致。强化廉政意识。完善党组中心组学习、党支部和党员学习、全局干职工集中学习和党课教育等制度，开展违纪违法案件剖析、警示教育等活动。邀请县纪委干部为全局干职工进行党风廉政建设专题讲课。借助桃江公众信息网、市发改委网站等媒体，加强局机关廉政建设宣传，完善反腐倡廉宣传信息和网络舆情处理工作机制。狠抓学习宣传教育。采取个人自学、集中学习等形式进行学习，抓好形势和政策教育，增强党员干部反腐必胜的信心，学习《党章》《习近平总书记一系列重要讲话》《关于实行党风廉政建设责任制的决定》等重要文献，并定期召开会议，研究领导干部执行党风廉政责任制情况，使全局党员干部做到工作上以身作则，生活上严以律己，自觉遵守群众的批评与监督。完善廉政制度。严格落实中央、省、市作风建设规定，出台或重新修订各股室《工作目标绩效考核细则》《机关学习调研奖励考核办法》《差旅费管理办法的补充细则》等管理制度，按照新的要求，在财务管理、公务接待、车辆管理、食堂管理、专项经费管理等方面进行严格规范。全面规范发改业务管理工作，对发改工作的权力事项和责任事项进行全面梳理，梳理发改权力事项清单33项、责任事项清单11项，将权力清单和责任清单在相关网站予以公布，主动接受监督。加强责任落实。将党风廉政建设工作作为加强机关建设的头等大事来抓，形成党组书记负总责、其他班子成员按照职责分工一起抓的领导机制和全局人员共同参与的工作格局。（胡凤姿）

【国家发改委开展稽查工作】 3月18日，国家发改委稽查组到桃江检查2014年中央预算内投资项目建设情况，省、市发改委相关领导参与稽查。稽查组实地察看已建成并投入使用的县妇幼保健院公卫楼项目，通过看现场、听汇报、查资料等方式，对该项目审批程序、工程进度、建设规模和建设标准执行、配套资金落实、工程建设管理等方面进行稽查。随后，稽查组听取正在建设的武潭镇中心学校宿舍楼建设项目情况汇报，并查阅相关资料。在肯定桃江妇幼保健院公卫楼、武潭中心学校学生宿舍楼建设取得突出成绩的同时，就项目检查情况进行反馈，提出指导性意见和建议。

【市发改委调研工作】 5月6日上午，市发改委到桃江调研指导“十三五”规划编制工作。常务副县长周卫星和县政府办、发改局等14个部门负责人参加座谈。座谈会上，桃江各部门分别就“十三五”规划编制、项目谋划等方面作了汇报。市发改委领导高度肯定桃江“十三五”规划前段工作，并就编制“十三五”规划后段工作提出具体的建议意见。

【成功申报湖南省循环经济示范城市（县）】 经专家评审和网上公示，2月12日，省发改委发文确定衡阳市等9个市县为全省第二批循环经济示范城市（县），桃江县位列其中。

【战略合作框架协议签署】 7月30日，桃江县人民政府与湖南省国际工程咨询中心签署战略合作框架协议。省咨询中心董事长兼总经理胡果雄、常务副总经理曾凡勇出席。县委书记谭建华、常务副县长周卫星，部分县直单位分管项目领导参加协议签署仪式。

【市重点项目建设现场会巡回视察桃江】 7月20日，益阳市2015年重点项目巡回视察活动及全市上半年经济形势会的与会人员到桃江县视察重点项目建设情况，市领导及市直相关部门和各区县市的负责人参加了视察活动。与会人员先后视察益马高速第四合同段建设现场和县城金盆南路改扩建施工现场，了解益马高速项目建设进展情况以及县城路网建设情况，到桃江经开区视察万维竹业年产20万立方米竹纤维复合板项目和桃花江实业年产5万立方米重组竹材项目等。

【做好政府投资项目储备编制计划】 11月20日，桃江县加强政府投资项目储备编制三年滚动投资计划工作会议召开。会议传达国家发改委关于加强政府投资项目储备编制三年滚动投资计划的有关精神，并对桃江县做好政府投资项目储备编制工作明确具体要求，对国家重大建设项目库系统操作流程进行业务指导培训。

县国土资源局

【县国土资源局领导人名录】
局　　长　罗歆辉
副 局 长　胡练军　郭　华
　　　　　薛志元　吴文正
　　　　　谢加强　曹菊林
总工程师　龚　联
纪检组长　刘建夫
工会主任　张海辉
执法监察大队大队长　吴建强

【概况】县国土资源局是全县土地资源、矿产资源等自然资源规划、管理、合理利用和测绘事业的工作部门。局机关内设办公室、人事教育股、法规股、财务审计股、规划股、用地股、地产股、耕保股、地籍测绘股、处置办、监察室、矿管股、地环股、政务服务股、不动产登记股、车队等16个职能股室。局下辖9个二级机构：不动产登记中心、土地开发整理中心、土地交易拍卖中心、土地储备中心、执法监察大队、征地服务所、地籍测绘队、地质环境监测站、信息中心。原15个乡镇国土资源所根据益阳市政府和桃江县政府要求划归各乡镇人民政府管理，成立各乡镇国土规划建设环保所。2015年全系统新进1人，调出1人，退休4人，辞职2人，现有干部职工317人，其中在编在岗人员265人、退休人员52人。

用地报批与土地储备。2015年，获批用地42宗，批准面积214.83公顷，其中，经省人民政府批准的新增建设用地项目41宗，用地总面积212.86公顷，包含农用地199.26公顷、交通建设用地51.27公顷、园区建设用地32.56公顷、产业建设用地13.97公顷、城镇建设用地98.55公顷、民生工程建设用地16.44公顷。经市人民政府批准的农村农民建房1宗，用地总面积1.97公顷（耕地1.97公顷）。完成重点项目土地测绘任务2102.01公顷。建立县城规划区内土地储备库，全县各融资平台的土地储备381.15公顷。

耕地保护与农村土地综合整治。严格落实耕地保护责任，确保全县4.35万公顷耕地保有量指标与3.7万公顷基本农田保护保有量指标不减少。全面完成永久基本农田划定工作，并通过省级预验收。完成2015年第二批县级耕地补充项目大栗港镇刘家村等14个土地开发项目选址立项、规划设计、资金预算文件下达工作，规模面积115.78公顷，新增耕地96.73公顷。组织实施省“连片推进农村土地整治示范县”项目第二期，包括牛田镇、松木塘镇、石牛江镇3个镇16个村，总建设规模2208.27公顷，项目总投资6596.92万元。稳步推进第三期项目石牛江镇贺家塘村等13个村，项目建设规模1569.4公顷，预算投资5148.66万元。完成2015年第一批县级耕地补充项目灰山港镇司马冲等12个土地开发项目实施验收确认工作，规模面积66.97公顷，新增耕地55.61公顷。

矿产资源管理与地质环境整治。完成矿山企业年度检查，对正常生产的19家矿山企业进行实地测量，并上报国土资源部备案。新设九峰陶粒页岩矿完成野外钻探等工程，完成储量报告编制评审与备案，编制开采利用方案和矿业权设置区划。灰山港新塘坡矿区石灰岩矿资源整合矿业权设置方案通过省厅审查，申请划定矿区范围相关资料通过市局审查。部署全县28家矿山企业完成复绿面积13.53公顷。完成大栗港镇筑金坝九家塅、马迹塘镇范家园等计10处地质灾害应急治理。地质灾害巡查、排查、复查、应急处置等基础防治工作全面落实到位，开展地质灾害防灾避险知识宣传，阻止破坏山体行为10多起。

国土资源执法监察。开展国土资源动态巡查2476次，立案查处各类土地违法行为98宗，结案98宗（集体土地78宗、国有土地10宗、矿山案件10宗）。受理房地产开发竣工验收12宗，强制拆除违法用地地面建筑物4处，制止破坏山体建房4宗。联合公路部门、综合执法局等拆除违章建筑17宗。封堵关闭非法矿洞、矿点8处，新修砌封堵墙6垛，查扣非法吸金船6条，移交公安部门治安拘留3人。顺利通过市整改办的检查验收，并被市人民政府评为先进单位。组织执法监察大队、财计股、监察室对15个乡镇进行二次土地督察，调查用地项目128宗。

经济指标与确权发证。办结出让分配方案35宗，实现土地出让总价款8857万元，待批出让分配方案7宗，实现土地出让总价款3736万元，完成土地出让总价款12593万元。实现矿业收入578万元，实现罚没收入173万元，收费收入11万元。收缴县级耕地开垦费2067万元，其他非税收入146万元。完成全县土地登记统一编码工作和农村集体土地所有权数据库建库工作，农村宅基地确权登记发证完成两个村1300户的外业地籍调查。共测量调查信用社网点用地89宗，核发《国有土地使用证》65本，登记面积为45368.05平方米。

矿产资源保护与开发。高压打击盗采、越界开采等矿产资源开发乱象，切实保护矿产资源。促进资源合理有序利用，由414队和长沙有色金属院承担的资江河道砂石资源勘查完成野外勘查工作与相关报告的编制，完成采砂权益评估与备案，砂石开采权成功拍卖，成交价6215万元。

不动产登记及机构改革。按照省、市、县关于成立不动产统一登记机构的部署，选送业务精干力量参加上级业务主管部门培训，起草《桃江县不动产统一登记工作实施方案》，配合县编委办出台"三定"方案，完成从事不动产登记国土业务方面人员的考聘工作。根据市政府关于整合乡镇国土、规划、建设、环保职能的统一部署，完成15个乡镇国土资源所撤牌工作，行政管理职能全部移交至乡镇人民政府。（项　军）

【吴正辉到桃江调研】 4月15日，省人大环境与资源保护委员会副主任委员吴正辉一行到桃江调研国土资源工作。调研组先后查看沾溪镇中学地质灾害治理项目、卫红村土地整理项目、灰山港镇江石桥地质灾害隐患点、软桥土地整理项目。

【"世界地球日"宣传活动】 4月22日，县国土资源局围绕"珍惜地球资源·转变发展方式·提高资源利用效益"的宣传主题，开展世界地球日科普知识宣传活动。通过宣传车在乡镇巡回宣传、张贴横幅、布置宣传展板、发放宣传册等多种形式向公众普及地球科学知识，宣传土地矿产资源国情国策，并紧密结合汛期地质灾害防治工作，重点宣传崩塌、滑坡、泥石流等灾害日常防治和避险应急知识。

【土地利用总体规划调整】 9月24日，桃江县召开《土地利用总体规划（2006—2020年）》调整完善工作动员大会，全面启动新一轮调规工作。桃江县第二轮《土地利用总体规划(2006—2020年)》实施近10年，随着县域经济的发展，用地需求不断增大，各乡（镇）项目用地与"土地利用总体规划"的冲突与日俱增。为不影响本轮规划后期的项目用地，突破规划瓶颈，县国土资源局根据各级有关土地利用总体规划调整完善工作的要求，做到资金保障到位、技术服务支撑到位，全力开展土地利用总体规划调整完善工作。

审　计

【县审计局领导人名录】

局　　长　刘造军

副 局 长　方红明　龙　剑

　　　　　曹翰云

纪检组长　刘建春

【概况】 2015年，县审计局机关内设办公室、法制股、财政金融审计股、行政事业审计股、经济责任审计股5个职能股室，辖建设投资审计中心1个二级机构。人员编制29个，其中机关行政编制15名、机关工勤编制2名、全额事业编制12名，在编25人。2015年，县审计局坚持围绕中心，服务大局，依法审计，加大对重点领域、重要单位、重大资金的审计监督力度，完成财政财务收支和经责审计项目60个，查出违纪违规金额8737万元，管理不规范资金23764万元；完成工程造价结算审计项目125个，送审工程造价12.58亿元，审定金额10.69亿元，核减政府投资1.89亿元，审减率达15%；移送案件线索25起，较好发挥服务全县经济社会发展的作用，被市审计局评为全市质量考核先进单位。

财政审计。2015年，组织精干力量对2014年度财政预算执行情况进行审计，对财政局、农业局、广播电视台2014年度部门预算执行和其他财政财务收支情况进行审计，对桃花江镇、鸬鹚渡镇的财政决算进行审计，对安居工程专项资金进行审计，对桃花江竹业等3家民营企业财政资金使用绩效进行审计调查。审计局紧扣"收入、支出"这两根主线，抓住预算、执行和决算三个环节，对财政收支预算编制、预算执行全过程进行审查，重点关注财政资金分配、管理和使用情况，从体制、机制和管理层面研究财政问题，提出审计建议。发现预算编制、预算执行、税收征管3个方面存在31个问题，提出强化预算管理、政府采购法律的约束及民生资金的投入等建议24条。

经济责任审计。落实《党政主要领导干部和国有企业领导人员经济责任审计规定》，突出审计重点，对经济发展任务较重的农业局等17个部门单位主要负责人和桃花江镇、沾溪镇党政主要负责人进行经济责任审计。以领导干部守法、守纪、守规、尽责情况为重点，着重关注领导干部履行经济决策权、经济政策执行权、经济管理权、经济监督权、廉政建设情况和环境资源保护情况，全面、客观、准确地对主要领导干部履行经济责任情况作出实事求是、客观公正的评价。加强审计成果运用，将经济责任审计结果报告报送县委书记、县长、副书记和纪委书记、组织部长以及被审计对象的主管领导，促进领导干部谨慎规范使用公共权力。

民生项目审计。围绕促进中央惠民政策的贯彻落实，组织对农业综合开发资金、涉农资金以奖代补类资金、移民专项资金、民政专项资金、残疾人就业保障金、城镇保障性安居工程等民生资金进行专项审计或审计调查，纠正部分专项资金管理不规范、发放不及时、资金使用不合规等问题，确保民生资金的安全使用，维护人民群众的利益。

建设项目审计。2015年，对2012—2014年农村安全饮水等工程项目、马迹塘医院综合楼、2012—2014年城建开发公司已竣工项目、2012—2014年经济开发区已竣工项目、县人民医院综合楼、合格化学校建设已竣工项目、2012—2014年农村公路项目、国土整理已竣工项目开展工程造价决算审计，查处和纠正挤占挪用建设资金、不按规定进行建设项目招投标、工程管理不到位、基本建设中损失浪费和欠缴税费等方面的违法违纪问题，督促建设管理部门纠正整改一批违纪违规问题，规范管理，节约资金，提高施工质量和投资效益。围绕县委、县政府中心工作开展21项专项审计或审计调查。开展县属中学债务和国有林场改制前的审计，摸清家底，为县委、县政府正确决策提供依据。对县人民医院和肿瘤医院改革前的财务情况进行审计，为顺利推进两院合并提供真实准确的数据。按照县纪委的要求，对卫生局等6个县直单位、牛田镇等2个乡镇及主要领导进行述廉审计，力求为述廉评议提供参考。

审计整改。立足于审，着眼于改，积极协助县人大常委会开展本级预算执行情况审计整改检查评议工作，提升审计实效，督促县财政局、桃花江镇等6个同级审计单位纠正审计揭示的违法违规问题，帮助规范内部管理，维护财经纪律。根据县政府的统一部署，制定实施方案，加强对审计中发现税收违法信息的报送工作，报送涉税信息57条，涉税金额1107万元。努力创新工作思路，不断推动审计工作“转型升级”，认真落实民主集中制的各项规定，营造团结协作、和谐共事的良好氛围，提高工作执行力。持续开展创建“学习型组织”活动，完善干部理论学习和业务培训制度，着力培养“一专多能”的复合型人才，全面推行干部竞争上岗，大力选拔优秀青年干部，构建充满生机活力的选人用人机制。全面查找廉政风险点，完善廉政风险防控体系，推行“廉洁从审两项承诺”，强化党风廉政建设“一岗双责”体系，严格执行“审计八不准”纪律，推进机关作风建设。全面贯彻落实《审计法》《审计法实施条例》，完善十余项审计业务制度，全面实行审核、复核、审理和审计业务会议集体定审制度，畅通业务流程，加强审计质量检查考核。制定和发布审计执法基准和审计执法自由裁量权实施办法，实行“一带一”审计实务导师制，积极开展优秀审计项目、优秀审计报告评选和审计专家、审计能手培养评选工作，组织实施审计“精品工程”。全面推进审计信息公开，及时在机关内部或向社会公开机关党务、政务信息。根据《桃江县审计结果公开办法》，稳步推进审计结果公开，将经济责任审计、重大建设项目审计结果通过县公众信息网公开平台向社会公开，逐步加大财政财务审计、民生项目审计结果公开力度。促进审计成果的运用和审计行为的规范。

存在的困难和问题：审计任务繁重与审计能力不足的矛盾十分突出，审计全覆盖和及时性问题尚需解决，审计机关专业化建设水平不高，运用现代审计技术提高工作效率还有差距；审计查出的违法违规问题没有得到全面的纠正整改，审计的建设性、保障性作用还没有得到充分发挥；审计机关和审计队伍自身建设还存在许多不足之处。

（薛跃兵）

【环境资源审计工作开始试点】 根据审计署《关于2015年地方审计机关开展审计业务工作的指导意见》，桃江县审计局在对桃花江镇、沾溪镇党政领导干部经济责任审计的同时，重点关注乡镇新增项目、淘汰落后产能、经济发展能耗、土地资源管理、水资源利用、环境保护、污水处理厂建设和资源环境相关专项资金等方面存在的突出问题。

【民营企业财政资金审计】 首次将桃花江竹业、桃花江实业和新兴机械有限公司3家民营企业财政资金使用绩效纳入审计计划，加强对投入民营企业财政资金的审计监督，着重对立项申请和实施、专项资金使用情况、项目验收情况的审计监督检查，提高财政资金使用绩效，促进民营企业健康发展。

【开展“三访三化”活动】 县审计局积极开展“三访三化”专项活动和扶贫帮困工作，组织全体党员干部到“三访三化”联系点沾溪镇伍家洲村和洋泉湾村开展指导、帮扶和办实事活动10余次，在村级组织换届选举、助学帮困、清洁工程、亮化美化、村级财务公开等方面给予指导和支持。支持计生工作经费5000元，及时了解该村人口计生情况，配合村委宣传相关政策，确保人口计生各项工作任务达标。挤出机关经费2万元，到洋泉湾村扶贫点调查走访，开展扶贫帮困。

安全生产监督管理

【县安全生产监督管理局领导人名录】

局　　长　彭　建

副书记　胡绍辉

副局长　胡牛皋　周霞初

工会主任　薛国斌

【概况】 县安全生产监督管理局（加挂桃江县煤矿安全监督管理局牌子）机关内设办公室、综合监管股、纪检监察室、政务服务股、行业监管职业健康监管股、危险化学品安全监督管理股、烟花爆竹安全监督管理股、烟花爆竹安全监管股8个股室，下辖县安全生产执法大队，为全额事业拨款二级机构。局机关定全额预算行政编制13人，工勤事业编制2人，实有人数16人，其中公务员13人，全额事业编制2人，公勤人员1人。县安全生产执法大队全额事业编制13名，现有人数13人。

全县有非煤矿山15家、尾矿库6座，烟花爆竹生产企业7家、批发公司2家、经营网点800多户，危险化学品生产经营企业51家，高危行业和涉危企业门类齐全，安全生产监管任务十分繁重。县安监局创新工作方法，防控安全生产事故。全年共发生生产经营性事故12起，死亡4人。烟花爆竹、危险化学品、非煤矿山、煤矿四大高危行业无一起生产经营性死亡事故，确保全县安全生产形势的稳定好转。

领导重视，落实责任。由常务副县长分管安全生产工作，县安委会印发《关于建立健全“三级五覆盖”和“五落实五到位”安全生产责任制度》的通知，村（社区）新增安全生产监管员并明确待遇，新增园区和县属林场安监机构，建立县、乡、村三级监管网络。县财政增加安监局财政预算45万元，2015年安监局增加工作人员4人。每年从上年度全县工伤保险基金中提取一定比例的专项经费用于安全生产宣传与培训，全额返还非税收入，用于安全监管平台建设。县政府与乡镇、部门签订安全生产责任状，严格实行安全生产“一票否决”，继续实行安全生产工作目标管理保证金制度。全县83家高危企业建立“三包一”责任制，即1名乡镇领导、1名安监人员、1名村干部对高危企业实行“三包一”。严格落实“属地管理”和“管行业必须管安全”责任，在县委常委会议上交办9个重大安全隐患和7项安全生产重点问题，各联点或行业监管县级领导拿出防控治理方案，确保安全可控。

督促检查，宣传培训。充分发挥县安委办的综合协调作用，协调督促县级领导检查安全生产工作。全年县委书记和县长分别检查安全生产工作6次，分管副县长检查安全生产工作10次，四套班子领导带队开展全县安全生产督查行动4次，组织暗访和专项检查12次，发出通报6期，进行专项问题交办62起。积极督促推动“四大三基”（大宣传、大培训、大检查、大整治、基本建设、基础工作、基层创建）和“三三”（三大体系建设、三大高危行业安全基础工作、三项制度）重点工作。抓好党政领导干部、安全监管人员、企业经营者、企业员工的“全覆盖”式安全生产宣传教育培训。投资1万元开设县安全生产信息网，利用MAS平台发送各类安全生产短信5万余条。投入20万元组织全县各乡镇、安委成员单位开展为期两天的安全生产知识电视抢答赛，组织县国土局、县公安局等50余个部门开展“安全生产应急救援宣传咨询日”活动，积极谋划“安全生产宣传月”活动和职业健康巡回宣传活动。县委、县政府主要领导分别与乡镇党委书记、乡镇长开展安全生产警示约谈和谈心谈话活动，与重点高危行业企业负责人开展安全生产面对面谈心谈话活动。组织全县各单位、各企业观看《生命的红线》《事故警示教育片》等宣教片。强化信息调度，在国家、省、市媒体上稿30余篇，县级媒体上稿80余篇。强化安全培训，举办安全监管人员培训班1期，培训人数83人；举办高危企业管理人员培训班3期，培训人数1000余人；举办重点工贸企业负责人培训班1期，培训人数80余人；分厂分批次培训高危企业员工3000余人次。

打非治违，整改隐患。按照省、市部署安排，从3月开始，全面启动安全生产“九打九治”打非治违专项整治工作行动。组织执法行动860次，检查生产经营单位4185家，下达执法文书852份，打击各类非法违法、治理纠正违规违章行为1963起，办理安全生产案件13起。扎实开展安全隐患大排查大治理专项行动，投入隐患整改资金近8000万元（含企业隐患整改资金），强化节后复工复产、汛期、高温期的安全监管。强力推进安全隐患排查治理，每周对煤矿进行一次下井全面检查，每月进行一次地下矿山检查；每月进行一次危险化学品生产企业检查；每10天进行一次烟花爆竹生产企业检查；每月进行一次粉尘防爆重点企业检查。2015年，全县挂牌督办安全隐患9个,整改到位9个,预警交办安全生产重点问题7个,在桃江电视台、桃江公众信息网曝光存在安全隐患的企业8个。开展安全生产大排查、大整治、大督查行动,查出隐患3899处,已整改到位3835处。强势推进高危行业生产经营单位安全生产事故隐患自查自改月报工作制度,要求企业认真排查、谨慎填报,乡镇严格审核把关,督促企业落实主体责任。2015年,全县高危企业自查自改隐患1299处。 (吴国强)

统　计

【县统计局领导人名录】

局　　长　高白秋

副 局 长　卢运成　贺素平

纪检组长　龙希季

工会主任　戴军辉

总统计师　吴　科

【概况】 县统计局内设办公室(加挂政策法规股牌子)、综合核算统计股、工交能源统计股、基财服务业统计股4个股室,辖桃江县社会经济调查队(加挂普查中心的牌子)1个二级机构。有在岗人员17人、退休人员9人、临聘司机1人。2015年,县统计局坚持以提高统计数据质量为中心,不断探索新方法、新思路,实现统计工作的新突破,圆满完成全年统计工作任务。

人员力量。促进统计工作更加规范、高效,充分发挥统计职能作用。全县15个乡镇和桃江经济开发区分别设立统计站,统计机构设置为100%。全县15个乡镇、桃江经济开发区和各部门均明确专(兼)职统计员,按照统计工作要求规范开展工作。

教育培训。全年举办各类统计业务技能培训30余次,受训人数达3000余人次。分期组织开展企业入规申报、国民经济核算、联网直报、全国1%人口抽样调查和第三次全国经济普查等业务培训。举办各种以会代训培训班8次。与统计核算联管部门联合组织召开工业、商业、教育、卫生等培训会议8次。组织15个乡镇和桃江经济开发区统计员参加市统计局举办的全市统计业务培训班1次。承办由市统计局举办的全国1%人口抽样调查桃江、安化两县的业务培训,时间4天,160多人参训。组织部分乡镇统计人员到统计基层基础工作做得较好的乡镇交流学习,观摩先进乡镇的好做法。分批次组织机关专业人员深入乡镇、企业一线现场,对联网直报企业和新进统计队伍的统计人员进行面对面培训和指导。加大对从业人员岗前培训力度,严格统计从业人员持证上岗。动员各乡镇、企事业单位中没有统计证的从业人员参加统计从业资格证培训考试,已取得统计从业资格证的及时参加继续教育。全县有135人参加统计教育培训考试,其中,参加统计从业人员资格证考试的52人、参加统计继续教育的59人、参加统计师考试的23人、参加高级统计师考试的1人,是近几年报名参训人数最多的一年,较2014年同期增加42人,增幅达31%。

经费保障。县政府全年安排经费234.01万元,保证统计工作正常开展。常年性专项调查经费已落实。预算内工作经费由2014年的158.76万元增加到164.01万元,较上年增加预算内统计工作经费5.25万元。县财政安排第三次全国经济普查经费50万元、全国1%人口抽样调查经费20万元。县统计局全年投入47万余元用于统计信息化建设,全面提升统计信息化水平。全县15个乡镇的统计工作经费列入乡镇财政预算,乡镇统计工作所需经费得到有效保障。

统计调查。按照省、市统计局下发的各项专业调查方案的要求,做好农业、商业、人口与劳动抽样等30余项常规调查,及时报送各类月报表、季报、年报等统计报表,联网直报率达100%。各专业均建有纸质和电子台账,统计台账登记准确,相应的原始记录及统计报表进行数据衔接,并装订成册。县统计核算联管工作领导小组37个成员单位均建立台账。全面完成15个乡镇和桃江经济开发区2014年农业电子台帐联网直报和整理归档工作,2015年按月份和季度做好分期台帐。按照统计报表工作流程规范化要求,搞好数据审核,实行"三查、三审"制度(查源头数据、查汇总数据、查统计台账,统计员审核、分管领导审核、乡镇长审核),确保统计数据有据有源、准确可靠。

信息化建设。统计信息化工作列入统计工作的重要内容,明确全年信息化建设的目标、任务和进度。把统计网站建设作为统计信息化工作的重点来抓,统计数据、统计主要指标列入全县政务公开事项。2015年,撰写统计工作信息、分析121篇。加大《桃江县统计信息管理办法》《桃江县全国1%人口抽样调查PDA设备管理办法》等文件的落实力度,确保统计信息化更加规范。全面推行电子台账,各专业均建有纸质和电子台账,纸质台账及所有相关统计资料装订成册并归档。

统计法制。扎实开展统计执法巡查工作，完成20个行政事业单位和联网直报企业的统计执法检查。对统计工作不够规范、违法行为轻微的9个单位进行警告、通报批评，并责令限期整改。配合市统计局对4个单位进行统计执法检查。依程序搞好统计巡查工作，组织人员采取送检、巡检、整改通报和回访等多种形式，对全县部分乡镇和企事业单位的统计工作进行巡查，对存在问题的单位提出整改意见。

统计管理。加强核算管理，完善统计考核办法，继续对部分单位履行控管职能。继续推行联点包干负责制，干部职工联点工作与联点乡镇工作挂钩，进行年度考核。结合桃江实际，由县政府下发《桃江县乡镇服务型统计建设实施意见》，明确乡镇统计机构设置和工作职责、县统计局对乡镇统计工作的管理权限以及乡镇综合统计员变动备案制度，乡镇统计工作实行乡镇长负责制，健全机构，选好配强统计人员，保障足额的经费和工作条件，把乡镇统计机构打造成数据管理中心、信息发布中心和咨询参谋中心。健全统计工作制度，制定《桃江县统计工作十项制度》，主要包括统计工作领导制度、岗位职责制度、数据质量审核评估制度、资料验收（审核、报送）制度、考核奖惩制度、资料档案管理制度、保密制度、对外发布制度、法制工作制度、工作者职业道德等内容。（夏海燕）

【获综合考评第一名】 2015年，县统计局被益阳市统计局评为“2015年度区县（市）统计工作综合考评第一名”，其中，22项重点工作和专业工作在全市8个区县考核排位中有办公室工作、农业统计、能源统计、建设领域统计、1%人口抽样调查等15项工作获全市第一名。

【张正到桃江调研】 7月22—23日，省统计局副局长张正一行5人到桃江调研上半年经济形势，益阳市统计局党组书记李国荣、副局长曾益良、桃江县常务副县长周卫星、副县长曹萍等陪同调研。调研组听取县人民政府关于上半年经济运行情况的汇报，组织发改、财政、商务、工信等部门召开座谈会，先后深入湖南桃江南方水泥有限公司、桃花江实业有限公司等企业听取情况汇报，察看生产、加工现场，并就生产组织管理、市场运营、价格波动对企业的影响，以及目前存在的问题进行交流和探讨。调研组对桃江经济运行情况给予充分肯定，要求桃江围绕“推动科学跨越、建设生态桃江”这一主题，利用创新驱动手段，挖掘经济发展新的增长点，确保桃江经济稳定均衡增长，转换经济增长方式，更加关注企业的生存和发展。

【统计从业资格考试培训】 9月4日，县统计局在县委党校多功能教室举行2015年度统计从业资格考试培训班开班仪式。开班仪式由分管副局长卢运成主持，局长高白秋作了动员讲话。培训为期5天，主要讲授《统计基础知识与统计实务》和《统计法基础知识》及相关统计法律法规基础知识。统计从业资格考试培训有52人报名参考。

【部署全国1%人口抽样调查工作】 10月23日，县政府组织召开2015年全国1%人口抽样调查动员会议，全面动员和部署调查工作。全县被抽中的14个乡镇的分管领导、统计员、调查员、县领导小组成员单位分管领导和县调查办全体工作人员90余人参加会议。此次调查的重点是人口迁移、城镇化和生育政策等三大涉及人口主题的内容，旨在摸清2010年以来桃江在人口数量、素质、结构等方面的变化情况，为科学制定“十三五”规划提供人口依据，为探索人口普查新方法积累经验。

食品药品监督管理

【县食品药品监督管理局领导人名录】

局　　长	刘安军
副 局 长	莫佳山　余金华
	卢　宁　邹跃良
纪检组长	贺铁先

【概况】 县食品药品监督管理局机关内设办公室、综合应急股（加挂12331投诉处理中心的牌子）、政务服务股、政策法规股、食品安全监管一股、食品安全监管二股、食品安全监管三股、药品和医疗器械安全监管股8个股室，辖县食品药品监督管理局稽查大队、县食品药品检验所2个二级机构，15个乡镇设立食品药品监管所，为县食品药品监管局的派出机构。全局核定编制114人，实有正式职工101人。基本职能是对全县6139家食品（含保健食品）生产、经营和餐饮服务单位，196家药品和医疗器械生产、零售单位，376家医疗机构，137家化妆品经营单位进行监管。2015年，县食品药品监督管理局在积极推动食品药品监督管理体制改革的同时，切实履行职责职能，确保全县人民饮食用药安全。被市食药局评为“益阳市食品药品监管专项评估（绩效

考核）优秀单位”“益阳市化妆品不良反应监测工作先进单位”“益阳市标准化学校食堂创建活动优秀单位”。

专项整治。从4月起，开展对食品生产加工小作坊、小食品经营店、小诊所、小药店的整治专项行动，检查食品生产加工小作坊69家、小食品经营店3300多家、小诊所（含医疗器械）371家，小药店（含医疗器械）24家、小餐饮经营单位689家，督促小餐饮办证并建档606家。抽检食品生产加工小作坊产品55批次，立案6起，取缔1家，移送案件1起。立案查处小食品经营店27家，涉案金额4万余元。立案查处小诊所4家、小药店3家。印发《关于印发桃江县食品药品“四查”行动实施方案的通知》，于8—11月在全县范围内开展食品药品“四查”行动，出动执法人员14506人次，出动执法车辆7000多台次。全面摸清全县食品药品生产经营主体基本情况，建立基础数据库。排查食品药品安全隐患和问题，分级分类建立食品药品安全风险清单，严厉查处危害食品药品安全的案件，真正做到监管底子清、风险情况明、问题发现准、防范处置早。完成6114户监管对象的普查数据录入工作，并下发责令改正通知书200多份、监督意见书1300多份。

严控市场准入。2015年共核发、换发、变更许可证1333张。其中食品生产企业申请换证企业14家，食品生产小作坊许可发证33家，《食品流通许可证》797家；审查284家餐饮单位，其中276家核发《餐饮服务许可证》，有8家由于场地和卫生设施等原因不符合要求不予许可。受理零售药店的行政许可206起，其中筹建16起，核发许可证12起，换发证90起，变更88起；办理医疗器械经营企业许可7起，其中核发许可证3起、换发许可证3起、备案11起。

餐饮服务示范创建。开展示范街、示范店及“明厨亮灶”工程创建，打造资江路、芙蓉路两条示范街、11家示范店、5家明厨亮灶店，助推20所学校开展标准化学校食堂创建活动。组织申报创建标准化食堂的学校及县属学校的后勤校长参观学习益阳示范学校食堂。开展量化分级管理动态评级，餐饮服务单位评定良好395家、一般287家，对量化分级管理情况向社会进行公示。做好重要会议和重大活动的食品安全保障工作。通过事前审查、现场检查、蹲点督查、反复巡查等方式，有效保障元旦春节两节、元宵节、五一劳动节、端午节等节假日的食品安全检查和防护工作，确保广大群众的饮食安全；确保高考、高中学业考试、“三月三”庙会、人大、政协两会、竹海音乐节、浮邱山首届“极限陡坡3千米”山地自行车爬坡赛、桃江县文化旅游产业招商座谈会、中国林学会竹子分会五届四次全委会暨第十一届中国竹业学术大会等重大活动的食品安全。

食品药品安全整治。分别开展建筑工地与机关事业单位食堂整治、火锅违法添加及滥用添加剂专项整治、虫草保健食品的专项检查、旅游景区餐饮服务食品安全专项整治、校园周边食品经营户专项整治、冷冻肉品专项整治、茶楼食品安全专项检查、酒类生产流通、肉类专项整治工作、湿米粉、湿面条专项整治行动、豆制品专项整治工作。专项整治中，下达责令整改通知书46份，监督意见书1100余份。开展药品和医疗器械安全监管，全力保障药械安全，强化日常巡查，规范市场行为。全年检查药品零售企业、性用品店、医疗器械经营企业、医疗机构1102家次，并组织开展医疗器械“五整治”回头看、“四小”专项整治、中药材、中药饮片专项整治及“两非”药品专项检查等工作，责令整改6起。开展药品、医疗器械行政许可及新版GSP认证工作，帮助116家药品零售企业开展《药品经营质量管理规范》认证申报工作，通过认证82家。加强药品不良反应和医疗器械不良事件监测工作，上报医疗器械不良事件165起、药品不良反应602起、化妆品不良反应30起，其中严重不良反应1起。对260家化妆品经营店和148家保健食品经营店进行全面巡查。1月底至2月上旬开展虫草保健食品专项检查，共检查经营单位35家，其中药店25家、超市3家、专卖店7家。经检查，发现湖南省欣百康医药连锁有限公司欣百康大药店桃江桃花路店、益丰大药房连锁股份有限公司桃江花桥路分店经营该类产品，经与国家数据库比对及其标识宣传内容核实，产品符合相关规定要求。抓市场整治、净化药械、食品销售及餐饮服务市场秩序，抓内部管理、规范稽查执法行为，“四品一械”共立案81起，结案70起，移送公安1起，没收不合格食品887.5公斤。

监督抽检，主题宣传。对35家食品企业、10家小作坊、15家前店后厂经营店60批次产品进行监督抽查，完成101批次抽查任务，为全年计划的168%。委托检测完成107批次，完成全县生产领域24批次产品的市级监督抽查抽样送检工作，完成药品抽验30批次。开展主题宣传活动4次，在县级、市级、省级媒体共发布宣传报道121篇，县电视台采访报道18次。发送食品药品安全知识宣传短信15万余条，发放宣传资料2.4万余份，接受现场咨询1500余人次。

从业人员培训体检。督促3337名从业人员进行健康体检，其中餐饮从业人员体检2700余人，药品从业人员健康体检500人，保健食品从业人员健康体检37人。在县疾控中心的大力支持下，依据当地卫生院检测资源，自带仪器设备，组织医务人员上门服务，分3期在13个乡镇体检1700余人，给体检合格人员核发健康证，体检不合格的7人调离工作岗位。加强执法人员法律法规和执法业务培训。集中组织4次培训，提高执法人员的业务水平。先后投资10万余元装备便携式电脑、快速检测箱等设备，并对乡镇监管所执法人员进行专业培训。

（龚建新）

物价管理

【县物价局领导人名录】

局　长　贺孟良

副局长　蔡赛西　文德辉　杨立庆

　　　　钟灿华（兼纪检组长）

【概况】 2015年，县物价局内设办公室（法规股）、价格管理股、价格监测收费股、价格监督检查局、政务服务股、桃江县价格调节基金征收管理办公室、桃江县价格举报中心7个股室，下设桃江县价格成本调查队、桃江县价格认证中心2个事业单位。有干部职工17人，其中行政编制人员10名，工勤人员1名，全额拨款事业编制6名。2015年，物价局认真落实“稳增长、控物价、调结构、惠民生、抓改革、促发展”的调控目标，紧紧围绕“保增长、稳秩序、安民生、重服务、畅诉求”的工作方针，以市全年考核指标为重点，充分发挥职能作用，在加强涉农涉企价格监管，着力解决民生价格问题，落实价格实事，推进价格公共服务等方面取得较好的成绩，获得全市价格工作综合考核第一名、行政执法案卷评查优秀单位等荣誉，综合治理工作受到考核组高度评价。

开展价格工作。深化价格改革，完成全县非居民用气和车用气的价格测算调整工作，居民生活用气实行阶梯气价改革。完成全县农村公路客运、灰山港镇3条公交线路的成本监审、听证和定价工作，重新定价49条农村客运班线。制定并出台全县县级公立医院医药价格改革实施方案，对药品实行零差率，调整提高七大类1500余项医疗服务价格。完成马迹塘镇自来水成本监审、价格听证、定价工作，及时调整液化气和成品油价格，开展居民生活用水实行阶梯水价的前期调研工作。

强化收费管理。开展收费督查，取消行政事业单位收费年检年审制度，及时开展相关法规和文件的清理，转变工作方式，做好与各收费单位的政策衔接工作，强化事中事后的监管。与财政局共同出台并公示行政事业单位收费清单，停止和取消收费项目43项。

加强价格检查。组织开展教育收费检查、市场价格巡查和涉企收费检查，立案查处两所小学收取学生伙食费违反“保本不盈利”规定及一所民办初中不按照规定提供服务而收取费用、扩大收费范围收费的违价行为，查处桃江县供电分公司超收农村安全饮水工程供水用电电费案件。按照省市“发展环境优化年”收费专项检查的要求，完成“发展环境优化年”收费专项检查的扫尾工作，查处桃江县国土资源交易拍卖中心超标准、扩大收费范围收费案，规范国土部门的涉企收费行为。2015年，查处各类案件9件，查处违价金额78.05万元，实施经济制裁98.81万元，其中责成清退38.88万元，没收42.64万元，罚款17.29万元，结案率100%。加强规范性文件的合法性审查，干部职工普法考试参与率、合格率均为100%。

完善价格调控。加强价格调节基金的征收与管理，不断完善征收方式，对行政事业性收费价格调节基金的征收从第二季度开始实行财政计提，取代财政代扣代缴的不合理方式。拓宽新的征收渠道，经县政府同意，对全县砂石采挖经营权拍卖开征价格调节基金。全年完成征收价格调节基金511.68万元，为预算计划的170.56%。争取省、市价格调节基金投放312万元，其中基地建设项目资金250万元。扶持闽益、和平、浮邱山等调节基金重点项目3个、一般项目17个，平抑市场菜价，维护价格稳定。

加强认证与调研。扩大价格认证范围，完成涉案物价格鉴证220宗，涉案标的600余万元，所做鉴证无一例复核裁决或行政诉讼，鉴定准确率达100%。对陈粮处置、农资市场、种植意向、生猪成本等关系国计民生和人民日常生活的重大问题及时进行调研，撰写调研报告。

加强价格服务。运用12358全国价格举报平台，对价格举报热线实行24小时专人负责制，及时处理与答复价格举报。全年受理价格咨询82起，受理价格投诉举报10起、调解6起、立案处理4起，做到咨询有解答、举报有落实。为8家工业企业减免停产期间电费提供政策支持。

阳光政务工程建设。积极推进“阳光政务工程”建设，通过网站媒体共发布价格政务信息30余条，价格宣传在全市名列前茅。政务窗口共完成办件400余件，按时办结率、群众满意率均为100%，在政务中心的考核中获满分。

班子队伍建设。认真开展“三严三实”教育。落实局党组中心组集体学习制度，加强政治理论学习和业务学习，班子成员逐一轮流参加县委组织部的各类培训。积极参加业务培训，安排业务股室工作人员参加国家、省、市、县举办的价格业务、行政执法、全县电子信息化操作、“12358”系统建设业务等培训，工作人员业务素质不断提高。灌输创先争优意识，消除领导班子、党员干部面临机构改革不思进取的思想，倡导物价干部以崭新姿态、优良业绩融入到新机构中去。建立激励机制，加大对优秀党员、平安家庭、省市县获奖人员的奖励。在机关工作人员因退休减少三人的情况下，干部职工主动分担工作任务，工作热情持续高涨。

机关作风建设。以“一进二访”活动为依托，认真研究、部署，成立“一进二访”工作领导小组，制订详细具体的工作方案，拿出专门工作经费确保“一进二访”工作顺利开展。局党组先后多次率中层骨干到三堂街镇三堂街村、王母村和郭家洲村走村入户，按照走访工作不漏户、不让贫困户漏登的要求，开展调研走访，走访贫困户144户，初步核定贫困户93户，针对性地确定了帮扶措施。积极开展对口扶贫，给予资金支持，筹措10万元帮助三堂街镇王母村开展村级服务体系建设。加强廉政教育，组织机关干部集中学习《中国共产党纪律处分条例》《中国共产党廉洁自律准则》，切实落实好全面从严治党主体责任。坚持每月至少集体学习一次，局班子主要领导带头，班子成员对各自分管股室分别进行辅导。签订廉洁承诺，局机关全体工作人员分别与局党组书记签订廉洁承诺书，强化自我约束。坚持以完善的制度管人、管事、管钱、管物，完善和制定机关财务、公车管理、差旅费管理和廉洁自律等多项制度，严格按照上级有关规定控制招待费支出，较2014年同期，机关招待费用减少60%。加强公车管理，杜绝公车私用现象，严格执行司机上下班、周末上交钥匙制度，公车费用比2014年减少59%。（邹曲波）

【督促检查驾校明码标价情况】1月4—9日，县物价局组织开展驾校明码标价专项检查。在各驾校，检查组现场查看价费公示情况，抽查部分学员档案和财务资料，组织相关负责人再次学习相关文件，指出个别驾校收费公示更新不及时、将考试收费纳入公示范围代收代缴等问题，责令各驾校迅速整改到位。

【春运工作会议召开】1月30日，县物价局组织召开2015年春运工作会议，县交通运管部门、各汽车客运营运公司、出租车公司等单位参加会议。县物价局局长贺孟良主持会议，要求各营运单位严格执行城乡道路客运价格政策，客运班车、公交车、出租车价格一律不得上涨，明码标价，并规范票外收费行为。

【严查农村客运票价】4月20日，物价、交通部门联合开展全县整治农村客运票价专项行动，严查农村客运违价行为。县物价局、交通运输局组成联合检查组，重点对三堂街、沾溪、马迹塘、灰山港等班线的票价执行情况开展监督检查，要求车主执行明码标价规定，并严格按核定标准售票。

农村经济经营管理

【县农村经济经营管理局领导人名录】

局　　长　彭建良

副 局 长　李石凡　张珏多

　　　　　胡希月

纪检组长　龚敏灵

【概况】县农村经济经营管理局是正科级事业机构，是县人民政府主管全县农村经济经营管理的职能部门。承担全县减轻农民负担监督与管理、农村财务管理、农村土地承包管理及农民专业合作社指导与管理四大职能。内设办公室、农村集体财务管理股、农民负担监督管理股和农村土地承包管理股4个股室，有工作人员18人。2015年，县经管局被评为“全省农民维权监管工作先进单位”。

农村土地承包。2015年，全县土地流转3.67万公顷，其中耕地流转2.38万公顷。通过流转，全县3.33公顷以上规模经营户1354户，33.3公顷以上规模经营户77户。农村土地承包经营权确权颁证工作顺利推进，全县284个村中，有271个村完成外业调查，完成率达94%，220个村完成内业调查，公示纠错、农户签字确认基本完成，并顺利通过省确权办验收。争取全省的土地确权颁证信息平台建设试点项目，获农业部立项批准。经营权抵押贷款试点稳妥推行，在试点基础上，上半年配合银信部门办理土地承包经营权抵押贷款3笔共320万元，下半年，桃江被省政府纳入6个全国经营权抵押贷款试点县范围，省政府统一向国务院进行申报。发挥土地承包纠纷调解仲裁体系作用，村、组自行协商调解的承包纠纷472起，到县正式申请仲裁的2起，公开审理1起，未发生越级上访和群访事件。

农民权益维护。落实工作责任，与乡镇及县直涉农部门签订减负责任状。发放农民负担与补贴监督卡21万份，入户率达到95%以上。4月下旬和8月上旬会同县纠风办对15个乡镇的减负惠农政策落实情况进行两次专项检查和治理。通过自查自纠、专项整治，全县取消收费项目4个，减轻农民负担95.2万元；查处违规收费案件8件，清退违规资金27.01万元；对各乡镇上报的“一事一议筹资筹劳”申报项目资料进行审核。实地抽查42个村的62个项目，对项目超范围、议事程序不到位的提出整改意见。全县开展“一事一议”的村152个，申报项目470个，申请财政奖补2031万元。

农村集体“三资”管理。组织乡镇开展村级财务清理活动，4月中旬会同县纪委对《桃江县村（社区）财务“十不准”暂行规定》贯彻执行情况进行检查；8月对二季度村级财务进行专项督查，重点核实各乡镇问题的整改情况；启动村（社区）“三资”管理专项监督检查工作。从10月26日开始，抽调人员配合县“三资”管理办公室，检查全县284个村（社区）的自清自查情况。按照全县党风廉政建设12个重点问题整治活动要求，针对村级财务管理混乱问题，出台《关于做好2015年度村级财务清理和公开工作的通知》《桃江县整治村级财务管理混乱问题实施方案》，重点加强对杨家湾、崆峒、朱家村3个省级美丽乡村创建村的财务监管，制定监管制度和具体措施。全县新发展农民合作社110家，工商注册的合作社368家；新发展家庭农场99家，注册家庭农场444家。指导创建农民合作社县级示范社17家、市级示范社2家、省级示范社3家，市级示范家庭农场15家，争取中央、省级财政对农民合作社和家庭农场的扶持资金180万元。 （文 昭）

【村（社区）“三资”管理检查】 根据全市村（社区）“三资”管理专项监督检查工作部署，由县纪委牵头，县经管局组织各乡镇经管站在全县范围内开展村（社区）“三资”清理工作。县村（社区）“三资”管理专项监督检查办公室按照“全面展开、突出重点、查处问题、整章建制”的工作要求，扎实推进各项工作。各乡镇通过自清自查，清查出“三资”管理中的各类问题1847个，涉及金额1876万元，通过自纠，整改问题1720个。10月中旬，县“三资”办从县纪委、县经管局、县财政局、县审计局等单位抽调25名专业人员，分成5个工作组，分别对全县15个乡镇51个村（社区）的“三资”清理工作进行抽查。抽查中发现并收集各类案件线索93条，经过梳理甄别，有37条重要线索交由县纪委调查核实，对其余的56条线索，县纪委以交办函的形式交乡镇纪委调查核实，共发交办函30份。

工商行政管理

【县工商行政管理局领导人名录】

局　　长　肖建光

副 局 长　符战胜　温建军

谢兆军　杨锦人

熊军辉　符映东

工会主席　胡自力

【概况】 县工商行政管理局（以下简称“县工商局”）内设9个股室，下辖10个工商所、3个分局、2个挂靠社团组织，有干部职工235人，其中在职人员145人、退休人员90人。2015年，县工商局在职能调整、工商体制改革、商事登记制度改革的关键时期，发扬“诚实、执着、奉献”的桃江工商精神，进一步深化商事登记制度改革，不断提升消费维权水平，促进社会和谐稳定，取得较好成绩，被评为全市工商系统绩效考核“一类单位”、全县重点工作目标绩效考核“一类单位”，局党组获评“优秀党组织”。

体制改革。8月6日，在益阳市工商局召开的全市工商行政管理体制调整工作会议上，市工商局向桃江县分管工商的副县长移交了机构人员名册，县工商局正式划归桃江县人民政府管理。根据《中共湖南省委办公厅 湖南省人民政府办公厅关于调整省级以下工商、质监行政管理体制的意见》《湖南省财政厅 湖南省工商行政管理局关于省级以下工商行政管理体制调整涉及财政有关事项的通知》精神，明确此次体制调整的有关事项。12月31日，县工商局、县质量技术监督局、县食品药品监督管理局“三局合一”组建桃江县市场和质量监督管理局（加挂县食品药品监督管理局、县食品安全委员会办公室牌子）。

抓队伍，强基础。领导班子坚持政治理论学习，每月进行一次集中学习。在决策中坚持民主集中制，出台《中共桃江县工商行政管理局党组议事规则》，规定凡属方向性、全局性、政策性等问题，以及重大决策、重要干部任免、重大项目安排和大额资金使用等事项，严格按照“集体领导、民主集中、个别酝酿、会议决定”的要求，由领导班子集体研究决定，保证决策的民主化、科学化。严格实行一把手“三不一末位”制度和权力适度分离制，班子成员内部工作分工按照决策权、执行权、监督权适度分离的原则确定，强化班子成员之间的相互监督和制约。坚持和完善民主生活会制度，领导班子民主生活会每年召开一次，达到消除隔阂、增进团结、形成共识、振奋精神的目的。班子成员率先垂范、以身作则，制度面前人人平等，不搞特殊化，真正形成“一般干部向班子成员看齐，班子成员向一把手看齐”的良性互动，促进机关的规范化管理。对工作人员遇到的难以解决的事情，班子主要领导不怕得罪人，亲自出面解决，维护班子的集体权威，也产生较大的示范效应。修改完善《桃江县工商局作风纪律建设督查办法》《桃江县工商局绩效考核办法》《桃江县工商局请休假制度》等规章制度，坚持以制度管人管事，注重抓小抓早抓落实。学习《中国共产党廉洁自律准则》《中国共产党纪律处分条例》等规定，观看廉政警示教育片，干部职工内在风险防御能力不断增强。扎实开展“三访三化”和“一进二访”活动，走访贫困农户205户，慰问特困户30户，收集群众意见、建议40条。

抓服务，促发展。9月20日，全面启动“三证合一、一照一码”登记制度改革，即将企业登记时依次申请，分别由工商行政管理部门核发工商营业执照、质量技术监督管理部门核发组织机构代码证、税务部门核发税务登记证，改为一次申请，核发一个营业执照一个号码的登记制度。全县新增市场主体4534户，其中新增企业962户。大力宣传企业信息公示制度，完成省工商局对桃江的信息公示抽查工作。大力实施商标战略，新增省著名商标2件，续评省著名商标6件，培育马德里国际注册商标1件，新增驰名商标1件，实现桃江“中国驰名商标”零的突破。“桃江竹笋”申请注册地理标志证明商标被国家工商总局受理。深化融资服务，与邮政银行合作，为中小微企业实现贷款近2000万元；立足动产抵押、股权出质登记等职能作用，办理动产抵押登记17件，担保债权数额3585.7791万元，办理股权出质登记22件，担保债权数额29367万元。

抓监管，保民生。开展打击制售假冒伪劣商品、红盾护农、虚假违法广告整治等专项行动，共抽检各类样品145个，查处案件85件。牵头开展农村户外广告整治，并扩大整治范围，全县共拆除和覆盖的户外广告分别为1949块和1204块；打击传销，成功捣毁一网络传销组织，罚款51万元，移送2名组织骨干至司法机关。组织全县直销企业约谈，规范直销经营。保护知识产权，开展打击“傍名牌”专项行动。开展打击商业贿赂专项行动，分别组织约谈全县通讯行业和房地产企业，规范经营行为。加强烟草行业监管，强力推进治超治限专项行动。突出执法办案，发放行政指导意见书25份、责令整改通知书126份，全年查处各类违法案件199件，无一起行政复议或行政诉讼案件。强化消费维权工作，落实消费维权约谈制度，分别召开医药、电信、零售行业约谈会3起，强化经营者自律意识，强化事前预防。开展形式多样的3·15宣传活动。全年共受理消费者申（投）诉、举报、咨询215件，办结率和到期办结率均达到100%。成功调解一起问题水泥的消费投诉，帮助消费者获赔21800元。5月，根据举报，与公安部门合作，端掉一个利用净水器促销、兜售虚假保健品的消费欺诈团伙，为农村中老年消费者挽回损失2万元。（丁　浩）

质量技术监督

【县质量技术监督局领导人名录】

副 局 长　胡巍然　刘跃波
　　　　　郭伟清
纪检组长　陈明辉

【概况】 县质量技术监督局内设办公室（法规监督股）、标准质量股、计量股、特种设备安全监察股（特种设备事故调查处理办公室）、人事股（财务室）、县质量技术监督稽查大队、县产品质量监督检验及计量检定所等7个股室所，有在职干部职工28人。2015年，县质监局全面完成目标工作任务，被益阳市质量技术监督管理局评为“2015年度全市特种设备安全监管工作先进单位”。

专项整治。开展烟花爆竹生产企业专项整治行动，共检查烟花爆竹生产企业7家，查封假冒“浏阳烟花”厂名、厂址烟花产品7个批次2000余盆，销毁超标准、超规格烟花产品一批7000余发，下达责令整改通知书3份，立案查处2家。组织对全县中石化桃花江加油站、中石油打石湾加油站、鸬鹚渡加油站、新源加油站、久安加油站和游和坪加油站等6家加油站进行监督检查，现场抽取车用燃油样品6个，其中车用汽油4个、车用柴油2个。样品经湖南省质检院检验，均符合国家标准要求，为合格产品，合格率为100%。组织农资专项执法打假行动，出动执法人员45人次，覆盖15个乡镇，农资打假入户48次。检查农用水泵生产企业3家，接受群众咨询18人次。开展细木工板专项整治行动，在全县40家细木工板企业（其中获证企业8家、无证企业32家）抽取细木工板样品12个，经芦苇竹木制品国检中心检验，达到合格标准。

特种设备安全。全县特种设备登记注册总量2061台（套），其中锅炉309台、压力容器865台、电梯644部、起重机械218台、厂内机动车辆25辆，气瓶充装单位12家。在用特种设备1539（套），其中锅炉137台、压力容器661台、电梯550部、起重机械173台、厂内机动车辆18辆。先后组织特种设备“打非治违”专项检查、油气输送管道等特种设备排查治理、电梯专项检查、“百日行动”安全大检查，出动安全监察人员243人次，检查各类特种设备1200余台，下达安全监察指令书164份，查处特种设备违法案件3起，同时现场开展特种设备安全宣传教育活动5次，企业应急演练3次，培训考核各类操作人员161人，签订安全管理承诺书246份，配合上级监检、定检设备827台，处理投诉3起。特种设备安全态势平稳向好，全年未发生特种设备事故。

为民服务。2015年，配合全县关闭违法水泥企业行动，关闭违法水泥企业17家，对淘汰落后产能、保护周边环境起到积极作用。新办组织机构代码证454件，变更换发代码证325件，年检代码证735件，废置代码证145件，发证729份，对51家企业进行标准化审查，对2家企业进行企业标准备案。及时完成信息公开数据上传，实施一人录一人审的内部审核制度。对申报名牌的企业进行走访调研，详细了解企业生产经营状况，考察研究企业的产品质量、服务态度、行为管理、品牌宣传等，确定益阳市东方水泥有限公司等8家企业申报湖南名牌，其中东方水泥有限公司、桃江县湘益木业有限责任公司、桃江县宏森木业有限责任公司、桃江县福森木业有限公司、桃江县杨林木业有限公司5家企业获得湖南名牌企业称号。深化计量惠民活动，对全县所有水泥厂、各乡镇医院使用的医用计量器具和全县加油站进行日常监督检查，对全县各计量认证单位、授权单位进行监督检查和年度审查，对全县各药店销售的产品所选用的防伪标识进行监督检查，并对全县药店的计量器具进行年度审查。共检定各类计量器具2170台（件），免费检定各类计量器具804台(件)，检定加油机238台次、检定衡器812台次、检定天平、压力表、血压计318台。扎实推进节能减排，对3家高耗能企业南方水泥、金沙钢铁、中源钢铁开展节能减排通则认可能源计量器具监督检查。2015年县人民政府组织评选第二届县长质量奖，最终益阳市东方水泥有限公司、桃江县宏森木业有限责任公司被评为县长质量奖获奖单位，益阳市修山钟氏面业有限公司总经理钟瑾被评为县长质量奖获奖个人。

内部建设。切实履行“一岗双责”，认真落实廉政建设的各项规定和制度。印发《2015年党风廉政建设和反腐败工作要点》《党风廉政建设工作方案》，层层签订《党风廉政建设责任书》，明确任务，落实责任。严格执行“八项规定”，紧抓精文简会，厉行节约，完善“三公”经费、公务用车等制度。2015年，发文降幅达20%以上，所有发文均控制在6页以内；各类会议减少20%以上；“三公”经费支出20.1万元，比2014年减少6.48万元，减少24.38%，无因公出国费用支出。严格执行质检系统行风建设“十不准”和文明执法规定，将执法工作情况纳入绩效考核内容。组织全局干部职工参加执法和业务知识培训，由局领导和中层骨干结合实际讲课，提高干部职工执法水平。加强执法人员廉政教育，促使执法人员自觉做到自省、自警，每个案件都进行回访，由当事人填写《回访登记表》。规范执法程序，推行阳光执法。制定《行政执法办案程序流程》，积极推行“说理式文书”和坚持案件审理“三审制”，增加执法办案的透明度。规范自由裁量，显示行政执法公正性。全面落实《桃江县质监局行政处罚自由裁量权基准》，落实违法案件集体审理制度，有效杜绝执法随意性及办理人情案现象。正确处理好监督与服务、规范和帮扶的关系。根据《行政执法监督检查制度》进行集中评查，及时将检查情况反馈给相关股室，并要求相关股室针对存在的问题，制定相应整改措施，建立长效工作机制，严格规范执法权力运行。（丁　松）

【油气输送管道排查治理】 2015年，县质监局在全县范围内开展油气输送管道等特种设备排查治理工作。排查石油天然气、危险化学品输送管道企业11家，热力管道企业10

家，发现安全隐患11起，下达特种设备安全监察指令书11份。其中6家企业安全附件超期未校验，5家企业事故应急预案不完善。

农村社会经济调查

【国家统计局桃江调查队领导人名录】

队　　长　张正华

副 队 长　龚放斌

纪检组长　田义纯

【概况】 国家统计局桃江调查队为正科级机构，归口国家统计局湖南调查总队管理，行政上归口县政府领导，是国家统计局的派出机构。主要开展农村住户调查、农产量调查、生猪调出大县生猪监测、农村固定资产调查及其他社会经济调查。2015年，机关设住户股、监测与专项调查股、办公室3个股室，有工作人员8人。

培训辅助调查员与调查户。辅助调查员与调查户的素质决定基础数据质量的高低。2015年，着重抓辅助调查员培训。全年培训辅助调查员3次，提高了辅助调查员的政策水平、业务指导能力和调查技巧。加强对调查户的培训，分点召开住户工作培训会，由包点干部和辅助调查员对调查户进行培训。每季度以调查点为单位，在调查点召开一次记账户培训会，及时做好记账户的思想工作，确保记账质量。

按规程办事。完善业务数据采集制度建设，全面落实《调查工作制度》《业务规范化规程》《住户调查数据质量管理和责任追究制度》《记账户记账规范化要求》《住户业务和技能培训制度》等制度，县队包点干部按时对全县各专业调查网点的工作上门检查指导督促。住户调查方面，在编码时各自登记好《错误集》，每月对收集的错误用《差错反馈清单》反馈到点到户。完善干部岗位责任制，定期对全县各调查网点工作进行检查督促，工作量化到人，对住户的培训考试、交叉检查结果、领导督查结果、和总队与市队发现的问题用计分的方式纳入岗位考核中。

夯实调查工作基础。成立由副队长龚放斌任组长的法治工作领导小组。提升县队干部、辅助调查员、记账户和社会公众对《统计法》《统计违法违纪行为处分规定》等统计法规知识的知晓程度。增加下乡次数，提高调查员对数据重要性的认识，提升调查数据的质量。住户调查中，确定干部包点制度，每个包点干部一个月到点到户指导调查工作不少于2次，做好调查户工作，联系感情，现场解决记账工作的问题。做好农产量调查和畜禽调查现场核查工作，确保所抽中的早稻调查地块具有充分的代表性。7月3日—5日，组织全队干部下点进行早稻逐丘临田估产。畜禽调查每季度抽取4个调查小区和5户畜禽规模户进行现场核实。

确保调查数据质量。夯实源头数据，确保统计调查数据真实准确。每季度对所有专业进行一次全面的自查自纠，县队包点干部上门检查指导，同时在自查自纠的基础上组织全队干部定期或不定期开展交叉检查，发现问题及时纠正。5月和10月对住户调查、农产量调查和畜禽调查工作开展2次交叉检查。5月、7月、8月、10月在早、中、晚稻的面积核实、样本丘块的落实、实割实测几个主要关节时期对20个产量调查网点分别进行现场核查。同时巡队领导和业务负责人加大不定期巡回检查力度，了解整体情况。5月和10月对13个住户调查点、20个农产量调查点、24个调查小区和30户规模户的畜禽监测点进行两次巡回检查。落实电话回访制度，针对不同专业采取不同的电话回访方式，每次回访必须有《电话回访台账》记录，确保记账户严格按方案记好账。产量调查以各关键环节为主，畜禽调查以是否上户登记及数据真实性为主，更大程度地保障所登记数据的真实可靠。

加强调查分析。2015年共撰写住户分析材料10篇、畜禽监测信息材料12篇、农民工分析材料7篇，为各级党政领导及社会公众提供准确可靠的调研分析和信息资料。全队共采编各类调研信息40余条，被总队采编30余条，《对桃江电子商务促进农产品销售情况的调研》《农民工工资拖欠现象》《乡村医生队伍建设情况调查》等3篇信息被总队、国家统计局合编报中办、国办，并得到中央领导批示。

农 业

综 述

【县委农村部、县政府农村办领导人名录】

部 长 、 主 任　彭海怀
副部长、副主任　薛乐生　陈佳久
　　　　　　　　夏志群　文爱华
　　　　　　　　王　坚　肖吉安
扶 贫 办 主 任　文爱华
能 源 局 局 长　贾兆华

【概况】 2015年，县委农村工作部辖县扶贫办、县农村能源局和中央农业广播学校桃江分校3个参公事业机构，有编制21人。2015年，农村工作部贯彻落实中央惠农政策和各级农业、农村工作会议精神，大力发展现代农业，扎实推进新农村建设，农村居民生活水平全面提高。全年完成农林牧渔业总产值61.63亿元，比2014年增长4.1%。其中：农业产值27.79亿元，增长6.7%；林业产值5.57亿元，增长6.9%；牧业产值26.18亿元，增长0.1%；渔业产值1.13亿元，增长15.1%；农林牧渔服务业产值0.96亿元，增长7%。全县农村居民人均可支配收入为12058元，同比增长9.9%。

统筹城乡发展。城乡规划工作总规及村庄布局规划获审批。全县流转土地3.61万公顷，比2014年增加1533.33公顷（其中耕地2.27公顷）。土地承包经营权确权颁证10月份外调全部结束并公示，农村集体土地确权颁证、农村房屋产权颁证完成全年工作任务，“四位一体”工作按月进行工作督查，12月初顺利通过市考核验收。全年整合涉农资金4300万元，完成项目940个。

农村改革工作。根据市、县改革办工作安排，2015年有农村改革事项五大项，牵涉单位有林业局、供销社、农业局、经管局、金融办和县涉农资金整合办。供销合作社系统综合改革稳步推进，先后恢复灰山港、石牛江、牛田、松木塘4个基层供销社，高桥乡的相关工作基本就绪。国有林场体制改革工作按省政府要求，及时向省改革办申报《桃江县国有林场改革实施方案》。7月完成“定性定编定经费、创新管理机制、剥离社会职能、完善社会保障、落实各项政策”五项改革任务，9月中旬顺利通过省国有林场改革领导小组对桃江国有林场改革的评估验收。新型职业农民培训。在湖南省隆平培训中心、县职业中专、县扬帆职业学校和县机械化学校举办8期新型职业农民教育培训班，共培训农民400名。家庭农场发展工作。全年新发展家庭农场68家，注册家庭农场390家。农村土地承包经营权确权登记颁证扫尾工作。省确权办于12月10日下达通知，认定桃江基本完成入户调查摸底、丘块空间位置指界确认、面积测算、农户承包信息录入、数据整理等工作，符合农业部规定的质量要求，完成阶段性工作任务。农村金融改革工作。农村“三权”抵押融资试点工作稳步推进，全县累计发放“三权”抵押贷款46户4710万元。在2009年财政入股市中小企业担保300万元的基础上，新增股金340万元，为桃江中小微企业融资提供担保。引进省农信担到桃江设立办事处，省财政注入股权资金1000万元，于1月21日正式挂牌营业，担保贷款8笔2100万。县中华联合保险公司在全省率先开展“财银保”贷款保证保险，签订全省第一单。县财保公司开设肉鸡等农业保险，为48户肉鸡养殖大户承保肉鸡48万羽，制定“三权”抵押融资保险实施方案，对贷款人的人身、财产开展保险业务。

人居环境建设。2015年，全县确定3个美丽乡村建设和26个人居环境整治村。桃花江镇石高桥村环山公路、河道生态改造、农民文体广场三大项目进展顺利，民居风貌改造和庭院整治等工作完成。大栗港镇朱家村在基础设施建设、产业发展、村容村貌整治工作上成效显著。11月17日作为全省美丽乡村创建申报村迎接省考核组验收并获得“湖南省美丽乡村”荣誉称号。灰山港镇杨家湾村把志溪河3千米道路平整拉通并拓宽至8米。启动占地1公顷的农家乐建设，33.33公顷北美海棠基地流转合同已签定并付款，全县26个人居环境整治村项目实施进展顺利。县新农办、县督查局对26个人居环境进行年中、年终两次督查，各村在基础设施建设、产业发展、民主管理和后续帮扶等方面取得明显成效。

扶贫开发。按照省市要求狠抓精准扶贫，结合“一进二访”和“三访三化”活动，以乡镇村为单位对全县所有贫困人口进行精准识别，对各乡镇、村进行工作督查和指导。完成全县贫困人口、贫困村识别与建档立卡工作，并通过验收。筹集项目资金5366.5万元，扎实推进贫困村交通、电力、水利、村部建设等基础设施建设，22个扶贫村投入农村公路建设资金992万元、水利建设资金868.5万元、电力建设资金445万元、公益事业建设资金235万元。2015年，完成国债沼气项目联户小区建设任务120处，供气户数400户，建设总投资324.4万元；推广太阳能热水器183台，推广农村新型高效省柴取暖炉90台，项目总投资74万元，其中国家投入专项资金31.95万元。

涉农项目资金整合。2015年，全县规范和整合涉农项目资金1.96亿元，其中整合财政、国土等涉农项目资金9002万元，用于东部片区建设。规范管理水利、发改等涉农项目资金6397万元，整合“一事一议”、小农水、交通建设（以奖代补）资金4300万元，用于农村小型基础设施建设。5月，完成15个乡镇第一批控制指标项目申报。12月，对全县所有涉农奖补项目进行现场复核验收，9个乡镇通过复核验收，涉农项目410个，拨付奖补资金1300万元。

农业产业化建设。全年粮食种植面积6.54万公顷，粮食总产量37.07万吨，比2014年增长1%，其中水稻产量33.48万吨，增长0.9%。全县粮食生产专业合作社达60家，2公顷以上的粮食种植大户1721户。油菜种植面积1.92万公顷，增长0.5%，产量29679吨，增长2.5%。肉类总产量83326吨，增长0.6%；出栏生猪96.7万头，下降0.3%；出栏牛3.67万头，增长7.3%；出栏羊1.36万只，增长9.7%；出笼家禽599.3万羽，增长5.2%；禽蛋产量21042吨，增长5.1%；水产品产量10050吨，增长15.2%。全县共有投资200万元以上的种、养基地67家，其中投资500万元以上的18家。2015年发展家庭农场68家，注册家庭农场390家。全县种养加规模基地发展态势良好，2015年成立辉红水产养殖专业合作社、安宁笋竹生产专业合作社、益丰厚茶叶种植专业合作社。全年培训新型农民8000人。全县各农村清洁工程创建村达到“四有二无”标准，农户知晓率、宣传到户率达到100%。创建村每家每户门前张贴农村清洁工程倡议书、农户“三包”责任状、清洁卫生评比标识。创建村农户均备置有垃圾收集设施，公共区域按照就近、方便、需要的原则建设，农户垃圾处理设施建设率达100%。各创建村配有专门的保洁员，对农户分类集中后的垃圾定期及时清运，配有垃圾清运车，并有简易垃圾分拣分流过渡贮存场所，垃圾清运网络建设率达100%，实现农村垃圾收集处理设施全覆盖、农村垃圾清运网络全覆盖、农村长效保洁机制全覆盖，农村垃圾分类减量和就地处理措施全覆盖。

（彭朝众）

【省“美丽乡村”创建工作考核组到桃江验收】 11月17日，湖南省“美丽乡村”示范村创建工作考核组一行到桃江，对大栗港镇朱家村创建省级“美丽乡村”示范村进行验收，县委常委、县委办主任肖立新陪同。考核组通过实地考察和听取情况汇报，朱家村达到全省“美丽乡村”示范村建设的有关标准。

水　利

【县水务局领导人名录】

局　　长　薛庆贤

副 局 长　莫建辉　汤重毛

　　　　　詹正雄　莫静华

　　　　　高象贤　高伟龙

纪检组长　龙　腾

工会主任　陈　琳

【概况】 县水务局内设办公室、人事教育股（机关工会）、防汛办（农电股）、工程规划计划股、财务股、政务服务股、河道站（砂石办）、供水站、监察室（绩考办）、水利工程质量安全监督站、水土保持局（水资源股、法制股）、水利建设项目管理中心等12个股、室、站，下辖克上冲水库管理处、碧螺水库管理所、县堤防管理站3个二级机构。系统在职工作人员318人，其中局机关公务员30人（含参照公务员管理人员）、事业人员42人；堤防管理站21人、克上冲水库管理处157人、碧螺水库管理所68人。2015年，县水务局围绕全县经济社会发展“135”工作思路，狠抓防汛抗旱，加快水利项目建设，推进水利改革发展，加强立项争资与融资工作，各方面工作取得显著成效。

防汛抗灾。2015年，全县平均降雨1559.7毫米，较历年同期均值1508毫米偏多3%，其中较明显降雨17次。受强降雨影响，全县2次启动防汛Ⅲ级应急响应，1次启动3个万亩堤垸防汛抢险应急预案。10月3日，全县紧急启动值班应对台风“彩虹”。11月17日，全县再次启动值班应对罕见冬汛。全年转发省、市各类紧急通知58件，编制发送各类短信3万余条，其中雨水情通报、洪水预报、紧急通知、防汛简讯27750条，为县领导、县直单位和各乡镇及时了解防汛动态发挥重要作用。全县上下齐心协力，全力以赴，狠抓责任落实，层层签订责任状，修订完善各类预案，加强防汛值班与水利工程巡查值守。加大防汛知识宣传与队伍培训，调研2014年“7·15”洪水成因，完善资水梯级电站联合调度方案。组织举办全市山洪地质灾害暨水库抢险演练，成功实现209座水库和3个万亩堤垸未垮一库一垸，147处地质灾害隐患点未发生大的险情。

水利建设。争取各类水利建设资金1.9亿元，其中中央、省级投资1.2亿元、省农发行水利建设资金0.2亿元、建行融资0.7亿元。完成病险水库除险加固18座，解决22.4万人饮水安全问题。完成中央小农水重点县、河溪水小流域治理、克上冲中型灌区续建配套节水改造和农村饮水安全水质检测中心等建设项目。完成城市防洪工程31.73公顷项目用地和储备土地的征收，拆迁房屋16栋。

水利发展。完成《桃江县2016—2025县级水利规划报告》，未来10年规划工程总投资108.31亿元，涵盖水源利用及城乡水源、防洪、治涝、农田水利、水土保持、水资源保护与水生态、农村水电及水利行业能力建设等工程，将更多的水利项目纳入国家规划笼子。严格工程招投标，完成各类水利工程建设公开招投标项目11项，其中水利工程施工4项、工程施工监理1项、设备及材料采购6项，完成邀标、指定、延续等施工、管材采购、监理合同210个。整个招标过程严格依法进行，确保所有项目招标公开、公平、公正，无一投诉。狠抓工程质量安全，对安全饮水项目管材与配件现场取样4轮39组，并委托第三方检测单位进行质量检测。对在建项目现场的质量与安全持续进行巡查，发出安全隐患限期整改通知书7份、质量问题限期整改通知书10份，水利工程质量和安全生产工作情况通报3份。开展2012—2014年70余座已除险加固水库“回头看”排查工作，对破堤重建的新埋管防渗、新开输水隧洞渗漏情况等进行“地毯式”排查，全面掌握水库试运行情况，确保工程度汛安全。开展2012—2014年实施的30余处农村饮水安全工程“回头看”工作，深入调查了解，认真研究分析，落实了具体整改意见。

河道治理。圆满完成第一轮河道治理和采砂整治、管理工作任务，完成第二轮河道采砂治理出让拍卖工作，拍得3年采砂价款6100万元。成立桃江县河道保洁工作领导小组，建立河道保洁联系会议制度，开展集中整治专项行动，在全市检查中评价最高。完成志溪河部分河段疏浚，协调环保、畜牧、农业、国土等部门，加强志溪河流域灰山港镇范围内48家企业的监管工作，志溪河流域桃江段水质达到国家饮用水三类标准。开展畜禽污染防治，对20户规模养殖场进行提质改造。实施矿山地质环境的恢复治理工程，完成6家矿山复绿任务。

行政执法。开展2015年农村法治宣传教育月活动，组织全系统水政执法人员培训，全面提升执法人员的执法水平。出台《桃江县水务局水规费征缴罚没收入保障措施》，确保河道采砂规费、水土保持规费、水资源规费足额征缴，罚没收入及时入库。2015年，开展河道管理日常执法巡查68次，查处大小水事违法案件25起，办结水行政许可事项85项，查扣吸金船11条，行政罚款15.7万元，征收水资源费14万元，征收水土保持规费54万元。完成18个项目的水土保持方案技术审查和批复，防治责任范围面积113.37公顷。

其他工作。2015年，办理人大代表建议11件、政协委员提案5件，做到见面率、答复率和满意率3个100%。答复县长热线9件、化解处置各类水事纠纷146起，热线电话畅通率100%。及时接收县长热线交办转办任务，及时阅办，及时组织相关人员现场调查，并在规定的时限内办结，办结率100%，满意率100%。在主流媒体宣传报导水利工作400余篇；县电视台、县信息中心对全县的水利建设进行专题报导。开展“五·一”宣传月活动和“七·一”红色教育活动，开展“主力军风采，劳动最美丽”主题征文活动和夏送清凉活动，参加县妇联组织的“爱心妈妈结对留守儿童”活动和“巾帼建功”活动，局财务股被评为巾帼建功文明单位。（邓　亮）

【县委议水工作会议召开】 3月27日，县委议水工作会议在县水务局四楼防汛会商室召开。县委书记谭建华主持会议，县领导李质彬、陈震宇、肖立新、周卫星、曹萍、曾梦辉、李畅和、刘武，各乡镇党委书记、县直有关单位主要负责人、县水务局和灌区管理局班子成员出席会议。县水务局局长薛庆贤总结2014年工作，部署2015年水利重点工作。谭建华指出，2015年防汛抗灾形势严峻，任务艰巨，而防灾抗灾能力有限，度汛隐患较多。各级各有关部门抓紧修改完善防汛预案，科学储备防汛物质，切实做好防汛人员的防汛抗灾技术培训工作，扫尾水利工程，做好汛期检查，做好防汛抗灾扫障工作。

【防汛Ⅲ级应急响应启动】 6月2日凌晨开始，桃江县普降大到暴雨。截止6月2日上午11时，全县9个雨量站累计降雨达50毫米以上，最大降雨量达88.2毫米。根据降雨情况和天气预报，县防汛抗旱指挥部决定从6月2日上午11时30分起在全县范围内启动防汛Ⅲ级应急响应。

【徐元明到桃江调研】 7月29日，水利部建设与管理司副司长徐元明一行7人到桃江督查调研水库除险加固工作。副市长谢寿保、市水务局局长王新春、桃江县副县长李畅和、县水务局局长薛庆贤等陪同。徐元明视察桃花江水库和石牛江桐油冲水库，听取桃江县中小型水库除险加固工作情况汇报，对桃江的水库除险加固工作给予充分肯定。

【资江河道第二轮砂石开采权拍卖】 12月10日，桃江县资江河道第二轮开采权拍卖会举行。拍卖会上，拍卖出让10个采区，限定船只13条，除鲊埠采区和沾溪上段采区出让年限为2年外，其余8个采区均为3年。通过精心组织，确定底价和起拍价，30个合格竞买人现场进行拍卖，拍卖成交总金额6215万元。

【年度水利建设任务全面完成】 桃江县水利建设指挥部按照市水利建设指挥部下达给桃江县2014—2015年度水利建设目标任务，早谋划、早部署、早行动。全面完成病险水库除险加固88座，新建集中供水工程37处，解决13.59万人饮水安全问题，獭溪河二期和沂溪河河道治理20.4千米，灰山港镇河溪水小流域水土保持项目治理水土流失面积240公顷，衬砌渠道60条51.578千米，规划新建渠系建筑物364处，改造渠系建筑物548处，整修山塘61处，河坝改造19处，规划维修改造泵站7处63.5千瓦。

种植业

【县农业局领导人名录】

局　　长　刘伯约
副 局 长　刘灿勋　林蕴华　胡汉模
纪检组长　王德祥
工会主任　曾卫国
总农艺师　蔡壮夫

【概况】 县农业局设办公室、人事教育股、计划财务股、科技管理股和政策法规股5个股室。所属二级机构有粮油作物生产站、经济作物生产站、土壤肥料工作站、植保植检站、农产品质量安全检测站、农业资源与环境保护管理站（加挂绿色食品管理办公室牌子）、蔬菜办、农业行政执法大队（加挂桃江县农药管理站的牌子）、农业技术推广中心、果树技术推广站、种子管理站、农业作物种子技术推广服务中心、农业科学研究所和原种场。全局干部职工216人，其中机关19人，事业编制197人。专业技术人员128人，其中农业技术推广研究员5人、高级农艺师31人、高级政工师1人，农艺师54人、会计师2人、管理九级1人、助理农艺师28人，技术员6人、工勤人员69人。

全县完成农作物播种面积12.02万公顷，比2014年增加0.15万公顷，实现农业产值28.1亿元，比2014年增长4.8%。其中，完成粮食播种面积7.02万公顷（水稻6.03万公顷，旱粮0.99万公顷），粮食总产41万吨，分别超任务0.087万公顷和3万吨；收获油料作物2.1万公顷，总产3.40万吨；完成秋冬油菜生产面积2万公顷；完成蔬菜种植面积1.7万公顷，超任务0.033万公顷；茶园生产面积4860公顷，茶叶总产量2.9万吨。

粮油生产水平。推动粮油生产特别是双季稻生产稳定发展，突出抓好大栗港镇双季稻高产创建整建制推进示范、沾溪镇双季稻高产创建万亩示范片、三堂街镇油菜万亩示范片建设以及各乡镇双季稻、油菜千亩，各村双季稻、油菜百亩示范片建设。全县粮油高产创建示范片达到328个，完成双季稻、玉米高产创建示范面积0.93万公顷和油菜高产创建示范面积3600公顷。通过引导土地使用权有序流转，大力培植种植大户和家庭农场，全县粮食规模化生产水平逐渐提高。全县粮食生产专业合作社发展到60家，发展2公顷以上的粮食种植大户1721户，比2014年增加89户，大户水稻种植面积达2.43万公顷。

茶叶蔬菜产业。大力扶持茶叶、蔬菜生产企业、农民专业合作社扩大生产基地规模，加快产业发展步伐。认真实施茶产业发展战略，组织茶企老板、基地大户考察学习安化、桃源茶叶生产先进经验，进一步提振全县茶产业发展信心。加强茶叶育苗基地建设，建成鸬鹚渡、浮邱山两个4公顷的良种茶苗基地。扎实搞好灰山港、马迹塘、武潭等12个规模新茶园基地前期准备工作。引导蔬菜生产合作社提质增效，促成良友、万洲红等9家蔬菜生产合作社成立“湘友”联合社抱团发展，逐步开拓市场，加大外销量，提高在益阳、长沙等地区的蔬菜销售市场占有率。扶持石牛江良友蔬菜种植专业合作社、牛田闽益蔬菜合作社等地建成35.33公顷蔬菜基地，全县蔬菜基地规模种植面积达0.17万公顷。

农业技术培训。组织资深农业技术专家，加强对专业生产合作社、种植大户、科技示范户的农业实用技术培训，举办培训班85期，印发各种技术资料21万份，培训0.6万余人次，其中培训新型职业农民400人，培训科技示范户600人。推广普及良种优化，促进农作物高产稳产、优质优价。全县农作物良种覆盖率达到98%，其中优质稻种植面积达5.56万公顷，优质稻种植率达92%。水稻集中育秧、增种增穗、合理密植、安全齐穗，玉米垄作宽窄行栽培，测土配方施肥，病虫专业化防治，蔬菜设施栽培等高产高效栽培技术广泛运用。落实水稻集中育秧大田抛插面积1.33万公顷；推广测土配方施肥面积7.4万公顷，完成配方肥施用面积4万公顷，节本增效1.4亿元；提升农田地力，完成绿肥播种1万公顷。稳步推进农业信息服务，充实和建设一支拥有122人的县、乡（镇）、村三级农业信息员队伍，升级改版桃江农业信息网，利用“12316”三农服务热线网络和手机短信服务平台，为群众提供技术咨询3000余人次，收集编发农业信息6万余条，促进农业技术普及，提高农民科学种田水平。

农业发展基础。将扩大立项争资规模作为夯实农业发展基础的重要手段，争取国家现代农业发展项目水利工程、高标准农田建设、粮油高产创建、测土配方施肥、重大农作物病虫害统防统治等14个项目，到位项目资金7300余万元。完成沾溪镇国家现代农业发展项目水利工程建设扫尾，5月通过省级专项检查验收。大栗港镇2015年现代农业发展项目10月如期开工建设。严格按照项目要求，顺利实施粮油高产创建、测土配方施肥、重大农作物病虫害统防统治等项目，为全年农业发展奠定坚实基础。

农业生产、农产品质量安全。实行源头治理和市场检查相结合，积极开展“春雷”护农行动和日常监管，严厉打击农资违法经营和违规使用行为，从源头确保农业投入安全。全年检查农资门店205家；处理不合格化肥10吨，销毁假冒农药0.12吨；依法查处农资违法经营行为35起，立案20起，结案20起，为农民挽回经济损失400余万元。认真开展农产品例行检测和监督抽查，配合省、市农委抽检120批次，全县不定期抽检3287批次，确保农产品农残率在允许范围以内。加强重大节假日和“两会”农产品质量安全应急管理，加大市场抽检力度，有效维护大众消费安全，继续保持全县农产品质量安全水平高位运行。认真落实益阳“两河”治理工作要求，以志溪河流域农业环境污染整治为重点，开展全县农业环境污染整治，完成石牛江镇、桃花江镇、牛田镇333.33公顷农田重金属污染治理VIP实验。高标准实施并完成灰山港镇河溪水村省清洁工程示范村建设。

农作物病虫防治。加强农作物病虫测报与综合防治，防治稻瘟病、稻飞虱两个爆发性病虫害，完成水稻病虫综合防治面积21.73万公顷，其中专业化统防统治面积2.18万公顷。全县农作物病虫害损失率控制在2.3%以内，挽回粮食损失4.5万吨。全力抗击自然灾害，组织干职工抗击夏季洪涝灾害，开展灾后生产恢复指导工作，印发《桃江县灾后农作物救灾减损技术指导意见》5000余份，筹措资金150余万元帮助群众生产自救，为农民挽回经济损失1400余万元。加强农业保险宣传引导，开通农业保险“理赔直通车”，27.1万户农户参保政策性水稻、玉米、油菜种植保险和茶叶、柑桔特色农业作物保险，参保面积6.87万公顷，极大地化解农业生产风险。 （詹淑群）

【新建全县第一个连栋育苗钢架大棚】 2015年，桃江良友蔬菜合作社投资80万元，新建全县第一个连栋育苗钢架大棚。连栋大棚具有保温育苗和降温育苗功能，面积3000平方米，采用基质育苗和穴盘育苗方式，每年可提供优质幼苗400万株，解决80公顷基地移栽用苗。

【科学施肥座谈会】 6月29日，召开全县科学施肥座谈暨到2020年化肥使用量零增长行动动员会议，全县各农业专业合作社、家庭农场和种植大户的代表30余人参加会议。与会人员围绕科学施肥，从改良土壤性状、培肥耕地地力、减少盲目施肥等方面进行座谈，着重探讨在稻田施用石灰中和土壤酸性、种植绿肥和秸秆还田培肥地力、测土配方施肥提高肥料利用率、水旱轮作改善土壤结构等方面的成效与做法。

【种质资源普查】 9—11月，县农业局在15个乡镇开展为期两个月的种质资源普查，共出动普查人员180余人次，普查车辆50余台次，基本查清作物的种植历史、栽培制度、品种更替以及重要作物的野生近缘植物种类、地理分布、生态环境和濒危状况等重要信息，填写《第三次全国农作物种质资源普查与收集行动基本情况表》，选择4个农作物种质资源丰富的乡镇进行各类作物种质资源的系统调查，抢救性收集各类栽培作物的古老地方品种、种植年代久远的育成品种4份，填写《第三次全国农作物种质资源普查与收集行动种质资源收集表》。

林　业

【县林业局领导人名录】

党组书记　胡雄武

局　　长　黄　平

副 局 长　高志军　杨中秋

　　　　　唐益德　李志高

纪检组长　杨中秋

工会主席　符志平

【概况】 县林业局机关设8个行政股室，有8个局属事业单位、15个乡镇林业站、5个木材检查站（株木潭、川花桥、乌旗山、武潭、良荆界）、4个国有林场（桃花江、浮邱山、板溪、石井头）、1个林业科学研究所、1个国营苗圃，现有干部职工249人，其中机关62人、执法大队13人、林业站90人、退休84人。下设二级机构（场圃所）6个，人员689人，其中在岗128人、待岗315人、退休246人，全系统938人。2015年，全县有林地面积13.13万公顷，其中竹林面积7.67万公顷，居湖南第一、全国第三，是湖南“千亿”竹产业核心基地。森林覆盖率64.15%，森林活立木蓄积483万立方米。有桃花江国家森林公园和羞女湖国家湿地公园（建设试点）。2015年林业产值达80.8亿元，其中竹业产值60.2亿元。

森林资源存量增长。运用迹地更新、经济林种植、防护林退化改造、珍贵乡土树种保护种植和中幼林抚育等方式改善人居环境，共完成全民义务植树160万株，造林933.33公顷，退耕还林100公顷，油茶160公顷，森林抚育933.33公顷，培育高产优质良种油茶苗28万株。2015年林木蓄积量达到483.5万立方米，较2014年增长4.1%，森林覆盖率持续增长。

森林资源质量提高。扣除散生木和四旁树蓄积110万立方米，林分面积为5.02万公顷，林分蓄积为5.09立方米/亩，林木蓄积已处于比较理想状态。竹林面积7.67万公顷，在全国30大竹乡中位列前茅。森林资源的蓄积总量、亩平蓄积量、林相等森林资源质量指标均处于较为合理的状态。

森林保护体系健全。建立完整的森林保护体系，从社会管理、技术准备、法制层面、财务保障等方面进行全方位检视，效果显著。2015年森林火警仅为24起，比上年的34起下降29.4%，森林火灾发生率为0，森林因林火损失控制在1‰以下。投入455万元，组建65支林业有害生物联防队，防治竹蝗集中产卵地1225处，防治面积182.67公顷，成灾率仅为0.77‰。2015年全省竹蝗防治现场会在桃江召开，桃江“三级两法”防治经验在全省推广。9—11月，全县排查竹蝗集中产卵地1180处。森林大敌松材线虫病得到根治，省林业厅组织专家组测评，解除桃江松材线虫病疫区。根据县人民政府《关于实施森林资源禁伐减伐三年行动》的要求，对森林资源依法管理，查处违法行为45起，其中刑事案件6起，逮捕2人、刑事拘留4人，依法移送起诉4起5人。组建288名公益林护林队伍。

林产工业转型升级。桃江省级龙头企业及细木工板企业等林工企业在转型中升级，竹胶板、竹凉席、卫生筷三大传统竹产品和细木工板在经济新常态下，逐步走出低迷境地。竹胶板企业个数减少60%，剩下的企业经过技术革新、产品更新换代提高附加值，单个企业产能提高70%，单位产品价格提升近30%，竹胶板总销售收入仅下降20%左右，由高峰期2008年的10亿元下降为8亿元。竹凉席经2015年益阳两河流域环境整治，原有小型加工厂得到整合，碳化工艺大大推广，环保达标。竹凉席协会出资成功申报获批

“桃江竹凉席”地理标志证明，大力推进电子商务，实现个性服务客户，桃江成为湖南地区最大的竹凉席生产基地，2015年销售收入达10亿元，形成以“曙林”“冰梦”“春龙”为龙头的产业群。竹胶板原料利用竹头提高竹帘产出量，降低每床竹帘原料成本；中段用于竹凉席，竹凉席竹片单位竹材出品率提高；尾段用于竹筷生产，提高了竹筷成品率；尾尖用于香签、肉串签、竹加工剩余物加工成生物环保炭。竹产业链进一步完善，形成桃江竹材高效利用的区域性闭合循环系统，各产品系列均能得到合理的原料，使单位产品成本可控，延长竹产品各产品系的生命周期。桃花江竹产业园成功引入“万维竹业”“桃花江竹材科技”“湘利富竹缠绕复合压力管项目”“创新创业园”等大型企业，近期投资5亿元，远期投资10亿元，被省林业厅认定为湖南林业（桃江）现代竹产业科技园。

竹产业出现新的产业增长支点。2015年，全县新建毛竹笋用林基地0.17万公顷，成立专业合作社16个、加工企业24家，生产商品化毛竹春笋500万千克，冬笋30万千克，年加工能力达1000万千克。马迹塘镇的“竹缘林科”加工能力达150万千克，笋商高最华林科所基地加工能力达100万千克。形成灰山港滩口上村大户陈小军、三堂街镇沿潭口九丰村胡毅群、马迹塘镇大塘坪村万国新群体、石牛江镇桐油村朱代良、桃花江镇道关山村高自然、崆峒村王胜贤、灰山港镇铁矿坳村苏四海群体等竹笋生产基地。通过举办培训班和请进福建匠人带班，提高培育技术、采笋技术和加工技术，全县竹林基地农民技术人员队伍达1300余人，部分笋用林亩产达3500—4000斤。2015年，投入资金达300余万元，全力支持全县“笋竹林”产业发展。省林业厅肯定桃江竹笋高效培育成果，将桃江林科所基地命名为“省级林下经济示范基地”。投入100万元支持马迹塘竹笋基地建设，着力推进竹产业发展，完成2万公顷笋竹两用林发展规划。

森林生态旅游。桃江处在长、株、潭城市圈周边，有桃花江竹海、罗溪瀑布、桃花湖、浮邱山、凤凰山、羞女峰等风景名胜20余处，是人们休闲旅游、亲近自然的好去处。以桃花江（国家）森林公园和羞女湖（国家）湿地公园为依托，丰富的森林植物为基础，景区的竹文化为背景，开展森林生态旅游。各乡镇挖掘自身优势，发展生态旅游。牛田镇金凤山村映山红基地、沾溪洋泉湾水上乐园及龙虾基地等均已渐成规模。

国有林场改革。桃江县有国有林场4个，经营面积2543.07公顷，森林蓄积量为7.23万立方米，2015年，根据国家相关政策，启动国有林场改革。坚持“生态为导向、保护优先、民生改善、确保稳定，实事求是”的原则，充分利用政策优势，将4个国有林场定性为一类公益事业单位，对符合政策的82名“45、55”人员依规办理退休手续，4个国有林场已核定全额事业编148人，竞聘上岗92人。9月15日，省林业厅副巡视员、省国有林场改革评估验收组组长吴剑波和省民政厅、省发改委相关负责人通过查阅资料、听取汇报、调查走访等方式，对桃花江、板溪、浮邱山、石井头4个国有林场的改革工作进行考评，认为桃江县国有林场改革工作扎实、方案正确、政策到位，定性准确，岗位科学，符合国家国有林场改革政策要求。（陈碧强）

【桃江新发现一棵古树】 1月3日，中南林学院、湖南省林业科学院的植物学、树木学专家到牛田镇郭家塘，对该村梅兰古井旁的一株有着500年树龄的古树进行鉴定，确定其为“铁冬青”（拉丁名为 llex rot unda thunb）。

【湘利富竹复合压力管项目落户桃江】 9月，在中国湖南非公有制经济发展论坛暨海外侨商三湘行活动益阳市投资合作交流推介会上，湖南湘利富公司年产2.5万吨竹缠绕复合压力管生产项目落户桃花江经济开发区。湖南湘利富竹复合制造有限公司由“华中绿谷实业发展有限公司”出资1亿元，于2015年10月8日成立。以桃江丰富的竹资源为依托和基础原料，运用现代技术和工艺，生产以竹为基材的复合压力管，替代钢材、水泥、塑料、玻璃等传统管材产品。

【中国竹业学术大会在桃江召开】 10月21—23日，中国林学会竹子分会五届四次全会暨第十一届中国竹业学术大会在桃江举行。中国竹业界学术研究、教学领域专家学者和生产流通领域研发技师、企业负责人以及部分科研院所青年学者，国家林业局、湖南省林业厅、中南林业科技大学、湖南省林科院部分领导及专家263人出席会议。

森林公安

【县森林公安局领导人名录】

局　长　唐梦虎

政　委　符战辉

副局长　文加生　蒋丰初

【概况】县森林公安局实行县林业局和县公安局双重领导的管理体制，为正科级机构。局机关内设政工文秘室、法制办公室、刑侦治安队、森林消防股，核定政法编制26人，在岗民警25人。下辖武潭、鸬鹚渡、牛田3个副科级派出所，分别配所长1名、教导员1名。2015年，县森林公安局全面深化公安改革，大力推进"四项建设"，打击涉林犯罪，有力维护辖区内森林资源和野生动植物资源的安全。

维稳治理。加强林区治安防控，坚持服务发展与依法管理相统一，坚持防、打、控、治不动摇，充分发挥职能作用，实施情报信息主导警务战略，全力维护社会稳定。通过完善情报信息系统建设，无缝对接林业站、检查站，强化村级护林员队伍管理，有效掌握林区的治安动态，及时化解林区不稳定因素，取得了良好的防控效果。以调促和，消除隐患，以"走基层、转机制、强基础"和"听民情解民忧"专项活动为载体，以查处涉林案件为着力点，深入林区，与群众促膝谈心，帮助解决各类"烦心事"。全年处理答复群众来信来访6人次，化解久拖未决涉林矛盾纠纷3起。

打击涉林犯罪。充分发挥森林公安保护森林及野生动植物资源、保护生态安全、维护林区治安秩序的职能作用，结合全县实际，采取有效措施，严厉打击非法征、占用林地及盗伐滥伐林木等毁林犯罪活动。全年调解纠纷5起，办理各类涉林案件22起，其中刑事立案6起，逮捕2人，刑事拘留4人，依法移送起诉4起5人；办理治安案件4起；办理林业行政案件12起，有效打击各类涉林违法犯罪行为。

森林防火。召开全县森林防火工作会议，聘请省森林公安局局长姜汉辉作森林防火知识辅导，并组织武警森林救援队进行森林火灾扑救演练。大力开展森林防火宣传，充分利用电视、公开信、手机短信和宣传车等形式，在全县各乡镇广泛宣传预防森林火灾的发生、森林火灾的扑救、森林火灾应急措施等森林防火常识，定时向全县各乡镇领导、村组干部和森林防火工作人员群发森林防火警示短信。3月集中开展森林防火宣传月活动，出动森林防火宣传车60余台次，森林火灾高发区主要路口安装花岗石永久性宣传牌150块，悬挂横幅1000余条。投入经费45万余元，组建县武警森林救援队，协助灰山港镇绿稼湾村成立村级森林火灾扑火队。进一步落实森林防火网格化管理，加强对村级护林员的管理，在全县15个乡镇284个行政村、社区聘用326名村级护林员。村级护林员在森林防火期遇高火险天气，发现火情及时鸣锣示警，及时报告，有效降低森林火灾发生率。建好县森林火灾报警平台，12119（县森林火灾报警平台）正式开通。县防火办每天明确1名局领导带班，3名民警值班，与110和119实行报警联动机制，确保24小时有人值班。严格按《桃江县森林火灾应急处置实施办法》的要求接处警。森林防火特护期内县防火办通过移动手机短信平台，每天以火情快讯的方式向县级领导、森林防火指挥部领导报告火情动态。春节以前、清明节前，县监察局、林业局、森林公安局对全县15个乡镇的森林防火值班备勤、火源管理、责任制落实、物质储备、村级护林员的管理方面进行专项督查。

队伍建设。认真组织学习党的方针政策，制定下发集中学习教育活动方案，实现全警教育学习活动常态化。通过举办业务培训班，全面提高森林公安民警执法水平和办案能力。两名新入队民警参加全省森林公安新警培训。6月完成全市执法质量考评工作任务，通过市森林公安局统一考评。强化队伍日常管理，促进队伍正规化建设。进一步完善考勤办法，通过人脸识别自动考勤实现监督公开透明。制定公务车辆管理制度，实现公车统一调配管理及警车管理规范化、制度化。严格警务督察，由值班领导牵头，每周不定时督查，并发出督查通报。全年无民警违纪违规事件，未发现负面舆论。加强舆情引导，传播正能量，有效利用县公众信息网《平安之声》栏目等，加强宣传阵地建设。夏伏军获得"全市优秀人民警察"称号，文加生家庭获得全县"平安家庭"示范户荣誉称号。

（常奇特）

【县首个村级森林防火队成立】1月22日，桃江县首个村级半专业化森林防火队在灰山港镇绿稼湾村成立，并举办第一期业务培训班。绿稼湾村投入资金近10万元，招募22名具有森林火灾扑救经验的青壮年劳动力组成村森林防火队。森林防火队实行"三统一"制度，即"统一发放上岗证、统一工作制服、统一配备防火工具"。

【开展爱鸟护鸟专项活动】6月始，县森林公安局开展爱鸟护鸟专项活动，通过悬挂宣传横幅、发放宣传资料等方式，宣传野生动物保护法规。同时，组织民警在重要候鸟栖息地进行不定期巡逻，加大打击力度，严厉惩处破坏野生鸟类资源的违法犯罪行为。

【县森林“两防”工作会议召开】10月10日，桃江县召开森林“两防”工作会议并举办森林防火知识培训班。县委书记谭建华，副县长、县森林防火指挥部指挥长邓清波出席会议，县委常委、县委办主任肖立新主持会议，省森林防火指挥部办公室副主任、省森林公安局局长姜汉辉现场授课。会议表彰2014年度森林防火及2015年森林病虫害防治工作先进单位和先进个人。与会人员观摩武警森林救援中队现场扑救演练。

【杨跃前到桃江检查工作】11月26日，省森林公安局副局长杨跃前到桃江检查森林防火工作，市林业局副局长何剑波、市森林公安局政委戴军、副县长邓清波陪同检查。检查组实地考察县武警中队森林消防灭火救援队训练及物资储备库情况和县森林火灾接警平台（12119）运行情况，并举行座谈会。

【邓清波督查森林防火工作】12月17日，副县长邓清波率县林业局和县森林公安局的主要负责人督查全县森林防火工作。督察组实地察看灰山港镇绿稼湾村等火灾易发点，听取绿稼湾村的森林防火工作情况汇报，并就森林防火宣传、监管等提出要求。

农　机

【县农业机械管理局领导人名录】

局　　长　陈国辉
副 局 长　刘素华　胡代之
纪检组长　尹仕军
工会主任　文剑武

【概况】县农业机械管理局内设办公室、人事教育股、科技股、管理监督股、监察室等5个股室，下辖县农机安全监理所、县农业机械推广服务站、县农机物资供应站、县能源供应管理站4个二级机构，有干部职工98人。2015年，县农机局突出重点，创新思路，农机安全生产、农机新技术新机具推广、农机购置补贴、农机合作社创建等工作成效明显，桃江农机化事业稳步发展。

农机装备不断优化。全县农机总动力79万千瓦，拥有农业机械5313台。全年完成机耕面积2.6万公顷，完成机播面积1.49万公顷，农机化实现由中级阶段向高级阶段的跨越。农机购置补贴资金落实到位，全县发放农机购置补贴资金2006.6万元，补贴各类农机具3937台，受益农户和服务组织2466户，拉动农户投入资金达5800余万元。

农机化合作社主力军作用凸显。成立“百千万工程”项目实施领导小组，精心指导建设新的现代农机合作社39家，顺利申报省级现代农机合作社8家，争取上级扶持资金240万元。农机化新技术、新机具推广成效明显，全县水稻生产耕、种、收、植保、烘干、转运综合机械化水平达到70.5%。新建连片面积100公顷以上示范点2个，66.6公顷以上示范点5个。举办机插秧技术培训5期，培育机插秧示范户53户，培训农民262人次。成功推广软盘叠盘技术及无大棚叠盘技术、高密度播种新技术和淤泥基质相结合的育秧技术。

农机安全生产形势平稳。继续保持多年无农机安全生产事故的记录。把握宣传、整治、年检、培训四个环节，做好农机安全工作，抓年检，抓培训，突出抓好农机互助保险，新发展互保会员685人，续保会员483人，互保累计金额达75.16万元。发展会员人数和互保会费总额均列全市第二。

探索常态化管理新途径。由农机部门牵头，联合监察、财政、农村办、经管局等5个部门，成立“购机补贴联席部门核查组”。根据年度省补贴目录和下达的指标，结合补贴机具办理情况，采取电话核查与实地核查相结合的方式，对大额补贴资金机具进行实地跟踪核查，对小额补贴机具通过电话和走访随时随地核实，并建立健全核查工作档案，落实责任。按照“谁核查、谁签字、谁负责”的原则，在核查过程中，工作人员见人（购机者）、见机（购机补贴机具）、见表（农机购置补贴资金申请表），查看机具型号、出厂编号、发动机编号等产品信息是否与“农机购置补贴资金申请表”上一致。当场登记、拍照，并对外出作业机具进行全面掌控。（高葵花）

【潘新初到桃江检查农机安全工作】1月20日，省农机监理总站书记潘新初在市农机局欧昌贱的陪同下，到桃江检查农机安全工作。检查组抽查浮邱山乡和浮邱山乡禁牌村，听取乡农机站的工作汇报，实地查看了“平安农机”示范点的各项工作，肯定桃江农机安全工作，并就提高拖拉机挂牌率、抓好农机安全工作提出要求。

【农机新产品推介会】4月7日，福田雷沃农机新产品推介会在桃江举行。桃江县及周边地区的部分种粮大户、有意向购机户以及全县15个乡镇农机站长和经销商代表、用户代表等300余人参加推介会。推介会主办方福田雷沃国际重工股份有限公司重点介绍最新引进的新型

4LZ-4G1纵轴流水稻联合收割机的工作性能和收割倒伏禾苗的效果，高桥乡胡国秋、修山镇钟国钦现场购买2台。推介会上签订意向购买40台的合同。

【新型职业农民培训】 县农机局和县农业局联合在高桥乡赵家山村、灰山港镇麻元坳村举办为期7天的新型职业农民培训班，培训新型职业农民（农机）100名。培训班主要讲授农机安全生产以及插秧机、收割机等农机具的保养、常见故障排除和维修专业技术，免费发放《常用农业机械使用与维修》《农业机械安全操作规程》《农机安全互助常识》《科技示范户手册》等培训资料500份。

养　殖

【县畜牧水产局领导人名录】

局　　长　王石军
副 局 长　张月明　文志安
　　　　　刘江帆
纪检组长　蔡凤文
工会主任　许芝良

【概况】 县畜牧水产局是县政府直属正科级事业单位，内设办公室、人事股、畜牧股、科教股、招商引资办、财务股、法制股、监察室、政务服务股、县动物卫生监督所、兽医局、水产渔政站、县疫情测报站、县畜禽水产品质量检验检测中心14个职能股室站。局属二级机构有县种畜繁殖场、县水产良种场、15个乡镇动物防疫站、县畜牧业服务中心。全局干部职工206人，其中乡镇动物防疫站75人、局机关54人、畜牧业服务中心21人、县种畜繁殖场14人、县水产良种场42人。2015年，县畜牧水产局被评为全省养殖业目标管理先进单位，获省级、国家级“平安渔业示范县”称号，渔政监督管理站被评为“全国文明执法窗口”单位，渔政执法案卷被省农业委和省局评为优秀行政执法案卷，安全生产、招商引资工作被评为县优秀单位。

大力发展生产。2015年，全县生猪发展基本平稳，出栏生猪96.7万头，比2014年下降0.26%；存栏65.9万头，比2014年增长3.52%。其中能繁母猪存栏7.47万头，比2014年增长3.18%。家禽恢复增长，全年县内未发生重大动物疫情，但2014半年受国内H7N9禽流感影响，效益有所下降，下半年恢复很快，家禽出笼599.3万羽，比2014年增长5.2%；禽蛋产量2.1万吨，比上年增长51%。依托丰富的天然牧草资源优势，加大弃耕地等土地流转，狠抓牧草种植推广工作，全年种植牧草5000公顷，推广秸秆青贮氨化养畜、良种肉牛杂交冷配改良与科学养殖技术，全县累计发展规模牛羊养殖户1089户，全年新增牛羊规模养殖户22户，年冷配肉牛1万胎次，为争取“国家南方现代草地畜牧业推进项目”“全国草食牲畜生产大县项目”早日落户桃江奠定基础，牛羊养殖成全县畜牧业发展热点。全年肉牛出栏3.67万头，比2014年增长7.3%；肉牛存栏7.58万头，比2014年增长5.1%。山羊出栏1.36万只，比2014年增长9.7%；山羊存栏3.22万只，比2014年增长8.42%。渔业生产结构进一步优化，全力打造特色渔业、安全渔业、“两型”渔业，努力构建水路安全渔业经济带。全年完成各类放养水面0.42万公顷，投放各类水产苗种3500万尾，水产品总量1.005万吨，比2014年增长5.79%。尤其是名特优水产养殖产量达1500吨，创历史新高，是2015年水产品产量的主要增长点。

提升产业发展素质。以“生态桃江”建设为主线，重新拟定《桃江县畜禽养殖区域划分暂行办法》，在全县范围内科学划定禁养区和适养区。对禁养区内的养殖场户逐步实现退养或搬迁，适养区内配套建设了环保设施；制定《桃江县畜禽规模养殖场管理暂行办法》，不断强化对行业的规范管理和制约。按照政府引导、政策支持、龙头带动、规范管理的原则，加快推进标准化规模养殖、小区养殖和工厂化养殖。超康禽类养殖专业合作社、金源牧业成为肉鸡规模化养殖的主推者，沾溪宇洋农业、罗氏沼虾成为特色水产养殖示范者、带头人，全力扶持湖南鑫广安石牛江分公司和桃江县桃花江农业科技有限公司、湖南正大畜禽有限公司桃江支公司万头种（仔）猪繁育场等生猪养殖基地、桃江县羊贵妃黑山羊养殖有限公司、桃江县和顺肉牛养殖场等标准化养殖场32个，切实加强种公猪站的建设步伐和供精单位的优化布局，通过政府单一来源采购确定桃江县生猪人工授精总站、恒源种公猪站2个项目供精单位，其中恒源种公猪站继续投入50余万元，扩建种公猪舍，更新种公猪，开展全县精液配送工作。通过培植典型，辐射带动，全力促推产业素质提升。突出畜禽养殖污染防治，实现产业发展与环境保护并重。按照“控面、保量、提质、减排”的发展原则，整合项目资金专注用于猪场粪污治理，6个项目建设单位全部与中钢集团武汉安全环保研究院长沙分院签订项目建设合同，执行项目代建制。项目建设全部完成，拨付项目资金230万元。夯实科技推广服务体系，激发产业发展活力。倡导以“科学布局、生态养殖、标准化建设、粪污综合利用”为主线，不断加大对主推品种、主推技术的推广应用力度，强化动物防疫、畜禽饲养管理、清洁生产等先进技术的导入与普及，全力打造养殖业升级版。

夯实动物防疫基础。坚持预防为主，基础免疫扎实有效。全年实现畜禽基础免疫率100%，免疫标识佩挂率100%，免疫抗体检测合格率达到上级要求，其他常规病种免疫率在95%以上，确保区域内未发生重大动物疫情。严格执法，产地检疫和动物卫生行政执法、畜禽产品质量安全监管得到加强。以“农产品质量安全行”为契机，组织开展畜禽水产品市场和流通环节专项整治行动，加强对农贸市场、畜禽交易场所及屠宰加工场所的全方位监控，严格检疫程序，强化检疫监管，严把市场交易入场关、检疫关、出场关。严厉打击收购、加工、销售病死畜禽的违法行为，查处相关违法案件10起，确保市场畜禽产品质量安全。狠抓基础建设，动物防疫长效机制得到进一步完善。全面开展牲畜口蹄疫、禽流感、高致病性猪蓝耳病、猪瘟等强制免疫病种的抗体检测，并进行免疫效果评估。完成生猪调出大县奖励项目的抗体检测任务。开展病死动物无害化处理工作，制定病死动物无害化处理制度、无害化处理登记及审核制度，完成病死动物无害化处理登记上报。组织开展动物防疫职业技能培训，提高防疫队伍的整体素质和实战能力。

规范渔业生产秩序。禁渔期间，县春季禁渔工作指挥部出动宣传车、船，组织10余名渔政执法人员，在全县范围内广泛宣传春季禁渔和渔业安全生产的有关法律法规与文件精神。印发《桃江县人民政府关于加强资江干流水电站坝区安全管理的通告》300份，张贴到乡村、港口、码头、集市等地，印刷宣传资料1000余份，发放至每个渔民手中，使春季禁渔工作家喻户晓。与有关乡镇人民政府、水产渔政站、各禁渔区乡、镇、村渔业队与归口管理的乡镇人民政府签订责任状，实行目标责任管理。继续加大渔业生产秩序整治力度，结合春季禁渔工作，联合当地政府和公安部门共查处违法捕捞案件23起，没收电鱼设备50套和背包式电鱼机15台（套），没收渔船5条，有效保护资江流域渔业资源。（李志新　刘亚丽）

【邓云波督查动物卫生监督工作】 2月3日，省兽医局局长邓云波到桃江督查“强化动物卫生监督、打击危害肉品质量安全”工作。邓云波先后到县城振华市场、高桥乡检疫申报点以及部分养殖专业户和屠宰加工场所，现场检查了解市场检疫和畜禽水产品质量安全监管工作情况。随后召开座谈会，县畜牧水产局汇报畜牧水产工作开展情况，县商务局介绍全县肉品质量安全监管部门联动工作情况。邓云波认为，桃江的动物卫生监督和肉品质量安全监管工作安排部署周密、宣传培训到位、工作措施具体，没有出现质量安全责任事故，取得很好的成绩。他要求进一步抓好动物检疫和无害化处理工作，加大设施设备投入，有针对性地办好从业人员培训班，抓源头治理，加大违法打击力度，切实维护老百姓“舌尖上的安全”。（李志新　文　鸿）

【春季禁渔工作全面启动】 3月9—10日，县畜牧水产局组织渔业执法人员9人，出动渔业宣传车1台、执法快艇1艘，会同县电视台进行为期2天的春季禁渔宣传。印发渔业宣传资料1000余份，与专副业渔民签订渔业安全生产责任保证书400余份。资江水域从3月10日12时至6月30日12时全面实施禁渔，停止辖区水域内一切捕捞作业，做到“船进港、网入库、人上岸、证集中”。（习支生）

【袁延文调研养殖业污染治理】 4月22日，省畜牧水产局局长袁延文到桃江调研畜牧水产工作，市人大常委会副主任李志宏、市畜牧水产局局长夏佐军、副县长李畅和陪同调研。袁延文到鸿福科技有限公司，察看“固液分离+大型沼气工程+生化处理”的粪污治理工艺，询问企业的生产经营情况，认为桃江在大力推进养殖业污染治理，促进养殖业转型发展上做了大量工作，成效明显，要加大粪污治理、无害化处理工作力度，用好用活养殖业发展资金，不断增强养殖户的环保责任意识，加快推进养殖业转型升级。（薛学科）

【全省首次野生娃娃鱼放流活动】 4月27日上午，县畜牧水产局在大栗港镇朱家村组织开展娃娃鱼苗种放流活动，在该村所属溪港分10个点将娃娃鱼苗种和其他家鱼进行分段投放。市农业委员会总工程师陈升平、县人大常委会副主任胡跃宏、县政协副主席任小林此次活动。桃江县成功向省大鲵救护中心引进娃娃鱼苗种500尾，此次投放300尾，其余苗种在适宜地段和水域适时定点投放。此次的野生娃娃鱼放流在全省尚属首次。（薛学科　习支生）

【县畜牧水产学会成立】 7月17日，县畜牧水产学会正式成立，有个人会员152名，单位会员2个。18日，召开首届会员大会，选举产生学会理事会。学会由县畜牧水产局5位副高以上职称的业务人员于2014年7月发起筹备，前期开展大量的调研摸底工作，先后走访县乡两级畜牧水产专业技术人员150余名、养殖业技术推广单位8个，收集整理资料35份，按照行业学会管理要求撰写《桃江县畜牧水产学会章程》。（张安乐　薛学科）

【首届乡村旅游（龙虾）文化节举行】 7月24日，县首届乡村旅游（龙虾）文化节在沾溪镇洋泉湾村开幕，省畜牧水产局副局长刘志忠，市农业委员会主任何伟良，市畜牧水产局局长夏佐军，县委常委、宣传部长胡国清等出席了相关活动。开幕式上，刘志忠将国家级水产健康养殖示范基地牌匾授予桃江县宇洋农业综合开发公司。文化节表演文艺节目，进行钓虾比武和龙虾烹饪大赛。（薛学科　丁　江）

【渔政执法船驶入桃江港】 8月21日，中国渔政43285执法船驶入桃江港。该渔政执法船为农业部配置，总吨位为50吨，长24.63米，宽5.2米，主机总功率218千瓦，时速12千米/小时。中国渔政43285执法船的投入使用，为维护全县渔业生产秩序与渔业安全生产，保护渔业生态环境，加大对各种非法捕鱼行为的打击力度将发挥更大的作用。（刘雨人　李志新）

【桃江通过“全国平安渔业示范县”验收】 9月22日，省畜牧水产局渔政处处长汪旭光及省农委、省安监局有关部门负责人到桃江检查验收“全国平安渔业示范县”创建工作，副县长李畅和陪同检查。检查组首先深入到桃花江镇牛潭河社区渔业队实地调查，走访多位专副业渔民，详细了解渔民群体的生产生活情况。随后到生态渔业示范村大栗港镇朱家村调研。专家一致认为桃江“全国平安渔业示范县”创建工作符合“全国平安渔业示范县”标准。（薛学科　丁　江）

移民开发

【县移民开发管理局领导人名录】

局　　长　张　坚

副 局 长　尹孟辉　钟锡福　詹万辉

纪检组长　殷敏俐

【概况】 县移民开发管理局（简称“县移民局”）属参照公务员管理的全额拨款正科级事业单位，内设办公室、工程建设股、生产开发股、后期扶持股、计划财务股、稳定安置股、纪检监察室7个职能股室，核定编制30人，有工作人员22人。2015年，县移民局按照“四个全面”的总体要求，继续坚持“服务大局促跨越、情系移民谋发展”的工作思路，积极进取，攻坚克难，为实现库区和移民安置区和谐发展、服务桃江经济社会发展做了大量的工作。

后期扶持。抓人口复核，确保资金严格发放。全年核减移民人口100人。注重加强与县财政局和县信用联社的协调配合，发放直补资金809.745万元，有力促进移民的生产发展、生活改善。开展移民后扶监测评估，总结经验，查找问题，把后期扶持工作做好做实。

项目建设。结合移民工作实际与“十二五”大中型水库库区和移民安置区经济发展规划，把解决移民群众生产生活实际困难和改善居住环境作为基础设施项目建设的重点，优先安排项目资金，使库区和移民安置区的基础设施建设与当地城乡一体化建设相配套、相衔接。编制上报《桃江县2015年度第一批大中型水库库区和移民安置区规划项目计划资金预算的请示》，后期扶持项目资金696万元主要用于农田水利配套建设、饮水安全、道路交通建设、文化教育建设、劳动技能培训和种养殖业项目建设，受益移民达10000余人。

财务监管。加强财务管理，实施规范核算，对移民基础设施建设项目、移民生产发展扶持项目、移民贫困救助项目、移民培训项目等有关财务手续严格规范，对后期扶持直发直补、项目资金扶持、移民培训资金等的使用实行严格管理。继续加强对用款单位和各移民乡镇财务部门的业务指导。完善财务手续，督促整改存在的问题，提高财务人员的业务水平。严格制定财经管理制度，严格执行集中支付和会审联签制度，严格控制“三公经费”支出，确保财务资金监管到位。加强经济责任审计和移民资金专项审计，确保移民资金规范使用。加大对移民后期扶持补助的规范管理和移民后扶落实情况的监管力度，纠正损害涉农利益行为，严肃查处截留、挤占、挪用、骗取移民后扶资金等问题，切实维护移民利益。

中心工作。面对6月的特大暴雨，成立三个工作组，分赴库区和移民安置区，指导库区和移民安置区移民开展生产自救。对人居环境整治、建整扶贫等工作，按照工作要求，严格落实到位。积极向移民户宣传水库移民后期扶持政策和《湖南省信访工作条例》。全年走访移民230余户，收集建议意见32条，帮助解决移民实际困难43个。

移民发展。按照“整体规划、因地制宜、突出特色”的要求，充分发挥移民来自不同地域、拥有不同技术优势的特点，积极引导移民发展生猪、笋竹两用林、茶叶、花卉苗木、蔬菜、油茶、网箱养鱼、库区旅游等特色产业。发展特色农业产业，新开发油茶基地1处20公顷，新建茶叶基地3处66.67公顷；改造茶叶基地1处33.33公顷，新建水果基地1处10公顷、蔬菜基地两处23.33公顷、中药材基地1处10公顷，新建楠竹基地两处133.33公顷，改造楠竹基地1处106.67公顷。重点扶持移民示范合作社2个，创产值4000余万元，惠及移民9000余人，占全县移民总数的46%，产生良好的经济效益和社会效益。

特色品牌。把创建农产品品牌作为推动移民产业可持续发展的重点，积极引导企业探索产学研的新路子，提升产品科技含量，打造特色品牌。重点扶持的马迹塘竹笋专业合作社拥有笋竹两用林基地233.33公顷，笋干加工生产线4条，全年收购春笋180万斤，实行标准化生产，仅春笋加工一项就实现产值200余万元，周边976户农户受益，并成功注册“竹聚缘”商标。宇洋公司在白竹洲电站库区流转抬填区土地71.33公顷，投资1000余万元建立标准化养殖基地，开展生态养殖，年产大闸蟹30万千克，虾36万千克、鲜鱼15万千克，年产值1300余万元，产品全部通过无公害农产品认证与绿色认证，并成功注册“桃花江美人虾”商标。修山电站库区的万州红蔬菜种植合作社，产品通过绿色、无公害认证，实行标准化生产，与益阳桥北蔬菜批发市场、宁乡沙河市场、长沙马王堆蔬菜批发市场建立长期合作关系，实行订单生产，打响绿色环保、无公害产品的品牌。

培训移民。按照“培训移民、提高移民、富裕移民”的思路，坚持因地制宜、因需施教，实施移民素质培训工程，不断增强“造血功能”，培育“有文化、懂技术、会经营”的新型移民，致富奔小康的步伐不断加快。全年举办各类移民培训班6期，聘请农业、畜牧业、林业的专家授课，培训移民338人（实用技术4期275人、就业技能2期60人，另推荐3人参加省移民局组织的电工维修培训班），进一步提高移民的就业创业能力。

信访维稳。按照依法逐级上访的要求，全年信访总量有所下降，信访形势总体平稳可控。信守“接待不推诿、讲话不失信、办事不拖沓、服务不走样、发展不松劲”五个承诺，畅通信访渠道，全年处理信访件11件、市长热线件5件，接访水库移民34批164人次，信访总量较2014年同期下降16.7%。及时上报信访稳定工作月报，重大节日期间未发生库区群众进京集体上访、非正常上访和群体性事件。着力化解矛盾，针对桃花江水库移民攀比三峡移民，提出“前期补偿”诉求，非法组织移民去市、赴省、进京上访缠访情况，县移民局认真接访解答问题，积极下访瓦解群体，采取各种方式宣传政策，有效控制局面。针对资江沿线电站遗留问题多、群众反映强烈的情况，县移民局完成郭家洲衬砌、抛石100米任务，安排库区后扶项目资金252万元予以化解。针对三峡移民“三不一难”（对搬迁不服，对安置不满、库区发展对比造成心理不平衡、生产发展难）不满情绪多的现状，县移民局通过结对帮扶、真诚服务、加强安置区基础设施建设、争取各部门支持移民产业发展等各方面努力，赢得移民的肯定、支持、理解，及时解决问题12个。

存在的主要问题：产业基础设施建设投入成本高，而移民项目资金有限，加上银信部门门坎高，移民发展难以得到各方面的支持，移民经济发展难，产业升级困难多；县里成立了涉农资金整合办，整合全县农业项目资金，但难以用于移民产业发展；电站遗留问题难以解决，不能形成库岸维护的长效机制。

（罗继红）

【县移民工作会议召开】 3月23日，县人民政府组织召开2015年移民工作会议。会议由县政府办副主任刘亦虎主持，副县长李畅和出席会议，15个乡镇的分管领导、办公室主任及县移民局全体干部参加会议。会议传达全省移民工作会议精神，总结回顾2014年全县移民工作，部署2015年全县移民工作。

【株洲市到桃江考察移民笋竹产业发展】 4月15日，株洲市移民局局长肖立光及辖区内4个县（市、区）移民局局长到桃江马迹塘镇考察移民笋竹产业发展，相互交流促进产业发展中的好做法、新举措。益阳市移民开发局局长皮本泰陪同。县移民局局长张坚介绍马迹塘镇笋竹专业合作社竹笋生产加工销售等方面的情况。考察团深入实地查看，与县移民局工作人员、笋竹专业合作社和生产企业负责人交谈，详细了解移民笋竹产业发展情况，并就项目的发展前景、发展中存在的问题及面临的困难进行深入交流和探讨。

【笋竹两用林培育种植培训班】 4月15日和16日，县移民局在灰山港镇栗树山村举办库区移民笋竹两用林培育种植培训班，60余名竹农参加培训。培训班特邀县林业局专家莫晓春现场授课。莫晓春详细讲解笋竹林培育、劈山砍杂、科学施肥、合理留笋养竹、病虫害防治、雨雪冰冻灾害防范等专业技术知识。

【县政协调研移民产业发展】 9月11日，县政协副主席刘楚江一行，深入灰山港、沾溪、马迹塘、修山、武潭等乡镇开展为期两天的移民产业发展情况调研。调研以“生产开发促发展”为中心课题，采取召开座谈会、实地查看等方式，深入了解各移民乡镇在产业培植、示范打造、典型引导、移民创业就业等方面取得的进展及存在的问题，进一步梳理移民后期扶持发展思路，总结“十二五”移民后期扶持发展工作取得的经验，为谋划“十三五”移民后期扶持发展规划提供决策参考。

【桃树栽培实用技术培训班】 9月19日，县移民局联合县委农村工作部、县科学技术协会、县美人窝水果种植科技协会在大栗港镇朱家村共同举办首届桃树栽培实用技术培训班。培训班邀请中国农科院果树研究所教授崔国朝、湖南省农业厅百果园高级农艺师田生元授课。库区移民、乡镇果树种植大户及美人窝优质水果种植协会的会员80余人参加培训。 （詹 薇）

【全面部署后期扶持移民工作】 11月13日，县政府办组织召开澄清大中型水库后扶移民人口登记和后期扶持项目及资金管理自查自纠专项会议。副县长李畅和出席会议，县政府办副主任刘亦虎主持会议，各乡镇主要负责人，县财政局、督察局、经管局、移民局有关负责人参加会议。 （罗继红）

桃花江灌区管理局

【桃花江灌区管理局领导人名录】

党组书记、局长　王文明

党组副书记、副局长　刘铁龙

薛跃中（2015.07止）

纪检组长　李梦飞

工会主任　曾迎平

党组成员　覃国新

【概况】 桃花江灌区管理局（加挂桃江县桃花江水库管理局牌子）属纯公益性正科级事业单位，有干部职工338人，其中在职干部职工252人，离退休干部职工86人。内设办公室、工程灌溉股、计划财务股、人事科教股、水政监察股5个股室，下辖枢纽管理所、东干渠管理所、高桥管理所、水口山管理所、鸬鹚渡管理所、桃花江水库水力发电站、桃花江水库渔场和桃花江水库旅游开发建设管理站8个二级单位。

队伍建设。加强制度建设，完善财务管理、公务接待、项目建设与管理等制度，确保队伍廉洁高效；加强警示教育，召开民主生活会，进行廉政约谈，提高干部职工的廉政意识。加强督促检查，对机关工作人员执行规章制度情况检查6次，无1人违纪。对二级单位专项督查5次，发出督查通报4期，通报批评一个管理所和2名责任人，按相关规定处罚到位。

防汛抗旱。完成“确保工程平安度汛，任何情况下不垮坝；日连续降雨100毫米不垮渠堤，连续60日不降雨不发生大面积旱灾，确保灌区群众旱涝保收”的工作目标。4月22日至5月21日，对128千米干渠开展为期1个月的渠道清障行动，印发张贴宣传资料450份并组织入户宣传，对渠道和库区范围内种植的阻碍行洪和灌溉的植物及各类违章建筑物进行清障、拆除，整治乱种、乱建现象，渠系的防洪和抗旱能力得到增强。6月21日的大暴雨损毁灌区干支渠和建筑物29处、支渠56处、泄洪渠42处、建筑物8处。雨后，用3天时间对急需修复的渠道进行处理，保证渠道及时通水。7月底8月初，多晴少雨，抗旱形势严峻。8月3日召开局抗旱工作会，各灌区管理所根据不同渠系状况和灌溉区域用水需求，制定不同的清障措施和灌溉方案，所有人员取消轮休，在8月6日前完成送水任务，确保灌区灌溉用水需求。全年投入资金96万元用于汛期渠道清淤扫障56.5千米，修复险工险段31处，维修建筑物42处；投入51.6万元用于渠道冬修，完成渠道清淤扫障9.45千米，渠系建筑物改造35处，修复险工险段6处。

项目建设。完成2014年度大型灌区续建配套与节水改造项目投资1588万元，完成干渠防渗衬砌12.64千米、支渠防渗衬砌5条52.87千米，以及部分干支渠建筑物加固改造，主体工程于3月10日通过验收。完成桃花江水库水泥厂片区工矿棚户区改造项目，完成新建48套房屋主体工程，投资554万元。完成新建安山电站的前期申报工作，电站设计安装容量1890千瓦，完成项目的可行性研究和初步设计工作。争取2016年度大型灌区续建配套与节水改造项目投资1704万元、桃花江水库水力发电站改造资金115万元。

灌区服务。进行水费管理改革。县物价局《关于重新核准桃花江水库农业灌溉供水收费标准的通知》重新核准水费计收标准，按受益面积自流灌溉每亩每年为16.7元，提灌每亩每年为8.35元的标准收取水费。《桃江县人民政府办公室关于加强桃花江灌区水费收缴工作的通知》重新明确水费收缴和使用办法，桃花江灌区水费收缴授权委托灌区乡镇统一代收，用于支渠及以下渠系的维修维护。完成渠道界碑埋设，对128千米干渠重新进行精准测量，每隔500米埋设一块界碑，并对全线渠道重新摸底造册。加强水政行政执法，2015年处理违章建筑3处，重点对高桥乡大林村桃花江猪场非法排污和库区水面违建钓鱼设施等现象进行水政执法。按程序报建修筑桥梁8座，有效解决渠道周边群众出行难的问题。电站运行安全高效，发电效益良好，发电500万度，创收150万元。　（胡卫平）

气　象

【县气象局领导人名录】

局　长　丁卫毛

副局长　潘　湛　童中华

【概况】　县气象局为湖南省气象局直属单位，是桃江县政府主管气象工作的职能部门，负责行使本行政区域内气象工作的政府管理职能。2015年有干部职工13人，大专以上文化13人，占职工总数的100%；工程师4人，占职工总数的31%。2015年，气象局切实履行工作职责，认真为政府和有关部门提供防灾、减灾决策气象服务，为农业生产、国民经济、国防建设以及广大人民群众生产生活提供服务。

基础业务工作。每周开展业务集体学习1次4学时，测报业务内在质量得到提高。严格执行各项规章制度，错情率为0.0%，传输率、资料可用性达到省局要求，报表全优无错。4月、8月，分别组织气象台、防雷检测站业务人员开展设备、网络、电源、防雷装置等安全检查，确保设备运行正常和数据及时传输。完善区域自动站运行规章制度，每小时对全县区域站正点数据进行监测，发现故障及时到点进行维护维修。汛前汛后，组织相关人员对乡镇区域自动站、单雨量站、隐患点区域自动站进行全面检查维护，保证区域自动站正常运行，为防灾减灾提供准确数据。

气象防灾减灾服务。成立汛期气象服务和应急领导小组，执行领导带班，24小时值守。加强对暴雨、雷电、泥石流、冰雹、大风等气象灾害的预测预警能力建设，进一步提高预测预报的服务能力。建立灾害应急体系，丰富预报服务产品。2015年汛期（4—9月）出现4场暴雨、1场大暴雨，气象局发布专题天气预报15期、山洪地质灾害预警3期、预警短信2万余人次，滚动播报实况雨量6次、短期气候趋势18期、中长期展望9期。

公共气象服务。每日进行08时早间预报，16时、24小时常规预报，利用手机短信、政务办公网、QQ、电子显示屏、预警大喇叭、电话、手机报、电视等形式进行公开发布。全年为桃江县“登浮邱山比赛”气象服务专题预报服务2次，为水库建设以及大型项目建设提供气象资料多次。

“三农”气象服务。进一步加强农业气象服务和农村气象灾害防御建设，制定《桃江县气象局2015年“三农”服务专项实施方案》，与农业、水务、国土三个部门重新签定专业气象服务合同。积极开展农村气象服务需求调研，初步建立面向水稻、茶叶、柑桔等特色产业种植气象服务体系。完成“一键式”公共气象服务平台建设及综合业务平台升级改造，开展直通式气象服务2家。建立和完善乡、村气象信息员队伍。

人工影响天气工作。坚持“安全是人影工作的生命线”“人影作业安全第一”的原则，围绕“安全、规范、科学、高效”的目标，组织对37高炮和火箭操作进行理论学习和现场操作，对四门37高炮和两门火箭进行年度检查维护，更换平衡机弹簧1根。

行政执法检查。4月中旬，组织气象执法人员对县境内的加油站、液化气站、炸药库、人员密集场所开展安全行政执法大检查，对不符合防雷标准的装置提出整改措施，限期整改。全年完成150余个单位的防雷检测，建筑工程现场服务50余次，氢气球执法16次，暂扣违规施放氢气球150余个。

宣传工作。在3·23世界气象日、安全生产月开展气象防灾减灾知识宣传活动，发放《中国气象报》40份、《中小学气象灾害避险指南》200份、《气象防灾减灾知识图解》挂图600份，并讲解气象相关知识。湖南气象在线上稿6篇，桃江公众信息网上稿2篇。

存在的困难与问题：工作人员

少，一人多岗，导致监督和督促不到位；人才队伍建设落后，缺乏专业的气象服务人才；边远山村信息闭塞，防御气象灾害能力较弱，气象信息“最后一公里”未完全解决；人工影响天气、气象探测环境专项规划编制经费及各种气象业务匹配资金不到位。（罗　婉）

【人工增雨安全作业培训】 4月，益阳市人工增雨安全作业培训在桃江举行，益阳市5个县气象局气象指挥员和炮兵40余人参加。培训中组织开展37高炮和火箭操作理论学习，并进行现场操作。

【规范城区施放氢气球管理】 2015年，气象局加大对桃江城区氢气球施放管理。年初将《关于加强城区施放气模、气球管理的通告》《关于加强对县城范围内施放氢气球管理的通告》发放到县城67家广告、婚庆公司，宣传氢气球法律法规政策。规定县城在创卫期间，氢气球的施放数量不能超过4个。严把氢气球申报关，无证的公司一律不予办理手续，有证的公司只能申报4个氢气球，办结后将审核单共享给城管部门。组织氢气球执法16次，暂扣违规施放氢气球150余个，执法工作达到预期效果，县城区氢气球市场无违规施放现象。

【对存在防雷安全隐患的中小学进行整改】 全县197所中小学有房屋588处，其中无防雷设施的542处，所有学校的计算机机房、远程教育网的避雷设施均不符合要求。2015年，县气象局开展全县中小学防雷安全隐患整改工作，主要进行直击雷防护和电源部分防护，确保学校财产和师生安全。

水　文

【县水文局领导人名录】

局　　长　伊　磊
副局长　杨　昀
工会组长　吴蓉芬

【概况】 县水文局下辖桃江(二)站、蒙公塘、桃花江、鸬鹚渡4个水文站和沾溪水位站，15个基本报汛雨量站，3个山洪防治水位站，21个山洪防治雨量站。省市级水质监测点各4个。有干部职工10人，其中高级工程师1人、工程师2人、助理工程师3人、高级工4人。

防汛测报。及时、准确收集水位、流量、地形、降雨、蒸发、土壤墒情等水文数据信息，提供水情分析、预测、预报，为市、县防指提供水、雨、旱情信息，为各级防汛抗旱指挥决策及时发布预警信息提供科学依据，充当防汛的“耳目”和“参谋”。承担5个国家级水文（水位）站、18个国家级雨量报汛站、10个山洪预警水位站、27个山洪预警雨量站共60个水文、雨量自动报汛站点管理维护任务，所有站点故障都在24小时内维护到位。承担4个省级水功能区（桃江水文站、马迹塘水厂取水口、武潭水厂取水口、资江牛潭河大桥）每月一次水质监测；四个市级水功能区（克上冲、桃花江、罗溪、碧螺水库）每两个月一次水质监测；18个农村饮水工程每半年一次水质监测，其结果直接作为省、市对桃江水资源管理——水质达标率的考核依据。协助县水务局开展水资源保护、水环境监测、农村安全饮水规划等工作。

提升服务质量。制定青年职工全年学习方案，并一季度一考核。每个青年职工到下辖测站轮岗，促进青年干部积累经验，提高个人处事能力。不定期请市局业务专家现场为青年职工进行业务实际操作讲解，支持青年职工到高等院校学习深造，组织青年职工到其他各个测站学习经验，以更新观念、开拓视野、增强业务能力，激发青年职工的积极性和创造性。利用平时空余时间，有计划有步骤地组织开展政治、业务方面的学习和培训，不断拓宽青年职工的知识面，提升青年职工综合业务能力。

小河流站点建设。启动益阳市中小河流水文监测系统建设项目二期桃江段桃花站、鸬鹚站的基础设施建设。2015年县水文局桃江（二）站实测全年年降水量1624.6毫米，年降水日数167天，最大日降雨量出现在6月21日，81.0毫米。年蒸发量699.7毫米，最大日蒸发量出现于8月3日，6.9毫米。全年最高水位40.54米（出现时间：6月22日），全年最低水位也是历年来最低水位30.75米（出现时间：2月8日）。本年度水位级划分情况为：36.94米以上为高水，32.81米至36.94米为中水，32.81米以下为低水。按测站任务书要求，全年实测流量88次，测单沙318次，输沙15次。实测最大流量为6570立方米/秒，相应水位为40.52米（出现时间：6月22日）；实测最小实测流量11.4立方米/秒，相应水位30.75米（出现时间：2月8日）。（胡海玉）

工 业

综 述

【县工业和信息化局领导人名录】

局　　长　熊　伟
副 局 长　胡尚吾　莫劲松
　　　　　汪志良
纪工委书记　彭　桧
工会主任　邓文彬
工委委员　刘庚申

【概况】 县工业和信息化局机关内设办公室、财务审计股、经济运行股（民营经济股、推进新型工业化办公室，加挂县中小企业服务中心、园区办、信息化股、无线电办、项目办牌子）、资源管理股、电力股（加挂电力行政执法大队牌子）、人事教育股、法制股（企业管理股）、棚改办8个股室，下辖电力执法大队、工业产业发展办公室、工业中等职业技术学校3个二级事业机构。机关在职干部职工22人。3个二级事业机构23人。其中电力行政执法大队3人、工业产业发展办公室6人，为全额拨款事业机构；工业中等职业技术学校14人，为自收自支单位。2015年，县工业和信息化局面对复杂多变的宏观经济形势和较大的经济下行压力，围绕县委“135”工作思路，科学规划、全面部署，主动作为，基本实现全县工业经济和科技事业平稳较快发展。

经济指标运行平稳。2015年，全县177家规模工业企业完成总产值331.8亿元，比2014年增长9.51%；实现规模工业增加值89.12亿元；实现规模工业销售收入331.7亿元，产销量达99.9%；实现工业用电51852万千瓦时，比2014年下降6.8%。全县实现高新技术产业增加值36.33亿元，高新技术产业增加值占GDP的比重达到17.87%，比2014年增长33.4%。重点项目建设稳步推进。桃花江实业项目建成并试生产，万维竹业项目完成主体工程建设和设备调试，新兴管件项目技改工作稳步开展，全年技改投入过1000万元。

园区建设，企业帮扶。2015年桃江经开区、灰山港工业集中区、马武小区三大园区建设稳步推进。注重加强园区基础设施建设和产业布局，全县3个工业园区新建标准化厂房29.25万平方米，平整土地79.07公顷，报批土地75公顷，新投产工业项目12个，新开工工业项目14个；桃江经开区“六纵六横”路网实现互联互通，基本形成装备制造、竹木加工、食品药品加工三大产业。进一步完善政策，《鼓励和支持重点企业发展若干意见（试行）》《关于进一步加强重点工业企业帮扶工作的通知》等县级指导性文件相继出台。制度进一步健全，完善工业运行调度制度、县级领导联系帮扶重点工业企业制度、重点工业企业“服务绿卡”制度，推进机关“服务重点企业”专项活动制度，针对企业帮扶，建立“周调度、月点评、季总结”制度和企业问题“挂号、销号”制度。全年企业服务效果明显，通过3次专门的帮扶调度会，118个困难问题已解决99个，剩余19个问题分解落实到相关部门。其中，协调解决竹木产业转型升级问题20个，协调解决土地租赁等园区建设问题38个，促成银企对接贷款过2亿元，促成在省股权所挂牌企业21家，进入新三板后备资源库企业4家。

产业结构调整。市属企业改制工作有序推进。人资分离完成相关扫尾工作，资产处置完成企业废旧设备及下属两个水泥厂的拍卖工作，土地确权、留守处等其他工作得到落实。工业节能降耗扎实推进，万元规模工业增加值能耗下降率9.7%，超出市定目标2.26个百分点；指导南方水泥建立能源管理中心，引导新型管件、鼎盛建材实现能耗在线监测；完成水泥行业整顿，关闭违法违规水泥企业16家；助力企业清洁生产，湘益木业成功通过省级审核。工业转型取得新成果。引导传统建材企业向预制构件和住宅部件生产企业转型，原万鑫水泥组建金宙建材，转型生产干粉砂浆及矿粉；原宏晖水泥转型生产新型干粉复合料；丰岩公司生产页岩陶粒产品。新墙材和散装水泥加快推广应用。完成新墙材基金征缴27.5万元，完成散装水泥基金征缴5.6万元；指导企业进行新墙材产品认定，4家企业完成申办；益丰塑业成功获批省级新材料企业。

专利工作。2015年，发明专利申请任务纳入各乡镇（园区）年终绩效考核指标。通过采取摸排可申请的专利源，通过深入企业调研、服务和指导，聘请资深专利代理人进行专题培训，充分挖掘可申请的专利源，加强专利申请。同时，进一步加强专利行政执法，完善发明专利激励机制，增强企业申请专利的积极性。全年申请专利265件，其中发明专利申请85件，比上年增长267%；授权专利164件，其中发明专利授权8件，比上年增长200%。全县有效发明专利30件，在市知识产权局指导下，对县城的几家超市和药店开展专利行政执法，完成假冒专利处罚案40件，处理专利纠纷2起。

农业科技示范。全年新增3个“益阳市农业科技成果示范推广基地”，分别是桃江县新地农业开发有限公司的“桃花江果茶园”、桃江县宇洋农业综合开发有限公司的“洋泉湾水产养殖基地”、桃江县金洲水稻种植专业合作社的“桃江县金洲原生态富硒雪莲果基地”。全县市级农村科技成果示范推广基地达到11个，省级农村特色产业科技示范基地2个，省级农业科技园1个。农业新技术、新成果有效地促进农业技术进步、农业增效和农民增收。

立项争资。2015年争取项目资金4051.85万元，其中，通过节能补助项目、企业技改项目、中小企业发展项目、信息化项目、新型工业化项目等项目争取资金3846.85万元，通过申报科技类项目争取资金205万元。同时，加强项目跟踪调度，组织对3个国家创新基金项目和7个省级科技项目进行验收，对湖南省特色产业科技示范项目——“桃江优质有机葡萄种植推广科技示范基地”进行中期检查。各项目顺利实施，资金使用规范，取得良好的经济效益和社会效益。

电力管理。加强行政执法行为。通过创新工作方法，强化与供电企业的合作，借助其专业技术力量，加大对窃电等非法用电行为的查处力度。查处破坏电力设施和违章违法用电案件12起。增强小水电安全监管。落实安全生产责任制度，责任具体到人。联合水务、安监对桃花江等21家小水电开展安全隐患排查。加强小水电员工安全教育培训。同时，积极发挥电力行政职能，全力配合有关部门完成相关整治工作。

工矿棚改。2015年，申报棚户区建设和危房改造，包括雷公岩片、灰山港片、县属工矿联合棚改、市属企业联合棚改4个项目，各个项目建设比较顺利。雷公岩片项目22栋主体工程竣工并通过验收。桃花江镇安置点建房12栋，主体工程竣工并通过验收，完成配套设施的设计、预算，进入财政评审程序。灰山港镇安置点建房432套，完成主体工程8栋，完成配套设施的设计、预算并进入财政评审程序。县属工矿联合棚改项目规划建房600套，主体工程竣工并通过验收。市属联合棚改共申报棚户区改造800户，其中220套划拨工矿联合棚户区实施，实际实施580套，其中新建300套、危改243套，于2015年11月动工，完成购买商品房37户。

党风廉政建设。切实履行党风廉政建设主体责任。加强组织领导，成立由工委书记、局长任组长，纪工委书记任副组长的工作领导小组，巩固基层纪检员队伍；坚持一把手负总责，其他班子成员负“直接领导责任”，实行“一岗双责”。强化工作落实，结合实际，制定责任制，层层签订责任状，进一步强化权力监督制约，加强重点岗位管理，相继出台《直属企业管理办法》《县工信系统国有工矿棚户区改造暂行管理办法》。积极开展廉政教育，通过优化廉政党课、警示教育、宣传栏（册）等教育方式，及时把党纪法规宣传到位。着力开展“三访三化”“一进二访”主题活动，完成各项规定动作，深入基层、深入群众，认真开展结对帮扶，支出扶贫帮困资金近50万元。着力健全管理制度，认真落实民主集中制原则，适时修改完善机关管理制度，严格规范干部的行为。

维稳工作。加强信访化解工作力度，不断完善信访工作制度、健全信访工作程序，通过上门走访、蹲点守候、争取支持、解决零就业、关爱弱势群体等方法，全年劝返化解进京上访9批60人次，化解赴省上访12批200人次，化解到市上访16批150人次，化解到县上访26批340人次。全年合计化解上访人数达750人次，比上年下降4%以上。班子成员包企业、机关干部主动下企业排忧解难，严格落实“五包一”制度，确保全年各个重点时段的稳定工作，全年未发生重特大群体性事件及群体性上访事件，系统大局稳定。（刘 浩）

经济开发区

【桃江经济开发区领导人名录】

党工委书记　刘胜辉（2015.03止）
党工委书记　熊跃明（2015.03始）
党工委副书记、管委会主任　熊铁龙
管委会副主任　丁世谋　刘同庆　卢向清
党工委委员　曹旭升　刘　惠　文　彬

【概况】 县经济开发区位于县城桃花江镇城北牛潭河区域，2006年通过国家发改委审核批准为省级经济开发区。园区规划面积为586.8公顷，有规模企业49家，形成竹木加工、通用设备制造、食品和药品三大主导产业。

经济规模逐步壮大。2015年，全区完成工业总产值72.8亿元，比2014年增长21.19%；实现规模工业增加值21.84亿元，比2014年增长19.2%；创税收1.23亿元，比2014年增长23.5%。完成基础设施投资14.9亿元，园区标准化厂房利用率达82%。

基础设施不断完善。完成桃盛路标准化厂房三期项目、重组竹项目、桃江竹产业创新创业园项目、生活设施等4处标准化厂房建设11.22平方米；新建并硬化主干道路5017米，其中桃盛路硬化1674米，广进一路路基及硬化1531米，广进四路路基及硬化292米，建新路硬化820米及延伸路基700米，建成金盆北路环岛；完成土地平整43.33公顷，报批土地43.18公顷；启动总投资7824万元、设计日处理量为2万吨的桃江县第二污水处理厂规划，完成污水处理厂征地拆迁工作，铺设污水管网4349米。

产业建设取得突破。引进华中绿谷竹缠绕复合压力管、农村电子商务、益湘美塑业等亿元项目3个，创新创业企业7家；益湘美塑业、畅源工业气体、华中绿谷竹缠绕复合压力管、华艳生物二期工程等4个项目开工建设；宙盾防化滤毒通风设备生产项目、桃江竹产业创新创业园第一期主体工程、华艳生物二期工程等3个亿元项目建成。初步形成以竹产业创新创业园、桃花江实业、万维竹业等企业为引领的竹木加工产业，以宙盾、福德电气等企业为龙头的通用设备制造产业，以口味王食品、华艳制药等企业为龙头的食品、医品产业，三大主导产业占比为87.4%。桃花江竹业发展有限公司、湖南华艳生物科技开发有限公司、湖南博得物流装备有限公司等4家企业入选湖南省2015年新三板后备企业资源库。

产城融合进程加快。城市吸纳能力不断增强，区内就业人口达到1.32万人。城市公共设施、机构进一步完善，开通一条公交线路和两条县级班车线路；中国银行、城北中学等银信、教育机构网点逐步得到完善。桥头广场等商业开发项目启动建设。

融资工作成绩突出。全年通过银行对接贷款11.75亿元，到位7.15亿元；完成8亿元企业债券发行工作的全部前期工作。

（熊跃明　李　舟）

【“湘益”注册商标认定为“中国驰名商标”】 7月，桃江县湘益木业有限责任公司所持有的“湘益”注册商标被国家工商总局认定为“中国驰名商标”。这一成果填补桃江县无驰名商标的空白，实现桃江“中国驰名商标”零的突破。

【竹缠绕复合压力管生产项目落户园区】 9月7日，在2015年中国（湖南）非公有制经济发展论坛暨海外侨领侨商三湘行活动益阳市投资合作交流推介会上，年产2.5万吨竹缠绕复合压力管生产项目正式签约。该项目投资方为华中绿谷实业发展有限公司，项目选址桃江经济开发区牛潭河工业园，规划用地面积4.67公顷，总投资1.6亿元，建4条竹缠绕复合压力管生产线。

城乡建设　环境保护

建设管理

【县住房和城乡建设局领导人名录】

局　　长　李茂武
副 局 长　陈志忠　巫文志
　　　　　高海军
纪检组长　颜栋梁
工会主任　刘湘辉

【概况】 县住房和城乡建设局（简称"住建局"）机关内设12个股室（含加挂6个），下辖自来水公司、质量安全监督站、施工企业管理站、燃气管理站、城建档案馆5个二级机构，有在职干部职工204人。2015年，县住建局坚持以创建文明单位为载体，强力推进城镇建设、建筑业管理、公用事业建设管理等重点工作，各项任务均达到或超过年初设定的目标，被评为全市城镇建设先进单位、全市建筑业管理工作先进单位、全市建设系统计划生育综合治理工作先进单位、全县综合目标管理考核一类（优秀）单位、全县精神文明建设考核单位考核优秀单位等，获得2014—2015年度市级文明单位称号。

县城建设。2015年全县城镇建设完成基础设施投资9.34亿元，其中县城完成投资6.98亿元，住建局牵头实施县城基础设施重点项目24项。金盆大道完成南段道路扩建和北段路面提质改造；浮邱山大道及资江特大桥启动建设，道路部分完成路基土石方工程；雪峰山路、罗溪路完成路基工程；迎宾路、资江南路、党政大楼后山公路建成通车；老七星河截污治理工程、15座垃圾中转站、桃花东路护坡工程、獭溪河临河面绿化、桃谷山易涝点改造、县城南北主排水通道疏浚改造工程、老干局大院提质改造工程、大汉路建设等竣工并投入使用；桃花江沿江风光带三期和枣树潭广场完成建设任务。桃花江大道、金盆大道相继建成，浮邱山大道加快推进，县城以桃花江大道、浮邱山大道、金盆大道为干线的"大交通闭合圈"基本成形，中心城区"六纵六横"（"六纵"指金盆路、谷山路、獭溪路、资江路、花桥路、金凤路；"六横"指桃花路、建设路、振兴路、芙蓉路、雪峰山路、桃花江大道）骨干路网基本成型，县城成功创建省级卫生县城，建成区绿化率达38.9%。

建筑业管理。开展建筑领域"九打九治"打非治违专项行动工作，对非法违法行为排查形成一条从发现到登记直至销号的监管链条；开展质量安全专项整治行动，着重检查关键岗位人员正确履职情况、各责任主体执行法律、法规和工程建设强制性标准等情况；落实工程治理两年行动，严格落实质量终身制，严厉打击转包违法分包挂靠等行为；积极推行监督规范化绩效考核工作，完善建筑工程安全生产目标管理体系，建筑施工质量安全保持良好势头，连续4年未发生较大以上质量安全事故，继续保持"零事故、零死亡"纪录。切实抓好建筑企业准入登记、考核、合格商库建立、不良行为处罚等工作，建立一套较完整的入桃企业信息库，办理59家建筑业企业的入桃登记；组织人员培训、考试和企业安全认证，完成二级建造师注册、变更、增项、注销67人次，九大员培训考试194人次，安全生产管理人员培训考试66人，企业技术工人培训发证270人。新增建筑施工企业4家，县域建筑施工企业发展到29家，其中建筑施工总承包资质企业11家。建筑产业完成总产值34.8亿元，比2014年增长20%。

小城镇建设及新型城镇化推进。住建局牵头制定《2015年桃江县推进新型城镇化工作实施方案》，组织全县新型城镇化专题培训；指导各乡镇制定2015年“六个一”和“六大优化”工程实施方案（“六个一”建设指建设好一座自来水厂、一个农贸市场、一座垃圾中转站、一座污水处理厂、一个文化广场和一条特色街；“六大优化”工程指实施路网、地下管网、路灯、绿化、环卫设施配套、广告招牌规范工程），实施小城镇基础设施建设项目92个，完成投资2.36亿元；集中调度全县小城镇建设重点项目，建立小城镇建设工作月调度机制；完成桃江“十三五”新型城镇化课题研究，编制《桃江县新型城镇化“十三五”规划（草案）》和“十三五”城乡建设重大项目库；制定农村农民建房管理办法草案，印发农民建房设计图册；稳步推进农村危房改造及农民集中居住区工作，建设农民集中居住区6个。全县城镇化率达42.67%，

公用事业管理。全年供水830万吨，发展用水户965户，自来水水质综合合格率达100%。新建改造管网11千米，完成水质检测中心建设任务，完成第二水厂取水设施改造及备用电源建设并投入使用，有效解决枯水期第二水厂取水困难及因电网停电而出现全城停水的问题，完成应急维修维护近3000处，全年未发生供水安全事故。新建天然气管网6.14千米，新增用户3180户，全年供应管道天燃气640万立方米。开展对燃气企业的安全隐患排查，整改安全隐患27处，立案查处燃气违法案件15起，全年未发生一起燃气安全事故。新建污水处理配套管网12.7千米，县城污水处理厂全年处理污水735万吨，平均日处理2万吨,运行记录良好。全年整理文书、会计、科技和工程档案1020卷，与53家建设单位签订报送建设档案资料服务协议，并发放建设工程档案管理资料，对开工建设的工程项目开展送法服务上门活动80余次，组织全县17名档案资料员参加市档案管理档案资料员培训班学习，取得档案员资格证书。

民生工作。农村危房改造年度任务为700户，住建局积极向省厅争取，将桃江县纳入新型城镇化试点县，增获指标达1000户。2015年农村危房改造实施整村推进为主，根据农户申报、村民主评议、村级公示、乡镇审核、乡镇公示、县危改办抽查和信息核实程序确定帮扶对象，全年完成危房改造919户，年底顺利通过市、县为民办实事办考核验收。根据县委、县政府的统一部署，住建局筹措资金，全力支持重点村庄建设。支持桃花江镇石高桥村民居改造工程，投入项目资金150万元；支持桃花江镇大华村新装100盏节能路灯，投资40万元；支持灰山港镇杨家坳村基础设施建设10万元。

其它重点工作。征收、代收规费税费和立项争资。严格执行规费税费收缴政策和制度，做到应收尽收，全年代征城乡个人建安税和行政事业单位报建的建安税944.05万元，超额完成建安税收代征任务。积极包装项目，争取更多的城镇建设项目进入上级项目笼子，全年所争取项目到位资金3424万元。积极创新审批模式和服务方式，优化办事流程，努力提高即办率，做好建筑工程施工许可的改版审批发证工作，办理建筑工程施工许可138件，未发生一起服务对象不满投诉。积极发挥主观能动性，严格行政执法，加强执法队伍建设，强化执法监督检查，不断提高依法行政的整体水平，进一步完善建设行政执法规范，全年立案查处建筑类案件19件，查处燃气类案件15件，无行政复议。深入开展“三严三实”专题教育，全力建设一支党性坚强、作风优良、工作出色、形象清廉的住建干部队伍。坚持科学理论武装，加强党性道德培育，通过进一步落实中央“八项规定”，加强领导班子和干部队伍作风建设，规范各级干部行为，以良好党风带动民风；加强上下级之间沟通交流，建立领导班子基层联系点制度，要求全局干部定期下基层听取职工诉求意见；坚持密切联系群众，设立了意见征集箱，广泛收集群众的各类意见建议，对群众关心关注的问题，局党组班子成员认真开展走访调研。全年召开党员民主生活会4次，收集问题22个并整改到位；在职党员积极开展进社区走访调研帮扶活动、联系村扶贫帮扶活动及一对一帮扶活动等，投入帮扶资金6万元，接受群众建议60余条，重大节日走访困难职工及帮扶对象，发放慰问金15000元。（周　芳）

【芙蓉路提质改造工程竣工】 1月18日，芙蓉路提质改造工程全线竣工，有效改善县城交通条件，进一步提升城市综合品质。该工程西起金凤路口，东至金盆广场，全长2227米，全线4条主车道加两侧非机动车道进行沥青摊铺。

【瓶装液化气实现专车专运】 1月20日，桃江县瓶装液化石油气专用运输车辆启动运行仪式在桃花江镇文家渡村举行，10台符合液化石油

气运输要求的专用危险品运输车辆正式投入运行。县住建局燃气管理站自2014年12月起，严格规范燃气企业危险品运输行为，要求各燃气企业必须配备危险品运输专用车辆，在相关部门的大力支持配合下，县内7家液化石油气企业全部按规范要求配置专用危险品运输车辆，全县80多个液化石油气销售网点瓶装液化石油气将全部由专用运输车辆配送。

【金凤路提质改造工程完工】 1月22日，县城金凤路提质改造工程完工并正式通车。该工程北起芙蓉路，南连桃花江大道，是县城“六纵六横”路网格局的重要组成部分。改造道路长401米，宽30米，投资概算为600万元，对原路面进行拓宽提质改造，进行沥青摊铺，全面改建排水管网及人行道路缘石、路灯等基础配套设施。

【花桥南路改造工程完工】 1月24日，县城花桥南路改造完成全线沥青摊铺并正式通车。花桥南路是桃江县城通往高桥乡的县道的起点段，也是县城通向桃花江大道的又一主干道，为县城“六纵六横”路网格局的重要组成部分。工程全长1456米，宽20米，投资概算为1985万元。

【县第二污水处理厂通过市级环保评估】 5月29日，县第二污水处理厂及配套工程环保评估评审会在县住建局召开，来自市、县的15名专家及代表参加会议。项目评审委员会由来自环保部门的5名相关专家组成，评审委员会成员在会前实地踏勘的基础上，认真听取项目建设和编制单位对项目情况的介绍，经过认真讨论评议，原则通过桃江县新建第二污水处理厂及配套工程项目的环境评估，并要求益阳市环科所对报告书编制的内容进行进一步完善，使各项指标均达到国家标准排放的要求。

【桃花东路护坡工程开工】 6月10日，桃花东路护坡工程开工建设。该工程位于县城桃花东路石油公司至县林业局路段，全长62米，投资概算为190万元。工程建成后，可拓宽沿线路面5米，进一步改善和优化该路段的交通环境。

【全县建筑业发展调研座谈会召开】 7月9日，县住建局组织召开全县建筑业发展调研座谈会。全县10余家建筑企业的代表与县住建局相关人员围绕工程质量安全、科技进步、整顿和规范建筑市场秩序、工程招投标及提高企业竞争力等问题，结合全县建筑业发展实际，一起交流探讨。

【迎宾路、雪峰山路、罗溪路建设工程动工建设】 8月中旬，城镇建设大会战重点项目迎宾路、雪峰山路、罗溪路道路建设工程相继开工建设。迎宾路建设工程位于县党政大楼东侧，全长229米，宽20米，投资概算为287万元。罗溪路建设工程东起兴旺路，西至谷山路，横穿金盆南路，全长638米，宽20米，投资概算为850万元，、年底完成路基工程。雪峰山路建设工程位于芙蓉路南侧，平行芙蓉路，连接金凤路与资江南路，全长960米，宽24米，投资概算为1370万元，、年底完成路基工程。迎宾路、雪峰山路、罗溪路道路建设工程于3月份启动后，县住建局相继完成项目立项、规划设计、施工图设计、预算评审和工程招投标等10多项前期工作，为工程的顺利开工奠定基础。

【浮邱山大道路基工程建设启动】 9月7日，浮邱山大道正式开工建设。该工程是桃江县城构成大闭合交通圈的城市西部主干道，与230省道桃江县城段同线，并入230省道资阳区杨林坳至桃江县高桥乡公路改建工程项目。工程北起资阳区边界，南至桃花江大道以南200米，长10386米，其中城市主干道5914米（宽54米），一级公路2336米（宽26米），二级公路1126米（宽12米），特大桥1010米（宽26米）。工程总投资预算5.55亿元，由桃江县龙洲建设开发有限公司承建。该项目列入桃江县2015年重点工程，并作为城镇建设大会战重中之重实施，年底完成路基土石方工程。

【金盆大道南段主车道试通行】 9月30日，金盆大道南段改扩建工程顺利完成主车道路面沥青摊铺及养护，并开放试通行。金盆大道南段改扩建工程北起金盆广场南至桃花江大道，全长1346米，道路建设工程投资概算为3700万元，按城市主干路标准建设，路幅宽50米（其中车行道宽28米），双向六车道，是2015年县城建设大会战的重点项目之一。该工程于2014年9月开工建设，相继完成地下管线、路基工程、路面水稳层及沥青摊铺，后期将完成配套设施建设。

【金盆大道北段完成路面沥青摊铺】 10月30日，金盆大道北段完成路面沥青摊铺并开放通行。金盆大道北段提质改造工程北起资江大桥，南至金盆广场，全长2162米，投资预算为3800万元，该项目于2015年6月动工，相继完成路面开仓补强、新增路面施工、地下管线迁改等工作，年底完成道路附属设施建设。

【第二污水处理厂一期工程动工】 12月21日，桃江县第二污水处理厂及配套工程项目一期工程正式动工建设。该项目位于县经济开发区牛潭河划船港村，预算总投资额为4102万元，第一期工程投资额2318.75万元，主要包含新建污水处理厂综合楼、污水处理设施及其场内配套工程，建设工期为365日。桃江县第二污水处理厂是桃江城镇建设的重要项目，由住建部门承担建设任务。一期工程建成投产后，污水日处理规模将达2万吨，出水水质可达到一级A标准。

【雷公岩特大桥开工建设】 12月31日，230省道资江雷公岩特大桥举行开工典礼。上午11点18分，副县长刘武宣布工程开工。雷公岩特大桥是230省道改建工程的控制性关键工程，大桥全长1010米，桥面宽26米，采用双向四车道设计，两侧设置有非机动车道和人行道。主桥结构形式为跨径长达90米的变截面悬浇预应力混凝土连续箱梁，引桥结构形式为现浇连续箱梁和连续空心板。工程估算投资1.4亿元，建设工期3年，2018年全面建成通车。

房地产管理

【县房地产管理局领导人名录】

局　　长　李仁高
副 局 长　胡尚林　杨　玲
　　　　　肖文科
纪检组长　李佳平
工会主任　曹梦清

【概况】 县房地产管理局（简称“房产局”）设7个机关职能股室，下辖9个直属二级机构、8个乡镇所，共有干部职工300余人。2015年，全局实现经济总收入2490万元，为年度任务的100.3%，比2014年增长1.4%。其中，可支配收入1060万元，代征、协税控税房地产税收512万元。

房地产市场。出台《关于促进房地产市场健康稳定有序发展的实施意见》。2015年，全县完成房地产业固定投资16.5亿元，与2014年持平，批准预售项目17个、预售面积12.55万平方米。销售商品房2265套26.8万平方米，比2014年下降6%；成交额达8.64亿元，比2014年上升7%；商品房交易均价3228元/平方米，比2014年上升14%。查处房地产领域违法案件15件，结案率100%。

保障性住房。2015年新增公共租赁住房（含廉租房）1882套、城市棚户区改造3400套、国有工矿棚改800套，发放租赁住房补贴401.4万元，惠及家庭4689户。

立项争资和房地产相关税收控管。全年完成立项争资任务1.63亿元，为年任务数的138%；启动个人出租自营房屋相关税收征缴的摸底调查工作，完成全县房屋租赁指导价的确定，全年协征、代征涉房税收512万余元，完成房地产相关税收征缴任务330万余元，为任务数的165%。

物业管理。全县有物业企业15家（含经主管部门备案外地进驻2家），从业人员460余人，商品房管理服务面积180余万平方米，物业管理经营行为进一步规范。

政务服务。积极服务县重点工作，为信用社改制工作中的房屋确权颁证90本，面积5.5万平方米。全面推进产权产籍电子信息化管理，完善流程，简化程序，政务服务水平进一步提升。2015年办理各类登记7875宗，政务服务完全实现“两集中、两到位”，提供便利、快捷、优质的服务，进一步方便办事群众。

安全生产、白蚁防治和房屋测绘工作。对全县5万平方米的直管公房摸底普查2次，普查面积逾2.2万平方米，核实鉴定危房4000余平方米，投入维修资金近200万元。全年印发白蚁防治宣传图册3500份，防（灭）治面积达5.8万平方米；测绘房屋1244栋112.5万平方米。

（曾海英）

【维修马迹塘镇直管公房】 从5月起，县房地产管理局投入维修资金103万元，维修马迹塘镇存在安全隐患的直管公房21栋2600平方米，切实保证租住群众的生命和财产安全。

【建设中路棚户区改造】 县建设中路棚户区改造项目共改造房屋24套，总面积2733平方米，经过近半年的抢时赶工，于6月底全部入住。

【新型城镇化建设】 制定并认真落实《桃江县城市住房建设规划（2014—2020）》指标要求，引导房地产开发企业积极推出符合全县房地产市场发展趋势的高品质新项目，完善住房供应体系和供应结构、推进住房品质提升、优化住房空间布局，推动住宅消费，至2015年底，全县人均住房使用面积达62.7平方米。

【《公共租赁住房管理暂行办法》正式出台】 11月11日，《公共租赁住房管理暂行办法》正式出台。该《办法》是在全国统一实行公租房与廉租房“两房并轨”的政策大背景下，通过多次调查研究，结合桃江保障性住房建设分配现状而制定的关于保障性住房分配管理的具体实施细则，对公租房（含廉租房）分配管理的政策依据及认定机构、申请条件及申请资料、价格核定及租金收缴、审核配租程序等事项做出具体规定，是桃江努力构建新型保障性住房分配管理模式的一次积极尝试。

市政管理

【县城市管理和综合执法局领导人名录】

局　　长　王建荣

副 局 长　胡合平　曾　建

工会主任　肖　维

【概况】 县城市管理和综合执法局于2012年10月组建，2015年9月1日更名为城市管理行政执法局（简称“城管局”）。局机关内设办公室、人事教育股、计划财务股、法制宣教股、督查股和城市管理股5个股室，下辖直属大队（办）和城监大队、规划执法大队、渣土办、桃花江环境卫生管理所、市政设施管理站、路灯管理所6个二级机构，全局干部职工258人。

规范管理，加强整治。采取定点值守、机动巡查和专项整治相结合的方式，强力整治城区市容秩序，有效规范富民巷、金凤路、物质大院周边马路市场。规范门店违规占道经营、流动摊贩现象960余起，查处违规经营行为1176起，拆除户外广告破损招牌516块，有效维护县城市容秩序。围绕创省级卫生县城目标，从年初开始，累计开展创卫专项整治行动26次。实行全天候值班，出动执法车辆780余台次，出动执法人员4500余人次。整治时间100余天。夜市摊点整治。多次对城区各街道漫酒夜市、烧烤摊点进行集中清理和整治，取缔团山大厦漫酒点，规范建设中路漫酒摊点的经营时间、经营地点，东西两端均后撤50米。同时对城区主要干道实行严格管控，桃花路、芙蓉路、资江路、花桥路、金凤路等“三纵五横”8条道路已无漫酒夜市经营摊点。户外广告整治。对县城破损、陈旧、设置不规范的户外广告进行登记造册，聘请相关专业人员拆除325处。渣土运输整治。加大巡查力度，规范在建工地50个，现场勘验46个，对28家违规工地下发整改通知书。巩固洗车场整治成果，对城区洗车场坚持一日三巡查。规范新建洗车场22家，责令整改并下发通知书30份。处罚未覆盖渣土运输车辆造成沿街撒落污染路面行为100余起，处罚金3万余元。对城区周边矿石场发放关于加强渣土、砂石等运输车辆管理的通知书150余份。成立市容监察大队，发放市容卫生环境宣传资料2万余份，处罚影响市容环境卫生的行为60余起，处罚金8500元。违章建筑整治。严格落实三级联动查违控违拆违工作责任，对新增违建发现一起拆除一起。全年拆除各类违法建筑124处，拆除面积达8900余平方米，其中拆除大、中型违建29处，拆除面积为3730平方米，确保大中型违建零增长，为政府减少征拆成本300多万元。桃益线整治。对桃益线桃江段乱搭乱建、户外广告、门店招牌等8类违章行为进行调查摸底，联合相关部门开展集中整治，清理拆除桃益沿线违规广告招牌45处、摆摊设点36处、乱堆乱放26处、违章建筑物135处。

创新思路，优化管理。强化督查考核。将考核内容细化量化，以数字化考核为主。重点对控违拆违的拆除率、路灯的亮灯率、市容秩序和渣土管理的扣押数量、立案个数、处罚金额等进行考核。建立科学完善、切实可行的工作督查考核机制，实行每日一督查、每周一考核、每月一点评，每季一评选。作风建设与年终绩效工资挂钩。加强正面宣传，及时处置舆情。全年在省、市级新闻门户网站、桃江公众信息网、《益阳日报》《益阳日报·魅力桃江》上稿工作信息80余条，完成桃江电视台民生播报《城管在线》宣传报道40余次，宣传推介城市管理工作动态。有效处理回复信访投诉件、县长热线、局长热线100余条，及时化解城市管理工作中的矛盾和纠纷，及时解决市民的生活难题，将负面舆情控制在萌芽状态。探索社会化管理路子。在环卫、市政、园林等方面积极探索市场化、服务性外包的管理模式。积极推进“县、镇、村”三级联动查违、控违、拆违机制，取得良好效果。

加大投入，完善设施。加强城区环卫清扫保洁。对仁洁、玉诚两家清扫保洁公司加强监管，着力提高所负责范围的主次干道及背街小巷的清扫保洁质量。将新增城区9条道路108710平方米纳入市场化保洁范围。组织突击清理清运垃圾60余次，全年清运处理垃圾4.29万吨。抓好垃圾场运行管理。实行垃圾过磅，黄土覆盖卫生填埋工艺等无害化处理程序。6月中旬，完成无害化处理场渗滤液处理系统监控设备的升级工作。无害化处理场共计处理垃圾9383车4.29万吨。投入300余万元，建设垃圾中转站，添置垃圾桶、垃圾斗、果皮箱等环卫硬件设施，增强环卫工作承载能力。加强城区的市政设施维护。全年疏通清理城区下水道2次，完成主次干道及小街小巷路面修补1.6万余平方米，安装主要街道下水道防护网650个，新安装、修补吸水栅、下水道井圈盖280套。处理各类门店装修及未围挡占用人行道行为180余起。加强城区各街道绿化责任区的日常除虫、打药、施肥、种补植，共补植、新植行道树300余株，维护良好的人居环境。加大路灯新装力度，全年完成主干道269盏路灯架设，桃花江大道架设高杆灯3盏，芙蓉路架设中杆灯10盏，小街小巷架设53盏，组织夜间路灯巡查，及时排查变压器和线路故障，检修路灯1256盏，启动路灯智能监控、防盗系统的建设与运行工作。

存在的主要问题：部分队员工作责任心不强，松懈散漫，多次迟到、早退，在执行任务时存在政令不通、服从意识不强的现象；部分街道卫生难以保持经常性整洁，果皮箱、垃圾箱、公厕等环卫设施损坏严重，占道经营、越门经营、流动摊贩屡禁不止、损坏绿化设施现象较普遍；城区破路、人行道挖掘等破坏市政公用设施的行为随意性大，建设项目渣土带泥上路、沿街洒漏现象依然存在；拆违控违工作与规划、国土、村、镇的工作衔接不力，执法依据和程序需进一步规范；集中行政处罚的执法依据、案件的审定、资料的完善存在欠缺。（李　璎）

【加装路灯迎新年】 2月19日前，县路灯管理所经过一个月的紧张施工，在县城团山路、金凤路、花桥路等5条道路新装路灯162基194盏，并对城区内路灯、景观灯和控制箱等设施进行全面检查和集中检修，确保春节期间市民“亮堂”过新年。（肖　潇）

【首次实行辅助性服务外包】 3月11日，县城张家码头市场周边区域市容秩序辅助性服务外包项目启动招标程序。项目预算22.9万元，包含基本管理、考核奖励、税金等费用。该项目按照“政府主导、企业组织、部门配合、公众参与”的模式，将人流和物流量大、秩序乱、城市管理难度大的文化北路（盘龙百货至张家码头西门段）、滨江路（文化北路路口大堤段）、西溪街文化北路路口、零担区域（含后大堤硬化路面）委托进行辅助性管理，以加大市容环境管理工作力度，提高城市管理效率，打造“规范、整洁、文明、有序”的市容环境。

（杨慧娟　昌小强）

【路灯贴上“身份证”】 4月，县路灯管理所组织人员对县城所有主次干道、小街小巷路灯杆进行编号，并于4月底实现全县城城区内路灯编号“全覆盖”。对路灯进行编号，等于给它们贴上“身份证”，能方便市民准确反映路灯故障及受损情况，有利于进一步畅通公众参与路灯设施监管的渠道，形成部门主导、群众联动的路灯维护管理机制，提升路灯故障发现率，保障亮灯率和设施完好率。（肖　潇）

【县城安装600个排水井防护网】 5月底，县市政设施站启动城区排水井防护网的安装。防护网的安装分三步走，先安装城区桃花路（县人民医院、湘运车站附近）、谷山路（县一中附近）、芙蓉东路等路段井道较深、危险系数较高的排水井，然后安装建设路、资江路等各主要干道排水井，最后安装各小街小巷排水井。这种新安装的排水井防护网，采用高强度、高韧性的尼龙绳材质，能承重200千克以上，安装后牢固可靠，可有效防止因暴雨积水顶翻井盖造成“窨井吞人”事件的发生。

（李　璎）

【有效办复人大政协建议提案】 7月24日，县城管执法局召开专题会议，就2015年县人大、政协“两会”中对城市管理工作所提的“三提案一建议”进行处理答复，各建议提案人应邀参加会议，县人大常委会联工委、县政协提案委有关负责人出席会议。局长王建荣汇报城管局自2012年组建以来在市容秩序管理、控违拆违、环卫保洁、市政设施维护等方面开展的工作，指出当前城市管理工作存在的问题，提出优化城市功能布局、推进“城管进社区”、建立数字化城管监控平台的发展思路。县城监大队、环卫所负责人就人大代表、政协委员所提的玻璃厂垃圾处理问题、规范县城户外广告和门面招牌、规范环卫工作等建议提案逐一作出答复，详细阐述实地调查情况、采取的措施以及工作打算各提案建议人对处理结果表示满意。（李　璎　吴　锋）

【“三级联动”打击违建】 自三级联动指挥部成立以来，按照“县级主导、乡镇主体、部门配合”的原则，将拆违控违工作逐级分解到镇、村两级，对新增违建发现一起拆除一起，对存量违建做到应罚尽罚、应拆尽拆。“三级联动”机制启动至2015年8月底，桃江城区拆除违建95起，面积达6500余平方米。（李　璎）

【城市管理行政执法局挂牌】9月1日，桃江县城市管理行政执法局揭牌，桃江县城市管理和综合执法局正式更名为桃江县城市管理行政执法局。副县长刘武出席揭牌仪式。城管局在原来行使的市容环境卫生、园林绿化管理、市政管理方面的处罚职权基础上，将城乡规划（违章建设的拆除和处罚）、工商（场外店外无照违规经营）、环保（市区生活噪声污染）等有关处罚权纳入到城市管理行政职权范围内，城市管理执法权限更全面集中，操作更规范，有利于进一步加强部门联动和协作，有效解决职责交叉、重复执法、执法扰民等问题。（李　璎）

【庆祝湖南省第20个环卫工人节】10月26日，是湖南省第20个“环卫工人节”。桃江县在县城管局召开庆祝大会，通报表彰22名环卫工作先进个人。县政府办副主任方银飞在县城管执法局负责人陪同下慰问环卫工人，送上节日慰问金。

（熊　灿　曹智慧）

【扎实开展“一进二访”工作】11月12日，县城管执法局按照县委统一部署要求，组织局党组成员、机关部分党员干部、直属大队（办）及二级机构班子成员20余人赴高桥乡联点村罗溪村、大林村开展“一进二访”活动。此次走访分为4个小组，每组5人，走访37户，两日内走访困难村民148户。对两个村上报的贫困村民的经济来源、家庭成员、劳动力、疾病救治、社会保障等各方面的情况进行详细了解、核实。组织两个村的干部召开碰头会，进一步核查各贫困户的真实情况，对村民致贫的原因具体分析，综合考虑后采取排除法进行精准识贫，锁定真正困难的村民，为下一步扶贫帮困夯实基础。

（李　璎　谭赛强）

城乡规划

【县规划局领导人名录】

局　　长　贾四阳

副 局 长　卢龙飞

纪检组长　曾敏之

【概况】县规划局内设办公室（加挂政策法规股牌子）、规划技术股（加挂政务服务股牌子）、规划管理股、村镇管理股4个股室，下辖桃江县城乡规划设计院（加挂桃江县规划信息服务中心牌子）1个二级机构。机关在编人员31人（全额拨款事业编制），县城乡规划设计院现有在编人员11人（自收自支编制），另临聘技术人员7人。

队伍建设。以“三严三实”专题教育活动和“三访三化解民忧促发展”专项活动为契机，坚持把“团结、务实、创新、廉洁”作为加强队伍建设的总要求，不断加强党员干部思想教育。全年开展在职培训90余人次，组织技术人员到周边县市参观学习12人次，参加市、县组织的学习培训110余人次。组织开展《中华人民共和国城乡规划法》《中国共产党纪律处分条例》及习近平总书记重要讲话精神的学习，组织全系统干部职工进行无纸化普法考试。加大专业技术人才的培养使用力度，通过采取在职培训、集中授课、观摩学习等方式提升业务能力和服务水平，公开考聘1名城市规划专业技术人才。坚持民主集中制，贯彻执行重大事项集体研究决定和“三不一末位”工作原则，不断规范职权行使。建立健全《机关管理制度》，做到按制度办事、靠制度管人，用制度来推动工作落实。有2名青年考上国家公务员，1人获评为高级工程师，3人参加国家注册建造师考试，4人通过自学考试获得大专或本科文凭。

规划编制。县城总体规划（2015—2035）修编完成《上版规划实施评估报告》《人口与用地规模论证报告》《强制性条文修改论证报告》，经县规划例会初审、县政府常务会议和县人大常委会审查，并报益阳市规划局审查。完成美人窝文化主题公园规划设计、县城规划区内山体水体保护与利用专项规划的编制工作，出台《县城规划区山体水体保护与利用管理暂行办法》。拟定《县城规划区内私人住宅建设管理暂行办法》，广泛征求社会各界的意见和建议，顺利通过县政府常务会议和县人大常委会审查。先后完成金盆大道、罗溪路、迎宾路、雪峰山路、桃花东路护坡工程、城南绿化带、消防指挥中心、一水厂改扩建、自来水10千米管网建设和改造、污水处理二厂、15个垃圾中转站及县城18条小街小巷等项目的规划编制。完成全县园区建设、产业建设、交通建设、城镇建设及改善民生等项目建设的规划编制工作。组成5个规划建设工作指导小组，加强对乡镇规划编制工作的指导。全县15个乡镇村镇布局规划编制和12个建制镇总规修编工作完成。

规划审查。贯彻执行《桃江县建设项目并联审批一票制收费操作办法》，规划建设领域及报建项目有关的具有行政审批职能全部纳入政务窗口统一受理，全面推行“一站式”服务、“一票制”收费的运行模式，行政审批“一站式”服务平台基本建成。经过多次大规模清理和精简，全局保留行政许可审批事项和非行政许可审批事项10项，办事环节普遍减少，办事时限普遍缩短，当场办结件数比例占50%以上，提高审批服务办事效率。全年受理报建项目175件，办理建设用地规划许可证102份、建设工程规划许可证正本65份、工程证副本51份、规划选址18份、临时工程许可证3份。服务方式不断创新，实行“绿色通道”制和“全程代办”制。审批监管体系初步形成，通过服务指南、一次性告知等形式，对行政审批程序、收费依据和标准、举报投诉等内容实行公开，因日照、通风、采光等原因引发的矛盾纠纷逐步减少。落实规划例会制度，组织县规划例会5次，审查项目32个；召开局规划例会32次，审查项目435个。修改完善《乡镇规划例会指导意见》，全县各乡镇落实规划例会制度。

规划管理。组织规划管理人员开展《中华人民共和国城乡规划法》《湖南省贯彻落实〈中华人民共和国城乡规划法〉办法》《中华人民共和国建筑法》等法律法规的学习培训，依法行政意识不断强化。分两个批次在全县15个乡镇开展《城乡规划法》法制宣传，通过设立宣传台、规划成果展示板，发放宣传资料，接受群众现场咨询等多种形式，向群众宣传城乡规划法、行政许可法、行政处罚法等法律法规，充分激发城乡居民参与、支持和监督城乡规划实施的主动性和积极性。规划技术论证、信息咨询服务规划审查更加规范，城乡规划业务和服务水平明显提高，桃江县被省城乡规划学会评为规划工作先进县。积极推行施工现场规划公示牌制度、重点项目专人负责制度，落实竣工验收综合评定制度，组织专门力量加大对县城规划区内日常巡视巡查工作力度，对县城城区120余个在建项目实施动态监管，建设项目规划实施管理工作不断加强。全年组织建设工程放样47个，规划验收25个，及时协调处理各类矛盾纠纷90余起；积极配合县三级联动办公室开展查违控违拆违行动，强力推进规划执法，下发法律文书215份，拆除违章115处，拆违面积7900余平方米。

制度建设。健全和完善《机关管理制度》《公车管理制度》《公务接待制度》等内部管理机制，公务接待和公务车辆使用管理不断规范，“三公”经费开支比上年明显减少。出台规划技术指标审查、建筑面积核算、施工图审查等规范性标准，确保规划审查有据可依。制定行政处罚裁量权的规范性文本，健全和完善行政处罚程序，逐步理顺城乡规划管理工作长效机制，强力规范县城规划区和中心城镇私人建房秩序，有效遏制违法违规建设和乱搭乱建行为。

信访维稳。热情接待群众来信来访，及时回复县（市）长热线，共接待群众投诉、举报、建议、咨询、求助等问题370余人次，及时办结市长热线2条、县长热线17条，回复湖南红网、网络问政和群众来信38件次，全年未发生群体性事件和越级上访行为。针对群众反映较多的私房建设申报、违规建设行为处理、城市建设咨询、小区公共设施配套以及大型楼盘建设与周边住户因间距、通风、采光发生的矛盾纠纷等问题，始终坚持将本职工作做好，把民生工程做实，在群众来信来访中积极宣传党的惠民利民政策，及时化解纠纷矛盾，做好解释说明，尽可能争取群众的理解和支持，做到来信及时回复，来访热情接待，认真研究解决方案，及时帮助群众解决实际困难。

队伍建设。组织开展廉政党课教育4次，收看反腐倡廉教育影片2次，组织党员干部到廉政教育基地参观学习1次，以党组中心组学习、法制宣讲、干职工集中学习等形式，对《被错误规划的人生——重庆市规划系统腐败窝案》《长沙市城乡规划系统违法违纪案例分析》《规划系统职务犯罪案例选编》《26起房地产领域违纪案例》等系列典型案例进行剖析，使广大干部职工从中吸取教训，不断增强对行业部门职务犯罪行为的防范意识，杜绝违法违纪问题发生。每名干部职工签订廉政承诺书。开展“民本纪检与您同行”专项活动，发放调查问卷700余份，走访群众180余人次，慰问特困群众12户，收集建议意见21条，撰写民情日记200余篇，帮助群众解决实际问题3个。（方学华）

【县城总体规划（2015—2035）修编】《桃江县城总体规划修编（2015—2035）》规划期限为：近期2015—2020年、远期2021—2035年，规划层次分为县域体系规划和城市规划。城市规划区包括桃花江镇的大部分行政管辖区、浮邱山乡、修山镇、沾溪镇部分行政管辖区，总面积217.86平方千米，其中桃花江镇136.89平方千米、浮邱山70.71平方千米、修山7.26平方千米、沾溪3平方千米。县城建设区规划范围：北至石长铁路以北800米，南抵益马高速，东接株木潭，西达桃花江大道与芙蓉西路交汇处，总面积30平方千米。县城用地发展方向为南延、北建、西扩、东接（生态对接），同时结合用地发展方向并协调城市内外的空间结构后，确定“一核、四心、四轴、五区”的城市空间结构。规划大小社会停车场30处，总用地约18.46平方千米，同时于主城区内城市道路沿线设置临时停车位，大型商业区及居住区内部须按规范要求配备停车位。

【山体水体保护专项规划】 该规划保护范围包括县城规划区以及桃花江、浮邱山、修山、沾溪、高桥、松木塘等乡镇的部分重点区域，辐射范围232.5平方千米，对纳入保护范围内的175座山体和111处水体逐一登记造册，实行名录式管理。其中，一级保护山体105座、二级保护山体70座，保护总面积为74.78平方千米；一级保护水体60处、二级保护水体51处，保护水体的总面积为14.51平方千米。

【马武地区发展战略规划编制完成】 马武地区包括马迹塘、武潭全部，大栗港部分区域，规划面积为471.60平方千米，规划城镇建设用地面积10平方千米，人口10万人。规划理念体现马武融镇、加快发展的要求，充分考虑产业布局、土地利用、生态环境和当地民俗文化等因素，不拘泥于规划图面的方与圆；道路交通规划构建“四纵五横”的交通干道网络；产业布局充分考虑当地的产业特色和土地利用成本，从实际出发，规划分竹木产业加工区、商贸物流区、茶叶生产和加工区、民俗文化旅游区和商住区，发展成面积10平方千米、10万人口的新型特色小城市，着力打造益阳市西部交通枢纽、西部经济发展新的增长极、茶马古道的支撑点和桃江县产业转型升级的先导区。

【桃花江美人文化主题公园规划设计完成】 桃花江美人文化主题公园（原桃花潭公园）位于县城滨江路、芙蓉路、谷山南路和南环线的围合区域，面积66.67公顷，南部有三处自然山体，面积约6.67公顷。美人文化主题公园依山傍水，风景宜人，且处于城市中心，是市民健身休闲的理想场所，具备教化、展示、休闲、观光、体验、经济六大功能，定位为中国美人文化中心、中国女性主题公园、中南美业养生集聚地、世界女性美的展示窗口，对破解桃江旅游产业发展困难，完善桃江旅游产业结构，形成桃江旅游的拳头产品，打造桃花江美人文化旅游品牌，深入挖掘桃花江美人文化的深刻内涵，推动桃江文化产业和旅游产业的跨越发展，建设富有特色文化魅力的生态文化强县和文化创意基地具有十分重要的意义。

【扎实开展扶贫助学活动】 结合全县开展的“三访三化解民忧促发展”、“三严三实”专题教育、“一进二访”等专项活动，规划局组织党员干部对鲊埠回族乡花园台村多次走访调研，与村干部一起走访慰问3名困难学生家庭，提供力所能及的帮助。走访慰问桃花江社区2户因病致贫的困难家庭，送去生活用品和慰问金。“七一”“八一”期间，分别慰问本单位2名困难党员家庭和2名伤残军人子女。

城市经营

【县城市建设开发公司领导人名录】

总 经 理　黄志刚

副总经理　罗三中　周铁军

　　　　　袁　玫

纪检组长　伍忠东

【概况】 县城市建设开发公司（以下简称“公司”）内设综合部、财务部、经营部、工程监管部、项目融资部5个职能部室，有工作人员11名。2015年，公司紧紧围绕年度工作目标，全力完成各项目标任务，为县城基础设施建设提供强有力的资金保障。

筹资融资。2015年，县委、县政府给公司下达的筹融资任务是10亿元。公司结合桃江县城市基础设施及重点工程项目建设实际，及时调整思路，努力寻找突破口，广辟渠道融资，优化债务结构，顺利完成年度筹融资任务。全年筹融资11.23亿元，其中包括银行贷款6.89亿元、社会资金入股分红0.5亿元、工程储备金借款0.8亿元、土地收入0.13亿元、专项建设基金1.41亿元、工程带资1.5亿元。

土地经营。受征拆遗留问题多、安置房建设滞后、土地市场疲软等因素的影响，土地经营工作难度增大。公司加强组织协调，精心制定工作方案，坚持以人为本，密切配合县征拆办做好征地拆迁实物量调查、审核及资金拨付等工作，强力推进征地拆迁工作。2015年，配合征拆办完成土地征收任务100.33公顷，并做好土地征收及房屋拆迁补偿资金的保障工作；完成土地报批40.15公顷，其中通过省政府批准的土地面积为26.49公顷，省国土厅待审批项目用地面积13.67公顷；支付征拆资金2亿元，土地报批资金0.48亿元。

工程投资监管。2015年，公司以建设质量高、投资合理、速度快的工程为控制目标，坚持事前指导、事中检查、事后验收的原则，全面开展工程投资监管工作。同时，积极与各部门协调配合，为项目建设创造良好的施工环境，确保各重点项目的顺利实施，全年完成建设投资4.72亿元。其中，重点工程建设完成投资2.38亿元，包括浮邱山大道、金盆大道、雪峰山路、迎宾路、罗溪路、桃花东路护坡工程等项目的投资监管；创卫工程建设完成投资0.19亿元，包括资江南路延伸线路灯、谷山路路灯、建设西路路灯、污水管道、排防涝管网工程、沿江风光带工程等项目的投资监管；专项工程建设完成投资0.85亿元，包括原种场、曾家湾、桂花园、郭家桥、竹海大道、迎宾路、雪峰山路等30个安置地的场地平整、硬化、电力排水、天网工程、美人窝公园前期工作等专项工程的投资监管；专项工程完成投资0.32亿元，包括消防大队、停保场、东区供电工程等项目的投资监管；其他市政工程完成投资0.18亿元，包括资江南路续建、县城小街小巷、县城的供水工程等项目的投资监管；计划外项目完成投资0.8亿元，包括城区110千伏肖观线电力线路拆除、桃江县10千伏桃金线、桃汉线新建、桃江县10千伏观南线、观北线新建、桃江县10千伏肖团线新建工程、新政务大楼附属楼、群众大舞台项目、桃益公路（驾校段）两旁绿化带及人行道改造、高压杆线迁移、小街小巷（群众来信来访反映的）等项目的投资监管。 （莫姝婷）

【消防队整体搬迁项目开工】 8月，桃江县消防大队整体搬迁项目开工。该项目建设内容包括新建消防中队综合楼一栋，建筑面积3465平方米；消防大队综合楼一栋，建筑面积1590.8平方米；传达室一栋，建筑面积42平方米，训练塔一栋，建筑面积177.89平方米；院内沥青混凝土路面、跑道、排水、绿化、亮化等附属设施。该项目总概算投资1900万元。

【桃金、桃汉线电力工程项目开工】 12月，桃金、桃汉线电力工程项目开工。该项目为新建10千伏电力线路，全长6.78千米，从220千伏桃花江变电站10千伏间隔出线，向西南走线，经腰子仑、文家渡后折向北，经打石湾、金华侨到达南环线南侧，电缆入地接入肖汉线环网柜。该项目总投资1273.35万元。

【观金、观汉线电力工程项目开工】 12月，观金、观汉线电力工程项目开工。该项目为新建10千伏电力线路，全长8.723千米，从110千伏桃花江变电站10千伏间隔出线，向南走线，经观桃、团山到芙蓉东路北侧，电缆入地到兴旺路人行道末端，增加10千伏环网柜2台，观金线于此环网柜接桃金线；观汉线架完走线至罗溪路电缆入地，经罗溪路向西至金盆南路，再向南至南环线北侧，再沿南环线北侧向西接入分接箱。该项目总投资1665.18万元。

【观南、观北线电力工程项目开工】 12月，观南、观北线电力工程项目开工。该项目为新建10千伏电力线路，全长2.42千米，从110千伏观桃变电站10千伏间隔出线，向南利用原观文、观牛线走廊，经观桃村到达美人窝路，从美人窝向西进入金盆路，观北线接入Ⅱ线金盆路支线18＃，观南线接入金盆路支线21＃，向南利用肖观线走廊共杆架设至金峪庄园门口。该项目总投资301.29万元。

住房公积金

【市住房公积金管理中心桃江管理部领导人名录】

主　任　王学武

【概况】 益阳市住房公积金管理中心桃江管理部隶属益阳市住房公积金管理中心，为其二级机构。2015年，管理部在职人数为6人，其中3人为事业编制，3人为合同聘用制。

2015年，全县新增住房公积金缴存人数2753人，当年正常缴存人数22276人，封存人数8237人。归集住房公积金22903.88万元，比2014年增长22.62%，累计归集住房公积金109864.22万元，期末住房公积金余额为60545.5万元；全年提取11616.19万元，其中购房提取1703.38万元，还贷提取7196.12万元，其他提取2716.69万元；全年共为1158户家庭发放个人住房贷款21939.6万元，比2014年增加94.49%，在全县住宅贷款市场占比达到63%。回收个人贷款本金6237.93万元，利息2438.86万元，比2014年增长12.80%，累计为7752户家庭发放个人住房贷款100124.90万元，期末个贷余额为67103.03万元，贷存比为110.83%。提供681万元廉租住房建设补充资金用于桃江县的廉租住房建设，累计提供廉租住房建设补充资金2457万元。

归集扩面。成立以县委常委、常务副县长周卫星任组长的归集扩面领导小组，制定《2015年桃江县住房公积金归集扩面工作目标管理考核方案》，并于3月11日召开专项工作会议，明确各成员单位的工作任务，进一步加大住房公积金归集扩面力度。购买法律服务，以“教练员、运动员、陪练员”的角色定位聘请律师团队协助开展行政执法，对县城与灰山港工业集中区的8家非公有制经济组织启动行政执法程序，其中7家非公有制企业建立住房公积金制度，有效推动住房公积金扩面建制工作。

个贷发放。继续实施积极的贷款政策，确保实现“应贷尽贷”的工作目标。实行灵活就业人员“即缴即贷”政策，直接激发广大个体工商户和自由职业者的购房热情；实行贷款营销奖励措施，鼓励楼盘推荐住房公积金贷款。降低首付款比例，贷款比例增加至房价的80%，减轻购房者资金压力。丰富住房公积金组合贷款合作银行，完善贷款申请流程，组合贷款的合作银行增加至工商银行、建设银行、农业银行、中国银行、邮储银行5家。

政策宣传。制定详细方案明确宣传机制，包括专项宣传、电视与网络媒体宣传、刊物宣传、户外广告宣传、楼盘宣传等。将3月定为“12329住房公积金热线”专项宣传月，在新龙超市前坪人流集中的地方开展现场咨询，发放住房公积金政策及热线宣传资料，让更多的缴存职工知晓12329住房公积金热线客服平台，享受优质高效的服务。全年集中在电视媒体进行宣传，在县城主要干道芙蓉路和獭溪路两侧的10个路牌和两个城管岗亭安装住房公积金缴存、贷款、查询的相关展板，采取“柜员包干楼盘”的形式定期进行楼盘宣传。（邓芬艳）

【灵活就业人员“即缴即贷”政策出台】 2月1日起，年龄在18—60周岁的中国公民一次性缴存并冻结6个月的贷款还贷额，即可申请优惠的住房公积金贷款。利好政策的出台有效挖掘住房新购消费以及改善性购买的潜力，成为住房公积金贷款发展新的增长点。益阳市住房公积金管理中心桃江管理部发放灵活就业人员住房公积金贷款601笔，占全年贷款发放总量的51.90%，贷款金额为1.17亿元，占全年贷款金额的53.42%，灵活就业人员逐步成为住房公积金贷款申请的主力，有力地拉动县域房地产市场的健康有序发展。

【归集扩面领导小组会议召开】 3月11日，县委常委、常务副县长、住房公积金归集扩面工作领导小组组长周卫星主持召开住房公积金归集扩面工作领导小组工作会议。会议听取2014年桃江县住房公积金工作情况及2015年归集扩面工作安排的汇报，通过《2014年度桃江县住房公积金归集扩面工作目标管理完成情况通报》《2015年桃江县住房公积金归集扩面工作目标管理考核方案》，确定2015年桃江县归集扩面目标单位名单。

环境保护

【县环境保护局领导人名录】

局　　长　周志刚
副 局 长　文世和　钟军力
纪检组长　李谷丰
工会主席　刘桂初
总工程师　汪惜辉

【概况】 县环境保护局（简称“环保局”）机关内设办公室、督查室、稽查室、管理股、人教股、法制股、政务服务股、创卫办、综合办、固废站10个股室站，下设环境监察大队、环境监测站2个二级机构，有干部职工105人。2015年，环保局围绕县委、县政府的重点工作，严格落实“四个从严从紧”，全力建设民主环保、民生环保、科技环保和法治环保，努力推动科学崛起，改善环境质量，保障环境安全，取得较好成绩，获评2015年全市环保重点工作先进单位、全市环保系统“两项竞赛”活动先进单位。

环境质量。采用二氧化硫、二氧化氮、可吸入颗粒物污染因子三参数作为环境空气质量评价项目，全县环境空气质量整体水平达到国家《环境空气质量标准》二级标准，县城桃花江镇全年空气优良天数360日，空气质量优良率98.6%。全县饮用水源水质达Ⅲ类水质标准，水质状况良好，各项监测指标年均值均达标，达标率为100%。资水桃江段水质状况保持在《地表水环境质量标准》Ⅲ类水质以上。县城环境噪声的平均等效声级为56.4dB（A），达到《声环境质量标准》Ⅰ类标准，区域声环境质量较好。

环境管理。严格落实各项环保规划，按照“调结构、控新增、减存量”的思想，向结构减排要空间，向工程减排要潜力，向管理减排要效益。从全新的角度探索人居环境理想空间，实现保护与科学发展共赢，充分发挥规划环境影响评价作用，全面把脉工业园区定位、空间布局、产业结构、环境设施等环境合理性，努力把工业园区建成生态文明建设试验区。全县申请环境影响评价的项目56个，受理环评项目40个，否决项目16个。在严把项目审批关的同时，加强对久通锑业技改5000吨锑白项目、湖南加嘉锑业有限公司年产5000吨锑冶炼项目、湖南宙盾防化设备科技开发有限公司项目、灰山港镇邱家仑风电项目和松木塘风电项目、桃江县市属国有企业工矿棚户区联合改造工程项目、嵩辉科技生物质热电联供项目等重点项目的跟踪服务。按照中央、国务院下发的相关文件开展环境监管执法大检查，对全县工业园和所有废水、废气、废渣及核与辐射、噪声等污染物排放行为的企事业单位进行两次全面大检查；开展志溪河流域桃江段竹凉席整治工作，关闭110家竹凉席加工企业，立案查处县垃圾填埋声超标排污行为等18起环境违法行为。推动监管网格化管理模式，成立环保、公安联合办案室，加强环境案件查处，向公安机关移送鲊埠花园台非法炼汞环境污染案件，刑事拘留6人。受理网上投诉和上级部门交办件139件、12369电话投诉152件，处置率和回复率达100%。根据环保部、公安部、财政部、交通运输部、商务部《关于全面推进黄标车淘汰工作的通知》，至11月30日完成全县黄标车报废数据统计，12月8日450台黄标车报废工作全面完成。加大环境宣传力度，6月5日上午，在新龙超市门口开展环保宣传，展出自制宣传牌20块，印发《新环保法宣传读本》、挂图等宣传资料1000余份，设立环保法律咨询台，接待50余人次，从污染防治、节能减排、生态境保护等方面开展宣传。大力推广太阳能、节能灯等新技术、新材料，促进垃圾分类回收处理。联合县电视台、县信息中心开展宣传，进一步提高广大干部群众和企业负责人的环保意识。设立宣传栏，在县环保局宣传栏内张贴专题宣传资料，并要求各乡镇在辖区内张贴“六五”宣传专栏。根据年初工作计划，制定环境要素监测方案，开展全县环境质量监测，准确掌握县域环境空气质量，建立空气自动监测系统，每月提供一次环境空气监测数据，对全县资江水质、重点保护水源地和相关地下水按计划开展常规监测，建立监测档案，对城区环境噪声按计划进行常规监测出具报告，对流域水质和重点排污企业按时进行跟踪监测。投资190万元的桃花江镇六参数环境空气自动监测系统建设项目按程序完成公开招标等工作，年底投入使用。

环境综合整治。发挥规划环评引导作用，认真落实工业园区规划环评意见，严格执行环境影响评价和“三同时”（同时设计、同时施工、同时投产使用）制度，有效提高环评审批率和“三同时”验收率，督促桃江县船舶制造产业园完成规划环评。突出全县机动车尾气检测站，工世尾气达标治理工作。全面贯彻实施主要污染物排污权储备有偿使用和交易工作，做好79家工业企业排污权初始分配，召开全县79家现有工业企业主要污染物排污权储备有偿使用和交易工作动员大会，受理建设项目环评审批65个，完成排污申报登记74家，发放排污许可证29个，完成减排项目16个。强化饮用水源保护，认真组织实施饮用水源保护规划，定期开展集中式饮用水源地专项执法检查，清理水源保护区内农业种植、畜禽养殖、渔业养殖、河道取沙等影响饮用水源水质行为，各集中式饮用水源水质达标率为100%，未发生饮用水源环境污染事件。加强大气污染防治，对全县16家无证无照、污染严重的水泥粉磨加工企业下达《停止排污决定书》，督促企业对供电和生产设备设施进行拆除；针对石灰窑烧制企业废气超标排放的现状，对全县的石灰烧制企业进行停产整治，下发《桃江县石灰烧制行业环境专项整治工作实施方案》，要求所有的石灰烧制企业按环评要求采用低硫煤为燃煤、完善污染防治设施，做到达标排放。关闭水泥厂6家，要求南方公司等水泥企业采用先进技术进行脱硝治理。南方公司投入1200万元、东方公司投入850万元进行脱硝治理，减少大气污染排放量。在实行网格化管理的基础上，对全县所有规模企业进行排查和复查，上报排查企业165家，列放整治企业105家，对全县常年存栏100头以上的2647个养殖户和15个乡镇卫生院以及284个村级诊所等进行初步摸排，建立“一企一册”污染防患整治台账，开展环境保护专项检查，打击违法排污企业，保障群众健康。开展水上餐饮整治、中高考禁噪、石灰窑整治、纸厂整治等专项行为，关停一批、限期整改一批，有效打击环境违法行为，消除污染隐患，确保环境质量。关停4家企业，限期整改17家，立案查处18件，罚款22.4万元。全县8枚放射源安全退役。开展农村环境综合整治全县推进工作，收集全县15个乡镇及相关部门农村环境整治资料，结合全县实际，制定《桃江县农村环境综合整治整县推进工作方案》，编制《桃江县农村环境综合整治整县推进实施方案》。配合做好浮邱山黄鹤桥村农村环境综合整治项目审计工作。

主要污物总量减排。严格落实污染减排政策，签订减排目标责任书，并印发《“十二五”主要污染物总量减排工作方案》等政策性文件，明确年度减排措施，强化部门协调联动，建立由县环保局牵头，相关县直部门协调联动的工作机制。强化监管减排和减排体系建设，加大对污水处理厂、国控重点污染源在线监控设施等重点减排项目的监管力度，制定实施减排监测体系建设“十三五”规划和年度计划，实施《2015年重点污染源自动监控系统正常运行》，督促6家国控企业污染物自动监控设施建设，全县6家国控重点企业完成重点污染在监控数据有效性审核率达100%。全面完成16个减排项目，实现化学需氧量减排601.2吨、氨氮171.45吨和二氧化硫1680吨、氮氧化物1547.6吨，圆满完成2015年度和“十二五”主要污染物减排工作目标任务。

（张　凌）

【指导丫峰村治理环境污染】 马迹塘丫峰村有生猪养殖户134户，造成水源污染、空气污染、土壤污染。县环保局采取一系列措施治理环境：选3家试点推广发酵床工艺，从源头减少污染物；对全村水体、农田土壤和空气环境进行全面监测，掌握环境污染现状；对134户畜禽养殖户进行入户调查，测算栏舍改造投资，督促养殖户完善沼气池处理设施；拟定新畜禽养殖管理办法，将畜禽养殖场污染执法监管列入工作日程。

【灰山港镇污染处理厂试运行】 灰山港镇新建的5000吨/日的污染处理厂10月试运行。该厂采用复合水解人工快渗工艺，污染处理成本达0.89元/吨，财务成本较高，年利息300余万元，运行经费存在困难。环保局采取措施帮助灰山港镇积极向上争取项目资金，减少资金负债率，按相关文件要求核定0.85元/吨收取污水处理费，争取污水处理补助资金。该项目申请“三同时”验收。

【建设经济开发区污水处理厂】 县第二污水处理厂配套工程建设项目位于牛潭河划船港村，占地面积5.57公顷，工程建设内容包括污水处理厂工程（主体工程、辅助工程、办公生活辅助设施）及厂外截污管网工程。污水管网工程设计总规模为2.0×104立方米/日，近期工程量按1.0×104立方米/日配套。近期建设1.0万立方米/日污水处理厂配套建设的污水管网工程包括污水管道和污水提升泵站，项目总投资9119万元。6月30日经益环审（表）〔2015〕42号批复，10月13日该项目通过工程设计方案评审。

财税·金融

财 政

【县财政局领导人名录】

局　　长　彭习元

副 局 长　胡建明　黄朝中

　　　　　胡春芳

纪检组长　曹新贵

工会主任　范金辉

总会计师　刘　华

【概况】 县财政局是县人民政府主管全县财政收支、财税政策、会计工作的组成部门。2015年局机关内设办公室、人事教育股、综合规划股、税政法规股、预算股、国库股、行政政法股、教科文股、经济建设股、农业股、社会保障股、企业股（加挂对外经济贸易股牌子）、绩效评价股（加挂金融与债务股牌子）、产权股（加挂县控制社会集团购买力办公室牌子）、会计管理股（加挂政务服务股牌子）、政府采购办、纪检监察室、信息股、综改办、财政财务监督检查股20个职能股室，下辖县乡镇财政管理局、县农业综合开发办公室、县国库集中支付核算中心、县非税收入征收管理局4个副科级二级机构，县财政投资评审中心、县财政投资融资管理中心2个股级事业单位，15个乡镇财政所和经济开发区财政所。有干部职工217人（局机关117人、财政所100人）。

2015年，完成财政总收入10.08亿元，比2014年同期增加7127万元，增长7.61%，首次突破10亿元大关。其中：国税完成3.02亿元，同比下降8.48 %；地税完成5.3亿元，增长17.95%；财政完成1.76亿元，增长11.81%。地方一般预算收入6.76亿元，比2014年增加1.24亿元，增长22.5%；上划中央增值税和消费税1.56亿元，比2014年减少1392万元，下降8.2%；上划中央所得税9754万元，比2014年减少2799万元，下降22.3%；上划省“四税”5949万元，比2014年减少537万元，下降8.3%；上划省所得税1951万元，比2014年减少560万元，下降22.3%。税收收入占财政收入的比重为80.2%,同比下降1.7个百分点。财政总收入占GDP比重为4.96%，同比下降0.02个百分点。全县完成一般公共预算支出33.89亿元，比2014年增加4.42亿元，增长15%。其中，一般公共预算县级财力支出16.04亿元，比2014年增加1.53亿元，增长10.5%。

收入规模突破十亿元大关。落实征管责任，进一步增强责任单位组织协调，及时掌握税收入库进度和税源变化，切实做到依法征收和应收尽收；加大税收协控联管和乡镇协税护税工作力度，加强控税数据汇总，修订乡镇协税护税考核办法。强化非税收入征管，通过推进执收成本核定，严格预算编制，加强票据管理，实现非税收入13.29亿元，其中纳入公共预算管理的非税收入达2亿元。积极向上争资，争取上级财政资金27.64亿元，同比增加3.73亿元，其中新增财力性转移支付1.41亿元，有效缓解财政支出压力。

八项财政改革平稳落地。预算体制改革有效落实。全面实行全口径预算，实现“预算统筹统编、收支统批统管”。完成全县所有一级预算单位部门预算和“三公”经费公开，公开范围和公开内容进一步扩展。预算绩效评价稳步推动，完成88个预算单位20.25亿元部门整体支出和93个项目6.63亿元项目资金的绩效评价。政府债务管理不断健全。地方政府性债务管理制度进一步完善，新增政府性债务得到有效控制。完成债券置换存量债务工作，争取省级债券指标6.31亿元。积极探索和试点公益性项目PPP融资模式。国有资产管理不断完善。成立行政事业资产经营有限责任公司，归集全县行政事业单位经营性门面404个实行统一管理，完成经营性收入1000万元。存量资金清理工作有序开展。通过单位自查、审核检查、资金收缴、账户清理等环节，有效盘活财政存量资金。财政性存款利率上浮制度改革有效落实，全年新增财政性存款利息收入1066万元。公车、工资改革完成上级要求。公车改革完成数据摸底、测算和征求意见工作；工资改革全面启动，完成机关事业单位和离退休人员的工资调整，全面落实乡镇工作补贴。财政简政放权切实推进，完成收费清单清理公示，财政审批制度不断完善，办事程序进一步优化。财政机构改革稳步实施，完成上级安排的各项改革任务，做到各项工作的平稳过渡。

经济扶持不断加强。保障重点项目建设资金，全年调度资金3.5亿元支持重点工程建设，投入3000万元支持交通建设，安排1200万元用于支持水利基本建设。加大企业扶持力度，重点推动主导产业和32家重点企业发展，积极争取上级支持中小企业发展的各项专项资金，加强产业引导资金分配管理。切实缓解企业融资难问题。成立湖南农业信用担保有限公司桃江办事处，全年为8家企业进行融资担保2300万元。支持桃江县竹乡国有资产运营有限公司发行企业债券。成功申报电子商务进农村综合示范县，争取上级资金1850万元。落实小额担保贷款财政贴息工作，全年审批贷款申报额度5810万元。

民生投入力度稳步提高。惠农政策有效落实。全年通过“一卡通”发放惠农补贴89项共3.3亿元，23.5万户群众直接受益；投入“一事一议”财政奖补资金2557万元，实施项目239个；开展农村公共服务运行维护机制建设试点，六个乡镇直接受益。切实完善村级组织运转经费保障机制，村级运转经费达到村均10.43万元；投入资金2914万元，完成农业综合开发项目。社会保障水平稳步提高。全年化解基层医疗卫生机构债务2498万元；各项民生补贴政策性提标全面完成，新农合、城镇居民医疗保险财政补助标准提高到380元/人/年，基本公共卫生服务财政补助标准达到40元/人/年；城市低保、农村低保补差分别提高到275元/人/月、125元/人/月，企业离退休人员养老金人均每月提标181元；安排五保供养资金1250万元，建立稳定的五保供养财政投入机制。各项社会事业平稳发展。各级财政安排保障性安居工程资金2.19亿元，居民住房环境进一步改善；教育项目建设扎实推进，全年拨付学校建设资金8684万元。民生领域改革有序推进。在全省范围内率先开展“财银保”贷款保证保险试点，认真落实农业“三项补贴”改革各项要求；积极推动县医药卫生体制改革，研究制定县级公立医院改革财政补偿方案；稳步实施国有林场改革，最大限度保障涉改人员的基本权利。

财政资金管理更加到位。资金使用效益有效提高。国库集中支付改革持续扩面，实现县直单位全覆盖。坚决整治公款大吃大喝问题，“三公”经费得到有效控制。全面开展政府采购预算，全年完成采购金额2.47亿元，节约资金2234万元。规范财政投资评审流程，完成投资评审项目474个，送审金额16.14亿元，审定金额14.63亿元，净审减资金1.51亿元。资金监管不断强化。严格落实财政内控制度，制定完善多个公开办事制度。通过专户拨付资金24亿元，清理和撤销131个预算单位的238个实有资金账户。建立对民生领域重大项目支出的常态化监督机制，对民政福利企业和资源综合利用企业进行重点督查。开展涉农资金专项整治行动，建立现代农业项目长效管理机制。资金整合力度不断加大。实施涉农资金“3+1”片区整治计划，整合涉农项目资金4300万元。成立桃江县职教中心，整合资金370多万元。

干部效能建设成效显著。领导班子带头履责。切实抓好各项重点工作落实，起到良好的带动和示范作用。坚持对“三重一大”事项进行集体决策，民主科学议事水平进一步提高。切实加强财政廉政建设。扎实落实“一岗双责”有关要求，严格执行重大事项报告制度。强化防腐倡廉教育，5月15日，组织局机关干部到益阳市党风廉政建设警示教育基地集中开展警示教育。狠抓干部队伍建设，组织业务骨干进行业务培训，提高业务水平。开展登山比赛、“三严三实”征文比赛等活动，承办益阳市财政系统老干门球赛。招考专业人才10名，财政业务能力有效提高。与此同时，依法普法、信息宣传、政务公开、老干、后勤保障、扶贫等工作都取得新的成绩。（陈高捷）

【湖南农业信用担保有限公司桃江办事处成立】 1月21日，湖南农业信用担保公司桃江办事处开业揭牌。办事处地点设县农业银行，由县财政局抽调人员开展工作，全年为8家企业进行融资担保2300万元。

（贺欢欢）

【预算早谋划早部署】 根据2014年新修订的《预算法》要求，8月24日，县财政局组织相关业务股室和二级机构召开“2016年部门预算编制工作讨论会”，正式启动2016年部门预算编制工作，打破多年来财政预算编制一般年底开始进行的惯例，实现与新《预算法》的无缝对接，有效解决部门预算滞后于部门支出的弊端。（贺欢欢）

【全省“财银保”贷款第一单签订】 11月25日，桃江县支持新型农业经营主体贷款保证保险签约仪式在华美达大酒店举行，中华保险湖南分公司向湖南德辉粮业有限公司、桃江县贺家坪水稻种植与农机化服务专业合作社两家新型农业主体签发《贷款保证保险保险单》。凭这两份保险单，桃江两家新型农业主体不需要任何其他担保、抵押，可分别向中国农业银行桃江县支行获得贷款50万元、20万元。两份保单的签发，标志湖南新型农业经营主体贷款保证保险试点工作率先在桃江启动。财政部农业司副司长何振国，农业部财务司副司长郭红宇，中华联合保险公司总公司副总经理沈斌，湖南省财政厅副厅长欧阳煌，益阳市副市长谢寿保，桃江县委常委、常务副县长周卫星，副县长李畅和等出席签约仪式。（贺欢欢）

【县财政投资评审中心获评市级“巾帼文明岗”】 桃江县财政投资评审中心被益阳市妇女巾帼建功活动领导小组授予“巾帼文明岗”荣誉称号。该中心于2011年10月成立并开始运行，作为县财政局的下属机构，主要负责对县域范围内有财政性资金投入的项目进行投资评审。该中心始终坚持“不唯减、不唯增、只唯实”的评审理念，不断拓展评审领域，提高评审质量，服务桃江经济建设。自成立起至年底，评审项目986个，评审金额31.92亿元，审定金额28.55亿元，审增1.19亿元，审减4.56亿元，净审减约3.37亿元，净审减率达10.56%，为全县节约财政建设投资达3.37亿元。（贺欢欢）

【新行政事业单位会计制度培训班举办】 8月25—26日，在县房产局组织开展为期两天的新行政事业单位会计制度培训。培训对象为县直预算单位财务负责人、会计及出纳和全县财政系统的财务人员300余人。培训班专门聘请实践和教学经验丰富的益阳市高职院教授授课，采取理论实践相结合、新旧制度相对比的方式，从制度修订的必要性、基本原则、过程以及新旧对比对《行政单位会计制度》进行详细讲解。

（贺欢欢）

税　务

·国家税务·

【县国家税务局领导人名录】

局　　长　罗安林

副 局 长　王建斌　汪文革

　　　　　周曙光　何学军

纪检组长　戴启元

【概况】 县国家税务局是1994年税务系统机构人事制度改革中，由原县税务局分设成立，是全民所有制国家行政执法部门。2015年，局机关设办公室、监察室、机关党委办公室、财务管理科、征收管理科、政策法规科、人事教育科、收入核算科、税源管理一科、税源管理二科、纳税服务科（办税服务厅）、稽查局（单列，含税侦队）、信息中心、税务工会、团总支、妇委会三室、八科、一局、一中心、一总支、一工会、一妇委会。下辖马迹塘税务分局、桃花江税务分局、灰山港税务分局3个基层税务分局。全局在职人员131人，其中公务员117人，事业干部1人、工勤人员13人。2015年，县国家税务局以“为国聚财，为民收税”为宗旨，以依法治税为前提，以加强管理为手段，以提高征管质量、完成收入任务、加强队伍建设为目的，始终服从和服务于地方经济建设。

收入目标基本实现。市分配任务为3.52亿元，县政府分配调整任务为3.02亿元。入库税收收入3.43亿元，剔除车购税、个人所得税、城市维护建设税，全县累计入库各项税收收入3.02亿万元，全面完成县政府下达的收入任务指标。在完成税收收入任务的同时，税收收入质量也得到进一步提升，基本实现不新增收入包袱的目标，产业税收结构和税种结构得到进一步优化。采取强化分析增收、堵塞漏洞增收、打击违法增收等措施，对辖区内重点税源企业按月进行重点分析和专项分析，加强政策效应分析、征管状况分析，使税收分析成为组织收入的“指向标”。在此基础上，依靠征管信息平台，查找征管漏洞，以管促收；发挥税务稽查铁拳作用，开展专项稽查，以查促收；以协控联管为抓手，全力强化控管措施，以控促收；加强重点行业和企业纳税评估，以评促收；组织开展零散税收清理，清查漏征漏管户，堵漏促收。2015年，通过协控联管入库5158万元,通过税务稽查立案32户，结案20户，查补入库税款、滞纳金、罚款452万元。

税收征管得到强化。通过强化个体税收管理，提高运行管理水平，优化税收征管质量，确保征管考核各项指标全面达到上级要求，真实反映征管现状。在抓好日常征管的基础上，强化日常监控工作，对重要时段、节点实施全过程监控，提前发现问题并及时采取措施堵塞征管漏洞。同时，通过纳税评估和税务稽查，加大规范征管秩序力度。严格执行新的增值税起征点政策，个体税收定税质量有所提高。突出抓好零散税收征管、邮政代开与委托代征工作。切实强化发票管理，严格控管农产品收购加工企业、商贸企业和出口退税企业发票，加强发票库房安全建设和管理人员培训，按季开展发票实物“帐实”核查。全力推进税收风险管理工作，增强工作人员风险防控意识，积极探索风险管理长效机制。落实所得税征管要求，提高企业所得税汇算清缴数据质量。加强车购税信息清分比对核查工作，认真清理税收规范性文件，严格执法督察和执法责任追究制度，税收执法行为进一步规范。2015年，全局综合征管软件催报率、催缴率、财务报表采集率、税务登记差错率、税务登记信息完整率、滞纳金加收率都达到100%，欠税保持零增长。

税收服务持续优化。通过狠抓办税人员政治业务培训，认真组织学习和贯彻落实《全国县级税务机关纳税服务规范》，提高办税服务人员的综合办事效率和政策解答能力。以纳税人学校为平台，细化业务培训内容，为纳税人透彻解读各项政策，全年举办纳税人培训班5期，培训800余人次。在“四星级办税服务厅”建设的基础上，不断完善办税服务厅硬件设施与软件建设，持续推行“一窗式”“一站式”服务，落实“免填单”服务项目，实行首问责任制、导税服务、预约服务、提醒服务等制度。狠抓首问责任制的落实，在全局牢固树立人人都是首问接待人的思想，强化干职工办税服务职责，提高文明服务水平。以“便民办税春风行动”为契机，创新服务举措，通过开展“办税服务送企业”“青年服务志愿者送政策下乡”等活动，延伸和丰富纳税服务的内容，提高税法遵从度。

队伍建设不断加强。召开高标准党内专题民主生活会接力党的群众路线教育实践活动，继续聚焦“四风”问题，认真查摆问题，深入进行剖析，坚持立行立改，全局作风明显好转。大力开展文明创建活动，坚持典型引路，通过网络、板报、新闻媒体对先进典型进行广泛宣传。灰山港税务分局被省国税局评为2015年度全省国税系统先进集体。切实抓好党组中心组学习和全局干部理论学习，将学习培训与专题民主生活会、“一进二访”活动和税收中心工作相结合，坚持学以致用，用以促学。加强干部教育培训，提高干部整体素质。全年举办各类培训班14期，受训人数达1830余人次。向省、市国税局送训57人次，向省、市国税局输送优秀人才6人，组织6人报考“三师”资格考试。着重抓好“岗位练兵、业务比武”的培训考试，在市国税局组织的竞赛中，县国税局取得优异成绩，被市国税局授予“岗位练兵、业务比武”优胜单位。严格落实党风廉政建设责任制，明确党组成员和全局各单位班子的“两个责任”，签订党风廉政建设责任状19份。加强廉政教育和廉政文化建设，县局廉政文化建设被省局评为“湖南省国税系统十大廉政文化精品项目”之一。开展“一案三查”工作和明察暗访，加强廉政监督。狠抓工作纪律和税容风纪管理，不定期进行明查暗访。全年开展明查暗访16次，查处违规9人次，发布检查通报2期，处以罚款1000余元，全局干部纪律作风进一步好转。2015年获评桃江县党风廉政建设先进单位，并被县纪委授予廉政文化进机关示范点。

行政效能稳步提升。加强日常政务管理，落实好公文处理、安全保密、督查督办、重大事项报告、信息公开、舆情处理等工作，提升政务管理规范化水平。围绕全局工作重点及时开展新闻宣传，在湖南主流媒体、红网、《益阳日报》、桃江电视台等媒体上发表新闻稿件120余篇。积极推进绩效管理工作，建立绩效指标体系和制度规程，分解落实各项指标，基本达到以绩效管理推动工作落实的目的。认真贯彻落实《党政机关厉行节约反对浪费条例》，制定经费预算、政府采购、固定资产管理、机关财务管理等制度，严格车辆管理、公务接待、会议培训和差旅费管理，强化内部审计监督，各项开支大幅压缩。加大信息化支持力度，开展信息安全培训，加强应用系统运维管理，开展信息安全检查和自查，加强网络信息安全隐患排查与整改，确保网络、信息系统、硬件设施正常运行。其他各项工作稳步推进，组织干职工开展健康向上的群众文体活动。本着“政治上尊重、思想上关心、生活上照顾、精神上关怀”的工作原则，认真落实老同志的各项待遇，老干队伍团结稳定、祥和安乐。发挥共青团组织的作用，多次开展志愿者服务活动。关注干职工健康，组织全局干职工进行体检，为女干职工投保健康保险。对办公楼进行维修装修，添置全新办公设施，机关办公环境和办公条件大大改善。提高后勤服务、综合治理、安全管理水平，做好职务职级晋升、乡镇工作补贴和规范津补贴后续工作。（于　瑶）

【缅怀革命先烈活动】 5月22日，县国家税务局组织20余名干部到马迹塘伍家仑战役烈士纪念碑前开展缅怀革命先烈活动。全体人员向革命烈士敬献鲜花，所有党员在纪念碑前重温入党誓词。活动的开展，有效激发国税干部坚守底线、爱岗敬业、奋发向上、争当模范的工作热情。

【“访民情、解民忧”活动】 5月26日，县国家税务局40余名干部分成6个小组，到武潭镇梅林村开展慰问帮扶活动，清理善溪沿岸的白色垃圾，帮助盲人五保户整理内务、打扫院落等，走访特困农户12家，并送上慰问金。团总支发起“关爱留守儿童”募捐倡议，募集善款6209元，为2户家境贫困的留守儿童送去衣物、文具和助学金。

【李建伟到马迹塘税务分局调研】 6月18日，市国税局局长李建伟到马迹塘税务分局就税收征管、纳税服务、队伍建设和绩效管理等方面的工作开展综合调研。通过实地查看、个别交流和座谈讨论，对分局的具体工作情况有了详细了解，要求分局结合实际抓好班子和队伍建设、绩效管理、精神文明建设和环境建设，营造良好的工作氛围和工作环境，在夯实征管基础、完成收入任务的同时，切实服务好广大纳税人。

【金税三期顺利上线运行】 县国家税务局强化组织领导，科学谋划部署，扎实做好金税三期上线前后的各项工作。10月8日，金税三期正式上线。当天，系统12个业务域运行正常，业务办理快捷高效。共办理业务450笔，其中办理单位纳税人税务登记证1笔，代开发票63笔，办理申报201笔，开票185笔，入库税款近28.3万元。

·地方税务·

【县地方税务局领导人名录】

局　　长　陈伟民

副 局 长　龙　洋　雷　萍

　　　　　李文辉

纪检组长　刘铁新

【概况】 县地方税务局（简称“地税局”）机关内设8个职能科室（办公室、人事教育科、征管和科技发展科、税政法规科、监察审计室、收入核算科、财务管理科、信息中心），2个直属行政单位（稽查局、办税服务中心），下设4个税务分局。2015年有干部职工150人，其中在职干部职工123人、退休27人。主要负责全县15个乡镇5700多户纳税户的地方税费征管。2015年，地税局准确把握、主动适应发展新常态，围绕打造“两强一优”升级版，牢牢把握“一防两稳三强”工作重点，扎实推进组织收入、税收征管、优化服务、队伍建设和作风建设，有力推进各项工作。

攻坚克难抓收入，确保完成全年税收任务。面对经济下行、房地产遇冷、结构性减税等不利因素，地税局多管齐下，攻坚克难，挖潜堵漏，以组织收入为中心，全力以赴抓收入，完成收入任务5.32亿元，比2014年增收8326.8万元，增长18.5%。完成县政府口径收入5.3亿元。其中：中央级收入4988.5万元，比2014年减收2238.1万元，下降31%；省级收入6745.4万元，比2014年增收868.4万元，增长14.8%；县级收入41496.1万元，同比增收9696.5万元，增长30.5%。

强化征管提质效，稳步迈入“金三”（金税三期工程）时代。开展专项税收清理。开展对全县砂石税收清理，对全县12个标段的纳税人进行调查摸底，掌握其生产经营情况，按照统一标准核定税款所属期内的应纳税款，并组织专门力量开展税款征收入库工作。开展门面出租税收清理，成立5个小组，对桃花江镇45个重要门面出租税收进行清理，发放《房屋门面出租税收清查通知书》6000余份，要求承租双方提供真实租赁合同，摸清税源底数。全镇清理房屋、门面出租5920余户，对未按规定自觉申报纳税租赁户，责令限期改正，及时追缴税款和滞纳金。对恶意逃税的，加大处罚力度，严厉打击房屋租赁逃税行为。入库税款195万元。成立专门的组织机构，抽调10名精干力量组成专业团队集中办公，负责“金三”推广上线工作。按照“金三”工作要求，开展培训班8期，培训人数110余人，基本掌握“金三”管理系统的大部分操作技能。同时，不断加强对业务测试验证、数据验证、特色软件联调测试、初始化数据完善、数据迁移完善、操作熟练程度提升、数据采集补录、以及“三证合一、一照一码”登记制度改革等方面的培训，确保“金三”顺利上线和平稳运行。开展企业所得税重点事项管理。学习贯彻落实市局出台的《企业所得税重点事项管理办法》的相关规定。对企业所得税税基中涉及跨年度的项目，以及税收优惠、资产损失税前扣除、企业重组和企业清算等重点事项加强基础信息资料收集管理，建立一系列相关后续管理台账，在纳税人对税基项目或所得税事项实施相关处理后，通过信息资料的登记、审核、评估、检查、处理等管理措施，确保企业所得税各项政策落到实处。切实做好“五费三金”征管工作，切实履行地税部门的征收职能，确保收费工作有效开展。2015年入库1887.9万元，其中：地方教育附加750.8万元、文化事业建设费7.5万元、社会保险基金123.1万元、工会经费438.3万元、水利建设基金416.1万元、残疾人保障基金107万元、价格调节基金45.1万元。

教育培训强素质，干部队伍进发新的活力。按照市地税局2015年度培训需求，制定《桃江县地方税务局教育培训管理办法》，建立分层次、分类别教育培训体系，增强各职各岗干部从事具体税收业务工作的素质和能力。全年组织开办各类培训班7期，组织岗位练兵活动1次，以学促岗、以岗代学。构建“一体两翼”学习培训格局。依托“湖南地税网络学院”的平台，涵盖领导科学、法律知识、税收理论、财务会计、行政管理、思想政治、信息管理以及历史等内容丰富的课件内容，通过月度达标、季度汇考和年度统考的模式，参训率达100%，提高学习培训效果，使网络成为新时期建设学习型领导班子的有效载体。形成以“网络学校”为主体、在岗学习和专业培训相配套的“一体两翼”学习培训格局。创建职工书屋。充分利用县局工会图书阅览室，每一名干部可到阅览室查阅资料，亦可借阅阅览室内的图书。鼓励干部职工积极参加学历教育和各类在职培训，全局本科以上学历干部88人，占58%，有专业技术职称的12人，占10%，先后有4人参加在职研究生学习，11人参加注册税务师职称考试。

优化服务促和谐，纳税人满意度不断提高。积极落实国家税务总局开展的“便民办税春风行动”，出台一系列便民措施，将纳税服务工作做精做细。紧跟《全国纳税服务规范》要求，不断调整工作部署。10月8日，“金三”系统正式上线运行，新系统与《全国纳税服务规范2.2》进一步融合，进一步拓宽纳税服务渠道，提升纳税服务质量。积极推行免填单服务，进一步提升纳税服务质量。对于符合规定的纳税事宜，积极推行免填单服务，为纳税人减轻填表负担；充分利用身份证读卡系统，加快信息录入，为纳税人节省办税时间。大力推进网上办税服务厅，鼓励企业签订三方协议，积极推广TIPS刷卡缴税，积极引导纳税人使用自助办税终端机，确保纳税人便捷办税，多样化办税。所有涉税流程，服务模式、办理进程紧密结合《全国纳税服务规范2.2》。根据工作差错率，服务态度以及日常工作量等相关情况，对办税员进行严格的绩效考核，进一步规范纳税服务。

从严治队抓落实，扎实推进作风建设。着力纠“四风”，推进作风建设常态化。结合作风建设“巩固深化拓展”主题活动的开展，对中央八项规定进行再学习、再布置，坚持不懈地把各项要求和责任落实到日常工作中。落实重大事项报告制度，重点抓好党员干部操办婚姻丧喜庆事宜报告和督察工作，确保规定落到实处。对县纪委明确的公款送礼、公款大吃大喝、公车私用、公职人员不作为和干部违规经商办企业等12个重点问题开展自查自纠活动，对工作中存在的“中梗阻”问题进行专项整治。严肃查处案件，保持反腐高压态势。在机关和基层单位设置4个举报信箱，在网上开通《湖南地税网络评廉系统》，公布举报邮箱和举报电话，为查办大案要案提供线索保障。认真调查落实信仿举报案件和各级转办的案件，做到有案必查，有错必纠。坚持抓早抓小，对日常工作中发现的苗头性、倾向性问题，做到早发现、早处理。（段英姿）

金　融

·中国人民银行桃江县支行·

【领导人名录】

行　长　李子良

副行长　周敬群　徐跃辉

【概况】 中国人民银行桃江县支行（以下简称“支行”）内设办公室、国库会计股、货币信贷统计股、纪检监察室，有17名正式职工。2015年，支行紧紧围绕县委县政府的各项工作部署，以“三严三实”活动为工作主线，以确保辖内金融安全为底线，齐心协力、务实创新、努力工作，全面提升金融服务水平，有效促进县域经济健康快速发展。

支持地方经济发展。支行年初助推县政府出台《桃江县2015年度金融机构支持地方经济发展考核奖励办法》，每季度召开金融机构负责人联席会议，传达货币信贷政策，分析县域金融经济形势，通报任务完成进度，排解金融机构在实际工作中的困难。全县存贷款增长稳定，金融经济稳步发展，获得地方党政领导好评。全县金融机构各项存款余额177.28亿元，比年初增加17.60亿元，增长11.02%；各项贷款余额为71.47亿元，比年初增加11.57亿元，增长19.32%。其中贷款（加农村信用合作联社核销贷款9859万元、置换贷款5000万元）实际比年初增加12.8亿元，完成县政府年初下达的全年贷款任务的128%。

推进金融服务创新。"三权"（土地承包权、农村房屋产权、林权）抵押贷款工作成效显著。2015年桃江县成功申报土地承包抵押贷款全国试点县。在县政府主导下，通过市中心支行的精心指导，县支行积极协调各方关系，推动县政府出台《桃江县"三权"抵押融资试点工作实施方案》和暂行办法。明确建信村镇银行、邮政储蓄银行、农村信用社作为试点单位，建立管理办法和信贷流程，逐步搭建"三权"抵押平台，大力拓宽农户融资渠道。至11月末，全县发放"三权"权抵押贷款2063万元。在2014年获得全省"三权"抵押贷款试点县的基础上，2015年9月，会同县经管局积极争取县政府的重视和支持，由省、市推荐申报全国"土地承包经营权抵押贷款"试点县。全国首笔新型农业经营主体"贷款保证保险"保单担保贷款在桃江签字。根据财政部、农业部《关于调整完善农业三项补贴政策的指导意见》《湖南省农业"三项补贴"改革试点方案》《湖南省新型农业经营主体贷款保证保险试点工作实施方案》，会同财政、农业、中华联合保险公司、农业银行等部门积极争取政府的重视、支持，县政府快速成立主管县长为组长的领导小组，出台《桃江县新型农业经营主体贷款保证保险试点工作实施方案》，设立风险补偿专项资金，安排贷款贴息资金。11月25日，在农业部、财政部、省财政厅、省农委、市政府领导的指导、见证下，全国首笔"财银保"新型农业经营主体"贷款保证保险"保单担保贷款成功签约，桃江县德辉粮业有限公司和贺家坪水稻种植专业合作社分别获得农业银行贷款50万元和20万元。

加强内控管理。适时修订完善各项内控制度、操作规程，层层签订风险责任状。加强会计人员业务培训，学习新制度、新规程。加强检查，发现问题及时批评整改，强化制度落实。组织风险排查和应急演练，增强内控意识和应急处置能力。对支行国库会计工作人员进行大调整，在人员减少、任务有增无减的情况下，大胆启用年轻人担任会计核算主管和国库会计主管。从制度落实入手，通过修订完善制度，加强制度学习，使各岗位人员很快适应各自的角色，确保全年国库会计业务"零差错"、资金"零风险"。至11月30日止，完成财政预算收入8.5亿元，比2014年下降10.2%，主要原因是政府性基金收入纳入一般预算导致收入增长基数大幅提高；预算支出30.89亿元，比2014年增长22%；其中转移性支出5.83亿元，比2014年大幅增长57%，增长的主要原因是政府投资住房保障、交通的力度持续加大，融资平台公司向政府的借款大幅增加。公共财政预算支出仅增长16%，比2014年下降6个百分点。其中社保与就业支出增长29%，住房保障支出增长82%，医疗卫生与计生支出增长10%。至11月30日止，预算收入退库165笔，金额8716.71万元，比2014年增长58.9%，其中先征后退比2014年增长11.8%。开展人行经理国库30周年对外宣传系列活动，通过召开财库行座谈会、悬挂横幅标语、发放宣传折页、金融机构显示屏广告投放、展示板报、播放宣传片、微薄传播等方式，广泛宣传人民银行经理国库30年的成果。

加强党风廉政建设。抓廉政教育，提高党员干部清廉意识。支行全年组织廉政教育6次，其中安全教育2次，行长主讲廉政党课讲座2次，传达贯彻上级行纪检监察会议精神2次。要求党员干部做到"四个结合"，即把党风廉政建设工作同开展"培养社会主义核心价值观，争创精神文明单位"教育活动结合起来，同开展"风险防控"活动结合起来，同学习贯彻落实习近平总书记重要讲话精神结合起来，同自己的现实思想和本职工作结合起来。抓制度建设，争取将权力关进笼子。支行修订完善《党员干部八小时外暂行管理办法》《公车使用管理办法》《公务接待管理实施细则》等一系列的制度与办法，形成用制度管人、用制度管事、用制度管物的管理机制，有效地防止和减少贪腐的发生。抓责任落实，争取做到人人有责。有效控制腐败风险，保持廉洁自律。从年初开始，党组书记与班子成员之间、班子成员与各股室长之间、各股室长与股室成员之间都签订《廉政建设责任状》。抓行务公开和权力清单公开。支行对干部的任用，严格按照规定，先进行民意测试，经集体研究，再进行公示，力争将思想纯洁、业务能力强的青年干部充实到中层干部队伍。党组书记、行长不主动提名，不无根据的否决，按照组织原则，由人事部门提名、考察，再由党组成员进行表决。支行行政费用中大额开支集体研究决定，使用情况适时在行务会或职工大会公布。抓监督检查，完善事后监督管理职能。支行全年进行党风廉政检查和内控风险排查6次，确保警钟常鸣，全年支行党员干部无一例违规违纪现象发生。

（李子良）

·中国工商银行股份有限公司桃江支行·

【领导人名录】

行　长　何　韧

副行长　王俊峰（兼工会主席）

　　　　张卫强（兼纪检书记）

【概况】 中国工商银行桃江支行（简称“支行”）有在职员工45人，其中，支行营业部30人、桃花江支行7人、灰山港支行8人。内退、离退休人员50人。下设业务拓展部、业务营销部、办公室3个部室和3个网点、1个离行式自助银行。

存款业务。2015年，各项存款余额121497万元。其中储蓄存款104672万元、对公存款16774万元。支行发挥整体联动作用，抓好基础树信心、抓好营销争客户，实现存款持续增长。通过走政府，跑企业，寻客户，融洽各方关系，优化经营发展的内外环境。客户经理作为核心团队主攻营销，抓改制资金、拆迁补偿资金、核心企业下游资金、退股分红资金、项目筹备资金、代发工资沉淀资金、商户周转资金、在外务工资金、居民闲散资金，收效很好。开立国库收入与支出帐户11个，实现11个财政零余额帐户及其财政事业单位代发工资，代发工资人数1800人。日均资产万元以上个人客户规模净增1844户，全市支行中净增数与任务完成率均为第一。依托资信平台，拓展对公结算帐户118户，为2014年53户的222.64%，净增加65户，增长率122.64%。

信贷业务。各项贷款余额50689万元。其中公司贷款37780万元、个人贷款12909万元。实现利息收入1421万元。针对全省信贷政策收紧，桃江县信贷投放难的现实，支行积极主动作为，以“信贷早春行”活动为契机，早计划、早安排，主动对接重点财源企业，增加信贷投放。公司贷款净增2180万元，任务完成率121.11%，居全市第三。桃江县四方冶金材料有限公司新增贷款300万元，桃江一中贷款新增2300万元，桃江县中医院新续贷款2300万元，益阳金沙重机办理续贷2600万元，为支持地方经济建设作出了贡献。个人贷款净增3091万元、任务完成率60.49%，居全市第二。其中组合贷款148笔3448万元，笔数发放额为全市第一，促进居民消费升级。

转型业务。在互联网金融的冲击下，支行加快经营转型，大力发展转型业务，实现中间业务收入992万元、拨备前利润2256万元、人平利润50万元。通过加强与保险机构的合作，妥善处理售后问题，优化代理保险业务环境，实现代理保险额达3578万元，任务完成率198.80%，为全市第一。瞄准专业市场做优特色业务。开展9944信用卡发卡营销和特约商户的群体开发，促进信用卡分期付款业务的发展。营销特约商户42户，实现信用卡分期业务收入362万元，任务完成率为全市第一。创新营销机机制做大互联网金融业务。坚持阵地营销与上门营销、定向营销与联动营销等形式，促进“个人网银、WAP手机银行、工银e支付、融e购、融e联、融e行”系列产品的共同发展。共营销WAP手机银行2732户、工银e支付3332户、注册融e购客户834户，全体员工体验融e联。

资产质量。2015年，不良贷款余额1553.4万元，不良率3.06%。针对国家“调结构、促转型”的大形势下，部分个人贷款客户收入难以达到预期，还贷的第一还款来源出现不足，个人贷款质量出现不稳定的现象，支行积极思考，大胆探索个人不良贷款的清收压降措施，采取电话催收、上门催收、共同偿还、代理偿还、贷款置换、诉讼调解等各种行之有效的方式，全力做好个人不良贷款压降工作。突出重点，解决老大难问题。多次召开专题会议分析情况，研究对策，对5个不良贷款大户分别制定清收压降的方案，为每1个客户提供3个备选方案，在客户选取方案并同意后，由银行出面多方联系，协助客户处置抵押物或贷款置换。做好基础工作和日常催收工作，防止前清后溢和新的劣变。个人贷款客户经理将每天应还贷款金额、客户的详细情况列表统计，每天上班第一件事就是查看贷款归还情况，有无逾期，对已逾期的看是否有归还，然后按客户联系电话逐一联系，催收落实。对于个人贷款反复迁徙的客户加大跟踪监控力度，采取诉讼调解、贷款置换、代理偿还等方式加强压降，从根本上消除潜在风险。

运营管理。运行管理工作开展专项整治活动，认真剖析存在的问题，积极整改，建立长效机制，从根本上提高运行质量。通过层层推动消除思想阻碍，行长、主管副行长、网点主任、现场管理人员到柜员，一级抓一级，一级负责一级，提高执行力。在支行晨会上以及日常工作中，网点负责人和现场主管进行风险问题警示和培训，对个别柜员的违规行为进行个别谈话和辅导，督促柜员学习相关制度，加强风险意识，熟练掌握业务流程，规范操作。现场管理人员作为把关堵口的第一人，加强工作责任心，履职到位，对柜员发生的违规行为及时指出和纠正，对监督、检查中发现的问题引起高度重视，跟踪落实整改。通过分类整改消除操作风险，做到能当场整改的当场整改，不能当场整改的限期逐个整改，并通过责任认定落实奖惩机制。每季度对各网点规章制度执行情况进行全面考核，实行精准奖罚。对存在问题的工作人员进行差错责任认定并予以一定的经济处罚，在员工大会上通报，对于执行规章制度好、运行质量好、无风险事件的柜员在员工大会上进行通报表扬和奖励。

优质服务。坚持以客户为中心的导向，不断改造服务环境，提升服务档次。通过进一步优化劳动组合，根据业务高峰和忙闲规律，灵活安排柜台班次。加强服务意识和礼仪培训，推进标准化服务。充实低柜力量，开展个性化服务。细化服务工作考核，加大服务奖惩力度。突出维护客户、提升形象。支行专题研究，全力打造省级金融消费权益保护示范点，设立专门的接待办公室、制作公示牌、引导牌、办公室标识牌，添置专门的档案柜，设立专门的接待处理登记簿。对每一位咨询、求助或反映问题建议、投诉的客户都热心接待、细心听取其诉求、耐心解释政策和业务知识、诚心协调处理异议。将受理投诉的接待方式、处理方案、处理过程、处理效果、客户反映等内容详细记录，经主管副行长审查，签字认可。受理来信、来电、来访56人次，包括业务咨询、业务求助、反映问题意见建议、服务投诉、异议事项等，都做到有“有求必应、有访必复、有复必详尽”，给客户一个满意的答复和一个满意的结果，得到客户的好评。

内控案防。支行坚持艰苦奋斗，励精图治，廉洁自律，打造廉洁银行。始终坚持“业务发展，内控先行”原则，根植“合规创造价值”的理念。认真落实“案防责任制”“党风廉政建设责任制”，形成案防高压态势。落实检查、整改责任制和责任追究制，无重大差错、无案件，无上访事件。

存在的主要问题：互联金融的快速发展助推银行不断推出新技术、新产品、新业务，银行内部中老年员工和社会中老年民众难以适应；不良贷款前清后溢的压力和清收压力较大。（朱新强）

【信用卡不良透支压降专项行动】3月2日，支行召开专题会，研究部署信用卡不良透支清收压降工作，开展信用卡不良透支压降专项行动。支行针对信用卡不良透支的现状，明确抓大不放小的思路，采取四项措施，确保行动取得实效。按照“谁营销、谁受益、谁负责”的原则，强化责任。由营销人员承担信用卡不良透支清收压降的第一责任人，并由支行领导带领营销员负责清收大户，由业务营销部负责人及信用卡专管员督促其他员工负责清收小户。坚持上门当面催收，宣传信用卡恶意透支的法律释义及规定，宣传信用卡章程，在此基础上与客户确认透支本息，再发放催收专门通知单，由客户确定还款计划、当面签收确认。对拒不确认的将详细经过详细记载，报上级信用卡中心处理。注重信用卡不良透支重组转化，对于有还款意愿和还款行为的，达到规定条件的前提下，可由客户申请重组，支行及时报送上级行信用卡中心办理。

【上门服务协助社保卡发行受好评】8月20日，桃江县启动社保卡发行工作，支行外抓服务赶进度、内抓管理保质量，赢得社保部门和合作单位的一致好评。至12月31日止，为52个合作单位和6个社区成功申报1098人制卡信息。支行主管副行长带领小分队对合作单位逐一上门辅导，协助处理。与经办人反复核对，防止隐性问题和后续纠纷的发生，做到人人过关，准确无误，保证信息质量。无相片人员的相片调取、初审、上传过程中，做到相片与姓名、身份证号一一对应，加快社保卡发卡进度。

·农业银行桃江支行·

【领导人名录】

行　长　文泽新

副行长　薛武斌　周静桢　文　莉

【概况】中国农业银行股份有限公司桃江县支行（以下简称“支行”）下辖4个二级支行、1个支行营业部、2个分理处，有在职员工126人，其中离退休员工87人。设有自助银行

8个、布有ATM机20台、转账电话1500台。2015年，支行各项存款余额28亿元，较年初净增4.2亿元；各项贷款余额8.4亿元，较年初净增2.6亿元，实现拔备前利润4508万元，拔备后利润4185万元，中间业务收入1464万元，在全省核心竞争力提升考核中，A类行排名第3位，被湖南省分行评为一级支行经营管理先进单位。

以落实“两个责任”和“一岗双责”为重点，深入推进党风廉政建设。落实“一岗双责”作为班子和班子成员履职考核与评价的重要内容，继续推行责任表格化、措施模版化、督导经常化，确保党风廉政建设责任落到实处。加强党风廉政建设制度教育。组织开展制度学习、案例警示、巡回宣讲、专家讲座、培训教育、知识测试等形式多样的教育学习活动，不断提高全员反腐倡廉意识。强化纪委监督职能，完善纪委工作规则，强化纪委书记、纪委委员履职管理和尽职监督。全面参与“三重一大”事项决策和过程监督。在网点支部配备兼职纪检委员，加强对经营合规、网点费用、员工考核、员工行为管理、评先评优等重大事项监督。组织开展专项活动。开展“四风”问题回头看活动，重点整治员工关注的作风松懈，不作为、乱作为、违规公款吃喝、收受礼品礼金、索拿卡要、操办婚丧喜庆事宜、“小金库”、公车私用、涉赌涉毒等问题，查找、扼制隐形变异的“四风”问题。开展“廉政支行”“廉洁从业员工”评选活动，在全行推选、树立一批廉政典型。坚决落实从严管党、从严治党要求，对违反作风建设“八项规定”、党员干部“六项纪律”的单位、个人，按规定从严查处。

加强班子建设，提升战斗堡垒作用。加强支行班子自身建设，提升支行班子整体战斗力。建立支行班子“三严三实”问题整改时间表和销号台帐，狠抓“不严不实”问题整改。提升班子成员主观能动性，引导班子成员想事、管事、干事，培育敢抓、敢管、敢碰硬的班子团结战斗氛围。提升支行班子成员管理魄力，敢于对负能量亮红灯、亮戒尺，在支行层面树班子威信，立规章制度。用好组织手段，推动正本清源，实现优胜劣汰，使员工各司其职，各负其责。提升支行班子成员履职能力，自觉认真完成好本职工作。提升网点班子按规则议事、决策、管理的能力。

资产业务增势不减，对地方经济的发展起到强劲的促推作用。支行各项贷款余额84749万元，比年初增加26119万元，同比多增17281万元，完成市分行下达年度计划任务16450万元的158.7%。其中：对公贷款净增21724万元（含贴现），同比多增21655万元，主要增加的是益娄高速公路银团贷款2.3亿元，天问茶业贷款190万元，收回大汉城建贷款1400万元，个贷净增4659万元（含准贷记卡透支），农户贷款余额3700万元，较年初净增508万元。存量收回再贷8户，合计金额1亿元，主要有：金沙重机4000万元、新兴机械2000万元、湘中水工600万元、华艳生物500万元、腾煌水泵450万元、花果山陵园350万元、南方水泥2000万元、湘中皮件100万元。以实际的投入融入地方经济建设，为桃江经济的发展起到良好的促推作用。

积极拓展重点工程项目，工作成效十分明显。支行以年初工作会议精神为指导，在重点工程项目和地方政府关系处理方面取得初步成效。支行营业部通过与浮邱山乡政府多次沟通与协调，实现230省道成功开户；通过与益马高速指挥部多次对接与营销，实现益马高速一、三、五标段和两个施工监理段账户成功开户；灰山港支行通过与灰山港镇政府的情感交流，实现中广核风电项目的成功开户；武潭支行通过与武潭镇政府重点办积极协作，实现武潭交通重点建设工程指挥部的成功开户。在酒泉至湖南的特高压项目营销中，支行相关网点分别对照各自工作目标扎实开展上门营销和业务宣传工作，以优质、高效的服务，赢得沿线相关乡镇的高度认同，为各项工作的顺利推进打下良好的基础。

开展小微企业专项营销竞赛，有选择、有重点地支持部分民营企业的发展。支行通过积极捕捉小微企业信息，建立与工商部门新注册公司信息共享机制，及时对接辖区政务中心和工商部门，瞄准“特色创业园区”项目开展重点营销，对中小微企业、个体工商户的信贷资金需求予以积极关注和重点支持，完成东方建材、牛魔王食品、百得科技、方正皮件等中、小微企业的评级、授信工作，助力地方民营企业的发展，取得新的工作成效。

积极拓展民生代理工程，县域业务市场取得重点突破。进一步充实、加强惠农通维护专业团队，加快电子机具安装运行步伐，确保机具的有效运行。村村通电子机具覆盖率比2014年提升15个百分点，有效率提高20个百分点。联动企业网银等电子银行产品，打造农村普惠金融立体网络。全面启动惠农通工程服务点星级评定，完善激励机制，提高服务点服务能力。与农村小超市联合开展社保IC卡、民生代理IC卡刷卡消费打折活动。通过加载社保IC卡代缴电费、通信费等功能，提高社保卡使用率。全面拓展各类资金代理业务，充分利用社保IC卡发行、双边系统对接等契机，把握银政签约、系统上线和资金发放三个重要环节，稳步提升民生代理市场份额。

着重加强内部管理，农行品牌价值不断提升。支行将城区桃花江支行、迎宾支行列入网点“6S”管理导入示范网点，将支行工营业部列入网点标准化服务示范网点。在支行统一部署和安排下，3个城区网点克服种种困难，紧紧围绕上级行工作要求，完善规章制度、严格岗位职责、明确责任分工、加大考核力度、添置硬件设施、落实物理布局，扎实推进文明服务标准、网点软转导入工作，在规定的时间内，完成上级行的各项工作要求，验收达标获得上级行的充分肯定，充分展示支行优质文明的服务水平，彰显农行的品牌价值。（张　伟）

·中国农业发展银行桃江县支行·

【领导人名录】

行　长　丁胜祥

副行长　邵　波

【概况】中国农业发展银行桃江县支行（简称“农发行”）内设、办公室、客户业务部、会计结算部，共有员工17人。2015年，县农发行贯彻落实省市分行年初工作会议精神，以开展“争先创优年”“合规管理年”“队伍建设年”活动为抓手，开展客户营销，强化基础管理，服务经济建设，全面完成各项工作任务，有力支持全县农村、农业经济的发展，被益阳市分行评为“2015年度先进单位”，被省分行评为“2015年度合规管理先进单位”。

信贷支农。发放各类贷款2.35亿元，比2014年基本持平；各项贷款余额7.8亿元，比年初增加0.79亿元；营销支持资本金直投项目2个、金额0.48亿元；累收中长期约期还贷3360万元，约期还贷率100%，政府债券置换贷款4360万元。成功营销2亿元桃江竹乡国有资产营运有限公司关稼洲和连河冲村土地整治贷款项目1个，于12月25日实现有效投放。同时，营销桃江水务投公司克上冲水库维修改造项目1个，金额3亿元。完成县级储备贷款的解控，投放县储粮收购贷款0.1031亿元。全面完成粮食托市收购任务，代管农发行益阳市分行营业部粮食托市收购贷款2230万元，支持中储粮桃江直属库收购粮食4577吨，入库和集并粮食12260吨，未出现打白条的现象，确保粮农的利益。

存款总量。各项存款余额3.6亿元，比年初时点净增2.3亿元，日均存款余额达1.56亿元，比2014年减少0.3亿元。其中对公存款3.2亿元，比年初增加2.1亿元，核心存款占比有较大幅度的提高。

资产质量。通过风险排查和落实防控措施，安全退出商业性客户1家，全额收回贷款1500万元。未发生逾期和欠息现象，无存量和新增不良贷款，不良贷款继续保持零余额的良好发展势头。

服务内涵。年初，完善《桃江支行优质文明服务工作细则》，成立优质文明服务工作领导小组，聘请一批优质文明服务社会监督员。多次组织营业一线人员和客户经理到兄弟行参观学习，吸收采纳先进的服务新理念。每月评选出一名服务标兵，每季度评选出一个优质文明客户经理，并进行奖励，有效提高员工的服务热情。年末被益阳市银行业协会评为“文明规范服务示范单位”，成为全市农发行系统唯一一个获此殊荣的支行。

内控制度。农发行结合本单位的实际情况制定相应的规章制度，完善内部监督、休假值班等制度，强化监督检查力度，发现违规违纪者严惩不贷。开展各类检查和风险排查14次，处罚违纪人员5人次，罚款2700元，有效纠正一些错误做法和违规行为。开展“打假治贪”活动，杜绝虚假行为，先后查出各类假结零、假尽职记录、假报表、假数据3个，自查自纠各类问题6个，迎接省市银监局、总行特派办、市分行审计检查3次，未发现大的问题，受到检查组的好评，确保各项业务的安全。加强安全保卫工作的组织和检查力度，对支行营业间和办公楼及重要岗位检查48次，进行防火、防暴演练2次，对硬件设施进行维修和改造4次，投入改造资金4.3万元。（杨建共）

·建设银行桃江支行·

【领导人名录】

行　　长　王　蛟

副 行 长　钟跃华　张　胜

委派主管　胡　波

【概况】2015年，建设银行桃江支行（以下简称“支行”）坚持业务发展与内控管理并重，转型创新金融产品，根据市场变化，适时调整经营策略和工作重点，统筹兼顾抓重点、破难题、强内控、促发展，各项工作取得了较好成绩。

2015年，支行一般性存款余额21.42亿元,年新增2.31亿元。其中：对公存款余额6.29亿元，年时点新增0.05亿元；个人存款余额15.12亿元，年时点新增2.25亿元。贷款余额17.5亿元，年新增10.21亿元，新增全县金融机构第一。存贷比81.7%，全县第一。全年实现中间业务收入884.89万元，利润5006.44万元。不良贷款余额为零。

公司业务。2015年，支行继续以政府背景重点项目和“助保贷”小微企业贷款为重点，加大信贷投入，以资产业务带动其他相关业务的发展。支行对公贷款较年初新增100886万元，个人贷款较年初新增1298万元。其中支持2015年县委、县政府确定的重点工业企业和项目建设11个，2015年重点工业企业新增贷款13730万元。政府重点建设项目和高速公路建设新增贷款8亿元。

个人金融。坚持突出亮点，打造特色网点。2015年，根据上级行的工作思路，支行扎实推行以客户分层维护为基础，以重点产品营销为抓手，以高效优质服务为品牌，全面推进支行个人金融业务发展。其中个人存款日均新增、手机银行新增、聚财存款、商户POS等成为亮点。个人存款日均新增居全市分行第一。手机银行新增量为14587户，其中文化路分理处手机银行新增5124户，居全市分行第一。在省手机银行“过千万”活动中荣获全省县支行网点前十名，是益阳市唯一一个进入全省前十的网点。重点产品坚持常态营销。其中，收单商户比年初新增191户，完成量居市行第一；信用卡客户新增2105户，信用卡卡新增2929张；信用卡一般分期完成额1754万元，专项分期2272万元，居全行前列。

优质服务。对网点硬件设施和软件服务进行全面完善，致力打造星级网点，更好地提升服务质量，让客户享受到更加贴心的服务。2015年在益阳市银行业协会的检查中荣获“2015年优质服务示范单位”的称号。支行团队建设得到上级行领导的充分肯定，支行党支部获湖南省分行“2015年优秀党支部”荣誉称号。

风险预防。不断完善内控管理，全年未发生重大违规、重大安全事故和案件。开展“安全年”活动，围绕“安全年”的工作目标，加强学习，强化员工的合法合规意识。开展“学规定、知禁令、作表率”主题活动，禁止员工参与非法的高息借贷、融资或集资活动，提高员工遵章守法、廉洁自律意识，让员工懂得珍惜和守护自己职业生涯。贯彻落实反洗钱工作。落实安全工作责任制，层层签订“安全年”责任书，实现综合治理。严格执行排查制度，从源头上堵塞漏洞。落实每月一次安全检查制度，发现问题，及时整改，彻底消除安全隐患。

（莫红霞）

【贷款投放实现新突破】 支行积极适应地方发展需求，主动为地方经济发展贡献力量，不断加大信贷投放力度。与桃江县政府联合推出“助保贷”业务，累计发放27户，放款金额19880万元，重点支持全县竹木加工、建筑材料和机械制造等行业和园区小微企业的发展。政府重点项目和高速公路建设新增贷款8亿元。年末支行贷款新增和存贷比均为全县第一。

【社保卡业务突破性发展】 2015年，支行完成40余个单位9000多张居民社保卡的信息校对与收集，社保卡营销量在全县同业排行第一，市分行系统排行第二。

·中国银行桃江支行·

【领导人名录】

行　长　陈自力

副行长　彭自力　杨建农

【概况】 中国银行桃江支行（简称“支行”）下辖营业部、劳动支行两个网点和综合管理部，有员工29人。2015年，支行努力践行“担当社会责任，做最好的银行”的发展战略，扎实推进各项工作，在经营环境受到严峻考验的情况下，各项业务均取得一定的成绩。年末，支行人民币各项存款余额为112786万元，较年初净增11426万元。其中：储蓄存款余额85349万元，比年初净增12405万元，时点完成率122.80%，全市排名第三；日均净增13128万元，完成年任务的132.6%，全市排名第二；外币存款余额188.85万美元，较年初增加58.10万美元；不良贷款率0.138%，在全县金融同业和市支行辖内排名前列。

贯彻落实县委、县政府经济工作会议精神，构建政银互动关系。对桃江县重点项目、重点行业给予重点关注与支持，先后主动对接桃江久通锑业、桃花江中心医院等企事业单位，向桃江久通锑业授信1亿元，发放贷款5000万元。向湘益木业、桃江白竹洲电站等单位投放贷款，较好支持一批重点企业，促进桃江经济的发展，提高自身效益，实现银企双活共赢。

创新工作方法，促进存款稳定增长。2015年经济增长缓慢，又面临股市冲击，支行仔细研究市场行情，积极寻求新的存款增长点。以市分行开门红方案为导向，通过PMS备份数据进行分析细化，制定《桃江支行2015年个人业务开门红方案》《桃江支行公司业务开门红激励方案》，针对不同的岗位，制定不同的考核实施细则，充分发挥每个岗位的特长与优势，激发每个岗位的活力。有效推动鼓励员工发挥优势，积极营销，实时公布考核结果。适时做好员工绩效辅导，严格按照开门红方案实施人事费用奖励，真正做到“谁营销、谁受益”的分配制度。通过桃江信息报将宣传覆盖桃江15个乡镇，成功做好返乡的务工人员营销工作，开门红期间实现储蓄存款净增1.4亿元，荣获省中国银行颁发的个人春季营销最满意县支行奖。

狠抓渠道建设，扩大网点客户群。年初开门红通过渠道抓存款，实现支行存款日均净增9358万元，在全市排名第一。利用股市进入牛市契机，适时举办一期资本市场投资报告会，引导投资客户到支行开立三方存管购买基金，全年新增三方存管768户，基金销售1600万元。5月，桃江国库集中支付资格重新认定，桃江支行成功取得国库集中支付资格。积极与人社局联系，走单位访社区，完成41个单位（社区）的社保卡发放工作，发卡人数1.8万人，制发卡8000张。公积金账户成功归集12户，月均净增400万元。通过服务上门，将工业园区失地农民土地征收款转由支行代发，沉淀资金近1000万元。积极推动互联网金融，第一时间与桃江扬帆幼儿园签订合作协议，推动手机APP缴费项目上线。

改善客户体验，提高客户忠诚度。做实服务，提高客户体验，坚持服务工作常态化。每日晨会推行“内控一分钟，服务三句话”，员工服务理念、服务精神面貌得到有效提升。在大厅推行七部曲服务，真正让客户高兴而来，满意而归。劳动支行荣获2015年益阳银行协会的“文明规范服务示范单位”并申报中国银行业协会四星级网点。充分利用业务考核系统，对不同层级客户分级维护，让客户觉得在支行受到重视从而提升客户的忠诚度。

加强内控管理，抓好资产质量控制。牢固树立“风险内控也是效益”的思想，支行形成安全合规发展的内控风险文化。通过组织学习中国银行柜台业务操作手册及综合柜员制操作细则、网点标准化方案和制定桃江支行内控考核办法，进一步规范内控管理，建立科学的员工激励机制，明确工作责任，调动员工积极性，提高支行工作效率和质量。全力以赴抓资产质量，截止12月底，支行个贷不良额仅21.9万元，不良率为0.138%；信用卡不良5.54万元，不良率为0.27%。（*袁　珺　龙立波*）

【社会保障卡服务工作推进】 从年初开始，中国银行桃江支行积极开展社保卡制作、数据采集与发放工作。服务对象主要是现有的合作企业与事业单位中已参加企业养老保险、机关事业养老保险、城乡居民养老保险、城镇职工医疗保险、城乡居民医疗保险（含大学生医疗保险）、离休及伤残军人医疗保障、失业保险、工伤保险、生育保险等任意一项或多项的人员，以及县城芙蓉社区等。支行在辖内的两个网点设立标识明确的“社保卡专柜”，通过专业团队上门开展社保卡数据的采集、发放、激活工作，为社保客户提供了便利。

【“益农贷”推广】 支行向湘益木业、福神木业等多家农村企业发放“益农贷”。“益农贷”是专门面向从事种植业、畜牧养殖业、林业、农产品收购、加工行业等农村产业链的个体经营户发放的，用于解决经营过程中资金需求的个人投资经营贷款，包括种植贷款、养殖贷款、林农贷款、农机贷款、农产品收购加工贷款等在内的五大业务方向。

【中银信贷工厂服务中小企业】 支行在小微企业金融服务领域展开系统化、集成化创新，帮助小微企业缓解融资难题，为小微企业推出“中银信贷工厂”服务模式。桃江县最大的医药连锁店——济忠堂是“中银信贷工厂”服务模式的一个典型。

·湖南桃江建信村镇银行·

【领导人名录】

行　　长　傅　兵
副 行 长　张　虎
风险总监　牛永炯

【概况】 桃江建信村镇银行（以下简称“村镇银行”）内设综合管理部、业务发展部、财务会计部、风险管理部4个部门，有员工24人。2015年，村镇银行主动适应经济新常态，克难奋进，务实创新，较好完成年度股东大会确定的各项工作任务。

存款结构调整成效显著。2015年，一般性存款余额为62623万元，较年初新增651万元，增幅1.1%，完成年度计划数的100.5%；日均存款余额为57565万元，较年初新增3596万元，完成年度计划数的118.7%；个人存款占比得到明显改善，年末余额为15784万元，较年初新增5062万元，增幅为47.2%，占比首次达到25.2%，比年初提高8

个百分点。

信贷余额稳中有升。各项贷款余额50595万元，较年初新增2213万元，增幅为4.57%，完成年度计划数的100.2%。其中涉农贷款44689万元，占比88.3%，较年初增长1.25个百分点；日均贷款余额48268万元，较年初新增2584万元。

经营效益持续稳定。实现营业收入3476万元，发生营业支出1435万元，实现税后净利润1448万元，位居建行系统中西部各村镇银行第一，排建行旗下27家村镇银行第三；年化资产收益率为1.83%，资本收益率为13.32%；净利润计划完成率位列建行系统中西部村镇银行第一（剔除财政补贴影响），排建行旗下27家村镇银行第五。

信贷资产质量风险可控。年末不良贷款余额389万元，不良贷款率为0.77%，低于年度计划0.05个百分点。关注类贷款余额682万元，比上年下降13%；逾期贷款（含不良贷款）余额445万元，比2014年下降23.3%

监管指标保持良好。资本充足率为24.65%，拨贷比为3.08%，拨备覆盖率为399%，流动性比率为69.75%，流动性覆盖率106.34%，存贷比74.5%，单一客户贷款集中度、小微企业"三个不低于"等指标均达到或超过监管部门的监管要求。

安全营运得到进一步加强。通过实施安全评估方案，查堵安全生产隐患，健全安全演练制度，强化员工的风险控制理念，全年无任何案件、事故和负面舆情发生。认真加强金融统计数据质量管理，及时向建行及各监管机构真实完整报送各项财务报表、监管统计报表及分析。在益阳市银监局和当地人民银行组织的统计工作竞赛中获得一等奖。

品牌形象得到进一步提升。建信的管理理念、经营特色、服务方式得到社会赞同和同业认可。10月19日，《益阳日报》以头版头条《深耕三农谱华章 金融活水润小微》为题专门报道村镇银行扎根桃江、倾力服务县域经济的事迹，在域内引起强烈反响。11月初，中国村镇银行发展论坛组委会依据服务三农与小微企业、资产总额、信贷资产质量等按相应的权重对全国1300多家村镇银行进行汇总打分排名，村镇银行荣膺"全国村镇银行百强"称号。

积极应对财政账户清理，着力调整负债结构。受财政资金改革政策影响，一批基建类财政资金账户和二级单位账户陆续遭到清理，对公存款造成较大冲击，村镇银行积极采取应对措施。勤维护，促公司类存款份额不流失。针对财政资金清户，村镇银行原先稳定的医保等资金受到销户冲击的情况，行领导先后三次到省人社厅，四次往返益阳，多次向省、市、县有关方面沟通，以诚意和服务打动有关部门和领导，保住村镇银行应有的市场份额。进一步巩固村镇银行对公存款，董事长多次主动上门向有关股东汇报工作，得到股东的积极支持，吸收了隆平高科、艾华电子等股东存款近2000万元。勤拓展，促招商引资项目资金落地。专门成立营销团队，密切与有关职能部门联系，派专职客户经理上门服务，先后拓展桃江交通发展投资有限公司、城建投西环线项目、桃江县砂石河道拍卖专户、桃江县征地拆迁安置工作办公室、桃江县广电局、县农民工保证金专户等一批新客户。勤营销，促个人存款增长常态化。村镇银行出台促进个人存款常态化营销的措施，制定《2015年百日营销活动方案》和2015年末《"旺季营销——个人定期存款"营销劳动竞赛活动方案》，强化大堂经理岗位职责，加大个人存款考核权重，将个人定期存款等营销任务分配到部门、考核到岗位、兑现到个人。至年末，个人存款实现突破性增长，存款余额达到1.58亿元，比年初增加5063万元，增长47.2%，结构性占比打破多年来一直在20%以下徘徊不前的局面，达到25.2%。个人客户数明显增长，年末达到8022户，比2014年新增1060户，增长15.2%。

主动服务小微客户，全力支持县域经济发展。村镇银行继续坚持贷款投放"本地、小额、分散"原则，通过差别化营销、市场化定位，有力支持广大小微企业和涉农客户。优质项目贷款抓大不放小。作为县域银行法人机构，在金融服务上，湖南桃江建信村镇银行紧紧围绕地方经济发展，密切与交通、园区、产业、民生工程等项目对接，如对沙良公路、农村干线公路、竹产业园、城镇建设一批重点项目的施工企业给予流动资金支持，确保项目施工进度。同时，加大对一批小型优质项目如玉潭实验学校、桃江县安佳客运有限公司等的支持力度。社会群体支持扶强不限弱。经济下行时间，围绕大众创业、万众创新，找准定位，坚定不移地做"小微银行、三农银行、社区银行"，在重点保证支持如桃花江竹业、闽益农业等一批省市县农业产业化龙头企业的前提下，挤出有限的信贷资源，主动支持弱势群体发展，针对下岗职工就业、返乡农民工创业、社区妇女经商等群体启动资金缺乏，与当地劳动局、财政局合作，推出利率优惠的创业贴息贷款，向172位农户及下岗职工等发放创业贷款2819万元。信贷产品创新推出不懈怠。村镇银行在已有信贷产品创新的基础上，年初推广农村土地承包经营权抵押贷款，使闽益农业等一批客户受益。为近百名商户安装POS机具，缓解商户资金紧张难题，进一步出台制度，细化流程，为部分符合条件的客户推出“POS”贷信贷产品。村镇银行发放各类贷款447笔，金额41688万元，较年初增长2213万元，全面完成银监部门要求的小微企业贷款“三个不低于”和涉农贷款“一个不低于”的目标。其中，小微企业贷款余额42673万元，增速14.65%，高出贷款平均增速10个百分点；小微企业贷款户数477户，比2014年增长2户；小微企业贷款申贷获得率88.92%，比2014年增长1.17个百分点。

强化工作责任，确保风险防控措施到位。将强化风险管控作为工作的重中之重。建章建制，完善风控管理制度，结合有关管理要求，主动对制度查遗补缺，先后制定和完善《工作人员轻微违规行为积分管理实施细则》《财务费用管理办法》《流动性风险管理应急预案》等多项制度，将权力放进制度的笼子。明确责任，全面签订“风控”管理责任状。坚持安全至上的理念，签订安全保卫、党风廉政建设和案件防控以及内部控制和风险管理责任状，为消除风险隐患装上防范网。全面部署，落实“风控”管理各项措施。对操作风险、流动性风险等三大主要风险隐患进行评价、分析。按监管部门要求按月进行案件风险排查，按季进行流动性压力测试、操作风险检查通报、年度员工行为风险排查、抵质押物外部对账核查、审计检查整改落实。开展“一加强二遏制”及回头看的自查、整改及问责工作，杜绝案件和重大操作风险事件的发生。突出重点，确保信贷资产质量优良。68次提前发布《逾期贷款周报》《风险提示单》和《贷款客户观察名单》，加强对重点领域、重点行业风险监测，对风险状况的掌握做到了然于胸。针对桃江县竹凉席加工、茶叶加工、生猪养殖等行业的信用风险集中显现情况，对产品滞销、发展前景不明的信贷客户制定退出计划。通过法律诉讼、上门催收等手段成功收回7位客户不良贷款322万元。

积极适应新形势，为费用控制“节流”。严格执行财务预算管理，遵守财务费用管理制度，全面加强党风廉政建设，坚持“三严三实”，严格落实中央八项规定精神，有效控制“三公经费”，各项费用支出均严格控制在年度预算进度内。节约业务及管理费用支出53万元，其中控制类费用比2014年减少3万元，比年度计划减少21万元，成本收入比仅为33.71%，比年度计划下降0.2个百分点，比建行系统内村镇银行平均水平低13.94个百分点。

强化成本核算，为业务发展“开源”。进一步修订员工绩效考核实施细则，引导业务人员增强谈价议价能力。制定《桃江建信村镇银行存款利率定价管理办法》，引导客户经理提高客户综合贡献度。积极组织资金调度，加强资金管理，通过增加定期存放同业款项额与期限错配，提高银行的闲置资金使用效益。

存在的主要问题：受经济下行压力影响，小微企业经营困难，不良贷款额有所上升。贷款客户营销乏力，县域市场客户分散、信用环境相对较差，信贷业务发展中面临着缺乏有效押品以及风险缓释不足等问题。受央行连续六次降息影响，导致存贷利差收窄，净利润未完成年度计划。员工培训力度不够，尤其是客户经理专业技能的培训有待进一步加强。 （周开云　莫婧雯）

·中国邮政储蓄银行桃江县支行·

【领导人名录】

行　长　李　勇

副行长　徐国力

【概况】 2015年，邮储银行桃江县支行以“夯实基础、精细管理、转型升级、稳中求进”16字方针为指导，立足桃江，不断优化内部组织结构，加强风险管理，坚持审慎经营，充分依托覆盖城乡的网络优势，坚持服务“三农”、服务中小微企业、服务社区的企业定位，走出一条“普惠金融”的特色发展道路。

个人金融持续转型。扎实开展“心计划”“创先争优”等活动，重点培育价值客户，深入挖掘潜在客户，不断优化客户结构，截至12月31日，个人储蓄存款余额7.22亿元，年净增9400万元。积极组织开展贵金属展示会、邮储银行刷卡周末乐、免费办理ETC等活动，助推理财、保险、贵金属、信用卡、ETC等业务的快速发展。通过“亿路有你”“邮储e动，乐在心中”等一系列营销活动，打响邮储银行电子银行品牌，提高客户服务体验度。

零售信贷稳步向前。截至12月31日，各项贷款结余3.64亿元，年净增7700万元，完成县委、县政府下达县域金融机构支持地方经济发展目标的154%。坚持服务“三农”，繁荣农村经济。积极争取上级行政策支持，持续加大对县域农业专业大户、家庭农场等新型农业经营主体的金融支持力度，成功发放家庭农场贷款35笔565万元，进一步满足农户生产经营资金需求。在县委、县政府、县人民银行及县经信局等部门的指导和支持下，积极推动全县农村“三权”抵押贷款试点的发放工作，办理集体土地房屋抵押贷款7笔85万元，农村土地承包经营权抵押1笔20万元。支持中小微企业，助推民营经济腾飞。重视小企业贷款产品要素创新，推进产品要素差异化，在贷款期限、还款方式、贷款额度、利率等方面实行差异化服务，推出额度循环支用贷款使用模式，帮助中小微企业节省利息开支，降低融资成本，满足中小微企业资金需求“短、小、频、急”的要求。重点支持县域经开区、园区、乡镇15户中小企业的融资需求。坚持服务民生，促进个人消费与投资增长。加强与大汉、万基、华湘汽贸等商家的合作，大力推进消费贷的发展。截至12月31日，消费贷结余金额1.3亿元，年净增4940.78万元，完成市分行下达计划的109.8%，净增排名4个县市支行第一位。在政府相关部门的大力支持下，积极发放再就业小额担保贷款。截至12月31日，发放“再就业”贷款178笔2270万元，进一步支持县域经济“大众创新、万众创业”的工作力度。

公司业务不断拓展。通过加大对新老客户的营销力度，实现公司业务的稳健发展。截至12月31日，公司存款余额2.61亿元。

合规管理不断提升。加大防范风险力度，构建坚实屏障，建设良好的金融环境。加强内控管理，严格落实中央“三严三实”的要求，坚持敢字当头、干字在前，广泛开展“除隐患、提能力”、“十条禁令”宣传贯彻、“打击非法集资”、“员工行为排查”、“合规回头看”等活动，进一步加强内控管理，完善合规长效机制，做到“人人皆知，人人践行”，深入开展“管理标准化建设年”活动。守住资产质量底线，认真落实省市分行资产质量管控工作要求，及早布置与安排逾期及不良借款清收工作，严控新增贷款质量。严防声誉风险，针对银行业声誉风险多发态势，完善声誉风险防控体系建设，重点排查顶冒名贷款、存款变保单、银行卡盗刷等风险隐患，做到发现一起，跟踪督办一起、严肃问责一起。

和谐银行稳步推进。支行党总支组织开展优秀共产党员评选表彰、党员争先创优劳动竞赛等活动，进一步发挥工会职能，积极组织员工开展技能比武大赛、女职工岗位建功立业竞赛、芙蓉标兵岗评选等活动，组织员工参加全县第十一届群众运动会、市分行服务礼仪比赛、市分行“十条禁令”学习比赛，组织召开支行大学生座谈会、慰问帮扶活动等，进一步加强支行党风廉政建设工作，凝聚全行员工“行兴我荣”的荣誉感、归属感。（李　杰）

【李晓良到支行调研】 9月9日，邮储银行湖南省分行行长李晓良在益阳市分行行长廖明秋陪同下到桃江调研。李晓良认真听取县支行的工作汇报，深入各二级支行、各部门详细了解经营管理业务发展以及员工学习、收入和生活等情况。李晓良充分肯定县支行的各项工作，强调在经济新常态下，支行班子要坚定发展的信心不动摇，及时调整战略部署，找准业务突破口；要切实防范案件风险，有序推进改革转型。

【打击非法集资宣传】 9月10日，县支行在新龙超市广场开展打击非法集资宣传活动。通过设立咨询台、发放打击非法集资宣传页等形式开展集中宣传，当日咨询量200余人次。

【鸬鹚渡支行“职工小家”建设通过验收】 12月8日，邮储银行湖南省分行工会主席何运松在市分行工会副主席曾宪国陪同下，对鸬鹚渡支行“职工小家”建设工作进行验收。检查组听取县支行领导关于鸬鹚渡支行经营管理、业务发展、员工队伍建设、“职工小家”建设情况的汇报，实地参观鸬鹚渡“职工小家”的员工活动室、员工阅览室、员工食堂等硬件设施建设情况，与部分员工开展交流谈心，对“职工小家”建设各项标准进行考评。

·农村信用合作联社·

【领导人名录】

理事长　万　山
主　任　张　鹏
监事长　樊　军
副主任　张学文　文合元

【概况】 2015年，县农村信用合作联社（以下简称“桃江联社”）在省联社益阳办事处的正确领导下，紧紧围绕改革转型、业务发展、风险防控三大主题，锁定目标，奋力拼搏，各项工作均取得明显成效。

各项业务稳健发展。至年末，县农村信用社各项存款余额57.72亿元，较年初增长8.46亿元，增长117.18%，比2014年多增8219万元，完成全年任务的94%，存款总量和增量分别占全县金融机构的31.92%和40.08%。至12月末，全县对公存款客户较年初增加151户。全县农村信用社各项贷款余额22.94亿元，考虑核销、置换等因素，实际较年初增加2.63亿元，经桃江联社审批的贷款和办理抵押的贷款占比明显较往年提高，到期贷款收回率达98.24%，比2014年提高1.74个百分点。全县农村信用社各项财务收入、支出分别为3.71亿元和3.09亿元，比2014年增加2675万元和1839万元，实现经营利润1.3亿元。各项收入中，利息收入2.59亿元，比2014年多收3771万元，完成全年利息收入任务的99.44%，贷款收息率达到10.43%，比2014年增加0.88个百分点。新增手机银行客户1.05万户，电子银行替代率达到52%。

农商行组建工作进展顺利。年初以来，根据办事处和银监部门的要求，桃江联社以6月30日为基期数申报农商行改革，以年底前开业为目标，组织和动员全社广大干部员工共同努力，至12月末，全社不良贷款率较年初下降16.67个百分点，压降至2.7%，资本充足率达到12.45%，拨备覆盖率达到166.63%。通过采取加大不良贷款清收力度、股本溢价发行等措施，核心指标数据缺口弥补到位。7月28日，成功召开县信用合作联社第三届社员代表大会，审议表决全县农村信用社改制组建桃江农商行的九项决议。7月底，全面完成需要确权颁证房地产的确权颁证工作。10月下旬，完成清产核资和资产评估工作。11月13—16日，湖南省银监局对第三方机构（会计师事务所、资产评估事务所）出具的桃江县农村信用社清产核资、资产评估和农商行筹建工作进行验收，桃江县农村信用社基本符合筹建农商行的要求。根据其提出的整改意见，桃江县农村信用社于11月底迅速进行整改，于12月将股金募集到位，正式向省银监局申请筹建桃江农村商业银行。

开展转型业务推广。福祥便民卡业务。根据省联社“自助银行百千万，移动银行全覆盖”便民服务电子化工程建设的要求，不断完善金融服务方式，更好地为客户提供“安全、方便、快捷”的金融服务，制定桃江县农村信用社电子银行业务整体推动工作方案，对电子银行业务的发展进行统一规范。至12月末，全县接收公职人员福祥便民卡申请504份，其中对符合条件的公职人员发放福祥便民卡380张。社保IC卡业务。2015年，全县代理发行农村社保IC卡46.5万张。通过乡镇广播站播放激活卡片的通知、持移动社保激活机具到各村组定点开展服务等方式开展农村社保IC卡激活工作。至12月末，全县激活的社保IC卡达9万余张。桃江联社快速跟进城区社保IC卡业务，争取县商务局、县供销社、县粮食局、县卫生局、各乡镇联校、各乡镇政府等单位由联社代理发行城区社保IC卡，至12月末，城区社保IC卡发行达到总发卡量的45%以上。电子银行业务。1月份，桃江联社为实现电子银行业务推广首季“开门红”，就电子银行业务与存款组织、信贷营销三项指标建立一季度激励考核办法，重点开展营销工作。5月，联社再次对新开发的ETC业务，开展有奖营销活动。至12月末，全社累计推广ETC用户2959户，完成全年任务的98.63%。

加强作风建设。3月，省联社巡视工作组对全县农村信用社开展为期一个月的巡视工作。针对其在党组织建设、作风建设、中层干部队伍管理等方面提出的建议和意见进行整改落实。严格要求机关工作人员加强学习，增强服务意识，带头改进工作作风。注重廉洁从业，规范职务行为。严禁机关工作人员利用职权或影响力插手基层信用社人事、财务、基建等工作，不得干预基层信用社放贷流程，并重申中午一律不准喝酒。遵守劳动纪律，提高执行贯彻力。讲求团结，努力进位争先。要求机关工作人员多站在全局的位置考虑问题，多讲大局观念、少讲本位主义，并根据年度工作计划安排部署，进一步细化工作任务，确保各项工作平稳有序推进，促进党风、社风的好转，树立“诚实做人、踏实做事、正直为官”的良好形象。

内部案防工作加强。桃江联社重新制定和完善《营业网点内控案防工作考核奖惩办法》、《2015年案件风险排查工作实施方案》、《员工违规处理办法》、《案件风险隐患突击检查方案》，进一步强化全员案防责任。加强联社监控中心远程视频监控、柜面业务授权风险控制和柜面业务违规操作适时预警协查、查处三项内部控制措施，组织开展安全保卫工作检查，内部管控、遏制违规经营和违法犯罪自查，现金管理风险排查，年度整体移位稽核四项风险排查。加大基层信用社投诉、维稳、舆情处置的培训力度，进一步完善重大突发事件、车辆管理、派车等制度管理办法，加强消费者权益保护，积极化解矛盾纠纷。桃江联社配合政府部门成功处置“拜年红包突击支取事件”“石牛江信用社副主任醉驾致人死亡事件”，做好市长热线、县长热线、96518、省联社理事长信箱等各类投诉处置工作，均未引发重大负面舆情。（胡　娜）

·中国人民财产保险股份有限公司桃江支公司·

【领导人名录】

经　理　高拥军

副经理　谢友兰　曾建军　刘　艳

【概况】中国人民财产保险股份有限公司桃江支公司（以下简称“公司”）内设一室二部五团队，即经理室、综合部、理赔分部、车险业务团队、商业非车险业务团队、直销业务团队、营销业务团队、农险业务团队。在全县设有2个营销服务部和15个营销服务分部。有总版、地方版、劳务派遣等在职员工45人、营销代理人员100余人，可为县城广大客户提供方便、快捷、贴身的保险服务。开办险种有机动车辆保险、企业财产保险、责任险、意外险、健康险、货运险、农业保险等40多个。公司与桃江工商银行、建设银行、湖南桃江农商银行等多家金融单位建立兼业代理关系，可根据大型客户的需要设计贴身的优质服务计划。

经营状况优良稳定。公司坚持以“人民保险、服务人民”为宗旨，秉承“以市场为导向、以客户为中心”的经营理念，弘扬“求实、诚信、拼搏、创新”的企业精神，坚持以“做人民满意的保险公司”为共同愿景，经过多年的经营发展，在品牌、市场、人才、产品、技术、网络、服务等多方面具有独到的经营管理优势，在全县发挥着保险承保理赔排头兵和主力军的作用，是地方政府最强有力的保险助手。2015年，公司经营取得显著的业绩，保费收入达到近6000万元，市场份额稳居桃江非寿险市场的主导地位。公司经营状况良好、资金充沛、偿付能力强、市场信誉卓著，社会效应不断上升，有效推动县域经济的快速发展。

员工队伍团结和谐。公司拥有一支长期从事商业保险、工作经验丰富、综合素质较高、善于拼搏进取的人才队伍，有大专及以上学历的员工占90%以上。长期以来，公司始终坚持“以人为本、唯才是举、以贡献论英雄”的用人导向及激励机制。建立完善的培训机制，专门为员工制订详细的培训计划，经常举办丰富多彩的文体活动，陶冶员工情操，营造“和谐奋进”的企业文化氛围。

服务客户高效专业。在客户服务的硬件设施上积极投入，对员工的服务意识和服务水准等加强培训指导。除专业的客户服务人员外，负责承保业务人员会全程协助客户办理一切保险事项，真正使客户感到便捷、放心、满意。公司拥有11人的专业保险事故查勘定损队伍，配备专业化的先进理赔工具，如专用的查勘理赔车辆6台、笔记本电脑、远程定损系统等，随时可在第一现场为客户提供方便、快捷的保险理赔服务。

政府合作卓有成效。公司强化与畜牧局的业务往来，增加育肥猪、能繁母猪的承保数量。平时注重向县政府汇报，与财政局等部门常联系，并通过与畜牧部门的合作平台，成功争取到全县特色农业保险的承办工作。强化与教育局的联系，做好一年两季的学生保险承保工作，学生险市场份额占据40%以上。强化与卫生系统的沟通协调，大力发展桃江县多家医院的医责险业务，有效化解医疗纠纷，解除医院的后顾之忧。积极配合住建部门工作，做好安责险和燃气责任保险的承保及理赔服务，县域内所有报建项目均按要求投保安全生产责任险，天然气公司和液化气站均承保燃气责任保险，承保覆盖面达100%。公司积极联系食药监局等职能部门，成功开办生产企业食责险业务，有效提升食品质量保障水平，维护群众食品安全和合法权益。

主动担当社会责任。作为一家大型国有控股保险企业，公司始终站在“讲政治、顾大局、负责任”的战略高度，积极承担社会责任，充分履行社会风险管理职能。切实发挥自身网络、人才和专业服务等方面的优势，为桃江经济社会发展作出贡献。2015年，缴纳地方税收（含代征代缴车船使用税）500万元，支付各类赔款近4000万元。

尽职履责造福桃江。公司承办的能繁母猪、育肥猪、特色农业保险等业务，受到当地政府的充分肯定和关注。公司农业保险“承保理赔进村到户”的经营模式得到地方的认可，实现“政府得民心、农户得实惠、公司得发展”的工作目标。公司积极履行企业公民责任，为地方经济和人民生命财产提供经济保障。充分发挥保险在社会保障、社会管理方面的作用，大力支持地方经济发展，为桃江经济社会稳定、人民安居乐业作出积极贡献。

（刘　艳）

·中国人寿保险股份有限公司桃江支公司·

【领导人名录】

经　理　吴叶辉

副经理　胡跃辉　胡　丽

【概况】中国人寿保险股份有限公司桃江支公司（以下简称“公司”）有在编干部职工23人，持证代理人600多人。下设综合管理部、个险业务销售部、团险业务销售部、银保业务销售部和客户服务中心5个部门，下辖有三堂街、鸬鹚渡、马迹塘、灰山港、石牛江、松木塘、栗山河、大栗港、武潭9个营销服务部。2015年，支公司按照上级公司提出的“创新驱动”发展战略和“创新引领,强司富员、进位争先”的总方针，积极践行“价值共创、利益共享”的经营理念,以“服务社会、构结和谐、保障民生、促推经济”为己任，扎实开展各项工作。全年实现总保费收入1.84亿元，支付各类满期金、生存金6300多万元，受理各类理赔案件2300件，支付各类赔付款780万元，缴纳各项税金109.12万元，在全市系统考核中排名第一。

创新经营。公司围绕“保稳定、调结构、促发展”的工作方针，积极拓展销售渠道。加大个险队伍销售力度，采取集中与分散相结合的销售方式，组织产品说明会、客户感恩答谢会、专业理财讲座等形式的销售达上百场次。加大与合作商的销售力度，通过中、农、工、建、邮等几大国有商业银行的合作，实现理财保费31000余万元。创新农村信用小额贷款保险服务体系，通过密切沟通，贴心服务，实现小额贷款保险保费268万元。加大服务力度，巩固渠道经营成果，实现妇女防癌保险和学生平安保险总保费420万元。

队伍建设。公司始终把队伍建设作为发展的基础，发展和培养政治觉悟高、思想素质好、专业能力强的专业队伍作为公司管理的重点，不断壮大和锻炼队伍。公司经理室、司务会一班人团结带领全体干职员工积极进取，公司上下形成极大活力，出色完成上级公司和地方政府交办的各项工作和任务。广招贤才，为社会提供就业平台。招募225人，正式持证上岗人员629人。强化专业队伍建设，公司筹建个险收展团队和银行专业理财队伍，有效人力55人。强化培训，提升队伍整体素质。公司秉承服务第一的经营理念，加大全员培训力度，举办员工和营销员培训21场次，提升队伍综合水平。

优化服务。公司秉承“客户至上，优质服务”服务理念。强化管理队伍和销售队伍培训，先后就服务理念、服务技能等方面的培训21次。充分运用公司先进管理平台严把承保质量关，开通“95519”全国统一服务信息网络平台，24小时全天候为客户提供各类服务。配备专业服务人才，出险案情及时有人到现场勘查，理赔案件有专人接待处理并在规定的时限及时结案。公司在大厅设置专业咨询台，安排专业人员对前来办理业务的客户提供专业的咨询服务，确保服务到位，树立公司良好的品牌形象。

（陈素东）

商贸·旅游

商业贸易

【县商务局领导人名录】
局　长　曾自强
副局长　胡建保　高榀坤
　　　　邹铁娟　杨　宇

【概况】县商务局是县人民政府直属正科级事业单位，内设办公室、人事教育股（计生办）、市场调节运行股、市场建设股、外经外贸股、法制安全股、监察室等7个股室，下辖的二级机构有自收自支事业单位县市场服务中心，全额拨款事业单位县商务综合行政执法大队、县机电设备公司、县百货公司、县肉联厂、修山食品公司。2015年机关定编22名，实有在职干部职工22人。全县商务局系统在册干部职工610人，离退休人员150人，共760人（已改制企业人数除外）。主要履行全县内外贸易、国际经济技术合作、商贸流通监管等职能。2015年，县商务局围绕县委“135”工作思路，科学规划、全面部署，主动作为，在促转型、扩内需、增外贸、抓招商、惠民生上做文章，商务工作取得较好的成绩。

社会消费品零售总额。桃江县实现社会消费品零售总额840510.7万元，同比增长12.1%，比2014年同期回落0.8个百分点，与全市持平，居全市第四位。其中，限额以上批零住餐业（法人企业）实现零售额196731.9万元，同比增长17.4%；限额以下批零住餐业实现零售额643778.8万元，同比增长10.6%，比2014年同期增长2.7个百分点。按经营地分，城镇实现零售额706869.5万元，同比增长12.2%，比2014年同期回落0.4个百分点；乡村实现零售额133641.2万元，同比增长11.6%，比2014年同期回落2.8个百分点。按行业分，批发业实现零售额42588.9万元，同比增长12.5%，比2014年同期回落0.2个百分点；零售业实现零售额717773.2万元，同比增长12%，比2014年同期回落1个百分点；住宿业实现零售额10396.1万元，同比增长12.4%，比2014年同期回落2.2个百分点；餐饮业实现零售额69752.5万元，同比增长13.4%，比2014年同期增长1.7个百分点。

外贸出口，招商引资。完成外贸进出口2176万美元，同时完成对外贸易经营者备案登记3家，变更企业备案2家，企业通过出口企业竹草木注册登记1个。着重抓好三产业项目招商工作，其中商贸物流园项目和桃花江美人窝文化公园项目成功签约。县商务局牵头引进的湖南凯邦置业集团有限公司，成功签订桃江现代商贸物流园项目投资建设合同。项目分3期建设，用地33.33公顷，总投资6亿元以上，一期工程用地8公顷，各项前期工作启动。

立项争资，电子商务。争取全国电子商务进农村综合示范项目资金、湘菜产业引导资金、农贸市场标准化改造资金、中小企业国际市场开拓资金、万村千乡市场工程乡镇商贸中心补贴资金、粮食项目资金、生猪活体储备资金等项目资金2691.3万元，大幅超额超前完成县政府下达的立项争资任务。桃江率先成为全国第二批电子商务进农村综合示范工作试点县，是全市唯一的全省8个示范县之一，获得中央财政资金2000万元。县委、县政府高度重视电子商务发展，全县电商发展成绩突出，共有电子商务企业153家、电子商务个体户2860家，电子商务从业人数6026人，带动就业人数1.47万人，支撑电子商务物流企业32家，实现交易额10.2亿元。

综合执法，行业管理。积极拓展执法领域，着力在单用途商业预付卡、典当、拍卖、家政服务、家电维修、旧电器电子市场、零售商促销、零售商供应商公平交易等新领域开展商务执法，有效拓展综合行政执法领域，并强化肉类食品安全监管工作以及成品油经营市场的规范管理，规范成品油市场经营行为。桃花南路农贸市场建成开业并通过省商务厅验收，获评省级标准化农贸市场；跃宇天骄国际农贸市场顺利通过为民办实事项目验收；创兴农贸市场建设前期工作扎实推进。成立“万村千乡”商贸流通商会、成品油行业协会、家居建材行业协会、美容美发行业协会、电子商务协会等5个行业协会，商贸网络服务平台初具雏形。通过协会章程和行规行约的实施，维护企业的根本利益和行业的整体形象，促进市场的规范运作和有序发展，行业自律作用明显加强。牵头编制《第三产业及综合物流发展十三五规划》，编制《桃江县成品油零售体系“十三五”发展规划编制》，并在大规划例会通过。（文著成）

【湖南首家O2O美妆电商在桃江上线】 元旦，湖南首家O2O美妆实体网络商城——日美汇全国连锁实体网络商城在桃江正式上线。该企业主打O2O模式，即online to offline，线上订购，线下体验，网上商城与实体店相结合。实体店提供正规进货渠道和完善的售后服务，能确保产品的品质，让消费者在享受线上优惠价格的同时，享受线下的贴心服务。桃江有电子商务企业20余家，电子商务个体户30余家，物流企业12家，初步形成以销售竹凉席、服装、黑茶、特色农产品等为主的电商模式。日美汇是湖南省采用O2O模式经营美妆产品的第一家独立实体电商。

【何军田检查春节保供市场】 2月12日，县长何军田在副县长王军华、刘武以及县政府办、县商务局等相关部门负责人的陪同下，检查步步高超市保供情况。何军田听取步步高超市负责人刘晓玲春节期间物资供应、应急措施及消防安全等相关情况的汇报，对超市保供所采取的措施给予肯定，要求步步高超市高度重视春节期间的消防安全工作，确保春节快乐祥和。

【全国电子商务进农村综合示范试点县成功获批】 7月14日，商务部市场体系建设司公布《全国电子商务进农村综合示范县名单》，桃江县被批准为全国电子商务进农村综合示范县。湖南有8个县市获评通过。

【徐湘平到桃江督查】 10月9日，省商务厅厅长徐湘平到桃江，对桃江稳增长重大政策落实情况开展重点督查，市县领导彭建忠、谭建华、肖立新、周卫星陪同。徐湘平先后到益马高速大栗港段施工现场、桃花南路农贸市场、金盆南路项目建设现场、县城A类屠宰场、宙盾防化科技、竹产业科技创新创业园以及竹之韵公司（玉竹凉席）实地督查，对桃江的工作给予充分的肯定。

【推进商贸物流园项目建设部门联系会】 10月29日，县委常委、组织部长雷越毅组织召开商贸物流园项目建设推进联系会议。副县长戴朝，县政府办、县商务局、县国土局、县发改局、县规划局、县环保局等16个职能部门负责人参加会议。会议听取了商务局自商贸物流园项目签约以来所做工作的情况汇报，明确商贸物流园项目建设领导小组的成员单位及工作职责，要求相关部门在近期内做好项目的立项、可行性研究、环评报告，尽快办理项目一期用地土地报批手续。

【肖彬到桃江考察电子商务工作】 12月1日，省商务厅副厅长肖彬到桃江考察电子商务工作，副县长戴朝陪同。肖彬先后到春龙竹艺有限公司、竹之韵贸易有限公司、锦浩电子商务有限公司，与企业负责人和员工交流，详细了解企业电子商务销售情况和存在的问题。听取桃江电子商务工作情况汇报，对桃江的电子商务进农村工作给予高度评价，要求桃江借鉴外地好的经验，完善实施方案，整合现有资源，结合“桃江模式”，加快电子商务进农村全国示范县工作步伐。

【“百城万店无假货”示范店评估】 11月25日，市委宣传部、市商务局、市工商局、市物价局等部门组成的市“百城万店无假货”示范店考评组，对桃江申报第六批“百城万店无假货”市级示范店的三堂街好量多超市、华艳大药房、桃江帝王洁具总经销、日美汇商城、桃江竹之韵贸易有限公司5家商贸企业进行检查评估。考评组深入桃江县“百城万店无假货”示范候选店，通过现场察看、查阅资料、听取汇报，就企业商品质量、商品标价、服务态度、诚信意识、制度管理等方面进行综合考察评估。考评组对桃江开展“百城万店无假货”示范店活动中取得的成绩给予充分的肯定，希望候选企业进一步完善机制，不断加强企业诚信建设，提高管理、服务水平，着力打造“百城万店无假货”示范店。

经济合作

【县经济合作局领导人名录】

局　长　肖金兰

副局长　李志伟　丁　洁　熊　军

【概况】 县经济合作局成立于2010年，为正科级事业单位，局内设办公室、招商联络股、政务服务股3个股室，核定编制为20人，实有工作人员15人。主要承担主管、引导和协调全县招商引资、外商投资与对外经济技术协作的职能。2015年，全县引进市域外资金形成固定资产投资62.75亿元，完成市下达任务48亿元的130%，比2014年增长7%；引进省外境内资金42.26亿元，完成市下达任务38亿元的111%，比2014年增长8%；直接利用外资2415万美元，完成市下达任务2400万美元的100.6%；新引进招商引资项目63个，比2014年增长114%，其中投资过亿元项目9个，比2014年增长40%；投资过5000万元项目15个，比2014年增长25%。新开工项目37个，完成市下达任务12个的308%；新投产工业项目19个，完成市下达任务12个的158%。

夯实招商基础。精心包装项目，全年着重围绕竹木、文化旅游等资源规范化，包装农业产业、文化旅游三产业等5大类30个重点招商专案，文化旅游类12个重点项目制作招商专案推介片。进一步完善招商专案库、客商信息库和合同文本库。加强宣传推介，利用非公有制经济论坛、深圳益阳商会年会和文化旅游产业招商座谈会等会节活动广泛宣传桃江，利用桃江招商网站、招商微信公众平台大力推介招商项目。完善考核机制，完善《2015年招商引资考核办法》，加大对招商引资优秀单位、优秀个人的奖励力度，考核计分采用加分制，突出奖励、激励机制。

创新招商方式。突出领导招商，县委、县政府主要领导带队，先后赴安徽、江苏、湖北、广东、青岛、新疆等地考察对接纳米碳酸钙、陶粒墙体新材料项目、竹缠绕复合压力管、老年公寓、综合汽车城、竹家居生产和桃花江旅游文化广场等项目。加强会节招商，全年参加港洽周、西洽会、中博会、湘商大会、非公经济论坛、深圳益阳商会年会等会节活动，10月19—20日，成功举办桃江县文化旅游产业招商座谈会，邀请有投资意向、有经济实力和产业开发管理经验的客商57名，会上成功签约项目15个，合同签约资金19.2亿元，意向协议资金70亿元，获得良好的社会反响。强化环境招商，完善县级领导联系重点工业企业和重点招商专案服务机制，实行定期调度，强化部门责任，进一步优化投资服务环境，强力推进项目落户。

招商效果显著。新引进项目63个，其中投资过亿元项目有年产2.5万吨竹缠绕复合压力管生产项目、灰山港风力发电项目、松木塘风电场项目、桃江现代商贸物流园项目、美安居家居建材广场项目、年产40万立方米粉煤灰加气混凝土砌块生产线项目、黄土坝渔光互补光伏发电项目、汽车零部件制造及电动机潜水泵生产项目等9个，投资过5000万元项目有生态水产养殖和乡村文化旅游开发项目、年产150万平方米针刺过滤材料项目、修山面业生产项目、年产12万吨生物质成型燃料开发利用项目、年产6万吨清洁柴油生产线建设项目和有机生物肥生产项目等15个。另外，山水园林股份有限公司投资的桃花江美人窝文化公园项目、中青美景国际旅游投资管理有限公司投资的三堂街镇文化产业开发战略合作项目签定投资意向协议，签约项目推进顺利。商贸物流园项目完成土地报批及征地拆迁工作；桃江文体中心项目规划设计方案通过规划例会审批；竹缠绕复合压力管生产项目完成场地平整、房屋拆迁；竹产业创新创业园正式开工；A类屠宰场项目竣工投产。在谈的重点招商项目有34个，其中深圳麦克韦尔股份有限公司投资5亿元的桃花江健康养老示范基地项目、新疆金域汇鸿房地产开发有限公司投资3亿元的桃花江旅游文化广场项目启动项目评审和合同洽谈。（蔡　颖）

【谭建华赴安徽江苏考察项目】 3月6—7日，县委书记谭建华带队赴安徽、江苏考察对接纳米碳酸钙项目，县委办主任肖立新、常务副县长周卫星和县环保局、县国土局、县经济合作局、灰山港镇的主要负责人参加考察。考察组先后考察池州升化碳酸钙有限公司、铜陵大众钙化物有限公司、常州碳酸钙有限公司。投资方拟在桃江县灰山港镇投资建设新材料产业园，项目总投资5亿元，用地面积约20公顷，年产值可达10亿元，年创税收7000万元。项目分两期投资，其中第一期投资1.5亿元，用地10公顷，年产10万吨碳酸钙、20万吨氧化钙、10万吨氢氧化钙，年产值3亿元，年创税收2000余万元。

【超百亿元重点招商专案发布】 4月24日，常务副县长周卫星在长沙招商推介会上发布桃江县超过百亿元的重点招商专案信息，重点推介轻质碳酸钙系列产品开发等10个项目。桃江县高度重视招商项目的策划包装工作，包装重点招商引资项目22个，总规模超过100亿元人民币。其中，竹林开发、茶叶开发、竹海景区、美人窝文化主题公园、汽车城、老年公寓、浮邱山大道、城市防洪工程、碳酸钙系列产品开发，以及标准化厂房招租等10个招商专案在推介会上得到重点推介。

【桃江县组团参加第十九届“西洽会”】 5月22—26日，第十九届中国东西部合作与投资贸易洽谈会暨丝绸之路国际博览会（简称西洽会）在西安举行。桃江县组织湘丰茶业、天问茶业等企业参展，并重点推荐全县茶产业招商专案。湖南湘丰茶叶有限公司和湖南桃江县天问茶业有限公司被列入东中西部合作展的丝绸之路商品贸易展中的湖南展区。会展期间，桃江县参展企业发挥本土资源优势，黑茶、绿茶等产品备受好评和青睐，客商看到桃江县茶产业的发展优势。

【参加第九届“中博会”】 5月27—28日，副县长戴朝和县经合局副局长丁洁、熊军等参加在武汉市举行的第九届中部投资贸易博览会（简称“中博会”）。期间，桃江代表团参加中部六省投资环境推介和项目对接专题活动、湖南汽车零部件产业推介会等一系列活动，重点考察“汉阳造”文化创意产业园和亿利金威建设集团有限公司，对接文化创意园项目和旅游开发项目。

【两个招商引资项目通过评审】 7月9日，常务副县长周卫星主持召开第一次重点招商引资项目评审会议，对拟落户桃江的两个招商引资项目进行评审。会议听取气电联供建设项目和现代商贸物流园项目基本情况汇报后，就项目的规划选址、土地利用、市场前景、环境保护等方面进行充分论证，两个项目顺利通过评审。

【灰山港风力发电项目正式签约】 8月6日，桃江县灰山港风力发电项目签约仪式举行。中广核风电有限公司湖南分公司总经理王彬、项目经理胡伟，县领导周卫星、李向红、邓迎平、张云飞、符建新出席签约仪式，县发改局、县国土资源局、县环保局、县林业局、县经合局、县规划局、供电公司、灰山港镇等单位主要负责人参加签约仪式。该项目于2013年7月签订《桃江县灰山港镇雪峰山区域和高桥乡罗溪区域风资源测风协议》，2015年4月获得国家核准批文。项目选址桃江县灰山港镇雪峰山区域邱家仑，规划用地面积为45.67公顷，项目总投资4.58亿元，装机容量为50兆瓦，建设内容为1座升压站、25座风塔以及必要的生产生活辅助设施，1年零6个月完成工程建设的所有项目，25台风机全部并网发电，两年内完成工程竣工验收，实现达标投产。

【谭建华与客商洽谈桃花江美人窝开发项目】 12月8日，县委书记谭建华会见香港桃花江美人窝旅游开发有限公司曾建军一行，双方就桃花江美人窝开发项目进行沟通与交流。副县长戴朝、县经合局局长肖金兰参与洽谈。该项目由香港桃花江美人窝旅游开发有限公司联合美国菲利斯石油集团公司、日本养老公募基金会日本公生银行、欣荣（香港）环境管理有限公司共同进行开发，规划投资建设桃花江颐养、生态旅游、特色农业、中草药种植基地及产销一体的国际性高端综合开发项目。项目拟选址桃花江镇花果山村（美人窝水库），总投资7.5亿美金，分两期开发，第一期投资5亿美元，规划建设桃花江颐养及特色农业开发，第二期投资2.5亿美元，规划建设生态旅游、中草药种植基地及牛樟芝有机肥加工。

粮油经营

【县粮食局领导人名录】

局　　长　林龙飞
副 局 长　邓茂林　符　洋
　　　　　汤传坤
工会主任　苏宏

【概况】 县粮食局是县政府核定的正科级全额拨款事业单位。2015年局机关内设办公室、人教股、行业管理股、调统股、法规监督检查股、军粮供应股、财审股、纪监室、计生办9个股室，下辖县粮油购销公司、国有资产管理中心2个二级机构，有干部职工62人，其中在岗26人（含借调2人），离退休36人。2015年，县粮食局贯彻《粮食流通管理条例》和省、市粮食工作会议精神，认真履行职能，落实国家粮油购销政策，加强粮食仓储建设，盘活国有存量资产，推进食品安全诚信体系建设。

资产保值增值。引导全县具有收购、加工规模的粮食企业本着“购得进、销得出、有微利”的原则，做好粮食购销工作，收购农民余粮68750吨，确保农民余粮敞开收购，在粮食收购过程中未发生坑农、损农事件，切实保护种粮农民利益，做到政府、企业、农民“三满意”；销售粮食6.28万吨，军需民食和市场粮价稳定。通过有偿托管、租赁等形式，全力抓好创收、安全和管理三项工作。按照年初“盘活处置分散闲置存量资产1—3宗，将零星资产集中置换到一处，成片成规模开发经营”的工作目标，将原修山粮站舒塘分站、原灰山港粮站甘泉山分站、桃花江镇肖家山点成功集中置换并成规模开发经营，其中肖家山公租房项目顺利实施，原有资产价值成倍增加，国有资产实现保值增值。

加强粮仓建设。有序进行县级储备粮轮换，严格实行库贷挂钩政策，实行县储粮“一县一企一点”储存，确保县级储备粮数量真实、质量完好和储存安全。完成牛田镇金光山一线粮食收储网点4000吨粮仓建设及配套设施建设，完成浮邱山梅林寺县级骨干库1万吨仓储主体工程建设，全面建成肖家山军粮供应超市投入使用。

维护粮食市场秩序。实行粮食精深加工，外拓内销，完成销售收入24870万元，创利税1294万元。民营仓储建设步伐加快，全县民营粮食企业投入资金500万元，建设2万吨粮仓。湖南乡里红食品有限公司的“乡里红”牌红薯粉系列和食为天食品有限公司的“溢湘”牌红薯粉条2个特色粮油产品，被市粮食行业协会授予“放心粮油”产品称号。开展《粮食流通管理条例》颁布11周年、“食品安全法”等宣传活动，发放粮油法规与粮食质量安全科普宣传手册等宣传资料1500余份，接待咨询480余人次。开展粮食流通监督检查，确保粮食市场流通有序，活而不乱。开展对中储粮企业和县储粮的库存检查，粮食库存做到“帐表、帐实、帐帐相符”。

保障消费食品安全。加大对行业食品安全的宣传力度，明确粮食经营业主食品安全的主体责任。桃江三农米业、羞山米业两家粮食购销企业被市粮食行业协会授予市级食品安全诚信体系建设示范单位称号。开展食品安全隐患排查，未发生因食品不安全而诱发的人畜伤亡事件。在系统维稳工作上变被动应付上访为主动下基层走访，把信访工作重心前移，对群众来信来访不延办、不拖办、及时办结，给上访者一个明确的答复；能解决的迅速解决，对一些脱离实际，且不符合政策、实在不能解决的，则做好耐心细致的解释说服工作，求得理解与支持。全年接待信访150余人次，其中上门答复和解释的达120人次；未出现重复上访，越级上访事件，维护了社会大局稳定。

（莫跃群）

【金光山储粮点工程全面完成】 5月12日，金光山一线储粮点建设工程峻工验收。金光山一线储粮点建设工程是桃江县国有粮食收储体系“一体两翼”建设工程之一，由国家投入资金203万元，维修改造仓库1栋，库容1500吨，新建高大平房仓1栋，仓库容量2500吨，建设配套设施。该储粮点的全面建成，有效缓解周围乡镇农户卖粮难问题。

【粮油食品安全宣传周活动】 6月30日，县粮食局组织相关股室、市级以上龙头企业在步步高超市广场举办以“粮食安全在身边”为主题的“全国食品安全宣传周”活动，共发放粮油安全宣传资料、粮油法规与粮食质量安全科普宣传手册等宣传资料300余份，接待咨询120余人次。湖南德辉粮业、桃江三农米业、桃江羞山米业、益阳市修山钟氏面业等4家市级以上龙头企业展示各自生产的品牌系列大米及品牌系列面条，作出保障食品安全的承诺。

【早稻收购工作会议】 8月4日，县政府召开早稻收购工作会议。中储粮益阳直属库桃江分库、县粮食局、农发行桃江支行、公安、工商、技监、农业等部门和有关乡镇负责人参加会议，副县长王军华到会并作讲话。

【肖家山军粮供应超市建成】 12月25日正式建成肖家山军粮供应超市。超市位于桃花江镇肖家山村，占地面积240平方米，内设仓库和营业门面，是驻桃部队和县域粮食应急供应的综合超市，财政评审总投资16.38万元，通过公开招标，益阳吉尔装饰有限公司中标。

供销合作

【县供销社领导人名录】

党 组 书 记　彭爱平

监事会主任　肖世华

党组副书记、理事会副主任

卢　用

理事会副主任　刘润庚
纪 检 书 记　徐建波
工 会 主 任　刘海波

【概况】 县供销合作社联合社是县政府直属参公管理的正科级事业单位，设有办公室、政工股、财务股、业务股、综治办、机关工会、计生办7个职能股室，机关核定编制16人，现有干部职工17人，离退休人员27人。全资企业6家（县棉麻土产公司、县农资购销总部、县茶叶经贸加工总厂、县再生资源购销总部、县银剑贸易有限公司、县社资产管理经营中心），社有资产市值4亿多元，职工人数1231人，参股企业5家，桃花江城关供销社等基层供销社8个，全县综合服务社125个，水稻、茶叶、笋竹、蔬菜、生猪、小水果等专业合作社64家，联合社4家（湘友蔬菜、楚湘竹笋、惠农小水果、同心水稻），联合会1个（桃江县合作经济组织联合会）。

2015年，县供销社系统坚持服务宗旨，深化综合改革，全面完成县委、县政府和市供销社下达的各项工作任务。全年完成商品购进13.7亿元、销售15.5亿元、系统盈利870万元。综合业绩考核被市社评为特等奖，人口和计划生育工作被评为全县先进单位。

基层组织开始恢复。2015年，县供销社领办、创办坚晓立体种养、白鹤山竹笋、道关山竹笋、羞女山笋菜等农民专业合作社36家，组建农民专业合作社联合社3家，成立桃江县湘友蔬菜专业合作社联合社、益阳市楚湘竹笋生产专业合作社联合社和桃江县惠农水果专业合作社联合社，组织各类专业性行业协会、经济能人和其他合作经济组织申报桃江县合作经济组织联合会，在石牛江、灰山港、高桥、牛田、松木塘5个乡镇构建乡村两级新型基层组织。

服务体系迅速发展。成立桃江县供销社惠农服务公司和石牛江、灰山港、高桥、牛田、松木塘五个乡镇的惠农服务中心，组建36个村级惠农服务社。

特色产业建设稳步推进。组建益阳市楚湘竹笋专业合作社联合社，新增白鹤山竹笋专业社笋竹两用林266.67余公顷，培训竹农1000余名。湘友蔬菜联合社帮助各成员社制定生产计划，为成员社提供种子、种苗、生产技术，协助联系产品销售。帮助闽益农业开发手机APP——买菜郎软件实现网上卖菜，指导雪峰山、天来香、罗溪、泗里河等茶叶专业合作社扩大基地面积，提高茶叶品质。

社有企业管理经营稳定向好。县供销社党委多次召开专题会议，研究部署社有资产管理工作。出台关于加强社有资产管理的文件、规定，强化县社资产管理经营中心对社有企业资产管理的指导和监督，加强对社有企业的财务检查、审计监督，管理漏洞得到有效控制。2015年，面对经济下行压力持续加大、供销社传统行业持续低迷的严峻形势，全系统按照稳中求进的总基调，主动作为、科学应对，系统实现资产经营收入1200万元，确保社有资产的保值增值，涌现县资源物资回收公司、县茶叶经贸加工总厂等一批优秀企业和瞿鹏等先进个人。

农村电商平台建设初具规模。成立桃江供销电子商务有限公司，举办60余家商家参会的电商培训和“供销e家”产品征集发布会，修山官厅面业、雪峰茶业、白鹤山竹笋等33种商品在全国平台上线。桃江竹席、竹笋、竹工艺品在“中国特色—湖南馆”进行整体推广。电子商务公司与“中国特色——湖南馆”衔接筹备建设“中国特色——桃江馆”，全县性农特产品商标“三根毛竹”报国家商标局审核通过，沾溪、修山等乡镇的站点建设全面铺开。

系统大局继续保持稳定。县供销社坚持把妥善处理涉军人员问题、退休人员欠发养老金问题、困难职工的基本生活和社保医保问题、历史遗留及企业改制后出现的问题作为维稳工作的重点。在信访维稳工作中，供销社领导高度重视，认真开展接访活动，重大信访案件主要领导亲自办理，全年未出现一例到市赴省进京非访，维护系统稳定的工作局面。坚持安全第一、预防为主、综合治理的方针，安全生产常抓不懈，杜绝生产安全事故的发生。

计生工作成效明显。加强计生工作基础信息管理和妇女健康检查，全系统无一例计划外生育，保证各项责任目标考核验收达标，完成各项基本工作任务，全系统的人口和计划生育工作再次被评为全县的先进单位。

综合信息工作有新亮点。年初制定信息报送及新闻宣传工作的相关制度，配备新闻通讯员、舆情信息员、网络评论员，加强政务信息发布和新闻报道工作。2015年，全社通过不同载体发布信息36条，全面真实地反映县供销社系统重点工作和综合改革成果。信息宣传工作荣获省供销社二等奖，办公室工作和信息工作被市供销社评为先进单位。（文庆勋）

【桃花江母婴城正式开业】 2月11日，投资5000余万元、营业面积5000余平方米的桃花江母婴城正式开业。县供销社系统不断深化企业改革，探索创新经营体制，大力发展连锁超市，加快拓展服务领域，大力发展现代流通网络，为促进全县经济转型发挥积极作用。

【杨利凯到桃江调研综合改革工作】 3月24日，湖南省供销社理事会副主任杨利凯一行到桃江调研供销社综合改革工作。杨利凯在听取相关工作情况汇报后，对桃江县供销社综合改革工作给予充分肯定。随后，到道关山竹笋专业社、大栗港胜文综合服务社进行实地调研，并对专业合作社今后的发展提出指导性意见。

【电子商务进农村全面推进】 9月11日，县供销社举办“供销中国”全国电商平台产品征集会暨桃江县电子商务进农村技术培训班。通过理论与实际案例分析相结合的方式，让学员在思想上进一步提高对发展电子商务重要性、必要性的认识，树立互联网思维理念，切实增强抓好供销电子商务工作的紧迫感和责任感，在工作中进一步明确发展电子商务的工作重点，更好地把总社年初印发的关于加快推进电子商务发展“一个意见、两个方案”落到实处，推进桃江供销电子商务健康发展。

【农村电子商务“最后一公里”打通】 12月16日，中国邮政集团公司湖南省桃江县分公司与湖南省桃江县供销社经友好协商，本着互利互惠、合作共赢的原则，在平等合作、协商一致的基础上，建立战略合作伙伴关系，并达成系列合作协议。此次签署战略合作框架协议，是双方积极应对市场竞争挑战，强强联手服务“三农”的重要举措，对于充分发挥两大系统网络独特优势，更好地服务全县经济发展和“三农”工作大局，改善农村消费环境，促进城乡统筹协调发展和服务民生具有重要意义。

烟草专卖

【县烟草专卖局领导人名录】

局长（经理）	邱　天（2015.05止）
	王春田（2015.05起）
纪检组长	易文革
副局长	伍　宏
副经理	曹　凤（2015.03止）
	聂　利（2015.03起）

【概况】 2015年，县烟草专卖局（分公司）内设办公室、财务室、综合室、专卖股、市场服务分部、专卖内管派驻组6个股室。另有金盛卷烟零售连锁有限公司文化路店1家。有在职从业人员78人。

经济指标。县烟草分公司共销售卷烟3.28万箱，比2014年基本持平，实现销售收入9.09亿元，比2014年增长10.86%，单箱均价2.74万元，比2014年增长6.47%，上缴税收4352万元，比2014年增长56.8%，各项经济指标稳中有升。持续开展“倾诚大走访”活动，“三员”联动，对辖区客户走访调查，内容涉及规范经营、营销服务、专卖管理、卷烟配送、政策法规宣传等方面，走访客户3000余户，完善客户信息600起。严格按照星级店的建设要求，新增星级店1家，全县星级店达7家。新发展现代卷烟零售终端客户335户，占卷烟零售客户的20%，并根据客户自愿原则，统一改造35家的店面招牌，将“倾诚”服务品牌融入到现代卷烟零售终端建设中。通过线上沟通及实地走访，做好提税顺价政策宣传发动及舆情引导工作，确保市场平稳有序。帮助客户按照价格调整重新进行卷烟陈列，及时更换其价格标签，明码标价。对所有零售客户进行全面培训，内容针对提税顺价及现代卷烟零售终端建设、新的客户评价办法、规范经营等。全年开展集中培训16场，涉及客户800余人次，提高客户的经营能力和规范经营意识。

专卖打假。专卖管理工作以规范卷烟市场经营秩序为重点，充分发挥与公、检、法等部门联合打假的作用，积极探索与工商部门协同管理烟草市场的综合治理模式，扎实推进卷烟市场综合治理。专卖管理工作以规范市场管理为重点，通过部门协同合作，突出真品卷烟非法流通及烟叶非法种植的整治。全查处各类涉烟违法案件170起，查获违法卷烟256万支，查获售假网络案件1起，案值超过100万元，刑拘4人。先后开展“春雷5号”“猎狐5号”“银剑1号”“百日清整”等8次大规模的卷烟清整市场行动，查处真品卷烟非法流通案120起。联合工商、公安部门查处涉烟违法案件30起，取缔无证经营户65户，市场净化率持续转好。加大对非法种植烟叶整治力度，内防外控，实现辖区内未种一片烟叶的目标。对辖区所有持证零售户进行上门核实，先后注销烟草零售许可证266户，暂停供货52户，进一步规范烟草市场经营秩序。新开创芙蓉路卷烟规范经营“六无”示范街，新授牌“六无示范店”42户。创建卷烟规范经营示范镇2个、示范街2条，授牌282户。

队伍建设。注重人才培育，鼓励年轻人加强学习，积极进取，有2人通过考试和调动进入上级机关工作。新招录大学生6人，及时补充新鲜血液。组织员工参加专卖、营销业务知识及文秘、安全知识培训等16批次35人次。通过系列活动的开展及人才培养的有力措施，员工整体素质得到进一步提升，队伍活力进一步增强。

公益事业。践行社会责任，树立烟草形象。开展“双联双扶”“扶贫帮困送温暖”“一进二访”和“慈善一日捐”等活动，组织人员深入大栗港镇朱家村、松木桥村等地走访慰问，扎实开展新农村建设、扶贫帮困、扶贫助学、结对帮扶等系列活动，2015年，捐款捐物折合人民币12万元。

基础管理。加强基础管理建设，强化财务预算执行，坚持厉行节约，严控成本费用。2015年，三项费用率仅为2.07%，比上年下降2.43%，同时规范报账流程及资金监管，确保费用开支的规范化。对公司固定资产进行全面清理，对审计发现的账物不符等问题及时进行整改处置。建立健全固定资产管理制度，并建立电子和纸质文档，做到账账相符、账物相符。扎实做好安全工作，层层签订安全责任状，组织开展“安全生产月”活动，全局上下形成“人人讲安全、处处讲安全、事事讲安全”的良好氛围。2015年，组织安全大检查10次，发现隐患(问题)20余处，并及时整改到位，未发生任何大小的安全责任事故。（欧阳茜莎）

盐　业

【县盐务管理局领导人名录】

局　长　刘　鲲

副局长　李讯秾

　　　　夏红武（2015.04起）

【概况】 2015年，湖南省轻工盐业集团有限公司桃江支公司（桃江县盐务管理局）在职人员19人，其中男职工14人，女职工5人。县盐务局以巩固片区经理责任制、加强食盐终端网络建设为中心，深化食盐配送服务。各项工作稳健有序，在各类盐销售和盐政稽查方面取得突出成绩，党建工作和企业文化建设得到加强。2015年，公司购进各类盐3011吨，销售各类盐3016吨，完成利税288.87万元。

食盐配送。确保食盐安全。2015年，公司继续通过调整内部机构，构建高效的经营管理体系，建立与市场要求相适应的组织体系。加强和完善食盐零售终端网点的管理，增加访销业务员，食盐配送服务质量得到进一步提升，食盐销售、服务的基础工作得到加强。全面加强食盐营销网络管理，进一步完善网络的整体功能，充分发挥全县320个食盐零售网点的作用，巩固网络基础，加大监管力度，强化供应保障机制。全面提升食盐配送服务质量和服务水平。按照市盐务局的要求，完善健全片区经理负责制，全县设立片区经理3名。加大配送服务力度，确保全县食盐市场供应和安全高效。实行“亲情化”服务。在食盐配送服务过程中，注重做好与零售网点的沟通工作，倾听零售网点和用盐业户的利益诉求，寻找与他们的利益共同点，维护零售网点和用盐户的合法权益，推进全县零售网络的优化升级和市场供应保障能力。

宣传引导。通过“3·15”“5·15”等活动进一步增强人民群众和食盐零售商的用盐、售盐安全意识，营造人人关心、支持、参与食盐安全工作的社会氛围。利用电视、广播等媒体进行食盐安全、健康用盐和新品盐的宣传。主要以公益广告的形式引导群众合理用盐、科学用盐和健康用盐。在城区繁华地段、主要干道发放宣传资料，悬挂宣传横幅，张贴海报标语等，加大宣传力度，营造良好的食盐安全氛围，倡导群众树立健康科学用盐理念，增强经营者守法经营、诚信自律意识，保障食盐安全。发放宣传资料1万余份，张贴海报2000余份，悬挂横幅10条。

市场监管。公司加大对各个社区、乡镇的宣传推广力度，以流动宣传车的方式宣传食用新品盐的好处，解答群众咨询问题，引导群众正确认识推广新品盐的重要性。坚持抓市场监管不放松，大力整顿和规范食盐市场秩序，突出重点区域的整治，把城乡农贸市场、辖区边界、城乡结合部、食品加工户、饲料用盐大户作为整治重点，突出农村市场整治，落实食盐零售许可证制度，规范盐业市场秩序，维护良好的食盐市场秩序和食盐安全。全年出动盐政稽查人员300多人次，有效维护全县食盐市场安全。

【查处一工业盐腌制加工作坊】 6月4日，县盐务管理局稽查人员和县食品药品监督局稽查人员联合执法查处桃花江镇拱桥村一处腊制品加工作坊，该作坊正在用工业盐和工业用高级精制盐腌制加工肉、鸭、鱼尾等食品，且无生产许可证等任何手续，加工场地脏乱不堪。执法人员当即将现场的工业盐封存扣押。作坊老板曹某、何某以及长沙提供工业盐和工业用高级精制盐的王某于9月7日以涉嫌生产、销售有毒、有害食品罪被移送至县人民检察院审查起诉。（高　峰）

旅游管理

【县旅游局领导人名录】

局　长　王棋洪

副局长　莫长青　文　凤　王　慧　高　虹

【概况】 县旅游局是县人民政府的直属正科级事业机构，是县人民政府主管全县旅游工作的职能部门。内设办公室、行业管理股和规划建设股3个股室，有在职干部职工7人。2015年，桃江旅游业接待国内外游客358万人次，比2014年增长11.9%，实现旅游综合收入13.8亿元，比2014年增长12%。

项目建设顺利推进。浮邱山景区旅游开发建设卓有成效。浮邱山景区上山道路全部摊铺沥青，完成绿化和安全防护设施建设，中天门和山脚门楼修复，青石板、沟盖板铺设等配套工程建设竣工；完成景区东面游客服务中心和生态停车场的规划设计；完成浮邱寺修缮改造规划和古银杏林树龄鉴定工作；无动力滑翔伞飞行点建设和观景平台及观景亭场地平整完工。启动罗溪瀑布景区建设，完成350米游步道建设、停车坪场地平整和游步道石板铺设工作。桃花江竹海景区基础设施进一步完善，完成桃花江竹海游步道安全防护设施建设和桃花江竹海烧烤城及配套设施建设；完成桃花江竹海民俗文化舞台及配套设施建设和桃花江竹海旅游厕所改造工作。狠抓融资平台建设，切实解决瓶颈问题，通过桃花江旅游开发有限责任公司与银信机构对接，完成浮邱山风景区旅游基础设施建设项目五年期2000万元固贷的融资工作。积极申报“旅游厕所”项目，按照国家旅游局《关于实施全国旅游厕所革命的意见》文件要求，积极向上级申报新建旅游厕所8个，改建旅游厕所2个。加强旅游厕所革命的宣传，引导游客爱护设施、文明如厕，营造厕所健康文化。

宣传推介强势出击。举办“桃花江竹海首届美食文化音乐节”“首届乡村旅游洋泉湾龙虾文化节”。参加国家、省、市举办的旅游交易会等系列活动，4月参加“活力澳门推广周·湘奥旅游交流会”，6月参加中国西部“古丝绸之路”旅游交易会，对重点旅游景区、精品线路进行推介，提高桃江旅游知名度。成功举办“美丽桃江·户外天堂”金沙重机杯2015年湖南第八届环湘自行车赛暨浮邱山首届极限陡坡3公里山地自行车爬坡赛，湖南卫视新闻联播就赛事进行报道。邀请湖南翼翔滑翔伞俱乐部到浮邱山考察滑翔伞项目场地，并进行高空试飞，为打造桃江旅游景点特色做有益尝试。抓好媒体平台的建设，完善桃江公众信息网中“桃江旅游”版块网站建设，与电视台、《益阳日报》《湖南旅游》等媒体继续加强深度合作，在《益阳日报》头版头条刊登“三大乡村游，热了桃花江”等文章，在桃益公路交界处推出“全国休闲农业与乡村旅游示范县欢迎您”为主题的整版宣传广告，宣传桃江乡村旅游，打造桃江旅游目的地形象。加强政务公开和信息报送，发挥旅游部门官方微信和官方网站的主渠道作用。抓好项目包装工作，高水平包装桃花湖项目、桃花江竹海项目和浮邱山景区项目，在10月举办的桃江文化旅游招商座谈会上进行发布，收到良好效果。

乡村旅游形成合力。借鉴外地先进经验。1月，县委常委、县委办主任肖立新带队组织旅游、林业、农业、两型区主要领导赴江西婺源县学习乡村旅游发展经验；3月，副县长王作军带队考察浏阳乡村旅游发展经验；6月，副县长王作军带队考察桃源县乡村旅游发展；8月，副县长王作军带队，组织桃花江国家森林公园管理处、桃花江旅游开发有限责任公司和旅游局负责人考察资兴市旅游产业发展经验。积极调研走访、制定全县乡村文化旅游发展方案。通过借鉴外地乡村旅游发展经验，积极调研，结合桃江旅游资源特点与旅游发展现状，制定全县乡村文化旅游发展实施方案报县委、县政府主要领导决策，县委、县政府出台《关于推进一批重点项目促进乡村文化旅游产业加快发展的实施意见》，明确用2—3年的时间重点推进10大项目38个具体项目建设。

行业管理不断提升。组织益阳大汉华美达酒店参加2015年益阳市旅游饭店服务技能大赛。按照《益阳市旅游发展奖励办法》，对旅行社、旅游景区、旅游饭店、星级乡村旅游景区（点）实行综合考核，对导游地接服务、地接人次进行考核排名奖励，鼓励和调动更多旅游企业开展旅游宣传营销的积极性，拓展地接旅游客源市场，提升本地旅游形象。组织全县旅游从业人员参加桃江县首届旅游茶艺师培训，提升接待和服务水平。加强星级酒店、旅行社和景区的安全隐患排查，组织旅游企业开展应急知识宣传活动、“安全生产月”咨询日活动和夏季消防安全火灾排查工作，与公安、消防等部门开展对旅游企业的消防安全检查，建立旅游安全预警机制，确保全县旅游行业的安全运营。

（高喜安）

【桃江文化旅游产业招商发布会举办】 10月22日，成功举办桃江文化旅游产业招商发布会。12个文化旅游项目在会上全面展示，有两个项目当场签订投资意向。

【高扬先到浮邱山景区考察】 11月13日，省旅游局副局长高扬先到桃江浮邱山景区考察工作。高扬先对浮邱山景区建设工作给予肯定，并指出，浮邱山是中国道教名山，景区开发要与浮邱寺相符，建设步伐要加快，要把浮邱山打造成桃江的精品景区。

桃花江国家森林公园管理处

【领导人名录】

主　任　陈庆云

副主任　郭一鸣（2015.07止）

　　　　吴松华　何　虎

【概况】 湖南桃花江国家森林公园于2008年1月7日经国家林业局批准设立。管理处内设办公室，有干部职工6人。森林公园总面积3153.05公顷，由桃花江竹海、浮邱山、桃花湖3个景区组成。公园内除水体外森林覆盖率高达99.56%，野生动植物资源丰富，自然生态环境优良，有银杏等国家重点保护植物14种，白鹤、云豹等国家一级保护动物14种。自然、历史、人文景观众多，大气质量、土壤环境质量均达国家一级标准，空气负离子含量达1.39万个/立方米，地表水质量达国家Ⅱ类水质标准，形成良好的森林气候，适游期长达300多天。

景区建设。桃花江国家森林公园管理处以加快森林公园开发建设为重心，以建设中国生态旅游名城为目标，扎实工作，开展协调服务工作，争取各方力量投入景区建设，取得较好的成绩。桃花江竹海景区接待游客10万余人次，实现门票收入138万元，旅游综合收入248万元。各项配套设施逐步完善，基本建成吃、住、玩、购一体的综合性旅游景区。浮邱山景区接待游客70万余人次。制定旅游开发详规，9月份景区公路3.18千米全线黑化，修建防护设施。对已有1300多年历史的古银杏群进行专家鉴定，逐一建围、挂牌、认养、保护。对景区界线进行清理，新设立界碑15块，明确管理范围。在山顶周围补植和新栽桂花、银杏等名贵树木，完成中幼林和茶园的抚育。成功举办湖南第八届环湘自行车赛（益阳站）浮邱山首届“极限陡坡3千米”山地自行车爬坡赛，浮邱山被评为全省最优质滑翔基地。桃花湖景区修建长11.4千米的环湖游道，实施森林抚育项目133.33公顷、新造林项目6.67公顷，对景区内部分林木进行优材更替，森林结构不断优化，森林质量不断提升。积极与省林业厅对接项目，争取资金，2015年在森林防火、景区基础设施建设方面得到省林业厅的支持。

资源管护。坚持保护森林资源，合理开发利用景区，贯彻落实公园总体规划，开展景区建设方面的监督管理工作。监督各景区贯彻实施总体规划，对违反总体规划，在景区内擅自违规修建的行为进行政策解说和有效劝阻。协调景区在开发建设过程中存在的各种问题，加快建设步伐，完成进入桃花湖景区的324省道线牛田至大福段的改建工程占用林地的前置审批手续。协同县林业局、县森林公安局，建立景区内森林火灾预防扑救联动机制，确保景区内无森林火灾、无重大病虫害事故。更新改造景区内的植被景观，保护景区内的古树名木、野生动植物资源和水资源。重视节会宣传，编印招商宣传画册，制作宣传光碟，组织参加2015中国森林旅游节，对景区进行重点推介。加强网络宣传，维护更新中国林业网、中国森林旅游网两个桃花江国家森林公园子网站，方便外界能够适时掌握桃江森林旅游信息。

（刘湘斌　李　琼）

【千人旅行团游桃花江竹海】 3月19日，桃花江竹海景区迎来首个千人旅行团。游客来自长沙、宁乡、沅江和南县等地，是竹海景区接待游客人数最多、规模最大的一次。在竹海中踏青赏游，利用竹海的演艺设施，举行长沙市“宏运杯”中老年才艺展示赛。

【参加2015中国森林旅游节】 10月10—12日，以“生态旅游·绿色生活”为主题的2015中国森林旅游节在武汉举行。桃花江国家森林公园管理处组织人员参加此次森林旅游盛会，全面展示桃江县森林旅游风情，并诚邀投资商和游客到桃江投资和旅游。

【400余名山地车手挑战浮邱山极限陡坡】 10月18日上午9点，第八届环湘赛益阳站——“金沙重机杯”浮邱山首届“极限陡坡3千米”山地车赛在县城桃花江大道花苞洲大桥西端起步开赛。414名国内业余自行车选手在浮邱山挑战极限陡坡。男子精

英组胡甜甜以38分48秒的成绩获第一名，陈凯、吴兴栋分获第二、第三名。苟建波获男子大师组冠军，廖宗跃、唐学坤分获第二、第三名。朱晓云、袁薇、吴美荣为女子组前三。笃志、贾斌、文伟获特缴组前三。

【一级生态公益林地报批创“湖南速度”】 324省道牛田至大福段改建工程经桃花湖景区5.7千米，国家级森林公园内的林地在特殊情况下办理征占用手续需经国家林业局审批。管理处组织人员到邵阳城步国家森林公园学习景区内林地申办经验，用1个月时间即办好了324省道改建工程占用桃花湖景区林地的审批手续，创造一级生态公益林地报批“湖南速度”。

交通·邮电·电力

交　通

【县交通运输局领导人名录】

局　　长　符跃安

副 局 长　周红光　郭南平

　　　　　薛永华　吴公勇

工会主任　彭百鸣

纪检组长　周东慧

【概况】 县交通运输局（以下简称“交通局”）机关设办公室、监察室、人事股、计划财务股、运输综合股、法制股、安全股、综合管理办8个股室，下辖县道路运输管理所、县港航管理所、县农村公路管理所、县城市公共客运管理处、县农村公路建设质量与安全监督管理所、武潭交通运输管理所、马迹塘交通运输管理所、三堂街交通运输管理所、大栗港交通运输管理所、桃花江交通运输管理所、石牛江交通运输管理所、灰山港交通运输管理所12个二级机构。2015年有干部职工266人。

2015年末，全县公路通车里程达2401.65千米，其中国道34.62千米、省道404.23千米、县道239.94千米、乡道967.59千米、村道755.27千米；过境高速公路5条，其中建成1条、在建4条；铁路42千米；航道102千米，有500吨级货运码头1座。

全县在籍旅客运输90户（企业5户、个体85户），客车500台，客运班线122条，农村客运招呼站70个；货物运输5312户货车5685台；客运站场6家；驾校9家；二类以上维修厂15家。城市出租汽车公司两家、出租汽车209台；公汽公司两家、公交线路14条，公交车辆130台。

全县有渡口码头38道（座），其中人行渡口18道、汽车渡口16道、客运码头4座。在籍水路运输经营户209户，营运船舶226艘，其中客运经营户110户，客渡船110艘；货运经营户99户，货运船舶116艘。

交通局全力推进交通建设大会战，切实加强交通行业管理，完成交通建设投资22亿元，圆满完成各项工作任务，被评为全省交通行政执法评议考核优秀单位、全市交通发展目标管理先进单位、交通运输安全目标管理先进单位，全县重点工作目标绩效考核、依法行政工作考核、人大建议办理工作考核、政协提案办理工作考核、办公室工作考核、档案管理工作考核、党管武装工作考核、农村基层组织建设和扶贫开发整村推进工作考核一类（优秀）单位。

交通建设。高速公路、航电枢纽建设。完成高速公路建设投资18.5亿元，境内319国道益阳南线绕城高速建成通车；益马高速征拆、杆线迁移、路基清表任务全部完成，桥涵构造物全面开工；益娄高速征拆、路基清表已全部完工，控制性工程基本完成；常安高速全面恢复施工，马安高速征拆基本完成。桃花江航电枢纽项目已配合开展相关前期工作，中航鼎盛建设发展有限公司向桃江发出投资意向函，进入洽谈阶段。干线公路建设。S324牛田至安化大福公路桃江段工程、S230南环线至高桥段工程、S229石牛江改线工程均动工建设。S229舒牛公路工程完成工可编制，进入工可评审。立项争资工作。G234谢石线、S229舒塘至牛潭河公路、G207武潭镇区改线、桃花江汽车站纳入“十三五”规划。争取项目资金8717万元，储备土地33.33公顷，融资1.7

亿元。民生实事工作。硬化农村公路122千米，投资7500万元；完成安保工程建设143千米，投资1500万元；完成县道修山渡口至修山电站段、石乌龟至沾溪段、栗山河至鲊埠段大中修，投资1500万元；改造危桥20座，投资1800万元。改造渡口9个、标准化渡船19艘，投资1172万元。桃花江汽车站纳入“十三五”规划，完成土地调规等前期工作；县城公交停保场建设完成规划设计，选址原月飞学校；大栗港农村客运站投入运营；争取计划外农村客运招呼站指标40个并在灰山港镇全部建成，投资200万元；灰山镇公交试点超额完成任务；公路治限治超查扣超载车辆1100台，整治效果明显。

行业监管。强化运输组织，服务能力不断提升。周密部署，科学安排，春运期间组织营运客车824辆、客船125艘，平安运送旅客93万余人次。高考期间组织班车77台，平安运送学生1534人次；组织公交车34台、出租汽车76台，免费运送学生1230人次。组织举办两期390人的出租汽车驾驶员继续教育培训，完成2542人次的道路运输从业人员诚信培训考核，评选城市公共客运“安全文明号”47台，行业服务水平有效提升。严格依法履职，行业管理不断规范。推进简政放权，打造阳光政务，政务中心交通窗口全年办件1.5万件，其中道路客货运输行政许可557件，获得办事群众一致好评；完成11家运输企业的安全生产状况评估、39家运输企业的质量信誉考核，全面清理9家驾校的教练车并试运行“计时计程管理系统”，在7家二类以上维修厂实施“二级维护视频监控”；开展农村公路路政检查15次，增设路政宣传牌130余块，及时处理公路路障100余处，查处违章行为13起；完成38个农村公路建设项目的质量安全监督，下发整改通知15份，整改率达100%；积极配合乡镇政府开展校车线路勘测、地质灾害演练、集镇秩序整顿等各项行动。狠抓运输安全“严打严治”，行业安全得到保障。全面落实安全生产“一岗双责”，不断强化行业安全监管，扎实开展“平安交通”创建活动。水上运输安全方面，坚持以全县38处渡口（码头）124艘渡船为重点，督促乡镇加强日常管理，扎实开展客渡船专项整治、桃花湖水上安全专项整治等专项行动，全年现场纠正违章281起，下达整改通知书96份，责令停产停业整顿决定书2份，消除安全隐患201起，依法取缔“三无”船舶3艘；道路运输安全方面，以5家汽车客运站驻站管理为重点，扎实开展客运市场整治、危化品运输安全专项整治、烟花炮竹打非清剿专项行动、火灾防控专项行动、校车安全专项整治等行动，现场纠正违章105次，下发整改通知122份，消除安全隐患108起，查处非法营运车辆653台次。全系统全年未发生较大以上安全生产责任事故。（熊　平）

【全县交通运输工作大会召开】 县交通运输工作大会在县委党校召开，县交通运输局全体干部职工、运输企业主要负责人参加会议，县政府办副主任刘亦虎出席会议并讲话。会议对2014年工作进行全面总结，对2015年的工作进行部署，提出全年总体目标，明确具体任务。（熊　平）

【集中学习新诉讼法】 3月17日，通过强化教育培训，不断提升能力水平，为建设法制交通提供服务，县交通运输局邀请县内知名律师主讲《行政诉讼法》，全局工作人员齐聚县委党校大会议室“集中充电”。（熊　平）

【汪铁波调研交通运输工作】 4月28日，县人大常委会副主任汪铁波到县交通运输局调研，县交通运输局在家党组成员及相关股、室、所负责人，县航运公司、县运输服务公司负责人陪同调研。汪铁波对近年交通运输工作给予高度评价，并表示县人大常委会将对意见建议进行梳理整合，搞好汇报和对接，全力支持交通运输工作开展。（熊　平）

【张剑飞检查水上安全工作】 6月5日，副省长张剑飞率省相关部门组成的联合检查组到桃检查水上交通安全工作，市委副书记、市长胡忠雄，常务副市长杨跃涛，市交通、海事、安监的主要负责人，县委书记谭建华，常务副县长周卫星，副县长李畅和及县交通、海事、安监的主要负责人陪同检查。张剑飞到桃江县毛羊坪汽车渡口，详细了解水文水域、停航封渡、签单发航、船舶安全状况及安全设施、救生设备的配备情况等有关情况，并查阅签单发航、船舶船员资质等相关记录，同渡口签单员、乡镇安监站工作人员及市、县相关领导就水上交通安全工作开展进行广泛的交流，张剑飞对桃江县的水上交通安全工作给予充分肯定，强调水上安全工作十分重要，各级各部门要高度重视，进一步强化工作措施，明确工作责任，确保人民群众生命财产安全。（钟　伟）

【《安全生产法》知识竞赛成功举办】 6月16日，县交通运输局、县交通运输局联合工会举办《安全生产法》知识竞赛，在全系统掀起学习宣传新《安全生产法》的热潮。通过三轮激烈角逐，运管所一队、石牛江所队获一等奖，港航所队、公路所队、大栗港所队获二等奖，运管所二队、城客处队、质监所队、灰山港所队、三堂街所队获三等奖。 （熊 平）

【刘武踏勘棚户改造项目】 7月8日，副县长刘武对县运输服务公司棚户区改造项目进行现场踏勘，县政府办、交通运输、国土、住建、规划、城建开及征拆办相关负责人参加。刘武和相关部门负责人围绕当前急需解决的问题，认真进行实地察看，现场商讨解决方案。 （周东慧）

【S230南环线至高桥段正式动工】 11月24日上午，S230资阳区杨林坳至桃江县高桥公路改建工程第五标（南环线至高桥段）建设项目在高桥乡小林村举行开工仪式。该项目长10.824千米，按二级公路标准建设，设计时速60千米，路基宽10米，路面宽8.5米，预算投资1.01亿元，预计工期24个月。通过公开招投标，该项目由益阳远程公路建设有限公司中标承建，由邵阳市宏腾交通建设监理有限公司负责监理。 （熊 平）

【S324牛大公路开工】 12月9日上午，S324桃江县牛田至安化县大福公路改建工程在桃花江林场举行开工仪式。该项目长27.67千米，按二级公路标准建设，设计时速60千米（局部困难地段40千米/小时），路基宽10米，路面宽8.5米，预算投资2.2亿元，预计工期24个月。通过公开招投标，该项目由益阳远程公路建设有限公司中标承建，由益阳公路工程监理有限公司负责监理。 （曾 轶）

公路管理

【县公路管理局领导人名录】

局　　长	陈海斌
副 局 长	申建蓉　陈朝晖　罗灿武
纪检组长	肖建荣
主任工程师	岳凤娥
路政大队长	周向荣
工会主席	张益辉

【概况】 桃江公路管理局是市公路管理局下属财政补助（差额）事业单位，有干部职工312人，其中在职职工214人，离退休98人。机关内设办公室、组宣劳资股、经济发展股、机务安全股、工务股、财务股6个股室，1个路政大队含马迹塘二类车辆超限超载检测站。公路养护下设花果山、双江、马迹塘、小坡头、武潭公路站。主要职能是负责全县国道、省道及部分县道养护、技术改造、路政管理，对外承担公路桥梁施工。2015年，全局管养国省干线公路里程228.81千米。其中：国道G207线34.618千米、省道S002、S011、S229、S230、S233、S317、S324线194.188千米。

公路建设。完善茅东线路网改造工程的路肩、水沟、安保工程等附属设施，7月份完成该线的交工验收。4月份按计划完成石牛江桥的修复，确保了公路的安全畅通。

公路养护。完成桃灰线、G207的全面养护，顺利完成“十二五”干线公路的迎国检任务；完成桃马连接线二期的缺陷修复，恢复了该线路况；加强G207线的安保工程，完成了2441米的钢护栏。

路政治超。全县三个治超站（舒塘治超站、马迹塘治超站、浮邱山治超站）严格纠正车辆违法行为。全年累计检测车辆27808台，查扣车辆1519台，卸载车辆1166台11242吨，非法改拼装货运车辆自行恢复4582台，强制切割338台。公安机关共处置涉超案件23起，破获刑事案件8起，刑事拘留、判刑10人，查处治安案件16起，行政拘留27人。55吨以上货运车辆基本消除，超限超载率下降至1%以内，交通事故同比下降10%。落实市政府“一江三路”治乱控规，加强对益桃一级公路、桃马线、G207线、桃灰线的非公路广告标志标牌的整治，拆除非公路广告标志标牌757处，整治摆摊设点38处，摆摊设点和违规广告招牌已清除完毕，较好地维护了路产路权。 （曾宏毅）

【完善国省干线交通标志等安全设施】 桃江国省道管养线路均按GB5768等标准设置交通标志、标线，出行诱导和指路设施设置率达90%，急弯、陡坡、临水临涯等高风险路段全部设置安全钢护栏，安全防护规范设置率达100%。其中S011小马段钢护栏4256米、防护墩90个、示警桩1080个，S233段钢护栏3512米，G207线钢护栏5642米、示警桩730个，S217、S229段钢护栏6602米示警桩5000个。

【完成国省干线公路迎国检任务】 9月10日，国省干线公路迎国检任务全面完成，主要包括S308线小马段的580平方米的破碎板处理和迎国检K310－K314的4千米清灌缝，

G207线765平方米的破碎板处理和34.618千米的清灌缝、5千米隐患里程的安保工程、全线标线工程，马迹塘桥、沙渭桥的伸缩缝维修，谢林港桥的加固方案和泗里河桥桥栏维修。

【石牛江桥危桥改造竣工】 省道229线桃江至灰山港路段K9+850处石牛江桥修建于1981年4月，结构为钢筋混凝土T型梁桥。2014年10月在桥梁安全隐患排查中发现该桥T型梁端部混凝土严重破坏和桥面损坏，属四类危桥，存在较大的交通安全隐患。桃江公路局于3月21日对该桥进行改造,改造宽度为8.4米，4月底竣工通车。

【益阳市交通公路管理体制改革实施】 11月20日，益阳市人民政府办公室印发《益阳市交通公路管理体制改革实施方案》。根据方案规定："将市公路管理局所属的资阳公路管理局、赫山公路管理局、沅江公路管理局、桃江公路管理局、南县公路管理局、安化公路管理局、梅城公路管理局、大通湖公路管理局及其下设的路政执法大队下放各区县（市）政府。"全市交通公路管理体制改革正式实施。

县地方海事处

【领导人名录】

主　　任　吴　伟
副 主 任　文惠勋
主任助理　高晓晖

【概况】 县地方海事处为益阳市地方海事局直属机构,正科级事业单位,实行垂直管理体制，具体负责桃江县辖区内管辖水域水上交通安全监督、船舶营运检验、船舶船员管理和地方航道管理、养护工作。地方海事处设6个股室，有主任1人、副主任1人、主任助理1人，业务股室工作人员11人。2015年，地方海事处秉持"安全第一、预防为主"的工作方针，全面落实安全管理责任制，加大水上交通安全监督等工作管理力度，实现全年水上交通安全零事故，各项工作均取得较好的成绩。

安全监督管理。出动海事执法人员1405人次、海巡艇51次、监督车325天次，办理船舶签证894艘次，检查船舶1238艘次，现场安检477艘次，发现并消除安全隐患193起。海事当场行政处罚2艘次，海事一般程序行政处罚6次，取缔"三无"船舶4艘，取缔无证载客船舶1艘,移送公安机关行政拘留3人。开展"严打严治"安全专项整治行动，与县港航所联合组成4个隐患排查小组，分片区以客渡船为重点进行为期15天"地毯式"安全专项整治，查出隐患74起，整改隐患74起。争取县交通运输局支持，为船户免费发放救生衣1000件、救生圈100个，督促船主配置灭火器13具，三角木18个，7艘船更换安全绳。对3处渡口与砂场共用的安全隐患实行挂牌督办限期整改，6艘船舶经整改后仍然达不到相关要求被责令停航。开展桃花湖水上安全专项整治。7月开始，按照《桃花湖水上安全专项整治工作方案》，积极开展专项整治行动，打击取缔桃花湖内非法水上钓鱼平台2处，规范桃花湖内10余艘非运输船舶，强化水域内客渡船舶的合法营运管理，并指导松木塘镇政府对桃花湖水域进行安全监管，对水域内船舶划分属性，建立相关台账，提高当地政府对乡镇船舶属地管理的水平。开展吸金船专项打击。与交通、水务、砂石、公安开展多次联合执法，将4艘非法吸金船起吊上岸封存，2名涉案驾驶人员移送公安拘留。利用视频监控水上交通安全。3名海事工作人员不分节假日对全县10处视频监控渡口码头进行值守。通过视频监控语音系统向渡口发送语音提醒5800余条，及时纠正视频渡口码头的水上交通违规行为，提醒乘客穿拿好救生衣，有效防范事故发生。

船舶检验管理。按照上级要求，认真执行船检规范规程和有关规定，严把检验质量关，确保船舶具有良好的安全适航性能，并与现场监督和签证人员一道把关，通过多种形式督促到期船舶进行检验。检验各类船舶174艘6.74万总吨27516千瓦，督促7艘自卸运砂船安装翻转式自卸运砂装置，8艘安装生活污水处理装置，协助县港航所对辖区19艘客渡船进行更新改造，确保船舶航行安全。

航道行政管理。地方海事处对辖区航道的险滩、险段、客运航线在重点时段设置三类杆型航标，并定期进行巡航检查，督促修山水电站、白竹洲水电站、马迹塘水电站做好航标设置及维护管理工作，确保通航安全。加强对采砂船施工作业的管理，对严重影响通航安全的采砂船在航道中的非法作业行为予以行政处罚，对采砂船乱弃尾砂而造成的碍航隐患，责令船主清除，确保通航安全。加强枯水期、重大节假日和洪水期间的航道管理。枯水期间，及时发布航行公告，派员到现场进行指挥；洪水期间，派员到现场进行巡查，掌握航道情况，确保航标器材安全渡汛。加强水上水下活动的安全监管。对未经许可擅自建设的益马高速公路资江大桥项目部下发违法行为通知书及停工通知书；对桃江西环线资江大桥实施水下水下活动行政许可；对航标设置和安全维护进行有效监管，确保通航安全。与县砂石办和水务局有效沟通，督促县砂石办对资江流域采砂进行通航安全评估工作。

船舶船员管理。地方海事处承担全县小型船舶船员的适任培训、考试和船员适任证书发证管理工作。新申请小型船舶船员适任考试18人，登记在册的小型船舶船员人数为336人，其中年龄50—60岁的船员占七成以上。针对船员老龄化现象严重和水上交通安全知识及相关法律法规知识比较缺乏的现状，适时制订船员培训计划，扎实开展船员水上交通安全知识、法律法规知识的宣传教育。培训船员285人次。充分利用春运安全会议、每月现场巡航检查，广泛宣传水上交通安全知识，发放警示宣传资料，提高广大群众的安全防范意识，预防各类安全事故发生。（崔文芳）

邮 政

【县邮政局领导人名录】

总 经 理 杨卫东

副 总 经 理 刘红晖 邹宏振 何 兵

总经理助理 龚德峰

【概况】 2015年，中国邮政集团公司湖南省桃江县分公司有在岗职工74人、劳务工127人、内部退养人员9人、离退休人员71人。机关内设综合办公室、市场部、网运安保部，下设3个生产部室、11个农村支局、县城5个邮储网点，9个班组。

余额情况。余额规模达到25.12亿元，排名全省第29位;净增余额4.24亿元，排名全省第16位；活期比重为33.78%，比全市平均值低2.68个点；增幅为20.34%，排名全省第3位，完成全年计划的107.5%。16个代理金融网点全年新增余额均为正增长，其中二所、石牛江、灰山港、芙蓉路、大栗港5个网点余额突破两亿元。全公司13个网点余额过亿元，网点点均余额达到1.57亿元,点均新增2653万元，两项指标均排名全市第一。

保险发展。保险完成1.61亿元，完成进度达134%，进度排全市第二位。

寄递业务。积极支持“一县一品”项目开发，与凉席厂等企业合作，快递包裹业务稳步发展，收入79.17万元，完成进度46.84%。

电商合作。按照集团公司和省、市公司的要求和部署，积极参与创建全国农村电商示范县建设。10月20日，市邮政公司与桃江县政府签订桃江县农村电子商务发展战略合作框架协议。

人力资源管理。高度重视职教工作，着力培养高水平专业技术人才。举办各级各类培训班16期，参训人员450人次。全局生产人员有39人参加技能鉴定考试，持证率达到82.72%。优化人力资源配置，规范用工，依法退工。严格按照奖优劣汰办法和劳动合同法的相关条款，陆续辞退劳务用工12人，未引发劳动纠纷。（陈伟才）

移动通信

【中国移动桃江分公司领导人名录】

经 理 屈 华

副经理 廖怀天 陈紫钦

【概况】 2015年，移动公司有员工80人，分设市场、网络建设、综合3个部门，下辖城区、灰山港、武潭、三堂街、鸬鹚渡5个营业部。全县有通信基站634个，其中4G基站541个，覆盖小区数1518个；3G基站312个，覆盖小区数275个；2G基站906个，覆盖小区数837个。通信传输线路3400皮长千米，通信能力在本地三家通信运营商中占50%以上。有业务推广门店112个、村级服务站56个，产业链下就业人数近千人。

业务发展水平。期末通话客户数达到326574户，通话客户期末市场份额达到70.14%；宽带用户数达到3222户，运营收入达19亿元。

硬件建设。桃江移动4G网络工程建设单项工程投入近1亿元，完成4G网络LTE1期、2期、3期建设，完成456个宏站、31个室分站点的建设开通工作，全县覆盖率达85%以上，其中县城城区覆盖率达100%。

企业文化。公司秉承“正德厚生、臻于至善”的企业核心价值观，高度重视职业道德建设，坚持以打造服务品牌为抓手，完善职业道德建设机制，创新职业道德建设手段，努力实现企业经营与职工职业道德建设的高度统一。深化企业内部机制改革，以客户满意为关注焦点，注重作风建设和制度建设，增强员工服务质量意识，提高企业文明程度和客户满意度。开展岗位竞争、绩效考核，调动员工积极性、主动性、创造性。

服务社会。开展爱心助考、探望社会福利院、关爱孤寡老人、赞助各类益民活动等系列社会公益活

动，保障抢险救灾及重大社会活动的通信畅通。（办公室）

电　信

【中国电信桃江分公司领导人名录】

总 经 理　尹昊华

副总经理　陈正权　邓　萍

【概况】2015年，中国电信股份有限公司桃江分公司（简称“桃江分公司”）有AB类员工141人、CD类员工30人，下设3个部室，即综合部、销售服务部、网络部，并设有10个生产中心、16个农村支局、46个农村综合信息服务站、93个天翼手机专营店，担负着全县的通信保障任务。2015年，桃江分公司做细、做实深化改革和互联网化转型等重点工作，全力推动企业走持续健康快速发展之路，实现市场份额、规模效益的持续提升。2015年度综合评估位列全省同类县第四名，获“益阳电信业绩效考核先进单位”“益阳电信最佳经营团队”“湖南电信天翼先锋双提升奖”等荣誉称号。

生产经营。借力国务院“宽带中国”战略，大力推进光网整村营销活动，多渠道多层面进行业务拓展，完成收入5588万，新增移动33505户，新增宽带12169户，新增ITV用户10170户。

网络建设。完成资本性投入1100万元，引入社会合作建设资金950万元，新增FTTH光网端口69110个，期末达到98098个端口，比2014年增长321%；新建4G基站112个，城区覆盖率达到98%，乡镇集镇覆盖率达到99%；4G网络平均下载速率44.3Mbps，达到4G精品网指标要求。4G用户净增15265户，净增用户数排名全市第2；期末4G用户达到15509户，4G用户占19.2%。

客户服务。对全县69名装维人员进行“一对一、面对面”的沟通与培训，按维护片区集中跨支局进行光网装移机实战，严格落实装维20条硬性管理规定，装维指标与装维服务水平得到大幅改善，客户满意度持续提升。宽带装维及时率达92.14%，满意率达94.79%，位列全市第一；移动网络故障发生率、宽带故障发生率、越级投诉率均为全市最低，年度客户服务综合考评位列全市第一；宽带和移动满意度调查均居行业第一。对现有设备与网络系统进行清理，实现能耗费用负增长。维护队伍推行多岗位适配，严格工程质量监管，端口利用率逐步提高，网络运行重点指标、工程质量、故障响应速度等得到有效提升。

内部激励。全面实施员工幸福工程，组织“生日送祝福”“住院探望”“子女升学奖励”“女职工健康体检”等系列活动，有效增强员工幸福感。投入近40万元优化改造办公条件和员工生活环境。坚持推行月度评先评优与内部二级考核机制，召开月度员工大会表彰先进，在公司内部营造你追我赶的积极氛围，提升员工成就感。

党风廉政建设。认真落实“小金库专项清查及相关知识培训”“成本费用使用事前分级审批”“退铜全过程多方监管”“公务接待规范管理”“车辆使用管理办法”及“销售费用效能监察”等一系列制度，扎实开展专项整治，未发生一例违纪事件，会议费、办公费和业务招待费合计比2014年下降30%，党风廉政建设和反腐败工作效果明显。

（张运清）

联通通信

【中国联合网络通信桃江县分公司领导人名录】

总经理　黄　璞

【概况】中国联通桃江县分公司（以下简称公司）本部设2个部门（中心），下设马迹塘、三堂街、鸬鹚渡3个乡镇办事处，有员工26人。2015年，公司以保社会稳定、生产经营稳定为目标，不断满足用户通信需求，促进桃江通信与信息化建设，服务桃江经济和社会发展，在通信建设、经营服务、综合管理、廉政建设、企业社会职能等方面取得了长足发展。

通信建设。加强3G网络深度覆盖，确保行政村、乡镇道路网络覆盖率达80%以上，县城及主要乡镇网络覆盖率达90%以上。在县城以及主要乡镇开展4G网络全面覆盖，提升4G综合覆盖率。加强行政村宽带光纤到户建设与改造，确保县域行政村覆盖率达60%以上。扎实完成县委、县政府年度任务目标。2015年，全县新增3G基站45个，4G基站38个，有效解决桃江部分区域信号弱的问题。全年建设基础传输网光缆230皮长千米，50套分组传送网设备上线，县城3G网络下载速率达到21MBPS/S，4G网络下载速率达到100MBPS/S，公司网络质量与网络结构得到明显优化。

经营服务。着重从合作渠道的标准化改造与服务提升管理、终端上柜力度与品牌推广、深度结合社区及村级网格化管理,推动光纤到社区(村组)到户、数据业务与信息化建设相结合、实名制工作的严格执行、服务机制创新与质量提升等方面开展工作。公司注重客户感知与满意度提升,坚持首问负责,确保全年无恶性或影响社会和谐的投诉事件发生。净增用户稳步上升,新建、改造合作渠道达38家,渠道形象与服务能力明显提升,固网农村光纤覆盖率达75%,改善农村光纤通信需求,为实现全县通信经济指标打下良好基础。

廉政建设与综合管理。狠抓廉政建设,组织全体干部职工认真学习与贯彻落实廉政文件与规定。公司各部室严格落实经营、廉政两手抓,严格履行"一岗双责"。5月,从各专业线民主选举7名员工代表履行监督职能,一切涉及员工利益以及公司重大事宜均实行民主决策与司务公开制度,确保工作的公开、公平、公正。在廉政建设中,强调对照"三严三实"抓"不严不实",强调对照问题抓整改,确保廉政建设取得实效。狠抓工作纪律与工作作风,严格执行"不拖延""不推诿""不敷衍"三不规章。完善员工绩效考核与基础管理等公司制度,进一步明确岗位工作标准,完善机构职能,有效激发员工、团队的工作激情,挖掘员工工作能力。

企业社会职能。积极参与县委、县政府组织的"三访三化"、扶贫、抗洪抢险、综治民调以及爱心送考等公益活动。10月,在"一进二访"活动中,对所联系行政村的特困户进行走访慰问。综治民调工作严格落实"一把手"工程。公司群发关于禁毒、打击传销、综治民调等公益短信达10万余条,为维护社会稳定、促进社会和谐发展充分履行央企的社会职能。　　(邓小妹)

电　力

·县核电办·

【领导人名录】

副 主 任　石敬阳

纪检组长　彭志勇

【概况】 县核电办内设综合联络部、现场协调部、保障发展部,有编制10人,2015年实际在编人数6人。

科普宣传。科学制定宣传方案。按照2016年初核电开工建设计划的相关工作要求,重点举办"欢乐潇湘·歌唱桃江"以及核电科普讲座"进机关、进学校、进企业、进校园、进村庄、进农户"活动,继续组织核电开放日赴秦山核电基地等实地考察活动。全力开展科普活动。核电办与核电公司一道组织赴浙江海盐县秦山核电基地实地考察3批次,组织"送春联"活动、纪念世界反法西斯战争暨抗战胜利70周年等系列活动2次。全年组织参与科普接待工作154次,举办核电科普讲座12次1500人。组织全县1.8万名学生参加全国"魅力之光"中学生核电知识竞赛,并在玉潭中学成功举办全县首届"桃核杯"核电科普知识竞赛。加强舆情控制应对,形成由桃江县委宣传部、桃江县长热线、县信息中心、县网宣办以及湖南桃花江核电有限公司等部门相互协作的网络监控体系。桃江县网宣办、县信息中心等部门24小时密切监看、搜索,及时收集整理核电舆情。针对部分网友和在外乡友对核电的误解和疑虑,核电办先后与多名网友交流,网上回复网友意见35条,成功化解网络质疑,争取一批乡友的支持与理解。邀请在外乡友代表赴秦山核电基地实地考察,为下阶段的工作奠定较好的基础。完善科普宣传硬件配套设施建设。按照县委、县政府关于打造核电科普基地和建设桃花江核电公众接待中心的要求,核电办于8月成功申报"全国科普教育基地",每周开放6天。接待参观人员89批4800人次,发放宣传资料6万余份。该基地主要采用现代化的布展形式,以三维动画等多种形式展现核电的安全、清洁、经济、高效,设置免费咨询的400电话,保持24小时随时接听。

核电厂址保护。在项目暂停阶段,严格按照益阳市政府出台的《湖南桃花江核电厂址保护管理办法》履行职责。加大厂址保护巡查力度。按照厂址保护要求,安排专人进行厂址保护巡查,确保每周一次,填写巡查记录,及时准确掌握厂址保护情况,及时处理突发情况。部门联动,及时制止不符厂址保护要求的行为。先后3次发现在核电取水口禁采区范围内有砂石船只采砂,不符合厂址保护要求,通过与县砂石办协调,及时进行劝阻。

遗留问题处理。成立遗留问题处理工作组,收集、了解、掌握征拆群众的有关诉求,处理征拆遗留问题和矛盾纠纷。4月,按照县核电指挥部的要求,核电办对项目涉及征拆、安置、水系恢复和失地农民生活保障等多个方面的遗留问题全面进行收集,并安排专人对照问题找资料。通过对照2008年以来相关的会议纪要,发现收集的问题中有15项已在相关会议或工作协议中有明确的处理结论,对此核电办将相关依据和建议向指挥部领导作专题汇报。对已有结论并明确责任单位、需要核电公司支持的,明确由核电办协调，涉及面广的形成书面材料报县委、县政府研究决定，将处理意见由县核电指挥部以文件下发到各责任单位，并明确相关责任人和时间节点，提出更加具体的处理意见和要求，有效处理有关遗留问题。

（傅　红）

·国网桃江县供电公司·

【领导人名录】

总　经　理　刘志伟（2015.02 止）
　　　　　　肖健伟（2015.02 起）
党总支书记　徐建华（2015.02 止）
　　　　　　谭胜顺（2015.02 起）
副总经理　璩益辉　郭宏展
　　　　　　卢　冰（2015.02 起）

【概况】 2015 年，国网桃江县供电公司（下面简称“桃江供电公司”）有在编全民工 190 人、农电员工 353 人、集体工 35 人。设 6 个职能部室、1 个集体企业、10 个生产和营销班组、10 个供电所和 1 个营业抄收所，有城乡电力客户 26.8736 万户，是湖南省电力公司“一流供电企业”。

全面完成各项经济指标。销售电量 9.4 亿千瓦时，完成年度计划的 100.53%，电费回收率 100%。通过经济运行、主变调档、无功设备投退、运行方式调整等手段有效控制网损，累计网损率完成 0.72%，低于指标值 1.35 个百分点。对 86 条 10 千伏线路开展采集系统建模和一次接线图更新核对，完成 6 条 110 千伏线路、497 台高耗能配变和 1341 台功率因数偏低台区的摸底排查，校核 2233 台配变的容量、变比等数据，累计高压线损率完成 3.28%，低于指标值 0.08 个百分点。以全县电力工作会议为契机，扎实开展线损管控、跟班稽查、计量专业化管理、业务指导培训等工作，规范 1 万余盏农村路灯的用电秩序，累计稽查台区 217 个，轮换计量装置 13848 只，处理计量故障 2292 处，整治残疾人和五保户等无表用电群体 1058 户，清理零度户 8146 户，查处窃电 1236 户。最高负荷 216.83 兆瓦，比 2014 年增长 14.63 兆瓦。至 12 月 31 日，累计安全运行 2338 天。

电网建设。桃江供电公司积极争资立项，电网投资达 4866 万元，38 个批次 210 个单项的电网建设项目完成总工程量的 90%。新建和改造 10 千伏线路 437 千米，配变 154 台，一户一表改造 1.25 万户。完成灰山港和源嘉桥两个集镇 29 个配电台区的改造，新装电缆分接箱 218 台、T 接头 382 套，铺设 400 伏绝缘导线及低压电缆 63.8 千米，改造进户电缆 32.9 千米，更换集中表箱 3564 户。嘉吉台区获国家电网公司百佳工程，物资仓储建设管理获湖南省电力公司满分评价，桃江县被湖南省经信委和湖南省电力公司联合授予“新农村电气化县”称号。

安全生产。投入 900 余万元 2825 人次开展农配网低压设备隐患治理，建成图册档案 28 册，治理重大、严重安全隐患 5625 处，更换低压电杆 5166 基、低压线路 45 千米；完成 12 条 10 千伏线路和 353 台配变集中检修，综合巡视 10 千伏线路 11 条、配电台区 480 个，摸查青障点 580 千米，砍伐树竹 14 万棵，踩笋 1.6 万支。集中检修后的线路跳闸率下降至 2 次 / 年，设备跳闸比上年下降 35%。农配网综合治理工作被湖南省电力公司作为典型经验予以推广，灰山港供电所特高压护线工作获湖南省电力公司表彰。争取低电压项目 33 个资金 1966 万元，推磨式轮换重过载配变 31 台，调整三相不平衡 452 处，投运自耦变压器有效解决观修线末端低电压问题。科学安排电网运行方式，及时开展保护定值核算和一次图、联络图修编，顺利完成调控大厅改造和信息机房搬迁，新、老调度系统平稳转换，确保电网安全稳定运行，无功管理位列益阳供电公司第一。

供电服务。认真履行社会责任，不断增强服务管控，逐步转变服务观念，营销类和生产类服务投诉逐月减少，优质服务水平有较大提高，供电服务被动局面得到有效扭转。与 168 个村级广播站合作开展农村用电服务宣传，出动宣传车辆 118 台次，进村宣传覆盖率达 80% 以上。利用各类媒介和通过各种途径大力宣传智能电费管理模式，及时发布停电信息，全面推行“不停电催费”和“零延时复电”，积极推广“掌上电力”，鼓励客户非现金缴费，引导客户预付缴存。年内各类重要社会活动、重大节假日保电任务均圆满完成，营配调贯通工作按进度推进。集中解决 2014 年及以前集抄改造遗留问题，清理表 1 万余只，消化亏损近 200 万元，顺利通过湖南省电力公司验收。充分总结经验教训，集抄项目参照基建模式圆满完成，实现投资 2385 万元，458 个台区 46084 户全部上线，采集成功率达 99% 以上。

教育实践活动。贯彻落实益阳市供电公司党建工作会议和反腐倡廉建设工作会议精神，深化“三严三实”专题教育活动以及“护廉网”工程和廉政“暖心工程”活动，扎实开展“转、守、强”反腐倡廉工作、基层党建标准化建设调研和农配网效能监察，确保公司廉洁平安。认真履行社会责任，深入推进“三访三化”“一进二访”和重点民生实事项目，开展扶贫帮弱、计生联村和爱心助学等活动，大力支持县政府“四大会战”，合理处置舆情、热线、信访等54起。

品牌建设。多个班组和职工受到先进表彰。桃江供电公司荣获益阳市供电公司“先进单位”称号，调控中心荣获全国“五一巾帼标兵岗”称号，计量班被湖南省电力公司授予“工人先锋号”称号，运维班获湖南省电力公司“安全生产先进班组”称号，QC成果获湖南省电力公司二等奖，抄表班获市供电公司“芙蓉标兵班组”称号。石书通被市供电公司评为“最美国网人”和“劳动模范”，邹军娟被市供电公司评为“服务之星”，刘文华等3人被市供电公司评为“优秀共产党员”。企业文化建设有声有色，在益阳市供电公司职工篮球赛、乒乓球赛等比赛中取得较好成绩，组织召开女职工座谈会和青工座谈会，“模范职工小家”创建通过全国总工会预验收，刁再新拾金不昧事迹被县电视台采访报道，多名职工在文艺活动中获得较好名次。积极开展“冬送温暖、夏送清凉、平时送帮助”活动，慰问职工300余人次，组织职工健康体检和疗休养活动，建成职工活动室，健康食堂创建通过省公司验收。应急处置、后勤等工作不断加强，公司武装部获“桃江县党管武装先进单位”称号。（汤志农）

教育 · 科技

教育管理

【县教育局领导人名录】

局　　长　王启武
副 局 长　俞立君　邓　洪
　　　　　汪小明（兼教育工会主任）
纪工委书记　吴世强
主任督学　符祝英

【概况】 县教育局机关设办公室、工会、纪工委、督导室、人事股、基教股、职成股、法制安全股、计财股、审计股、核算分中心、学生资助管理中心等12个股室，有教研室、招生办、儿少所、勤管站、仪器站、电大站、电教馆等7个二级机构。2015年，全县有各级各类学校147所。其中：县属高中5所、初中44所、小学93所、特校和县幼儿园各1所、中职学校2所。共有在校中小学生8.4万人，教职工7604人；在园幼儿2.21万人。2015年，县教育局围绕教育强县目标，攻坚克难，锐意进取，取得较好成绩。全县重点工作目标绩效考核被评为一类单位，荣获全市首届中小学生网络征文大赛组织奖，益阳市职业院校技能竞赛团体总分第三名，县级人民政府履行教育职责优秀单位一等奖等荣誉称号。

办学条件全面改善。全面完成沾溪镇廖家坝小学、武潭镇三板桥小学等15个项目学校的建设任务。投资1.6亿元完成桃花江解青小学、金柳桥小学等20所合格化学校的建设任务。启动桃江一中改扩建项目，投入3500万元进行基础设施建设，12月完成田径场建设。完成桃花江小学改扩建任务，完成桂花园小学新教学楼建设。桃花江小学、近桃小学扩容建设以及灰山港镇完小、武潭镇完小新建工作有效推进。投入1700万元完成全县中小学“整体推进教育信息化建设”任务，投资50余万元对桃花江镇金柳桥小学、狮子山小学等进行各类设施的改造，投入近300万元创建省级普图工作合格县。

队伍建设持续加强。制定《桃江县教育人事制度改革方案（草案）》《桃江县农村教师补贴与校长绩效工资发放办法（修订草案）》，促进干部、教师合理流动，优化配置，人事制度改革得到稳步推进。面向社会招聘教师100人，定向培养教师50人，加快教师补充优化步伐。强力治理“吃空饷”“占空编”“编外乱聘”问题，敦促归队上岗197人，辞职除名74人，清退临聘人员435人。成功申报益阳市首个“国培计划项目”，全县教师参加各级各类培训逾5000人次。师德师风建设活动常态化，教师队伍素质进一步提高。提高边远地区学校教师补贴和奖励标准，县财政拨付专项经费400万元，个人最多可达每月1300元。

教育质量稳步提升。本一上线率、本二以上上线率及录取清华大学人数继续位居全市各区县市之首。本科一批上线675人，上线率19.02%，本二上线1537人，上线率47.60%。职业教育对口升学二批以上上线117人，占全市同类学校本科二批以上上线人数60%，有7名学生录取空军和民航飞行学院。中考全科总平分、一次性合格率等主要指标居全市第一。成功申报国家特殊教育改革实验区，获得中央专项实验经费支持。留守儿童关爱工作受到上级关注，全省关爱留守儿童现场会在玉潭学校召开。

平安校园创建工作得到加强。强化校车安全监管，不断加大对驾驶员、学生、家长的安全教育和督查力度，确保不发生一起校车安全责任事故。全面排查和整改校园安全隐患82个，密切关注社会闲杂人员进入校园的动向，确保学校教学秩序和谐有序。加强安全教育，强化食品、饮用水安全监管，开展矛盾纠纷排查，预防消除不稳定因素。联合开展校园周边环境综合治理，查禁违章占道摊点23个，清走流动摊点40余个。

内部管理日趋规范。不断加强财务管理，进一步加大财务审计力度，财务运行更加规范。全面推进招生制度改革，严格落实上级招生政策，将招生计划、招生范围、招生程序、招生方式、录取结果等信息公开，全面实行“阳光招生”，坚持示范普高择校生“三限政策”，规范高中阶段招生。城镇义务教育阶段按就近划片入学原则，引导合理分流，城镇大班额问题化解取得新的成效。不断规范办学行为，严格落实上级教育收费文件，严把收费项目、收费标准、收费程序三道关口，针对收费问题进行3次暗访，督查学校50余所，调查学生200余人次，严肃查处3起教师家教家养行为。强化安全教育，提升学生安全文明素养。对全县民办教育机构进行全面集中整顿。

存在的问题：教师队伍亟待充实；全县教师队伍年龄结构仍不合理，部分学科专业教师缺乏；涉及教育的舆情投诉不少，工作还需进一步做实做细，减少网络负面舆情。

·县职业中等专业学校·

【领导人名录】

党委书记　俞立君

校　　长　文卫辉

纪委书记　贺立珍

副 校 长　蒋金龙　昌红标

工会主任　张革辉

【概况】 县职业中等专业学校（以下简称“县职业中专”）设办公室、教务一处、教务二处、学生处、纪监室、装备处、招生培训处、总务处、工会办等9个处室。2015年实际聘用编制225人。学校教师中研究生学历3人、本科学历187人、专科学历23人，工勤人员中高中及以下学历12人。持教师资格证196人，教师资格证首次注册合格率100%。2015年，学校以全日制中专学历教育、基础设施建设、教师师资队伍、校企合作推进、提升教育教学质量、争资立项等工作为重点，对口升学与学生就业工作均稳中求进，职业教育保持良好发展势头。

机构与师资队伍建设。重视教师素质培训深造与专业知识升级，组织教师参加国家级骨干教师、专业学科带头人培训学习结业23人，省本级教师培训合格52人，市级教师素质教育培训合格7人，香港理想教育集团电子电器专业企业实践锻炼青年教师2人。傅润兰主持的《农村中职旅游专业校本课程开发研究》、王建国主持的《中职学生思想教育有效性研究》、贺晓平主持的《中职计算机校本实训教材研发》均入选湖南省级“十二五”科研课题项目。中学一级教师李纯英获益阳市职业院校教师说课比赛第一名，代表益阳地区参加湖南省职业院校教师说课比赛获三等奖，并获益阳市首届“周谷城教育奖”。市级职业教育说课比赛中，王俊瑶获一等奖，刘善芝获二等奖，莫洪燕、莫小玲、王定清、李宏亮等获三等奖。王赛芳获益阳市高中教师教学比武二等奖。

中专教育。县职业中专全日制中专毕业生人数879人，其中：本地就业271人、外地就业127人、自主择业39人。非全日制短训共867人，其中特种作业培训467人、中级茶艺师培训400人。举办桃江县农民工短期培训班2期。秋季招收新生计划1200人，实际招生1391人，其中外县学生37人。448人参加高考，本科一批上线61人，上线率13.6%；二批以上上线117人，上线率26.1%；二本以上实际录取129人。参加高考人数比2014年增加193人，本科上线人数增加29人，本科上线率较2014年下降10个百分点，上线人数、上线率居益阳市同类学校第一。争取省级“十二五”重点建设项目四个，即省示范性职业中专学校、省示范性特色专业二个（计算机应用与旅游管理专业）、省示范性县级职教中心一个。加强中职学校学生技术技能训练。二年级“两证”考试计算机合格率81.26%，英语合格率77.59%；二年级全国统一普通话测试三甲以上合格率达98.2%；旅游专业就业导游证考试22人参考17人合格，拿证比率为77.3%。陈月娥、胡萌儿、曹雪军、郭朝红、王俊瑶等老师辅导学生技能竞赛获省级二等奖，陈亦兰辅导学生荣获动漫设计市级技能竞赛一等奖，王伟春老师辅导学生荣获市级技能竞赛三等奖。

硬件建设。逐步实施职业教育扩容提质上档中长期发展规划，各项基础设施建设总投资1961.01万元：自筹资金142.55万元改扩建教室15间（总建筑面积1655.25平方米）；教室安装空调设备540万元，新添课桌椅8.98万元；新增计算机专业电脑设备44.806万元、电子专业实训实习设备400万元；新型标准化学生食堂两层改扩建工程投入615.3万元；改善学生宿舍卫生间、浴室条件投入22.4万元；改造教学用低压线路投入47.58万元；重建学校校园广播监控系统政府投资139.4万元。

学生助学。成立以校长文卫辉为主要负责人、后勤副校长担任副组长的学校资助工作领导小组。资助管理工作职责明确、制度完善，形成"以免学费为主，国家助学金为辅，顶岗实习、校内奖学金相结合"的中职国家助学制度框架。资助工作综合材料收集整理齐全、档案材料归档及时到位。春季发放免学费金额286.08万元，助学金33.7万元。被县教育局评为教育系统学生收费与助学金工作优秀单位。

校企合作。坚持中等职业教育"两条腿"走路，学生综合素质教育与技能培养两手抓、两手都要硬的办学精神，引进知识密集型高科技实习实训设备与师资力量，基本形成学生就业实习订单式培养模式。加强并巩固与北京和芳苑、香港理想教育集团、武汉视野、香港唐宫集团、华为集团、康佰集团签订联合办学协议，开辟与益阳师范学校幼师专业新生100人新协议。职业中专在校学生人数2604人，顶岗实习学生361人，56个教学班，幼师、导游、SMT、计算机等专业学生就业实习率达99%。

作风建设。建立和调整学校采购组、食堂大宗物资采购组、基建工作组、项目工作组领导机构，学校公务接待、基建工程、物资采购、食堂经营等工作进一步规范。加强干部监督，深化作风督查，强化问责机制，开展专项整治、警示教育、加强自身建设等一系列活动。专门开设班团教育课程，把廉洁文化进校园、爱我祖国、学雷锋做好事等系列爱国教育活动融入到各班团活动中，培养学生高尚的爱国情操。旅游110班学生涂金凤在放学路上拾得人民币5万元、证件若干，当日交还失主周志华。学校对涂金凤拾金不昧的事迹进行通报表彰，桃江县广播电视台、湖南卫视晚间新闻、《湖南日报》等媒体相继进行报道。

存在的困难与问题：社会对于职业教育的正确认识不足，导致向职业学校输送的学生基础较差；学生安全意识、学习意识与责任意识缺乏，职业教育教学管理难度大；教师队伍专业技术技能有待提高。（文　莉）

【省中职技能竞赛获奖】 县职业中专旅游专业在湖南省中职技能竞赛中夺得3个二等奖，2个三等奖。此次竞赛由湖南省教育厅主办，中职组设33个竞赛项目。县职业中专8名选手分别参加中餐宴会摆台、中式客房铺床等5个项目的比赛，5人获奖。

【茶艺专家彭宇轩到校送艺】 4月初，湖南城市学院院长龙立平、茶艺专家彭宇轩到县职业中专进行为期3个月的茶艺师培训指导工作。彭宇轩给旅游专业教师傅润兰、胡进辉上了一堂茶艺技能培训课，就茶艺师培训理念、培训课程开设、培训手法与技巧作详细讲解与演示。之后，彭宇轩应邀在县职业中专对学校部分教师及社会各界人士进行为期3个月的茶艺师培训考证工作，培训中级茶艺师200名。

【获评市教育评估优秀单位】 4月27—28日，益阳市政府教育督导室组团对县职业中专进行为期两天的办学水平督导评估。通过校园实地考察、会议汇报总结、材料查实、听课、深入调查等考核评估方式，对2013年、2014年、2015年桃江县职业中专教育教学进行综合评价。县职业中专被评为益阳市中小学校教育教学督导评估优秀单位。

【唐宫班首发双优奖学金】 11月24日，县职业中专举行首届香港企业冠名2014年唐宫班奖学金发放仪式。上海唐宫集团招聘经理方建华、集团培训经理李海燕、集团招聘助理尹婷参加仪式并给学员颁发奖学金，12名双优学生获得奖学金5800元。

【获市首届职场礼仪赛三等奖】 12月15日晚，由益阳市委宣传部、市文明办主办，市广播电视台承办的"欢乐潇湘·文明益阳"全市首届职场礼仪风采大赛总决赛闭幕。县职业中专代表队作为唯一一支学生参赛队伍，荣获三等奖。比赛分"礼·曰""礼·问""礼·形""礼·艺""礼·形"5个环节进行角逐，最终评选一等奖1名，二等奖2名，三等奖4名。

·桃江县第一中学·

【领导人名录】

校　　长	龚德苏
党总支书记	杨应华
副 校 长	胡中秋　赵孟祥　邱畅怀
工会主席	刘克明
校长助理	彭巨洪　胡往胜

【概况】 桃江第一中学是湖南省示范性普通高级中学、全国群众体育

先进单位、省体育传统项目学校、省青少年科技示范基地、空军飞行员早期培训基地、文学社团活动示范单位和省级文明单位，是清华大学、南京航天航空大学、中南大学、北京化工大学、武汉理工大学、重庆大学、兰州大学、湖南农业大学等高校的优秀生源基地。2015 年，全校有教学班 60 个，在校学生 3989 人。教职员工 270 人，其中教师 235 人，职工 35 人；特级教师 1 人，高级教师 99 人，中级教师 106 人。全国优秀教师 2 人，国家级骨干教师 4 人，省级优秀教师 4 人，省级骨干教师 6 人，市级名师 5 人，县级名师 13 人，市级名校长 2 人，县级“百优十杰”青年教师、优秀班主任等 98 名。

学考和高考创佳绩。1344 人参加学考，正考合格率 98.2%，优秀率 83.7%。1315 人参加高考，清华北大上线 2 人，录取 1 人，600 分以上 69 人，一本上线 448 人，二本以上上线 948 人，其中文、理平均分，本一、本二上线率、上线人数均居益阳市前列。

特色教育成绩斐然。飞行学员早期培训。一中是空军飞行员早期培训基地，4 人录入空军飞行学院，居中南五省各基地校之首，获招飞工作一等奖，被空军总部授予“全国招飞工作先进单位”称号。青少年科技发明。在第 36 届湖南省青少年科技创新大赛中，周林翼的《北斗巡航记》获全国一等奖，《盼盼》获全国三等奖，莫夏琦《三只小鸟的故事》获全国二等奖，《西游真记》获全国三等奖，罗奔《保护天使》获全国二等奖，孙盼霞、杨曦、邓蕾、莫夏琦获省科技创新二等奖。学科奥赛。在全国高中数学联赛、第 32 届全国中学生物理竞赛、第 29 届全国高中学生化学竞赛和全国中学生生物联赛中，一中学生获市一等奖以上的共有 48 人，各类奖项列益阳市第一名，获省级一、二等奖的有 19 人。其中贺江平、汪靖伟夺得物理学科省级一等奖，周林翼获数学学科省级三等奖，物理学科省级二等奖。体育除常规教学外，成功举办第四十一届田径运动会和第十四届学生艺术节。竞技体育获得新突破，肢残女生文小叶在全国第九届残运会暨第六届特奥会中，获 400 米第一名，破全国记录；200 米第一名，破世界纪录；100 米第三名；4×100 米接力赛第一名，破世界纪录。在 2015 年省运会上，刘桑雅获女子全能第一名，陈探宇获男子 800 米第三名，罗婧获女子 400 米第三名，刘谦获男子 4X400 米接力第三名，在省中田赛上，杨紫君获女子铅球第三名，李丹获男子铁饼第三名。文学社团。凤凰山文学社稳持全国“百优”、全省十佳称号，出版第 120 期、第 121 期刊物，发表文章 186 篇，被评为全国示范社报刊、最佳社团刊。

硬件建设卓有成效。4 月 1 日，县委书记谭建华在一中主持全县城区学校扩容建设调度会，确定一中扩建体育馆田径场；4 月 14 日，成立以校长为组长的校园扩建工程领导小组；5 月 28 日，确定北京江河运泽公司为校园改扩建工程代理机构。政府担保、出息，向银行贷款近 5000 万元，购买原红星焦化设备有限公司，修建标准的 400 米塑胶田径场。投资近 700 万元，硬化现有运动场地，修建篮球场、排球场、网球场、乒乓球场。投资近 100 万元，使多媒体设备焕然一新。改善教师办公条件，将教学楼办公室的空调、办公桌椅全部换新。投资近 50 万元。修建通衢楼公租房，改善青年教师的住房条件。完成校门亮化维修工作。一中毕业学生反哺母校，7 月 14 日，149 班馈赠图书 12000 元；10 月 3 日，1979 届毕业生捐建天文台；10 月 23 日，国防科大计算机学院的校友赞助计算机。

常规管理常抓不懈。抓实班子队伍管理。学校领导班子目标一致、团结向上、勤政清廉、以身作则、努力学习，不断提高自身的人格魅力、行政能力和管理水平。强化行政管理，每人每周负责一天的值班任务，与教职工打成一片。抓实教师队伍管理，打造爱岗敬业、业务精良的高素质教师队伍。结合教学工作实际，配合建设高素质教师队伍的需要，组织开展好教案评比、青年教师教学比武、教学优质课比赛、专家讲堂、青年教师专业培训、“全体教师人人上好课”等系列教研教改活动。实施“一帮一导师制”。积极承担省、市、县级课题研究，参与研究的教师逾百人。全校的省市级课题研究项目 7 个结题，教学比武获奖 19 个，教师省级以上获奖论文 6 篇，在省级以上刊物发表 12 篇。重视教师专业培训和学术交流，派送教师参加培训，文化课老师参加国培、省培、益阳市信息技术能力提升等培训，或请名师到校指导；重用教学骨干，让名牌教师挑重担，重点表彰奖励有突出贡献的教师。狠抓师德行风建设，在巩固原有成果基础上，继续深入推进师德行风建设。全校教职工不断提高认识，提振精神,坚持以“办人民满意教育、做人民满意教师”为工作目标，着力塑造良好的为人师表形象，全面提高自身职业道德水平，取得显著成效。绝大多数教师自觉树立为人师表、育人为本、勇于创新的师德风范，并认真查找自身存大的问题，坚决杜绝违反教师职业道德现象的发生。进一步严格规范学校财经制度，厉行节约，不乱开支，从严控制用车、用餐，节省各项开支用费。要求全体教职工对照“中小学教师从教行为十不准”自查自纠，认真整改师德上存在的问题，特别是工作作风上和廉洁从教上存在的问题。进一步规范教师从教行为，全方位加强党风廉政建设，着力助推师德行风的根本好转。进一步完善落实各项制度。建立健全师德量化考核评分办法、民主评议学校领导班子及行政人员等师德师风考核评价机制；完善学校领导班子议事规则和体现群众意愿的民主决策机制；完善教职工代表大会、家长委员会、党务校务公开等强化民主管理制度；落实领导班子成员蹲点班级、联系学科、随堂听课和教师家访、结对帮扶困难学生等联系服务师生、群众制度。（胡红佳）

·县教师进修学校·

【领导人名录】

校　　长　肖义锋

党支部书记　张孝凯

副 校 长　李云高　熊伟军

工会主席　卢志国

【概况】县教师进修学校为全额拨款的副科级事业单位，下设办公室、培训部、总务处、后勤服务中心4个处室。有教职工42人，其中高级职称22人、中级职称18人，本科学历38人，有省级优秀教师1人、市级优秀教师2人，有3人被评为桃江名师。担负着全县6000多名教师的继续教育培训任务。2015年被省中小学校教师继续教育指导中心评为先进单位。

教育培训。桃江县派出2134人参加国培，222人参加省培，364人参加市培。县级培训方面，举办集中培训班16个，网络研修班48个，共培训4924人次。6月，成功申报“国培计划项目县”。按照培训要求，10月17—18日，在县幼儿园组织了300人参加的“幼师国培·送培到县”活动；10月和11月分别在县幼儿园、三堂街幼儿园组织80人参加的“幼师国培·项目县送教下乡”活动；10月26日和11月28日分别在桃花江镇、灰山港镇组织有320人参加的“中西部国培·项目县送教下乡”活动。

名师工作室活动。成立小学语文、小学数学、小学德育（班主任）3个名师工作室，由3位首席名师邱小丁、胡宏伟、苏香兰牵头，组织制定3年发展规划、个人研修计划和学期工作计划，要求每学期各名师工作室至少解决1个以上的教师教育教学共性问题，并详细记录活动过程和成果。名师工作室开展活动20余次，在县教育局进行的考核评比中均达合格以上标准。根据考核结果，每个名师工作室获得研究经费2万元。

学分考核登记。全县教师在“省学分登记管理系统”注册的有5405名，经个人申报、学校初审、县局复审后，对其中5245名教师2014年度培训学分进行上传，确保了数据的精确性和公正性。

课题研究。完成2013年所申报的“网络研修与校本研修整合培训”和“新教师三期培训研究”两个省级继续教育资助课题的研究。由封学武、李云高编著的《网络研修与校本研修整合培训探索》一书由湖南师范大学出版社出版发行，全县每位教师人手一册。6月4日，在益阳市师训工作会议上，桃江县进行《新教师培训的实践与思考》培训经验发言，新教师培训研究成果在全市得到推广学习。

日常管理。实行出勤考勤、行政值班制度，建立健全学校创卫制度，不断落实创卫工作机制。综合治理与安全工作常抓不懈，全年未发生安全问题。坚持规范收费和收支两条线管理，严格一支笔审批，压缩招待、租车费用，杜绝滥开乱报。教师培训、教研活动坚持专款专用，不侵占不挪用，真正做到开源节流，合理开支，为学校各项工作的正常运行提供保障。

存在的困难与问题：随着教育教学环境及时代要求的不断变化，培训工作的难度、广度、深度相应增加，培训者的技能素养有待科学提高，参训者的主动性有待充分调动，远程培训与教师工作之间的矛盾有待调和等。（王　进）

【名师工作室送教下乡】10月至11月，名师工作室组织6位名师到马迹塘等4个乡镇12所乡村学校开展送教活动。按照课堂示范、理论讲座、互动交流等环节进行，培训农村教师近1200人次，有效促进农村教师专业成长。

科技管理

【县科学技术局领导人名录】

局　　长　薛小燕

副 局 长　黎跃军

　　　　　周可京

副局长、纪检组长　张志清

工会主任　贺　玲

【概况】 县科学技术局（以下简称“县科技局”）机关内设办公室和发展计划股（加挂政务服务股和知识产权管理股的牌子），2015年有在编在岗人员26人。2015年11月，根据《桃江县人民政府职能转变和机构改革方案的实施意见》，组建县科学技术和工业信息化局，加挂县知识产权局的牌子，为县人民政府工作部门，不再保留县科学技术局、县工业和信息化局。2015年，全县科技工作围绕创新驱动发展，积极实施“创业主体培育、科技成果转化、创新能力提升”三大工程，着力营造“大众创业、万众创新”良好环境，为全县经济社会健康发展提供较好的科技支撑。

科技项目工作。通过对全县企业进行认真调查、筛选和包装，向省科技厅申报14项科技项目，其中园区和工业集中区企业申报4项，到位资金205万元。对3个国家创新基金项目和7个2014年度省级科技项目进行验收，对湖南省特色产业科技示范项目——“桃江优质有机葡萄种植推广科技示范基地”进行中期检查。各项目顺利实施，资金使用规范，取得良好的经济效益和社会效益。湖南万有能源科技有限公司的生物质颗粒燃料在烘烤烟叶中的应用与研究获得市科技进步二等奖，益阳桃花江竹业发展有限公司的竹胶板用装饰覆膜纸生产方法及其装置的研发与应用获市技术发明奖三等奖。

高新技术产业发展。浩茗茶业和湘中水工2家企业成功申报为高新技术企业，新兴管件重新认定为高新技术企业，全县高新技术企业达到11家，纳入高新技术产业产值统计范畴的企业有46家。全县高新技术产值达到118.83亿元，实现高新技术产业增加值36.33亿元，比2014年增长38%，高新技术产业增加值占GDP的比重达到17.87%。

企业帮扶。针对细木工板甲醛释放的技术瓶颈问题，积极争取省科技厅和中南林业科技大学的支持。省科技厅副厅长杨薇率团到桃江调研，搭建竹木工业甲醛污染治理的公益性平台，将中南林业科技大学治理甲醛的先进科研成果应用到细木工板的生产中，有效促进全县人造板产业技术升级。

专利工作。将发明专利申请任务纳入各乡镇（园区）年终绩效考核指标，通过采取摸排可申请的专利源、聘请资深专利代理人进行专题培训、加强专利资助业务等措施，全面激发县内各企业申请专利的主动性和积极性。申请专利215件，其中发明专利80件，比上年增长160%。对县城的几家超市和药店开展专利行政执法，完成假冒专利处罚案40件，处理专利纠纷2起。

创新创业活动。县科技局推荐3家企业的负责人参加益阳市创新典型人物的评选，其中红星机械的胡喜林和吉祥天生物的肖进军获得市“创新创业典型”称号；组织新兴管件、浩茗茶业、金沙重机、桃花江竹业等4家企业参加全市创新创业经验交流大会；积极组织企业参加桃江首届创新创业大赛，其中新型机械、压强公司等科技创新型企业获三等奖。

农业科技示范。全县新增“益阳市农业科技成果示范推广基地”3个，分别是桃江县新地农业开发有限公司的“桃花江果茶园”、桃江县宇洋农业综合开发有限公司的“洋泉湾水产养殖基地”、桃江县金洲水稻种植专业合作社的“桃江县金洲原生态富硒雪莲果基地”。全县市级农村科技成果示范推广基地达到11个，省级农村特色产业科技示范基地2个，省级农业科技园1个。

（办公室）

【为企业排忧解难】 4月10日，桃江县科技局邀请中南林业科技大学教授李年存、邓和平到桃江福森木业和宏森木业，上门解决产品甲醛含量无法稳定达到国家E0标准的技术难题。两位教授在加工车间实地考察并与工人面对面详谈后，分别从拼版的干燥工序到胶配方比的改进、从理念和技术上提出很多建议，强调企业必须拥有自己的知识产权，要有自己的发明专利。

【桃江一民间医生获国家发明专利】 8月2日，桃江县桃花江镇西溪街的罗凤保收到国家知识产权局寄来的《头痛头晕治愈康发明专利证书》，他潜心研究9年的头痛头晕治疗配方获得国家知识产权局的权威认定和授权。

【浩茗茶业黑茶文化节获殊荣】 10月23日在安化举行的第三届中国湖南·安化黑茶文化节上，桃江浩茗茶业推出的“手筑茯砖”从入围的200多家茶企中脱颖而出，获得中国黑茶手工茯茶第一名、机制茯茶第二名的荣誉称号，副总经理丁深根被评为中国安化黑茶“制茶大师”。

【“一进二访”精准扶贫】 11月，县科技局局长薛小燕率全体班子成员、股室负责人及二级机构负责人到武潭镇汤家塅村，开展“一进二访”结对帮扶摸底调研工作，对全村160户贫困户进行核实查对，已脱贫和返贫未登记的对象重新进行登记造册后，上报汤家塅村委。选择其中最具代表的贫困户进行精准扶贫，根据各户的实际情况，对症下药地制定帮扶方案并落到实处，帮助贫困户早日脱贫致富。

【规模企业“专利扫零工程”成效显著】 桃江县知识产权局按照市知识产权局的有关文件精神，扎实开展规模企业“专利扫零工程”。通过采取深入企业调查摸底、挖掘专利申报资源、积极联系专利代理机构上门指导等措施，帮助扬洋机电、湘益木业、香炉山茶业、修山面业等8家零专利规模企业申报专利。截至12月中旬，申报专利49件，其中发明专利8件、实用新型专利22件、外观设计专利19件。

科技普及

【县科学技术协会领导人名录】

主　　席　吴木苏

副 主 席　王廉清

纪检组长　夏吉新

【概况】 县科学技术协会（简称“科协”）有编制5人，实际在编人数5人，其中工勤人员1人。2015年，县科协扎实履行“三服务一加强”（服务经济社会发展；服务提高全民科技素质；服务科技工作者；加强自身建设）工作职能，深入贯彻落实《科普法》《全民科学素质行动计划纲要》，各项工作取得新的进展。

科普示范县创建。该项工作年初开始筹备。4月，县委、县政府向省科协提出创建申请。5月18日，桃江县被省科协确认为2016—2020年度湖南省全国科普示范县（市、区）创建单位。6月23日，县委办、政府办印发《桃江县创建全国科普示范县实施方案》。9月29日，召开全县创建全国科普示范县工作动员会进行部署。

科普工作。6月19日，在灰山港镇杨家湾村组织开展“科普惠农进乡村”活动。主动与县文化馆联系，在送戏活动中配合开展科普展板宣传，使科普活动与文化活动有机融合。开展科技培训，全年组织美人窝优质水果科技协会、修山水产养殖协会等6个协会举办技术培训班21期，受训人数2200余人次。9月19日，美人窝优质水果种植科技协会在大栗港镇朱家村举办首届桃树栽培技术培训班，邀请两位专家现场授课。部署、协调桃花江核电公司开展乡镇核电科普大宣传，接受宣传的群众达数十万人。协助桃花江核电科技馆成功申报全国科普教育基地，并纳入科普湖南“科普一日游”旅游线路。9月22日，在县城新龙超市前坪组织开展以“万众创新、拥抱智慧生活”为主题的全国科普日活动。11月26日，请县环保局专家在县电视台开展科学健康生活的知识讲座。6—11月，组织开展农民科学知识网络竞赛，全县有420余人次参与。开展大众传媒科普宣传，全年向全县机关干部、人大代表、政协委员、村支两委干部及部分省、市科技示范户发送各类短信42期16.8万条次，播出《科普大篷车》电视专栏50期3000分钟。5—8月，改版桃江县科普网，每周适时更新科普信息2条以上。争取全国科普惠农奖补项目，桃江县修山水产养殖科技协会申报成功。

学会工作。加强学会指导管理，新建桃江县畜牧学会，督促县医学会等到民政局进行年审登记，对极个别学会中内部管理不完善、组织机构不健全、民主办会思想缺乏等问题提出整改意见。开展学会活动，县林学会配合县林业局在全县范围内开展笋用林培育改造的技术培训和科普宣传，并邀请中国林科院首席科学家、中国林学会竹子分会副会长兼秘书长、原中国林科院亚热带林业研究所所长、博士生导师傅懋毅到桃江进行考察，指导全县竹业发展。10月下旬，第十一届中国竹业学术大会在桃江县隆重召开，县林学会秘书长莫晓春当选为中国林学会竹子分会常委，县林学会理事肖进军当选为竹子分会委员，林学会理事刘迪钦、薛强、肖进军分别在会上交流论文并作主题报告，其中刘迪钦《受SO2短期污染毛竹林发笋成竹功能恢复调查》获优秀论文二等奖，肖进军《毛竹生物肥料开发及其应用研究》获优秀论文三等奖，薛强《湖南竹文化特色与保护利用建议》获优秀论文奖。县民办教育学会围绕全县民办教育事业发展认真开展学术调研，所写《乘势而上，促进民办教育健康优质发展》文章，对全县民办教育发展提出建设性的建议意见。县医学会除开展学术交流活动外，积极配合科普日和科普进乡村活动，开展医疗义诊，为群众义务诊治，解除病痛。

（夏吉新）

【专题研究全国科普示范县创建工作】 3月13日，桃江县政府召开常务会议，专题研究全国科普示范县创建工作。会议明确创建工作由常务副县长牵头领导，县科协为牵头单位，县全民科学素质行动计划纲要领导小组成员单位为工作责任单位。会议要求县科协制定全国科普示范县创建工作方案，各责任单位根据各自工作职能，积极支持和配合，确保工作方案落到实处，确保创建工作取得实效。

【青年科学家进校园】 5月15日，省科协组织的“激情五月·青春飞扬——青年科学家进校园”巡回演讲团到桃江一中、桃江职业中专进行励志演讲。该活动由省科协、省科技新闻学会主办，省青年科技获奖者联谊会、市科协协办，县科学技术协会承办。

【两教授“科普日”为桃江果农授课】 9月19日，全国科普日，桃江县美人窝优质水果种植协会邀请中国农科院果树研究所崔国朝、湖南省农业厅田生元两位教授到大栗港镇朱家村，为协会会员、乡镇果树种植大户以及库区移民80余人举办桃树栽培实用技术培训。两教授通过典型案例分析、现场示范、互动讨论等形式，为果农讲解整形修枝、果树疏果留果量、病虫害防治等桃树栽培实用技术，为果农解决生产中的疑点和难点，拓宽了科学管理果园的视野，提高实用技术水平。

【“全国科普日”广场集中宣传活动】 9月22日，桃江县“全国科普日”广场集中宣传咨询活动在新龙超市前坪举行，县科协、县科技局等11个全民科学素质工作领导小组成员单位参加。活动现场展示展板86块，发放资料1.8万份、科普竞答奖品70份，文艺宣传2小时。

文化·体育

文 化

【县文化广电新闻出版局领导人名录】

党组书记 胡国辉
局 长 龚胜芳
副 局 长 徐丽华 胡孟科
纪检组长 李 翔

【概况】 2015年，县文广新局以满足人民群众日益增长的精神文化需求为出发点和落脚点，积极探索、创新，促进公共文化服务标准化、均等化，以完善体系、积极开展文化活动等为重点，有效推动桃江文化的发展和繁荣。

公共文化服务。送戏、送花鼓戏下乡40场，放映农村公益电影2900多场。县文化馆改造升级后通过省专家“国家一级馆”评审。全年县影剧院举办各类演出202场，其中花鼓戏演出60多场，仅省花鼓戏剧团在桃江演出达12场。10月9日，“周末大剧场——月月有活动，周周有演出”活动在县影剧院正式启动。县图书馆募集图书4000多册，在桃花江文学研究会和孔学会等地建立“流动图书馆”6个。县图书馆明德英文图书室有文学故事类和图册类图书554册，于10月8日正式对外开放。成功申报省现代公共文化服务示范区。完成“桃花江回民武术”“桃花江剪纸”市级非物质文化遗产名录申报工作，“凤山石砚”申报省级非遗保护单位通过专家组评审。积极配合县委、县政府推进美人窝文化公园建设项目签约。启动大舞台和花鼓戏基地建设工作。县电影公司投资近500万元修建3D电影院并正式营业。

群众文化活动。举办“欢乐潇湘·美丽桃江”乡村团体竞技大赛，来自全县15个乡镇的50多支队伍报名参赛，参与演出和观看的群众逾5万人。举办欢乐潇湘群众书法美术摄影剪纸作品展，征集作品300多幅，于8月4—18日在中海城大酒店展览15天，其推荐到省市参展的作品获奖率居全市第一。局机关组织排练的《欢聚一堂》在全市广场舞大赛中荣获冠军。

文物保护工作。对桃江县灰山港邱家仑风电项目、桃江县嵩辉竹木科技有限公司1×15兆瓦生物质热电联供项目、桃江县松木塘风电项目等进行选址考古调查勘探，结合勘探情况提出选址意见，对涉及文物保护的提出具体要求。完成全国重点文物保护单位腰子仑春秋墓群的“四有”记录档案编制工作，编制《全国重点文物保护单位腰子仑春秋墓群安防工程设计方案》。开展馆藏文物信息的录入和影像采集工作。

文化市场监管。以查缴政治性非法出版物、“法轮功”类出版物和宣传品、淫秽色情出版物为重点，进一步清理整顿辖区内各类非法出版物。3月始，针对全县各中小学校开展为期两个月的“2015年中小学教辅材料出版发行”专项检查行动。5月，开展“扫黄打非”及“全球福音遍传日”非法宣传活动整治行动。不间断开展网吧巡查，邀请老干部、老战士、老教师、老专家、老模范等“五老”人员共同突击检查，严厉打击网吧容留未成年人上网。暑假期间，开展校园周边综合治理网吧专项整治行动，执法人员坚持每天早、中、晚错时对网吧市场进行巡查，使网吧违规经营情况有所好转。立案查处容留未成年人上网案件60余起，对违规网吧进行警告罚款，并对多次容留未成年人上网的2家网吧进行停业整顿。

文艺创作。《桃江历史文化丛书》正式定稿并付诸印刷。6月14日，原创传统花鼓剧《天问桃花》在县影剧院进行公演，得到各级领导和观众的一致好评。现代花鼓剧《乡长打工》参加省艺术节比赛并获金奖。

专业人才培训。举办桃江县网络文化市场网管人员计算机专业培训和桃江县网吧经营业主“加强执法监管、完善管理政策”培训。10月12日，花鼓戏第一期人才培训班在影剧院正式开班，邀请省花鼓戏剧院艺术表演家、市县花鼓戏专家等现场授课，89名学员顺利结业。

（徐　明）

文联工作

【县文联领导人名录】

主　席　胡红霞

秘书长　吴少郴

【概况】 县文联正式编制4人，设主席、副主席、秘书长和办公室主任。辖12个协会社团和1个乡镇文联。其中，县作家协会有会员329人，县书法家协会有会员237人，县美术家协会有会员315人，县摄影家协会有会员124人，县舞蹈家协会有会员153人，县音乐家协会有会员307人，县戏剧家协会有会员282人，县民间文艺家协会有会员59人，县剪纸协会有会员65人，县天问诗社有会员301人，县楹联学会有会员281人，县孔子学术研究会有会员150人。2015年，县文联坚持文艺“两为”方向和“双百”方针，围绕全县中心工作，组织各协会积极开展多种形式的文艺创作活动，围绕培养文艺人才，繁荣文艺创作，服务经济建设等方面开展工作，取得一定的实效。

建立基地，开展活动。2月1日，县文联挂牌建立“星期七文艺沙龙”。每周星期日下午由文联包场到棒棒擂茶馆开展活动。挂牌成立后连续开展活动20次。开展楹联诗词家现场撰写春联、书法家现场写春联，本土画家、女文艺家座谈，重点作者交流，返乡艺术家迎春茶话交流等活动。以书画摄影论坛交流为重点，同时向其他协会活动提供支持。将每年正月初四定为“返乡艺术家新春团拜会”。2015年的团拜会迎来桃江籍获广东省文学奖的打工作家郭建勋、跨界艺术设计师李渔、资深名俗艺术家颜新元、雕塑家张月宇等名人，并邀请本土中青年艺术家联谊交流沟通。启动高希舜艺术研究会的筹建工作。县文联赴北京拜访高希舜的后人，多次去长沙、双峰等地寻找南京美专高希舜的高徒。县文联对全县的民间文艺人才与文艺社团进行普查并建立智库，为行业管理与服务打好基础。

联络协调服务。2月，16位桃江本土画家聚集座谈，每人带一幅作品，互相观摩学习。本土画家符竹书，益阳《散文诗》杂志主编、《诗书画》掌门人冯明德，省书法家协会副主席、职业工笔画家盛景华和篆刻家李滢波等参加。围绕“到人民中去”这一中国文联文艺志愿者活动主题，组建桃江地域特色品牌的志愿者队伍——“桃花朵朵”。7月12日，县文联、县文艺志愿者协会联动的“桃花朵朵”公益大舞台，在大汉龙城露天演出。4月13日，《神州》杂志为画界巨匠高希舜诞辰120周年刊发专版，由知名美术评论家周易特约画家康移风创作。4月14日，为纪念高希舜诞辰120周年暨“美人与竹”书画大赛的筹划事宜，赴长沙求助，登门拜访定居长沙的高老的弟子伍祥干和资深书画评论家周易，邀请其为活动出谋划策。4月27日，纪念高希舜先生诞辰120周年“美人与竹”书画作品大赛得到省文联批复。

协会工作全面开展。各协会围绕主题活动，配合开展各类采风创作、展演活动。县作家协会筹集资金15000余元，出刊《桃江作家》一期。4月，作家协会邀请益阳市原文联主席、市作家协会主席郭辉在县城维多利亚酒店召开文学座谈会，收集文学作品10余篇。文元宝的散文集《且思且悟》和陈拥军的诗集《星空背后》正式出版。在各级报刊发表作品多篇，在《工人日报·班组天地》发表小说《两杯红土》，在《关东文苑》发小说《守望那条江》，《百味斋的美丽传说》获自贡市沿滩区图书馆第二届故事大赛二等奖，《最美债主的双赢人生》入选《点一盏温暖的灯》一书，《酒事》荣获第二届“旭日杯”全国暨海外华人酒文化征文佳作奖并被《鲁北文学》2015年5期转载，小小说《猪事》《砖事》《捕杀令》入选《小小说文库》一书。县美术家协会加强协会的管理工作。7月，画家胡红霞、夏建章、王进等7人在县中海城主办油画写生作品展览。胡红霞在市成功举办个人画展；8月，黄如纲在上海主办个人油画作品展览；王进油画《炉》入选湖南省第五届艺术节；夏建章的《桃花江风光》系列获纪念高希舜诞辰120周年美术作品展一等奖，陈出新作品《烧火佬》荣获二等奖；卢志国的《野渡无人》荣获欢乐潇湘群众文化艺术作品展市一等奖，刘壮、陈琦作品荣获市二等奖。符风然的《洪山竹海》和夏建章的《罗溪》被益阳市委、市政府收藏；夏建章的《村舍》、王进的油画《战地黄花》入选湖南省抗战胜利70周年画展。编辑桃花江美术报2期。县摄影家协会成立桃江县摄影家协会马迹塘分会，并正式挂牌。发展新会员10人。召开年会，表彰先进摄影工作者16人，发放奖金3000余元。协会作品获“欢乐潇湘”群众摄影大赛一等奖。开展大小采风活动1000人次，开展马迹塘“聚焦竹产业发展马迹塘”首届“竹聚缘”杯摄影比赛，活动吸引长沙、常德、益阳、安化、桃江等地摄影爱好者的参加，收到作品299幅件，选出获奖作品50幅件，在马迹塘开办影展。协助拍摄大型团体太极拳表演节目。参与安化茶马古道全国摄影大赛，在“欢乐潇湘·美丽益阳”摄影活动大赛中，桃江名列前茅。在《人民日报》《中国日报》《香港大公报》等报刊上整版刊登桃江摄影家的作品几十幅。桃花江剪纸协会举办三个剪纸培训班。三官桥中学培训班有68人参加，5月在桃花江人行桥展出学员作品48幅；浮邱山新桥学校培训班有58人参加，儿童节展出作品58幅；益阳纳诺老年公寓培训班有20余人参加，展出作品20余幅。8月，协会在洪山竹海展出作品30余幅。10月，在中海城展出作品10幅，在老年大学展出作品10幅。桃花江剪纸向益阳市申遗成功，并挂牌。县孔子学会开展“行走罗溪”笔会、桃花湖笔会活动，开展儒家文化进课堂（玉潭学校）、进乡村（大栗港镇朱家村）、进企业（板溪锑矿）、进机关（松木塘镇政府）活动，编辑出版《桃江孔学》会刊两期（总22.23期）。在市县主流媒体发宣传报道15篇。县音乐家协会与县广播电视台、县文化馆合作，共同承办“欢乐潇湘”送戏下乡群众文化演出活动，演出25场。与民政局合作送戏到15个乡镇敬老院，与县广播电视台联合主办纪念抗战胜利70周年文艺演出活动。会员周桂珍参加的“中国QQ王”歌手赛进入决赛，漆放军创作的《爸爸、粑粑》获得省少儿音乐创作委员会好评；符汇河为香炉山茶叶公司创作企业歌曲《香炉山茶歌》，颜新元创作歌词《桃花江美》。发展会员6人，1名会员加入益阳市音协。县楹联学会以诗词楹联为载体，开展一系列文化活动。学会在“写春联送千家农户活动”中，撰写春联100首；9月，学会参与桃江抗日名将曾宪邦将军墓园修复工作；10月，学会为市纪委《画廉说纪》法制教育宣传册配写绝句62首（采用40首）。创作各类诗联作品近3000幅。向中华诗词学会推荐会员15人，向益阳市诗词家学会推荐会员30人。会员参与全国各地组织的大小赛事上百次，获奖30人次。龚凤军、文永龙、丁丽萍等在《中华诗词》《湖南诗词》发表作品多篇。会员薛竹声诗联集《古竹心声》、会员胡仓保诗联集《往事回眸》出版发行。天问诗社王正牛等参加省诗词协会第七次代表大会，被选举为理事。王正牛、张孝凯选举为市诗词家协会理事。文永龙、丁丽萍、龚凤军、夏支左、龙远照、张国材等的诗作在《中华诗词》《湖南诗词》等刊物上发表。天问诗社发展国家级会员12名，社员诗稿多达2000首，其中800首编成诗集。薛竹声著有《古竹新声》，张善林著有《谷山吟》，王悟著的《经典名言选粹丛谈》一书，由团结出版社公开出版发行。（刘朝辉）

【星期七文艺沙龙活动】 2月1日，县文联邀请县书法家协会、县老年书画协会24位书法家，在星期七文艺沙龙举行现场写春联活动。此次活动是宣传部、文明办主办，县文联及相关协会承办的“写春联送千家农户”活动的重要组成部分。县委常委、宣传部部长胡国清县政协副主席任小林出席活动。

【写春联送千家农户活动启动仪式举行】 2月4日，县委宣传部和县文明办主办，县文联及相关协会承办的诗词楹联书法家写春联送千家农户活动启动仪式在灰山港镇麻元坳村举行。县委常委、宣传部部长胡国清出席，全县书法家、楹联家、协办单位负责人和媒体记者参加，20名书法家现场写春联。县文联、县书法家协会、县老年书画协会、县楹联协会、摄影家协会、振兴文体、快乐桃江网络、文艺志愿者们参与此次活动。

【大型原创花鼓戏《天问桃花》上演】 6月14日，大型原创花鼓戏《天问桃花》在县影剧院隆重上演。该剧是桃江本土班底创作的大型史诗原创音乐花鼓戏，由天问演绎传媒何志伟进行策划与统筹，张惠军修改剧本，张兰香导演。

【“记住乡愁·盛世芙蓉逝去的家什水墨系列”画展开幕】 9月22日，“记住乡愁·盛世芙蓉逝去的家什水墨系列”画展在益阳尚东艺术馆开幕，益阳市委宣传部、桃江县委宣传部领导，湖南作家书画院副院长、《神洲时代艺术》副主编、湖南省作家协会原组联部主任曾祥彪，北京航空航天大学新媒体艺术学院教授、艺术家颜新元，长沙市作家协会副主席、长沙市文联专业作家薛媛媛，益阳日报社编委、工会主席、文艺评论家孙国基，益阳市文联党组书记、主席易青群，湖南省文联文化产业处处长、文学博士、文艺评论家谢子元等人出席开幕式。

广播电视宣传

【县广播电视台领导人名录】

台　　长　刘小武

副 台 长　龚弘力　苏亚明

纪检组长　李宁桃

工会主任　朱殿平

【概况】 县广播电视台下设桃江广播电视转播台、湖南有线电视桃江网络有限公司、桃江县广电文化传媒有限公司，内设综合办公室、总工程室、人事政工室、监察室、财务室、技术保障部、浮邱山转播站、灰山港转播（记者）站、总编室、时政新闻栏目部、民生新闻栏目部、话说桃江栏目部、专题部、广播电台等13个部室（站）。广播电视台为全额拨款事业单位，有事业编制干部职工195人（含退休23人），在编172人，其中全额拨款52人、差额拨款114人、自收自支6人。开设桃江经济、桃江综合两个电视频道和桃江人民广播电台。有湖南有线桃江网络有限公司、桃江县广告公司等经营创收平台，全年创收2000多万元；有浮邱山、救十寨两个发射基站；有灰山港、泗里河（2个）、武潭雷公寨4个农村无线数字电话发射补点站。无线、有线覆盖范围涵盖桃江及周边10个县市区。

2015年，县广播电视台以“弘扬真善美、传递正能量”为主题，以“事业繁荣、产业发展”为主线，以“节目优质、服务优良”为抓手，按照“新闻立台、事业强台、人才兴台”的工作理念，扎实工作，圆满完成全年各项工作任务。广播电视“村村通”工程建设荣获第六届全国服务农民、服务基层文化建设先进集体荣誉称号，“村村响”工程建设经验在全省推广，并被评为全省先进单位。大型电视专题片《资江行》获2015年度湖南广播电视纪录片一等奖、湖南新闻奖，获益阳市第三届立波新闻奖重大策划奖二等奖。《资江行》主题曲《我家住在资江边》被湖南广播电视台广播传媒中心选送，荣获2013—2014年中国广播影视大奖——中国原创歌曲奖提名奖。

新闻宣传重导向。县广播电视台新闻宣传紧紧围绕“抓导向、办特色、出精品、铸品牌”的工作思路，全力办好自办节目，突出主动性和时效性，围绕县委确定的“135”工作思路和县域经济转型升级、新型工业化进程、加快现代服务业发展、生态文明建设和民生重点工作，对园区、城镇、产业、交通建设和民生改善为内容的一系列重点工程项目进行及时有效的跟踪报道，先后开辟《起航2015》《春耕大作战》《平安家庭》《安全生产365》《最暖不过民生情》近20个专栏，全面报道桃江经济社会发展，营造真抓实干的舆论氛围。

民生新闻解民忧。民生新闻用事实说话，为百姓排忧解困，穿针引线。拓宽百姓诉求渠道，引领了百姓话题，每天都有热心观众打来电话提供新闻线索。《资江水位低 县城供水现紧张》《乱停乱靠的车主小心抄牌》《创卫过后桃江城》《秋天的味道》等节目，得到广大群众的高度信赖和认可，媒体的公众力得到有效彰显 。

专题报道有影响。专题部以打造精品节目为目标，与县妇联联合开办《巾帼风采》专题，重点宣传各行各业中涌现的女性代表。与县委组织部联合开办的《党建之窗》，展现基层干部一心为民的公仆情怀、务实进取的敬业精神和清正廉洁的崇高品格。微电影《浮邱山红管家：龚合群》《夏次龙：村官变牛倌》《刘兆斌：我的美丽从这里开始》，受到县委组织部的高度肯定。《走乡村》栏目聚焦农业和农村，全面解读党的“三农”政策和现代农业发展趋势，内容的前沿、题材的敏感与形式的创新吸引许多农村观众朋友。全县文化旅游产业招商会议期间，制作的13个文化旅游产业招商项目推介片，为大会的成功举办提供有力支持。加班加点制作的《桃花江是美人窝》MV音乐风光片，成为桃江推动乡村旅游的一张靓丽的名片。

自办节目出精品。《资江行》团队花一年时间，行程2万千米，跑遍资江沿线22个市县，制播13集《资江行》记录片，对资江沿线的山水风光、历史人文和经济发展首次进行全方位的报道和展示，荣获全市立波新闻奖重大策划奖。5月，出版发行《行走资江》散文集、《资水风光》摄影集，全方位展示资江沿线美丽的山水风光和厚重的人文历史。为纪念抗战胜利70周年，《话说桃江》推出《寻访桃江抗战老兵》系列专题节目，采访播出节目10期。开拍《桃花江美女在何方》系列专题，并赴北京、深圳、广州、长沙、武汉、上海等地，采编一批杰出桃江人的女性代表人物。桃江人民广播电台立足农村广播宣传平台，开展农业科技、涉农政策以及与群众息息相关的法律法规和健康知识宣传，在原有栏目的基础上，推出《平安之声》《党建先锋》《廉政桃江》《健康之友》等栏目。FM105.9汽车音乐频道每天17小时不间断播出。

新媒体强势发展。桃江广播电视台微信号立足桃江，宣传桃江，不断创新。通过举办活动，推出优秀原创作品，使公众号的关注度不断攀升，用户数量达到5.2万多人，名列全省市、县级媒体第一名，全国百强（列88位）。1—10月，航拍团队利用节假日拍摄的《飞越桃花江》，10月中旬举办的《美丽桃江》摄影展，全面展示桃江优美的自然风光和近几年经济社会发展取得的巨大成就。

对外宣传有新突破。审核播发稿件2492条。其中时政新闻1314条、民生新闻1178条、专题走乡村47期、话说桃江35期、桃江报道43期。卫视上稿12条，市台上稿303条，有力地宣传推介桃江。

事业投入稳步增加。投入30余万元，对自办节目播出系统进行全面更新。投入40余万元，添置高标清摄像设备。投入100余万元，对浮邱山差转站和救十寨转播站的设施进行改造。积极争取浮邱山差转台地面数字化台站列入全省建设计划，争取建设资金134万元。浮邱山、救十寨两个高山台站加强机房设施、供电、广播电视信号传输线路等设备设施的检查，对发现的问题和隐患及时进行整改。技术保障部深入乡镇村组进行规划设计，完成11个乡镇农村广播的补点、联网工程，架设光缆56千米，完成补点喇叭926个、音柱28个。修理广播设备500台（套），下乡维修120多次，紧急抢修7次，确保"村村响"广播的收听和通响效果。全面检修浮邱山转播台发射机设备，保障无线广播电视的正常播出和收听。

产业发展有成效。网络公司设立客服一、二、三片区，进行网格化管理，集维修、安装、营销于一体，客户服务工作有较大改观。无线数字电视部加大对信号盲区机站的建设力度，在浮邱山新安装无线宽带信号发射设备，完成浮邱山主基站发射天线组的彻底检修，新建简易发电机组机房，拆除马迹塘老山基站的所有设备，对基站的绝大部分客户进行整转，保障主基站的信号发射的稳定，使全地域发射基站布局更为合理。完成收入1547.83万元，其中基本业务收入1025.3万元、宽带业务收入314.02万元、增值业务收入64.38万元、无线业务收入129.75万元。新发展数字电视用户1610户、宽带用户2139户、无线数字电视用户1422户。创收322万余元，实现稳中有进。争取省城乡信息平台建设文化产业导向基金，为广告产业的发展注入新的活力。

（钟　锴）

【义卖春联爱心公益助学活动】 2月，桃江广播电视台、共青团桃江县委、县老年书画家协会、桃花美人文化传媒公司等单位发起"关爱留守儿童"义卖春联爱心公益助学活动。县老年书画家协会20余名书画名家免费书写春联千余副，青年志愿者协会的12名爱心人士到全县各机关单位、企业、社区上门义卖。活动义卖春联1000余对，募集爱心款近3万元。

【纪念抗战胜利70周年晚会】 8月26日晚，由县广播电视台承办的纪念中国人民抗日战争暨世界反法西斯胜利70周年文艺晚会在县体育场隆重举行。近2万名观众在欣赏节目的同时，接受了爱国主义教育。

【"村村通"建设获全国先进】 12月14日，在中共中央宣传部、文化部、国家新闻出版广电总局联合举办的第六届"全国服务农民、服务基层文化建设先进集体表彰会"上，桃江县广播电视"村村通"工程建设荣获"第六届全国服务农民、服务基层文化建设先进集体"荣誉称号。

【助力乡村旅游发展】 县广播电视台先后组织"春到浮邱""走进最美油菜花海""走进最美茶园""走进羞女湖湿地公园""湘中最美瀑布——罗溪瀑布""走进翠美桃花湖"等一系列采风活动，一批摄影家、自媒体行业人员和户外运动人士纷纷参加。活动宣传推介桃江美丽的自然风光和人文物产，有效推动桃江乡村旅游发展。

图书发行

【新华书店桃江县分公司领导人名录】

经　理　龙庆祥

副经理　符　锋　彭立君　胡　靖

【概况】 湖南省新华书店有限责任公司桃江县分公司（以下简称"桃江县分公司"）设综合管理部、资产财务部、图书业务部、教材业务部4个股室部门，桃花江镇连锁门店、三堂街镇连锁门店、马迹塘镇连锁门店、灰山港镇连锁门店、桃江四中校园书店和桃江一中校园书店6个门市部，有在职职工38人，离休1人，退休18人，临聘员工16人。

2015年，公司实现销售码洋7240

万元，为年计划的100.14%，比上年增长15%。其中，教材教辅5458.83万元，为年计划的103.28%，比上年增长10.21%；一般图书完成1192.55万元，为年计划的108.39%；文化用品931.67万元，为年计划的124.06%，比上年增长69%。实现营业收入6036万元，为年计划的101.58%。完成利润703万元，为年计划的100.56%。

主营业务。积极应对教材教辅发行新政，寻求教辅发行的新思路、新办法和新路径。进一步严肃发行纪律，树立为教育、为学校服务的宗旨，注重服务细节，耐心细致地做好征订、发放、调剂和清退工作。充分利用和依托在全县各校建立的157所校园书店和校园书店代办点，聘请校外收款员157名，发放回收自愿征订单近30万份，教辅发行新模式的运作取得成功。2015年，桃江县分公司对全县100余所学校进行逐一摸底，甄选800余名特困学生，为其免费提供教辅资料50万元。一般图书发行多措并举，努力打破营销瓶颈。以卖场为依托，利用节假日开展优惠促销。在4月23日世界读书日期间，各门店以“读书丰富人生·知识创造财富”为主题，开展全场图书8折优惠酬宾活动。努力拓展场外市场，深挖市场潜力，创新服务营销理念。春节期间，深入社区和集镇开展流动摆摊4次，销售含科技图书等各类图书3000余元。6月上旬，组织各销售部门到武潭片区各学校上门流动销售《在道德的阳光下》系列图书，开展送书下乡、流动服务，销售图书近600册，销售码洋1.9万元；销售《初升高衔接教材》一书近210套，2090册，销售码洋约2.04万元。充分利用品牌优势，拓展教育装备等政府采购和招投标业务，先后中标桃江县职业中专学校电脑机房建设项目设备采购等标的5个，码洋357.95万元。拓展渠道系统产品，全年完成红酒销售10.57万元，电子、数码和其他文化用品码洋482.83万元。

内控管理。强化执行力建设，进一步修订和完善内控管理制度，堵塞管理漏洞，先后制定和完善《桃江县分公司业务招待费管理办法》《桃江县分公司办公用品管理办法》《桃江县分公司用车管理制度》《桃江县分公司2015年度部门费用包干实施办法》等，可控费用比上年下降137万元，招待费下降11.3万元。认真落实省、市公司关于应收账款清收工作的文件精神，制定《2015年度应收账款回笼考核办法》，实行包区责任制，全县应收货款回笼率达100%。

其他工作。公司班子成员认真参加“三严三实”党课学习和廉政警示教育，自觉践行“三严三实”活动。10月初,公司开展“一进二访”活动，走访困难群众28户、计生困难家庭5户，赠送慰问金3000元。

（李　明）

体　育

【县体育局领导人名录】

局　　长　戴次波

副 局 长　张　岩　曾向宏

纪检组长　刘　军

【概况】 2015年，县体育局按照中共十八大提出的“广泛开展全民健身运动，促进群众体育和竞技体育全面发展”的新要求，扎实推进“我运动、我健康、我快乐”全民健身活动，以不断满足全县人民群众日益增长的体育健身需求为目的，推进体育事业又好又快发展。

群众体育工作。全年组织篮球比赛、钓鱼比赛、登山比赛等赛事活动30余次。5月，举办桃江县第十一届大众运动会，设置比赛项目13个，参赛人次近1800人，参赛人数较往届大幅增加。6月，举办“嗨跑桃江”首届荧光夜跑活动，参加人员逾1000人。10月,举办桃江县“体彩杯”第三届男子篮球联赛，16支队伍参加。组队代表益阳市参加“我们的节日·端午·屈原杯”湖南省第二届群众性龙舟赛，获得较好成绩。

公共体育设施建设。2015年县体育局研究确定42个“一场两台”农民体育健身工程和2条室外健身路径建设地址，开展建设项目考察指导，并确定专人负责跟踪督查，完成44个体育设施项目的建设。

全民健身服务体系建设。审批通过关于成立桃江县乒乓球协会的申报。2015年末，全县有具备法人资格的体育社团2个，创建国家级体育俱乐部1个，县级体育协会、俱乐部11个，晨晚锻炼点60多个，全县等级社会体育指导员总数达300多名。体育社团的组织建设、制度建设、队伍建设和能力建设得到加强，体育社团社会化和实体化进程得到全面推进。

竞技体育工作。大力支持桃江县第四中学省级体育后备人才重点学校建设，为训练基地配备六套举重器材，促使桃江四中成功申报省级体育后备人才重点学校。全力抓好国家武术段位制试点县工作，组织全县体育教师进行培训，对全县学生开展武术健身操和武术段位制培训。继续深化“体教结合”，扎实推进体育后备人才培养，完善业余训练网络，把业余训练作为贯彻全民健身计划和提高运动竞技水平的结合点，完善配套政策，积极为提高全县竞技体育水平注入动力。

体育产业工作。结合省“支强扶弱”试点县项目对全县体育彩票销售网点进行升级，加强体育彩票的宣传，让更多的市民了解、支持体彩。加强体彩公益金使用监管，对2014年体彩公益金31万元制定详细使用计划，包括体育设施建设费用16.6万元、体育活动经费14.4万元。重视体育无形资产的开发和利用，提高体育活动市场化运作能力。组织的各类体育竞赛中，通过冠名广告宣传等形式筹集比赛和活动经费。

体育宣传。结合承办省、市等各项大赛及县内举办的重大活动，加强与新闻媒体的联系，对各项体育活动情况进行立体式跟踪宣传。对全县第十一届大众运动会进行全方位的宣传报道。对于县内举办的大小体育赛事，做到在报纸上有字，在电视上有形，强化全民体育健身意识，营造全民健身氛围，促进全民健身活动的广泛开展。

（徐　明）

【第十一届大众运动会举行】 桃江县第十一届大众运动会于5月5日至30日举行。比赛设置乒乓球、羽毛球、跳绳、钓鱼、姚记双百分、4×100米男女混合接力赛、1500米、台球、公路自行车、登山、象棋、三人篮球、拔河等比赛项目13个，参赛人次达到1800人。

【全民健身日活动】 8月8日是中国第七个“全民健身日”。县体育局以“我运动、我健康、我快乐”为主题举办系列活动，推动全民健身运动开展，传播科学健身理念，保障公民合法权益，提高公民身体素质。活动期间，县体育馆阳光健身俱乐部、体育场游泳池、幻城溜冰场、塑胶篮球场、羽毛球馆、乒乓球馆全天免费开放，并安排社会体育指导员现场指导健身。柏盛健身俱乐部、永鑫羽毛球馆免费开放并组织了体质测试和相关比赛活动。

【承办市第十五届大众运动会气排球比赛】 8月11—12日，益阳市2015年“中国体育彩票”杯全民健身系列活动暨第十五届大众运动会气排球比赛在桃江县体育馆成功举办。此次比赛有区县（市）和市直单位11个队参加，每队5名运动员（含1名女性），采用三局二胜制。经过两天激烈角逐，桃江获第五名。

【省定向越野教练员培训班开班】 11月27—31日，湖南省社会体育指导员（定向越野）教练员培训班在桃江开班，来自全省各市州150余名户外定向越野爱好者接受为期4天的专门培训。培训后，理论考试和户外实地考核双合格的学员取得培训合格证书和申报社会指导员等级证书资格，成绩优异者获得申报国家定向运动一级裁判员证资格。

医疗卫生

卫生管理

【县卫生局领导人名录】

局　　长　吴建军

副 局 长　刘亮奎

　　　　　张应枚　刘学谘

　　　　　夏苍青　王满云

党组成员　廖文华（2015.06 止）

　　　　　陈世夫（2015.06 止）

　　　　　薛红兵（兼工会主任）

副 局 长　杨永中

【概况】县卫生局机关内设办公室、人事股、计划财务股、政务服务股、医政科教股、中医股、预防保健股、农村卫生股、法制与卫生监督股、监察室、项目办等 12 个股室。2015 年有在编公务员 9 人、事业编制工作人员 3 人,借调 20 人。11 月 29 日，在新一轮政府职能转变和机构改革中，与县人口和计划生育局、县爱国卫生运动委员会办公室合并组建成县卫生和计划生育局。2015 年，县卫生局成功创建“全国基层中医药工作先进单位”“国家级妇幼健康优质服务示范县”和“湖南省儿童保健服务合格县”，荣获“湖南省文明标兵单位”荣誉称号，全县绩效考核被评为一类单位。

2015 年，全县有医疗卫生机构 451 家，包括县人民医院、县中医院、县肿瘤医院（7 月 1 日并入县人民医院）、县精神病医院、桃花江中心医院、县第三人民医院、桃江县中西结合医院 7 家县级公立医院，博爱医院、资江医院 2 家民营医院，县妇幼保健院、县疾病预防控制中心、县卫生局卫生监督所 3 家专业公共卫生机构，以及 15 家乡镇卫生院、276 个村卫生室、13 家医务室、14 家个体诊所、16 家计生服务站、105 个分院分所门诊部。全县在岗卫生人员 4516 名（其中卫生技术人员 3822 名），床位 3924 张。常住人口每 1000 人拥有医疗卫生机构床位 4.95 张，拥有执业（助理）医师 2.13 名、注册护士 1.34 名。全年公立医疗机构出院 13.72 万人次、门（急）诊 86.83 万人次。

医疗卫生体制改革。4 月 1 日起，全县 7 所县级公立医院全部取消药品加成政策，调整医疗服务价格，全面启动综合改革，出台《桃江县医疗机构设置规划（2015—2020 年）》。7 月 1 日，县肿瘤医院并入县人民医院。推进县级公立医院去行政化，卫生行政部门负责人不再兼任县人民医院院长职务，促成县中医院与益阳市中心医院深度合作，三堂街中心卫生院成为益阳医专附属医院定点指导医院。完成乡镇卫生院第四批 200 万元的化债工作。

项目建设。新建和完成三堂街、武潭两所中心卫生院住院综合楼以及鲊埠、石牛江、大栗港、三堂街、武潭等 5 所乡镇卫生院 137 套公共租赁住房建设。维修改造县人民医院、县精神病医院、县妇幼保健院、桃花江中心医院、县第三人民医院和浮邱山、高桥等 10 所乡镇卫生院的住院综合楼、会议室、理疗室等。完成县人民医院、中医院等 6 所县直医疗卫生单位大气污染防治重点项目（清洁能源改烧项目）。立项争资 6362 万元，完成桃江县佳祥共享家园三堂街中心卫生院项目包装，并获得县重大项目贡献奖。三堂街中心卫生院争取残疾人托养中心建设资金 170 万元、佳祥慈善基金会捐赠 100 万元，共计 270 万元。松木塘中心卫生院争取国债资金 100 万元，争取 25 个村卫生室建设资金 100 万元。完成固定资产投资 1.2

亿元。

基本公共服务。全省肿瘤随访登记项目落户桃江，全县新增城乡居民健康档案52833份，报告并建立新发肿瘤患者档案985人份。为65岁以上老年人和高血压、糖尿病、重型精神病患者等12万人提供免费健康体检，对6万多名慢性病患者进行随访管理，为7万余名0岁～6岁儿童、1.5万名孕产妇提供免费健康管理。5岁以下儿童死亡率控制在4.44‰。完成145例重性贫困精神患者救治救助任务。

医疗质量与医疗安全。进一步健全质控体系，医疗机构成立质控科（质控小组），定期开展医疗护理质量检查、分析讲评，强化与落实会诊、危重病人抢救、值班交接班、护理安全管理和护理分级等医疗护理核心制度，医疗质量明显提升。加强药品管理，严格落实特殊药品“五专”（专人、专柜、专锁、专账、专用处方）管理制度，抗菌药物临床合理应用能力得到提高，精麻药品管理得到加强。强化医院感染控制，进一步规范手术室、供应室等重点部门建设和管理，指导与督促县三人民医院、武潭中心卫生院、修山镇卫生院等单位完成治疗室、供应室及手术室等相关部门建设与改造，无重大医院感染事件和责任医疗事故发生。

中医药工作。成功创建国家基层中医药工作先进单位。益阳市中医骨伤科质量控制中心在县中医院挂牌，并承办益阳市第一届二次骨科学术年会。县中医院骨伤科被确定为省级重点专科，康复科被确定为市级重点专科。省级科研课题“疗伤愈筋汤离子导入给药结合甘露醇冲击疗法对创伤软组织肿胀临床疗效研究”结题，骨伤科成功申报“体针治疗老年患者髋关节置换术后谵妄的临床疗效观察”省级重点科研课题。开展“名老中医、名中医及优秀青年中医”评选活动。启动中药资源普查工作，成功举办湖南省第三批中药资源普查项目第一期技术培训班。争取全国基层中医药适宜技术服务能力建设项目，灰山港中心卫生院和武潭中心卫生院为项目单位。

疾病控制管理。以“预防接种规范管理年”为契机，加强接种门诊建设和日常预防接种工作管理，开展免疫规划巩固行动、麻疹类疫苗强化免疫、入托入学儿童预防接种证查验和2次接种率调查，11种扩大免疫疫苗（卡介苗、乙肝疫苗、脊灰疫苗、无细胞百白破、白破疫苗、A群流脑疫苗、A+C流脑疫苗、麻风疫苗、麻腮风疫苗、乙脑疫苗、甲肝疫苗）全程接种率均达到90%以上。加强传染病管理，全年报告法定传染病6175例。开展手足口病、狂犬病、人感染禽流感等重点传染病的管理。加强艾滋病、结核病等重大传染病防控工作，新发现报告艾滋病感染者40例，免费CD4检测122人、病毒载量检测66人、抗病毒治疗97人、自愿咨询检测577人，报告可疑结核病人2360例，管理和免费治疗结核病患者671人，完成“十二五”结核病防治管理项目终期评估。积极开展卫生检验、检测工作以及慢性病、地方病、寄生虫病、职业病等防治工作。全县各医疗机构组织开展健康咨询活动147场次，健康教育讲座196场，更新宣传栏188期次，发放各种宣传资料200余种20余万份，健康教育知识知晓率达到85%以上。

妇幼保健。成功创建“国家级妇幼健康优质服务示范县”和“儿童保健服务合格县”。进一步建立健全和规范全县妇女保健、儿童保健网络，建立儿童保健门诊。全面启动地中海贫血筛查工作，机构覆盖率和目标人群血常规检查率均达到100%。未发生孕产妇死亡，剖宫产率为46.35%，较2014年下降1.94个百分点。婚前医学检查率91.24%，产前健康检查率99.96%，叶酸服用率94.36%。5岁以下儿童死亡率4.44‰，3岁以下儿童系统管理率85.39%，7岁以下儿童健康管理率87.09%。新生儿疾病筛查率96.23%，新生儿听力筛查率92.10%。桃花江镇、高桥乡、浮邱山乡、鲊埠回族乡、沾溪镇等5个乡镇相继开展妇女病普查普治工作，完成妇女病普查61690人次和农村妇女宫颈癌筛查23655人次，妇女病普查率达86.4%。

卫生监督。重点强化医疗执业监督，全年开展医疗机构医疗执业督查2次，查处无证行医及其他违反卫生法律法规案件42起（私诊私药案件3起，涉及医务人员4人），发出通报2期、卫生监督整改意见书400余份。对全县169所中小学校卫生工作进行专项监督检查和水质采样检测2次，对77家水样不合格学校进行复查。制定《桃江县农村安全饮水工程饮用水卫生监督监测工作实施方案》，对全县102家（投入使用92家、在建10家）农村饮用水安全工程供水单位进行卫生监督与水质监测并建立台账，监测采集水样161个，其中合格的有5个，合格率为3.11%。有序推进依法行政，全年未出现卫生执法人员失职、渎职行为和行政复议撤销案件及行政诉讼败诉案件。有效开展传染病防治工作和公共场所专项整治，对全县566家公共场所实施有效监督，覆盖率达100%，发证率为95%，从业人员持证率90%以上，其中立案查处9家，指导新办证95家。对289家公共场所卫生信誉度等级进行评定。

卫生应急。开展卫生应急宣传，配合县应急办开展由各乡镇和党政机关分管领导、应急办主任参加的卫生应急知识培训，协调并完善食品安全职能调整后的突发公卫事件处置应急机制，及时处置未定级突发公共卫生事件10起，处置预警信息171条，预警处置率100%，确保卫生应急信息畅通、准确，疫情处置科学、规范、及时，无重大突发公共卫生事件发生。

食品安全风险监测与创卫。制定《桃江县2015年食品安全风险监测工作方案》，完成食源性致病菌常规监测35批次、化学性污染物监测45批次，监测食源性疾病人数135人次，顺利完成省、市下达的食品安全风险监测任务。制定《桃江县卫生局2015年创建省级卫生县城工作方案》，明确重点工作任务与标准，与县城各医疗卫生单位签订责任状，将督查结果纳入二级机构领导班子绩效考核内容，加强督查、考核，严格奖惩，圆满完成县创卫指挥部下达的各项工作任务。（胡浩良）

【县级公立医院改革全面启动】 4月1日起，县人民医院、县中医院、县肿瘤医院（7月1日并入县人民医院）、县精神病医院、桃花江中心医院、县第三人民医院、桃江县中西结合医院等7家县级公立医院取消药品加成与调整医疗服务价格，全面启动综合改革，各项政策执行到位。

【鸬鹚渡镇卫生院获殊荣】 鸬鹚渡镇卫生院因功能定位明确、管理规范、服务水平高、医改任务落实较好、群众满意度较高荣获全国“2014—2015年度群众满意的乡镇卫生院”称号，益阳市仅有2个乡镇卫生院获此殊荣。

【中医药工作获全国先进】 全国209个（区）县市获得“全国基层中医药工作先进单位”荣誉称号，益阳市仅桃江县获此殊荣。该奖项的评选是国家中医药管理局唯一保留的先进评选项目，是国家中医药管理局授予市、县政府在中医药工作方面的最高荣誉。

县红十字会

【领导人名录】

会长	戴朝
常务副会长	廖文华
副会长	周弟初
秘书长	胡志胜

【概况】 县红十字会1989年成立以来一直挂靠县卫生局。2015年，根据上级有关精神，利用卫生、计生进行机构合并的契机，理顺管理体制，明确县红十字会独立设置，纳入群团组织序列管理。

红十字精神传播。组织红十字志愿者开展“5·8世界红十字日”“5·12防灾减灾日”“6·14世界献血者日”“9·12世界急救日”“12·1世界艾滋病日”等主题宣传，发放关于红十字知识与应急救护、无偿献血、艾滋病防治等宣传资料5500余份，接受群众咨询1500余人次。

救灾备灾。及时下发上级红十字会下拨的价值10万元的救灾大米，督促马迹塘镇张家坊村生命通道建设项目及时完工并上报资料，鲊埠回族乡卫生院公卫楼援建项目拨付资金余款10万元。6月2日与20日，桃江县先后遭受强降雨袭击。县红十字会及时与民政部门联系，先后到鸬鹚渡镇、大栗港镇、马迹塘镇、三堂街镇等乡镇实地了解灾情，并及时汇总上报灾情。6月15日，省红十字会副会长王广宇到鸬鹚渡镇、大栗港镇等地勘察灾情。

人道救助。春节前后开展“红十字博爱送万家”活动，向高桥乡、大栗港镇、桃花江镇等乡镇的特困群众发放人道救助现金、物资等近10万元，惠及130户困难家庭。协助4名白血病儿童申报“小天使基金”，获得救助资金12万元。接受上级红十字会转赠药品7万余元，由红十字冠名医院（县中医院）免费发放。开展“一进二访”活动，对大栗港镇筑金坝村30名贫困户逐一上门走访慰问，对其中25名贫困户发放夹克衫25件，对3名“一对一”帮扶对象提供力所能及的帮助。

应急救护知识培训。县委组织部、县委党校将应急救护知识培训纳入青干班、科干班等培训主体课程，对青干班、科干班学员进行应急救护知识培训。12月，会同教育部门对51名学校体卫老师进行红十字救护员培训。

无偿献血。将无偿献血工作纳入县对乡镇、部门的绩效考核，并会同各乡镇和县直各部门，继续强化宣传、搞好协调、强化督查、健全机制，无偿献血工作收到良好效果。参与无偿献血3875人次，为益阳市下达全县目标任务的99.38%。

人体器官（组织）捐献。年内实现公民逝世后角膜捐献1例。

（周弟初）

县人民医院

【领导人名录】

院　　长　张应枚

副 院 长　周　军（挂职,2015.11 止）

　　　　　罗健康　陈放初　傅梦牛

　　　　　钟　腊　陈新强　彭文芳

工会主席　邹金瓯

【概况】2015年，县人民医院设医院本部和肿瘤医院两个院区。有在职人员870人（含临聘230人），其中专业技术人员786人，正高职称7人，副高职称132人；开设病床1220张，开设临床科室29个，拥有省级重点专科建设项目3个、市级重点专科10个。配备有1.5T超导核磁共振、16排螺旋CT、各类腔镜、钬激光、大型生化自动分析仪，直线加速器、后装机等各类先进诊疗设备200多台（件）。

医疗业务指标稳中向好。坚持以病人为中心的服务理念，持续改进医疗质量、提高医疗安全和服务水平，未发生一起医疗事故，无重大群体性医疗纠纷。接诊门急诊病人204515人次，较2014年增加15071人次，增幅8%；接诊住院病人47180人次，比2014年增加4302人次，增幅10%；完成业务收入2.7亿元，比2014年增加1540万元，增幅7.5%。

医疗质量持续改进。以规范性业务大查房为抓手，对医疗质量等各环节进行查缺补漏，各项医务行为日趋规范。着力建章立制，制定医院《急危重症病人院内急救工作预案》等制度、标准和流程。医学知识和技能进一步夯实，先后开展以急救知识、心肺复苏为主题的医务人员三基理论知识竞赛和全院急救技能培训。严格落实医院感染管理制度，加大对医务人员院感知识的教育、培训及考核，有效预防和控制医院感染的发生。加强对抗菌药物合理使用的检查监督，全院住院患者抗菌药物使用率下降至58.7%。

优质服务纵深推进。多学科联动，进一步畅通“先救治、后缴费”的急诊绿色通道。门诊推行专科化管理，开设各科主任、副主任坐诊的8个专科诊室，增设护理单元，诊疗质量得到有效提升。进一步优化就诊流程，各窗口部位实行弹性派班，切实改善人民群众看病就医体验。创新优质护理服务，开展“规范化礼仪服务表演”竞赛，制定医院《特殊部位护理管理规范》，专科护理小组模式取得实效。加强医疗投诉接待、舆情处置工作，各种投诉均在第一时间得到处理。

学科建设喜结硕果。按照县委、县政府决定，原县肿瘤医院并入县人民医院，两院实行统一经营、统一管理、统一核算和统一分配，改变医院肿瘤科长期缺失的问题。涵盖120、急诊科、重症监护室为一体的重症医学科完成开科准备。新生儿科、介入专科积极筹建，项目进展顺利。在继续抓好9个市级重点专科建设的基础上，遴选、申报8个省级重点专科并取得突破性进展，其中普通外科、儿科、护理3个学科被省卫计委确定为湖南省县级医院临床重点专科建设项目。

人才队伍建设不断加强。注重人才队伍培养，选派76名专业骨干赴省级医院参加短期学习或跟班轮训。年内新增高级职称考核评审正高4人、副高10人，引进各类医学专业人才23人（其中研究生5人），遴选8人参加全科医生培训，通过执业医师考核11人，发表学术论文28篇。

对口合作成效凸显。年内与省人医合作任务基本完成，轮换博士专家按时到位，指导开展县域适宜新技术23项。设立省人医首席专家门诊，由省人医选派各科室主任、副主任以上专家每月双周四到院开展医疗巡诊，让群众足不出县，在家门口就能享受到省级三甲医院优质诊疗服务。开通省人医远程会诊、教学系统，集团总院专家来院进行学术讲座、手术示教和疑难病例会诊渐成常态，营造医院良好学术氛围。

创新管理工作不断突破。聘请专业管理团队，制定并实施与医改相适应，以科室成本控制、工作效率、工作质量、服务考核为重点的新绩效分配方案，充分调动干职工的工作积极性。正式挂牌长沙医学院附属医院，成立内、外、妇、儿四个教研室；通过竞选，医院以常务副院长罗健康为首的57名医卫技人员被院校聘为相应的高教系列专业技术职务，每年承担学院100余名大四学生的临床见习和教学工作。引进QCC循环管理、品管圈等先进管理理念，护理部选送的“大雁圈”参加第一届潇湘护理国际论坛获评优胜奖。

作风建设持续加强。严格按照中央、省、市、县作风建设各项规定，强化对上班纪律、限宴令、限娱令、公务用车、公务接待等各项规定的落实。认真落实党风廉政建设和廉洁风险防控机制，对医院重大事项、重大决策建立院班子成员、院办公会成员联席签名及存档备查制度。完善医务人员医德医风档案并严格进行督查，医务人员所受各项奖惩事由都记入医德档案，并将考核结论作为年度评优评先、晋职晋升、执业注册等的重要依据。全院上下形成自觉抵制红包、回扣的良好医风，拒收红包3万余元，无违法违纪案件发生。

公立医院主体作用充分发挥。严格按政策启动以药品零差率销售、调整医疗服务价格为主要内容的县级公立医院综合改革，即药品（中药饮片除外）取消加成，实行零差率销售；降低磁共振、CT等部分大型医疗设备检查价格10%，年内让利患者190余万元。同时对应医改，开展创新管理改革，落实各项便民惠民举措。积极开展对口支援和扶贫工作，对口帮扶修山镇卫生院，无缝对接基层医院下沉优质医疗资源；精准扶贫鲊埠回族乡大水田村，开展送医送药下乡义诊4次。完成县政府指令性保健任务20余次，全院干部职工无偿献血1.84万毫升。代表益阳市接受国家、省、市卫计委有关对口帮扶、医院管理、平安医院建设等专项工作督查，赢得各级领导赞誉。顺利通过湖南省爱婴医院复核、省级创卫工作验收，协助完成“全国基层中医药工作先进单位”创建工作。高质量承办省级麻醉、肾病专科学术年会和县级护理管理干部培训班。（邹令纯）

【合并县肿瘤医院】 根据国家医改政策和《桃江县医疗机构设置规划（2015—2020年）》有关要求，提请县委第11次常委会议研究决定，7月1日，县肿瘤医并入县人民医院，两院人、财、物实行统一经营、统一核算、统一管理、统一分配。通过资源整合，弥补县人民医院肿瘤科室缺失的现状，开启县人民医院一院多点、多学科齐头并进的发展新格局。

【挂牌长沙医学院附属医院】 8月31日，县人民医院与长沙医学院签订合作框架协议。根据协议，县人民医院每年接受长沙医学院本科临床医学专业学生80—120人的临床教学、60人左右的实习任务。长沙医学院在科研教学、人才培养、技术合作等方面加强与桃江医院的协作，并聘任县人民医院57名医卫技人员为相应的高教系列专业技术职务。

县中医院

【领导人名录】

院　　长　詹运开

副 院 长　张君亚　何　强

　　　　　陈建文　申红英

　　　　　陈放斌　张　毅

工会主席　薛卫兵

【概　况】 县中医院2015年有职工467人，离退休人员94人。其中，卫生专业技术人员403人，占职工总数86.3%；非专业技术人员占职工总数的13.7%；高级专业技术人员34人，中级专业技术人员107人，市级名老中医6人。研究生学历6人（其中2人在读），本科学历127人。有编制病床480张，实际开放病床500张，设有19个临床专科和5个医技科室，其中骨伤科为省级重点专科、国家级农村特色中医重点专科，康复科、颈肩腰腿痛专科、脑病科、肛肠科为市级重点专科。

公立医院改革。根据省、市统一部署与要求，桃江县中医院从4月1日起，取消药品加成，药品（中药饮片除外）实行零差率销售。医院4月—12月业务收入较2014年增长8%，其中医疗收入较2014年增长18%，药品收入较2014年下降8%，西成药较2014年下降25%。

医院管理。重视人才培养，建立和落实人才培养奖惩激励机制。制定《人才招聘及管理办法》《进修培训管理办法》，落实研究生年薪不低于8万元、给予安家费10万元的人才引进机制，招聘研究生5人，本科生6人。全年选送15名技术骨干进修，其中省外进修2人，省内进修13人。参加继续教育、学术交流88人次，其中省外短期培训7人次。医政股全年组织三基考试12次、业务学习12次；护理部组织业务学习14次28堂课，三基考试考核15次。选派2人参加住院医师规范化培训3年。强化落实医疗护理核心制度。深入落实医疗核心制度，重点突出在危重病人抢救制度、三级医师查房制度、疑难病历讨论制度、转诊转院制度。每月进行医政考核，对被考核科室每月检查1—2次，并根据医政绩效考核方案将整改措施及处罚措施落实到位。进一步完善医疗质量控制体系建设，全年归档病历1.31万份，基本消灭丙级病历，各科室均能做到出院病历7日归档。在入院记录中增加患者或家属签名，电子病历信息系统运行稳定。在全院临床科室100%覆盖优质护理服务的基础上，深化优质护理服务内涵，在门急诊、血透室、手术室、消毒供应中心等特殊部门深入推进优质护理服务。住院病人抗菌药物使用率为43%，使用强度32.2DDD；一类切口手术抗菌药物预防使用率从40%以上降到30%；全年门诊抗菌药物使用率9.3%。急诊抗菌药物使用率14.6%。强化医院感染控制与管理。无医院感染暴发事件发生，对医院各科室进行环境卫生学、消毒灭菌效果监测，采样

841份，合格率为96%；报告传染病例11种878例。处置医疗争议7起，赔偿23.02万元，无责任事故发生，并按《2015年医疗安全责任状》相关规定处罚到位。认真做好疾病防控、妇幼卫生与卫生应急工作，产前筛查、听力筛查、新生儿筛查、宫颈癌项目检查等妇幼卫生指标完成率符合要求，剖宫产率较2014年下降1%，没有无证接生的违规行为。

重点学科建设。深化与湘雅三医院、省中医附一的协作，全年邀请三甲医院教授手术指导、坐诊、学术讲座共71人次。正式加盟益阳市中心医院医疗集团并完成科室主任轮训工作。骨伤科与脑病科接受湖南省中医药管理局省级重点专科验收评估，骨伤科顺利通过评审，并接受国家级中医特色优势重点专科验收。康复科顺利通过市级重点专科验收。

服务项目监督责任。加强对乡镇卫生院和村卫生室中医药技术帮扶指导和人员培训，发挥中医医疗中心和农村三级中医药服务网络牵头作用。对全县15所乡镇卫生院、近105个村卫生室的中医药服务能力进行巡视与指导，为每个乡镇制定了操作性强、切实可行的实施方案，使基层公卫人员熟悉建档程序。全县共建立0岁～3岁儿童中医健康管理档案26148人次，开展0岁～3岁儿童中医调养19016人次；建立65岁以上人群中医健康管理档案72075人次，开展中医体质辨识45684人次；全县共建立Ⅱ型糖尿病中医指导档案14377份，中医辨识人数10776。4月，开展湖南省乡村医生中医药健康管理服务培训1次，培训288余人次，分别在三堂街、鸬鹚渡、修山、石牛江、牛田、高桥、6个乡镇进行中医药健康管理培训，中医药健康管理服务目标人群覆盖率达到30%。

开源节流增效。争取国家和省内项目资金46万元，接收公立医院改革拨款141.6万元；公务接待费较2014年下降9%。年末净资产2440万元,资产负债率为79%。门(急)诊9.9万人次，较2014年同期增长17.1%；出院病人13970人次，较2014年同期增长4.3%；业务收入8067万元，较2014年同期增长6%；药品收入2988万元，占医疗收入比例37%，较2014年同期下降2个百分点。

便民惠民服务。做好对口支援牛田中心卫生院、鲊埠卫生院工作，每周六派专家进行业务查房达39次，不定期进行中医药健康管理指导以及中医适宜技术指导，捐赠鲊埠卫生院原值近20万元的彩超设备。深入开展下乡进社区志愿服务活动，开展义诊4次，惠及群众635人次，发放红十字急救资料500余份，发放健康宣传资料5种各1200份，免费TDS（数字中医健康体检系统）检测128人，组织全院干部职工无偿献血2次。按计划做好对口支援乡镇卫生院工作。深化与牛田镇中心医院对口支援工作，每周派遣医务人员至牛田镇中心卫生院进行临床业务及医政管理帮扶，并按县政府及县卫生局的指示完成相应的医疗援助任务。进一步推进与完善“先住院后付费”诊疗付费模式，受益人次5804人，受益人次占医保合管总住院人数的53.27%；总垫付费用1520万元，占住院费用的33.5%。（邱朝岚）

【代表湖南省接受检查】 3月26日，国家中医药管理局督导专家抵达桃江，对桃江县中医院“国家级农村医疗机构中医特色优势重点专科”——骨伤科建设项目进行督导考察。县中医院骨伤科住院人次、门诊人次、业务收入、床位数及床位使用率不断提高，日均费用逐步降低，科研学术水平稳步提升，社会效益与经济效益明显，顺利通过国家中医药管理局的督导检查。

【中药资源普查项目积极推进】 4月1日—3日，湖南省中医药管理局在桃江举办湖南省第三批中药资源普查项目县技术培训班。省中医药研究院副书记、省中药资源普查专家委员会主任秦裕辉，省中医药管理局综合处处长肖文明及数位中药资源普查委员会的专家参加开班仪式，县人大常委会副主任吴小玲、县卫生局局长吴建军出席开班仪式。县中医院作为省第三批中药资源普查项目实施单位，于4月启动全县中药资源普查工作，积极采集标本900份，制作腊叶标本650份，完成样地调查33个，采集中药重点药材品种达84种。完成两个中药材市场和桃江县栽培的4个中药基地的调查。

【詹运开获省级荣誉】 4月30日，湖南省庆祝“五一”国际劳动节暨表彰劳动模范和先进工作者大会在长沙举行，县中医院院长詹运开被授予湖南省先进工作者荣誉称号。

【李海燕陪智障儿童过六一】 6月1日，县中医院康复科智障康复区护士李海燕自筹资金5000元，为医院康复科患有脑瘫、唐氏综合症、偏瘫、智力低下的30名智障儿童购买小椅子、小推车、小单车、餐椅和新衣服，陪智障孩子度过开心快乐的节日。

【争创全国基层中医药工作先进县】 县中医院充分发挥中医药特色优势，

不断提升软硬件实力，国家中医药特色优势重点专科骨伤科及市级重点专科颈肩腰腿痛科、脑病科、肛肠科、骨伤科等科室的名科、名医效益明显，医院中药使用比例、中医非药物治疗、中医科研课题的申报、中药制剂的研发和利用等，符合二甲中医医院的相关标准和要求。举办中医药适宜技术推广培训班，认真开展中医药公共卫生服务工作，扎实做好中药材普查工作，积极参与争创全国基层中医药工作先进县创建工作。5月，顺利通过湖南省中医药管理局验收。8月，顺利通过国家中医药管理局验收。

【市第一届二次骨科学术会在桃江召开】 10月18日，由益阳市医学会骨科学分会主办，桃江县人民医院、桃江县中医院承办的益阳市第一届二次骨科学术会在华美达酒店圆满落幕，来自省、市、县的200余名骨科专家、骨科专业人员参加会议。

【县内省级重点专科零突破】 10月22日，湖南省中医药管理局组织专家对桃江县中医院骨伤科创建省级重点中医专科进行评审验收。专家一致认为该科人才结构合理，中医药特色优势鲜明，在同级医院处于领先地位，评审通过省级重点专科验收。桃江县省级重点专科实现零突破。

【加盟市中心医院医疗集团】 10月26日，益阳市中心医院医疗集团桃江县中医院揭牌仪式在桃江县中医院举行，桃江县中医院正式加盟益阳市中心医院医疗集团，与益阳市中心医院开展深度对口合作，实现县内群众在家门口享受三甲医院的医疗服务。益阳市中心医院院长曾跃红、桃江县副县长戴朝一同揭牌。

卫生监督

【县卫生监督所领导人名录】

所　长　刘新跃

副所长　李　强　钟　锋

　　　　范志兵　刘红高

【概况】 县卫生局卫生监督所为参照公务员管理副科级事业单位，隶属县卫生局管理，内设办公室、政务服务股、场所监督股、医疗执业监督股、传染病职业卫生监督股、稽查股共6个股室。2015年有干部职工29人、退休人员8人。2015年，县卫生监督所全面履行职责，各项工作取得较好的成绩，被评为全市卫生法制与监督工作先进单位，获县卫生系统班子成员绩效考核一等奖，全年无卫生监督执法投诉举报，无行政复议撤销和行政诉讼败诉案，未发生饮用水等突发公共卫生事件。

卫生行政许可和处罚。全年许可受理、审核、办结各类办件1020件，办结率达100%。行政执法作出处罚决定的有52个，申请强制执行2个。及时处置信访投诉举报事件24起，落实率达100%。

医疗执业监管。对24家乡镇、县直与民营医疗机构开展专项检查2次，对317家医疗机构开展消毒效果监督检查1次，对医疗广告开展监督检查2次并通报、督促整改、移送6家，对22家放射诊疗机构开展专项监督检查1次，对桃江绿十字单采血浆站开展监督检查4次，从严打击违法行医，共立案查处作出处罚决定36个。

卫生监督。对7家城镇集中式供水单位进行专项督查。全面开展农村安全饮水工程饮用水卫生监督监测，专项检查102家，并将监督监测情况进行通报。对全县169所中小学校、150家托幼机构进行专项督查并发出情况通报，对其中有问题的学校责令进行整改并复查，对其中问题严重的五家学校的负责人进行约谈。未发生学校、幼儿园传染病和饮用水卫生突发事件。开展传染病防控专项督查2次，对消毒产品经营单位开展专项监督检查1次并立案查处5家，对3家餐具消毒公司监督检查4次，对医疗废物处置情况开展全面检查，行政处罚问题单位20家。加强全县公共场所卫生监督，覆盖率达100%，发证率达95%，从业人员持证率达90%以上。立案查处10家，现场评审和指导监测办证95家，评定、通报、公示卫生信誉度等级单位289家，对高考和“两会”等特殊时期的住宿点进行全程指导与监督。

协管服务与创卫工作。组织对协管服务工作进行指导督查4次，对协管员进行集中业务培训3次。开展巡查3147户次，收集信息479户次，均及时进行处置。对县城368家创卫公共场所进行上门指导与严格监督，顺利通过各级评审验收。

发布卫生预警信息。更新和完善8类33组监督服务对象手机号1085个，在创卫、高考、两会、传统节日、汛期、开学期间分别对相应负责人发布预警信息7批次。

宣传报道。在国家、省卫生监督信息2个系统内，均录入卫生许可、卫生监督、卫生监测、量化分级、行政处罚等信息；及时更新桃江卫生监督信息网，并在市卫计网和县公众信息网分别发布卫生监督信息7篇和32篇（含内网），在《益阳日报》上发表新闻报道2篇。　（李浩兵）

【职业病防治法宣传】4月27—28日，县卫生监督所联合县安监局、县疾控中心等单位，到工厂聚集的桃花江、鲊埠、三堂街等乡镇进行职业病防治巡回宣传。通过组织木厂、胶板厂等企业的负责人及劳动者召开座谈会，发放职业防治宣传教育资料，宣讲职业病防治相关法规政策、职业病的危害及预防知识。座谈会后对参会人员进行职业病防治知识测试。

【梅敏亚调研餐饮具集中消毒公司】5月26日，市政协副主席梅敏亚到桃江县春来消毒服务公司、桃江县餐餐洁消毒服务公司进行调研。先后了解餐饮具消毒制作流程、污水处置等情况，公司运行状况以及当前存在的问题和对餐饮具集中消毒监管工作的意见和建议。县卫生监督所所长刘新跃及相关卫生监督员陪同调研。

【卫生监督协管培训会议】7月9日，桃江县召开卫生监督协管培训会议，各乡镇（中心）卫生院分管副院长、卫生监督协管员等参加。会议由县卫生监督所所长刘新跃主持，局党组成员、工会主任薛红兵作重要讲话。会后，由县卫生监督所分管副所长钟锋和协管办公室主任高宇香分别授课培训，并进行闭卷考试。

【全市技能竞赛获奖】8月25日，市卫计委和市总工会联合举办全市卫生计生监督技能竞赛，有7个县市区代表队参加。比赛分医疗与传染病、公共卫生、职业与放射卫生、计划生育监督执法4个项目，每个项目包括闭卷理论考试、录相模拟执法和现场快速检测3个环节。比赛结束，桃江县代表队在4个项目竞赛中获得2个第一名、1个第二名、1个第三名，荣获团体一等奖，县卫生监督所代表高宇香、马俊纯成绩突出，获益阳市五一劳动奖章。

【农村饮用水卫生专项监督检查】8—9月，县卫生监督所组织开展农村饮水安全工程饮用水卫生监督专项检查，检查农村饮水安全工程102家，采集水样161个。针对发现的问题进行现场指导并出具《卫生监督意见书》，提出具体整改意见。

【市卫生监督所督查指导工作】9月21日，益阳市卫生监督所所长刘拥军到桃江督导检查打击非法行医、卫生监督信息报告、卫生监督员培训、卫生监督信息宣传报道、卫生监督能力建设项目等工作。检查人员在了解掌握各线各岗位工作的同时进行现场指导，指出存在问题，提出改进办法。

【代表益阳市接受全省评估】10月29日，县卫生监督所代表益阳市接受由常德市卫生计生监督机构人员组成的全省学校卫生监督工作评估组的评估。桃江县卫生监督所以学校卫生监督工作覆盖率高、监督频次高、问题单位督导整改“回头”率高、情况通报部门沟通多为特色，赢得了评估组的称赞，获全省学校卫生监督工作先进单位。

【网络培训成绩列全省前十】年底，湖南省卫生计生综合监督局通报137家卫生计生监督机构网络培训情况，对网络培训人均成绩名列全省前10位的单位进行通报表扬。桃江县卫生监督所荣列其中，为益阳市唯一获表扬的单位。

疾病预防控制

【县疾病预防控制中心领导人名录】

主　　任　文富强
副 主 任　符乃斌　钟庆林
　　　　　尹国良　刘志华
工会主席　赵　灿

【概况】县疾病预防控制中心核定编制66人，2015年，实有在职工作人员70人，离退休人员29人。

传染病管理。处置各种传染病预警信息176条，报告法定传染病6496例。做好重点传染病防治工作，报告手足口病3109例，比2014年（5339例）下降41.77%；报告狂犬病2例，暴露人群4845人，全程接种疫苗4844人，注射抗血清或免疫球蛋白522人；无1例人感染H7N9禽流感疑似病例报告。

卫生应急。调查处置卫生应急事件12起，其中水痘6起、手足口病2起，腹泻、上呼吸道感染、食源性疾病和流行性腮腺炎各1起，均未构成突发公共卫生事件级别。

免疫规划。完成冷链运转12次，下发免疫规划疫苗269165人份。完成AEFI调查和处置56例，儿童预防接种信息系统录入儿童信息7572条，对全县15个乡镇开展免疫规划督导2次、免疫规划巩固行动1次、接种率调查2次。报告麻疹疑似病例31例，确诊1例，外地报告麻疹疑似病例22例，确诊11例，及时进行个案调查、血样采集、咽拭子采集。开展8月龄至4岁儿童麻疹类疫苗强化免疫活动，摸底登记目标儿童31243人，实际接种疫苗30674人份。在全县163所托幼机构、156所小学开展入托、入学接种证查验工作，实际查验儿童数 17866 人。

卫生检验检测。检测医院消毒监测样品 888 个、微生物项目 4440 项，公共场所监测样品 629 个、微生物项目 664 项，餐具样品 131 个、微生物项目 231 项，水样（含农村安全饮水工程）924 个、微生物项目 1954 项、理化检验项目 14394 项，食品样 55 个，疾病监测样品（碘盐加二号病外环境疫源检索）420 个，污水样 54 个。

结核病项目管理。登记并接诊可疑结核病人 2396 例，转诊 948 例。初治涂阳免费治疗 262 人，涂阴免费治疗 390 人，复治涂阳免费治疗 28 人，涂阳病人治愈率为 85%。完成耐药监测培养 254 例，培阳共 45 例，完成耐多药筛查 144 例（任务数 125 例），发现耐多药患者 1 例。督导 11 轮次，访视病人 585 例。

艾滋病综合防治示范区项目。自愿咨询检测人数 577 人，发现艾滋病病人和感染者 40 例，全县累计报告艾滋病感染者和病人 220 例，存活 149 例，对其中 129 名进行 CD4 检测，对 66 名进行病毒载量检测。

慢性病、地方病、寄生虫病等防治工作。抽取居民户盐样 400 份，合格碘盐食用率 96%。抽取 200 名 8—10 岁儿童尿样，尿碘中位数为 198ug/ L，触诊法检查 200 名儿童，发现 1 名甲状腺 1 度以上肿大的儿童。燃煤污染型病区村合格改良炉灶率和炉（灶）正确使用率达 95% 以上，各村辣椒与玉米正确干燥率和正确保存率均达 95% 以上。人体重点寄生虫病现状共调查 600 人，镜检发现感染者 3 例，寄生虫病感染率为 0.6%。报告外地报本地疟疾病例 1 例、本地上报输入性疟疾疫情 1 例，完成疟原虫血检 468 人份，阳性 1 人。对桃花江镇半稼洲村和三堂街镇接龙桥村的目标人群开展重性精神疾病第一阶段流行病学调查，调查 302 户 880 人，发现异常线索 14 人。全县报告死亡病例 4795 例，死亡报告率为 668.36/10 万，对浮邱山、鸬鹚渡、松木塘等 3 个乡镇的 9 个行政村进行居民死亡病例漏报调查，调查 5830 户，漏报率为 30.2%。

职业病防治工作。全县体检 1864 人，发现并上报疑似职业病 80 人，占 4.3%，职业禁忌症 4 人，占 0.2%，观察对象 36 人，占 7.1%。

健康教育与健康促进工作。全年组织开展主题宣传日活动 12 次，完成健康教育讲座 12 次，接受健康教育咨询 24 次，编写健康教育宣传栏 8 期。（邹波涌）

【全国健康素养与烟草流行监测项目完成】 10 月 20 日至 12 月 18 日，县疾病预防控制中心在牛田、灰山港、大栗港等 3 个乡镇圆满完成全国健康素养与烟草流行监测项目工作，并顺利通过省级现场验收评审。

【县农村饮水安全水质检测中心挂牌成立】 11 月 18 日，县农村饮水安全水质检测中心在县疾病预防控制中心挂牌成立，其主要职责是对全县农村饮水供水单位的水源地、出厂水、末梢水的水质进行监测。对全县 9 个乡镇 18 个农村饮水安全工程进行抽样检测，采集样品 74 个，其中合格样品 36 个，合格率为 48.6%。

妇幼保健

【县妇幼保健院领导人名录】

院　　长　孙习斌

副 院 长　高　翔　吴立新
　　　　　谢爱英　刘建成

工会主席　熊丽辉

院长助理　熊锦宏

【概况】 2015 年，县妇幼保健院有在岗人员 144 人，其中编制人员 54 人（核定编制数 86 人），借调 28 人（等同编制人员），自主招聘 62 人；卫生专业技术人员 126 人，占全院总人数的 88%，专业技术人员中高级职称 9 人、中级职称 37 人；医师 54 人、护士 55 人、医技 17 人、保健人员 39 人。开设妇科、产科、内儿科、新生儿科、不孕专科、乳腺专科、优生优育科、儿童保健科、妇女保健科、皮肤性病科、妇女病普查中心和婚前医学检查中心等 16 个职能科室。

2015 年，县妇幼保健院进一步建立健全“以保健为龙头、保健带临床、临床促保健”的工作格局，充分发挥全县妇幼卫生工作龙头作用，成功创建国家级妇幼健康优质服务示范县和儿童保健服务合格县，并通过中国妇女发展基金会“伊爱基金”举办的“流产后关爱门诊”服务建设的初评。

医疗卫生服务。医院固定资产总额为 1366 万元，业务用房 5600 平方米，设备总值 275 万元。医疗业务总收入 1851 万元，比 2014 年增加 209 万元，增幅为 12.7 %。接诊病人 34702 人次，其中门诊 30965 人次，门诊无痛人流 923 人次，利普刀 207 人；住院总人数 3737 人次，住院部二类手术以上 1173 例，镇痛分娩 26 例，无菌手术切口甲级愈合率 100%；抢救危重病人 30 多人次，成功率 96%；病历合格率 100%。

产科建设和孕产妇保健。狠抓产科硬件设施建设和制度建设，孕产妇系统管理得到进一步规范。无孕产妇死亡。高危孕产妇管理率达100%，筛出率为20.05%，高危孕产妇住院分娩率100%，剖宫产率46.35%。孕产妇建卡率98.66%，健康档案建档率97.89%，孕产妇系统管理率94.43%，产前健康检查率99.96%，产后访视率94.75%。孕产妇住院分娩率99.95%，产前筛查率60.14%，叶酸服用率94.36%，孕产妇艾滋病、梅毒、乙肝孕28周检测率91.93%。

妇幼保健项目。继续实施农村孕产妇住院分娩补助项目，启动农村孕产妇住院分娩基本医疗全免费。项目补助8177人，补助金额251万元。稳步实施叶酸增补和免费婚前医学检查，婚前医学检查率91.24%。全面实施艾滋病、梅毒、乙肝母婴阻断项目，降低母婴传播发生率。大力实施农村妇女病普查普治和宫颈癌免费筛查，普查率达86.40%。

儿童保健工作。5岁以下儿童死亡率4.44‰，体弱儿童管理率100%，3岁以下儿童系统管理率85.39%，7岁以下儿童健康管理率87.09%。突出做好“三筛”（听力筛查、新生儿疾病筛查、产前筛查）工作。全县8家听力筛查单位筛查质量有较大提高，筛查8069人，筛查率92.1%。启动新生儿疾病筛查信息系统，筛查管理工作逐步规范，全年新生儿疾病筛查8476人，筛查率96.74%。全年产前筛查5894人，筛查率60.14%。

其它工作。加强全县妇幼队伍培训，举办妇幼专干、儿保专干培训班6期，开展院内理论培训12次、操作培训2次，选送儿保医师、护士各两名，妇产科医师、麻醉医师各一名赴上级医院进修。同时自主招聘护士6人，实现编外聘用人员社保与公积金缴纳全覆盖。在全县率先开启孕妇营养检测仪与婴幼儿情景式运动功能训练中心。大力创建平安医院，实施社会办事公开承诺。从4月1日起，全面推进县级公立医院改革。坚持执行督导与考核制度，按照年初制定的考核细则逐项落实，分别开展季度督查、半年度考核及重大公共卫生项目督查。

存在的困难与问题：产科在全县领头地位还不明显，妇科、儿科、儿童保健业务距离发展的目标仍有较大差距；专家骨干、高学历人才和既擅长管理又精于业务的学科带头人不足，人才梯队建设任务异常繁重；地理位置不佳，交通不便，场地狭小，无法适应群众医疗保健需求与社会形势发展；自身造血能力不强，业务收入在益阳市县级妇保院中仍处于中下游水平；乡镇保健人员仍不稳定，专业素质不高、业务能力不强；村级网底不牢，专业素质亟待提高，许多基础工作尚未得到有效落实；儿童保健工作起步晚，儿童保健专业技术人员非常缺乏。（刘　蓓）

城乡医疗保险

【县城乡居民基本医疗保险基金管理中心领导人名录】

主　　任　陈世夫
副主任、纪检员　胡驭虹
副　主　任　刘佩君　罗锦云
工会主席　符放纯

【概况】 县城乡居民基本医疗保险基金管理中心2015年1月1日起划归县人社局管理，是参照公务员管理事业单位，核定编制18人，2015年在编17人。内设综合股、计划财务股、审核股、稽查股。2015年，有县内定点医疗机构33家，市级定点医疗机构19家，省级定点医疗机构25家，定点村卫生室294家，协议零售药店88家。

补偿政策。桃江县统一实施城乡居民医保补偿政策，以惠民为出发点，按就高不就低的原则调整和规范补偿方案。意外伤害住院补偿比例按医疗机构级别由2014年的25%~55%提高到2015年的30%~60%，其中市、省级定点医院分别提高15、11个百分点，住院最高补偿封顶线由2万元提高到4万元。普通门诊家庭帐户资金由20元/年/人提高到30元/年/人。从7月份起，住院补偿封顶线从原来的12万元提高至15万元。新增大病二次补偿政策，于11月份正式实施。对符合计划生育政策规定的参保城镇孕产妇，实行基本医疗费全免，对未享受财政定额补助300元部分由医保基金足额支付。

基金运行情况。全县有771336名城乡居民参加城乡居民基本医疗保险，参保率98.43%。各级财政补助标准为380元/人，筹集资金36539.65万元。其中城乡居民个人缴费6942.02万元，政府资金收入29336.97万元（含2016年预拨款26万元），利息收入260.66万元。2015年，城乡居民医保1098977人次，统筹基金补助35486.66万元。其中：住院统筹基金补助23205.57万元，门诊统筹基金支出12281.09万元；提取风险基金1000万元，占年度筹资总额的2.76%，累计提取风险基金4200万元，占当年度筹资总额的11.59%，符合上级政策规定。基金结余1051.11万元，使用率为97.87%，加上以前年度新农合结余资金

5628.05万元和城镇居民医保基金结余资金2244.92万元，累计结余基金8924.08万元，医保基金运行整体安全。

定点医疗机构监管。出台《桃江县城乡居民基本医疗保险稽查审核实施办法》，对定点医疗机构、协议零售药店存在的各种违规行为进行严格规范，建立医疗保险稽查审核的长效机制。通过采取明查暗访、听汇报、查资料及走访群众的方式，不定时稽查各定点医疗机构存在的违规行为。走访住院患者200余户，电话回访住院患者100余人，抽查病历2000余份，扣减定点医疗机构违规补助70余万元，暂停居民医保定点医院资格1家，停止或暂停居民医保处方资格2人，多名管理和医务人员被录入诚信档案。对超标单位采取多轮督查、扣减超标金额、约谈负责人的方式予以重点监管。

存在的困难和问题：参保城乡居民住院费用增长过快，增加了基金风险，影响参保人员实际受益率；医改难以到位，过度检查、过度治疗、不合理收费现象增多，诊疗行为的主观性较强，导致监管难度加大。

（汪赛兰）

【城镇参保居民医疗卡及时发放】 对新参保的城镇居民，在核实身份信息后，以个人为单位，于3月初以前统一发放城乡居民医保卡4.22万张，确保城镇居民及时凭卡治疗、购药。

【意外伤害住院补偿】 4月1日起，桃江县城乡居民意外伤害住院补偿服务由平安养老保险股份有限公司益阳中心支公司承办。至12月止，保险公司受理报案5526人次，已赔付3918人次，拒付1819人次，总补偿费用776.97万元，实际补偿比例为28.71%，比2014年同期增长5.5个百分点。

【大病保险补偿】 11月3日，桃江县实行城乡居民大病保险补偿，由平安养老保险股份有限公司益阳中心支公司、中国人寿保险股份有限公司益阳分公司具体承办。凡从1月1日起在各级各类医院住院的大病患者，个人累计自负合规医疗费用超过1.3万元者均可享受大病保险，纳入报销范围的合规医疗费用最高额度为20万元。至12月31日，大病保险共补偿1725人次，两家保险公司累计补偿1247.85万元。

【统一实施城乡居民医保筹资政策】 桃江县继续坚持城乡居民自愿参保原则，实施委托代缴+收取现金筹资模式，实际参保人数为771336人，其中农村居民参保729101人，城镇居民参保42235人，参保率98.43%，比省定任务高出3.43个百分点。城乡居民个人按90元标准筹资，筹集资金6942.02万元。

创卫工作

【县创建办领导人名录】

主　任　杨松柏

副主任　胡新辉　邹　辉

【概况】 县创建办内设办公室、爱卫股、城镇管理股，定编7个，现有工作人员6人。2015年，创建办坚持以科学发展观为统领，大力开展爱国卫生运动，不断提升市民素质和城市文明程度，顺利完成全年工作目标，成功创建“湖南省卫生县城”。

宣传教育。通过大型广告牌、显示屏、温馨提示牌、宣传栏等载体大力开展社会宣传，形成点线面相结合、横向到边纵向到底的宣传格局。城区东、西出入口和金盆大道等主要出入口及沿线醒目位置均设置大型创卫公益宣传牌和横幅。主要街区均设有大型广告及创卫宣传墙，各单位、社区均设置健康教育宣传栏。完善振兴路两侧、县七中、县体育局、县老干部局围墙上的“创卫”宣传内容，形成通往沿江风光带的宣传走廊。在《益阳日报·魅力桃江》、桃江公众信息网、桃江广播电视台等新闻媒体进行“创卫”专题报道，印发《创卫一周点评》简报39期，在县电视台开设“创卫进行时”“创卫视野”“健康教育谈”“创卫曝光台”等栏目，高密度、多视角、深层次的宣传创卫工作。通过专题、专版开展创卫宣传，做好创卫的专题报道和深度报道，播发刊发创卫新闻1000多条，推出专版35个，电视播出新闻100多条，形成浓厚的创卫氛围。开展以创卫为主题的电视问政，进一步提高部门的责任感和紧迫感，推动热点难点问题的解决。印制《爱国卫生工作资料汇编》1万份、连环画《美我家园·共享幸福》2万份。通过社区、农贸市场、窗口行业创卫竞赛、卫生家庭评比等载体，激发各行各业参与创卫的热情。通过领导联系社区、部门包路段等制度，建立全民参与创卫的常态化机制。广泛发动工青妇志愿者参与创卫，开展卫生大扫除、清理卫生死角、发放宣传资料等活动。引导市民革除陋习，养成良好的卫生文明习惯。

秩序整治。结合社区共建和社区单位结对帮扶工作，全面开展“六乱”攻坚工作，各社区、城中村和城郊结合部对区域范围内的卫生死角、积存垃圾、私搭乱建、乱堆乱放、乱拉乱挂、乱涂乱画、占道经营等进行全方位的整治，成效明显。清理乱堆放315处（点），清运垃圾12196吨，城区主次街道及背街小巷环境卫生基本达标。制定《农贸市场、马路市场攻坚整治方案》，对马路市场进行专项攻坚整治。完成物质大院马路市场、振华马路市场、近桃路马路市场整治工作，城区范围内马路市场全部取缔。小餐饮整治顺利推进，执证率明显提升。县食药局牵头整合药监系统力量，分成6个大组开展地毯式排摸，全力开展集中整治，并实行网格化管理。大力推进示范街创建，建成1条餐饮服务食品安全示范街。组织县城管执法局、县交通运输局、县交警大队多次开展市容、交通秩序联合整治，采取抓重点、突难点，教育与重处相结合等方法，对占道经营、乱停乱靠、非法营运、超载等行为进行严厉打击。规范芙蓉路、滨江路、湘运车站部分街道（区域）的招牌设置。拆除100余处非法墙体广告。完善道路标志标线标牌、交通信号灯、电子警察。集中整治漫洒摊等严重占道行为，取得明显效果。

市场建设。坚持常态督导，针对省专家组来桃暗访农贸市场暴露出的问题和薄弱环节，为加强农贸市场日常监督管理，严格执行责任追究和定人定岗制度。坚持做到对照创卫标准及时发现问题，及时下达整改通知，形成常态化督查，突出重点整改。切实抓好农贸市场市场秩序，整治乱搭乱建、乱摆乱停、乱涂乱写、乱牵乱挂等行为；切实抓好市场卫生，场内卫生，基本实现“摊点垃圾自清，市场全天保洁”“交易不散、保洁不断、随脏随扫、垃圾日产日清，垃圾实行袋装化”的总体要求；切实整治市场周边环境；按照设施标准化、管理制度化、服务规范化的要求，功能分区较明显，市场的“三防”设施进行完善。对张家码头市场周边秩序采取社会化辅助性外包，取得明显成效。对农贸市场进行专项督查，对农贸市场路面破损、垃圾乱堆乱放、排水设施不畅、水产区污水横流、车辆乱停乱放、公厕不符合标准，现场下达整改通知单，要求农贸市场采取有效措施，明确整改时限，扎扎实实把整改工作落实到位。经督导，市场路面已硬化，排水管道重新铺设完结，农贸市场得到改造提升。通过进一步完善硬件设施，城区农贸市场对标找差，重点整改，提升农贸市场创卫工作长效管理水平。

除“四害”工作。健全组织网络，较好地构建县、镇（县直单位）、社区三级联动、部门协调、条块结合、职责分明的除“四害”组织网络体系。大力宣传发动，营造灭鼠、灭蟑、灭蝇、灭蚊工作声势。普及除“四害”知识。县创卫办、县疾病预防控制中心利用电视、各种会议、广播、小册子等多种形式进行宣传发动，宣传灭鼠、灭蟑科学防制知识，提高全民的除害防病意识。卫生部门开展老鼠、蟑螂常规密度监测，进行鼠类栖息地调查、鼠密度和种群调查、鼠类本底调查，掌握鼠类种类、季节消长和栖息地分布等基本情况。加强日常保洁工作，对生活垃圾实行日产日清，有效杜绝老鼠的滋生场所，并对重点单位和行业，加大灭防力度。对餐饮业、集贸市场等单位进行重点整治，采取环境治理和专业药杀相结合的方法，因地制宜、集中人力、物力进行彻底消杀。加大资金投入，安排灭鼠资金40余万元用于灭鼠，防治效果明显。通过招标，与长沙长力有害生物防治有限公司签订合同，承包城区内除“四害”工作。经监测，均达到国家标准。

卫生村镇创建。3月份，县政府召开第3次常务会议，专题研究爱国卫生工作，会议明确2015—2020年爱卫工作的工作目标、工作重点、工作措施和工作要求。以城乡卫生创建为载体，着力改善环境，提高健康水平，全面促进经济社会的发展。制定奖励措施，对成功创建省级卫生镇、卫生村的分别奖励100万元、2万元。召开创建省（市）级卫生镇（村）动员大会，举办业务培训班，邀请市爱卫办副主任王朝晖、李炳南作创建卫生镇（村）及除“四害”业务知识讲座。发放《桃江县爱国卫生工作资料汇编》，以指导卫生镇（村）创建工作的开展。县城桃花江镇成功创建为省级卫生镇，马迹塘成功创建为市级卫生镇，鸬鹚渡镇大江村、鲊埠乡军功咀村创建为省级卫生村，牛田镇金凤山村、石牛江镇贺家村等20个村创建为市级卫生村。桃江县在全市卫生暗访检查中排名第一。（王义玲）

【全市爱卫工作会议在桃江召开】 3月3日，全市爱卫工作暨农村改厕工作推进会在桃江召开，会议对桃江的爱卫工作进行推介。市爱卫办主任黄焕斌出席，来自全市各区县（市）的创卫办主任参加会议，县爱卫办主任杨松柏在会上作典型经验介绍。

【创卫工作成效显著】 4月8—11日，县统计局受县创建办委托，开展“创建省级卫生县城市民满意度”调查。调查的对象为居民、街头过往行人和单位工作人员，发放调查问卷100份，收回有效调查问卷100份。调查结果显示，全县“创卫”知晓率为97%。比上次调查时提高1个百分点，市民对县城整体卫生状况的满意度为96%，比上次调查时上升1个百分点。

【省专家组到桃江进行考核鉴定】 4月15—17日，省专家组对桃江县创建省卫生县城工作进行考核鉴定。考核组认为，桃江县贯彻落实国务院关于进一步加强新时期爱国卫生工作的意见，扎实开展创建省级卫生县城活动，大力开展城乡环境卫生综合整治，解决社会关心的有关食品安全、卫生、秩序等热点难点问题，县城人民群众的生产生活环境质量和文明卫生意识得到提高，城区整体卫生水平达到《湖南省卫生县城标准》的要求，决定予以公示。

【创卫情况通报会召开】 5月5日，县创建办组织相关部门召开创卫情况通报会，县政协副主席任小琳主持会议，县委副书记向荣讲话。会议，通报省专家组考核鉴定情况，总记分为91.2分，认为桃江县城整体卫生状况基本达到《湖南省卫生县城标准》，同时针对健康教育、环境卫生、公共场所等方面存在的问题提出建议意见。

【荣获“湖南省卫生县城”称号】 7月8日，省爱卫会下发《关于授予桃江县“湖南省卫生县城”称号的决定》并授牌，桃江创“省卫”工作取得圆满成功。

【现场指导马迹塘创卫工作】 10月18日，县创建办主任杨松柏到马迹塘镇，检查指导创建省级卫生城镇工作。检查小组实地查看京华、易家坊、张家坊等3个创建村的情况，并对车站和“五小”（小餐馆、美容美发厅、宾馆招待所、洗浴足浴场所、歌厅网吧）门店的卫生秩序进行具体指导。检查组认为，马迹塘镇创建省级卫生城镇工作取得积极进展，在镇区道路交通秩序、环境卫生、门店卫生管理等方面，都有新的成效。

【获省、市级卫生镇（村）荣誉称号】 11月25日，湖南省爱国卫生运动委员会发出《关于授予长沙县白沙镇李家山社区等313个村（社区）“湖南省卫生村”称号的决定》，鸬鹚渡镇大江村、鲊埠乡军功咀村获评为省级卫生村。12月28日，益阳市爱国卫生运动委员会发出《关于授予赫山区兰溪镇等8个镇“益阳市卫生镇”称号的决定》，桃江县马迹塘镇获评为市级卫生镇。12月23日，益阳市爱国卫生运动委员会发出《关于授予资阳茈湖口镇邹家窖村等51个村“益阳市卫生村”称号的决定》，牛田镇金凤山村、石牛江镇贺家村获评为市级卫生村。

社会生活

民政事务

【县民政局领导人名录】

局　　长　李孝辉

副 局 长　张胜军　李　萍

　　　　　李锡辉

　　　　　曾学锋（兼纪检组长）

工会主任　刘山虎

【概况】 县民政局机关内设14个职能股室，下辖社会救助管理局、婚姻登记处、光荣院、殡仪馆、军干所、救助站6个事业单位，共有在职干部职工72人，全县15个乡镇、开发区配有专职（或兼职）民政干部59人。2015年，县民政局认真履行保障基本民生、创新社会管理、支持国防建设、强化社会服务的基本职能，使民政城乡社会救助体系基本完善，优抚保障体系逐步形成，社会管理创新不断拓展深化，社会福利事业快速发展，社会行政事务管理基本步入规范化、法制化轨道，民政部门自身建设得到加强和发展，为全县10万余名困难群众和优抚对象等特殊群体提供优质服务和保障工作。

基本民生持续改善。主动服务全面小康社会建设，大力实施民政精准扶贫战略，民生保障标准不断提高。深入开展以城乡低保、五保供养对象清理核查为主要内容的“阳光行动”，各乡镇按照申请家庭经济状况核对认定办法的规定进行入户调查、民主评议、公开公示，确保城乡低保、农村五保应保尽保、应退尽退。全县共保障农村低保对象19382户29916人，城市低保对象8231户11881人，五保供养对象7219人。城乡低保月保障标准分别达到350元、175元，月人均救助水平城市达到275元、农村达到125元，农村五保分散供养标准达到每人每年2900元。完善社会救助服务体系，开展社会救助平台建设调研工作，组织实施乡镇社会救助平台建设，新建武潭镇罗家坪敬老院、灰山港镇曾家湾敬老院和改扩建马迹塘镇敬老院。进一步健全和完善“一站式”医疗救助及时结算服务体系，开展普惠型大病、三类重性精神病人救助工作，救助医疗救助对象2.8万人次。开展分散和集中供养五保对象医疗保障工作的调研，出台《桃江县农村五保供养对象住院医疗生活护理保险实施方案》。开展养老机构消防安全大检查，在浮邱山乡敬老院举行消防安全应急演练。充分发挥减灾救灾工作职能，及时应对各种自然灾害。全县遭受4次暴雨、滑坡等较严重自然灾害侵袭（其中以6月2日发生的洪涝灾害最为严重），造成15.78万人次受灾，倒塌民房42户101间，房屋严重受损105户214间，直接经济损失达16470万元。全县民政部门迅速启动应急预案，成立救灾应急小分队紧急转移安置灾民4200人，及时运送救灾物资，扎实开展各项灾民救助工作，下发救灾大米15万斤、救灾棉被1200床，下拨救灾款450万元，有效保障全县1.5万受灾群众的基本生活，切实维护灾区的社会稳定，有力地服务全县工作大局。

社会治理不断创新。积极推进社区规范化建设，指导乡镇开展城镇化社区平台建设，完成5个社区的平台建设任务。不断推进区划地名创新，完成县城道路、桥梁、公园、广场命名和中心城区门牌编码规划设置工作，做好第二次全国地名普查工作的各项准备工作，成立领导小组，召开动员会议和举办业务培训班。不断推进社会组织建设管理，进一步加强社会组织党工委对社会组织的领导，成立桃江县社会组织党工委，增强党建带动自建能力。依法加强对社会组织的日常登记和监督管理，推进社会事务管理创新。积极开展倡导文明丧葬新风尚的宣传活动，利用网络、新闻媒体、广告栏、流动宣传车等形式广泛宣传，提高殡仪服务水平，举办殡仪服务人员培训班两期。全年火化遗体286具，殡仪馆举办丧事197场次，县城中心城区无违规治丧活动。

支持国防和军队建设。牵头安排做好抗战胜利70周年、烈士纪念日等纪念活动，开展“八一”、春节期间走访优抚对象慰问活动。抓好全县12945名重点优抚对象抚恤补助标准的落实，确保各类优待抚恤资金及时足额发放到位。认真做好评残、烈士纪念设施建设管理保护和涉军群体信访维稳等工作，确保特殊群体的稳定。加强退伍安置政策的宣传，积极组织245名城乡退役士兵参加各类教育培训3次，采取多种方式推荐退役士兵就业，安置2013年度退役士兵82名，深化“双带双促”（带头建设家乡、促进经济发展，带头维护稳定，促进社会和谐）活动，建成退伍军人之家3个，确保退役士兵合法权益得到有效维护。进一步加强军休服务精细化管理，较好落实军休人员的各项政治和生活待遇。

社会福利慈善事业不断完善。加强孤儿保障工作制度化、规范化建设，认真落实全县270名纯孤儿和407名准孤儿基本生活补助费标准。加强农村幸福院建设，完成30所农村幸福院建设任务，新建鸬鹚渡镇玉溪村和灰山港镇曾家湾社会养老机构，新增床位60张，入住老人45名。依法加强流浪乞讨人员救助管理，建立部门联动机制，集中主动开展救助，救助流浪乞讨人员406人次。加快老龄事业发展，落实政府购买基本养老服务补贴资金82.78万元，大力推进农村居家养老服务工作，完成4所省级村级养老服务示范点建设任务。加快慈善事业发展，全力做好慈善宣传倡导工作，筹措慈善资金210万元开展“慈善助学、慈善义诊、慈善一日捐”等一系列扶贫帮困活动。积极开发福彩市场，增设“中福在线”销售厅，销售福利彩票2242万元，比2014年增长5.2%，筹集本级福彩公益金320万元。

【全省基层政权和社区建设工作推进会召开】 5月11日，全省基层政权和社区建设工作推进会在桃江召开，省民政厅党组成员、副厅长李劲夫，省民政厅基政处处长杨柯，益阳市民政局党组书记、局长聂新民，桃江县委常委、副县长曹萍以及全省各市州民政局的分管负责人出席会议。会上，益阳市、桃江县“四位一体”新型村级治理经验被重点总结和推介。

【县福利中心大楼顺利封顶】 12月14日，桃江县福利中心大楼举行封顶仪式，项目方、施工方、监理方在现场共同奠基填土。该项目投资1100万元，建成包括医养中心、老年公寓、活动中心为一体的综合性福利服务大楼，为全县近万名老年人提供服务。

【敬老院建设】 桃江县新建武潭镇罗家坪敬老院，改扩建马迹塘镇敬老院。武潭镇敬老院总投资95万元，建筑面积1800平方米；马迹塘镇敬老院总投资70万元，建筑面积1600平方米。两所敬老院新增床位100张，可入住五保老人100名。

人力资源和社会保障

【县人力资源和社会保障局领导人名录】

局　　长　杨茂丰
副 局 长　夏新华　刘世才
　　　　　曾洁新　刘党恩
纪检组长　曾洁新
总会计师　刘畅娥

【概况】 县人力资源和社会保障局（简称“人社局”）机关内设办公室、公务员管理股、工资福利股、事业单位管理股、人力资源市场管理中心、人教股（纪检监察室）、劳动关系股（养老保险股）、就业和培训股、仲裁院、劳动监察局、基金监督股（财务股）、工伤保险股、信息中心13个股室。

全面推进创新创业，城乡就业卓有成效。全县新增城镇就业5009人，为年目标任务的104%；新增农村劳动力转移就业3307人，为年目标任务的107%。全民创业有力推进。落实鼓励和扶持创业的各项优惠政策，加大对高校毕业生、返乡农民工等重点群体的创业培训和创业扶持，充分发挥小额担保贷款促进创业作用。发放小额担保贷款433户，合计5136万元，完成目标任务的214%；新增创业实体3337家，完成目标任务的104%，创业带动就业7851人，完成目标任务的167%。进行《离校未就业高校毕业生实名制登记》318人。城镇零就业家庭扶助安置率100%。省级创业型城市通过了验收。就业培训全面加强。整合全县职业技能培训，统一培训，强化培训的针对性、实用性和有效性，提高培训质量。培训7912人，其中职业技能培训27期，培训2005人；创业培训25期，培训752人，其中685人通过培训成功创业，创业成功率达到91%以上；开办电商培训班8期，培训学员240人。人力资源市场作用充分发挥。每月18日在人力资源市场举办企业用工招聘会，不定期为企业举办专场招聘会，搭建劳动力供需服务平台，举办招聘会12场，达成意向人数2080人次。

着力提高覆盖率，社会保障体系基本形成。社会保障覆盖面进一步完善。深入推进五大社会保险扩面征缴。全县养老、医疗、生育、工伤、失业五大社会保险共征缴基金6亿元。其中企业养老保险征缴基金3亿元，完成目标任务的160%，同级财政补助230万元，补助到位；机关事业单位养老保险5421万元，其中财政代扣4500万元，完成目标任务的83%（2015年机关事业单位养老保险制度改革，暂停征缴工作）；城乡居民养老保险3349万元，完成目标任务的125%；城镇职工医疗保险1.06亿元，完成目标任务的132%；工伤保险2300万元，完成目标任务的144%；生育保险560万元，完成目标任务的112%；失业保险930万元，完成目标任务的165%；新农合3.6亿元。城乡居民养老保险参保缴费人数31.33万人，总征缴率为86.64%。积极落实各项社保政策。着力推进民营企业、灵活就业人员、被征地农民参保，全县新增参保人数为3888人。社会保障水平进一步提高，调整企业退休人员基本养老金，全县企业退休人员月平均养老金达1580.26元。启动城镇职工特大疾病医疗保险和新农合意外伤害及大病保险工作，23种病种纳入大病补偿范围，40个病种纳入门诊补偿范围，大病报销范围由以前的5~18万元调整到6~20万元，特大病报销范围由以前的18~40万元提升到20~50万元，保障范围不断拓宽，待遇水平大幅提高。重新调整完善补偿方案，提高参合农民补偿比例，由2005年20%~40%提高至50%~91%；封顶线由2005年的8千元提高至15万元，个人家庭帐户达到30元/人。

健全监管制度，基金监管进一步加强。完善监管机制。建立健全基金内控制度，重点针对基金收、管、发、补四个关键环节，建立相互监督、相互制约的内控机制。主动接受财政、审计和社会监督。加强基金内部定期检查。基金规模运转率和安全完整率达100%。加强对基金重点环节的监管，特别是加强生存验证，防止虚报冒领社保基金。查处追回重复参保冒领、医疗机构药费报销、冒领死亡人员工资等违纪违规基金。加强工伤和职业病预防工作，严格工伤认定。受理工伤申请509起，作出重伤决定276起，认定轻微工伤215起，不予认定6起，促成当事双方协商处理结案6起，撤销6起。加大检查力度。出台《桃江县城乡居民基本医疗保险稽查审核实施办法》，对定点医疗机构、协议零售药店存在的各种违规行为进行严格规范，走访住院患者200多户，电话回访住院患者100余人，抽查病历3000余份，计扣减定点医疗机构违规补助70余万元，暂停居民医保定点医院资格1家，停止或暂停居民医保处方资格2人，有多名管理和医务人员被录入诚信档案。

加大管理力度，保障人事人才工作规范有序。人事考试公开公正。全面实行人事考试公开报名、异地命题、异地阅卷、异地聘请面试考官，确保公开、公平、公正。2015年新录公务员90人，公开招聘事业单位工作人员199人，组织公开遴选3次，为县委办等县直机关单位遴选人员26人，接收"三支一扶"服务人员4人。人事人才管理服务规范。落实执行《关于加强机关事业单位人事管理的暂行规定》，促进机关作风转变。人力资源市场工作走上正轨，人事档案管理服务进一步完善。2015年全县申报高级职称136人，其中教育系统34人，卫生系统59人，其他单位43人。申报中级职称256人，其中教育系统182人，其他单位74人。2月上旬，组织全县公务员、参公单位对公务员信息管理系统进行维护和更新，修改错误信息16000余条，填补空白信息10000余条。安置军转干部4人，自助择业军转干部2人，随军家属2人。强力开展"清空饷"工作。全年开展督查2次，发出整改通知100多份，清退在编不在岗人员123人，清退编外聘用人员482人，收缴"吃空饷"资金10.6万元。

积极执法维权，和谐劳动关系总体稳定。切实做好农民工工资保障工作，完善农民工保障金制度，建立农民工工作保障金专户。加大企业用工执法维权。劳动监察检查企业300多家，立案17件，结案22件，法定期限内结案率100%，发出询问通知23个，限期改正指令19个，做出行政处理1起，移送公安机关案件7起，申请人民法院强制执行案件1起， 责令用人单位补签劳动合同500多份，补发工资226万元，支付劳动者经济补偿金28万元，退还劳动者押金3万元，依法缴纳社会保险费323万元。加大劳动仲裁调处力度。受理案件173起，结案171起，其中开庭审理裁决案件44

起，调解10起，不予受理5起，立案后撤诉的2件，案外调解处理案件110件。积极构建和谐劳动关系。推动工资集体协商，抽调7个单位进行薪酬调查，对3468份劳动合同进行合同备案，对新增65个用工单位进行劳动用工备案，对720份终止解除劳动合同关系进行备案，工资集体协商建制率89%。

信访维稳工作扎实有效。建立健全信访接待、登记、立案、查办、结案、班子成员轮流值班等各项管理制度，做到咨询服务、教育引导、落实处理、结果上报“四到位”。接待各类上访200多次，其中群访30多次，完成各级领导信访交办件30多件，回复县长热线、市长热线45条。集中解决矿山企业“亦工亦农”伤残人员旧伤复发医疗费用问题、原纺织品公司17名人员当年企业改制期间应发未发生活费问题等，切实维护社会和谐稳定。

其他相关工作全面开展。积极开展落实党风廉政建设，抓好作风建设。加强日常管理，不定期开展作风督查三次，及时通报督查情况。强化权力监督制约，结合党务公开，公示财务预算、审计结果，向社会公开权力清单，公开权力运行流程。严格执行“三重一大”事项集体决策制度和“三不一末位”制度，凡属重大事项决策、重要干部任免、重大项目安排和大额度资金使用等问题，坚持班子集体研究决定加强对廉政风险点的防控，督促经办业务人员规范办事程序，坚持会审联签制度，加强内控约束。（赵闻滨）

【“春风行动”专场招聘会】 2月17日，县人社局主办、桃江在线网站协办的2015年“春风行动”大型专场招聘会于在新龙超市广场举行。招聘会主要服务对象为离校未就业高校毕业生和进城务工的农村劳动者、外出和外来务工人员。招聘会吸引桃花江竹业、湖南皇爷食品有限公司、湖南口味王有限公司等40多家大型企业，涵盖工程师、设计师、业务经理等各类岗位4653个。进场应聘咨询的各类求职者达到7500多人，成功应聘1253人。

【全县医疗保险工作再上新台阶】 县城镇职工医疗保险基金管理所促征缴，严监管，提待遇，全县医疗保险工作再上新台阶。加大征缴力度，确保基金应缴尽缴。征缴基金10618万元，完成年目标任务的132%。生育保险参保人数21588人，征缴基金560万元，完成年目标任务的112%。强化监管措施，控制不合理费用过快增长。全年抽查住院病历420份，下医院现场检查65次，核查在院病人1400人次，开展意外伤害调查268人次，查实不符合医保报销范围的36例，拒付费用17.3万元。调整医疗保险政策，提升医疗保障待遇。将特大疾病医疗保险封顶线提高至50万元，政策项目内住院费用报销比例调整为60%。

【谭建华调研创新创业和人事人才工作】 5月7日下午，县委书记谭建华到县人社局调研创新创业工作和人事人才工作。常务副县长周卫星，县委常委组织部长雷越毅和财政、编办、工商、科技、人民银行等部门参与调研。

人口计生

【县人口和计划生育局领导人名录】

党组书记、局长　胡跃光
党组副书记　张应良
副局长　王伏华　刘友谊　李　静
执法分局局长　刘国海
工会主任　龚俊钦

【概况】 县人口和计划生育局内设办公室、财务股、人事股、宣教股、统计股、法规股、科技股、奖扶办、监察室、颁证室，下设计划生育技术服务站、避孕药具管理站、流动人口计划生育管理站、人口和计划生育局执法分局，有干部职工49人。2015年，全县出生11126人，其中政策内生育9014人，符合政策生育率达81.02%，综合节育措施落实率达93.33%，妊娠、生养、避孕节育措施上报时效性分别为86.47%、90.67%、95.68%，出生人口性别比109.37；各类人群电话录入率达95%以上。

基层基础工作。推进全国计生基层群众自治示范县项目，以自治组织建设、村规民约制定和民主制度完善3个关键环节为抓手，落实村两委工作责任制、计划生育村（居）务公开、村（居）民代表会议和评议监督等四项制度，实现群众对计划生育自我教育、自我管理、自我服务和自我监督。深化农村网底建设，通过拓展妇女小组长工作职能、加强业务培训、科学考核管理、严格优胜劣汰等方式，解聘22名工作不称职的妇女组长，17名妇女组长选入村两委班子，12名吸收成为中共预备党员。加强信息平台建设，妊娠信息、生养信息、避孕节育信息上报及时率比2014年分别提高44.31%、11.2%、12.37%。加强业务培训，先后举办全县计生基层群众自治工作村级骨干培训班、计生综合部门业务培训会、全县计生基层基础工作暨基层群众自治工作现场培训会、全县乡镇计生办迎检业务培训会和网格化管理业务培训会。

优质服务。开展集中服务活动，全县共完成“优检”目标人群4210对，完成率达73%，早孕随访率、妊娠结局随访率分别达到99.4%、98.6%。落实“单独两孩”生育政策，为全县1060对符合“单独两孩”生育政策的夫妻办理再生育证。开展爱心助孕特别行动，出台《桃江县2015年计划生育爱心助孕特别行动实施方案》，聘请省、市、县医学专家，对全县有生育意愿的64对不孕不育和5对失独夫妇进行不孕不育诊断、生育力评估、助孕治疗条件评估、优生健康教育和生育指导。

利益导向。落实独生子女父母奖励政策，全县发放城镇独生子女父母奖励资金450万元，对象确认准确率达100%。开展生育关怀行动，春节期间，全县筹措103.8万元关怀资金，组织1000多名干部慰问以失独困难家庭、贫困独生子女家庭、贫困两女户家庭为重点的计生困难家庭2145户；“5·29”活动期间，在县级生育关怀资金中提取56.6万元慰问全县计生特困家庭1100多户，为249名手术后遗症对象每人购买2份家庭意外险；对2015年全县近300名农村独生子女考上大学者每人给予1000元奖励。

依法管理。推进综合治理，按照上级要求，将县综治办、县国土局纳入计生综合治理部门，将网格化建设和“独生子女享受多分一人份额”两项工作分别纳入其工作责任范畴。同时，层层签订计生综合治理责任状。查处“两非”（非医学需要的胎儿性别鉴定和非医学需要的人工终止妊娠）典型案件，加强乡镇和部门的责任，计生领导小组组织公安、卫生、监察、计生等部门对性别比偏高的乡镇及部分医院进行联合督查，有效健全防控机制。按照有关计生法律法规和现行生育政策，认真落实有奖举报制度，加大“两非”典型案件线索排查力度。根据群众举报和排查，对9起“两非”线索开展调查，查实6起，办结6起。

网格化建设。通过推广县城芙蓉社区“全面宣传发动、科学划分网格、严格选好队伍、精准采集信息、注重综合运用”的网格化建设经验，全县城区全面完成网格化管理的基础建设工作，实现网中有格、格中定人、各负其责、精细管理的目标。

业务指导和工作督查。年初成立业务指导组，对2014年考核排名靠后的高桥乡、松木塘镇及工作量较大的桃花江镇全程进行业务指导。1月，由副县长戴朝带队，计生局班子成员及相关工作人员对各乡镇计划生育工作进行专项督查。4月，局班子成员带领业务骨干对全县各乡镇的平台数据建设、统计质量、奖扶对象确认条件和程序、基层群众自治等相关业务工作进行指导。5月中旬，计生领导小组组织计生局有关人员就人口计生工作大会精神贯彻落实情况进行督查。6月29日至7月10日，组织5个督查组采取入户调查、核对台帐、查看平台数据、听取汇报等方式对15个乡镇就“5·26”“6·26” 全县人口计生工作会议精神贯彻落实情况、基层群众自治工作进展情况、平台数据建设、村级阵地建设情况进行重点督查并发出通报。7月，班子成员带领8个业务指导组对相关工作进行详细指导。工作督查。8月5—12日，由县级联乡领导带领县人口计生局班子成员和相关业务骨干组成15个督查组，对所联乡镇人口计生工作进行督查，并针对存在的问题提出整改意见。

注重创新。创新宣传教育方式，在全县开展“政府购买社会服务、群众接受宣传教育”活动，各类宣传广告、商业灯厢、商业汇演、红白喜事服务队凡宣传计生政策的，均由当地政府支付一定费用。据统计，全县农村小型文艺队演出计生宣传节目100多场。创新调查考核方式，利用县统计局民调平台，采取电话民调方式，调查重点工作的开展情况、各类考核数据的准确情况等。创新重点工作的推进方式，采取巡回报告方式弘扬计生正能量，组织基层基础工作（村级网底建设和村级基层群众自治）好的村级计生协会会长、计生专干、妇女组长、骨干会员代表到全县各乡镇进行经验推介巡回报告，发挥正面典型的引领作用。（高　标）

【计划生育基层群众自治全面推进】3月27号，桃江县举办全面推进计划生育基层群众自治工作村级骨干培训班，各乡镇计生协会常务副会长、计生办主任、全县305个村的支部书记、村计生专干参加。此次会议指出计生基层群众自治工作是桃江县2015年计生工作的重心，全县计划生育基层工作方式要由行政主抓向行政引导、群众自治相结合转变。

【中国计生协成立35周年纪念活动】5月30日，马迹塘镇举办以“马迹塘故事”为主导的民俗文化表演活动，庆祝中国计划生育协会成立35周年和全国计划生育协会第17个会员活动日。湖南省计生协常务副会长张斌等省、市、县计生协领导参加活动。活动过程中，慰问计生特困家庭120户、计生困难家庭100户，发放慰问金8万元，表彰优秀计生协会会长、常务副会长、秘书长、会员小组长42名。

【三地交流工作经验】 8月28日，湘潭市岳塘区、岳阳市华容县人口计生局、计生协到桃江县，通过现场观摩、经验介绍、工作座谈等方式就探索计划生育基层群众自治的新途径、提高计划生育基层群众自治的整体水平进行交流。

县计划生育协会

【县计划生育协会领导人名录】

会　　长　张明程（2015.04止）
　　　　　杨俗华（2015.04起）
常务副会长　张应良
副 会 长　张继勇
秘 书 长　高正春

【概况】 县计划生育协会系正科级全额拨款事业单位，共有编制3人，实有参公在职人员4人，由退线副处级领导担任会长，设有常务副会长、副会长、秘书长各1人，2014年起列为县财政一级预算单位。2015年，县计划生育协会围绕“宣传教育更加深入、服务关怀更加有效、经验作法更加成熟、组织建设更加完善”的目标，着力强化组织建设，全力推进群众自治，扎实实施生育关怀，广泛开展宣传教育，努力打造创新亮点，取得较好成绩，获得“全省计划生育协会工作模范单位”“全国计划生育协会县级先进单位”等荣誉称号。

生育关怀。县计划生育协会坚持将失独家庭、计划生育手术并发症对象、计生特困家庭和多年从事人口计生工作且家庭经济困难的基层计生工作者作为关怀的重点人群。同时，为体现流动人口均等化服务，对部分流动人口计生困难家庭进行走访慰问。2015年，全县发放生育关怀资金489万余元，慰问计生困难家庭5400余户。其中，县委、县政府统筹安排有关单位重点扶持计划生育特困家庭26户，每户扶持额度逾10万元。春节期间，全县共筹措关怀资金103.8万元， 组织1000余名干部对以失独困难家庭、贫困独生子女家庭、贫困两女户家庭为重点的计生困难家庭2145户进行慰问。“5·29”活动期间，在县级生育关怀资金中提取56.6万元慰问全县计生特困家庭1100余户，各乡镇共自筹32.4万元生育关怀资金，在每个村选择2户以上计生困难家庭进行救助，由110个联系乡镇的县直单位在每个计划生育联系村救助3户以上计生困难家庭。为298名手术后遗症对象、444名持扶对象每人购买3份家庭意外险。对全县274名农村独生子女考上大学者每人给予1000奖励。

群众自治。县计划生育协会以提升计生工作整体水平为目标，以项目化运作为主线，以“计生政策进万家”“深化网底建设”“创建诚信计生家庭”“建立骨干会员联户制度”“建设流动人口计生协会”五大活动为支撑，强力推进全县人口和计划生育基层群众自治工作。县委、县政府相继出台《关于进一步推进全县计划生育基层群众自治的意见》《桃江县计划生育基层群众自治工作考核评估办法》，召开项目启动、工作部署、业务培训等会议5次，首次将基层群众自治以30%的权重纳入人口计生工作目标管理，整合190个示范点的诚信计生、阳光计生、村务公开资源，规范村规民约修订流程和信息公开内容，打造标识统一、理念统一的工作品牌，并进行全面的达标考核验收。全年创建计生基层群众自治示范村158个。1月8日，全省计划生育基层群众自治示范县拓展会议在桃江县召开。3月24日，副县长戴朝在全国计划生育基层群众自治示范县项目培训会上作了典型发言。3月27日，在县城影剧院举办全县全面推进计划生育基层群众自治工作业务骨干培训班，全县所有村支部书记、计生专干等650人参加培训。

宣传教育。先后在《中国人口报》发表基层群众自治、生育关怀等稿件5篇，《中国计划生育协会工作通迅》发表稿件3篇，《人口与计划生育》杂志发表稿件1篇，《中国计划生育协会信息》发表稿件1篇，在幸福人家网、湖南计划生育协会网站等媒体发表稿件4篇。强化寓教于乐，引导群众创作倡导婚育新风、宣传中共十八大精神、赞誉社会主义新农村、宣传计划生育政策的小品、相声、快板、三棒鼓、花鼓戏等极具地域特色又为群众喜闻乐见的文艺节目120个，演出80余场次。5月30日，马迹塘镇以传统民间文化“马迹塘故事”为主导，组织6个宣传方阵开展纪念宣传活动，近3万名群众参加。灰山港镇自5月31日至6月2日相继在源嘉桥片刘家湾村、河溪水片滩口上村、连河冲片万公塘村、灰山港片灰山港村、河溪水片绿家湾村、金沙洲片麻园坳村举行巡回宣传演出活动6场。同时，设立宣传咨询台、发放计生宣传册和明白卡，积极解答广大育龄群众提出的疑问，让广大群众享受精神文化大餐之余，进一步了解现行计划生育政策。强化人居环境全覆盖，在全县主要干道、大小集镇、主要路口、休闲广场、集贸市场、旅游景区、乡（镇）阵地等人口聚集地，制作大型宣传喷绘展板，刷新宣传标语，努力打造宣传一条街、一条路和生育文化长廊等亮点工程。全县共制作大型喷绘宣传展板1800余平方米，刷新宣传标语5800余条，创建生育文化长廊480个。8—10月，在全县范围内开展“政府购买计生宣传服务活动”和先进人物巡回宣讲活动，取得一定效果。

创新管理。要求每个乡镇（在）流出人口相对集中的地方组建1个以上流动人口计划生育协会组织。同时，根据流出人口规模情况，按照便于管理与服务的原则建立相应的分会或会员小组。创建的流动人口计划生育协会做到组织机构健全、会员队伍完善、工作阵地固定、活动开展经常、管理维权并重。通过择地创建工作积累经验，逐步探索县乡共建、多方联建、行业统建相结合的新模式，扩大流动人口计生协覆盖面。通过采取强化目标考核、召开现场会议、组织调研座谈等举措，全县先后有14个乡镇在广东和陕西等地成立14个总会26个分会，有会员4000余人，覆盖流动人口3.1万余人。8月，由计生领导小组成员带队，分5个批次对全县流动人口计划生育协会工作开展情况进行专项验收指导，有力推动该项工作的进展。全县流动人口计划生育协会新发展骨干会员1836人，更换会长1名，规范办公场所7处，开展业务培训27次，表彰先进人物22次。为育龄妇女进行免费健康检查30次，为555名流动人口子女入园入学解决困难，慰问流动人口计生困难家庭336户，协助维护流动人口合法权益39起。

【开展“一对一”爱心助学活动】 3月27—29日，大栗港镇（广东）流动人口计生协会秘书长、深圳优美通讯科技有限公司副总裁璩佩云会同深圳游友爱心援助中心的爱心人士和大栗港镇流动人口计生协会部分成员到桃江县大栗港镇，对3所学校125名品学兼优的贫困学生进行为期3天的家访。在完善贫困学生资料档案的基础上，深圳市游友爱心援助中心根据实际情况选择品学兼优的学生进行“一对一”资助，时间自9月起直至学生高中毕业，资助标准为1200元/人/年。9月4日，在大栗港镇中学举行的助学金发放仪式上，98名贫困学生获当年助学金11万多元。

【“生育关怀”助跑计生学子】 9月，桃江县生育关怀领导小组对全县280名考上一本、二本的农村独生子女每人给予1000元奖励。这是桃江县“生育关怀·金秋助学”活动第四次助跑计生学子。

【为基层计生工作者买保险】 9月，桃江县生育关怀领导小组在全县生育关怀资金中出资31.221万元，为3423名村组计生工作人员和73名计划生育后遗症对象分别购买一份家庭意外险。每份保费90元，最高意外伤害保险金额9万元，最高意外伤害医疗保险金额6000元。

【推进计生基层群众自治】 桃江县坚持大力度保障、大比分考核、大面积验收的方针，切实抓好全国计生基层群众自治示范县项目，扎实推进计生基层群众自治主题活动。县委、县政府相继出台《关于进一步推进全县计划生育基层群众自治的意见》《桃江县计划生育基层群众自治工作考核评估办法》，安排配套资金近90余万元。在全县人口计生工作会议上，对检查验收达到合格以上标准的乡镇进行授牌表彰，并按优秀、良好、合格3个等次分别给予1.2万元、1万元、8000元的奖励；对检查验收达到合格以上标准的村，按优秀、良好、合格3个等次每村分别补助工作经费6000元、5000元、4000元。此外，给计生家庭发放生育关怀资金350余万元。

（文有定）

乡　镇

桃花江镇

【领导人名录】

党委书记　赵立峰
党委副书记、镇长　夏跃军
党委副书记
　钟建湘（2015.07止）
　王　锋（2015.12起）
党委委员、人大主席　孙大军
党委委员、纪委书记
政协联工委主任　习国华
党委委员、副镇长　吴国光
党委委员　龚丽娥
副镇长　文吉安
　鲁　江
　张立华
镇长助理　刘丰华
　王孟春
　高志明
　刘觉哉

【概况】 2015年，桃花江镇辖29个村、9个社区，总面积181平方千米，人口14.9万。镇域耕地面积5236公顷，水田面积4429公顷，山林面积7030.93公顷，有花果山、牛潭河、桃花江3个万亩堤垸。2015年，桃花江镇获得"全国文明村镇""市计划生育工作先进单位""市社会治安综合治理先进单位""市第三次全国经济普查先进集体""县精神文明建设优秀单位"等荣誉称号。

财税收入稳步增长。全镇完成财税总收入18740万元，其中国税收入3580万元，地税收入15160万元；清收信用社不良贷款3800万元；消赤减债360万元，完成全年工作任务；对城区建材行业进行专项清理，清理整治54户，查补缴税款67万元，有效维护了税收秩序；建立税收协控联管新机制，为房产税的全面开征做好准备。

农业发展势头良好。水稻播种面积达5766.7公顷，粮食总产量达3.7万吨，土地流转总面积3666.7公顷，6.67公顷以上流转大户110户；新增农业专业合作社2个，农村家庭农场8个，工商注册的家庭农场51个，农业产业化水平进一步提高。

招商引资卓有成效。全镇完成固定资产投资7.8亿元，比2014年增长11%；招商引资项目6个，在谈项目3个，重点引进美安家居具建材广场超市、新影时空等项目。

城镇建设持续推进。完成金盆南路等11个项目征拆及浮邱山大道等4个项目征地工作，征地137.5公顷，拆迁房屋205栋，发放征拆资金1.6亿元，安置复迁地28个，建房1022间；小街小巷改造完成90%；完成近桃村花苞洲、莲荷安置点房屋建设；完成桃花江、牛潭河社区便民服务中心的建设并投入使用；加强夜宵摊位和房前屋后"牛皮癣"整治，改善社区生活环境，县城创卫取得实效。

交通建设切实加强。益马高速完成征地66.93公顷，迁坟2100座，拆迁房屋144栋，进入全线施工阶段；益阳南线高速建成通车，石长铁路复线基本完工；硬化农村公路9.6千米，完成军黄线、石拱线交通安保工程。

新农村建设全面加强。稳步推进石高桥美丽乡村建设，有序开展罗家潭、花果山、栗树咀、梨树桥人居环境整治村建设；不断加强农村基础设施建设，完成2处压浸、2处涵闸的更新改造和4座病险水库的除险加固，自来水管延伸网已完成主网工程，完成迎观线11万伏线路建设，酒湖线800千伏特高压直流输电线路建设进展顺利，推进10个村的农网改造升级和30个4G基站建设。农村清洁工程成效显著，人民群众认可度和参与积极性越来越高。

社会和谐明显进步。惠民保障力度不断加强。发放各种惠农补贴3378万元，新农保、新农合参合率分别达88%和96%；发放城乡低保资金1900万元、五保资金226万元；取消不符合低保、五保条件的对象1272人，新增对象875人；完成117户农村危房改造；“一进二访”活动走访贫困户1915户，为精准扶贫打下坚实基础。社会管理不断完善。圆满完成计划生育冬春训集中服务活动和9个村基层群众自治工作，符合政策生育率达81.2%，新增两扶人员107人，其中奖扶人员92人，特扶人员15人；芙蓉社区网格化管理试点工作顺利完成，其余8个社区全面铺开；完成5所学校建设，新增学位1080个，城区大班额问题有效缓解；完成桃花江中心医院扩建，医疗服务水平显著提高。综治维稳力度进一步加强。加强校车、道路交通、企业、消防、烟花爆竹等领域的安全隐患排查，安全生产实现零事故。办理办结市长热线、县长热线、镇长热线221件，办结率达98%；破获刑事案件68起，查处治安案件232起，打击各类违法犯罪人员456人次，调处各类矛盾纠纷1325起；对695名涉毒人员进行摸底建档，并实行帮教帮扶；积极创建反邪教示范村，营造风清气正的和谐氛围。（徐　杨）

【崆峒村获评“湖南省美丽乡村”】 2月9日，在湖南省委农村工作会议上，桃江县桃花江镇崆峒村被正式授予“湖南省美丽乡村建设示范村”荣誉称号。崆峒村以“生产发展、生活富裕、村容整洁、乡风文明、管理民主”为建设目标，整合资金3180万元，重点推进发展农村生态经济、提高农民文化素质、改善人居环境、增加农民收入等17大项目的建设，村域内建有1个国家3A级景区桃花江竹海，1个省林业厅楠竹丰产基地黄金塘楠竹丰产示范基地，有19家标准化农家乐和千亩绿色农业基地，对船形湾片区进行房屋立面、道路景观和庭院整治“三大改造”，使全村环境更加优美，村民幸福指数明显提升。

【获第四届“全国文明村镇”称号】 2月28日，中央精神文明建设指导委员会正式发布《关于表彰第四届全国文明城市（区）、文明村镇、文明单位的决定》，桃花江镇被授予第四届全国文明村镇称号。桃花江镇着力改善民生，深化文明创建，广泛开展广场舞大赛、“欢乐潇湘”系列群众文化活动和“学雷锋·送温暖”志愿服务活动，对城中村、城郊结合部开展大规模的陈年垃圾清运工作，整治“牛皮癣”，做好灭鼠为重点的除“四害”工作，全面开展城区禁养畜禽工作，人居环境得到有效改善。

【健康教育培训讲座开讲】 4月3日，桃花江镇举办第一期健康教育培训讲座，开展“卫生知识进万家”活动，来自农村的100多名老年人参加。讲座重点讲解老年人常见的高血压、冠心病、肺病等重大疾病的病症、注意事项及预防措施，并赠送1000多份健康知识资料。

【全民共创“平安桃花江”】 4月28日，桃花江镇召开县城综治单位社会治安综合治理工作会议，辖区内121家县城综治单位参加。2015年以来，桃花江镇广泛动员各村（社区）、镇直部门及县城综治单位，深入开展平安创建工作，编织横到边、纵到底的社会治安综合治理网络，实现全方位、广覆盖、无死角。坚持“矛盾联调、治安联防、工作联管、问题联治、平安联创”工作思路，深入开展“平安家庭”“平安村（社区）”“平安学校”“平安医院”等创建活动，向全镇人民印发《公开信》《综治民调应知应会》等宣传资料，并采取召开专题会议、悬挂横幅、张贴标语、组织收听《平安之声》等形式广泛引导群众，共创“平安桃花江”。

【镇教职工运动会举行】 11月2日，桃花江镇第三届“博士杯”教职工运动会在镇中心学校操场举行，全镇22个学校900多名运动员参加。比赛设乒乓球、八人时代列车、各类球赛等20多个项目。最后，桃花江镇一中和近桃小学联队、桃花江镇二中和桃花路小学联队荣获蓝球比赛一等奖，城关二中队、桂花园小学队荣获拔河比赛一等奖。

【株木潭村获评省级文明交通示范村】 11月12日，株木潭村在2015年全省“文明交通示范村”创建活动中，荣获省级“文明交通示范村”称号。县交警大队与株木潭村委合作，成立创建文明交通示范村工作领导小组，采取建立“交通安全宣传小街”“文明交通学校”“交通标志齐全的村级公路”以及编制发放“交通安全读本”等方式，充分调动农村基层干部在维护交通安全中的积极作用，促进交通安全工作向社会化管理迈进。

浮邱山乡

【领导人名录】

党　委　书　记　刘楚雄
党委副书记、乡长　汪跃辉
党委副书记　戴　佳
党委委员、人大主席　刘建冬
党委委员、纪委书记
政协联工委主任　雷晓迪
党委委员、副乡长　肖灿文
党　委　委　员　赵利辉
副　乡　长　江　科
符　蓉

【概况】2015年，浮邱山乡总面积122平方千米，辖20个行政村，人口5.8万人，耕地面积3804公顷，水田面积3491公顷，林地面积5494公顷，境内有小（一）型水库1座、小（二）型水库8座、骨干山塘4座。全乡矿产资源、竹木资源较为丰富，水果蔬菜基地、生猪养殖基地颇具规模，花卉苗木畅销全国各地，境内有省级森林公园浮邱山景区。

经济实力大幅提升。全乡实现农业生产总值7.6亿元，工业生产总值10.89亿元，完成国地两税收入650万元、固定资产投资2.04亿元，农民人均收入1.07万元。招商引资固定资产投资1.97亿元，新引进项目6个，其中农业项目1个。招商引资工作被评为县一类单位。

农业发展态势良好。创建双季稻高产示范基地341.7公顷，打造桃修线千亩示范片，桃浮线、炭大线33.5公顷示范片和金盆千亩特色农业产业园。新增药材种植面积13.4公顷，蔬菜连片种植面积20.1公顷，苗木种植面积20.1公顷，小水果种植面积20.1公顷，油菜种植面积134公顷，特色农业产业规模日渐扩大。对农业综合服务站进行规范化建设改造，成功创建市级四星级站所。

工业经济平稳发展。新桥村仿古青砖瓦厂、田家冲村众泰新型建材等企业相继建成投产，天源能源技改完成并开始进行试生产。昊鑫仓储、名的沙发完成厂房建设，投入试生产。

商贸旅游活力迸发。将抗日将军曾宪邦墓打造为县级爱国主义教育基地与红色旅游景点。浮邱山景区日均客流量不断攀升。同时，借助浮邱山首届“极限陡坡3千米”山地自行车爬坡赛契机，提升浮邱山的旅游品牌号召力与吸引力。

项目建设成绩显著。发展环境不断优化，确保各项重点工程项目的顺利推进。桃花江大道新桥公寓式安置房施工顺利，S230、浮邱山大道征拆工作进展顺利。酒湖高压电力线建设塔基完成征地砍青，全面启动建设。浮邱山景区路面黑化和配套基础设施建设完成，梅林县级骨干粮库建设推进顺利，益马高速浮邱山段征拆工作在全县发挥示范引领作用。投入180余万元完成10千米公路硬化，20口山塘除险加固，11千米灌溉水渠衬砌，启动6座小（二）型水库除险加固，完成大水洞、田家冲、枳木山村安全饮水工程建设，纵深推进西干渠尾灌区5个村农业综合开发项目建设，农村基础设施条件得到大幅改善。

社会管理不断完善。坚持党政领导接访制度，深入开展信访积案化解和信访突出问题集中整治活动，一批群众反映的热点难点问题得到妥善解决。坚持计划生育基本国策，全年符合政策生育率81.2%，被评为“益阳市计划生育工作优秀单位”。以平安创建为载体，组织全乡近200名乡村干部开展无缝化走访，调处矛盾纠纷500余起，慰问特困群众400户，评选“平安家庭户”210户，综合民调排名稳步上升，被评为“益阳市平安乡镇”。推进以“天网工程”为重点的社会治安防控体系建设，实现对全乡重点路口、重点地段、人员密集场所的治安防控全覆盖。强化安全生产监管，积极开展“打非治违”、水上安全、校车安全、烟花鞭炮、安全生产大检查等各类专项整治行动，整改各类安全隐患30余处，全乡安全形势持续稳定，被评为”桃江县安全生产一类单位”。全面落实各类惠农政策。清退不符合政策的低保户154户279人，新增低保对象309户374人，发放大病医疗救助资金12万余元，新农保参保率为86%，新农合参合率为96%。申报创业贴息贷款90万元，为198名失地农民申领国家补贴554万余元。投入100万余元将乡敬老院提质改造成“花园式”敬老院。全面完成梅林中学、禁牌寄宿制小学合格化学校建设，投入近70万元对浮邱山乡卫生院进行改造，新建枳木山村占地1000平方米农民文化广场，举办浮邱山乡“欢乐潇湘·美丽桃江·和谐浮邱”群众文化活动大赛，全乡科教文卫事业全面发展。

（陈漪泓）

【党员爱心捐资】7月1日，浮邱山乡2015年度党员爱心捐资仪式在县房产局举行，县委常委、组织部长、统战部长雷越毅出席仪式并讲话。浮邱山乡各村、各部门的党支部书记，党政班子成员及部分爱心企业、爱心人士参加仪式。通过现场募捐，筹得爱心善款387617元。

【开展集体廉政约谈】8月24日，

乡党委书记刘楚雄对该乡20个村的支部书记进行集体廉政约谈。刘楚雄就当前反腐倡廉和党风廉政建设整治重点向县级以下倾斜的新形势进行分析，并对各村支部书记提出明确的要求。约谈结束后，各村支部书记向乡纪委递交廉政承诺书。

【抗日名将曾宪邦新墓落成】 10月12日上午，抗日战争牺牲的第一位少将曾宪邦墓地重修落成仪式在浮邱山乡回龙湾村隆重举行。县委常委、组织部长、统战部长雷越毅，县委常委、副县长曹萍，曾宪邦后人代表及县委宣传部、县民政局、县文广新局、浮邱山乡政府等单位负责人出席仪式。曾宪邦墓地位于桃江县浮邱山乡回龙湾村鸟山湾组，坐西朝东，占地面积150平方米，被确定为桃江县爱国主义教育基地，成为桃江县铭记历史、教育后辈、感怀先烈的又一新场所。

【文明孝德典型与长寿老人共庆重阳】 10月17日，浮邱山乡2015年度“文明孝德家庭”表彰大会暨庆祝重阳节文艺演出在新桥小学礼堂举行。大会表彰“文明孝德家庭”20户、“最美婆婆”10名、“最美媳妇”10名，并授予全乡10位长寿老人“健康长寿之星”称号。快板、舞蹈等节目将活动推向高潮。

【敬老院提质改造工程竣工】 浮邱山乡筹措资金近60万元，对乡敬老院进行路面黑化、庭院绿化、路灯亮化、住室洁化，打造“花园式敬老院”。改造项目占地面积1925.38平方米，其中绿化面积650.7平方米，路面黑化面积达到1277.68平方米。改造升级后的敬老院新增床位20个，集中供养80名五保老人。

高桥乡

【领导人名录】

党委书记	郭环球
党委副书记、乡长	文静
党委副书记	谢佳
人大主席	刘矿安
党委委员、纪委书记	
政协联工委主任	徐建
常务副乡长	吴尚辉
党委委员	黎立华
副乡长	文伏秋
	霍振华
乡长助理	莫立明

【概况】 2015年，高桥乡辖12个行政村110个村民小组，总人口32580人，面积96平方千米，其中耕地面积1760公顷，水田面积1670公顷，山林面积6667公顷。

经济建设提质稳增。全乡完成生产总值2.5亿元，同比增长8%；实现财政收入1288万元，同比增长2%；完成固定资产投资3.11亿元，同比增长20%；实现城乡居民人均可支配收入8598元，同比增长14.6%。

产业建设持续发展。认真开展招商引资工作，加快工业经济发展速度。本土茶叶品牌天问茶业、资江缘茶叶获湖南省著名商标，益阳华兴福利节能设备有限公司、高桥机械厂不断发展壮大，兴办益丰塑业、湖南万友能源科技有限公司、广益定制家具厂、湖南湘益金花生物酒业等企业。大力发展农业，把高效生态林业作为转变经济发展方式的重要举措，积极开展“公司+合作社+农户”的高效生态林业模式，引进西施公司合作种植珍贵乡土树种10万株，发动种植杉树333公顷，完成竹林低改200公顷，建设笋竹林基地13公顷。全乡完成桃高线400公顷双季稻早产禾苗连片建设，积极发展养殖业，年出栏生猪5.5万头，养殖家禽17.9万多羽。家庭农场、农业合作社、罗溪苑生态农业公司等先后成立并得到发展。罗溪旅游项目逐步推进，罗溪瀑布配套设施逐步得到完善，新建游步道、停车坪、垃圾桶等基础设施；新建罗溪休闲果园、罗溪高山茶园；农家乐等服务行业得到发展，赵家山龙洞冲瀑布新建三仙亭、游步道、摩崖石刻等设施。

基础设施不断夯实。完成罗溪、静乐庵、张家冲3个上型号水库的除险加固；投资40万元完成川天坳骨干山塘、永家冲水库、六角塘山塘的除险加固工程。新修渠道5万米，修缮山塘22个，硬化农村公路68千米，新修林道105千米，改造危桥15座，完成12个村的“一事一议”工程并全部通过县里验收，扎实做好防汛抗旱、森林防火、动物防疫三项工作。

城镇建设不断加快。投资220万元完成集镇一期、二期提质改造工程，将800米长的路面从6米拓宽为9米，铺设三米宽人行道1600米，下水道1600米，安装路灯65盏、垃圾桶60个。新建垃圾中转站，配齐卫生清洁员，集镇实现门店卫生包干。全面完成机关政府大院的改造和绿化，新建停车位、传达室。

交通建设快速推进。启动230省道建设，在顺利完成230省道桃花江大道至高桥段工程项目征地拆迁的同时，大范围启动公路提质改造。除集镇外，提质改造桃高公路、牛鸬公路、歇轿仑公路，硬化农村公路68千米。

民生保障水平逐步提高。全乡

人口自然增长率3.6‰，村民自治合格率80%，全乡年度奖扶224人，兑现独生子女保育费225人，享受特别扶助15人，投入奖金5万元开展生育关怀行动慰问计生家庭48户。加大违法犯罪分子的打击力度，治安拘留违法犯罪人员22人，刑拘4人，逮捕4人。深入开展平安创建活动，评选“平安家庭”110户，成功调处各类矛盾408起，未发生赴县以上越级上访、群体上访事件。开展安全隐患排查治理工作，全面推进企业安全生产“五落实、五到位”，全乡未发生一起安全事故。切实关注民生，农村清洁工程形成长效机制。新建高桥、荷叶塘、横马塘、小山湾、千秋、大林饮水厂，受惠群众达1.8万人。全乡危房改造86户，投资63.95元。及时发放各类民政资金，其中优抚对象补助115.8万元、农村低保补助187万元、城市低保补助8.9万元、五保供养补助90万元、孤儿补助1.68万元、助残救济补助2.22万元。全乡收缴村民养老金13.4万元，参保率达到85%。加大教育投入，完成高桥中心校、石井头九年一贯制学校、赵家山小学、高桥小学、近邱小学的合格化学校改造，配备校车，保证学生上下学的安全和方便。加强乡村两级医疗服务和保障体系，完成乡卫生院的改扩建工程，另改扩建村卫生室12个，新农合参保率达到98%。完成“村村通”广播工程，大力开展文化活动和精神文明创建活动，评选和表彰“十星级文明农户”“孝德文明家庭”“平安家庭”。成立诗联协会，每年解决资金4000元，出版高桥诗词4集。

（肖　瑶）

【罗溪瀑布环保志愿活动】 4月29日，为庆祝“五·一”劳动节和“五·四”青年节，高桥乡工会、团委联合举办“弘扬传统美德·尽现干部风采”环保志愿服务活动，机关32名志愿者从罗溪水库出发，对罗溪瀑布景点沿线公路、河道内垃圾进行仔细清理，为景区居民做良好的示范作用。

【党代表考察新农村建设】 6月18日，高桥乡党委组织全乡40余名党代表赴长株潭两型社会展览馆、湘台农业科技园、白箬铺镇光明村等地进行学习考察，了解现代先进农业栽培技术、农业产业发展情况及新农村建设情况。通过这次考察，增添党组织的凝聚力、创造力和战斗力，激发党代表充分发挥先锋模范作用，激发全乡经济发展和社会进步。

【“送法进村”活动】 6月24日上午，高桥乡政府邀请市委党校法律教研室副主任、副教授周铁涛前往高桥乡赵家山村举办法制讲座。周铁涛以居民生活中可能遇到的法律问题为题材，以案释法、以法说事，用通俗易懂的语言为该村全体党员干部和群众代表上了一堂生动的农村法制建设课。参加学习的党员干部和群众代表深受教育，受益匪浅。

【酒泉·湖南特高压输电工程奠基庆典】 9月1日上午，酒泉－湖南±800千伏高压直流输电工程线路（湘义标段）奠基庆典仪式在高桥乡千秋村黑石村举行，副县长王军华及省、市电网工程公司相关领导出席奠基仪式。该工程起点为甘肃省酒泉市桥湾换流站、终点为湖南省湘潭换流站，途径甘肃、陕西、重庆、湖北、湖南4省1直辖市，长度为2370千米，额定输送功率为8000兆瓦。该工程建设将促进途经地区的资源规模化开发利用，缓解华中地区的电力供需矛盾，改善居民用电紧张的局面，同时将在稳增收、调结构、惠民生等方面发挥重要作用。

【全县首个农村社区试点】 12月24日，高桥乡高桥村举行社区揭牌仪式，全县首个农村社区试点建设工作正式启动，县民政局局长李孝辉、高桥乡党委书记郭环球以及相关负责同志参加揭牌仪式。李孝辉提出，高桥村作为全县首个农村社区试点建设村，要严格按照中央农村社区建设的要求，在改善农村社区条件，改变农村社区服务设施、发挥农村社区功能方面创造经验，为推动全县农村社区创建摸索成功经验，起到带头示范作用。

【230省道桃江段正式开工】 11月24日9点18分，230省道桃江段工程建设开工仪式在高桥乡大林村正式举行。桃江县交通局、高桥乡、浮邱山乡、益阳远程公路建设工程有限公司相关领导以及沿线两个乡镇8个村的支部书记出席开工仪式。该工程涉及高桥、浮邱山两个乡，从高桥乡土门至浮邱山乡10.8千米，主要对原公路按照二级公路标准进行施工改建。

修山镇

【领导人名录】

党委书记　郭龙辉
党委副书记、镇长　陈　愈
党委副书记　肖海宾
党委委员、人大主席　郭国清
党委委员、纪委书记、政协联工委

主任　黎　晖
党委委员、副镇长　符建安
党委委员　安永兵
副镇长　贺志华
　龚　佳
镇长助理　杨运军
　谢竞飞

【概况】2015年，修山镇辖2个社区和11个行政村、总人口3.7万人，总面积94平方千米，其中，耕地面积1496公顷、水田面积1410公顷、山林面积6441公顷。

经济建设提质稳增。实现国民生产总值13.97亿元，同比增长11%；实现财政收入1200万元，与2014年基本持平；实现农民纯收入10273元，同比增长15%。

产业建设成果丰硕。粮食作物种植面积达2672公顷（其中双季稻面积达260公顷）；种植玉米35公顷、红薯270公顷、油菜80公顷。全镇涌现出30公顷以上的种粮大户21户，创办粮食丰产基地42处。完成阡陌农业果蔬基地、万洲红蔬菜基地、辉红水产养殖专业合作社、花桥港养牛专业合作社、木瓜园蘑菇基地扩建。新培植丰产竹林基地9处，面积达1000公顷。培植笋竹两用林基地9处，面积达160公顷。创办全省首家鳗鱼养殖基地，投入欧洲鳗鱼苗120万尾。羞女山生态农业合作社充分利用自然资源和传统优势，创办笋菜基地80公顷、生态米生产基地30公顷。成功举办首届羞女山印子粑粑节，将"羞女山印子粑粑"这一非物质文化遗产转化为产业优势。引进外商2人，在八都村和花桥港村流转土地120公顷，开发茶叶种植基地，创办羞女山茶叶生产专业合作社。扶持益阳修山钟氏面业有限公司和世莲食品有限公司扩大生产规模，引进先进生产线，进行产品改良和提质升级。引进"湖南绿寿康"食品加工企业，建设8000平方米的厂房和挂面、白酒生产线。在这些龙头企业的引领下，全镇涌现具有修山地方特色的食品、竹制品等种类的加工作坊或小型企业60余家。

基础设施建设不断加强。S317工程全线硬化通车；石长铁路复线年度目标任务全面完成，年底全线通车运行；硬化农村公路19.9千米，新修村组公路和林业公路20千米，创建示范公路5千米。完成13座小（二）型水库和23口骨干山塘的除险加固，完成水利维修工程108处，新修水渠4200余米，新建电灌机埠13座，完成渠道清淤扫障28千米。三官桥农贸市场、公租房建设和集镇开发建设完成主体工程；镇区自来水、下水道设施建设及美化亮化完成主体工程；2个村的人居环境项目建设通过上级验收；全镇各村（社区）亮化工程全面实施，架设路灯1100余盏。

社会管理不断完善。深化"平安修山"创建活动，突出信访维稳、热线工作、治安保卫、人民调解、安全生产等重要环节。把热线工作作为"平安修山"建设的首要环节来抓，利用村级广播主办镇长热线宣传节目120多个，印发镇长热线办理联系卡1.2万余张、在全镇各交通要道沿线悬挂固定宣传标牌70余块，大大提高人民群众对镇长热线的知晓率。接待和办理县（市）长热线、镇长热线90多条，回访率达100%，群众满意率达95%以上。先后4次组织120多名镇村干部深入86个村民小组逾8800余户家庭进行走访调查，就地解决群众在热线中反映的实际问题50余起。热线工作被评为全县先进，其成功经验得到市、县的大力推介。采取"以奖代补"形式，投资50余万元，在各村（社区）重点场所架设摄像头98组，设置监控平台13处，明确专职监控人员15人，为及时掌握治安动态、有效预防违法犯罪筑起了一道牢固的治安防线。认真落实信访维稳责任制，充分发挥镇、村两级调解组织的主导作用，及时调处和化解各类矛盾纠纷。定期组织镇、村干部进行矛盾排查，发现问题就地处理，做到"不把矛盾往上呈，纠纷调解不出村"，将各类矛盾纠纷及时消除在萌芽状态。全镇就地化解民间矛盾纠纷290余起。"两抢一盗"及"黄、赌、毒"等违法犯罪活动得到有效遏制。开展安全隐患排查治理专项行动，强化对烟花爆竹、加油站等易燃易爆物品经营场所以及交通、建筑等场所和领域的安全监管，强化森林防火责任，杜绝重特大事故的发生，被评为全县安全生产优秀单位。

民生工作有序推进。全面开展惠民项目指标核查，并进行阳光公示，对惠民项目落实过程中出现的循私舞弊、"缩水走样"等违纪违规行为进行查处和整改，确保民生保障政策得到公平公正地落实。狠抓计划生育基础性工作，全面加强镇村计生队伍建设，计划生育基层群众自治取得实效。全镇12个村（社区）成功评定为全县基层计生群众自治达标单位，修山镇成为全县唯一的计生群众自治全覆盖乡镇。进一步完善义务教育、医疗卫生、文化体育、社会保障等公共服务，切实加强生态文明建设，全力推进扶贫攻坚，确保全镇贫困人口按期脱贫，社会保障水平有大提升，教育、医疗、文化等公益事业有大发展。

（符　焱　郭志敏）

【多方联动保安保畅迎新春】 自317省道全线竣工通车以来，修山镇进一步加大“保安保畅”工作力度。由安监站、综治办、重点办牵头，组织6个镇直部门、12个村（社区）联合开展为期半个月的安全隐患大排查、通行障碍大扫除、破损路段大抢修3次“保安保畅”特别行动，为人民群众过上欢乐祥和春节积极营造安全畅通的交通环境。

（陈耀新　符敏强）

【第三届中小学幼儿园艺术节】 3月31日，修山第三届中小学幼儿园艺术节在三官桥中学举行，修山镇中学、三官桥中学、修山小学、三官桥小学、中心幼儿园、童星幼儿园、康家村幼儿园、三官桥中心幼儿园和三官桥小学学前班9个单位400余名学生参加。节目内容有合唱、朗诵、相声、武术操、民乐演奏等文艺表演和美术、书法、剪纸等才艺展示，展现当代少年儿童的风采。

（符震凡）

【桃江首个“电子商务乡镇联络站”建成】 修山镇把握桃江“电子商务进农村”的契机，努力提高电商平台的应用水平，完善服务体系，在全县率先建成高质量的镇联络站和村级服务站，为修山特色产品的销售搭建一条全新的电商渠道。

（陈耀新　陈丽川）

【打造省级示范乡镇卫生院】 4月，修山卫生院申报创建湖南省示范乡镇卫生院。该院全面贯彻“123”工作思路，提高人民群众对医疗卫生服务工作的满意度，突出抓好医疗卫生服务的质量与安全以及公共卫生服务工作，促进卫生院本部老旧医技楼、三官桥分院门诊楼等项目建设整体上水平，配齐科室现代化设备和各科室医疗技术骨干。规范建设村级卫生室，“一村一室一人”新型管理模式的村级卫生室建设合格率达100%，村级卫生室法人权利与义务知晓率达100%，乡村医生与居民医疗卫生服务签约率达100%。

（陈耀新）

【乡村演艺团体技艺大赛成功举办】 7月17日，修山镇举办“欢乐潇湘·美丽桃江”乡村演艺团体技艺大赛。全镇竞选胜出的3支代表队表演歌曲、舞蹈、花鼓戏、军鼓、笛子独奏、舞龙等节目。大赛的成功举办提升群众文化品位，丰富农村文化生活，构建和谐文明的村风民风。

（王　星　符敏强）

【湖南首家鳗鱼养殖基地建成】 10月，湖南省首个鳗鱼养殖基地——桃江县湘鳗水产养殖有限公司落户修山镇莲盆咀村。该基地占地3.67公顷，由福建投资商王忠飞和本地经济能人郭仓保等人投资4000万元，从欧洲进口鳗鱼苗120余万条，打造成湖南省首家鳗鱼淡水化养殖基地。（胡卫红）

【复退军人“爱路护路”特别行动队成立】 2015年，修山镇30余名老中青复原退伍军人自发组成常年“爱路护路”特别行动队，经常在石长铁路复线沿线巡回鸣锣宣传、与群众开展面对面交流以及“爱路护路”热线对接活动，确保石长铁路复线安全行车。（陈耀新）

【农民技术技能培训】 修山镇农校邀请专业老师，分别在月明山竹制品厂和镇中心联校组织举办职业技能培训班两期，150余位群众参加培训。培训课程根据当地农民群众的需求开设，主要传授关于竹木制品加工技能、水产养殖等方面的职业理论知识和实际操作经验。

沾溪镇

【领导人名录】

党委书记	左　交
镇　　长	颜克强
党委副书记	薛　浩
党委委员	
人大主席	夏学军
纪委书记	
政协联工委主任	黎　晖（2015.04止）
	彭光明（2015.04起）
副镇长	周科明
	贺志凌（2015.09起）
党委委员	刘爱花
副镇长	肖梦其（2015.04止）

【概况】 沾溪镇辖10个村、1个社区，总面积66平方千米，其中耕地面积1623公顷、水田面积1486公顷、山林面积6688公顷，森林覆盖率达48.8%，属典型的丘陵地貌，有小（二）型水库12座、骨干山塘14口。总人口30001人，党员928人。内陆首家核电“桃花江核电”坐落于荷叶山村。

经济建设取得成效。全镇实现生产总值3.61亿元，比2014年增长13.2%；实现财政收入1100万元，比2014年增长12.6%；完成固定资产投资8200万元，比2014年增长39%；农民人均纯收入1.02万元，比2014年增长12.8%；镇信用社存款余额2.7亿元，创历史新高。农业产业发展和农村土地流转步伐加快，粮食生产向大户化、集约化、规模化发展，全镇双季稻种植率达40.5%，其中135公顷以上大户2户，13.5公顷以上大户22户，成为全县粮食生产和双季稻生产示范乡镇。新建长田坊村8公顷蔬菜基地，洋泉湾村20公顷、伍家洲村20公顷茶叶种植基地。大力发展特色水产养殖，成功举办“洋泉湾美丽乡村旅游龙虾文化节”，“宇洋农业”获国家级健康水产养殖基地授牌，出产的小龙虾、大闸蟹市场畅销；沾溪村13.5公顷罗氏沼虾养殖基地建成投产，实现当年生产、当年见效。积极发展乡村生态旅游，新发展乡村旅游景点2处，接待游客近3万人次。

基础建设着力推进。整合涉农资金，拓宽的村级公路由3.5米至4.5米以上，硬化乡村公路5.2千米，完成8座水库和5口骨干山塘除险加固，衬砌渠道2900米。新建公租住房60套，主体工程基本竣工，镇机关干部办公难、住宿难的突出问题得到解决。启动镇中心区小型农贸市场和垃圾中转站建设，建设硬化停车位16个。完成6个村天网工程建设、2个村80余盏路灯建设和3个村的电力增容改造。狠抓农村清洁工程，人民群众生产生活环境得到有效改善，获批国家级生态乡镇。

民生事业持续改善。完善社会救助保障机制，全面开展低保核查清理，清退调整179户358人，人情低保、关系低保得到有效遏制。关心拆迁群众生产生活，规范核电集中居住区管理，完善荷叶山社区配套设施项目4个，解决各类问题14起。狠抓社会治安纠纷排查调处，落实信访工作责任，全年无纠访、集访、非访情况发生。保持对盗窃、赌博、吸毒等违法犯罪严打态势，突出水上交通、校车和烟花爆竹经营等领域的安全生产工作，安全生产形势稳定好转。加强社会管理综合治理，综治民调群众满意度进一步提升，荣获市级“法治建设示范乡镇”称号。6所中小学校硬件设施得到改善，中考成绩进入全县先进行列。卫生事业稳步发展，完成镇卫生院地质安全隐患处理，医疗技术和服务水平不断提升。

发展保障不断加强。狠抓镇村班子和干部队伍建设，对机关干部实行绩效考核，对村（社区）实行目标管理，班子成员和党员干部实行包村（社区）负责制。坚持用制度管人管事，严格实行村级“四位一体”运行机制，制定出台《村级财务监管办法》《村级项目资金使用监管办法》《村级印章管理办法》，开展村级财务审计，规范村级财务管理。（李　鹏）

【老镇区第一批停车位建成】 1月8日，沾溪镇老镇区第一批停车位建成并投入使用。该停车位建设项目位于桥南，通过在老镇区街道靠山一侧硬化改造闲置土地，修建停车位30个。

【罗氏沼虾基地落户沾溪】 5月11日，沾溪村罗氏沼虾基地开始投放虾苗，占地13.33公顷的全省首家罗氏沼虾基地正式投入使用。罗氏沼虾养殖的主要技术由江苏引进，该项目将有效带动本地就业和经济发展，促进农民增收。

【参观市反腐倡廉警示教育基地】 5月28日，沾溪镇组织全体机关干部和各村支部书记共70人，到益阳市反腐倡廉警示教育基地进行学习，警示镇村干部严以用权、严以律己、严以修身。

【首届乡村旅游龙虾文化节举行】 7月24日，沾溪镇首届乡村旅游龙虾文化节在洋泉湾村举行，镇党委书记左交主持开幕仪式。省畜牧局授予宇洋农业“国家级健康水产养殖示范基地”、石洞水寨“省级渔业示范点”。省畜牧水产局副局长刘志忠与市县领导何伟良、夏佐军、胡国清、吴小玲、邓清波、胡桃等出席授牌仪式。

【首个保障房项目动工建设】 10月2日，沾溪镇白沙洲公租房项目开始动工建设。该项目工程主体为全框架结构，规划设计5层，建筑面积3514.18平方米，总投资492万元，建设保障房60套。该项目是沾溪镇首个保障房建设项目。

三堂街镇

【领导人名录】

党委书记　刘　雄
党委副书记、镇长　胡　军
党委副书记　孙准成
　　范　杨（挂职）
党委委员、人大主席
　　朱果辉（2015.03起）
党委委员、纪委书记、政协联工委主任　罗红卫
党委委员、副镇长
　　胡著宣（2015.03起）
　　刘凤鹏（2015.03止）
党委委员　汪　群
副镇长　谢智云　龚治国

【概况】 三堂街镇辖18个行政村和1个社区，人口66491人。全镇耕地3100公顷、水田2864公顷、林地8300公顷、茶园260公顷、经济林

67 公顷。2015 年，全镇完成生产总值 17.71 亿元，比 2014 年增长 2.37%；实现财政总收入 2589.4 万元，比上年增长 3.62%；人民人均可支配收入 8249 元，比 2014 年增长 5.51%。

镇域经济健康发展。配合县交通建设指挥部完成 317 省道扫尾工程，工程遗留问题得到有效解决。积极支持丰岩公司扩产建设，完成征地 8000 平方米、拆迁 3 户，完成舞凤山寺的整体搬迁；协调湖南 567 矿业公司投资建厂，前期各项工作完成。三堂街汽车站全面竣工。投入建设资金 380 万元，新建金码路城区段 450 米下水道并完成相应的配套设施。新修下水道 8000 米，维修路灯 130 盏，新建路灯 280 柱，栽种绿化苗木 470 株，播种花草 1.2 万平方米，添置 1 辆专用垃圾车和 24 个箱式垃圾斗，城镇硬件设施得到改善。完成农村危房改造 27 户，渔民上岸安居工程完成 21 户。农村清洁工程工作实现保类争先，人居环境得到很大改善。投资 360 万元完成水库除险加固项目 4 个，新启动水库除险加固工程 12 个。赤塘——王母村连片供水项目建成并投入使用，龙牙坪农村安全饮水工程、接龙桥管网延伸工程进展顺利。投资 80 万元的郭家洲护坡工程、花桥坪抬田工程完成。全面完成第二轮河道采砂矿权出让工作，加强河道采砂秩序管理，非法采砂、非法吸金现象得到有效遏制。通过以奖代补“一事一议”等筹集资金 100 余万元，完成农村公路硬化 12.5 千米、新修林业公路 22 千米，全面完成湖莲坪公路 10 千米安保项目，启动三栗线提质改造工程。

社会事业协调推进。三堂街镇出生婴儿 951 人，政策内生育 725 人，符合政策生育率 76.24%。核实申报“两扶”对象 69 人，发放两扶专项资金 5990 万元，计划生育工作进入市、县先进行列。认真开展安全生产“打非治违”、水上安全综合整治、校车安全专项整治、学校食品安全和“安全生产月”宣教等专项行动，未发生较大以上安全生产事故。加强食品、药品流通、生产等环节的监督管理，对全镇 431 家经营户进行网格化登记与管理，保障食品安全。争取资金近 600 万元，完成九峰学校、乌旗山小学、合水桥小学的危房改造，全镇 19 台学生接送车辆规范安全运行。开展基层武装正规化建设，专设器材室、国防教育室，添置一批森林防火、抗洪抢险、应急维稳器材，提高应急处置突发事件的能力。高规格、高标准的完成基层武装部“三室”（武装部办公室、器材室、国防教育室）建设工作任务。

民生保障持续改善。镇财政总收入 1894.76 万元，为村级争取项目资金 721.49 万元。发放村级转移支付等 210.86 万元，发放民政专项资金 1065 万元，收缴新型农村合作医疗筹资金额 395.91 万元。开展城乡低保对象核查、清理，全镇有五保对象 556 人、低保户 1041 户，基本实现应保尽保。根据上级工作部署，穆斯林群众肉食补贴全部发放到位。深入开展“一进二访”活动，全镇建档立卡 1501 户贫困户，镇干部 28 人走访 387 户，县领导干部 84 人走访 1114 户。对全镇农村危房进行调查摸底，104 户实施危房改造，发放专项补助资金 77.05 万元。5.78 万人参加新型农村合作医疗，参保率达 98.16 %，筹集参合资金 336.58 万元，其中财政代缴 276.86 万元，现金收缴 59.72 万元，8017 人次享受医疗保险报销医疗费用 1756.35 万元。2.6 万人参加新型城乡居民养老保险，参保率达 90.581%。

社会大局保持稳定。坚持以群众工作统揽信访工作，深入开展“平安村（社区）、平安单位、平安家庭”活动，开展“百名干部入万户”活动，进行民情调查和政策宣传，掌控不稳定因素，及时介入化解矛盾纠纷 3286 起，做到小事不出村、大事不出镇。政法部门依法履行职责，对违法犯罪行为坚持露头就打，从严打击，及时处理，查处治安案件 52 起，破获各类刑事案件 29 起，行政拘留 103 人，刑事拘留 33 人，强制戒毒 15 人，收治艾滋病人 1 人，逮捕 16 人，移送起诉 36 人，收教 3 人，缉获毒品 80 克，罚款 22 万元。实行镇、村、组三级联动“五包一”，对不稳定对象进行政策宣传和心理疏导，社会管理创新取得实效。未发生一例非正常赴省进京上访事件，未上交一例矛盾纠纷，未发生一起重大案件，未发生社区矫正对象脱管事件，社会大局持续稳定。

（胡再明　张慧娴）

【7A 文化旅游小镇项目规划编制】 4 月 15 日，由中国（北京）中青美景公司策划编制的《7A 文化旅游小镇项目规划——中国·桃江·三堂街》正式完成。该规划的编制，为三堂街镇统筹开发全镇旅游资源，发展文化旅游产业，实现产业转型升级提供指导。

【镇卫生院扩建工程奠基】 7 月 6 日，三堂街卫生院住院综合楼“佳祥楼”建设项目奠基。“佳祥楼”由佳祥慈善基金会捐资建设，项目第一期总投资 1950 万元，新建住院楼、门诊医技楼各一栋，总建筑面积 6906 平方米，建设工期为一年。

【华信公司正式开工建设】 9月8日，湖南省华信新材料有限公司正式开工建设。该项目是桃江县引进的优质页岩开发新材料重点建设项目，坐落于九峰村青山冲组。项目总投资1.5亿元，建成后可实现年产值2亿元。

【三栗公路改造工程启动】 10月12日，三栗公路改造路基工程正式启动，该公路改造纳入2016年县道提质改造和为民办实事项目。三栗公路全长4.2千米，预算投资170万元。

【同杉路绿化亮化工程完工】 12月8日，三堂街镇同杉公路配套建设亮化、绿化工程全部完工。该公路全线长2.5千米，沿线共栽种绿化树木750株，培种草地1.25万平方米，架设高杆路灯120杆，总投入资金300万元。

【公租房项目主体工程完工】 12月20日，三堂街镇文质路公租房建设项目封顶，主体工程全面完成。该项目总建筑面积2450平方米，可解决40个家庭的住房困难。

鸬鹚渡镇

【领导人名录】

党委书记	莫寿国
党委副书记、镇长	黄水清
党委副书记	吴立丰
人大主席、纪委书记	王育民
政协联工委主任	吴克武
党委委员、副镇长	汤则强
党委委员、武装部长	胡毅夫
副镇长	胡永才
	李政辉

【概况】 鸬鹚渡镇土地面积124平方千米，其中耕地面积1589公顷，山林面积9100公顷。辖16个行政村，147个村民小组，1个社区，总人口40377人，其中农业人口37852人。

经济增长实现预期目标。全镇实现生产总值20.35亿元，比2014年增长10%；财政收入1586.211万元，其中税收收入388.5万元，比2014年增长5%；完成固定资产投资17.5亿元，比2014年增长20%；完成规模工业增加值2.64亿元，比2014年增长11%。完成水稻播种面积2385.33公顷，生产粮食4000万斤；播种玉米437.93公顷，发展茶叶等经济作物173.3公顷。出栏生猪6.1万头，养殖禽类40万羽。新修林道50千米，完成竹林低改76.67公顷，发展笋用林基地133.33公顷。新增农民专业合作社2家。完成招商引资2.3亿元，新引进投资上千万的规模企业2家。其中，金杰生物完成投资2000万元，年可产机制环保炭4000吨，正式投产。乐道茶业二期工程启动建设。久通锑业技改工程完成投入1.37亿元，5000吨锑白线扩建、明斜井建设、尾砂库加固等项目进展顺利。凤凰山茶业、中能生物质、鑫泰建材、吉华竹业等企业产销两旺。

重点工程全面完成。益马高速建设顺利推进，拆迁房屋174户121栋，征地49.73公顷，前期工作全面完成，杨家湾高架桥、浮邱山隧道等控制性工程建设进展顺利。酒湖线80万伏特高压线路建设完成实物量调查登记，塔基征地全部完成，9栋28户拆迁户安置到位。鸬锑线、童清线两条万伏线路建成通电。全年硬化农村公路12千米。子清大道路基已经成型，路面硬化、亮化、绿化工程及附属配套工程建设正在进行。储备城镇土地3.33公顷，报批土地1.67公顷，月形湾土地顺利出让，竞拍土地收入160万元。百亩、学堂湾两个集中安置点建设规范有序。镇区路灯全部改用高标准太阳能灯，鸬板公路沿线8个村新建路灯300余盏。益马驾校建成投入使用。农村客运站、农贸市场做好规划和项目申报工作。

基础工作扎实开展。办理单独二孩生育证27例，新增奖扶对象40人次、特扶3人次，慰问计生困难家庭63户。社会治安综合治理、平安建设和信访维稳工作继续保持市县先进，积极排查矛盾纠纷，全年未启动群体性事件应急响应。禁赌、禁毒专项打击均位于全县前茅。主要道路沿线和镇区完成治安监控“天网”工程建设，安装高清摄像头12杆24头。对辖区内所有生产经营单位、人员密集场所开展为期三个月的大检查，填写现场检查记录81份，下发责令限期整改指令书62份、现场处置措施决定书17份，未发生一起安全生产事故。

民生事业全面推进。改造危桥3座，完成梅王洞等3座水库和5口骨干山塘的除险加固工程。维修村砌水渠5710米，镇区万人安全饮水工程铺管入户。完成露尖水电站技改，实现并网发电。完成8个小村电力台区改造。社会保障水平稳步提高，新农合、新农保扩面征缴顺利完成。做好鸬鹚渡敬老院搬迁新建前期工作，征地1.33公顷。建成玉溪社会养老服务中心，完成鸬鹚渡村老年活动中心建设，改造农村危房20户。农村低保不断规范，五保供养及时高效。文明卫生创建工作顺利推进，鸬鹚渡镇被评为益阳市文明村镇，大江村通过省级卫生村验收。农村清洁工程成效显著，文化惠民活动渐成气候。教育教学工作位于全县先进行列，总投资1250万元的镇中心小学合格化建设项目进展顺利，主体工程基本完成。镇卫生院成功创建为省级示范乡镇卫生院，并成功获评全国最受群众满意的乡镇卫生院。张子清烈士纪念馆9月30日顺利开馆。（邓娉娥）

【镇卫生院获全国群众最满意卫生院称号】 4月，鸬鹚渡镇卫生院获得全国“2014—2015年度群众满意的乡镇卫生院”称号。该院规范服务行为，改善服务条件，提升服务质量，以群众满意为标准，连续两年未发生一例医患纠纷与医疗赔偿，未出现一例负面舆情，群众满意度达到95%以上。根据卫计委遴选标准，经逐级审核、现场抽查、公示等程序，鸬鹚渡镇卫生院获得殊荣。

【获评市级文明村镇】 鸬鹚渡镇大力推进城镇建设，经济综合实力显著增强，经济和社会各项事业协调发展。坚持以社会主义核心价值观为主要内容，引导道德教育进机关、进企业、进学校、进家园，良好道德风尚逐步形成，被评为市级文明村镇。

【张子清烈士纪念馆顺利开馆】 9月30日，张子清烈士纪念馆建成正式开馆。该纪念馆位于风景寺村，占地550平方米，建筑面积380平方米。展馆面积408平方米，展出照片79幅、实物8件、雕塑1尊，被定为市、县两级爱国主义教育基地。开馆以来，接待游客6000余名。

【老年活动中心建成】 12月，鸬鹚渡镇老年活动中心圆满竣工。该项目总投资80余万元，占地面积0.133公顷，建设有塑胶篮球场、羽毛球场、乒乓球场及其他健身休闲配套设施，是居民休闲娱乐的好场所。

【金杰生物能源有限公司落户长江村】 12月，桃江县金杰生物能源有限公司与鸬鹚渡镇政府正式签订投资项目合同书，落户长江村分水坳。该公司是鸬鹚渡镇重点招商引资企业，年初开工建设，总投资2000万元，主要利用竹屑压制生产环保竹炭。

【玉溪养老中心建成】 鸬鹚渡镇玉溪养老中心由原玉溪山庄扩建，总投资1000万元，占地15000平方米，在原办公楼与住宿楼的基础上，新建一栋三层的老年人住宿楼，新增建筑面积1616平方米，床位128个，医疗中心500平方米。养老院配套设施进一步完善。

大栗港镇

【领导人名录】

党委书记	莫跃良
党委副书记、镇长	刘学文
党委副书记	胡　军
	陈　俊（挂职）
党委委员、人大主席	熊　丹
党委委员、纪委书记 政协联工委主任	李正清
党委委员、副镇长	肖文分
党委委员	胡远鹏
	赵格红

【概况】 大栗港镇面积171平方千米，辖1个社区、23个行政村，辖区内总人口70096人。

财税收入稳步提升。完成生产总值27.6亿元；实现财政总收入2808万元，其中税收收入748万元；完成固定资产投资4.7亿元，比2014年增长24%；完成规模工业增加值6.3亿元，比2014年增长17%。农民人均纯收入达到9365.43元。

小城镇建设稳步推进。报批城镇建设储备土地1公顷，处置海湾加油站国有土地，交付桃江县交通发展投资有限公司储备土地4.8公顷，完成青峰路北侧270米污水排水管工程。拆除经六路房屋5栋，整治户外广告招牌700余块。启动镇区进口广场、出口广场的规划、设计和建设工作。

乡村休闲旅游得到发展。明确开发乡村旅游产业的工作思路，打造朱家村和安宁林场两个农村休闲旅游点。朱家村顺利通过“省级美丽乡村”验收工作，全市排名第三。在安宁林场开发竹集成材，建成连片竹林200公顷、笋竹两用林基地53.3公顷、茶叶基地20公顷和玫瑰花种植基地20公顷。

招商引资工作迈上新台阶。引进返乡创业人员投资2000万元在朱家村建设水上游乐园项目。引进贵宾酒业投资500万元，开发竹筒酒，积极引导村民开发农家乐。德茂园村引进汽车铝合金底盘零部件开发项目，初期投资5000万元。黄道仑村引进桃江县鑫盛竹业有限公司，投资1000万元并投入生产。兴坪村引进薯湘缘食品有限公司，投资500万元并投入生产。

重点工程强力推进。积极推进益马高速大栗港段的建设，完成房屋拆迁113栋223户。马武大道共征地1.069公顷，打卡发放征地补偿资金69.5万元，工程进展顺利。完成“酒泉—湖南”±800千伏特高压线路建设相关工作任务，砍青18.5基、塔基浇注17.5基，实物量登记、房屋评估等均全面完成。童青线架设线路27杆，牛蹄、金牛、青山、黄栗洑等10个农网改造项目全面完成。完成安宁联村供水工程先锋桥至德茂元、黄道仑至五羊坪的管网延伸，解决饮水安全人口11525人。启动黄栗伏、灵山、红岩嘴供水工程和安宁联村供水工程童子山管网延伸工程。完成农村公路邓大线安保工程，启动三栗线农村公路牌形上段、栗山河村株木潭段路基的拓宽改造，积极维护好施工环境。完成牌形上村栗树村水库的除险加固和安宁桥的危桥改造，启动红岩嘴三斗村等八座小（二）型水库的除险加固，渠道衬砌1700米，整修扩容山塘4口，加固港堤800米，新建安宁林场蓄水池1口。

各项社会事业长足发展。发放民政资金470余万元，核减低保对象92人、五保对象17人，新增五保对象43人，加强3个敬老院和1个五保之家的管理工作。开展烟花爆竹“打非清剿”专项活动，联合开展执法行动12次，不定期进行安全生产大检查。调整配强治安联防队，加大社会治安整治力度。全面深化平安创建活动，走访群众约5300户，收集各类意见建议207条，成功化解信访老大难问题。民调工作全市排名第五，全县排名第二。创新计生工作，深入开展“5·29”计生协会活动，年初广东流动人口协会共筹集4.5万元对全镇45户计生困难家庭进行帮扶。拓展生育关怀渠道，广东流动人口协会先后两次组织捐资助学，受助对象143名，资金达18万元。开展各类文化活动，举办“安宁杯”象棋邀请赛和乡村演艺团体技艺大赛，邀请县文广新局送戏下乡。扎实推进农村清洁工程，严格考评制度，按月进行评比并发放奖金。投资150余万元，重点整治河流主港、国道及农居环境。年末该项工作综合排名位列全县第六。（肖珞瑒）

【朱家村省级“美丽乡村”验收挂牌】朱家村位于桃江县大栗港镇东南部，由原来的朱家村和九斗田村两村合并而成，面积11.8平方千米，其中水田64公顷，竹林733.33公顷，人口2438人，资江支流朱溪河穿境而过。朱家村村两委带领全村群众以建设“富裕、生态、和谐、魅力”村庄为目标，全村经济社会和各项事业有长足发展，受到各级领导和社会各界的广泛好评。12月，朱家村顺利通过省级“美丽乡村”挂牌验收。

【道路交通危险物品检查】6月初，大栗港镇组织开展道路交通危险物品联合执法专项整治行动。由党委副书记熊丹带队，联合派出所、交管所、市监所、马迹塘交警中队、安管办、综治办等相关部门，对大栗港镇辖区内公路过境危险物品运输车辆进行排查，并对环宇烟花、湘域矿业等企业的危险物品运输情况、运输车辆资质进行核查。检查运输车辆18辆，对违反规定的3名司机进行批评教育并责令整改。

【司法所到县六中上法制教育课】10月27日，大栗港镇司法所工作人员到桃江六中，为师生们上了一堂生动的法制教育课。此次法制教育课以“珍惜美好青春，远离毒品，健康人生”为主题。司法所所长李狮向学校师生介绍“什么是毒品”“什么是合成毒品”“毒品的危害”等基本知识，让学生们深刻了解毒品对社会的危害，自觉防范和远离毒品。李狮结合一些典型的青少年违法犯罪案例，以案说法，让学生们更好地理解法律知识，收到良好效果。

【安全生产工作督查】11月17日上午，副县长邓清波、副县长提名人选王建国来到大栗港镇督查安全生产工作，镇党委副书记、镇长刘学文陪同。邓清波、王建国重点督查环宇烟花鞭炮有限公司、湘域矿业首溪金矿、株木潭渡口。

【村级后备干部选拔】根据各村（社区）实际工作需要，大栗港镇面向全镇选聘17名村级后备干部，每村分配1名。选聘主要以组织推荐为主，也可个人自荐，经审核、笔试、面试、考察等环节，合格者按规定聘用，到村民服务中心实习，充实村干部队伍力量。

鲊埠回族乡

【领导人名录】

党委书记　符赛龙
党委副书记、乡长　李宇红
党委副书记　王锋
人大主席　陈卫国
党委委员、纪委书记
政协联工委主任　胡望军
副乡长　李鹏辉
陈文武（2015.6止）
唐小明（2015.7起）

【概况】鲊埠回族乡总面积39平方千米，耕地1025公顷（其中水田979公顷），山地3907公顷，森林面积2014公顷。辖1个居委会、9个村，67个村民小组，其中有2个回民聚居村，其他为回汉杂居。总人口22168人（社区2105人），其中回族人口9653人，占总人口的43.5%。

2015年完成生产总值14.5亿元，比2014年增长15.1%；实现财政总收入1402万元；完成国地两税551万元，其中国税368万元，地税173万元；农民人均纯收入10200元，比2014年增长11%。

工业产业持续壮大。工业产值总量超过12亿元，比2014年增长16.8%。全乡有企业35家，其中细木工板企业31家，规模以上企业8家，年产值过亿元企业2家，宏森木业实现年产值2亿元。全乡工业产业从业人员9600余人，年发放职工工资近2亿元。完成招商引资5300万元。

农业生产稳步推进。双季稻高产创建面积54公顷，双季稻种植面积比2014年增加20公顷，增长率为32.3%。2公顷以上种植大户增加到89户，7公顷以上种植大户增加到4户，落实连片种植13公顷以上乡级示范区1个、连片种植2公顷以上的村级示范区1个。绿肥种植面积40公顷。发放农机购置补贴21.11万元。培训水稻全程机械化生产大户2户。稻田机耕面积达95%，水稻机械化收割面积达100%，双季稻机插秧种植面积达35公顷。

特色产业蓬勃发展。依托清真饮食风情，以牛魔王、溜达牛为龙头企业，发展牛肉食品加工企业5家、养殖企业28家，打造从肉牛养殖到牛肉食品加工的完整产业链。畜牧养殖业以生猪、家禽、黄牛养殖为主，存栏牛5000多头、年出栏牛在500头以上的养殖大户有3户。牛魔王、溜达牛两家企业销售额达到2500万元。特色养殖和食品加工产业占国民生产总值的比例进一步提升。

基础设施建设逐步完善。完成鲊埠社区客运码头改造加固工程和陶公庙至栗山河段公路路基拓宽工程。花水公路军功咀段的绿化亮化、江家坝村路灯建设、马桥村病险水库除险加固、大水田村饮水工程和新屋内等8口山塘的维修加固全面完工。维修改造村级活动中心1个，新增村级办公楼1栋，建成1个垃圾中转站并投入使用。

民生工程建设纵深推进。深入开展“一进二访”活动，确定精准扶贫对象656户2013人。核消低保对象105户162人、新增低保对象94户136人，发放低保金近100万元。核消五保对象18人，新增五保对象12人，全乡有五保对象257人，其中集中供养10人。发放临补临救资金2万多元、大病救助资金6.5万元、优抚金44.8万元。审批发放重度残疾特殊生活护理补贴214人次，资金2.2万元。新农保参保率达88.5%，位居全县前列。发放惠农补贴资金613.49万元。

民族团结进步创建工作成果斐然。进一步落实清真肉食补贴等民族优惠政策，充分调动伊协等各方面的积极因素，深入推进民族团结进步示范点创建工作。3月，在省委民族工作会议暨全省第六次民族团结进步表彰大会上，鲊埠回族乡被授予“湖南省民族团结进步模范集体”荣誉称号。10月，鲊埠回族乡被省民宗委授予“湖南省民族团结进步创建活动示范单位”。争创“全国民族团结进步示范点”工作扎实推进。

社会管理综合治理工作，未发生一起大的群体性事件，无一人赴省、进京上访。加强预防青少年违法犯罪工作，积极建立健全学校、家庭、社会、政法“四位一体”的防范网络，加强青少年思想政治教育、道德教育、纪律教育和法制教育，大力整治校园周边治安环境，最大程度地保障校园治安，建立和完善治安防范机制。切实加强村调委会、治保会建设，全乡建立10个治保会，确定治保人员，明确“一村（社区）一警一律师一代理”，坚持每月召开治保例会，及时掌握社会治安动向及各种不安定因素，做到有问题及时化解。成立10人的专职巡逻队，对集镇、道路、学校等人口聚集区进行重点巡防，确保全乡社会秩序稳定，营造安全的生产生活环境；坚持“宣、防、打”相结合，努力提升群众安全感。通过在瓦鲊公路、S317沿线醒目地方张贴宣传标语，悬挂横幅，出动宣传车进行平安建设、法制教育宣传，增强人民群众法制观念，把问题扼杀在萌芽之中。矛盾、事故及时调解，及时处理。调解个人矛盾纠纷57起，在2月底和3月初及时有效处置交通安全事故2起。坚持严打方针不动摇，遏制犯罪，共刑拘2人，判刑2人，强制戒毒1人。组织2次治超行动，1次打击户外广告行动，取得明显成效。加强消防安全管理，加大宣传教育力度，与全乡木胶板厂、烟花爆竹经销商签订消防安全责任状，不定时抽查消防器材，预防火灾事故的发生。（贺　洁）

武潭镇

【领导人名录】

党委书记　李庆华
党委副书记、镇长　高　仁
党委副书记、纪委书记　杨明山
党委委员、人大主席　何海雷
党委委员、政协联工委主任

杨立安
党委委员、副镇长 李立华
党　委　委　员 薛国友
副　镇　长 刘乐云 龚卫锋

【概况】武潭镇总面积228平方千米。林地面积1.4万公顷，占61.3%；耕地4114公顷，占18%。辖1个社区、28个村，总人口7.96万人。2015年，实现国民生产总值22.5亿元，同比增长11.3%；实现财政收入1400万元，同比增长3.2%；实现农民纯收入9200元，同比增长15%；引进规模以上项目1个，总投资达8000万元。

城镇建设步伐加快。"桃花新城"开发建设项目融资3500万元，征收土地25.2公顷，拆迁房屋43户，报批储备土地4.84公顷。"桃花新城"市政基础设施建设投资3025.41万元，桃花路、琅桃路、琅琊港路、桂花园路、五福路和兴隆路等6条主干道路基基本成型。

园区建设稳步推进。武潭镇竹木工业园区引进1.5万千瓦的生物质热电联供项目，完成征地4.09公顷，其中耕地1.5公顷、农用地2.59公顷，预审土地2.59公顷，园区主干道路基修建成型。镇财政筹资400万元，储备土地6.53公顷。该项目于11月底动工建设。

交通重点工程建设强力推进。益马高速武潭段7.58千米（包括益马高速干道、武天公路、主线匝道、二广益马连接线）征地23.93公顷，迁坟333座，全部完成任务。马安高速武潭段9.08千米，需用地50.15公顷，拆迁房屋54栋，涉及105户。自8月10日征地拆迁工作启动，一周时间即完成全部征地任务并签订拆迁房屋协议53栋。G207绕镇线完成地形测量、工程可研、工程设施等前期工作。6.2千米马武大道组织沿线3个村实地勘测，4月放出边线，8月完成土地测量和规划设计，9月底征收土地5.65公顷，发放征收款320万元，10月25日动工建设，11月底完成路基工程。

产业建设力度加大。2015年，全镇茶叶基地、蔬菜基地、笋竹林基地建设初具规模。莲花坪53.33公顷茶园基地完成土地整理及梯土建设，完成茶苗栽种40公顷；莲花城村完成茶苗栽种26.67公顷。莲花坪蔬菜生产合作社扩大规模10公顷，纳入国土整理项目10公顷。同时，完成耕地流转面积303.07公顷、双季稻生产示范片226.67公顷，新建林道38千米，培育笋用林13.33公顷，完成竹林低改266.67公顷。

城乡统筹成效显著。农村清洁工程有效推进，全镇22个村（社区）全部按照"四有两无"标准着手创建，清洁卫生状况明显改观，从全县后进乡镇进入先进行列。水利建设扎实开展，完成天池山、桃花村、芳田村、向武湾村4座水库除险加固，以及文塘村、西阳岗、茶树村3座骨干山塘维修。新建新铺子村、基固庙村、清凉村、高峰村、碧螺水库等5个中型自来水工程项目，解决3000余户家庭的人畜饮水困难。全年新增100千伏安变压器9台，移位2台，解决1500余户农户低电压问题。"一事一议"项目扎实推进，完成9个村12千米公路改造，改善乡村经济发展环境。文教卫事业全面发展，武潭中心医院住院大楼顺利建成运营，医疗设备和配套设施得到更新，医疗条件进一步完善。选址于桃花新城的武潭镇中心小学新校区开工建设。组织赛龙舟比赛、拔河比赛、送春联活动等多种多样的文化活动，丰富武潭人民的业余生活。社会保障力度不断加大，低保对象实行动态管理，核销低保对象209户222人，新增291户310人。新增五保户48人。发放城镇低保资金123万元，农村低保资金285.95万元，五保经费196.18万元。筹集新农保资金363万元，参保率达95.3%；筹集新农合资金近624万元，参合率达93.31%。

社会管理多管齐下。加大积案、旧案的调处力度，老大难的信访问题得到解决，无一例赴县以上越级上访事件。加大毒品违法犯罪专项整治行动力度，各村、各部门分别与政府签订责任状，发放资料2.3万份，发送禁毒短信3万余条，悬挂大型横幅标语102条，制作不锈钢标牌50块，出动宣传车62台/次，禁毒工作取得很好的效果。全面开展平安创建活动，全镇评选出镇级平安单位1家、平安学校1家，镇级平安家庭示范户29户，村级平安家庭示范户286户。进一步加大违法犯罪打击力度，组织或参与案件处理183起，其中治安类案件135起、刑事案件48起，调解矛盾纠纷72起。涉赌逮捕1人、直诉1人。涉毒逮捕7人、直诉2人，重点工程逮捕4人，涉盗直诉2人，其他直诉3人。吸毒治安拘留26人，赌博治安拘留17人，重点工程治安拘留10人，其他治安拘留22人。强制戒毒16人，收容1人，涉黄治安拘留7人。强化安全生产整治，全镇排查出大小隐患125起，全年没有出现一起安全生产事故；"打非治违""九打九治"取缔非法经营烟花爆竹店6家、非法充装液化气点1家。责令停产、停业整改厂矿企业4家，处罚准驾不符、超载超速、"三无"营运车辆司机15人，行政拘留6人。全镇政策内生育率为81.4%，查处"两非"

典型案件1例，完成系列保险46万元，计划生育工作通过省、市、县考核验收，进入市级先进乡镇行列。

（王新秀　肖豪铮）

马迹塘镇

【领导人名录】

党委书记　曾钰彬
党委副书记、镇长　刘喜军
党委副书记　殷谷良
党委委员、人大主席　黄　俐
党委委员、纪委书记 政协联工委主任　李　庆
党委委员、副镇长　贺立辉
党委委员、武装部长　杨代东
副镇长　刘　剑
　　　　肖梦其
镇长助理　李创辉

【概况】 马迹塘镇辖1个社区、27个村，总面积222平方千米，总人口6.69万人。中心镇区面积1.6平方千米，居民1.2万人。全镇林地面积16566.67公顷，其中竹林面积8140公顷，竹木蓄积量45.62万立方米；耕地面积2607公顷，其中水田面积2089公顷。

经济发展速度加快。全镇生产总值21.78亿元，比2014年增长10.2%；财政总收入3282.91万元，比2014年增长9%；税收1450万元，比2014年增长7.4%；固定资产投资比2014年增长20.2%，社会消费品零售总额比2014年增长12.1%；城镇居民人均可支配收入22935元，比2014年增长8.8%；农村居民人均可支配收入12058元，比2014年增长9.9%。招商引资固定资产投资8400万元，新引进项目3个，招商工作获全县先进。粮食总面积与2014年持平，总产量13656吨，比2014年提高3%；出栏生猪9.43万头，比2014年下降10.7%。农村经济总收入5.33亿元，比2014年增长0.2%。在2015年综合绩效考核中被县委、县政府评为一类乡镇。

城镇建设实现新突破。完成农贸综合大市场6500平方米铺位和农贸交易大市场的建设。投入65万元，完成镇区232盏路灯建设；投入280万元，完成镇区老街资沂路1200米的路面硬化和下水道改造。完成马迹塘垃圾中转站建设。投入350万元，强力推进市级卫生城镇创建工作，12月23日，马迹塘镇顺利通过市创卫领导小组的严格验收，成功创建市级卫生镇。

交通建设全力推进。益马高速马迹塘段建设进度位列全县第一。全力配合常安公司完成二广高速全面复工前的准备工作。国道207改线（马武大道）2.58千米公路建设于10月15日动工，12月28日路基全线拉通。按县要求完成中心桥、花门楼桥和白溪桥3座危桥改造，完成52千米林道建设。

产业建设力度加大。在县交建投融资1500万元，于10月完成黑茶加工园区4.67公顷土地征收；完成7500平方米标准化厂房建设。完成京华村、范家园村23.33公顷茶叶基地土地平整，新增茶叶种植面积21.33公顷。投资1600万元的钢材批发市场和投资800万元的桃江姚氏食品厂均建成投产。全力推进竹笋产业建设，成立马迹塘竹笋生产专业合作社，引导扶持农户自建竹笋加工作坊22个；扶持桃江竹缘林科有限公司注册“竹聚缘”竹笋商标，创新产品外包装。全市竹笋生产现场会于12月21日在马迹塘召开。

农业基础不断巩固。完成董排村、黄槽冲、金星三座水库的除险加固和思木塘、河阳冲、牛尾冲三座骨干山塘的除险整修。争取省财政厅300万元“一事一议”十村连片建设项目，严家村水库8900米主干渠管网铺设于12月30日全面完工。支持申报“益生宝”“生物垫料菌种”“生物有机肥”三项治理养猪污染的专利。扎实推进农村清洁工程，完善长效机制。加强防汛抗旱、森林防火、动物防疫三项基础工作。

民生工作不断深入。完成县下达的42户农村危房改造任务和镇中心敬老院改扩建工程。对全镇10个村的低保户认真进行重新评议和核查，清理不合格低保对象234人；至12月收缴养老保险金253万元，城乡居民医疗保险参保率达95.3%。完成京华村居民集中区的街道建设和120盏路灯建设。完成马王线、马龙线和月案线22千米农村公路的安保工程。进一步加强对加油站、资江渡口码头、工贸企业、烟花鞭炮门店、校车、中小学校的食堂、宿舍、娱乐场所和食品行业的安全监管，排查隐患686处，整改641处，全镇未发生一例安全生产责任事故。努力提升教育教学水平，重点抓课堂改革，积极探索与湖南师大附中的课改交流，全镇中考成绩进入全市先进行列。办学条件进一步改善，争取上级资金700万元，对5所完小进行合格化建设，并启动镇中学教职工公租房建设。不断提高医技与服务质量，全年未发生医疗责任事故，完成第三人民医院的公立医院改革。加强村卫生室管理，在20个村开始实施“一村一室一人负责制”，并严格执行持证上岗，依法执业。积极配合市县送文化下乡活动，给王家村小学送去价值6000元的图

书；在鑫马广场成功举办“欢乐潇湘·美丽桃江”歌舞晚会；加强“故事”艺术的保护和传承工作，培训高跷人员8名、小演员12名、化装人员4名；完成27个村和1个社区的广播平台建设。社会管理不断完善。加强矛盾纠纷调处力度，成功调处各类纠纷162起。加大重点领域整治力度，处理吸贩毒案件41起，破获涉赌案件11起，拘留10人，抓获涉黄人员8名，治安拘留6人，有力打击吸贩毒、赌博和涉黄行为。加强刑案侦破，侦破刑事案件21起。加大维护重点工程建设施工环境力度，成功处理益马高速建设中的纠纷13起。加强交通安全监管，查处酒驾37起，拘留无证驾驶4人，查处客运车辆违法超员22起，货车超载134起。进一步加强人口与计划生育工作，全镇人口自然增长率为5.3‰，村民自治合格率为69%；坚持强化社会抚养费征收，征收到位率达72%。认真落实各项计划生育奖扶政策。计生工作获全市先进，计生协会工作获全省先进。（贾世安）

【马武大道马迹塘段拉通】 马武大道是连通马迹塘镇和武潭镇、推进两镇融合发展的一条主干道。其中马迹塘段全长2.58千米，途经马迹塘村、三里村和大栗港镇黄栗洑村的粟家村组，南起国道536线粟家村处，北至马迹塘镇三里村的原马迹塘纸厂，分两个等级拉通路基，即黄栗洑村粟家村进口路段路幅宽为23米，长度为340米，其余路段路幅宽度为5米。工程于10月15日动工，12月28日全线路基拉通。

【竹笋生产专业合作社成立】 3月28日，马迹塘镇竹笋生产专业合作社正式成立。该合作社由桃江竹缘林科开发有限公司发起，入社林农86户，竹笋生产基地359.2公顷，竹笋加工作坊22个。合作社的主要职能是给林农提供培育管理竹笋、采挖竹笋、加工竹笋方面的技术要素，定期对入社的林农进行培训；为林农提供鲜笋、干笋销售市场信息；收购林农的鲜笋和干笋，实现技术、信息共享。

【市级卫生镇成功创建】 8月开始，马迹塘镇投入350万元，着力创建市级卫生镇。通过成立创卫办、制定创卫实施方案、召开大会、悬挂宣传横幅、制作宣传栏、印发《告居民创卫信》、出动宣传车七大举措，大力宣传创卫工作，增强居民创卫意识。添置垃圾运装车、洒水车、垃圾桶，发放灭鼠灭蝇药，增加保洁员工和清扫垃圾次数，细化对创卫责任区的分工，强化对创卫工作的监管，确保创卫质量。进一步完善镇区基础设施，重点改造老街路面和下水道，亮化绿化城区所有干道，提升城镇形象。12月23日，该镇顺利通过市创卫领导小组的严格验收，成功创建市级卫生镇。

【农贸市场第一期工程完工】 12月18日，由湖南省鸿福农产品市场开发有限公司投资的马迹塘农贸综合大市场正式开业。项目占地1.77公顷，总投资0.8亿元，第一期工程是农贸综合大市场建设。农贸综合大市场按照“业态如市场般丰富、环境如超市般整洁”的“农+超”模式管理，按四星级标准建设，内设自动扶梯，通风排水采用江浙地区先进的设计理念，市场外设有停车位60个。

【“故事”艺术传承人受培训】 马迹塘“故事”起源于太平天国运动，已在民间传承151年。马迹塘镇高度重视“故事”的保护和传承。9月，镇党委、政府投入10万元，组织马迹塘“故事”老艺术人员在社区选拔12名年轻人和12名男女儿童，举办为期1个月的专业培训。共培训“故事艺术”高跷人员8名、化装技术人员4名、特别造型小演员12名。

【水库干渠铺设首次使用PE管】 严家冲水库是马迹塘镇一座小（一）型水库，储水量为120万立方米，灌溉范围涉及9个村506.67公顷水田。水库输水干渠总长度8900米，经几十年的运行后，许多地段已垮塌或被泥土淤塞，无法通水灌溉。7月，该镇争取湖南省财政厅“一事一议”十村连片建设300万元项目资金，对严家村水库干渠进行重修。经实地考察，决定创新干渠修建办法，首次采用高强度的PE材质给水管全程铺设干渠。工程于9月10日动工，至12月30日全面完工。

【香炉山黑茶获世博会金奖】 湖南益阳香炉山茶业股份有限公司生产的“香炉山”牌黑茶茯砖千两颗粒系列，荣获意大利米兰第42届世博会绿色食品金奖。该公司前身为原马迹塘“香炉山”茶厂，始建于1986年，1988年被定为全国十三家边茶定点生产厂家之一，生产的黑茶茯砖茶品质优良，畅销新疆、甘肃等西部地区。“香炉山”黑茶是益阳黑茶的老牌产品，文化底蕴深厚，拥有国家11项专利。

石牛江镇

【领导人名录】

党委书记　刘牛元（2015.06止）

镇　　　长　温钰辉（2015.06 起）
党委副书记　范则昌
党委委员、人大主席
　　　　　　文主席（2015.03 起）
党委委员、纪委书记
政协联工委主任　姚兰图
党委委员、副镇长
　　　　　　徐　建（2015.03 止）
　　　　　　刘凤鹏（2015.03 起）
党委委员　黄海龙　胡敬哉
副镇长　周　安
　　　　　　胡著宣（2015.03 止）

【概况】 石牛江镇总面积 65 平方千米，辖 15 个行政村、1 个社区，人口 3.78 万人。水田 2489 公顷、山林 380 公顷，骨干山塘 6 口、小（二）型水库 6 座。2015 年，全镇实现工农业总产值 7.9 亿元、财政收入 1418.8 万元、固定资产投资 3.62 亿元、农民人均纯收入 9325 元。

经济实力稳步提升。全镇工农业总产值 7.9 亿元，比 2014 年增长 0.25%；财政总收入 1418.8 万元，比 2014 年增长 31.9%；固定资产投资 3.62 亿元，比 2014 年增长 13.12%；农民人均纯收入 9325 元，比 2014 年增长 12.3%。出栏生猪 2.2 万头，存栏 1.2 万头；出栏牛 800 头，存栏 700 头；出栏鸡、鸭、鹅 26 万羽，存栏 20 万羽。全镇食用菌种植面积逾 2 万平方米，每平方米产菌 25 斤，年产值达 200 万元。全镇有笋竹两用林基地 18 公顷，其中车冲 1 公顷、上七里 5 公顷、贺家塘 3 公顷，建立了笋加工生产线 13 条，年均加工生产干笋 7.5 吨。特色种植和特种养殖产业基础较好，一大批种养基地和家庭农场迅速发展，各类家庭农场达 35 家，初步形成种类丰富、产业多元的发展格局。各项经济指标均呈现上升趋势，镇域经济总量不断壮大。

产业建设亮点纷呈。立足石牛江镇情实际，在广泛调研讨论、征求意见建议的基础上，基本形成“以现代农业建设为引领、以生态循环农业为核心、以休闲观光农业为特色、以市场需求推动为导向、以要素资源整合为重点、以项目建设服务为抓手、以农业产业融合发展为目标”的产业发展思路。成功策划包装“桃花江农业公园”乡村文化旅游综合开发项目，纳入全县乡村文化旅游重点推进项目，在 2015 年桃江县文化旅游产业项目招商座谈会上予以发布，完成可行性论证报告、项目区 20 公顷、5 千米沿河公路维修和 1 万株桃树栽种等任务。全镇种植水稻 469.2 公顷，其中早稻 113.2 公顷；良友蔬菜基地新建大棚 7 个，硬化园区公路 1000 米；金盛农业完善生猪标准化生态养殖模式，基地规模和环保设施全县业内领先；长冲食用菌基地获丰产丰收，年产值达 200 万元；建设笋竹两用林基地 5 公顷，建设林道 15 千米，竹蝗防治 1 公顷；重点支持博湘食品升级改造和晟宇竹木、红日能源等农副产品加工企业发展。

基础设施日臻完善。完成 S229 镇区绕道项目建设前期工作，以及镇区供水管网联网扫尾工程和镇区居民区二期改造项目，维护和建设镇区路灯、排水、停车位、广告招牌等基础设施。黄泥田安全饮水管网延伸工程、石牛江完小供水工程完成，硬化衬砌桃花江灌区东干渠引水渠逾 1.6 千米，维修山塘 8 口，新建电灌机埠 3 个、拦河坝 2 座。启动覆盖 13 个村的 1533.33 公顷国土整治项目、8 个村涉农资金整合项目、6 口小型山塘维修项目，以及桐油冲水库和牛洞口水库除险加固项目。完成 20 个变压器台区建设，其中新增台区 18 个、移位改造 2 个，完成农村低压线路改造 26 千米，消除线路隐患 143 处。启动石牛江农电所营业中心站房项目建设。硬化农村公路 8.5 千米，完成九苏公路 8.9 千米安保工程，完成 15 千米农村公路路灯亮化工程和九苏公路 2.5 千米绿化工程，完成集镇危桥、竹金塘危桥和卫川湾危桥改造项目。

社会事业协调发展。加强农村广播网维护管理并新增广播网点 23 个，举办乡村演艺团体大赛活动并获全县二等奖。召开全镇教育工作会议并出台《关于加快石牛江镇教育事业发展的意见》，完成川门湾小学合格化学校建设，启动石牛江镇中学女生宿舍楼扩建项目。加强村级卫生室规范化建设，完成城乡居民基本医疗保险筹资 210 万元，参保率达 95%。扎实开展计生基层群众自治示范村创建，村级网底建设取得成效，全年查处“两非”案件 1 例、大案 1 例，全国政协环境资源委员会委员陈啸宏、省卫计委党组书记詹鸣、市卫计委主任曾烈辉等领导先后进行调研。完成 2 个村级农民文化广场和 3 个村级体育健身场所建设。完成 982 户 1357 人“精准扶贫”走访摸底和建档工作，农村危房改造 60 户，核减低保对象 75 人，新增 118 人，发放低保、五保、医疗救助等各类救助金 600 余万元。转移农村劳动力就业 195 人，城镇新增就业 188 人，发放促进就业贴息贷款 40 万元。新增灵活就业人员参保 14 人，缴纳企业保险金 120 余万元。收缴农保资金 150 余万元，参保率达 85%。全面推进“平安石牛江”创建，评选表彰“平安家庭”示范户 173 户。运用“三调联动”机制化解矛盾纠纷 278 起，妥善处理信访事项34起。加强治安防控体系建设，实施“天网工程”，在镇区重要地段安装平安摄像头，加大对违法犯罪行为的打击力度，无民转刑案件发生。综治民调全市第27名，全县第4名。狠抓安全生产责任制落实，扎实开展企业、校车、烟花鞭炮、建筑施工等重点领域安全隐患排查专项整治和“打非治违”专项行动，开展安全生产应急演练，排查整治安全隐患219起，下达执法文书89份，无安全生产责任事故发生。开展镇区占道经营、乱停乱靠专项整治行动。加强城镇规划区管理，建立联席会议审批制度。持续推进农村清洁工程，创新推广农户垃圾分类减量处理模式，城乡环境面貌再上新台阶，在全县8次月度考核中获6次第一名。（办公室）

【国土平整项目招标施工】 石牛江镇国土平整项目有9个投资标段，投资总额达4235.76万元，涵盖除安陵坪村、小坡头村外的13个行政村，平整面积达230公顷。10月21日，该镇公开招标确定各个标段的施工单位，11月8日成立各标段施工项目部，投入施工。

牛田镇

【领导人名录】

党委书记	胡喜明
党委副书记、镇长	蔡亮
党委副书记	李文彪
党委委员、人大主席	陈跃辉
党委委员、纪委书记 政协联工会主任	陈立兵
党委委员、副镇长	张胜名
党委委员	文毅
副镇长	李卫萍 刘胜丰

【概况】 牛田镇面积70平方千米，辖15个村、1个社区，总人口36425人，耕地面积2345公顷，林地面积3500公顷。2015年，全镇完成生产总值16.2亿元，财政总收入2188万元，固定资产投资4.6亿元，限额以上社会消费品零售额4227万元，农民人均纯收入9700元。

农业生产。农业生产总值2.61亿元。加快闽益农业基地建设的进度，闽益农业千亩蔬菜基地正式建成；针对土壤和气候条件，重点发展茶叶和油茶等经济作物，20公顷茶叶基地、10公顷油茶林基地通过验收；大力支持“互联网+农业”“互联网+家庭农场”的新型农业发展模式，新创建家庭农场8个，农产品有黑山羊、鹅等。

工业发展。全镇有企业17家，其中钢铁企业1家、砖厂6家、纸业厂2家、加油站2家、环保建材企业1家、灰钙粉厂1家、烟花企业4家共6条生产线。完成工业总产值9.02亿元，工业税收687.65万元。中源钢铁顺利完成第二轮全国工业产品经营许可证换发，并启动第二期技改工程；成功引导益阳市宏达水泥有限公司转型升级，年产3万吨特种砂浆和5万吨高性能复合粉项目建成投产。

民生改善。发放五保、低保救助金304万元，临时救济资金42万余元，完成危房改造48户。城乡居民医疗保险工作全面完成任务，城乡居民养老保险参保率达85%。株树山村、桃仁村新增电力台区3个。三塘湾等11个村的土地连片整治项目顺利完工。完成镇自来水工程清泉水库止漏、管道改扩建及管网延伸。

城镇建设。启动牛大线前期工作，按要求完成边沟放样、实物量调查等。启动金凤山村2千米高标准村级示范公路建设，5.5米路基拓宽工程顺利完成。完成危桥改造1座，硬化农村公路12千米。城镇建设稳步推进，完成肖家冲村主干道亮化工程，新架设路灯100盏；完成镇区200米样板街建设，更新、添置垃圾储物桶50个，垃圾中转站启动建设。农村清洁工程年度排名居全县第二，人居环境持续改善。

社会事业。实现政策生育率81%，计划生育基层群众自治工作稳步推进。认真落实安全生产例会制度，不定期开展安全生产大检查，各村配备1名安全管理员。出动执法人员100余人次，排查各类隐患问题150余处，联合执法行动5次，责令限期整改23家，烟花爆竹零售店，现场处理30家。完成金盛烟花鞭炮有限公司退出烟花行业工作，安全处置剩余药物、原材料、半成品、成品。开展矛盾纠纷排查和治安问题化解攻坚月大巡查活动，解决纠纷28起，收集待解决的矛盾纠纷36起。实行主要领导信访接待日制度，及时为群众答疑解难，接待群众上访76件，回复网上信访件37件。成立镇、村两级巡防队。安装高清摄像头30个，加强对镇区的监控。深入开展“打黑除恶”专项行动。整治违规经营音响书刊店1家、饮食店2家、无照经营“三无”食品的场所2个、无证无牌非法营运车辆接送学生等交通违法行为2起；完善各村（社区）戒毒（康复）中心，新设三塘湾村和小坞村戒毒（康复）中心。稳步推进平安创建工作。评出镇级“平安家庭示范户”43户，在全县的综治民调中排名第二。扎实开展群众文化活动，评选2015年度道德模范16名。扎实推进精准扶贫工作，反复核实摸底，确定扶贫对象，制定具体的帮扶方案，进行“一对一”帮扶。加强干部培训，提高帮扶能力，落实帮扶措施。（办公室）

【闽益农业蔬菜花木基地建成】 2015年，闽益农业开发有限公司在杉树仑村投资1000万元流转土地66.67公顷，建成66.67公顷蔬菜花木基地。公司实行“互联网＋农业”的发展模式，大力发展现代生态农业和休闲观光农业其生产的富硒蔬菜和名贵花木品种，通过互联网平台进行线上线下一体化销售，除销往益阳、长沙等周边的市、区、县外，还远销韩国。

【成功申报省美丽乡村创建村】 牛田镇金凤山村位于桃江县东南部，距桃江县城约17千米左右，距S206约4千米，交通十分便利，村内民风淳朴，周边社会治安良好。2015年，在知名乡友刘辉的帮助下，金凤山村先后推进便民服务中心、村民文化广场、映山红大观园、谢家河风光带、农耕文化走廊、鸬清线绿化、生态果园建设等七大重点工程，基础设施和人居环境越来越好，于12月获评省级美丽乡村创建村。

【大团结驾校完成主体工程建设】 总投资1200万元的桃江县大团结驾校签约落户牛田镇杉树仑村。占地面积6.07公顷，是一所综合类的驾驶员培训学校，项目建设工期4个月。主体工程建成，有教学车辆30台，每年可培训驾驶员逾3000人。

【土地连片整治项目】 牛田镇土地连片整治项目投资4600余万元，覆盖全镇11个行政村，整修一级田间道20余千米，修建各种农业水利灌溉附属设施450余处。其中安山村到杉树仑村的沿獭溪河堤一级田间道，投资230余万元，硬化道路8.5千米。

【映山红大观园落户金凤山村】 “永世佳”映山红大观园项目建设地点为牛田镇金凤山村，总规划面积100公顷，是以赏花、摘果、垂钓、体验农耕文化为主，集吃、住、行、游、购、娱以及教育、养生、生产为一体的综合休闲旅游项目完成市场调查、规划设计、土地流转、主干道公路以及映山红和格桑花花园建设、怡心湖初步建设等前期工作。

【获评益阳市人口与计划生育工作先进单位】 牛田镇人口与计划生育工作以“稳定低生育水平、控制违法生育和出生婴儿性别比、加强孕前管理、落实长效避孕节育措施”为首要任务，不断加强组织领导，深入开展优质服务，落实利益导向政策，取得较好的成绩，被评为益阳市人口与计划生育工作先进单位。

松木塘镇

【领导人名录】

党委书记　肖再香（2015.06止）
　　　　　张　宏（2015.06起）
镇　　长　张　宏
党委副书记　胡盛武（2015.03起）
党委委员、人大主席
　　　　　文永来（2015.03止）
　　　　　罗敏志（2015.03起）
党委委员、纪委书记　罗敏志
党委委员、政协联工委主任
　　　　　罗敏志（2015.03止）
　　　　　张劲红（2015.03起）
党委委员、副镇长　姚永阳
党委委员　鲁　攀（2015.03起）
副镇长　王胜华
　　　　　文江萍（2015.03起）

【概况】 松木塘镇辖16个村、2个社区，土地面积214平方千米，总人口3.76万。1.02万户。耕地面积1744公顷、山林面积1.8万公顷、竹林面积4667公顷。

经济实力稳步增长。实现国民生产总值11.8亿元，比2014年增长10.2%；固定资产投资同比增长20%；完成招商引资4.4亿元；国税收入580万元，地税收入340万元，同比增长8.3%。粮食种植总面积比2014年略高，总产量23157吨，比2014年提高3.1%。水产品总产量969吨，畜牧业出栏猪6.4万头、家禽40.6万羽。

产业建设实效明显。松木塘风电场项目顺利落地，与五凌电力有限公司签订投资协议书。种植早稻503公顷，一季稻、晚稻1097公顷。新造油茶林67公顷。南河冲、龙山湾、松木塘、响涛源启动20公顷茶叶基地种植项目。建设笋竹两用林33公顷，竹林低改67公顷。在关山口组建1个养猪专业合作社。

基础设施不断完善。全镇整合涉农资金350余万元，修复水毁公路6处，新建或新修水渠10.41千米、林道85千米、拦河坝15座。桥头河片国土连片整理项目完成，修建灌溉排水渠22.11千米。关山口片国土整理项目顺利开工。南河冲农村安全饮水工程顺利完成，有效解决3400余人的饮水安全问题。S324牛大公路一期征地拆迁房屋11栋，征收土地12公顷，安置拆迁户11户，全部签订土地征收协议，房屋拆迁达100%，房屋安置达100%。硬化农村公路4.35千米，完成桥头河、杨家冲、苍葭塅3座危桥改造和上半山、竹山、共青、白江坳4座水库除险加固。完成10个4G移动基站建设，解决183处农村低电压线路问题。完成5个村级活动场所新建和改扩建，启动樟溪村村级活动场所建设。在龙塘、三节塘、苍家塅、竹山等村建立村级便民服务点，添置12万元办公设备，拨付办公经费15万元，为边远山区群众办事提供了便利。增加清洁工程经费投入，启动松木塘镇枫树坳垃圾中转站建设。启动324省道牛大线公租房建设，规划建设住房48套。启动响涛源环湖观光走廊建设，桃花湖环湖公路完成路基工程。利用原宅基地改建或空闲地建房，报批村民建房14户，指标建房7户。

人民生活持续改善。全面推进精准扶贫和“一进二访”活动，加大力度推进精准扶贫，贫困人口建档立卡全面完成，清理不符合贫困条件的417户1176人，成功脱贫273户866人，新增扶贫对象176户554人，返贫对象62户206人。创新低保户、五保户的评议和核查，共清退不合格低保150余人。完成全镇121户农村危房改造。全镇收缴城乡居民养老保险金138万余元，缴费人数达1.28万人，居民新农合参合率达到95%，新农保参保率达到85%。完成天井山和三节塘两所小学合格化学校建设，启动三节塘幼儿园建设，镇中心幼儿园、桥头河幼儿园玩教具采购及安装项目启动招标，预算15.2万元。镇中心卫生院公卫楼和公租房建设项目概算总投资162万元，用地233.5平方米，规划建设面积1800平方米，建设医护人员公租房18套；采购设备近10万元，用于改造中心卫生院住院部过道及桥头河分所水电等基础设施建设；温塘、龙塘村卫生室投入使用；启动14个村卫生室和桥头河分院工作站建设。

社会管理不断完善。全镇评选出道德模范8人。9个村实现计划生育村民自治和网格化管理，计划生育工作各项责任指标基本实现，无一例计划生育非法上访和群体性事件；实施各类免费手术405例，发放手术补助费8万余元；95%以上育龄家庭签订《诚信计生协议》，兑现2015年度奖扶53人，兑现独生子女保健费174人。加大对违法犯罪分子的打击力度，办理刑事案件11起，刑拘16人。加大土地巡查力度，镇国土所巡视达168次，参与巡查人数518人。镇域内10个地质灾害隐患点基本稳定，拔英湾地质隐患点的搬迁避让工作积极推进。强化安全监管和责任落实，开展联合执法检查21次，出动执法人员196人（次），办理案件15起，计罚款14000元，刑拘1人，依法取缔无证经营烟花爆竹零售店5家，实现“零死亡”目标，安全生产工作获县先进。通过深入开展“双零创建”活动（即“零命案乡镇”和“零刑案村（社区）”），在全镇范围内对重点人员、痞霸分子、黑恶势力等进行全面排查、依法打击、严加防控，有效预防刑事案件特别是命案的发生，增强人民群众安全感。积极开展“平安家庭”示范活动，加强“农村法制宣传月”宣传工作，实行班子成员每日接访制度，信访秩序稳定好转，成功调解各类矛盾纠纷95起，群众满意度不断提高，全市综治民调排名第22、全县排名第3，无一例赴省进京上访。

（邹珊珊　符振强）

【关山口奖学助学基金会成立】 4月3日，关山口奖学助学基金会在松木塘镇关山口中学成立，12名优秀教师、36名学生成为首批受奖对象。县委常委、副县长曹萍，县教育局局长王启武，松木塘乡友湖南众益传媒文高永权、基金会会长文毅一起为基金会揭牌。文高永权代表乡友现场捐赠200万元。

【“生育关怀·幸福家庭”主题活动】 5月29日，松木塘镇举行中国计生协会成立35周年庆祝活动，镇计生协会会长、常务副会长、妇女专干及村（社区）妇女小组长参加。当日，镇计生协会慰问计生困难家庭63户，赠送慰问金2.8万元。镇计生办连续20天广泛宣传，开展“生育关怀·幸福家庭”主题活动，联合社区卫生服务中心设立咨询台，接受群众咨询，发放宣传手册900份，为群众释疑解难。

【中国共产党成立94周年庆祝活动】 7月7日，松木塘镇隆重举行庆祝中国共产党成立94周年大会，会上宣布吸收9名优秀青年加入党组织，表彰奖励5个优秀基层党组织、17名优秀党小组长及62名优秀共产党员，表扬8名道德模范，通报对20名不合格党员的处置情况。

【松木塘风电场项目顺利签约】 8月31日，桃江县人民政府与五凌电力有限公司签订桃江县松木塘风电场项目投资协议书，前期准备工作稳步推进。项目总投资4.4亿元，规划用地1.8万平方米，规划装机容量5万千瓦，安装25台单机容量2000千瓦风力发电机组，新建110千伏升压站1座。

【授牌表彰“平安家庭”】 10月15日，松木塘镇党委、政府对全镇31户“平安家庭模范户”和109户“平安家庭示范户”进行授牌表彰。经过群众推荐,各村（社区）驻村干部、村干部、农村党员组成的评选小组逐户评选，镇领导小组审核通过三个环节，“平安家庭”的评选全程公开公平。

【324省道牛大公路开工】 12月9日，县政协副主席、县交通建设大会战指挥长任国安到松木塘镇主持桃江段牛（牛田）大（大福）公路开工仪式，牛大公路正式动工建设。该公路在松木塘镇境内有9.8千米，建成后有利于改善当地交通条件，助推当地旅游和矿产资源的开发。

灰山港镇

【领导人名录】

党委书记、人大主席　周德生
党委副书记、镇长　唐　胜
党委副书记、纪委书记　邓小鹏
党委委员、人大副主席　周正阳
党委委员、政协联工会主任
　　高　明
党委委员、副镇长　刘壮辉
党委委员　刘新华
副镇长　曾小平
　　贺维良
　　高永锋
副镇长（挂职）
　　刘　瑛（2015.05止）
　　文卫华
　　夏商周（2015.08起）
镇长助理　马东向
　　丁铁池
　　马建辉

【概况】 灰山港镇国土面积232平方千米，辖35个村、3个社区，人口12.3万人。2015年，完成生产总值35.99亿元，比2014年增长10.05%；实现规模工业增加值19.66亿元，比2014年增长11.09%；完成固定资产投资26.92亿元，比2014年增长20.03%；完成招商引资12亿元；完成国地两税2.08亿元。总体经济实力居全市各乡镇之首。

交通建设。按要求完成益娄高速建设相关工作，征收土地逾86.67公顷、拆迁房屋56栋，公路路基形成。“港煤大道”项目积极申报纳入省公路“十三五 ”规划，前期工作扎实推进。完成农村公路硬化35千米，新建林道30千米，完成危桥改造3座、神崔线安保工程设施建设10千米。

产业建设。引进或洽谈项目17个，其中益阳市金致新型材料有限公司年产30万吨建筑材料复合粉建设项目、益阳市志洲新型复合料公司年产60万吨砂浆复合料生产线技术改造项目建成投产；向阳能源科技年产6万吨清洁柴油生产线建设项目、东方石料年产80万吨石灰石开采项目和年产150万吨碎石项目、金宙建材干粉砂浆配套年产60万吨粉磨站技改项目、华诚年产30万吨饲料级碳酸钙系列产品建设项目、益阳中燃天然气利用工程、宏天生物年产12万吨生物质成型燃料开发利用项目等6个项目新开工；投资9亿元的南方二期、投资4.5亿元的风力发电和投资1亿元的皇傢木业开工。签约项目4个4.7亿元。其中：年产40万立方米粉煤灰加气混凝土砌块生产线项目1.2亿元，年产30万吨绿色高性能掺合料项目0.3亿元，年产2000吨高品质轨道零部件铸造、加工项目2.2亿元，年产20万立方米高档胶合板项目1亿元。金沙重机增资扩股1.5亿元，投资1000万元进行技改。4家市属下划国有企业改制工作取得新进展，人员安置工作完成，档案移交当地社区。市属国企裕民冶炼化工总厂棚户区进入“三通一平”建设阶段。12家粉磨企业、1家烟花企业已关闭到位并通过县验收。6家环保灰厂、华盛碳素厂环保整治达标。金沙洲煤矿、周家山煤矿淘汰关闭，国家奖补资金400万元赔付到位。

园区建设。园区规模工业增加值比上年增长41.85%，工业税收增长20.51%。园区基础设施进一步完善，完成基础设施投资3.61亿元。其中：供水工程0.62亿元、污水处理厂及配套管网工程0.78亿元、天然气利用工程0.76亿元、电力线路改造工程道路建设0.41亿元、道路及配套设施建设工程1.04亿元。完成6.5千米自来水管道建设任务，园区自来水管道进入招投标阶段。1100米主干道路已拉通。2.5千米电力线路成功立项并完成方案设计、招投标等工作，11月完成线路架设。新建标准化厂房5.06万平方米，其中金沙重机4.6万平方米、紫荆铸业0.2万平方米、宏天科技0.26万平方米。引进桃江东方石料开发有限公司、桃江县华诚饲料级碳酸钙有限公司、益阳市向阳能源科技有限公司、湖南志洲新型干混建材有限公司、湖南宏天生物科技有限公司、湖南云轩贸易有限公司、桃江县大润发量贩商贸有限公司、益阳市富立来生物科技有限公司8个创新创业企业，益阳市向阳钙基材料有限公司建设年产30万吨绿色高性能掺合料项目、益阳市向阳能源科技有限公司年产6万吨清洁柴油生产线建设项目、湖南宏天生物有限公司年产12万吨生物质成型燃料开发利用项目、华诚年产30万吨饲料级碳酸钙系列产品建设项目4个工业项目新开工，益阳市金致建材有限公司、桃江县谢氏精诚建材有限公司、湖南宏天生物科技有限公司年产12万吨生物质成型燃料开发利用项目、志洲年产60万吨砂浆复合料生产线技术改造项目、金宙建材干粉砂浆配套年产60万吨粉磨站技改项目5个工业项目新投产。全镇实现规模工业增加值增加率16.9%，实现工业税收增长率15.23%，土地产出率达到127.62万元/亩。

城镇建设。加大城镇建设投入，提高城镇品位，改善人居环境。东方财富楼盘占地面积4.03万平方米，建筑规模9.4万平方米，紫荆尊城楼盘占地面积2.31万平方米，建筑面积6.79万平方米，均完成主体工程建设。引进大润发量贩超市、东方国际影城、东方大酒店等项目。对新区站前路长720米、志溪路长1500米全线进行亮化改造，架设路灯120余盏，并按道路设计要求进行绿化。完善改造志溪路、紫荆路路灯，增装路灯32盏、高杆灯1盏，全面维修新建路、建材路、维修大街、文明巷等街道的路灯。提质改造古松巷、新兴巷395米，黑化路面3580平方米，古松巷街道两边架设路灯10盏，安装垃圾箱10个，栽种绿化树木50余棵，总投资80余万元。新修康复路385米并完善亮化绿化配套设施。新建日处理生活污水5000吨的污水处理厂1座，配套管网基本完成，并进入试运营阶段。对自来水厂进行升级改造，完善配套供水管网。对城区的供电走廊进行全面改造，新增用电台区5个。

农业民生。完成土地流转3167公顷，实现粮食播种面积8000公顷。新开垦茶叶基地23公顷。新增笋竹两用林基地3个，面积达53公顷，笋竹两用林增效明显。新发展合作社、家庭农场12家，金源牧业有限公司建成投产，第一阶段1000万元投资全部到位。实现农民人均纯收入1.22亿元，比2014年增长15%。整合涉农资金919万元，集中实施项目236个，重点用于水土流失治理、水利工程、土地开发整理、高标准基本农田等基础设施建设。镇自来水厂升级改造、克上冲供水工程、肖家塅供水工程和小冲供水工程全部完工。搞好建成小农水项目的维护管理，解决1.2万农村人口饮水不安全问题。野猪冲水库、罗家冲水库等8座水库除险加固工程竣工。完成城区电力改造任务。按县部署开展酒泉—湖南±800千伏特高压直流输电线路前期工作。完成4G基站建设年度县定工作任务。新开通公交线路2条并建设配套公交站点，全镇25个村实现公交覆盖。完成镇小学合格化建设征地拆迁，并启动项目建设。完成“天网工程”重点路段、重点部位建设。杨家湾村省级美丽乡村示范村、人居环境整治村建设完成年度任务。深入开展“一进二访”活动，全镇贫困人口、贫困村识别与建档立卡工作全面完成，帮扶560户特困户。

社会事业。民主法治建设进程加快。聘请政府法律顾问，加强政府重大合同审查，行政执法不断规范。“六五”普法扎实开展。6·26禁毒宣传、平安创建活动深入开展。强化治安巡逻，开展“利剑行动”“雷霆行动”“武装设卡”等专项行动，严厉打击黄赌毒、涉黑涉恶等违法犯罪行为，社会大局和谐稳定。建立村（社区）信访代理员、部门联合接访制度，实现网上接访和办理信访事项，信访秩序稳定向好。加强政务公开和政务服务工作，畅通镇长热线，解决处理群众困难和各类诉求265个，行政效能大幅提升。认真落实党风廉政建设责任制，“三公”经费持续下降，政风行风持续优化。社会保障水平不断提高。全年发放低保五保、社会救助、重点优抚对象救助资金2000余万元。开展社会救助“阳光行动”，清退了一批不符合标准的低保户、五保户，基本实现应保尽保。改造危房219户。五大保险实现扩面提标，新农合、新农保参合参保率分别在95%、85%以上。敬老院改扩建等省市县为民办实事工作全面完成。科技项目申报与管理力度加大，新技术在农业规模化、产业现代化中的贡献凸显。镇中心幼儿园投入使用，启动镇小学合格化建设，桃江四中高考成绩居市县前列，教育教学硬件设施进一步完善。“欢乐潇湘·美丽桃江”系列文化活动深入开展，广播“村村响”工程建设基本完成。二医院住院条件得到明显改善，医疗服务水平明显提高。计划生育基层群众自治荣获市级示范乡镇称号。群众体育日趋活跃，全民健身意识不断增强。食品药品日常监管全覆盖，完善镇村两级安全监管网络，落实安全生产“一岗双责”。深入开展打非治违专项行动，道路交通、矿产开发等重点行业、领域专项整治扎实开展，坚持每季度领导带队集中开展安全生产大检查工作，消除安全隐患365处，安全生产严监管成常态化，未发生较大以上安全事故。 （王浩志）

【杨家湾获评省级美丽乡村】 杨家湾村是灰山港镇城区近郊村，全村总人口2832人，共有19个村民小组690户，总面积6.5平方千米。S206、资江一级支流志溪河穿村而过，洛湛铁路在村内设有客、货两站，村内有南方公司等企业6家，有大小山塘26口，渠道1.1万米，拦河坝3座，村组公路16千米，变压器台区5个。拓宽、硬化公路11条，总长度9100米，公路硬化率达到98%。建成大棚绿色植物园3.3公顷，启动建设百果园20公顷；建设创业小区1.3公顷，进驻新型家庭工厂10家，其中投资上百万元的家庭工厂8家；成立农业高新产业合作社，占地面积66.7公顷，主要种植水稻、西瓜。杨家湾村坚持以地生财，趟出一条壮大集体经济的新路子，实现生态文明与美丽乡村创建同步推进。杨家湾村被评为“省级美丽乡村创建村”。

【灰山港镇湘运公交车运营】 灰山港镇经反复调研和广泛征求社会各界的意见，根据市场实际情况，决定开通公共汽车。1月，湘运正式投入运营2条公交车线，至年底陆续开通7条公交线路，覆盖全镇90%的村。有大型公共汽车72台，投入1500余万元。

【棚户区改造和公租房建设】 灰山港镇启动市属四家企业及市属区县棚户区改造，完成棚户区改造850余户。工程占地面积达6公顷，建筑总面积达9万平方米，完成投资7200万元。同时启动公租房建设，新建紫荆东路公租房项目，完成项目的土地规划、建筑设计及可研作等工作，完成公租房100套，占地面积700平方米，建筑面积3500余平方米，完成投资500余万元。

【酒湘线工程建设启动】 酒泉—湖南±800千伏特高压直流输电线路建设工程灰山港段于8月正式启动，至12月底，完成塔基基础22.5G，拆迁房屋62栋135户，完成实物量调查并进行公示。该工程起于甘肃酒泉，途经甘、陕、渝、鄂、湘5省市，止于湘潭市湘潭县射埠镇，总长2383千米，动态投资262亿元。其中在湖南省境内经过4市10县，线路长度356千米。线路建成后，每年可为湖南输送400亿千瓦时电量，相当于6个长沙电厂的年发电量，可满足湖南四分之一强的用电需求。

【油茶引领现代林业】 灰山港镇通过深入调研和市场分析，充分利用国家相关扶持政策，确立“万亩油茶产业引领绿色生态崛起”的目标。全镇发展油茶基地20个，占地1000公顷，涵盖12个村。其中最大油茶林基地占地100公顷，最小规模2公顷。

【金沙重机增资2亿元】 1月6日，益阳金沙重型机械制造有限公司与贺再全、熊明辉、贺佳全等3名企业家签订增资扩股合作框架协议，融资2亿元。在完成增资扩股后，公司充分结合自身技术优势，最大限度放大社会资本功能，进一步完善公司治理结构，打造高效运转的企业平台，为大型骨干企业配套生产零部件创造更有利的条件。

【南方二期项目稳步推进】 灰山港镇成立由党委书记挂帅的专门工作组，对南方水泥二期项目进行全程协调服务。通过整合矿山资源，解决资源配置难题，矿业权设置方案上报省国土资源厅并通过专家评审，获省国土资源厅正式批文。至12月底，项目共征收土地（含房屋拆迁、坟墓迁移）14.1公顷，完成项目区杆线迁移和基础设施改建任务。镇政府组织协调益阳建筑材料厂与南方公司所属石料厂矿界调整，制定了矿界调整方案，进一步优化环境。

【清洁柴油建设工程竣工】 年产6万吨清洁柴油建设项目位于灰山港镇向阳花村，占地约4.5公顷，总投资5500万元，于4月25日正式开工建设，整体工程于12月底竣工。

先进名录

表1 全国（条线）先进单位集体

获奖单位	奖励（命名）名称	授奖（命名）单位
桃江县	2014—2015 年度全国平安渔业示范县	农业部、国家安全监管总局
桃江县	国家级妇幼健康优质服务示范县（市、区）	国家卫计委
桃江县	全国基层中医药工作先进单位	国家中医药管理局
计划生育协会	全国计划生育协会县级先进单位	中国计划生育协会
广播电视台	第六届全国服务农民、服务基层文化建设先进集体	中共中央宣传部、文化部、国家新闻出版广电总局
桃江公众信息网	2015 年中国政府网站绩效评估活动试点县（市、区）综合排名第九名	中国社会科学院信息化研究中心、国脉互联政府网站测评研究中心
职业中专	2015 年度中国职业教育创新标杆学校	国际教育学会 / 香港清华园研究院 / 广东理想教育集团
职业中专	全国素质教育示范（院）校	中国教育协会 / 中国教育发展促进会
桃花江中心医院	女性健康公益联盟年度先进单位、孕妇个体营养检测项目示范医院、妇科疾病无创治疗项目示范医院	中国妇女发展基金会
鸬鹚渡镇卫生院	最受群众满意的乡镇卫生院	国家卫计委
桃江县渔政监督管理站	2015 年度渔业文明执法窗口单位	农业部
灰山港镇	全国文明村镇	中央精神文明建设指导委员会办公室
灰山港镇工会	全国模范职工之家	中华全国总工会
灰山港镇杨家湾村	省级美丽乡村创建村	农业部

表2 全国（条线）先进个人

获奖个人	所属单位	获 奖 名 称	授奖单位
熊闻遐	法院	2015 年度网络宣传先进个人	人民法院报社、中国法院网
薛茂林	司法局	全国模范司法所长	国家司法部
陈建华	司法局	2011—2015 年全国法治宣传教育先进个人	全国普法办公室

续上表

获奖个人	所属单位	获 奖 名 称	授奖单位
璩佩云	计生协会	全国计划生育协会先进个人	中国计划生育协会
文银斌	中医院	TCL2015 长沙国际马拉松赛女子半程马拉松 25 名	2015 长沙国际马拉松赛组委会

表 3　湖南省（条线）先进单位集体

获奖单位	奖励（命名）名称	授奖（命名）单位
桃江县	省级卫生县城	省爱卫会
桃江县	全省“两非”典型案件查处工作先进单位	省人口和计划生育领导小组
桃江县	湖南省安全生产工作先进单位	省委办公厅、省政府办公厅
桃江县	全省计划生育工作良好单位	省委办公厅、省政府办公厅
桃江县	优秀政府门户网站	省政府办
桃江县	2015 年度“平安校园建设先进县（市区）	省教育厅
桃江县	湖南省妇幼健康优质服务示范县	省卫计委
桃江县	湖南省儿童保健服务合格县	省卫计委
桃江县	全省计生协工作模范单位	省计划生育协会
桃江县	全省养殖业工作目标管理先进县	省畜牧水产局
桃江县	湖南省基层中医药工作先进单位	省中医药管理局
桃江县人民政府	2015 年度全省综治工作合格县市区	省政府办公厅
桃江县人民政府	2015 年度全省计划生育工作良好单位	省政府办公厅
县委办	2015 年度全省党委信息工作先进单位	省委办公厅
财政局	全省乡村财政财务精细化管理工作先进单位	省财政厅
财政局	金融与债务工作先进单位	省财政厅
财政局	全省财政监督检查工作先进单位	省财政厅
财政局	全省财政综合工作目标管理考核先进单位	省财政厅
财政局	全省财政系统信息工作先进单位	省财政厅
交通运输局	交通行政执法评议考核优秀单位	省交通运输厅
水务局	2015 年度“芙蓉杯”全省水利建设先进单位	省水利厅
卫生局	全省档案宣传工作先进单位	省档案局
人口和计划生育局	全省卫生计生户外宣传示范单位	省卫计委
法制办	2015 年度全省依法行政工作先进集体	省人社局
总工会	五星级职工维权帮扶中心	省总工会
计划生育协会	全省计划生育协会工作模范单位	省计划生育协会
县委党校	2015 年度湖南省党校系统科研工作先进单位	省委党校
移民开发管理局	2015 度移民工作绩效考评先进单位	省移民局
政务中心	湖南省 2015 年文明窗口单位	省精神文明建设指导委员会
卫生监督所	全省学校卫生监督先进单位	省卫生计生综合监督局
卫生监督所	全省卫生计生监督网络培训第 10 名	省卫生计生综合监督局

续上表

获奖单位	奖励（命名）名称	授奖（命名）单位
卫生监督所	全省学校卫生监督先进单位	省卫生计生综合监督局
疾控中心	湖南省中国全球基金结核病项目先进单位	省结核病控制项目办公室
妇幼保健院	湖南省妇幼健康优质服务示范县	省卫计委
刑事侦查大队	2014—2015 年度全省优秀刑侦队	省公安厅
刑事侦查大队	2015 年度全省公安机关打黑除恶工作成绩突出集体	省公安厅
110 接处警中心	全省公安机关 110 接处警工作成绩突出集体	省公安厅
桃花江派出所	全省公安机关“抗战胜利 70 周年纪念活动”安全保卫工作成绩突出集体	省公安厅
自来水公司	信息工作十佳单位	湖南水务报
地税局	三基建设先进单位	省地税局
办税服务中心	省级芙蓉标兵岗	省总工会
桃江供电公司计量班	工人先锋号	国网湖南省电力公司
桃江供电公司运维班	安全生产先进班组	国网湖南省电力公司
中国银行桃江支行	“十佳“示范单位	中国银行湖南省分行
中国银行桃江支行	“文明规范服务示范单位	湖南省银行协会
农业发展银行桃江支行	2015 年度“合规管理年”活动先进单位	中国农业发展银行湖南省分行
桃江县农村信用合作联社	“人性化服务在柜台闪光”示范网点	省农村信用社联合社
新华书店桃江县分公司	2015 年度应收帐款清收先进单位	省新华书店有限责任公司
高桥乡	2014 届湖南省文明村镇	省精神文明建设指导委员会
高桥乡人民政府	湖南省绿化先进集体	省绿化委员会
灰山港镇	湖南省“十佳”义务护路中队	省综治委
灰山港镇	湖南省基层应急管理示范单位	省应急管理办公室
灰山港镇企业办	湖南省乡镇（街道）统计工作规范化建设先进单位	省统计局

表 4　湖南省（条线）先进个人

获奖个人	所属单位	获 奖 名 称	授奖单位
文　胜	公安局	全省禁毒工作先进个人	省禁毒委
彭应明	公安局	全省百优社区（驻村）民警、三等功	省公安厅
胡凤良	公安局	全省公安机关“抗战胜利 70 周年纪念活动”安全保卫工作成绩突出个人	省公安厅
丁　强	公安局	全省公安机关禁毒会战成绩突出个人	省公安厅
文　武	公安局	全省破案办案能手	省公安厅
王　凯	公安局	全省刑事科学技术工作成绩突出个人	省公安厅
刘　艳	公安局	全省公安政治工作成绩突出个人、三等功	省公安厅
王　鹏	公安局	2015 年度优秀新闻通讯员	省红网
罗宏荣	交警队	2015 年度全省公安机关春运交通安保工作成绩突出个人	省公安厅

续上表

获奖个人	所属单位	获 奖 名 称	授奖单位
胡拥军	财政局	全省财政系统信息工作先进个人	省财政厅
莫 杰	环保局	2015 年全省大气环境监测职工技能竞赛二等奖	省环保厅
童哲夫	住建局	文明管理工作者	省建设工程质量安全监督管理总站
彭学军	住建局	文明监督工程师	省建设工程质量安全监督管理总站
胡学礼	计生局	全省“两非”典型案件查处工作先进个人	省人口和计划生育领导小组
胡学礼	计生局	全省“两非”典型案件优秀案卷评审员	省卫计委
方 静	党校	全省党校系统教学竞赛三等奖	省委党校
李世锋	信息中心	全省政府网站工作先进个人	省人民政府发展研究中心、省电子政务中心
曹 挥	桃冶社区	“共同维稳工作”先进个人	省有色金属工业总公司
文卫辉	职业中专	2015 年中国职业教育创新领军人物	理想教育集团 /AEI 国际教育协会 / 香港清华园教育研究院
詹运开	中医院	湖南省先进工作者	省委、省政府
文银斌	中医院	湖南省（韶山）健身长跑市州女子组二等奖	省（韶山）健身长跑赛组委会
文银斌	中医院	湖南省健身长跑赛市州女子组二等奖（昭山）	省健身长跑赛组委会
周 辉	桃花江镇卫生院	湖南省最美接种医生	省疾控中心
刘笑丰	地税局	二等功	省地税局
胡珊珊、刘娟、赵赛华、曹英	农村信用合作联社	“人性化服务在柜台闪光”服务标兵	省农村信用社联合社
龚力光	农村信用合作联社	2015 年度湖南省农村信用社联合社先进个人	省农村信用社联合社
杨昀、胡海玉	水文局	全省水文系统年度考评优秀个人	省水文水资源勘测局
胡 靖	新华书店桃江县分公司	2015 年度先进个人	省新华书店有限责任公司

表 5 益阳市（条线）先进单位集体

获奖单位	奖励（命名）名称	授奖（命名）单位
桃江县	全市“两非”典型案件查处工作先进单位	市人口和计划生育领导小组办公室
桃江县	益阳市安全生产工作先进区县（市）	市委办、市政府办
桃江县	2015 年度全市计划生育工作良好单位	市委办、市政府办
桃江县	全市卫生计生监督技能竞赛团体一等奖	市卫计委、市总工会
桃江县	2015 年度全市粮食生产先进市县区	市政府办
桃江县	2015 年度“益林杯”林业建设目标管理考核优胜单位	市政府办
桃江县	2015 年“135”工程暨园区建设大会战先进单位	市政府办
桃江县人民政府	2015 年度交通运输发展目标管理先进单位	市政府办
桃江县人民政府	重点民生实事农村公路建设目标管理先进单位	市政府办
桃江县人民政府	2015 年度治理货运车辆超限超载先进区县（市）	市政府办

续上表

获奖单位	奖励（命名）名称	授奖（命名）单位
桃江县人民政府	2015 年度履行教育职责优秀单位	市政府办
桃江县人民政府	2015 年度全市金融工作先进单位	市政府办
桃江县人民政府	2015 年度全市推进依法行政工作优秀单位	益推依办
桃江县人民政府	2015 年度洞庭湖生态经济区建设工作合格单位	益洞建
桃江县人民政府	2015 年度市消防工作先进县	市益消安委
县委办	2015 年度全市党委信息工作先进单位	市委办
检察院	2015 年度全市检察机关先进集体	市检察院
公安局	2015 年度全市县级公安机关党风廉政建设优秀单位	市公安局
禁毒大队、凤凰山派出所	全市公安机关禁毒会战成绩突出集体	市公安局
治安大队	2015 年度全市公安机关治安管理工作绩效评估先进单位和 2015 年度全市公安机关“断链行动”工作先进单位	市公安局治安管理支队
司法局	先进政法领导班子	市委组织部、市政法委
司法局	益阳市司法行政工作先进单位	市司法局
工信局	2015 年度加速推进新型工业化先进单位	市政府
工信局	2015 年度工业经济目标管理一等奖	市经济和信息化委员会
国土资源局	全市国土资源执法监察工作目标管理优胜单位	市国土资源局
环保局	2015 年全市环保重点工作先进单位	市环保局
环保局	2015 年全市环保系统“两项竞赛”活动先进单位	市环保局
住建局	2014—2015 年度市级文明单位	市政府
住建局	全市城镇建设与管理先进单位	市住房和城乡建设局
住建局	全市建筑业管理工作先进单位	市住房和城乡建设局
住建局	全市建设系统计划生育综合治理工作先进单位	市住房和城乡建设局
交通运输局	重点民生实事农村公路建设目标管理先进单位	市政府
交通运输局	治理货车超限超载先进单位	市政府
交通运输局	全市交通运输发展目标管理先进单位	市交通运输局
交通运输局	全市交通运输安全生产目标管理先进单位	市交通运输局
交通运输局	全市农村公路危桥改造先进单位	市交通运输局
统计局	“区县（市）统计工作综合考评”第一名	市统计局
总工会	全市职工纪念“劳动美”实施二十周年“中国梦·劳动美”法律知识竞赛三等奖	市总工会
总工会	“最美芙蓉花”全市女职工微信摄影大赛组织奖	市总工会办公室
妇联	2015 年度妇联工作红旗单位	市妇联
妇联	2015 年度“妇女之家”创建工作先进单位	市妇联
妇联	2015 年度关爱留守儿童工作先进单位	市妇联
妇联	2015 年度实施“两个规划”工作先进单位	市妇联
团县委	共青团工作先进单位	团市委
农机局	2015 年度全市现代农机专业合作社创建工作先进单位	市农机局

续上表

获奖单位	奖励（命名）名称	授奖（命名）单位
动物卫生监督所	2015 年益阳市动物卫生监督执法案卷评查二等奖	市兽医局
供销社	综合业绩考核特等奖	市供销社
供销社办公室	办公室工作先进单位	市供销社
职业中专	益阳市首届职场礼仪风采大赛三等奖	市委宣传部
职业中专	益阳市人民政府学校教育督导评估优秀单位	市政府
卫生监督所	2015 年度卫生行政处罚执法案卷一等奖	市卫计委
卫生监督所	2015 年度卫生行政处罚执法案卷三等奖	市卫计委
卫生监督所	市卫生监督工作年度综合考核第二名	市卫计委
卫生监督所	2015 年全市卫生计生监督技能竞赛团体一等奖（第一名）	市卫计委、市总工会
疾控中心	免疫规划与生物制品管理工作一等奖	市疾控中心
疾控中心	全市疾控工作先进单位	市疾控中心
妇幼保健院	2015 年度妇幼指标 5 岁以下儿童死亡率全市第一	市卫计委
桃花江中心医院	益阳市消防工作先进单位	市公安消防支队
桃花江中心医院妇产科	三八红旗集体	市妇女联合会
鸬鹚渡镇卫生院	示范乡镇卫生院	市卫计委
修山镇卫生院、大栗港中心卫生院、武潭中心卫生院	群众满意的乡镇卫生院	市卫计委
桃江供电公司	2015 年度先进单位	国网益阳供电公司、国网益阳供电公司工会
桃江供电公司	2015 年度电网建设管理工作先进单位	国网益阳供电公司
桃江供电公司	2015 年度安全生产先进单位	国网益阳供电公司、国网益阳供电公司工会
桃江供电公司抄表班	芙蓉标兵班组	国网益阳供电公司
中国银行桃江支行	季度综合奖第一组第一名	益阳市分行
农业发展银行桃江支行	2015 年度先进单位	中国农业发展银行益阳市分行
农业发展银行桃江支行	2015 年度益阳市银行业“文明规范服务示范单位”	市银行业协会
地方海事处	2015 年度全市海事系统安全生产目标管理先进单位	市地方海事局
新华书店桃江县分公司	2015 年度先进企业提名奖	益阳市分公司
新华书店桃江县分公司	2015 年度教材教辅发行组织奖	益阳市分公司
新华书店桃江县分公司	2015 年度一般图书发行组织奖	益阳市分公司
新华书店桃江县分公司	2015 年度大中专教材发行组织奖	益阳市分公司
新华书店桃江县分公司	2015 年度应收帐款清收二等奖	益阳市分公司
浮邱山乡人民政府	益阳市平安乡镇	市政府
浮邱山乡人民政府	益阳市计划生育工作优秀单位	市政府
高桥乡人民政府	第三次全国经济普查市级先进单位	市第三次全国经济普查领导小组
牛田镇	益阳市计划生育工作良好单位	市政府
牛田镇	益阳市综治工作先进乡镇	市政府
灰山港镇	益阳市精神文明建设副会长单位	市精神文明建设委员会

续上表

获奖单位	奖励（命名）名称	授奖（命名）单位
灰山港镇	计划生育基层群众自治市级示范乡镇	市卫生和计划生育委员会、市计划生育协会
灰山港镇武装部	先进基层武装部	市军分区
灰山港镇企业办	益阳市第三次全国经济普查先进集体	市第三次全国经济普查领导小组

表6 益阳市（条线）先进个人

获奖个人	所属单位	获奖名称	授奖单位
邓丹丹	县委办	2015年度全市党委信息工作先进个人	市委办
高明辉	检察院	“强化立案监督和侦查活动监督”专项行动先进个人	市检察院
熊跃庆、江波、文佳、刘杰、汪志远、王凯、刘文彬、丁葵、陈斌、张大维、陈静萍、王宁、石财、周子晖、石凯、丁凤荣	公安局	三等功	市公安局
汪澎、孙穗辉、庄敏、刘庆仁、王鹏、陈龙、吴程辉、王珑、陈平尹静谦	公安局	全市公安机关禁毒会战成绩突出个人	市公安局
肖亦雄、黎伟军	公安局	全市政法系统“十佳政法干警”	市政法委
罗建辉	交警队	全市公安机关春运交通安保工作成绩突出个人	市人民政府春运领导小组
陈江、伍志文	交警队	全市公安交警系统廉政先进个人	市公安局交警支队
朱 蓉	司法局	益阳市司法行政系统“十佳司法行政干警”	市司法局
孙 庆	司法局	益阳市司法行政系统“践行益阳司法行政精神”宣讲比赛一等奖	市司法局
孙 庆	司法局	益阳市纪检监察系统“学以强能 知以正行”读书活动知识竞赛二等奖	市纪委、市监察局
傅建仁、张志军	国土资源局	全市国土资源系统依法行政先进个人	市国土资源局
丁 亮	国土资源局	益阳市会计工作先进个人	市会计学会
莫 杰	环保局	全市大气环境监测职工技能竞赛个人一等奖	市环保局
莫杰	环保局	益阳市五一劳动奖章	市总工会
胡莉萍	住建局	城建档案管理工作先进个人	市城建档案管
高海军	住建局	全市城镇建设先进个人	市住房和城乡建设局
夏伏军	森林公安局	全市公安机关第五届“我最喜爱的十佳公安民警	市公安局
文丽莉	妇联	益阳市三八红旗手	市妇联
文庆勋	供销社	信息工作先进个人	市供销社
李纯英	职业中专	益阳市首届周谷城教育奖	市政府
盛诗	人民医院	湖南益阳美丽护士大赛出色表现奖	市医学会

续上表

获奖个人	所属单位	获 奖 名 称	授奖单位
高小桃	人民医院	“最美芙蓉花”全市女职工微信摄影大赛三等奖	市总工会办公室
文银斌	中医院	益阳市 2015 年“中国体育彩票”杯全民健身系列活动暨第十五届大众运动会登山比赛成年女子组一等奖	市大众运动会
文银斌	中医院	益阳市 2015 年“中国体育彩票”杯全民健身系列活动暨第十五届大众运动会长跑比赛成年女子组一等奖	市大众运动会
何 婷	中医院	2015 年湖南美丽护士大赛益阳赛区优胜奖	市医学会、益阳日报社
谢建红	中医院	2015 年“最美芙蓉花”全市女职工微信摄影大赛三等奖	市总工会办公室
詹 戈	卫监所	全市卫生计生监督技能竞赛二等奖	市卫计委、市总工会
高宇香、马俊纯	卫监所	全市卫生计生监督技能竞赛一等奖、益阳市五一劳动奖章	市卫计委、市总工会
高宇香	卫监所	全市卫生计生监督技能竞赛笔试第二名	市卫计委、市总工会
马俊纯	卫监所	全市卫生计生监督技能竞赛快速检测第三名	市卫计委、市总工会
文富强、刘志华、李娜	疾控中心	免疫规划与生物制品管理工作先进个人	市疾控中心
周 辉	桃花江镇卫生院	益阳市最美接种医生	市疾控中心
高先才	桃花江镇卫生院	湖南益阳美丽护士大赛爱岗敬业奖	市医学会
胡 萍、邓智红、戴 丽、符征良、李进中、詹建勋	地税局	三等功	市地税局
雷 萍	地税局	全市地税系统学习型领导干部	市地税局
石书通	桃江供电公司	“最美国网人”“劳动模范”	国网益阳供电公司
邹军娟	桃江供电公司	服务之星	国网益阳供电公司
童中华、刘艳蓉	气象局	益阳市气象业务优秀工作者	市气象局
谭栋松	气象局	益阳市气象业务先进个人	市气象局
杨 昀	水文局	益阳市水文勘测工技能竞赛第一名、益阳市五一劳动奖章	市水文水资源勘测局
崔文芳、熊国良 焦爱红	地方海事处	嘉奖	市地方海事局
高晓晖	地方海事处	2015 年度全市水路交通系统先进个人	市地方海事局
夏建辉	地方海事处	2015 年度安全生产目标管理先进个人	市地方海事局
丁娇、文艳芳	灰山港镇	第三次全国经济普查“市级先进个人”	市第三次全国经济普查领导小组

统计资料

桃江县各乡镇各村人口、面积、村民小组一览表

桃花江镇

序号	现村名	原村名	基本情况		
			人口（人）	面积（平方千米）	村民小组数（个）
1	栗树咀	长茅仑、栗树咀、狮子坝	3454	6.9	33
2	梨树桥	药铺子、梨树桥、汪家坪	2654	4.01	38
3	金柳桥	金柳桥、升坪	2221	5.07	31
4	花桥	花桥、龚家湾	2741	4.02	33
5	近桃	近桃、花苞洲、莲荷	3293	3.89	45
6	杨家坳	杨家坳、向荣	1820	2.02	18
7	大华	猫咀湾、大华	1618	8.52	16
8	拱桥	拱桥、横板桥	1689	6.1	18
9	株木潭	株木潭、下高桥、潭家桥	2512	6.51	25
10	石高桥	石高桥、蛇山	2115	6.2	19
11	崆峒	崆峒、黄金塘、船形湾	3214	12.49	27
12	鹅公桥	鹅公桥、绣衣	2547	7.71	26
13	道关山	道关山、新田、新栗	2613	8.36	29
14	青山	白米塘、青山、解放坝	2856	3.26	26
15	川门湾	益民、川门湾、七家田	3039	3.15	23
16	人和桥	金家仑、人和桥	2880	2.64	25

续上表

序号	现村名	原村名	基本情况		
			人口（人）	面积（平方千米）	村民小组数（个）
17	拱头山	马家村、拱头山、挖断颈	2622	5.58	30
18	花果山	花果山、月石湾、老尤坝	3118	8.98	28
19	桃谷山	桃谷山、观桃、猴栗岭	3931	8.96	35
20	创业	七里冲、长竹冲、金盆、先胜	2483	5.64	37
21	花园洞	中七里、花园洞	2439	7.02	24
22	打石湾	金华桥、高坪、打石湾	3035	4.77	33
23	文家渡	腰子仑、文家渡	1806	3.85	20
24	半边山	半边山	1318	7.05	17
25	半稼洲	桐梓园、狮子山、半稼洲	3514	3.68	24
26	罗家潭	罗家潭、长湖塘、装柴埠	3646	6.29	36
27	横木	先锋山、横木、太阳	3405	6.76	32
28	划船港	划船港、潭沙河	2481	2.19	21
29	牛潭河	长港洲、牛潭河	2043	2.51	18
		（团山并朝阳社区）	1051	1.73	
		（肖家山并金凤社区）	680	0.9	
	社区名称	桃花江、资江路、团山、金凤、凤凰山、富民、芙蓉、桃花路、牛潭河			
	合 计		78838	166.76	787

高桥乡

序号	现村名	原村名	基本情况		
			人口（人）	面积平方千米	村民小组数（个）
1	罗溪	罗溪、龙桥、月亮石	920	16.75	13
2	龙潭桥	龙潭桥、梅水洞	1662	11.8	23
3	松柏	松柏、袁家冲、石龙关	1846	9.92	21
4	石井头	石井头、油籽函、杉木桥、梓木洞	3266	8.115	37
5	赵家山	带河桥、赵家山、小双冲	2616	9.2	40
6	石头坪	南峰、杨才、石头坪	1983	5.6	22
7	高桥	土门、澄照堂、高桥	3977	9.85	40
8	荷叶塘	新河、荷叶塘、木瓜	3329	4.41	36
9	横马塘	排楼、横马塘	2209	3.8	26
10	小山湾	小山湾、天富山、金盆山	2785	5.09	25
11	千秋	千秋、近邱、黑石	3055	6.93	34
12	大林	大林、小林、双石	2150	4.45	27
	合 计		29798	95.915	344

浮邱山乡

序号	现村名	原村名	基本情况		
			人口（人）	面积平方千米	村民小组数（个）
1	近仑	近仑	2100	4.3	13
2	毛家桥	石桥坝、毛家桥、金和	3095	7.44	44
3	枳木山	平田湾、枳木山、泉峰	2762	6.57	32
4	人形山	双江、马迹、人形山	2871	7.22	39
5	西峰寺	范金、西峰寺	2036	4.53	26
6	浮邱山	浮邱、清凉、梅林	2672	5.85	41
7	沙田湾	晒谷、瓦窑坪、沙田湾	1955	3.71	26
8	齐心	张家冲、黄家冲、齐心	2978	7.18	52
9	新桥	黄土坝、新桥、遐林桥	2268	5.24	25
10	回龙湾	合力、回龙湾	2292	5.01	30
11	黄南冲	青旗山、黄家冲、李家坪、石迹坪	3167	8.15	33
12	白家河	龙家湾、廖家洲、白家河	3448	4.4	39
13	金盆	董家桥、道光冲、许家村	2510	5.5	36
14	担水坝	曹家咀、担水坝、七星	2494	6.06	33
15	田家冲	张目桥、田家冲、柏叶村	3039	8.37	36
16	禁牌	禁牌、安乐山、丰家村	2481	5.18	34
17	洪桥头	水口山、洪桥头、石湾	2895	5.77	35
18	黄鹤桥	八家湾、九家湾、黄鹤桥	3205	6.49	35
19	大水洞	大水洞、张家町、太平	2499	6.23	40
20	炭山桥	石矶头、陈家湾、炭山桥	2953	5.29	28
	合 计		53720	118.49	677

修山镇

序号	现村名	原村名	基本情况		
			人口（人）	面积平方千米	村民小组数（个）
1	九都	峡山、九都	2281	5.5	31
2	花桥港	水满冲、花桥港、青峰	3339	9.2	37
3	康家村	杉树边、康家村、杨和	3026	8.5	36
4	月明山	月明洲、泥湾、白茅洲	3696	11.1	43
5	八都	檀树界、洪山庙、八都	3068	8.98	27
6	三官桥	风口味、凉水桥、三官桥、野鸭湾	3562	10.25	41
7	洪山	石溪、贺家湾、洪山	2279	7.27	27
8	麻竹垸	石碑、官厅、麻竹垸	3099	8.81	31

续上表

序号	现村名	原村名	基本情况		
			人口（人）	面积平方千米	村民小组数（个）
9	莲盆咀	莲盆咀、许家洲、黄荆洲	3056	8.42	45
10	修山	团洲、柳溪、修山	3388	9.07	47
11	舒塘	舒塘、凤林港	1917	5.14	25
	社区	邹家湾、修山			
	合 计		32711	91.24	390

沾溪镇

序号	现村名	原村名	基本情况		
			人口（人）	面积平方千米	村民小组数（个）
1	洋泉湾	洋泉湾、赤光坪、王家湾、小塘	3700	7.692	38
2	伍家洲	廖家坝、永隆湾、伍家洲	2910	6.22	32
3	九螺坊	堆洲坪、久河、九螺坊	2523	3.732	28
4	泉水井	李家巷、山田村	1820	5.027	20
5	双塘	鸡公塘、石门塘	1849	5.74	28
6	长田坊	太平、长田坊、邹家湾	2214	4.005	30
7	卫红	刘家坪、福堂湾、肖车塘	3334	7.314	38
8	沾溪	龙湾村、梓楠洲、贺家坪、沾溪	3953	8.476	46
9	杉木村	杉木村、西村、稻田村	2774	10.119	51
10	白沙洲	石洞巷、殷家洲	1950	5.827	23
	社区	荷叶山			
	合 计		27027	64.152	334

三堂街镇

序号	现村名	原村名	基本情况		
			人口（人）	面积平方千米	村民小组数（个）
1	荆竹界	虎形、荆竹界、观音阁	3006	10.81	32
2	晚谷回族村	晚谷回族村	440	1.35	6
3	龙家段	茶元坳、龙家段、和合	3595	11.59	47
4	合水桥	合水桥、太平桥、纽丝	3673	11.62	42
5	九峰	舞凤山、九峰、杨家渡	2791	6.15	42
6	沿潭口	沿潭口、松木段、花塘	3214	8.41	33
7	乌旗山	龙头湾、乌旗山、成功桥、周家湾	3214	6.34	30
8	天子仓	天子仓、招佃	2595	7.59	34

续上表

序号	现村名	原村名	基本情况		
			人口（人）	面积平方千米	村民小组数（个）
9	胡家坳	七里界、大屋湾、胡家坳	3450	10.26	39
10	赤塘	跑马坪、老鸦、赤塘	3331	7.43	47
11	王母	王母、回龙、陈家坳	3940	10.16	43
12	郭家洲	郭家洲、白竹洲	2082	2.53	19
13	接龙桥	接龙桥、铁炉湾、人民坝	3346	7.96	35
14	湖莲坪	湖莲坪、新开、黄金坝	4816	8.33	48
15	三堂街	包狮、龙头坝、三堂街	3731	11.46	35
		（新街口、竹码头并入三堂街社区）	3611	1.69	7
16	龙牙坪	曹家村、龙牙坪、盖头、牛郎	4797	12.97	41
17	花桥坪回族村	花桥坪回族村	1416	3.06	15
18	大屋山	花桥、大屋山、七星桥	3146	10.16	36
	社区	三堂街			
	合 计		60194	149.87	631

鸬鹚渡镇

序号	现村名	原村名	基本情况		
			人口（人）	面积平方千米	村民小组数（个）
1	花桥	露尖、小港、花冲、花桥	2087	9.97	32
2	梅山	梅山、金星、横冲	1905	10.90	27
3	龙塘湾	柑木、龙西、阳厢	2903	9.76	33
4	板溪	天瑞、板溪	1746	4.36	19
5	大江	鹿马、大江、何家冲	2266	8.25	25
6	石龙塘	黄沙洲、淘金山	1735	3.51	18
7	大塘	大塘、双塘	2302	7.43	24
8	玉溪	石桥、玉溪、玉华	2670	8.07	33
9	风景寺	湘民、锡溪	2001	5.15	26
10	鸬鹚渡	沙河湾、鸬鹚渡、牌楼湾	3234	6.28	26
11	百亩	理学、百亩	1513	5.13	16
12	长江	分水坳、长江	2594	7.94	24
13	清塘	清塘	1537	6.84	14
14	学堂湾	栗树湾、学堂湾	1712	3.89	21
15	千工坝	礼洪山、千工坝、汤家冲、荷花塘	4551	11.53	43
16	蒋家冲	铁家段、蒋家冲、舒家阄	1735	13.24	23
	社区	沙河			
	合 计		34756	109.01	381

鲊埠回族乡

序号	现村名	原村名	基本情况		
			人口（人）	面积平方千米	村民小组数（个）
1	花园台	划船村、花园台	1925	4.88	22
2	军功咀	军功咀	1100	1.63	11
3	大水田	长烟、大水田	2534	5.79	21
4	江家坝	庙子塘、江家坝、瓦渣湾	2782	5.82	30
5	南京湾	南京湾	1045	1.76	11
6	车门段	车门、周九、保家楼	2904	6.59	30
7	颜溪	颜溪、黄金	1419	3.32	15
8	陶公庙	大田、陶公庙	1635	4.32	20
9	筑基仑新村	筑基仑、黄金石	2041	4.57	34
	社区	鲊埠			
	合 计		17385	38.68	194

武潭镇

序号	现村名	原村名	基本情况		
			人口（人）	面积平方千米	村民小组数（个）
1	缺塘坳	缺塘坳	1525	7.48	20
2	清凉	松芝岭、清凉、瞿峰	1585	7.17	23
3	基固庙	文溪、基固庙、岩门	2958	12.69	28
4	罗家坪	罗家坪、峰包寨	1843	4.84	19
5	碧螺	道伍坝、鱼形山	2463	7.2	26
6	延津桥	延津桥	1521	4.1	14
7	熊家	九房湾、大水井、熊家村、瑶湾	2864	8.35	33
8	牛溪	枫林台、牛溪、良江界	2734	6.27	26
9	勤粑田	五房湾、永安、勤粑田	3308	7.14	41
10	伏祖湾	伏祖湾、鸭浮塘	1918	3.26	19
11	杨家坪	圳宽上、杨家坪	1963	3.38	25
12	龙拱滩	龙拱滩、杨林村、筒车埠	3443	6.65	44
13	武潭	琅琊村、桃花村	1205	4.83	18
14	八家	芳田村、八家村、大关山	2021	7.14	38
15	杉树	沙渭、石牌、钟家段	3457	16.53	47
16	石桥	石桥、楠木桥、天池山、香池村	3751	15.58	43
17	崇山坪	息家湾、崇山坪、蒋家湾、黄毛村	3389	13.1	46
18	新铺子	三板桥、新铺子、岩嘴头、东流村	3826	11.54	50
19	寨子	大志、曲江	2050	6.64	22

续上表

序号	现村名	原村名	基本情况		
			人口（人）	面积平方千米	村民小组数（个）
20	莲花城	白滩、三角塘	1763	4.10	27
21	莲花坪	莲花、大河口	2701	4.34	34
22	景致	合心桥、向武湾、龙门坳、黄土嘴	3120	11.52	31
23	泥潭	泥潭、樊州、青山	3148	8.31	31
24	天湾	上天湾、下天湾、山田、板瓦	2923	9.33	25
25	善溪	董金、善溪、白莲	1920	5.11	17
26	梅林	梅林、黄金、长田村	2504	7.79	21
27	汤家段	杨武坪、石家田、汤家段、卢家桥	2813	8.45	27
28	高峰	高峰、先岗、响滩	2363	7.66	27
	社区	武潭			
	合 计		71079	220.5	822

马迹塘镇

序号	现村名	原村名	基本情况		
			人口（人）	面积平方千米	村民小组数（个）
1	鹿马仑	严家村、鹿马仑	1400	10	19
2	谈家园	日新、洞庭、谈园	1890	6.4	20
3	南山洞	老山、南山洞	1308	5.7	15
4	罗家洲	大村里、罗家洲	1427	7.7	15
5	石门	浙家湾、石门、朝中	3492	11.5	38
6	月形湾	案口、月形、许家湾	2106	7.0	27
7	泗里河	杨家村、泗里河	1958	5.9	21
8	鸬鹚湾	鸬鹚湾、鲤鱼塘	1385	5.9	13
9	范家园	范家园、黄土塘、银升坪	3129	8.2	32
10	双江口	双溪口、石井、花门楼	1693	5.5	22
11	丫峰	翔公塘、丫峰、龙形山	2400	13.0	32
12	浔渔溪	永和、浔溪	1775	11.9	20
13	百合	白溪、合溪	1071	9.0	16
14	金塘	竹山、柳山、塘湾	3639	11.5	29
15	龙溪	龙溪、小溪、苗禾	2149	13.9	28
16	张家坊	雷水溪、张家坊、虎形山	2114	10.2	25
17	易家坊	石板溪、易家坊	1538	7.8	20
18	京华	浏丰溪、仙良、京华	2220	11.9	22
19	百乐	黄板、上溪、中溪、百乐	2650	13.0	33
20	马迹塘	马迹塘、肖家湾	2055	5.2	21

续上表

序号	现村名	原村名	基本情况		
			人口（人）	面积 平方千米	村民小组数 （个）
21	三里	三里村、伍家仑	2048	6	19
22	大塘坪	大塘坪、沙湾咀、白滩坪	3958	8.1	40
23	丰溪	三房段、丰溪	1339	5.3	20
24	九岗段	九岗段、茅仑	1541	5.2	23
25	新塘	新塘、三里洲	2015	5.6	26
26	九岗山	九岗山、原丰、荆竹	2765	9.3	33
27	段石	段泥湾、石洞	2342	5.9	21
	社区	天府庙			
	合 计		57407	226.6	650

大栗港镇

序号	现村名	原村名	基本情况		
			人口（人）	面积 平方千米	村民小组数 （个）
1	大栗港	大栗港、小栗港	2824	4.21	20
2	青山	青山村、周三湾	3006	6.57	18
3	德茂园	德茂园、黄龙咀	2984	7.96	27
4	朱家村	朱家村、九斗田	2435	10.90	25
5	大童村	大全、童子山、大兴	3209	6.97	26
6	五羊坪	岩咀头、五羊坪、曹家坪、六房村	5187	8.03	36
7	黄道仑	郑家坳、铁锚村、黄道仑	2941	6.21	24
8	刘家村	刘家村、安宁、杉木寺	2367	11.34	26
9	先锋桥	宋家村、曹家湾	2051	5.62	19
10	金盆	马灯村、红云、金盆	2721	6.47	32
11	筑金坝	筑金坝、白泥、凡家段	2022	4.34	22
12	红岩咀	瑜家桥、红岩咀	1846	4.93	17
13	兴坪	官村、首溪、兴坪、双合	3367	8.94	41
14	牛蹄	牛蹄、李家村、金牛	3198	7.67	24
15	游家村	花园楼、游家村	1696	5.40	19
16	黄栗伏	黄栗伏、游和坪	2527	7.89	22
17	碑矶村	碑矶村、罗星村	3030	7.92	33
18	卢家村	树山坳、卢家村	1869	4.54	20
19	张家村	关山村、灵山村	3196	8.61	33
20	松木桥	老灵山、太乙村、松木桥	2494	6.22	30
21	栗山河	株木潭、栗山河	3108	5.31	28
22	田家坪	毛羊坪、田家坪	2903	5.83	28

续上表

序号	现村名	原村名	基本情况		
			人口（人）	面积平方千米	村民小组数（个）
23	牌形上	九湖村、牌形上、马鞭溪	4751	8.86	54
	社区	杨家嘴			
	合 计		65732	160.74	624

石牛江镇

序号	现村名	原村名	基本情况		
			人口（人）	面积平方千米	村民小组数（个）
1	贺家塘	大伏岭、白牛洞、贺家塘	2136	7.12	28
2	小坡头	双陵坪、小坡头	1857	2.59	16
3	车冲	车冲、杨梅冲	2137	4.46	24
4	上七里	桐油冲、上七里、保安	3372	8.41	42
5	增塘	增塘、南山	2355	3.5	26
6	石牛江	石牛江、游伏沙、竹金塘	2820	3.47	28
7	安陵坪	安陵坪、潮湾	2829	3.24	26
8	九家段	九家段、枧塘坪、徐家棚	3290	4.31	35
9	牛剑桥	双凤、牛剑桥、青龙嘴	3161	5.4	38
10	花田冲	花田冲、石灰塘、四方塘	2009	3.54	25
11	化字炉	化字炉、官厅山	1281	2.42	16
12	长冲	长冲、鸦雀塘	1279	2.32	18
13	黄泥田	黄泥田、茶谷冲	1819	2.74	25
14	田庄湾	牧山冲、檀树嘴、田庄湾	2580	4.08	30
15	苏团	毛家冲、苏团、屈家桥	2722	6.44	30
	社区	游伏沙			
	合 计		35647	64.04	407

牛田镇

序号	现村名	原村名	基本情况		
			人口（人）	面积平方千米	村民小组数（个）
1	杉树仑	杉树仑、良湖、德纯湾	3227	5.48	31
2	肖家冲	肖家冲、水白坊	1683	3.7	22
3	峡山口	谢家山、峡山口	1540	4.6	17
4	金凤山	金凤山、石桥河	1820	4.8	18
5	古杉	古杉、清泉、栗山	2920	6.75	29

续上表

序号	现村名	原村名	基本情况		
			人口（人）	面积平方千米	村民小组数（个）
6	小坞	彭家冲、小坞、九马咀	2519	5.28	24
7	桃仁	桃仁、白洋坪	1573	4.18	19
8	金光山	麻牛村、金光山、学堂山	2503	5.75	29
9	临市街	罗家段、临市街、石龙头	2538	5.17	31
10	清塘	清塘、陈家冲、九丰冲	2118	6.24	26
11	株树山	郭家塘、上马石、株树山	2826	5.11	27
12	安山	石家段、安山	1768	4.08	21
13	观庄	观庄、大塘	1654	4.5	16
14	三塘湾	栏木塘、三塘湾	2464	4.16	25
15	牛田	双江口、牛田	1428	4.08	16
	社区	双江口			
	合 计		32581	73.88	351

灰山港镇

序号	现村名	原村名	基本情况		
			人口（人）	面积平方千米	村民小组数（个）
1	杨家湾	杨家湾、秀江	2413	4.10	19
2	灰山港	佛座坳、灰山港	2983	4.71	28
3	向阳花	向阳花	2500	3.05	17
4	天子坡	白泥冲、天子坡、泉塘坳	3331	3.20	22
5	司马冲	司马冲、船形山、新塘坡	3079	6.93	29
6	和安冲	和安冲、先锋	2330	4.83	22
7	曾家湾	甘塘坳、曾家湾、马鞭冲	3953	7.87	40
8	连河冲	大坝桥、大竹山、连河冲	3737	9.46	37
9	万功塘	万功塘、金泉、孙家湾	3323	6.95	28
10	陈家湾	花屋湾、陈家湾、九甲湾	3207	7.03	32
11	汪家冲	长坪、汪家冲、猫形山、青秀山	3438	13.97	41
12	雪峰山	雪峰山、崇山口、伍家巷	3221	4.62	28
13	小冲	小冲、金盆山	1799	5.76	23
14	金沙洲	金沙洲、庙湾里、白门塘	2835	4.87	23
15	周家潭	周家潭、王家坪、井公塘	3757	6.63	35
16	澄泉湾	澄泉湾、大树湾	2842	3.21	28
17	麻元坳	麻元坳、东泉湾	2709	3.91	28
18	大冲	大冲、竹山湾	1795	5.87	20

续上表

序号	现村名	原村名	基本情况		
			人口（人）	面积平方千米	村民小组数（个）
19	栗子山	江石桥、老坛、栗子山	2923	13.40	43
20	甘泉山	符家湾、大冲坪、林场、石湾	2505	8.13	49
21	克上冲	先锋山、李家湾、迪楼、克上冲	2216	8.93	28
22	绿家湾	颜家坊、王家咀、潮溢湾、绿家湾	3501	7.66	42
23	铁矿坳	铁矿坳、镰刀洞、车家冲	3372	10.78	34
24	毛力坪	毛力坪、苦竹溪	1763	6.27	20
25	河溪水	河溪水、救十寨、潭映钟	2471	3.21	29
26	大桥塘	大桥塘、喻家湾、黎家坪	2818	3.54	30
27	金沙坪	金沙坪、新塘湾、大木山	2950	5.59	27
28	滩口上	滩口上、扎家冲、梅古冲	2619	7.26	45
29	杜家湾	杜家湾、楼房冲	1713	3.77	20
30	企石	企石、道元冲、东冲	2868	7.09	30
31	源嘉桥	棉花仑、源嘉桥、莫家冲、黄土仑	4091	9.41	44
32	刘家湾	刘家湾、铁家塘、三口坝	3246	6.48	33
33	软桥	软桥、董家冲、仓场湾、郭家冲	3077	7.14	37
34	肖家段	肖家段、石堪湾	2745	4.85	32
35	檀树界	新田冲、双泉、檀树界	3727	8.07	44
	社区	紫荆花、跑马坡、河源			
	合 计		101857	228.55	1087

松木塘镇

序号	现村名	原村名	基本情况		
			人口（人）	面积平方千米	村民小组数（个）
1	友谊村	东山港、世知湾、梅溪	2022	13.15	28
2	桥头河	桥头河、新民桥、黄家坝	2230	14.73	27
3	南河冲	黄泥湾、水竹溪、南浮冲	1598	10.21	34
4	子良岩	拨英湾、石鸭头、朱家洞、狮山湾	2679	19.29	39
5	猴家山	杜家冲、毛额仑	898	5.81	15
6	松木塘	飞水岩、蛟湖、上半山、枫树坳、凉水井	3087	20.29	33
7	响涛源	黑烟洞、孟溪、响涛源	1567	12.96	19
8	苍家段	长滩、苍家段、园株坳	2141	14.19	29
9	竹山	七尖、竹山、五美桥	2825	20.13	37
10	天子山	白江坳、凤家坳	2160	16.41	32
11	龙塘	柘木凼、凤鸣、腊树湾、龙塘	1294	8.48	24

续上表

序号	现村名	原村名	基本情况		
			人口（人）	面积 平方千米	村民小组数 （个）
12	三节塘	青山塘、三节塘、槐家湾、杨柳溪	2228	15.33	31
13	温塘	虎形山、温塘、金钱洞	1519	9.1	25
14	下干沙	下干沙、罗鸣坳	1365	8.4	17
15	关山口	六公湾、黄敏田、关山口、南石段	2155	14.12	21
16	樟溪	樟溪、月塘湾、权家湾、沙坪、梅岭	2688	16.35	31
	社区	川门湾、桃花湖			
	合 计		32456	218.95	442

国民经济主要指标及比例关系

（当年价） 单位：万元、%

	绝对数		相对数	
	2015 年	2014 年	2015 年	2014 年
一、生产总值	2032445	1880764	100	100
第一产业	372834	344458	18.34	18.32
第二产业	917554	881186	45.11	46.85
第三产业	742057	655120	36.55	34.83
二、农林牧渔业总产值	616304	558355	100	100
农 业	278579	253502	45.2	45.4
林 业	55678	49562	9.03	8.88
牧 业	261779	236736	42.48	42.4
渔 业	10667	9831	1.73	1.76
农林牧渔服务业	9601	8724	1.56	1.56
三、工业总产值	3909969	3556466	100	100
轻 工 业	1531018	1392598	39.16	39.16
重 工 业	2378951	2163868	60.84	60.84
四、社会消费品零售总额	840511	690026	100	100
批零贸易业	760362	628108	90.46	91.03
住宿餐饮业	80149	61918	9.54	8.97
五、固定资产投资	1749883	1455750	100	100
房地产开发投资	100031	100005	5.72	6.87
六、地方财政收入	67609	55196	100	100
增 值 税	5028	5383	7.44	9.75
营 业 税	11580	12663	17.13	22.94
企业所得税	3512	4424	5.19	8.02
个人所得税	1040	1434	1.54	2.6
城市维护建设税	1798	607	2.66	1.1

续上表

	绝对数		相对数	
	2015 年	2014 年	2015 年	2014 年
资源税	391	633	0.58	1.15
其他工商税收	5104	6689	7.55	12.12
耕地占用税	3138	2390	4.64	4.33
契 税	16025	3978	23.7	7.21
其他收入	19993	16995	29.57	30.79

桃江县 1990—2015 年人口数

单位：万人、%

年份	年末总人口	男性	女性	非农业人口	农业人口	城镇人口	乡村人口	城镇化率	常住人口
1990 年	78.89	41.21	37.68	6.9331	71.9569	6.7	72.19	8.49	
1991 年	79.25	41.08	38.17	7.0586	72.1914	6.98	72.27	8.81	
1992 年	79.61	41.27	38.34	7.284	72.326	7.26	72.35	9.12	
1993 年	79.97	41.46	38.51	7.5462	72.4238	7.54	72.43	9.43	
1994 年	80.33	41.64	38.69	7.8237	72.5063	7.83	72.5	9.75	
1995 年	80.7	42.14	38.56	8.19	72.51	8.12	72.58	10.06	
1996 年	81.21	42.1	39.11	8.57	72.64	8.51	72.7	10.48	
1997 年	81.54	42.27	39.27	8.94	72.6	8.95	72.59	10.98	
1998 年	81.65	42.18	39.47	9.1633	72.4867	9.21	72.44	11.28	
1999 年	81.94	41.98	39.96	9.5398	72.4002	9.65	72.29	11.78	
2000 年	81.7	41.81	39.89	9.846	71.854	11.77	69.93	14.41	
2001 年	82.25	42.13	40.12	9.9821	72.2679	13.57	68.68	16.5	73.92
2002 年	82.8	42.44	40.36	9.9669	72.8331	15.34	67.46	18.53	74.18
2003 年	83.35	42.67	40.68	10.0469	73.3031	17.11	66.24	20.53	74.2
2004 年	83.91	43.09	40.82	9.2017	74.7083	18.86	65.05	22.48	73.43
2005 年	84.47	43.40	41.07	9.6791	74.7909	20.58	63.89	24.36	74.35
2006 年	85.04	43.74	41.3	10.0469	74.9931	22.29	62.75	26.21	74.9
2007 年	85.61	44.07	41.54	10.4252	75.1848	23.99	61.62	28.02	75.1
2008 年	86.18	44.4	41.78	10.673	75.507	25.66	60.52	29.77	75.38
2009 年	86.76	44.74	42.02	10.847	75.913	27.75	59.01	31.98	75.76
2010 年	87.32	45.05	42.27	10.9578	76.3622	28.96	58.36	33.17	76.98
2011 年	87.91	45.35	42.56	11.034	76.876	29.94	57.97	34.06	77.47
2012 年	88.48	45.87	42.61	11.0912	77.389	31.23	57.25	35.3	77.97
2013 年	88.79	46.03	42.76	11.1426	77.6457	29.7	48.9	37.79	78.6
2014 年	89.86	46.55	43.31	11.1246	78.7306	31.69	47.38	40.08	79.07
2015 年	88.84	46.22	42.62			33.81	45.42	42.67	79.23

注：1. 2013 年前所有人口数据由人口普查、人口抽样调查推算；

2. 2013 年开始，年末总人口数据为公安户籍人口。城镇人口、乡村人口按常住人口数计算；
3. 2015 年起，公安户籍人口取消农业人口与非农业人口性质划分。

农村经济主要指标

单位：万人、%

	单　位	2015 年	2014 年
农林牧渔业总产值（当年价）	万元	616304	558355
农林牧渔业增加值（当年价）	万元	378410	349524
农村经济总收入	万元	2129485	1816187
农村经济纯收入	万元	842905	728714
农作物总播种面积	公顷	113410	112090
粮食作物总产量	吨	370696	367026
油料总产量	吨	34567	33799
茶叶总产量	吨	13800	10082
水果总产量	吨	24344	22551
生猪发展数	万头	160.91	160.61
年内出栏猪	万头	95.01	96.95
年末存栏生猪	万头	65.9	63.66
化肥施用量	吨	113251	116437
农业机械总动力	千瓦	809773	792528

工业总产值

单位：万元

	工业总产值（当年价）	
	2015 年	2014 年
总　计	3909969	3556466
其中：轻工业	1531018	1392598
重工业	2378951	2163868
按生产规模分：		
1. 主营业务收入 2000 万元以上工业	3318105	2995989
国有及国有控股企业	70470	87889
集体企业	12735	38477
其　它	3234900	2869623
2. 主营业务收入 2000 万元以下工业	591864	560477
其中：个体经济（工业个体户）	359261	340400
私营工业（规模以下工业企业）	232603	220077

注：2015 年全县规模以上工业企业 177 家。

固定资产投资总额

单位：万元、%

	2015 年	比上年增长
固定资产投资总计	1749883	20.2
一、按产业分		
第一产业投资	43404	–17.1
第二产业投资	881519	10.7
第三产业投资	824960	35.9
二、在投资总额中：		
其中：建安投资	1284055	41.8
产业投资	760879	29.8
房地产开发投资	100031	0
工业投资	813933	9.3
工业技改投资	612281	18.2

社会消费品零售总额

单位：万元

	2015 年	比上年增长 %
社会消费品零售总额	840511	12.1
一、按销售单位所在地分		
城镇	706870	12.2
乡村	133641	11.6
二、按行业分组		
1. 批发零售贸易业	760362	12
批发业	42589	12.5
零售业	717773	12
批发零售业中：限额以上企业	180023	17.9
限额以下及个体户	580339	10.1
2. 住宿和餐饮业	80149	13.2
住宿业	10396	12.4
餐饮业	69753	13.4
住宿餐饮业中：限额以上企业	3729	–3.6
限额以下及个体户	76420	14.2
三、按规模分组		
1. 限额以上单位	183753	17.4
2. 限额以下及个体户	656758	10.6

财政收入状况

单位：万元

	2015年	2014年
一般公共预算收入	100818	93691
一、上划税收收入	33209	38495
上划中央“两税”	15554	16946
上划中央所得税	9755	12552
上划省“四税”	5949	6486
上划省所得税	1951	2511
二、地方财政收入（县级）	67609	55196
1. 增值税	5028	5383
2. 营业税	11580	12663
3. 企业所得税	3512	4424
4. 个人所得税	1040	1434
5. 资源税	391	633
6. 城市维护建设税	1798	607
7. 其它工商税收	5104	6689
8. 耕地占用税	3138	2390
9. 契税	16025	3978
10. 国有资产有偿使用收入	5362	3749
11. 行政性收费收入	5808	7547
12. 罚没收入	4435	3040
13. 专项收入	4388	2124
14. 其他收入		535

附　录

文件选登

中共桃江县委　桃江县人民政府
关于鼓励和支持重点工业企业发展的若干意见（试行）

桃发〔2015〕7号

各乡镇党委、人民政府，县委各部办委，县直机关各单位：

为进一步强化帮扶措施，突出支持促进重点工业企业尽快做大做强，打造行业龙头企业，提升产业发展水平，加快工业强县步伐，根据相关政策法规，特制定本意见。

一、明确重点工业企业的认定标准。对县域内符合国家产业政策和“两型”要求，成长性好，一次性投入在5000万元以上（上年度技改投入1000万元以上）或年净入库税金300万元以上的工业企业或省级工业园区内规模工业企业及全县上年度明确的已竣工投产重点招商引资项目，经县政府常务会议研究认定为重点工业企业。认定工作每年进行一次。

对投产三年后，成长性不好，年净入库税金在100万元以下的重点工业企业，经县政府常务会议研究，在下一年度退出重点工业企业范畴。

二、支持重点工业企业进行技术改造。对实行技术改造固定资产投资1000万元以上且投产后年新增净入库税金100万元以上的企业，项目竣工投产后三个年度内，发改、工信、财政、科技等相关部门优先安排申报上级相关项目资金。

三、支持重点工业企业开展科技创新。支持企业开展科技创新，推进品牌战略和质量体系建设，提升核心竞争力。获得国家、省级科技进步奖和技术发明奖，按奖项等次分别奖励30万元、15万元、10万元、5万元、2万元、1万元；评定为国家火炬计划重点高新技术企业、高新技术企业，分别奖励30万元、15万元；获得发明专利，每项奖励2万元；成功申报地理标志证明商标、地理标志保护产品、中国驰名商标、中国名牌产品，奖励30万元；成功申报“湖南省著名商标”、“湖南名牌产品”，奖励10万元；成功申报国家、省、市级农业产业化龙头企业，分别奖励20万元、10万元、2万元。对牵头申报部门按对应获奖企业奖金的30%另行给予奖励。奖金的60%用于奖励有功人员。

四、支持重点工业企业实行兼并重组。企业为增资扩股做大做强而实施收购、兼并、合资的，在办理有关行政许可、手续和收取规费时实行“一事一议”、“特事特办”予以支持。

五、支持重点工业企业上市。对拟上市企业，按《益阳市人民政府关于鼓励和扶持企业上市的意见》（益政发〔2009〕3号）给予政策扶持，对在境内外上市的企业，企业在上市过程中补缴税金的县级财政所得部分全额奖励给企业。

六、支持重点工业企业引进培养人才。企业引进全职高级职称专业技术人才，在户籍迁移、人事关系转移、子女入学、职称评定、评先评优等方面均享受县内事业单位工作人员同等待遇。县人社局免费为企业职工定向开展职业技能培训服务。县工信局每年分期、分批、分层次、分行业组织企业负责人进行培训、学习、考察。

七、加大对重点工业企业的财政扶持。县财政逐年提高新型工业化引导资金额度，主要用于促进重点工业企业发展。县财源建设资金、科技三项经费用于支持重点工业企业发展的比例原则上不得低于60%。企业产品列入县政府采购名录，在同等条件下根据需要优先实施政府采购。

八、强化重点工业企业要素供给保障。企业新上项目和技改扩建项目优先进园区。优先保障所需新增用地，优先保障煤、电、油、气、运等要素配置。有关部门不能擅自对企业采取停水、停电等措施。加强银企对接，向县域内金融机构提出重点工业企业信贷指导性意见，落实情况作为县金融机构支持地方经济发展考核的主要内容。

九、建立重点工业企业法定代表人激励机制。重点工业企业主要负责人可以列席全县性重要会议，符合基本条件的企业主要负责人优先推荐为县级以上党代表、人大代表、政协委员、劳模、优秀企业家或其他荣誉称号候选人。企业主要负责人子女可无条件自由选择在县内公立学校（含幼儿园）就读。每年组织企业主要负责人进行一次免费健康体检。对年纳税额5000万元以上的民营企业，可以在规划区范围内提供一栋住宅建设用地指标。对连续五年纳税在1000万元以上或连续三年纳税在2000万元以上或连续两年纳税在3000万元以上的民营企业法人代表，可以按相关政策和程序帮助解决其家属或子女的就业困难。对年实际上缴税金8000万元以上（含8000万元）、4000万元（含4000万元）—8000万元、1000万元（含1000万元）—4000万元且比上年增长8%以上，100万元（含100万元）—1000万元且税收比上年度增加100万元以上或增幅在30%以上的企业，分别给予企业法定代表人40万元、20万元、5万元、1万元奖励，分别授予“桃江县经济建设一等奖、二等奖、三等奖、优秀奖”，以上奖励不重复计奖，依照就高不就低的原则实施，对国有企业和国有控股企业的奖励，按对应奖金50%的标准计奖。加强对企业法人代表的宣传推介，提升其社会地位和知名度。

十、开辟重点工业企业政务服务“绿色通道”。县级所有政务服务事项由县政务服务中心当天受理，全程代理，“一站式”办理，在7个有效工作日内办结；需提交上级部门审批的，由相关部门全程代理服务。企业可对部门服务提出否决案，经核实后对部门实行“一票否决”。

十一、推进重点工业企业“一站式”收费。各收费部门对企业的所有收费，必须取得物价部门收费许可，收费标准不得超过县委、县政府规定的最低标准，且事前须报县优办和县推新办备案审查。所有收费原则上由企业到县政务服务中心收费窗口直接缴纳，任何单位不得直接上门收费。

十二、优化重点工业企业发展环境。严格执行《益阳市优化经济发展环境七项制度》、《益阳市优化发展环境“十不准”》、《桃江县损害经济发展环境行为责任追究办法》、《桃江县规范涉企检查行为办法（试行）》、《桃江县十个一律免职和十八个一律问责暂行规定》等市、县关于优化经济发展环境的若干政策规定，对损害企业合法权益的违法违规行为，执纪执法部门依法依规从严从重从快查处。

十三、实行县级领导联系服务重点工业企业制度。每一家企业明确一名在职县级领导联系服务，负责协调解决企业建设、生产经营过程中面临的实际困难和问题。企业可直接向联系服务的县级领导反映情况，县级领导接到情况后在2个工作日内进行协调处理；需要多部门协调解决的问题，在5个工作日内组织相关单位专题研究解决，议定的事项，由县督查局督查督办。县委、县政府将落实情况作为对部门综合目标管理考核的重要依据。

十四、加强重点工业企业支持服务工作的组织协调。县工信局（推新办）为鼓励和扶持重点工业企业发展工作的牵头单位，负责日常管理、调度、协调及考核工作。支持服务工作纳入各乡镇、部门重点工作，实行重点工作目标绩效考核，对成绩突出的，年终给予表彰奖励。建立企业困难问题集中调处制度，县工信局及时收集企业生产经营过程中出现的倾向性、普遍性问题，每季度召开一次工业例会研究解决。对于突出问题及时研究解决。

十五、本意见由县工信局负责解释。

十六、本意见自发布之日起施行，原《中共桃江县委桃江县人民政府关于鼓励和支持重点工业企业发展的若干意见（试行）》（桃发〔2014〕7号）同时废止。

中共桃江县委　桃江县人民政府

2015年5月4日

中共桃江县委 关于全面推进依法治县加快法治桃江建设工作的实施意见

桃发〔2015〕9号

各乡镇党委、人民政府，县委各部办委，县直机关各单位：

为深入贯彻党的十八届四中全会精神，根据《中共中央关于全面推进依法治国若干重大问题的决定》（以下简称《决定》），结合我县实际，就全面推进依法治县、加快法治桃江建设工作提出如下实施意见。

一、认真贯彻党的十八届四中全会精神，全面推进依法治县，加快法治桃江建设

1. 认真学习贯彻《决定》精神。党的十八届四中全会审议通过的《决定》，对推进依法治国作出了全面部署，是建设中国特色社会主义法治体系、建设社会主义法治国家的纲领性文件，在新中国法治建设史上具有里程碑意义。《决定》从科学立法、严格执法、公正司法、全民守法四个方面明确了法治建设的具体任务，指出要坚持中国共产党的领导，坚持人民主体地位，坚持法律面前人人平等，坚持依法治国和以德治国相结合的基本原则，为全面深化改革、全面建成小康社会提供了有力的法治保障。全县各级党组织和广大党员干部要把学习贯彻全会精神作为一项重要政治任务，切实把思想和行动统一到中央、省、市、县的要求上来，扎实抓好全会精神贯彻落实。

2. 全面推进依法治县，加快法治桃江建设步伐。要紧紧围绕县委“135”工作思路，推动全县各项事业在法治轨道上有序运行。切实维护宪法法律权威、维护人民群众权益、维护社会公平正义、维护社会和谐稳定。力争到2018年，实现法治政府基本建成，执法司法公信力显著提升，公民权利得到有效保障，全社会法治意识和法律素质普遍提高，为“推动科学跨越，建设生态桃江”注入法治力量。

二、坚持依法执政，不断提高决策水平

3. 保证宪法实施。全县各级各部门必须以宪法为根本活动准则，履行维护宪法尊严、保证宪法实施的责任。对一切违反宪法的行为都必须依法予以纠正并追究法律责任。要建立和落实宪法宣誓制度，凡经县人大及其常委会选举或者决定任命的国家机关工作人员正式就职时需公开向宪法宣誓。

4. 增强各级领导干部的法治思维和法治能力。认真落实党组（党委、工委）中心组学法、政府常务会议会前学法、领导干部法制讲座、学法用法考试考核制度，提高各级领导干部运用法治思维和法治方式深化改革、推动发展、化解矛盾、维护稳定的能力。健全领导干部任职前法律素质考察制度，推广领导干部年终述法考评工作经验，将考察考评结果作为领导干部任用和绩效考核的重要依据，促进国家工作人员学法用法常态化。

5. 完善党委依法决策机制。健全党组（党委、工委）议事规则，推进惩治和预防腐败体系建设，建立健全决策失误责任追究和纠正制度，对超越权限、违反程序决策造成重大损失的，严肃追究相关决策人的责任。健全党内规范性文件备案制度，把备案审查作为上级党组织监督下级党组织是否依法决策的重要举措，促进各级党组织牢固树立依法决策的意识，坚持在宪法和法律范围内活动。

6. 推进党务公开。建立健全党内情况通报、党内事务听证咨询、县委常委会旁听等党务公开制度，除涉及党和国家秘密等依照规定不宜公开的以外，党内事务应当通过党内有关会议、文件、简报等方式及时向党员公开，畅通党员意见表达渠道，提高党员对党内事务的参与度，保障党员民主权利。建立健全县委新闻发言人制度，及时准确、客观全面地向社会发布县委的重大决策、重点工作、重要会议和党的建设情况，回应党内外普遍关心关注的问题。

三、强化依法行政，加快建设法治政府

7. 改革行政管理体制。县人民政府及其部门要坚持法定职责必须为、法无授权不可为，进一步完善行政机关权力清单、责任清单、收费清单及负面清单制度，向社会全面公开政府职能、法律依据、实施主体、职责范围、管理流程、监督方式等事项。推进简政放权，深化行政审批制度改革，进一步减少和规范行政许可等审批行为。

8. 提升依法行政水平。严格执行重大行政决策公众参与、专家论证、风险评估、合法性审查、集体讨论决定等法定程序。严格执行行政决策程序规定，积极推行政府法律顾问制度，保证法律顾问在制定重大行政决策、推进依法行政中发挥积极作用。建立健全重大决策终身责任追究制及责任倒查机制。

9. 规范行政执法行为。制定和完善行政执法行为操作流程，规范和统一行政执法文书。严格执行重大执法决定法制审核制度。认真清理规范性文件，严格落实规范性文件审查、编号、公布“三统一”制度。整合执法主体，相对集中执法权，推进综合执法，着力解决权责交叉、多头执法的问题，建立权责统一、权威高效的行政执法体制。理顺城管综合执法范围、程序和责任。严格执行罚缴分离制度，全面落实行政执法经费保障制度，严禁收费罚没收入与部门利益直接或变相挂钩。严格实行行政执法人员持证上岗和资格管理制度。健全行政执法和刑事司法衔接机制，建立司法机关与行政执法机关的信息共享、案情通报、案件移送制度，实现行政处罚和刑事处罚无缝对接。完善规范行政裁量权基准，加强执法案卷评查和案例指导。

10. 打造服务型政府。依法严格惩处各类违法行为，切实保障人民群众的合法权益，对食品药品、安全生产、环境保护、劳动保障、医疗卫生、城乡规划建设、征地拆迁等涉及民生的重点领域，要加强执法检查和监督。健全行政复议机构，畅通行政复议渠道，完善行政复议案件审理机制。全面推进政务公开，坚持以公开为常态、不公开为例外原则，扩大行政事务公开的领域和范围，重点推进全口径财政预算、公共资源配置、重大项目建设批准和实施、社会公益事业建设等领域的信息公开。建立健全政府信息公开监督和保障机制，定期对政府信息公开工作进行考核。规范行政权力运行，加强电子政务平台和社会求助平台建设，大力推进网上政务服务和电子监察系统的应用，确保网上办事系统和政务服务中心有效对接，提高政府服务水平。充分发挥各类媒体传播政府信息的作用，确保公众及时获取公开的政府信息。

11. 改进社会管理方式。完善“三调联动”工作体系，加强对矛盾纠纷化解工作的统筹协调和指导。加强乡镇矛盾纠纷调处中心和村（社区）调解室建设，充分发挥基层人民调解组织的“第一道防线”作用，从源头上预防和减少各类矛盾。创新特殊人群管理服务，健全特殊人群社区矫正、安置帮教、集中收治模式和联动管控机制。积极推进信访工作改革，建立信访违法行为“轻刑快判”工作机制，引导信访当事人通过法律渠道反映诉求，依法打击涉访领域违法犯罪行为。坚持安全发展，强化公共安全体系和安全生产基础建设。加强校车安全管理。完善立体化社会治安防控体系，有效预防和依法惩治违法犯罪活动，深入推进“平安桃江”建设。

四、推进公正司法，全面提升司法公信力

12. 深化司法改革。健全公安机关、检察机关、审判机关、司法行政机关各司其职，侦查权、检察权、审判权、执行权相互配合、相互制约的体制机制。根据中央的统一部署，配合做好“完善司法人员分类管理制度、健全司法人员职业保障制度、完善司法责任制、省以下法院、检察院人财物统一管理、公安机关管理体制”等改革项目。适应以审判为中心的诉讼制度改革。改革涉法涉诉信访制度，建立涉法涉诉信访事项导入司法程序机制，建立健全政法机关依法处理涉法涉诉信访事项相互协调配合机制，完善涉法涉诉信访终结办法。

13. 规范司法行为。进一步规范证据收集、审查、认证和采信，落实讯问犯罪嫌疑人全程同步录音录像制度。认真落实执法（监管）安全管理和办案区域建设制度。规范刑事诉讼涉案财物处置程序。落实办案质量终身负责制和错案责任倒查问责制，完善人权司法保障制度。依法保障律师的合法权利，确保侦查、审查、起诉的案件事实证据经得起法律和历史的检验。切实解决执行难，落实失信被执行人信用监督、威慑和惩戒法律制度，依法保障胜诉当事人及时实现合法权益。严格规范司法人员职务活动，严厉惩处司法腐败，绝不允许办“人情案”、“关系案”、“金钱案”。

14. 推进司法公开。构建开放、动态、透明、便民的阳光司法体制，深化审判公开、检务公开、警务公开，依托现代信息技术手段，进一步完善公开机制、创新公开方式、畅通公开渠道。加大公开庭审力度，主动邀请“两代表一委员”旁听庭审，确保案件审理的公开、公平、公正。

15. *强化监督力度*。县委政法委要加强执法监督，把工作着力点放在正确把握政治方向、协调各方职能、督促依法履职上。要加强人大法律监督和政协民主监督，创新监督方式，健全监督制度。要保障检察机关充分行使监督权，明确对民事诉讼、执行活动、行政诉讼活动的监督范围、方式和程序，定期通报或公开对侦查、审判、刑罚执行等环节的具体监督情况，强化纠正违法通知书、检察建议的效力。进一步完善人民监督员制度。规范案件报道和舆论监督行为。严格规范司法人员职务活动，对违反规定的司法人员严格落实责任追究。

16. *加强司法保障*。贯彻落实中办、国办印发的《领导干部干预司法活动、插手具体案件处理的记录、通报和责任追究规定》和中央政法委《司法机关内部人员过问案件的记录和责任追究规定》，建立领导干部干预司法活动、插手具体案件处理的记录、通报和责任追究制度，坚决杜绝对司法活动的干扰。建立健全司法人员履行法定职责保护机制，非因法定事由、非经法定程序，不得将司法人员调离、辞退或作出免职、降级等处分。加强对涉法涉诉信访率高、执法办案质量问题突出、存在重大执法问题的重点单位和部门的专项治理。健全行政机关依法出庭应诉和执行裁判制度，强化对司法权威的制度保障，维护司法裁判的严肃性。加强司法机关的经费保障，设立国家赔偿专户，纳入财政预算，进一步完善司法机关人才引进机制。

五、提高全民法治信仰，营造浓厚法治氛围

17. *树立法治意识*。深入学习宣传宪法、中国特色社会主义法律体系的基本法律，开展社会主义法治理念和核心价值观教育，弘扬法治精神，培育公民对法治的信仰，形成学法、尊法、守法、用法的社会氛围。完善国家工作人员年度学法用法培训、考试制度，改进培训、考试方式方法，继续深入推进无纸化普法考试，强化考试结果的运用，将学法考试情况作为国家工作人员年度考核的重要依据。将法治培训纳入县委党校培训规划和教学计划，开设专题班，加强对县管领导干部的法治理念轮训。

18. *加强法治宣传*。强化国家机关、社会团体、企事业单位和其他社会组织开展法治宣传教育的社会责任，落实国家机关“谁主管谁普法、谁执法谁普法”的普法责任制。进一步规范法律进机关、进学校、进社区、进企业、进乡村、进单位的内容、途径和方式，加强对法治桃江建设的宣传，推进工作常态化、制度化、规范化。积极开展送法下乡活动，深入开展农村法治宣传教育月、青少年法治宣传教育周、“12·4”国家宪法日等活动，增强公民法治观念，培育法治信仰。完善学校、家庭、社会“三位一体”的青少年法治宣传教育体系，加强法制副校长队伍和青少年法治教育基地建设，把法治教育列入县人民政府教育督导评估内容，在中小学开设法治知识课程，并列入学生学业评价范畴。大力加强农民干部、党员骨干、新任村干部、村民代表、企事业经营管理人员的法律知识培训，做到经常化、制度化。

19. *建设法治队伍*。以思想政治素质为根本，深入开展社会主义核心价值观和社会主义法治理念教育，加强执法、司法、政府法制部门和法律服务队伍建设。坚持从严治警，认真开展作风整顿活动。把善于运用法治思维和法治方式推动法治工作的干部选拔到执法和司法部门领导岗位上。加快构建社会律师、公职律师、公司律师等优势互补、结构合理的律师队伍。推动公证员、基层法律服务工作者、人民调解员、法律援助人员、司法鉴定人员队伍和法律服务志愿者队伍发展壮大。

20. *加强阵地建设*。积极推进城乡法治文化公益设施建设，建设一批具有桃江特色的法治主题广场、长廊。充分发挥广播、电视、报刊、网站等各类新闻媒体作用，在广播电视等主流媒体开辟法治专栏或节目。充分发挥城乡图书馆、文化馆、影剧院等公共文化场所的作用，鼓励各类文艺团体、组织和个人开展形式多样的法治文艺创作和演出活动。

六、加强党的领导，保障法治工作落实

21. *加强党的领导*。党的领导是全面推进依法治县、加快法治桃江建设的根本保证，全县各党组（党委、工委）要加强对法治建设的统一领导、统一部署、统一协调和督促落实。要大力支持人大、政府、政协和政法机关履行职能、开展工作，领导和支持工会、共青团、妇联等人民团体和社会组织积极开展法治建设工作。各级党政主要负责人要切实履行推进法治建设第一责任人的职责。

22. *建立工作推进机制*。及时调整县委法治桃江建设领导小组成员，适时召开领导小组会议，研究部署工作任务，及时解决“法治桃江”建设中的重大问题。加强县委法治桃江建设领导小组办公室和各专项工作协调指导办公室建设，强化人员经费保障，全县上下协调一致，确保“法治桃江”建设工作有效运转。

23. *健全考核评估体系*。结合实际，探索建立科学的法治桃江建设指标体系和考核标准。将法治桃江建设纳入年终绩效考核。加强县委法治桃江督查团建设，完善督查工作机制，促进对“法治桃江”建设情况的督促检查。

中共桃江县委

2015年6月9日

中共桃江县委　桃江县人民政府关于推进一批重点项目促进乡村文化旅游产业加快发展的实施意见

桃发〔2015〕12号

各乡镇党委、人民政府，县委各部办委，县直机关各单位：

随着经济社会的不断发展，休闲文化旅游已逐步成为人们生活必需，发展前景十分广阔。我县自然环境优美，人文底蕴深厚，水陆交通便捷，具备发展乡村文化旅游的独特优势。经县委、县政府研究决定，按照“政府主导、整合资源、社会参与”的原则，用2—3年时间，积极推进一批重点项目建设，促进我县乡村文化旅游产业加快发展。

一、重点项目

（一）两型区示范片

1. 环山旅游公路建设。在“两型区”核心区桃益公路的南北两侧按旅游公路标准，傍山修建环山公路，与桃益公路多点连接，畅通“两型区”乡村文化旅游通道。

2. 莫应丰文化广场建设。挖掘整理莫应丰文化资源，结合美丽乡村建设，在石高桥村建设莫应丰文化广场。

3. 旅游休闲道路建设。按照山地自行车赛道技术要求，结合林道建设，在黄金塘基地修建20公里旅游休闲道路。

4. “桃花节”基地建设。按照举办桃花文化节景观及场地要求，在两型区规划建设桃花节基地。

5. 民俗文化村建设。突出“望得见山、看得见水、记得住乡愁”的核心理念，弘扬中华传统文化和桃江地方民俗文化，把拱门小区建设成为民俗文化新村。

6. 休闲农庄提质升级。引导“两型区”核心区内现有休闲农庄（农家乐）进行提质改造，对有特色、有品味的给予支持奖励。

责任领导：肖立新

责 任 人：文志军　罗歆辉　胡雄武　胡国辉　刘伯约　戴次波　赵立峰

（二）浮邱山景区

7. 登山道路建设。对登山主干道进行油化，对登山古道进行修缮保护，同时建设环保厕所等配套设施。

8. 生态停车场建设。在景区东入口建设能容纳约300辆车的生态停车场。

9. 服务中心建设。取缔景区所有违章建筑，在山顶和山脚分别规划建设服务中心。

10. 浮邱寺改造。在浮邱古寺原址，对现有寺庙进行扩建改造。

11. 古银杏林鉴定与保护。邀请中国林科院专家对古银杏年龄进行鉴定，并科学采取保护措施。

12. 规划建设S230至景区公路。避开拥挤、狭窄的现有公路，重新规划设计一条从S230通往景区的旅游通道。

13. 万亩油菜花基地建设。沿S230（南环线至浮邱山段）两侧规划种植油菜，形成万亩油菜花观光基地。

责任领导：王作军

责 任 人：王棋洪　胡雄武　符跃安　刘伯约　胡国辉　戴次波

李建斌　刘楚雄

（三）桃花江竹海景区

14. 桃益公路入口处景观工程。在桃益公路景区入口处建设一个简单、直观、大气的标志性景观。

15. 旅游休闲道路建设。按照山地自行车赛道技术要求，结合林道建设，在竹海景区修建15公里旅游休闲道路。

16. 西南主入口及通道规划建设。在城区修建从芙蓉路至景区西南部的道路，作为竹海景区的主入口，并规划建设生态停车场。

17. 水域景观建设。在核心景区寻找水源和蓄水区，论证建设一定规模的景观水面。

责任领导：周卫星

责 任 人：王棋洪　李茂武　胡雄武　薛庆贤　贾四阳　黄志刚　文志军　赵立峰

（四）桃花湖景区

18. 环湖公路建设。完成南面环湖公路建设和北面牛大线升级改造，规划建设东面环湖公路，形成桃花湖闭合型环湖公路。

19. 牛大线水库大坝改道工程。配合景区保护建设需要，加快水库大坝牛大线改道工程建设。

20. 景区环境整治。严格排查整治污染源，及时清理漂浮物，保持湖水水质和湖面清洁。

21. 大型水库申报。积极申报桃花湖国家大型水库扩建项目。

责任领导：李畅和

责 任 人：符跃安　胡雄武　薛庆贤　王文明　周志刚　王棋洪　张　宏

（五）美人窝文化主题公园

22. 规划设计。尽快完成桃花江美人窝文化主题公园规划设计，明确主体功能分区和基础设施建设内容。

23. 道路建设。按照规划设计，完成公园规划区内主要道路的规划建设，形成公园主体架构。

24. 广场建设。按规划设计启动广场建设，增强市民活动空间。

责任领导：刘　武

责 任 人：李茂武　贾四阳　黄志刚　肖金兰　赵立峰

（六）羞女湖国家湿地公园

25. 做好核心区规划。完成核心景区修建性详细规划的编制工作。

26. 加强河洲生态保护。明确重点保护区，制定保护方案，对河洲、河滩进行有效保护。

27. 加快休闲旅游项目开发。按照规划合理布局休闲旅游项目，重点抓好看山（羞山）、观鸟、游湖、玩水等主要景观点项目的规划建设。

28. 资江南岸公路建设。就修山－沾溪资江南岸公路进行论证，加快项目规划立项等前期工作，争取纳入十三五规划，作为湿地公园重要基础设施尽快启动建设。

责任领导：邓清波

责 任 人：胡雄武　符跃安　张　坚　刘楚雄　郭龙辉　左　交　刘　雄　莫跃良

（七）罗溪瀑布景区

29. 峡谷栈道建设。确定游览栈道走向，建设连接停车坪、沿溪而上的参观游步道。

30. 观瀑台建设。在瀑布对面最佳观景位置建设能容纳百人以上规模的观景平台。

31. 停车坪建设。规划建设停车坪，整治违法违章建筑。

32. 培育发展农家乐。根据游客增长情况及需要，及早规划引导村民发展农家乐。

责任领导：王作军

责 任 人：郭环球　黄梦其　彭习元　周志刚　王棋洪

（八）乡村旅游示范村（片）

33. 积极支持乡村旅游示范村（片）建设。按照“乡村为主、县里鼓励”的基本原则，结合美丽乡村建设，首批选择三堂街镇湖莲坪村、石牛江镇农业公园、沾溪镇洋泉湾村、大栗港镇朱家村和牛田镇金凤山村作为乡村旅游示范村（片），对水、电、路等基础设施项目予以重点支持。

责任领导：陈万军　陈震宇　胡国清　戴　朝　王军华

责 任 人：刘　雄　温钰辉　左　交　莫跃良　胡喜明

（九）弘扬桃花江传统文化

34. 普及五道茶饮食文化。拟定“五道茶”制作流程和制作标准，加大宣传推介力度，培育、扶持五道茶饮食文化示范店。

35. 马迹塘故事、三棒鼓、胡呐喊传承保护。积极申报国家级非物质文化遗产，发掘培育传承人，收集历史资料和影像档案，支持、培育民间演艺团体发展，做到后继有人。

36. 支持花鼓戏发展。收集历史资料和影像档案，加大对传承人的帮扶力度，定期举办花鼓戏汇演，建设花鼓戏台和专场演艺场所。

责任领导：胡国清

责 任 人：黄梦其　胡国辉　刘小武　相关乡镇负责人

（十）推进桃花江美食文化发展

37. 大力推介桃花江美食。对十大名菜的历史文化、营养价值、原料产地和制作工艺统一对外宣传，培育桃花江美食专店。

38. 大力推介桃花江竹笋宴。固定和创新竹笋宴菜谱，宣传推广食竹文化，推广竹笋宴对外接待，普及竹笋宴厨艺，让更多餐饮店会做竹笋宴，让更多人食竹。

责任领导：戴　朝

责 任 人：曾自强　刘小武　王棋洪　董　佳　相关乡镇负责人

二、保障措施

（一）加强组织领导。成立由县委副书记任组长，相关县级领导任副组长，相关县直部门和乡镇主要负责人为成员的促进乡村文化旅游产业加快发展工作领导小组，定期进行调度，研究解决具体问题，推进文化旅游项目建设。

（二）落实工作责任。各责任领导和牵头责任单位（责任人中排第一的单位为牵头责任单位）要迅速制定具体实施方案，报县委、县政府审定后组织实施。相关年度工作任务纳入目标管理考核范围，及时进行督查和考核。

（三）加大支持力度。2015 年起将县旅游产业引导资金提高到 200 万元 / 年，各部门要在项目、资金等方面向乡村文化旅游重点予以倾斜支持。

（四）做大做强旅游公司。按照“整合资源、市场运作”的基本原则，做大做强桃花江旅游开发有限责任公司，增强融资能力，参与重点景区项目建设。

（五）积极招商引资。筛选包装一批文化旅游重点项目，定期组织召开重点文化旅游项目招商座谈会，积极对外宣传推介，吸引民间资本对乡村文化旅游项目进行深度开发。

（六）营造发展氛围。各乡镇、各部门要高度重视乡村文化旅游发展，完善全县乡村文化旅游规划体系，加强规划管理，防止乱搭乱建，切实保护好自然风光和名胜古迹；充分利用电视、报纸、网络等媒体加大桃江乡村文化旅游的宣传力度，建立统一乡村文化旅游宣传推介平台，策划举办好系列旅游节会活动，营造浓厚的乡村文化旅游发展氛围。

中共桃江县委　　桃江县人民政府

2015 年 9 月 24 日

附件

桃江县促进乡村文化旅游产业加快发展领导小组成员名单

组　长：向　荣　县委副书记

副组长：陈万军　县委常委、纪委书记

陈震宇　县委常委、政法委书记

胡国清　县委常委、宣传部长

肖立新　县委常委、县委办主任

周卫星　县委常委、常务副县长

吴小玲　县人大常委会副主任

戴　朝　副县长

李畅和　副县长

王军华　副县长

刘　武　副县长

王作军　副县长

邓清波　副县长

胡　桃　县政协副主席

成　员：王文明　副处级干部、桃花江灌区管理局局长

罗歆辉　市国土资源局副调研员、县国土资源局局长

文进余　县委办常务副主任

邓迎平　县政府办主任

黄梦其　县委宣传部常务副部长

熊楚舒　县政府办副主任

彭海怀　县委农村工作部部长

刘小阳　县发展和改革局局长

范尚华　县督查局局长

彭习元　县财政局局长

周志刚　县环境保护局局长

李茂武　县住房和城乡建设局局长

符跃安　县交通运输局局长

薛庆贤　县水务局局长

刘伯约　县农业局局长

胡雄武　县林业局党组书记

胡国辉　县文化广电新闻出版局党组书记

文志军　桃花江“两型社会”建设实践区工委书记

刘小武　县广播电视台台长

戴次波　县体育局局长

曾自强　县商务局局长
肖金兰　县经济合作局局长
王石军　县畜牧水产局局长
王棋洪　县旅游局局长、县旅游开发公司总经理
李建斌　县民族宗教事务管理局局长
张　坚　县移民开发管理局局长
贾四阳　县规划局局长
黄志刚　县城市建设开发公司总经理
肖建伟　国网湖南省电力公司桃江县供电分公司总经理
赵立峰　桃花江镇党委书记
刘楚雄　浮邱山乡党委书记
郭环球　高桥乡党委书记
郭龙辉　修山镇党委书记
左　交　沾溪镇党委书记
刘　雄　三堂街镇党委书记
莫跃良　大栗港镇党委书记
温钰辉　牛田镇党委书记、镇长
胡喜明　石牛江镇党委书记
张　宏　松木塘镇党委书记、镇长
董　佳　县接待办副主任

领导小组下设办公室，办公地点设县政府办，由邓迎平同志兼任办公室主任，熊楚舒、彭海怀、刘小阳、彭习元、胡国辉、王棋洪为成员，负责加快乡村文化旅游产业发展日常工作。

桃江县人民政府
职能转变和机构改革方案的实施意见

桃发〔2015〕13 号

根据中共湖南省委、湖南省人民政府《关于市县政府职能转变和机构改革的意见》(湘发〔2014〕14 号)和《中共益阳市委办公室益阳市人民政府办公室关于印发〈桃江县人民政府职能转变和机构改革方案〉的通知》(益办〔2015〕17 号),结合我县实际,提出如下实施意见。

一、指导思想和基本原则

(一)指导思想

高举中国特色社会主义伟大旗帜,以邓小平理论、"三个代表"重要思想和科学发展观为指导,认真贯彻落实习近平总书记系列重要讲话精神,适应社会主义市场经济发展需要,围绕全面深化改革和建立中国特色社会主义行政体制目标,与省、市政府职能转变和机构改革相衔接,以职能转变为核心,大力简政放权,优化机构设置,理顺职责关系,严控人员编制,提高行政效能,努力建设人民满意的法治政府和服务型政府。

(二)基本原则

1. 以转变政府职能为核心。按照全面深化改革的要求,积极推进政府职能转变,深化行政审批制度改革,减少行政审批事项,向市场、社会和基层放权,减少对微观事务的干预,突出政府履职重点,强化事中事后监管,规范行政权力运行,更加注重公共服务,优化服务流程。

2. 因地制宜推进改革。在搞好上下衔接对应的同时,积极探索符合桃江特点的改革路子,紧密结合事业单位分类改革和其他相关改革,加大机构和职责整合力度,因地制宜统筹推进政府机构改革。

3. 依法依规加强管理。按照行政管理体制改革的总要求,依法依规解决机构设置不规范、行政职能体外循环、权责不一致和政企、政事、政资不分等现实问题和历史遗留问题,推进机构编制管理科学化、规范化、法制化。

4. 积极稳妥有序改革。正确处理改革、发展、稳定的关系,客观分析和把握改革力度与各方面可承受程度,寻求改革最大公约数,坚持统筹规划与分步推进改革相结合,着重解决当前突出问题,条件成熟的事项积极推进,尚未具备条件的逐步研究解决。

5. 严格控制机构编制。坚持机构限额和编制总额不突破。建立健全机构编制管理与财政预算管理、组织人事管理的协调配合机制。通过创新管理,严控总量,盘活存量,优化结构,机构编制增减平衡,提高机构编制资源效用。

二、积极推进政府职能转变

把政府职能转变放在更加突出的位置,处理好政府与市场、政府与社会、县与乡镇政府间的关系,把该放的权力放开放到位,把该管的事情管住管好,强化对行政权力的制约监督,推动政府职能向创造良好发展环境、提供优质公共服务、维护社会公平正义转变,更好地发挥市场在资源配置中的决定作用,进一步激发市场和社会的创造活力,切实提高政府管理科学化水平。

(一)大力推动简政放权

1. 进一步减少行政审批事项。把深化行政审批制度改革作为职能转变的重要抓手和突破口,做好国务院和省、市政府取消、下放行政审批事项的承接工作,转给市场和社会的,县政府任何部门不得截留或变相审批;积极探索向乡镇委托下放一批行政审批事项;明确由县级审批的,要接好管好。需要省、市政府部门进一步取消和下放的,由县政府汇总后向省、市政府提出调整建议。

2. 进一步清理现有投资审批、生产经营活动审批、资质资格许可和认定、评比达标表彰、考核评估、年检年审等审批事项，直接面向基层群众，能下放乡镇政府办理的事项，一律下放给乡镇，方便群众办事；除依照《行政许可法》要求具备特殊信誉、条件或技能的职业行业外，其他资质资格许可一律予以取消；除法律、行政法规或国务院有明确规定的外，政府部门或委托专业机构对企业、社会组织发展情况的评比达标、检查评估活动一律予以取消，依附于政府机关的各类评估咨询等机构一律脱钩。2015 年提出减少投资审批事项的方案，发布县政府核准投资项目目录，并基本完成投资体制改革，最大限度地缩小审批、核准、备案范围，切实落实企业和个人投资自主权。

3. 加强对行政审批事项的管理。进一步清理县本级行政审批和管理服务事项，没有纳入目录的一律不得实施。行政审批事项目录实行动态管理，每年根据调整变动情况予以更新。全面取消非行政许可审批事项。对以取消、转移、下放等形式变动的审批事项，有关部门要依法履行监督责任，防止监管缺位。推进行政审批标准化，对保留的行政审批事项，要优化审批流程，推行重大项目审批代理制和并联审批制，推行“阳光”审批。在 2014 年建设项目实行并联审批的基础上，2015 年在其他领域和环节推开。最大限度减少预审和前置审批环节。创新审批方式，明确办理时限，公开办理流程，接受社会监督。

4. 深化财税体制改革。加强预算绩效管理。探索推进政府性资金退出竞争性领域的机制创新。清理各类行政事业性收费和政府性基金项目，取消不合法不合理的收费基金项目，进一步完善收费公示、听证制度，向社会公布收费项目目录和收费标准，建立健全政府非税收入管理制度，严格实行“收支两条线”管理，把所有非税收入全部纳入预算管理。建立规范合理的政府债务管理及风险预警机制。

5. 推进工商登记制度改革。实行统一的市场准入制度，推行负面清单管理。推进工商注册制度便利化，削减资质认定项目。按照省、市统一部署，2015 年全面实行“先照后证”、注册资本认缴登记制、年度报告公示制，探索实行工商营业执照、组织机构代码和税务登记证“三证合一”登记制度。对违反法律法规禁止性的市场主体，达不到环保、安全生产、食品药品、工程质量等强制性标准的市场主体，依法予以取缔，吊销相关证照。

6. 加快培育和发展社会组织。重点培育、优先发展行业协会商会类、科技类、公益慈善类、城乡社区服务类社会组织，成立上述四类社会组织直接向民政部门依法申请登记，民政部门依法加强登记审查和监督管理。分类推进社会组织特别是行业协会商会在机构、人员、财务等方面与行政机关脱钩，开展一业多会试点。指导社会组织完善治理结构，强化行业自律，规范行业管理，充分发挥其提供服务、反映诉求、规范行为的作用。2017 年基本形成布局合理、结构优化、功能到位、作用明显的社会组织体系。

（二）进一步改善政府管理

1. 改善和加强宏观管理。推进简政放权、减少行政审批等事项后，县政府各部门要转变管理理念，改进工作方式，加强事中事后监管，有效履行职责，避免管理缺位，防止“一放就乱”。严格执行国家法律法规、发展规划和产业政策，加强对投资活动中土地使用、能源消耗、污染物排放等的管理，加强公共服务、市场监管、社会管理、环境保护、城市管理等方面职责。

2. 改善和加强市场监管。加强对市场主体和市场行为的监督管理，着力规范市场秩序。稳步推进跨部门、跨行业综合执法，减少执法队伍种类。重点在城市管理、文化市场、食品药品安全、农林水、交通运输、安全生产、资源环境等领域推行综合执法。加强食品药品、安全生产、环境保护、劳动保障等重点领域基层执法力量。对已取消、转移、下放等形式调整变动的审批事项，相关部门要积极履行监管责任，研究制定监管办法。

3. 加强和改进社会管理。要建立健全党委领导、政府负责、社会协同、公众参与、法治保障的社会管理体制。完善利益协调机制、诉求表达机制、矛盾调处机制、权益保障机制。完善公共安全、社会治安防控、信息网络管理等社会管理和服务体系，强化城乡社区自治和服务功能。

4. 改善和加强基本公共服务保障。加强政府政务服务体系建设，打造更为综合、更加高效的政务服务平台，方便群众和企业办事。强化基本公共服务保障工作、改进和创新公共服务提供方式，鼓励和公平对待社会力量提供医疗卫生、教育、文化、群众健身、社区服务等公共服务。积极稳妥地推进政府向社会购买服务工作，凡属事务性管理服务，原则上都要引入竞争机制，通过合同、委托等方式向社会购买。建立健全政府购买服务的标准、招投标和监督评估等制度，加快形成提供公共服务的新机制。2015 年开始在保障性住房后续管理、机关后勤服务、养老服务、环境监测、新建公路养护、法律援助、社区矫正、人民调解、公益电影、环卫市场化保洁、财政投资评审等领域开展试点，2016年逐步扩大购买服务范围。

（三）切实加强依法行政

1. 加快法治政府建设。全面实施《法治湖南建设纲要》，完善依法行政各项制度，坚持用制度管权管事管人，提高政府公信力和执行力。梳理行政职权，公布县政府各部门权力清单，细化和规范行政裁量权，明确责任主体和权力运行流程，严格依照法定权限和程序履行职责，重点规范行政许可、行政处罚、行政强制、行政征收、行政收费、行政检查等行政行为。

2. 加大政务公开力度。严格执行政府信息公开条例，抓好除涉及国家秘密和依法受到保护的商业秘密、个人隐私外，行政机关行使行政职权的依据、过程、结果公开，重点推进财政预算决算、"三公"经费和行政经费、保障性住房信息、食品安全信息、环境保护信息、招投标信息、生产安全事故信息、征地拆迁信息、价格和收费等信息公开。全面推行办事公开，主动接受群众监督，逐步实现政务公开的规范化、标准化、法制化。

3. 完善决策监督制度。认真落实《湖南省行政程序规定》，完善科学民主依法决策机制，对涉及经济社会发展全局的重大决策和涉及公众切身利益的重大事项，履行公众参与、专家论证、风险评估、合法性审查和集体讨论等程序，并建立决策评估和纠错制度。建立健全各项监督制度，拓宽群众监督渠道，让权力置于人民群众监督之下。强化对县政府部门和乡镇的督导督查，完善行政问责制度，改进和规范绩效管理，严格责任追究，突出责任落实，做到有令必行、有禁必止。

三、深化县政府机构改革

按照精简统一效能的原则，结合桃江实际，稳步推进大部门制改革，进一步规范机构设置，加大机构整合力度，切实解决机构设置不规范、部门之间职能交叉、行政职能体外循环等问题，理顺权责关系，完善体制机制，加快形成精干高效的县政府组织体系。

（一）优化组织结构，合理设置政府工作部门

1. 将县人民政府法制办公室、县民族宗教事务局、县金融工作办公室并入县人民政府办公室，县人民政府办公室加挂县人民政府法制办公室、县民族宗教事务局、县金融工作办公室牌子。不再保留县人民政府法制办公室、县民族宗教事务局、县金融工作办公室。

2. 重新组建县发展和改革局。将县发展和改革局和县物价局职责，县工业和信息化局的国民经济运行调节、能源规划与建设、节能监管职责，县安全生产监督管理局的煤炭行业管理职责，县人口和计划生育局的研究拟订人口中长期发展规划、年度计划及人口政策职责，县督查局优化经济发展环境职责整合，重新组建县发展和改革局，为县人民政府工作部门，对外可使用县物价局名称开展工作。不再保留县物价局。

3. 组建县科学技术和工业信息化局。将县工业和信息化局国民经济运行调节、能源规划与建设、节能监管以外的职责和县科学技术局职责整合，组建县科学技术和工业信息化局，加挂县知识产权局的牌子，为县人民政府工作部门，不再保留县科学技术局、县工业和信息化局。

4. 重新组建县住房和城乡建设局。将县住房和城乡建设局、县规划局职责整合，重新组建县住房和城乡建设局，为县人民政府工作部门。不再保留县规划局。

5. 组建县城市管理行政执法局。将县城市管理和综合执法局的职责、县工商行政管理局部分行政处罚权、县环境保护局部分行政处罚权整合，组建县城市管理行政执法局，为县人民政府工作部门。不再保留县城市管理和综合执法局。

6. 重新组建县农业局。将县委农村工作部（县人民政府农村工作办公室）、县农业局职能整合，重新组建县农业局，加挂县委农村工作办公室的牌子，为县人民政府工作部门。不再保留县委农村工作部（县人民政府农村工作办公室）。

7. 组建县商务和粮食局。将县商务局酒类食品安全监管、生猪定点屠宰管理以外的职责，县粮食局的职责、县经济合作局职责整合，组建县商务和粮食局，为县人民政府工作部门。不再保留县商务局、县粮食局、县经济合作局。

理顺招商引资服务职能，加强内外贸易合作，组建县投资促进服务中心，为县商务和粮食局所属副科级全额事业单位。

8. 组建县文化体育广电新闻出版局。将县文化广电新闻出版局的职责、县旅游局的职责、县体育局的职责和县侨联（县外事侨务办公室）的外事侨务行政管理职责整合，组建县文化体育广电新闻出版局，加挂县外事侨务旅游局的牌子，为县人民政府工作部门。不再保留县文化广电新闻出版局、县体育局、县旅游局，县侨联不再加挂县外事侨务旅游局的牌子。

整合县体育局有关事务性职责、县少年儿童业余体育学校（县举重后备人才培训基地）的职责，组建县全民健身服务中心，为县文化体育广电新闻出版局所属副科级事业单位。不再保留县少年儿童业余体育学校（县

举重后备人才培训基地）。

9．组建县卫生和计划生育局。将县卫生局除食品安全综合协调、组织查处食品安全重大事故、农村合作医疗综合管理外的职责，县人口和计划生育局的计划生育管理和服务职责整合，组建县卫生和计划生育局，为县政府工作部门。将县卫生局的农村合作医疗综合管理职责划入县人力资源和社会保障局。不再保留县卫生局、县人口和计划生育局。

10．组建县市场和质量监督管理局。将原垂直管理的县工商行政管理局的职责、县质量技术监督局的职责、县食品药品监督管理局的职责，县卫生局的食品安全综合协调、组织查处食品安全重大事故的职责，县商务局的酒类食品安全监管职责整合，组建县市场和质量监督管理局，加挂县食品药品监督管理局、县食品安全委员会办公室牌子，为县人民政府工作部门。

11．将县督查局的党委综合督查职责划入县委办，政府综合督查职责划入县政府办，两办分别设置督查室；综合考核职责划入县人力资源和社会保障局；优化经济发展环境的职责划入县发展和改革局。不再保留县督查局。

12．将县人民防空办公室由县政府直属事业单位调整为行政机构，既是县国防动员委员会的常设办事机构，也是县人民政府人民防空主管部门，列县政府工作部门序列，不计政府工作部门个数。

经过改革，县人民政府设置工作部门24个（详见附件）。

上述调整合并机构下属二级事业单位成建制划入新组建的机构，结合部门“三定”工作统筹研究调整。

（二）加强协调配套，统筹推进事业单位分类改革

按照政府职能转变的要求，推进事业单位分类改革。政府机构改革要与事业单位分类改革相协调，对承担行政职能的事业单位，逐步将其行政职能划归行政机构或转为行政机构，涉及机构编制调整的，不得突破政府机构限额和行政编制总额。具体做法是：按照“分门别类、区别对待，先进笼子、下步明确，成熟一个、处理一个，平稳过渡、逐步规范”的思路，适时进行调整规范。除部分纳入行政机构序列以外，有的机构和职能整合归并，调整原有建制；有的整合进入所属行政部门的内设机构；有的将所承担的行政职能剥离划入相关行政机构，保留事业单位，仍承担相关事务工作，重新明确职责划定类别，相应核减事业编制。推动公办事业单位与主管部门理顺关系和去行政化，逐步取消学校、医院、科研院所等单位的行政级别。建立事业单位法人治理结构，推进有条件的事业单位转为企业或社会组织。认真落实中央和省有关人事、收入分配、社会保险、财政等事业单位改革配套政策，并做好与教育、科技、文化、卫生等行业体制改革的衔接。

1．将县机关事务管理局行政职能划入县政府办，更名为县机关事务服务中心，继续承担具体的机关事务服务工作。

2．将县社会救助管理局社会救助管理职能划入县民政局，更名为县城乡低收入家庭认定中心，仍为县民政局所属正股级事业单位。

3．将县财政监督检查局的职能划入县财政局，不再保留县财政监督检查局。

4．将县国库集中支付核算局承担的行政职能划入县财政局，更名为县国库集中支付核算中心，仍为县财政局所属副科级事业单位。

5．将县非税收入征收管理局承担的行政职能划入县财政局，仍为县财政局所属副科级事业单位。

6．将县房地产管理局的行政职能划入县住房和城乡建设局，改为县住房和城乡建设局所属事业单位，暂保留正科级。

7．将原垂直管理的益阳市桃江公路管理局、县农村公路管理所行政职能划入县交通运输局，其余职能整合，组建县公路管理局，为县交通运输局所属事业单位，暂保留正科级。不再保留益阳市桃江公路管理局、县农村公路管理所。

8．将原垂直管理的益阳市交通建设质量监督局桃江分局、桃江县农村公路建设质量安全监督管理所职能整合，组建县交通建设质量监督站，为县交通运输局所属副科级事业单位。不再保留益阳市交通建设质量监督局桃江分局、桃江县农村公路建设质量安全监督管理所。

9．将原垂直管理的益阳市桃江县地方海事处（益阳市桃江县船舶检验处）、县港航管理所行政职能划入县交通运输局，其余职责整合，组建县地方海事处，为县交通运输局所属副科级事业单位机构。不再保留益阳市桃江县地方海事处（益阳市桃江县船舶检验处）、县港航管理所。

10．将原垂直管理的益阳市桃江公路管理局、县农村公路管理所、县道路运输管理所的运政、路政执法职能整合，组建县道路运输执法大队，加挂县道路运输管理所牌子，为县交通运输局所属正股级事业单位。不再保留县道路运输管理所。

11. 将县畜牧水产局及其管理的县兽医局（县动物卫生监督所）、县渔政监督管理站行政职能划入县农业局，并将上述单位其余职能与县种畜繁殖场的职能、县动物疫情测报站的职能、县畜禽水产品质量检验检测中心的职能整合，重新组建县畜牧水产局（加挂县畜牧水产技术推广服务中心、县动物疫病预防控制中心牌子），改为县农业局所属事业单位，暂保留正科级。不再保留县兽医局（县动物卫生监督所）、县渔政管理站、县种畜繁殖场、县动物疫情测报站、县畜禽水产品质量检验检测中心。

12. 将县农业机械管理局及其管理的县农机安全监理所行政职能划入县农业局，并将上述单位的其余职能与县农业机械技术推广服务站的职能、县农业机械学校的职能整合，组建县农业机械化管理局（加挂县农业机械技术推广服务中心牌子），改为县农业局所属事业单位，暂保留正科级。不再保留县农业机械管理局、县农机安全监理所、县农业机械技术推广服务站、县农业机械学校。

13. 将县农村经济经营管理局（县农民负担监督管理办公室）行政职能划入县农业局，将其余职能与县农村土地承包仲裁委员会办公室职能整合，组建县农村经济经营服务站，改为县农业局所属副科级事业单位。不再保留县农村经济经营管理局（县农民负担监督管理办公室）、县农村土地承包仲裁委员会办公室。

14. 将县蔬菜管理办公室职能划入县农业局，不再保留县蔬菜管理办公室。

15. 将县文物管理所行政职能划入县文化体育广电新闻出版局，继续承担文物保护的技术性、事务性工作，改为县文化体育广电新闻出版局所属正股级事业单位。

16. 将县爱国卫生运动委员会办公室职能划入县卫生和计划生育局，不再保留县爱国卫生运动委员会办公室。

17. 将原县畜牧水产局所属的县畜牧业服务中心、县水产良种场，原县农业机械管理局所属的县农机物资供应站、县能源供应管理站，原县农村经济经营管理局所属的县农村经济审计事务所，暂归口县农业局管理，逐步实行转企改制，退出事业单位序列。

18. 将县桃花江律师事务所、县保清律师事务所、县审计技术服务所、县会计咨询服务中心、县农村经济审计事务所实行脱钩改制，退出事业单位序列。

此外，其他完全或主要承担行政职能的事业单位，结合部门“三定”工作统筹研究调整，切实解决好行政职能体外循环的问题。

（三）规范机构设置，理顺部门职责

1. 规范机构设置。县政府不分组成部门和直属机构，统称为政府工作部门。县政府工作部门内设机构要综合设置。县政府工作部门的机构规格为正科级，内设机构规格为正股级。全面清理规范限额外自定行政机构，从严规范和管理合署办公机构、政府派出机构、开发区（含各类经济功能园区）管理机构、挂牌机构、议事协调机构和临时机构。不得超限额自定行政机构，挂牌机构不得设为实体机构，议事协调机构不单设办事机构，具体工作由相关职能部门承担。不得新设立承担行政职能的事业单位，也不得将行政机构改设为事业单位。部门所属事业单位机构规格要加以规范，便于管理，一般应低于其举办主体或主管部门的机构规格，且不得实行“低职高配”，已经高配的一律取消。

2. 清理解决部门间职责交叉和分散事项。按照同一件事情由一个部门负责的原则，整合分散在不同部门相同相近的职责，确需多个部门负责的事项，要明确牵头部门，分清主办和协办关系，建立健全政府部门间的协调配合磋商机制、形成工作合力。

（1）根据省、市政府统一部署，将房屋、林地、土地等不动产登记的行政管理职责和办理登记的事务性职责划入县国土资源局，建立不动产统一登记管理制度。

（2）根据省政府统一部署，整合业务相同或相近的检验、检测机构，推进具备条件的检验、检测与行政主管部门脱钩、转企改制。

（3）原县畜牧水产局下属的乡镇动物防疫站归口县农业局管理，调整乡镇机构设置时，统筹进行改革。

四、严格控制机构编制

按照本届政府任期内财政供养人员只减不增的要求，严格控制机构编制，创新机构编制管理，严肃机构编制纪律，切实解决机构庞杂、人员臃肿、人浮于事等问题，确保机构编制得到有效控制。

（一）严控机构编制总量。涉及改革的部门和单位人员编制调整，必须在编制总额内进行，确保改革后不突破中央核定的行政编制总额以及各类专项编制员额。事业编制以2012年底统计数为基数，实行总量控制，并在总量内有所减少。制定控编减编工作方案，细化和落实控编减编工作目标，建立管理长效机制，确保财政供养人员只减不增。严格在核定的行政编制数额内配备人员，严禁以任何理由、任何形式超编进人。严禁新设从事生产经营活动的事业单位，做到参照公务员法管理事业单位、经费自理事业单位、职能萎缩事业单位的机构编制和行政机关后勤服务事业编制只减不增。严格控制经费自理事业编制转为财政补助事业编制。今后县财政安排全县各部门基本支出预算资金时，实行财政与机构编制部门联合管控机制，即在不突破2012年底财政供养人员总量内，以机构编制部门核定的党政机关和事业单位人员编制数为依据核定相关经费。县直机关各单位必须采取切实有效措施清理和妥善处理编外用人。

（二）创新机构编制管理。加大机构编制管理创新力度，向深化改革要编制，向加强管理要编制，不断提高机构编制资源效用。按照严控总量、盘活存量、优化机构、增减平衡的要求。坚持"要增编、必清理，先减法、后加法"的原则，对职能未作大的调整、工作任务没有大幅度增加、内部还有空编、编制未分配完、没有提出编制使用情况评估意见和内部挖潜具体措施的部门，机构编制部门不受理和研究其增编事项；对职责相近、设置重复分散、规模过小的事业单位，予以撤并整合；对职能减少、工作任务不饱和的单位，相应划转、核减、收回人员编制；加强事关中心工作、全局工作和重大民生保障方面的人员力量。加大在总量内跨部门调剂使用编制力度。全面推行和不断完善机构编制实名制管理，进一步完善机构编制和组织、财政、人力资源和社会保障等部门协调配合机制。加大政府购买服务力度，对可由市场提供、社会承担的公共服务，逐步通过政府购买服务或由政府设立公益岗位的方式完成，切实转变公共服务主要靠政府养人办事的固有模式。

（三）严肃机构编制纪律。任何组织、单位和个人都必须严格遵守机构编制各项法律法规和政策。继续深入开展干部人事和机构编制领域突出问题专项治理工作。严禁行政编制和事业编制混用。各部门单位不得以上级业务部门会议、文件、领导讲话、项目经费和评比达标考核等要求干预机构编制事项。要将机构编制政策规定执行情况纳入党委和政府督查工作范围，纳入审计、绩效评估和领导班子及成员考核内容，健全机构编制监督检查协调机制，加大对机构编制违纪违法行为的查处力度，对相关责任人员，要按照有关党纪政纪规定严肃处理，维护机构编制管理的严肃性和权威性。

（四）严明机构改革政策。各部门内设机构数量一般应少于市政府对应部门，且股室级别规范、业务部门突出；未调整单位不新增，新组建单位从紧设置，归并单位要适当整合、有所减少。县政府各部门行政编制总量原则上不增加，机构变动较大、确需适当增编的，实行总额内微调，尽量做到整体增减大致平衡；职能整合、职能削弱或取消审批的，相应核减编制；所腾出的编制，主要用于新增职责和内设机构的单位、承担行政职能事业单位归并机关较多的单位。各部门领导职数按《湖南省党政群机关领导职数设置管理规定》（湘办发〔2012〕23号）规定和市编办批复设置。改革后，干部配备应与机构规格相一致，不再实行"低职高配"。对此次改革中涉及机构调整撤并、人员编制划转的，原则上保留干部原职级待遇，逐步消化到位。在空余岗位调整补充干部时，优先考虑安排撤并机构的干部。

五、认真搞好组织实施

县政府职能转变和机构改革在县委、县政府统一领导下，由县机构编制委员会负责组织实施，县机构编制委员会办公室承担具体工作。机构改革工作于2015年底前基本完成，职能转变工作在3到5年内按照省、市部署要求完成。

（一）加强组织领导。涉及改革部门主要负责人要负总责，成立精干高效的工作班子，负责本部门职能转变和机构改革的具体工作。调整设立的单位，在新机构正式组建之前，原有机构及其工作人员要继续履行职能，积极做好衔接工作，防止工作出现脱钩断档的现象。涉及职能、机构、人员编制和财产等划转的单位，要做好交接工作，处理好遗留问题。要加强思想政治工作，正确处理改革发展稳定的关系，确保思想不散、工作不断、秩序不乱。

（二）抓好组织实施。制定县政府职能转变具体实施方案，明确职能转变的目标要求、主要任务和工作重点，研究制定3到5年内职能转变总体安排和工作步骤，确保职能转变工作规范有序、及时到位。对体制调整、取消行政审批项目、职能整合等，要有细化方案和严密程序，明确任务分工和时间节点。对应当取消和下放但一时还做不到的事项，明确提出时间表，积极创造条件尽早推出；对应当保留的事项，提出明确意见，优化审批程序。要做好调整变动部门的"三定"规定，进一步理顺职责关系，明确和强化责任，完善内设机构设置，规范领导职数配备。县政府有关部门要认真拟订本部门"三定"规定草案，在12月份前报送县编委办。"三定"规定印发后，要严格按照规定的要求，切实做好组织实施工作。

（三）严格责任落实。县政府各部门要严格执行改革纪律和机构编制管理有关规定，严禁突击提拔干部，突击进人，严防国有资产流失，对违纪违法的，一经发现，坚决查处。机构编制部门要积极履行职责，纪检监察机关和组织、人力资源和社会保障、财政、审计等部门要密切配合，确保顺利完成改革任务。档案部门要加强与涉改部门联系，搞好档案移交工作，确保档案不流失。县政府职能转变和机构改革任务完成情况列入绩效考核和领导班子及成员考核内容，县委、县政府适时派出督查组，对各部门转变职能、简政放权情况进行监督检查，对各部门“三定”规定实施情况进行检查和评估，确保各项改革措施落到实处、取得实效。

附件：
桃江县人民政府工作部门设置表

1	2	3	4	5		6	7	8	9	10	11	12	13	14	15	16	17	18	19	20	21	22	23	24	
政府办公室	发展和改革局	教育局	科学技术和工业信息化局	公安局	监察局	民政局	司法局	财政局	人力资源和社会保障局	国土资源局	环境保护局	住房和城乡建设局	城市管理行政执法局	交通运输局	农业局	水务局	林业局	商务和粮食局	文化体育广电新闻出版局	卫生和计划生育局	审计局	市场和质量监督管理局	安全生产监督管理局	统计局	人民防空办公室

注：县政府办公室加挂县人民政府法制办公室、县民族宗教事务局、县金融工作办公室的牌子；县科学技术和工业信息化局加挂县知识产权局牌子；县监察局与县纪律检查委员会机关合署办公，列入县政府工作部门序列，不计入政府机构个数；县农业局加挂县委农村工作办公室的牌子；县文化体育广电新闻出版局加挂县外事侨务旅游局的牌子；县市场和质量监督管理局加挂县食品药品监督管理局、县食品安全委员会办公室的牌子；县人民防空办公室既是县国防动员委员会的常设办事机构，也是县人民政府人民防空主管部门，列县政府工作部门序列，不计政府机构个数。

关于制定国民经济和社会发展第十三个五年规划的建议

（2015年12月2日中国共产党桃江县第十一届委员会第七次全体会议通过）

桃发〔2015〕17号

“十三五”时期（2016–2020年），是全面建成小康社会,实现党的第一个百年奋斗目标的决胜阶段。根据中央、省市关于制定国民经济和社会发展第十三个五年规划的建议精神，就制定“十三五”规划提出以下建议。

一、发展基础

（一）综合实力不断增强。预计（下同）我县2015年实现生产总值202.3亿元，比2010年增长90.4%；完成财政总收入10.07亿元，比2010年增长128.4%；完成固定资产投资174.7亿元，比2010年增长177.6%；主要经济指标基本实现翻番。

（二）“四大会战”成效显著。“十二五”期间,交通建设，完成投资74亿元，常安、益马、益娄、马安四条高速开工建设，国道207、536，省道205、229、317全面完成升级改造，累计建成农村公路2000公里以上，县内交通网络基本完善畅通。园区建设，完成投资50亿元以上，桃江经开区建成标准化厂房近40万平方米，“三纵六横”骨干路网基本建成；灰山港工业集中区成功获批省级园区；马武工业小区完成发展规划。产业建设，电能、竹木加工、新材料、装备制造、食品药品产业发展取得显著成效，全县规模企业达186家，规模工业增加值达到99.4亿元，比2010年增长231%。城镇建设，完成基础设施建设投资30亿元以上，县城骨干道路全面拉通，并完成提质改造，县城规划区面积拓展10平方公里，灰山港镇、马迹塘镇成为国家级重点镇。

（三）社会事业全面进步。医疗条件显著改善，基本药物制度和公立医院改革全面推行。各类教育均衡发展，教育教学质量稳居全市前列。五大保险实现扩面提标，城乡低保、农村五保实现应保尽保。农村水利基础建设加快推进，除险加固上型号病险水库210座，解决了53.3万人的饮水不安全问题。实现县城“天网工程”全覆盖，“平安桃江”建设成效明显。“精准扶贫”取得初步成效。

（四）党的建设进一步加强。扎实开展了“创先争优”活动、党的群众路线教育实践活动和“三严三实”专题教育，严格落实中央“八项规定”、省委“九项规定”和市委“十项规定”，建立健全制度41项；全面建成“四位一体”村级治理机制，严格抓实党支部的分类定级和晋位升级工作，基层组织建设进一步加强，执政水平得到进一步提高。

在充分肯定成绩的同时，也要看到存在的问题和不足：一是经济下行压力增大与扩大经济总量、提升发展质量之间的矛盾越来越突出；二是具有持续增长力的战略性项目不多，发展后劲不足；三是资金、土地等要素约束加大与内部需求增加的矛盾凸显，加快发展的要素保障有待加强；四是基础设施还相对滞后，发展优势难以转化为现实生产力；五是自有财力严重不足，保民生支出压力剧增。这些矛盾与问题,都需要我们在“十三五”期间，予以重点解决。

二、思路目标

指导思想：坚持以“四个全面”为统揽，贯彻创新、协调、绿色、开放、共享发展新理念，以全市实施大益阳城市圈战略为契机，紧紧围绕“推动科学跨越，建设生态桃江”这一主题，大力实施扩大投资拉动、促进产业转型升级、统筹城乡发展三大战略，着力推进交通建设、园区建设、产业建设、城镇建设和改善民生五项重点工作，坚持一张蓝图干到底，确保2020年以前全面建成小康社会。

工作目标：按照目标务实、自加压力的原则，确定我县“十三五”规划的工作目标。以2020年全面实现全面小康的指标为基数，初步确定“十三五”规划的具体经济指标略高于全市平均水平。大力实施扩大投资拉动，包装项目2000亿元以上，完成投资1000亿元以上；推进产业转型升级，大力发展清洁能源、竹木、建材、装备制造、食品药品、文化旅游等六大支柱产业，实现增加值占GDP比重在70%以上，实现税收占财税收入70%以上；进一步统筹城乡发展，全县城镇化率达到60%左右，城乡基础设施有大的改观，农业产业化有大的发展，生态对接益阳取得明显成效。

三、发展任务

（一）着力推进交通建设。到2020年末，建设或提质改造“1条航道、2条铁路、3条国道、4条高速、9条省道、18条县乡道路”，实现二级公路连接乡镇，国省干线内外畅通，全面进入高速时代，形成县内“半小时经济生活圈”，水陆物流运输快捷，老百姓出行方便。

1. 加快高速公路建设。全面建成益马、益娄衡、常安、马安高速，积极谋划新的高速项目，实现过境高速连接并网，桃江进入高速时代。

2. 加快国省干线公路改造。提质改造干线公路，谋划推进县城至灰山港一级公路复线工程。加强连接线建设，实现所有乡镇半小时内上高速。

3. 加快农村公路建设。升级改造农村公路1000公里，全面消除断头路，行政村客运班线通达率达95%以上。

4. 加快其他交通设施建设。加快推进铁路、航道建设。基本完成重点桥梁建设和危桥改造，完成县城一级汽车站场、公交停保场、社会公共停车场建设。

5. 加强路网管护。开展道路运输和水上交通安全整治、公路治超治限等专项行动，加大对干线公路及农村公路的综合整治。

（二）着力推进园区建设。到2020年末，确保园区产业布局完全定型，龙头企业明显增多，生产要素高度聚集，招商引资成效显著，园区规模工业增加值占规模工业增加值比重70%以上。桃江经济开发区和灰山港省级工业集中区在全省排名进位10位以上，实现年产值200亿元以上、税收5亿元以上，马武工业小区实现年产值50亿元以上、税收1亿元以上。

1. 确定园区产业布局。桃江经济开发区主要发展竹木精深加工、通用设备制造、食品和生物制药、加工贸易与电子信息产业，谋划推进核电关联产业园建设。灰山港省级工业集中区主要发展装备制造、新材料产业。马武工业小区主要发展食品加工、竹木加工产业。

2. 引进和培育发展龙头企业。培育壮大园区龙头企业，支持现有龙头企业转型升级。加大招商引资力度，着力招大引强，确保“十三五”期间每个产业都引进3–5家龙头企业。

3. 促进生产要素高度集聚。加快园区标准化厂房建设，完善园区水、电、路、互联网等基础设施。加快园区融资平台建设，切实做好园区土地的征收、平整、报批工作。加快园区服务设施建设和园区秩序整治。

（三）着力推进产业建设。加快推进工业产业转型升级和现代农业、现代服务业发展，积极对接国家“互联网+”“中国制造2025”行动计划，推动信息技术向制造业、农业、服务业渗透拓展和深度融合。实现三次产业结构升级为15:47:38，规模工业增加值占GDP比重60%以上，高新技术产业增加值占GDP比重20%以上。

1. 突出发展“六大产业”。培育壮大和优化升级清洁能源、竹木、新材料、装备制造、食品药品、文化旅游“六大产业”，打造“清洁能源、竹木”两个百亿产业集群，新材料、装备制造、食品药品、文化旅游产业产值分别达到30–50亿元，培育上市企业3家以上。

2. 加快发展现代农业。深入推进农村土地确权登记颁证，加快农村土地流转，实现农业规模化、产业化发展，不断提升农产品质量安全，进一步巩固农业基础地位。大力发展农民专业合作社、家庭农场等新型农村生产经营组织，不断激发农业发展活力。突出抓好粮食生产、茶叶和特色种养殖业发展。

3. 大力发展现代服务业。以提高服务业发展质量和效益为核心，加快推进生产性服务业智慧化、生活性服务业高端化，找准服务业发展的重点领域与突破口，推动服务业实现跨越式发展。突出抓好商贸物流、房地产、电子商务、生态养老和中介服务等新型业态。

（四）着力推进城镇建设。坚持“东接东进”，全力融入“大益阳城市圈”。严格落实规划，坚持以人为本，大力推进新型城镇化，做到县城基础设施基本完善，新型产业突破发展，小城镇建设取得显著成效，城镇化率大幅提升。到2020年末，城镇人口达到43万以上，县城基础设施基本完善，建成区面积20平方公里以上，小城镇与美丽乡村建设取得明显成效。

1. 加快融入“大益阳城市圈”步伐。全力抓好县城区域定位、两型区用地规划和管理体制“三个调整”，积极推进总体规划、基础设施、公共服务和产业布局对接

"益桃沅"一体化，努力让县城成为益阳中心城市的重要组团和益阳对接长株潭的重要平台，把桃益公路沿线土地全部调整为发展用地，支持两型区享受省级园区政策。着力拉通"三条通道"，确保2016年高标准建成桃益景观通道，2018年建成桃益高速干道，2020年建成资江桃益旅游水道。全面完成"三个集中"，实现农民居住相对集中，规划建设10个特色新村；实现所有土地流转集中，大力发展旅游观光休闲农业；实现各类生产要素集中，桃益沿线水、电、路、气实行统一规划建设。大力发展"三大产业"，着重抓好以桃江经济开发区为核心的竹产业、以竹海和黄金塘为核心的休闲旅游产业、以桃花江入城段为核心的美人文化产业发展。

2. 加大县城开发建设力度。积极推进新城区建设，加大县城"三江两岸"及南环线、西环线两侧开发力度。制定老城区改造发展方案，逐步推进老城区改造。重点培育商贸零售、餐饮住宿、休闲娱乐等生活性服务业，全面提升县城承载、吸纳和辐射带动能力。

3. 加快推进小城镇建设。着力加强乡镇集镇"六个一"项目和"六大优化"工程建设，提高小城镇综合承载能力。

4. 切实加强城镇管理。进一步加强县城环境、卫生、秩序整治，力争创建国家级卫生县城。大力推进"智慧桃江"建设。

5. 大力建设美丽乡村。进一步完善农村基础设施，改善农村生产生活条件，力争建成15个美丽乡村，85%的村庄基本达到新农村建设要求。

（五）着力推进改善民生。进一步完善教育、医疗卫生、文化体育、社会保障等公共服务，切实加强生态文明建设，全力推进扶贫攻坚，确保全县贫困人口全部脱贫，社会保障水平有大提升，教育、医疗、文化等公益事业有大发展，生态环境有大改善，社会管理水平有大提高。

1. 全力推进精准扶贫工作。按照"四个切实""六个精准""四个一批"要求，深入实施精准识贫、精准扶贫、精准脱贫。严格扶贫开发工作责任，逐级签订责任状，确保到2020年，全县困难群众全部实现脱贫。

2. 不断完善社会保障体系。着力推进社会保险扩面提标和住房公积金扩面、增贷。建立健全社会救助体系，切实做好孤儿、贫困儿童、残疾人、流浪人口救济救助工作。适度规划建设保障性住房，探索建立以货币补贴为主的保障性住房发展新模式，积极推进危房改造，着力改善中低收入家庭居住条件。

3. 切实加强生态文明建设。加强生态文明创建工作，确保成功创建国家生态文明建设示范县。大力推进节能减排，加大重点污染源治理力度。实行最严格的林地保护制度。对规划区内的山体水体实施目录管理、分级管理、动态巡查。加大资江河道保护力度，实现资江河道全线禁采。加强河流源头、水源地保护，强化水产养殖污染监管，建立完善资江断面水质监测体系。

4. 扎实推进社会治安综合治理工作。强化"天网"工程、"巡防"工程等社会治安防控体系建设，提高社会管理的智能化水平，积极创建"平安桃江"。

5. 均衡发展科教文卫及国防、民族、宗教、统计、史志、档案、物价、气象、水文、邮政、工青妇等其他各项事业。

四、发展保障

（一）加强组织建设。切实加强和改进党的领导，推进党的现代化建设，提升党的执政能力与执政水平。抓好党风廉政建设，持续深入改进工作作风。抓好县乡同级领导班子同步换届工作，选好配强各级领导班子，巩固村级堡垒。切实加强干部队伍建设，努力打造一支干净纯洁、干事创业的干部队伍。

（二）全面深化改革。全面落实益阳市2014–2020年重要改革举措实施规划的329项改革任务，突出抓好行政审批制度、财税体制、金融体制、"三证合一"商事登记制度、农村土地管理制度等重点领域改革，下决心改革影响桃江经济社会加快发展的体制机制和工作模式，释放发展活力。

（三）推进创新创业。加快创业平台建设，建成高标准创业孵化基地。强化创新创业政策扶持，实行免费创业培训，推行创业担保贷款。开展创新创业大赛，加大创新创业宣传，营造鼓励创新、宽容失败的创业氛围。

（四）强化要素保障。进一步强化用地保障，加大土地报批和储备力度，力争"十三五"期间，把县城剩余可储备土地全部储备到位，垄断土地一级市场，科学合理供地。做大做强县级融资平台，争取国家政策性银行对地方发展的更多支持；积极推进PPP模式项目建设，稳步推进企业发债和上市融资工作。进一步强化人才支撑，继续实施"十百千万人才工程"，建立桃江智库。

（五）优化发展环境。进一步优化政务环境，落实政府机构改革，加快推动职能转变，提高行政效能。进一步优化法治环境，坚持把公平正义摆到更加突出的位置，全面推进依法治县。进一步优化人文环境，树立开放包容的心态，营造干事创业的浓厚氛围。

稿件选辑

湖南“桃江绿茶”成功注册为地理标志证明商标

1月3日，从国家工商总局传来喜讯，湖南桃江县茶业协会申报的“桃江绿茶”成功注册为地理标志证明商标，这是继“桃江竹凉席”后桃江县获评的第二件地理标志证明商标。

地理标志商标是标示某商品来源于某地区，并且该商品的特定质量、信誉或其他特征主要由该地区的自然因素或人文因素所决定的标志。申请地理标志证明商标是目前国际上保护特色产品的一种通行做法。

一个地方的地标是该地区经济持续发展不可或缺的无形资产，它能有效地保护优质特色产品和促进特色行业的发展。桃江茶叶是桃江县农业特色产品，具有独特的自然、人文资源优势。为了使“桃江绿茶”发挥出与“安化黑茶”同样的影响力，2014年，在县委、县政府领导的高度重视下，由县工商局牵头开展“桃江绿茶”地理标志证明商标申报工作。最终，在各部门倾力配合和全程辅助下，程序复杂的地理标志证明商标申报历时一年，终于在2015年元旦之际结出圆满的果实。（熊栋梁　徐艳萍）

——《中国日报》2015年1月7日

新农村　新电力　新服务

——益阳桃江创湖南省新农村电气化县建设纪实

1月中旬，益阳桃江县桃花江镇崆峒村沐浴在冬日的晨雾和暖阳中，村民们依旧早起劳作，几家竹制品加工坊的机器轰鸣照例打破村落的宁静，经营着农家乐和特色商店的村民们则比往日更早地开门迎客，他们已经在创建“美丽乡村”中获得了实惠，更不想错过作为新农村电气化县验收点的商机，前来进行电气化县验收的人群成了他们当日的第一批贵客。

“新农村电气化建设给桃江新农村的面貌改变注入了新的活力，没有新农村电气化就没有新农村的新变化、新发展。”考评会上，验收组成员一致认为，桃江县满足电气化县的适用条件和必备条件，供电可靠、安全经济、供应和谐，已达到新农村电气化县建设标准，准许验收通过。

新电力惠及新农村

桃江县地处湘中偏北、洞庭尾间，因境内桃花江而得名，素有“美人窝”“楠竹之乡”“茶叶之乡”“有色金属之乡”等美称，境内有洪山竹海、浮邱山古庙、凤凰山、罗溪瀑布等风景名胜。

经济发展，电力先行。2007年以来，国网益阳供电公司和国网桃江县供电公司为全面落实国家电网公司“新农村、新电力、新服务”的农电发展战略，在省电力公司和桃江县委、县政府的大力支持下，积极争取电网建设项目和投资，大力推进新农村电气化建设。2011年7月，桃江县正式纳入“湖南省2014年度新农村电气化县验收计划”，意欲通过全面提升县域电网和加强电力基础设施建设，打造桃江经济社会发展的新引擎。

奋进的号角已经吹响。为全面完成新农村电气化建设，助力农村经济发展，从2007年到2014年，全县累计电网建设与改造投资6.4亿元，其中10千伏及以下配网投资2.26亿元，技改大修2750万元，集抄改造5510.9万元。共新建、改造35—110千伏变电站9座，新建、改造35—110千伏输电线路166.4千米，新建、改造10千伏配电台区1335个、线路1858.38千米，“一户一表”改造35442户，升级改造村级电网422个。截止2014年底，综合电压合格率为99.96%，居民端电压合格率为99.94%，供电可靠率为99.9%。全县有8个乡镇、239个行政村基本达到了电气化建设标准。

“台区布局合理、线路架设规范、计量安装标准、电能质量优良、供电能力可靠”是桃江县新农村电气化建设的最直接表现。2013年全县实现地区生产总值168.41亿元，财政总收入8.7亿元，实现工业总产值290.28亿元，2013年全年引进投资亿元的项目7个，5000万的项目13个，全年完成立项争资12亿元。一串串可观数据的背后，是电气化县建设这架新引擎催生下所带来的新农村经济发展效应，越来越多的群众得到了新农村电气化建设所带来的实惠。

新农村焕发新活力

“宁可食无肉，不可居无竹，桃江两者有，游人皆满足。”这是原中央军委副主席张震上将到桃江县崆峒村视察时的挥笔题词。

桃江县崆峒村，这个仅有3000多常住人口的普通村庄，拥有包括国家级AAA景区和湖南省五星级农庄，以及31家竹业加工厂、19个农家乐、6处农业生态园苗木基地，并创建成为湖南省“美丽乡村”“特色旅游名村”、“两型社会示范村庄”和益阳市“社会主义新农村建设示范村”。

崆峒村在电气化建设前只有8个配电台区，容量675kVA，因容量小、线径小、供电半径大，虽有较好的地理位置和优越的自然资源，经济发展却受到很大制约。为加快电气化建设进程，桃江供电公司先后投入到该村的电力建设资金达265万元。随着电气化建设的完成，崆峒村配电变压器达到16台，总容量为2575kVA，10kV线路总长12.73千米，三相四线主干线达17.22千米，单相线路达44.51千米，有力推动了该村的经济发展，给当地群众生活所带来的变化显而易见。全村人均年生活用电量从50千瓦时增至300千瓦时，使用三相动力的村民增加到31户，年总用电量跃升到141.63万千瓦时，人均年纯收入增至1.46万元。优良的用电结构和用电质量成为驱动该村经济发展的强大动力。

“过去由于电压不稳定，用空调那是想也不敢想的事情。现在真好，这个冬天不冷了！”桃江县朱家村村民张进中逢人便夸道：“新农村建设是什么？就是要让我们农民的生活过得跟城里人一样，我家里买了个电磁炉，以前电根本带不动，几乎没能用过。现在好了，别说电磁炉，空调也可以用了，就是办个小型加工厂，电也不成问题了！”此次电气化建设，让桃江县“旧貌换新颜”，改变了以往农村的生产生活，焕发出新的活力。

新服务塑造新形象

“七个加工厂生产全部正常，老板们全部开足了马力生产竹制品，一根熔丝也没有换过了，真是太谢谢你们啦！”2014年6月18日，桃江县牌坊湾村村支书雷梦佳拉着桃江供电公司副总经理璩益辉的手不停地道谢。

走进牌坊湾村，公路两旁几十块彩条布整齐有序地排列着，彩条布上晒满了制作竹凉席的小竹片，当地村民称之为“麻将凉席”。以前，由于村办工厂和家庭作坊过多，用电太集中，每当繁忙的时候，家家户户都想多干一点，于是造成电压过低，用于加工的机器设备无法转动，许多加工厂因此错失商机，很是心痛。璩益辉得知此情况后，立即从其它地方借调了一台315KVA的变压器调整到牌坊湾村，然后明年再补报牌坊湾的项目，将变压器复归原位，这样一来问题得到了及时解决。“供电公司的服务好、办事诚、效率高，现在，我们这里电压更稳了，电力也更充足了，我们可以开足马力多生产，多挣钱了。”玉竹竹业加工厂老板盛旭东逢人便提起供电公司无微不至的贴心服务。

新农村电气化建设是一项庞大的系统性工程。桃江供电公司深知，只有硬件、软件两手同时抓，建设坚强电网，提供优质服务，才能打造企业良好形象。在推进新农村电气化建设的同时，桃江供电公司大力创新服务，积极开展优质服务惠农行动。该公司主动深入农村社区，在社区建立电力服务联系点，公示电价表、客户经理工作职责、服务承诺等。以“雷锋共产党员服务队”为载体，积极开展上门服务工作，为孤寡、残疾等特殊客户群体提供全程式服务。积极开辟业扩报装绿色通道，大力推行前置服务、差异化服务、主动服务。严格规范催费管理，全面执行“不停电催费”和“零延时复电”。全面实现城区电力“十分钟缴费圈”，农村地区村村有缴费点，彻底解决缴费难问题。

目前，桃江供电公司客户评价满意率98%，服务承诺兑现率100%，越来越多的人感受到了从用上电到用好电的改变，体会到了“新农村、新电力、新服务”所带来的实惠。

（张晓宏　黄　冶）

——《人民网》2015年1月22日

益阳桃江关停16家生产许可证到（逾）期水泥厂

近日，益阳市桃江县政府组织工信、环保、电力、公安、等部门组成的联合执法队伍，对境内15家非法水泥生产企业实施强制性停电。至目前止，包括之前已实施强制停电的一家水泥厂，全县16家生产许可证已经到（逾）期的水泥生产企业已全部实施强制性停电，下一步将实施生产设备拆除。

据悉，16家水泥厂关停后，该县只剩下三家合法的水泥生产企业，包括两家干法旋转窑生产企业和一家彩色水泥生产企业。

（罗中华　莫正奇）

——《湖南新闻网》2015年2月4日

湖南桃江重奖竹农

“去年县里重奖首届竹王给我触动很大，年底我把竹山施肥了个遍，没想到还真培育出了个‘金疙瘩’。”3月25日，湖南省桃江县鸬鹚渡镇学堂湾村竹农杨孟贤，乐呵呵地从县委书记谭建华手中捧回了“桃江竹王”的奖牌和10万元奖金。这是桃江县连续第二年重奖竹王，另有10位竹农获“桃江美竹”奖牌和2万元奖金。

桃江是中国十大竹乡之一，竹林面积达105万亩，占全县森林面积近六成。2014年，竹材及竹制品总产值达52亿元，占湖南省竹业产值的30%，农民人均竹业收入2500元以上，吸纳18万多人就业，占全县农业人口的25%，无论是竹产业总值、还是从业人员，均居湖南省第一。

从2013年开始，桃江在全国率先开展“竹王”评选。首届“竹王”由该县浮邱山乡农民陈善清一举夺魁，并获得现金奖励10万元，另评出了15株“美竹”各奖励1万元。今年“美竹”的奖励标准提高到了2万元。鸬鹚渡镇学堂湾村竹农杨孟贤精心培育的一根南竹，胸围达到521毫米，夺得今年的竹王。

据谭建华介绍，桃江县委县政府已决定将“竹王”评选活动持续开展下去，进一步提高竹资源品质，调动农民开展竹林低改的积极性，增加农民收入。

近年来，桃江县充分发挥楠竹资源优势，以“培育百万亩竹林基地、实现百亿元竹业产值”为目标，不断加强资源培育，着力推进竹产业深度开发，大力发展竹产业。一是连续三年每年投入500多万元修建林道共1000多公里，并力争5—10年实现全县竹山林道全覆盖，降低竹农采伐、运输成本；二是大力实施楠竹低改，投入资金5亿多元，每年培训1000余名农民技术员，改造低产竹林20万亩，培育丰产竹林10万亩，建设笋用林基地5万亩，将基地每亩纯收入从200多元提升到2000多元；三是引入市场资本40多亿，积极打造湖南省唯一“现代竹产业科技园”，有力促进了桃江竹产业结构调整和转型升级，使竹产业成为富民强县的主导产业，担当千亿湘竹产业的主力。

（喻　惠）

——《湖南新闻网》2015年3月26日

湖南桃江举办“美人与竹”主题书画征集活动

5月5日，由湖南省文联和桃江县委、县政府共同发起联合主办“美人与竹”书画作品大赛，隆重纪念桃江籍国画大师、著名美术教育家高希舜先生诞辰120周年。

桃江是中国竹子之乡，因桃花江是美人窝得名。1895年诞生于湖南桃江的高希舜，是近现代中国著名教育家，著名花鸟画家。17岁入长沙第一师范，与毛泽东同班。1938年，日寇大举侵华后，南京危急，高希舜将自己创办的南京美专搬迁到桃江杨家坳坚持招生授课，直至1950年毛主席亲笔致信，邀请他赴京从事美术教育工作为止，在桃江办校授课10余年。高希舜纵横画坛几十年，成绩卓著，尤以花鸟画见长，代表作品《荷花图》《荣华下之哈巴狗》《梅花图》。齐白石叹其画之形神兼备，一改不喜与人合作绘画的习惯，常与之合作。高希舜画荷，齐白石补以草虫；高希舜写芋，齐白石画蟹。陈半丁为高希舜“蒲田戏鸭图”题字曰：“舜翁泼墨淋漓，用笔圆浑处，白石翁不能胜也。”

此次“美人与竹”书画作品大赛征稿时间为6月1日—8月31日，面向广大年满18周岁的书画爱好者，征集健康向上的歌咏美人与竹的古今诗词、楹联、文赋和以美人与竹为创作题材的中国画、油画等。据悉，此次书画大赛，主办方为激励广大书画爱好者踊跃投稿，将拿出15.3万元奖励优秀书画作品，其中绘画类特等奖奖金达2万元。同时，获奖作品及作者不仅将在湖南省广播、电视、报刊、网络及驻湘新闻媒体进行宣传推介，还将于今年11月20日—30日在湖南省美术馆进行展览，向全省人民展示这些书画名品。

主办方希望通过这次大赛，在向高希舜先生致敬的同时，深入挖掘和展示桃花江美人文化、竹文化精髓，扩大桃花江美人窝、楠竹之乡的影响力和知名度。

（喻　惠）

——《湖南新闻网》2015年5月5日

新常态下县域经济发展的难题

县域经济是国民经济的基本单元，在推动我国经济社会快速发展、人民精神物质生活水平显著提高过程中，作出了突出的贡献。新常态下，在全面建成小康社会的背景下，加快发展县域经济，更是提到前所未有的战略高度。但是，在加快县域经济发展进程中，尤其是中西部较为落后地区的一些深层次矛盾已经凸显出来，成为制约县域经济进一步加速、社会和谐程度进一步提高的“瓶颈”。

面临的问题与瓶颈

目前，我国县域经济还处于粗放式的发展阶段。各地发展县域经济的热情很高、力度很大，但都在不同程度上出现了忽视农业和农村的倾向，过于看重经济的发展速度和GDP指标等问题，严重制约了县域经济的发展。

项目建设与利益协调的难题。项目建设是县域经济发展的载体，县级层面一个项目真正要开工建设，至少需要经过10多个部门的审批，有的要盖几十个章，需要花不少的时间和精力。比如土地的审批，最快也需要半年时间，有时甚至一年也难以批复下来。

即使项目批复下来，征地搬迁按照正常程序和要求，需要三至四个月的时间开始征地搬迁，虽然大部分群众的思想工作容易做通，但难免有个别群众一时难以理解和支持，使征地搬迁时间大大延长，有时半年甚至一年也难以完成征地搬迁任务。如果出现了个别群众不支持，要走强制搬迁程序，甚至遇到暴力抗法，那更是遥遥无期，拖了几年甚至10多年没有完成的工程也屡见不鲜。

项目建设走完了审批程序，开工以后也难以一帆风顺，因为在项目建设过程中，无论是当地群众还是社会利益集团，如果产生了新的想法，提出了新的诉求，就可以叫停工程。一旦出现阻工的现象，这些情况就需要协调，协调的工作往往是十分艰难的，有时一次协调就需要 1 ~ 2 天，甚至更多的时间，有的项目从开始建设到竣工投产，需要协调十几次，乃至几十次。

工作效率不高与处理日常琐事之间的矛盾。基层工作千头万绪，因此，基层干部觉得最麻烦的问题是，精力有限，但是日常琐碎的事情又太多。一是会议多。往往是重要会议层层开，同一个会议，县乡的同志有时要参加四五次；工作千头万绪，什么工作每年都要开一两次会，有的工作要开若干次会；出现了新情况、突发事件、天气变化等，都要随时组织召开会议，要求举一反三，重新部署安排；各级领导都就自己分管的工作，经常召开调研会、现场会、协调会和推进会，上级开的所有的会议，下级都要开会落实。以 2013 年桃江县委、县政府层面（不含各部门单位）的开会情况为例：要求主要领导参加会议（含电视电话会议）162 次，其中全国性会议 20 次，省级 42 次，市级 100 次。二是文件多。各级党委、政府形成的决议、决定、通知、办法和方案等都需要行文；各级党委、政府都有上百个部门，从上到下行文；各级领导小组一般也有上百个，也是经常行文。三是检查指导多。上面千条线，下面一根针。各个层次的领导都要经常检查指导、调研工作；所有部门都强调自己工作的重要性，都希望将自己的工作纳入考核检查的范围。四是应急事务多。以 2013 年桃江县委、县政府层面（不含各部门单位）的处理应急情况为例：共接待上访群众 1012 人次，处理各类突发事件 132 个，处理媒体、网络舆情 1460 条。党政领导经常应接不暇，甚至精疲力竭，难以集中精力谋发展。

发展资金困难。当前，县级财政十分困难，特别是中西部地区的县级财政仍然是典型的“吃饭型”财政，甚至有的连“吃饭问题”都还没有解决好，根本没有经济能力去搞建设，所以不管是基础建设，还是改善民生项目，都必须争取上级的资金、项目支持。国家专项资金的争取实际上也是一种资源的配置。由于在专项资金争取中有层层的审批，客观上各级各部门的权力在资源配置中发挥的作用是决定性的。

中西部地区的干部在争取支持的过程中，往往出现以下四种情况：一是信息不灵。国家专项项目有几百项，专项资金有几万亿，县一级根本无法全面掌握信息，及时了解项目动态。二是规划不符。全国 2000 多个县，县域情况千差万别，国家专项项目大多是从某个方面进行考虑和规划，作为一个县，所做的项目规划能否符合争取国家项目资金的规划，只能碰运气。往往县一级现实需求强烈，所作规划也适合县域情况，但与国家所要求的规划不相符，不能争取国家专项项目，只能望洋兴叹。三是规模不够。不同的县支柱产业相同，但规模大小有别，往往大的能得到支持，小的不能得到支持。比如，同样是产粮大县，种粮面积达不到国家项目规定面积的，就得不到国家的项目资金支持。四是配套无来源，县级财政本来就困难，根本拿不出项目配套资金，形成了“争取项目困难，争到项目更困难”的怪圈。

加快县域经济发展必须全面深化改革

新常态不单单是一种状态的表述，更是一个发展理念的变革。新常态为中国经济和社会发展带来新机遇、新动力、新变化，当然，新常态也伴随着新矛盾、新问题、新风险。面对新形势，如何与时俱进，认识新常态，适应新常态，引领新常态。这给基层干部带来极大的挑战与机遇。

坚持依法治国，改革审批制度，创造高效优质的政务环境促发展。市场经济是法治经济，要以“法无禁止即可为”“法无授权不可为”的理念改革审批制度，大力精简下放行政审批权限。要有序放宽市场准入，努力让市场主体有平等竞争的机会，不能将市场准入审批作为职能部门的权力。要着力改变“重审批，轻监管”“以批代管”现象，加强事中事后的监管。比如环境保护，要加强项目投产后的监管，一旦企业违规造成环境污染，必须以铁的手腕、严厉的措施进行处罚，要使企业违法成本高于非法所得，这样才能从根本上解决问题。

加快体制机制创新，推动形成责权利相统一的体制机制。一是要保障地方“吃饭”问题。加快建立与县一级事权和支出责任相适应的制度，加大对县一级，特别是经济欠发达县的一般性转移支付力度，保障县一级可以发得出国家工作人员的工资，而且要保障地区之间的干部待遇基本平衡。二是要解决能够为民办事的问题。县一级改善民生的任务重，财力有限。比如要修建公路、除险加固水库山塘、改造危桥、改善学校条件等等，都没有资金来源，只能争取上级的项目和资金扶持，否则就难以启动。这样一来，面对群众的要求，面对改善民生的实际困难，县一级没有半点自主权，应通过增加一般性转移支付的形式，把改善基本民生的事权和财权，同时交给基层，减少层层“跑”项目、“争”项目的现象，有效砍断利益寻租链条，降低工作成本。三是改善专项资金的分配方式。国家制定出产业政策和发展规划，谁做好了都应该得到支持。要增加透明度，不要变相地以各种条条框框来维护部门配置资源的权力，从而使基层心中无数，盲目地“跑部钱进”。

加强基层干部法治素质修养。当前部分基层干部思想观念陈旧，法律意识淡薄，再加上部分基层行政执法人员的素质较差，从而严重影响社会稳定。基层干部的法治素质修养关系到能否推进全面依法治国的大局。因此，必须着力加强基层干部的法治素质修养。除了加强培训等常规手段外，还应该加大执法检查力度，大力推进执法公开，提高工作的透明度，防止基层干部与执法人员的权力滥用。应该着力加强民主监督、舆论监督和社会监督，充分调动广大人民群众的积极性，积极参与依法治县的各项活动，为依法治县创造良好的社会环境。

（作者：中共湖南省桃江县委书记谭建华）

——《学习时报》2015 年 4 月 9 日

湖南桃江建筑农民工工伤保险全覆盖

（通讯员 吴江柱 记者 陈妙莎）近日，记者从桃江县人社局获悉，截至去年底，该县工伤保险参保人数已达到 51780 人，其中建筑业农民工参保 30059 人，基本实现了全覆盖。

据介绍，建筑行业历来是工伤事故的重灾区，加之一线建筑工人特别是农民工维权意识较差，发生工伤后相关待遇往往难以落实。近年来，为保障农民工的合法权益，桃江县大力宣传《工伤保险条例》，推进建筑业及其从业人员参加工伤保险。该县还将全面落实各项政策，进一步加强工伤认定、劳动能力鉴定和待遇支付工作，切实维护好建筑业从业人员特别是农民工的合法权益。

——《湖南工人报》2015 年 5 月 27 日

莫应丰首届茅盾文学奖奖牌等遗物遗作捐赠家乡

6 月 8 日，湖南省桃江县举行莫应丰先生遗作遗物暨欧阳慧龄女士作品捐赠仪式。欧阳慧龄将多年珍藏的莫应丰先生 73 件（张）珍贵档案资料及自己精心创作的部分美术作品捐赠给桃江县档案馆，其中包括莫应丰先生荣获的全国首届茅盾文学奖奖牌、《当代》荣誉作家奖牌以及当代文学奖证书、人民文学奖证书等珍贵实物。

莫应丰先生系桃江县桃花江镇石高桥村人，是中国当代文学杰出作家、文艺活动家，首届茅盾文学奖获得者，先后荣获当代文学奖、人民文学奖以及《当代》荣誉作家称号。莫应丰先生从 1972 年起开始文学创作，一生创作发表作品达 400 多万字，其中有长篇小说 5 部、小说集 7 部、短篇小说和散文近 100 篇，许多作品被译成英、法、德、日等多种文字。其代表作有长篇小说《小兵闯大山》《风》《将军吟》《美神》等，系列小说《迷糊外传》及中短篇小说集《麂山之迷》等，中短篇小说《山高林密处》《驼背的竹乡》《死河的奇迹》《黑洞》《重围》等，其中《将军吟》是中国新时期文学史上发表较早的一部否定“文化大革命”的长篇力作，荣获首届茅盾文学奖。

欧阳慧龄女士系湖南省画院专职画家、国家一级美术师、中国美术家协会会员、湖南省民盟书画院副院长、民盟中央美术院理事、湖南省文史研究馆馆员，其作品曾多次参加由中国美协和文化部主办的展览并获奖。

桃江县委副书记向荣表示，欧阳慧龄女士将多年精心珍藏的莫应丰先生作品、实物、照片等 73 件珍贵档案资料和自己精心创作的美术杰作无偿捐赠给桃江县档案馆，为这些重要文献资料和实物找到了良好的归宿，为桃江奉献了宝贵的艺术珍宝。欧阳慧龄女士慷慨捐赠的义举，展现了一位德艺双馨的艺术大师对桃江史志档案工作及文化社会艺术事业发展的极大关注与关心，体现了对桃江人民的深厚情谊。

据介绍，桃江县将妥善保管这些珍贵资料，并充实到《桃花江名人档案》中，建立莫应丰先生档案专室专馆，开展莫应丰文学研究探讨，深入挖掘莫应丰文学作品；并利用名人家乡效应，打造桃江旅游文化新的经济增长点，为全县经济社会发展注入新的活力。（喻 惠）

——《中国新闻网》2015 年 6 月 8 日

《我要回桃花江》在央视电影频道播出

电影《我要回桃花江》于 9 月 20 日在中央电视台第六套电影频道播出，视频已上传桃江公众信息网。

《我要回桃花江》是根据桃江籍著名作家薛媛媛的作品改编而成，讲述了发生在桃花江的一个感人故事：善良而勤劳的农村少年薛秋林，在父母意外去世后，承担起家庭重担，抚养父母收养的女儿婷婷的故事。薛秋林放弃了自己上中学、入伍当兵去北京的机会，经历了千辛万苦，用人间大爱默默奉献，终于让婷婷考上了北京的大学。薛秋林在意外事故瘸了一条腿的情况下，仍靠捡垃圾供婷婷读完大学，并找到了亲生父母。婷婷为哥哥的大爱和父老乡亲的深情所感动，毅然回到桃花江，利用所学知识，发展竹艺加工，给哥哥和乡亲们找到了致富门路，过上了幸福的生活。

《我要回桃花江》是第一部在桃江实景拍摄的桃花江的故事片。影片于 2013 年 1 月开拍，11 月获准公映，2014 年获湖南省“五个一工程奖”。

桃江的自然之美、风情之美、文化之美和人性之美在电影中得到了充分展示。影片播放时，众多观众齐聚电视机前，有微友笑称，这部电影就是桃江人把桃江故事、桃江文化、桃江景色搬上中央电视台的屏幕，把桃江人的生活场景在央视刷屏。还有微友说，故事走心，感动得哗啦啦的，朋友圈都被这部影片刷爆了……

（喻 惠）

——《人民日报海外版》2015 年 10 月 16 日第 151 版

美人窝里的“环湘自行车赛”挑战极限陡坡

10 月 18 日上午，第八届环湘赛益阳站——“金沙重机杯”浮邱山首届极限陡坡 3 公里山地车赛在著名美人窝——桃江县举行。400 余名国内的业余自行车选手参赛，赛事由湖南省体育局主办，桃江县人民政府承办。赛前举行了隆重的开幕式，湖南省体育总会专职副主席冯湘江，湖南省旅游局副巡视员卜越辉，桃江县委常委、县委办主任肖立新等领导出席开幕式。

本次比赛设男子精英组，男子大师组，女子组，特邀组四个组别。赛道全程 17KM，前面 14KM 基本为水泥平路，亮点在最后 3 公里，即本次比赛主打特色 -- “极限陡坡 3 公里”。从浮邱山下至山顶的这 3 公里赛段爬升高度在 500M 左右，爬升距离 3KM，中间无缓冲休息区，十分考验爬坡能力。不少车手专门为这极限陡坡 3 公里而来。此前在试骑赛道时，湖南爬坡好手陈凯就表示，“上浮邱山的那 3 公里爬坡太长，感觉比较吃力。”因其独特性，湖南省赛车协会还认证该赛道为湖南省赛车运动基地。

比赛发枪后的前 14KM 赛道运动员们都骑得很轻松，到了最后的极限陡坡 3 公里，有部分选手望而却步，但有更多的选手希望挑战自己，顿时山上出现众车友奋力爬坡的情形。最终，男子精英组胡甜甜第一个到达终点，以 38 分 48 秒的成绩创造浮邱山爬坡纪录，成为第一个骑上山的“铁汉子”。长沙顺时针车队陈凯以 39 分 28 秒成绩紧随其后，吴兴栋获男子精英组第三。苟建波获男子大师组冠军，廖宗跃，唐学坤分获第二、第三名。朱晓云，袁薇，吴美荣为女子组前三。笃志、贾斌、文伟获特邀组前三。

桃江县浮邱山是中国道教名山，是湖南道教的发源地。历史上被誉为“楚南名胜”和“湘中第一道场”。浮邱山因仙人浮邱子在此修炼并得道升天而得名，又因是道教真武祖师道场而闻名于世。明清两代，朝廷在浮邱山设立“道纪司”管理湖南道教各方丛林，其历史地位很高。

桃江县联合环湘自行车赛打造浮邱山“极限陡坡 3

公里”山地自行车极限运动特色品牌，是为宣传推介桃江丰富的文化旅游资源，加快浮邱山景区旅游开发步伐，通过赛事活动实现时尚休闲运动与浮邱山“千年古寺”厚重历史文化的完美融合，展示“美丽桃江·户外天堂”休闲旅游新形象。

（张　慧）

——《新华网》2015年10月19日

栗子山村：一朵在精准扶贫春风中绽放的山花

扶贫攻坚，湖南铿锵力行，迎难而上，成效显著。2015年，地处桃江县灰山港镇的栗子山村在山沟沟中沉寂上百年之后，迎来了史上最为欢欣鼓舞的发展春潮。

栗子山村青山环绕，四处湖光山色，风景颇为秀美。但长期以来，由于地处偏远、交通闭塞、资源贫乏、地质灾害多发等原因，该村的经济发展异常缓慢，历史沉积的一组数据让人很难有心情领略大自然的秀丽风光：栗子山总人口3047人，共891户，其中贫困人口829人，303户；残疾人110人，五保户24人，幼保2人；10户无住房，70户危房。

2015年初，在桃江县委书记谭建华对栗子山村多次实地调研，并指导制定出该村的具体扶贫方案后，由桃江县委办、县机管局、县电力局抽调人员组成的驻栗子山村扶贫工作组进驻该村，精准扶贫、决战贫困的战役在栗子山村打响了。

危房改造 阳光下的感动

郭新乔是今年栗子山村30户危房改造户之一。11岁那年，郭新乔父母双亡，14岁的他和有智障的哥哥开始外出流浪，家乡的老房也变得破烂不堪。今年年初，在村支书黄杜中多次苦口婆心的劝说下，在多项扶贫政策的感召下，在异乡漂泊了20多年的郭新乔回来了。6月，郭新乔的新房开始动工，11月2日，郭新乔搬进了新居。

今年，栗子山村农村危房改造得到桃江县住建部门和湖南省扶贫办危房改造“百村示范”项目的重点扶持，落实帮扶资金共计52.5万元。桃江县也专门成立了危房改造领导小组，将栗子山村危房改造政策传到每家每户，切实做到家喻户晓。整个申请审批过程和操作程序都在“阳光”下进行，严格遵循“申报一户，公示一户，审批一户，改造一户”。截止10月底，栗子山村2015年的危房改造户已经有27户住进了新房。

社会保障 人心的安定剂

栗子山村的残疾人口有110人，然而这些人的残疾大多为后天而引发，其中很大因素源于医疗保障体系的脆弱与缺失。以前村里只有一位半路出家的赤脚医生。目前，栗子山村已设有村医务室，并配备了4名都有从业资格证的医务人员，基本实现了“小病不出村，大病不出县”的格局。

饮水工程的落地，村民文化活动广场、老人活动中心的修建，现代远程教育、图书阅览室的建成，村老年人戏剧班子、腰鼓队的组建……栗子山人的生活开始活跃起来了。

适龄儿童入学率和九年义务教育普及率达到100%；新农合、新农保参合率均达100%……黄杜中自豪地告诉我们：“今年我们村上还考上了12个大学生呢！”

特色产业 驶上致富之路

针对栗子山村基础设施薄弱的瓶颈，桃江县委扶贫工作组集结各方力量，投入160万元，整理路基5公里，硬化公路3.6公里；整修山塘4口，维修渠道1000米，新修河坝3处，实施生态河治理2公里；新修林道4.6公里；申报新建变压器台区2个，安装村组主干道路灯117盏……

路通了，灯更亮了，栗子山人更有干劲了。增强“造血”功能，做大“笋竹”、“茶叶”特色产业，栗子山人正奋力前行。今年，栗子山村投入资金62.98万元改造了低产林地1080亩，组建了相关的合作社。2015年，合作社共收购鲜笋32万斤，产笋干1.6万斤，直接销售收入40多万元；销售楠竹1560吨，实现销售收入55万元。茶叶产业也步上正轨，目前栗子山村已经规划出500多亩山地来发展茶叶产业，明年开春200亩茶叶基地即将下苗。

（刘显全　蒋永峰）

——《人民网》2015年11月30日

桃花江畔　聚力小康

——桃江推进“135”战略发展县域经济纪实

根据省委、省政府全面建成小康社会的有关规定，截至2014年底，省考核桃江县小康实现程度达到79.4%，比上年提高9.6个百分点，在全省47个二类县市区中排名27位，比上年提高14位。这主要得益于近年来桃江县委、县政府强力推进交通、园区、产业、城镇建设和改善民生五项重点工作，有力地推动了全县经济的平稳较快发展和社会民生的持续改善。

【战略蓝图】点燃发展新希望

2012年农历新年刚过，一场以“贯彻落实省市县党代会精神，加快桃江发展”为主题的大讨论就在全县上下展开，桃江县委、县政府集思广益，明确提出了桃江发展的“一三五”工作思路，即围绕“推动科学跨越，建设生态桃江”这“一个主题”，努力实施扩大投资拉动、促进产业转型升级、统筹城乡发展“三大战略”，扎实推进交通建设、园区建设、产业建设、城镇建设、民生改善“五项重点工作”。

三年来，围绕这一战略思想，89万桃江人民励精图治，一张蓝图干到底，取得了一个又一个骄人业绩。2014年，全年完成生产总值188.08亿元，同比增长11%；实现财政总收入9.37亿元，同比增长7.6%；完成固定资产投资145.58亿元，同比增长22.7%；实现社会消费品零售总额69亿元，同比增长12.9%；实现城镇居民、农村居民人均可支配收入21082元、10976元，分别同比增长8.5%、13.4%。

【交通建设】打通内外新通道

经过三年努力，桃江县已完成交通重点项目投资32.57亿元，桃马线、江北公路、国道207、省道205、省道233、省道217桃江段改造建成通车，桃益线、桃灰线完成提质改造。二广高速、益阳南线高速路基工程全面完成，益娄衡高速路基工程有序推进，益马高速征地拆迁基本完成，全县交通网络进一步健全，对外通道逐步打通。同时，新修农村公路352公里，完成危桥改造173座。

未来3—5年，桃江县将完成交通建设投资70亿元以上，建设总里程700公里以上，升级改造农村公路1000公里，着力建好“1条航道、2条铁路、3条国道、4条高速、9条省道、16条县乡道路”，建成7个客货码头，3个综合物流园区，6个客运站场，实现对外通道全面畅通，二级公路连接乡镇，构建全县“半小时经济生活圈”。2015年，桃江把加强高速公路和省道建设作为交通建设大会战的重点，预计投资在22亿元以上，确保完成益阳南线、益马、益娄、常安、马安高速年度投资任务，重点完成好县内4条主干道路建设。同时，积极争取一批干线公路纳入省“十三五”规划笼子。

【园区建设】铸造发展新引擎

三年来，桃江大力推进园区建设大会战，突出抓好桃江经济开发区牛潭河工业园、灰山港省级工业集中区、马武工业小区建设。力争通过3—5年努力，引进30个产值过亿元或税收过千万元的企业、50家创新创业企业，把牛潭河工业园和灰山港省级工业集中区打造成为产值过200亿元、税收过5亿元的工业园区，将马武工业小区打造成为产值过50亿元、税收过亿元的工业园区。

2015年，桃江将完成园区投资13.6亿元，全面完成20个重点项目建设。其中，桃江经济开发区牛潭河工业园计划完成投资10亿元，新建标准化厂房20万平方米，报批、平整土地500亩，修建主干道路5.13公里，建成污水处理厂等配套设施，新引进投资过亿元项目3个，新开工、新投产投资过亿元项目各9个。灰山港工业集中区完成投资3亿元，新建标准化厂房5万平方米，报批、平整土地300亩，修建主干道路1.2公里、自来水管网6.5公里，新引进投资过亿元项目2个，新开工、新投产投资过亿元项目各3个。马武工业小区完成投资6000万元，新建标准化厂房2万平方米，报批平整土地200亩，新引进产值过亿元项目2个以上。

【产业建设】打造发展新平台

桃江是一个资源大县，素有“楠竹之乡”“茶叶之乡”“建材之乡”“有色金属之乡”等美誉，桃江县委、县政府充分利用当地丰富的资源优势，做好产业发展这篇文章。目前，初步形成了能源、装备制造、竹木、建材、矿冶、食品六大主要工业产业，拥有规模工业企业189家。桃江县委、县政府以项目建设为抓手，大力推进产业结构调整和发展方式转变。

一是全力抓好招商引资。2015年，深入开展定点、定位、定向招商活动，全年将引进投资过亿元项目5个以上，投资过5000万元项目6个以上。

二是大力推动转型升级。近年来，桃江县委、县政府打破短期经济利益束缚，以壮士断腕的决心，淘汰落后产能。2010年以来，全县先后关闭了345座土法石灰窑、18家小粉煤厂、46家不符合产业政策的锑冶企业，否决了57个会造成大气污染的新建项目。在铁腕关停落后产能的同时，积极引导企业转型发展。县里出台支持产业转型升级的扶持政策，并设立新型工业化引导资金，对落后产能企业转型在资金和用地等方面给予支持。今年，县委、县政府明确着力抓好20个产业项目建设，计划完成投资14.6亿元。

三是加快培育新型业态。桃江出台了加快三产业发展的实施意见，谋划包装了“十大”三产业建设项目，着力补齐经济发展短板。2015年，全力抓好投资2.5亿元的文体中心、投资2.5亿元的商贸物流园一期、投资1亿元的竹文化科技馆和投资5000万元的浮邱山景区开发等项目建设。

四是大力推进创新创造。出台了创新创业具体扶持政策，在市场准入、税收优惠、财政奖励和人员培训等方面予以大力扶持，积极引导和鼓励创新创业。

五是切实加强支持服务。抓干部作风建设、抓环境优化、抓调度服务，及时协调解决项目建设过程中存在的困难和问题，集中精力推进项目建设。

【城镇建设】扮靓生态新桃江

每天夜幕降临，在桃江县城的广场、沿江风光带等地方，散步、跳广场舞的群众特别多。桃江县城越来越美丽，群众休闲娱乐场所也越来越多。

近年，桃江县以创建省级卫生城市为抓手，不断加大基础建设投入，完成城镇建设投资15亿元，完成桃花江大道等12条主干道新建和提质改造，沿江风光带第二期全面建成，新增绿化面积50万平方米、停车位4800个，硬化小街小巷20万平方米，县城生活垃圾无害化处理场和污水处理厂建成投入使用，开发了大汉龙城、都汇国际、金峪庄园等一批城市综合开发项目，建立了县城规划区“三级联动”查违控违拆违和网格化管理机制。今年4月，桃江县创卫工作顺利通过省专家组验收，已进入公示程序。投资5亿元的南环线(桃花江大道)建成通车，投资5.3亿元的西环线启动建设，可拓宽城区面积近20平方公里。

未来3至5年内，桃江将完成投资30亿元以上，完成县城30公里主次干道建设和提质改造、30个景观工程、1万个停车位、10万平方米市场和100万平方米绿化广场建设。同时，大力实施“六个一”和“六大优化”工程，积极支持建设一批布局合理、特色鲜明、生态优美的中心城镇。到2017年，实现全县城镇化率50%以上，县城建成区面积18平方公里以上。

【民生改善】奏响和谐新乐章

近三年来，桃江把改善民生作为五项重点工作之一，持续增加民生投入，每年根据上级安排部署、全县中心工作和群众实际需要，全力推进一批重点民生项目建设，切实解决了一批老百姓最关心、最直接、最现实的热点难点问题，尽管财政收入增速放缓，支出压力加大，但财政用于民生的比例始终保持在70%以上。今年，桃江以省、市重点民生工作为重点，确定了80项改善民生重点项目，主要包括文教卫体、社会保障、城乡基础建设、城乡环境整治、惠民产业、全面小康建设和全面深化改革、农业安全、两型建设8大类。桃江将集中人力、物力、财力，全力做好保障和改善民生工作，特别是工程建设类项目，将顺排工序、倒排工期，全力推进，严把工程质量关，真正做到把好事办实、把实事办好。

（罗中华　喻　惠）

——《三湘都市报》2015年6月30日

张子清烈士馆开馆

9月30日是第二个全国烈士纪念日，也是益阳桃江县鸬鹚渡镇的风景寺村著名红军将领张子清烈士纪念馆的开馆日。同时，位于桃江县桃花江镇道关山村新落成的桃江县烈士墓园中，也有张子清烈士的事迹介绍和牌位。

张子清（又名张涛），中国无产阶级早期革命家、杰出的军事家。1902 年 4 月，张子清出生在桃江县鸬鹚渡镇风景寺村一个农民家庭，历任工农革命军第一师第一团团长、红四军第十一师师长、红五军参谋长、湘赣边区特委书记，是中国工农红军创始人之一，是我军早期杰出的红军将领，是创建井冈山革命根据地的卓越领导人之一。在早期中国工农红军中，张子清是毛泽东初创红军的得力助手和亲密战友，为中国革命事业做出了不可磨灭的贡献。因在战斗中受伤后不打麻药接受手术，毛泽东称他为“关云长”。1930 年 5 月，他因伤情恶化去世，年仅 28 岁。

张子清烈士纪念馆由桃江县鸬鹚渡镇政府 2013 年开始建设，占地面积近 600 平方米。张子清烈士纪念馆利用科技、文学、艺术手段，真实再现井冈山革命根据地和张子清烈士当时的战斗、生活场景，有着较强的教育感染力和现实感。（何宇翔）

——《潇湘晨报》2015 年 10 月 1 日

桃江推进合格学校建设

用这 3 个数字来形容桃江县建设合格学校的成绩恐怕再合适不过。

11 月 24 日，记者从桃江县教育局获悉，2014—2015 年，桃江县启动了 40 所合格学校建设，加上 2013 年底前高标准建成的 54 所合格学校，截止到 2015 年底，桃江县 94 所合格学校建设任务将全部完成。

“合格学校建设是教育均衡发展的基础，更是保证教育公平的重要举措。”桃江县委书记谭建华如是说。他提出要把合格学校建设成“民心工程”“放心工程”“满意工程”。

2 年内花 2 个亿建设 40 所合格学校，这对于“吃饭财政”的桃江县来说任务十分艰巨。

为确保学校建设项目顺利推进，桃江县成立了由县长任组长、相关单位及乡镇一把手为成员的领导小组，县委、县政府与乡镇一把手签订责任状，将合格学校建设工作纳入为民办实事项目进行年度考评。教育、财政、国土等部门采用新建、扩建、改建、迁校并举的办法，科学合理地确定新增用地和布局。住建、城建等部门对合格学校建设项目开辟“绿色通道”。

为确保资金及时足额到位，桃江县通过“争、投、省”等办法筹措资金。桃江县领导多次到湖南省教育厅、湖南省财政厅争取国家项目资金；积极动员各单位、社会团体累计捐资 480 多万元；严格学校公用经费管理。全县构建了政府负责硬件建设资金，乡镇中心校统筹解决装备资金，学校自筹绿化、校园文化建设资金的三级承担机制。

“教育点多线长面广，每一个项目的开展都会受到广泛关注。在建设合格学校的过程中，桃江在项目安排、工程招标、工程管理、项目建设上做到了公平、廉洁、严格、高效。”桃江县教育局局长王启武对记者说。

据了解，2015 年项目进度较 2014 年明显加快。截止到目前，20 所合格学校建设有 3 所已全部完成，10 所已完成主要建设任务，其余 7 所正在有序建设中。

自桃江启动合格学校建设以来，全县中小学校的校容校貌彻底改观，教育教学质量取得长足进步。近几年，桃江县中考总平分、一次性合格率、高考一二本上线率、录入清华北大人数稳居全市第一。

记者 胡 荧 通讯员 吴万夫 刘友良 凌学文

——《湖南日报》2015 年 11 月 26 日

湖南留守儿童关爱帮扶活动在桃江启动

12 月 8 日，湖南省 2015 年度“爱心守护、希望同行”留守儿童关爱帮扶活动在桃江正式启动，首批 5 家“湖南省留守儿童之家”各获赠 5 万元，50 名特困留守儿童获得共计 10 万元捐赠资金。

城市化的进程使留守儿童越来越多，催生了一个不容忽视的社会问题。桃江县的中小学生中，留守儿童所占的比例接近 40%，近年来，该县先后有 18500 多名社会各界热心人士报名参加了关爱“留守儿童”行动，共募集资金 1340 万余元，共帮扶留守儿童 1100 余人次。由于缺乏父母的陪伴，留守儿童中的大多数都存在或轻或重的心理障碍，本次留守儿童关爱帮扶活动，就是要在物质上和精神上给留守儿童送去温暖。

据悉，本次留守儿童关爱帮扶活动由省文明办、省财政厅、省教育厅、省妇联联合主办，主要面对留守儿童这一特殊群体，用爱与行动实现“留守儿童”健康成长的梦想。

（邓　蓉）

——《湖南日报》2015 年 12 月 9 日

重点企业简介

湖南桃江南方水泥有限公司

湖南桃江南方水泥有限公司是大型央企中国建材旗下南方水泥有限公司下属湖南南方水泥集团有限公司的独资公司，注册资金2亿元人民币，拥有一条4500t/d熟料新型干法水泥生产线配套10MW纯低温余热发电机组，总资产8.45亿元，年熟料生产能力155万吨，年水泥生产能力200万吨，是益阳市最大的新型干法水泥生产企业。2015年，生产熟料141万吨，完成销售189万吨，实现销售收入36512万元，上交税收3192万元。桃江南方企业荣誉：荣获2013年度、2014年度湖南省“守合同重信用”单位称号；被中共益阳市委办公室、益阳市人民政府办公室授予“2013年度全市加速推进新型工业化先进单位”荣誉称号；被中共桃江县委授予“桃江县2014年度先进党组织”荣誉称号；被中共桃江县委、桃江县人民政府授予“2012年文明单位”荣誉称号；被中共桃江县委办公室、桃江县人民政府办公室授予“2011年度全县加快推进新型工业化先进单位（纳税贡献奖）”荣誉称号；被灰山港镇党委、政府授予“2011年度经济建设工作标兵单位”“2013年度安全生产工作先进单位”“2013年度经济建设工作标兵单位”荣誉称号。

益阳市东方水泥有限公司

公司成立于2002年7月，拥有两条新型干法水泥生产线，年产水泥150万吨。注册资金1亿元，总资产4.2亿元。公司通过质量、环境、职业健康安全管理体系认证，先后荣获“湖南省质量信用AAA级企业”“高科技自主创新领军企业”“湖南省诚信建设示范单位”“湖南省守合同重信用单位”“全国建材行业先进集体”“湖南省旋窑水泥质量综合评价优胜单位”“纳税信用A级单位”“工业产品质量分类监管AA类企业”等称号。公司生产的“虎劲”牌系列水泥，产品质量优良，各项指标均优于国家标准，连续三次荣获“湖南名牌产品”称号，2013年荣膺“湖南省著名商标”。公司成立以来，累计实现销售20多亿元，创造税收近4亿元，为桃江县的经济和社会发展作出巨大的贡献。

桃江新兴管件有限责任公司

公司的前身是湖南省桃江冶金机械厂，1997年10月与新兴铸管股份有限公司共同投资2980万元合股组建公司，2003年9月，吸纳芜湖新兴铸管有限责任公司10%股份。公司采用真空消失模铸造工艺专业生产球墨铸铁管件，具备年产25000吨的生产能力，可为用户提供多种标准的各种接口型式和各种类型DN40—2600mm的产品5000余种。产品广泛用于秦山核电站、太原引黄工程、长江三峡工程、武汉排渍工程、上海和沈阳输气工程、南水北调和海水淡化等国家大型工程，出口到德国、英国、意大利、日本、叙利亚、瑞士、新加坡、科威特、美国、南非、巴西等72个国家和地区。公司拥有12项专利，省级真空消失模技术工程中心1个，自行研制的真空消失模生产线成套设备获国家重点新产品证书。公司通过法国船级社产品质量认证、英国劳氏ISO9001质量管理体系认证、ISO14001环境管理体系认证，OHS28001职业健康安全管理体系等一系列体系认证。公司2011年被评为国家级高新技术企业。

益阳金沙重型机械制造有限公司

公司由金沙钢铁发起并控股，湖南涟源钢铁集团公司参股组建，注册资本11188万元，总投资3.8亿元，总资产5.2亿元，拥有一条年产5万吨重型铸钢件生产线和一条年产40万吨型钢生产线，主要产品为重型铸钢件和各类型钢。公司注重人才引进培养与工艺技术的研发和创新，拥有市级工程技术研发中心1个，省级高新工艺技术12项，成功申报国家专利16项。公司采用的炉外精炼与真空脱气以及单件铸造达100吨以上的生产能力，填补江南地区行业空白。2011年获益阳市推进新型工业化优秀企业荣誉称号，2012年获湖南省重合同守信用和信贷诚信企业荣誉称号，2013年被评为湖南省高新技术企业。

桃江县宏森木业有限责任公司

公司成立于2007年，是一家专业生产细木工板，高端生态免漆板的企业。公司坐落在鲊埠工业园，占地面积76.13亩，注册资本1200万元。建成现代化钢结构厂房3.8万平方米，8个生产车间，总投资6000万元，有先进细木板生产线10条，可年生产细木工板100万张，解决就业劳动力600余人，年产值超过1亿元。公司通过ISO9001国际质量管理体系认证，ISO1400国际环境管理体系认证，ISO1800国际管理体系认证。公司被认定为“湖南省农业产业化龙头企业”“湖南省林业产龙头企业”“湖南省A级信誉企业”。

湖南桃花江竹材科技股份有限公司

成立于2001年，位于湖南桃江经济开发区，占地75亩，有注册资金2393万元，是一家专业于高档竹材研发、生产和销售的现代林工企业，是湖南省高新技术企业、新三板挂牌企业、湖南省农业产业化龙头企业、中国竹业龙头企业。公司注重品牌建设与规范化管理，“桃花江”牌竹产品获湖南省著名商标和名牌产品，先后通过ISO国际质量管理体系和环境管理体系认证，通过FSC国际森林管理体系论证。公司在竹材加工领域获得22项国家专利和1项科研成果，与清华大学合作为上海世博会湖南展馆主体工程“魔比斯环”建设提供代表湖南特色的新型竹应用材料，被湖南省委授予参与上海世博会二等功。

益阳紫荆铸业有限公司

益阳紫荆铸业有限公司（原为益阳市矿山机械厂），地处灰山港镇，主要设备有：岛津 PDA-7000 直读光谱仪、万能材料试验机、冲击试验机、磁粉探伤设备、超声波检测设备、电子测温仪、全自动退火电炉等。公司于 2008 年 12 月通过 GB/T19001-2000/ISO9001-2000 认证（证书号为 08908Q1660ROS），主要生产单件 10 吨以下的铸件，包括普通碳钢、铸铁、中、低合金钢、耐热、耐磨合金钢等，主要用于化工，冶金、风电，船舶，汽车，铁道，军工等领域，产品畅销国内各大中型企业，中外合资公司，西欧等国家。2013 年，公司投资 5000 万元，新上 1 万吨高品质轨道交通零部件项目。

桃江县环宇纺织新材料科技有限公司

公司是桃江县第一家纺织新材料企业，2013 年注册，落户在灰山港镇麻元坳村，2014 年建成投产，建有办公楼、厂房和生活楼各 1 栋，占地面积 8000 多平方米，建有 3 条生产线，拥有各种高科技无纺布生产设备 50 余台，年产量 1500 吨，2015 年实现销售收入 5000 万元。公司是一家以生产经营水溶性无纺布为主的轻工业企业，属于国家产业政策鼓励类项目。通过短短两年多的生产经营，始终不渝地坚持管理创新、制度创新、体制创新，“60℃水溶性绣花无纺布及生产方法”技术通过国家专利复审，产品远销沿海省份及东南亚和非洲地区。

湖南宙盾防化设备科技开发有限公司

公司成立于 2014 年，注册资金 6000 万元，总投资为 9800 万元，有厂房、办公楼及宿舍 20000 平方米。公司主要生产人防防化产品（RFP-1000 型过滤吸收器），有剪板机、折弯机、冲床、液压机、折纸机、焊接机器人、点焊机等配套设备 60 余台套。公司通过 ISO9001 国际质量管理体系认证，建立标准规范的质量控制管理体系。

历史镜头

LISHIJINGTOU

县委书记谭建华

县委副书记、县长　何军田

县人大常委会主任　符凤文

县政协主席　李质彬

历史镜头
LISHIJINGTOU

德国食品和农业部代表团到桃江考察

副省长蔡振红参观竹文化馆

中日妇幼健康服务项目调研座谈会

省人大常委会副主任徐明华一行在桃花江竹业发展有限公司调研

慈利政协到桃江考察

市委书记魏旋君陪同常德市委考察团在桃江考察

历史镜头

LISHIJINGTOU

党外代表人士队伍建设工作汇报会

人大第五次会议第三次全体会议

穆斯林欢庆开斋节

政协会议闭幕式

烈士纪念日活动

交通建设

JIAOTONGJIANSHE

改造后的栗山河渡口

提质拓宽的金盆大道

马安高速项目建设

益娄高速项目建设

提质改造后的桃益线

资江特大桥施工现场

益马、马安、二广高速交汇互通施工现场

益马高速项目建设

园区建设
YUANQUJIANSHE

湖南福德电气项目在园区破土动工

湖南桃花江竹材科技股份有限公司在北京挂牌上市

桃江经济开发区金盆北路环岛

湘益生态板

湘中水工机械

竹产业园建设

桃江经济开发区全貌

城镇建设 CHENZHENGJIANSHE

成功创建“省级卫生县城”

桃花江沿江风光带

桃江县城一角

金盆大道路面沥青摊铺

出城卡口建设

沿江风光带三期建设工程

迎宾路主车道通车

桃花江广场

产业建设
CHANGYEJIANSHE

南方公司

洋泉湾宇洋农业龙虾养殖基地

特色养殖

鼎盛新型建材有限公司

良友蔬菜基地

茶叶产业基地

笋用林基地

桃花江实业

宙盾防化

金沙重机

改善民生

GAISHANMINGSHENG

残疾人服务中心

国家电网湘2标段开工仪式

建设中的老年福利中心

美丽乡村——石高桥村

新铺子水厂

杨家坳公租房

筑金坝小学

桃江县人大常委会

省人大常委会内务司法委员会王秋沙一行到桃江调研

省人大检查组在湘益木业检查

省人大代表桃江小组到金沙重机调研

市人大张群华调研规范性文件备案审查工作

市人大检查组在原久通矿冶厂检查

县人大常委会主任符凤文察看良友蔬菜合作社

县人大代表、政协委员视察丫峰村养殖场

浮邱山云海

桃花江国家森林公园管理处

浮邱山古银杏

竹海朝霞

桃花湖风光

浮邱山银杏林

浮邱山中天门

竹海朝雾

万顷竹海

桃江县发展和改革局

①	②
③	④
⑤	

①国家发改委稽查中央预算内投资项目

②市发改委调研指导“十三五”规划编制工作

③县政府与省国际工程咨询中心签署战略合作框架协议

④市县领导在益马高速听取项目建设情况

⑤省能源局考察新能源项目

桃江县教育局

省教育厅副厅长王建华到桃江调研

市基础教育教学工作现场会

彭巨洪荣获“第十届苏步青数学教育奖”

公益行动捐赠仪式

少先队鼓号队比赛

中小学幼儿园艺术节

桃江县工业和信息化局

县20家企业在省股权所挂牌

帮扶走访企业

香炉山股权挂牌新闻发布会

建材产业规划评审座谈会

口味王槟榔生产车间

武潭镇移民竹业转型升级

工矿棚改

桃江县公安局

反腐倡廉工作会议

慰问基层民警

国际禁毒日游行活动

公安业务技术用房奠基典礼

反恐技能培训

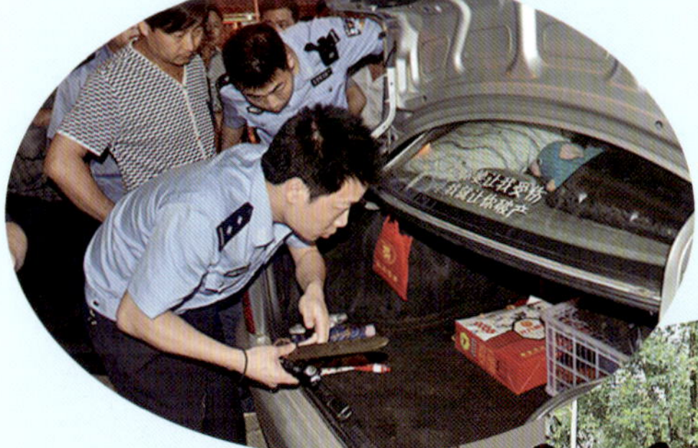

社会治安
重点整治行动

义务献血

联勤武装巡逻

桃江县司法局

省司法厅副厅长傅莉娟到桃江视察

市人大常委会副主任王刚强到桃江督查

农村法制宣传月活动

律师接待来访群众

慰问困难群众

湘潭大学教授主讲人民调解专题课

法治文化长廊

社区矫正中心

桃江县国土资源局

省人大环资委副主任吴正辉一行检查地质灾害

执法监察业务培训

征地拆迁工作专题培训班

职工篮球赛

世界地球日宣传活动

“5·12防灾减灾日”宣传

桃江县财政局

财政干部在中南大学集中充电

贷款保证保险签约仪式

新行政单位会计制度培训班

检查丰泰体育用品公司

调查市场价格

踏勘现场

桃江县水务局

灵山水厂

资江河道第二轮开采权拍卖

罗家冲水库

水库除险加固工程

水法宣传活动

千秋水厂工程

小冲村水厂

松木塘镇东山港桥

桃江县交通运输局

设置二级机构纪检员

查勘农村公路

试点运行的灰山港镇村公交

联合治超

地质灾害演练

马迹塘镇浮溪村公路安保工程

桃江县安全生产监督管理局

安全生产工作会议

知识抢答赛

安全隐患检查

安全生产月活动咨询

检查烟花生产企业高温停产情况

桃江县物价局

省物价局副调研员刘年来到桃江考察

“价格诚信示范单位”授牌

工会活动

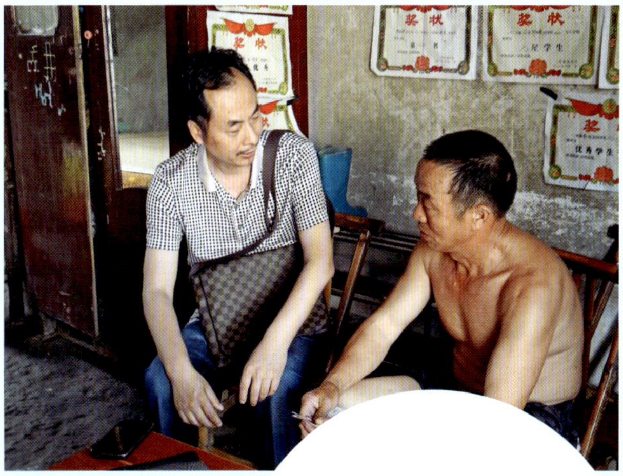
慰问特困户

春运票价检查

节日市场巡查

市场价格监测

桃江县公安局交警大队

道路交通安全推进会

道路安全大检查联合行动

检查运危车辆

开展酒驾专项治理

女交警护学岗

客运站安全检查

挥锹铲雪

校车安全集中整治

桃江县妇女联合会

省督查妇女儿童发展规划终期评估

救助困难女孩

婚调委成立

六一庆祝活动

妇女工作会议

全县创新创业大赛

妇女儿童权益工作联席会

《心愿》荣誉证书和奖杯

共青团桃江县委

团干培训班

关爱留守儿童新春助学活动

关爱留守儿童公益活动

首届"桃核杯"中学生核电科普知识竞赛

庆六一文艺汇演

亲子义务植树

桃江县文学艺术界联合会

诗书画茶会

返乡艺术家新春团拜会

印象桃花江

首届临书作品大展

水墨系列画展

公益大舞台

主持人盛典

桃花江“两型社会”建设实践区

现场部署整治工作

“一江三路”集中整治

石高桥美丽乡村建设

拱门小区基础设施建设

桃花江大道景观工程

省级“两型”创建村庄——朱家村

桃江县商务局

县长何军田检查步步高超市

招商座谈会

参观春龙竹艺电商部

商贸物流园项目建设部门联系会

法治培训

电商知识培训

桃江县畜牧水产局

省畜牧水产局局长袁延文到桃江调研

省畜牧兽医局局长邓云波在振华市场检查

全国平安渔业示范县奖牌

渔政工作检查

开展精准扶贫工作

渔业文明执法窗口单位奖牌

新添执法“生力军”

首届龙虾文化节国家级示范基地授牌

正大种猪繁育场

桃江县城市管理和综合执法局

赠送锦旗

慰问环卫工人

执法队员列队宣誓

组织“罗溪行”活动

安装排水井防护网

金盆南路亮灯

桃江县委老干部局

纪念抗战胜利70周年书画展

慰问特校儿童

老干部参观县两型社会实践区

县老年大学主办教学互动交流活动

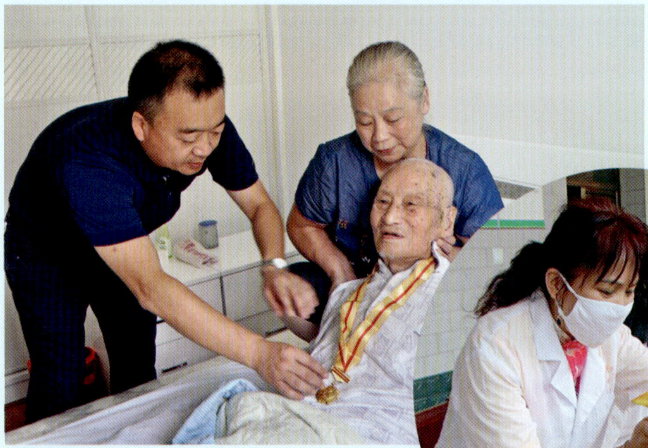

慰问抗战离休老干部周瑞庭

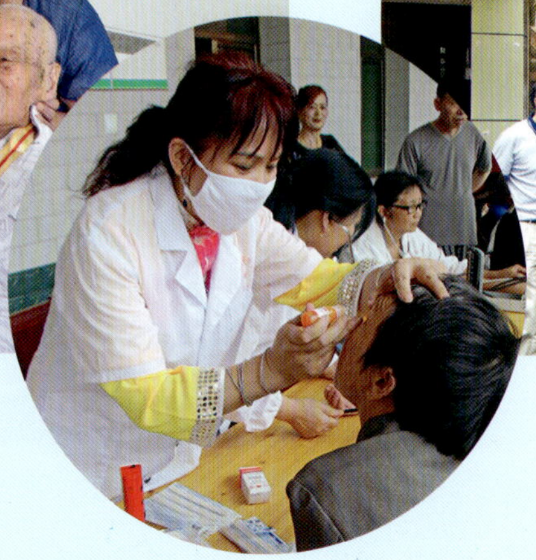

志愿者服务队为孤寡老人义诊

组织“五老”开展暑期网吧督查

桃江县史志档案局

县委书记谭建华到县史志档案局调研

省市档案局领导参观展厅

文可芝将军参观县档案馆

县史志档案工作会议

年鉴编纂培训

市档案知识抢答赛

档案日开放活动

莫应丰遗作遗物捐赠仪式

省一级档案馆功能验收

桃江县人民医院

市卫计委主任曾烈辉到医院调研

通过省爱婴医院复核

省人民医院首席专家门诊开诊

国家卫计委督导组到桃江督导检查

县人民医院肿瘤医院揭牌

举行规范化礼仪服务表演竞赛

长沙医学院附属桃江医院挂牌

桃江县卫生监督所

市政协副主席梅敏亚调研消毒服务公司

“三访三化”活动

全省学校卫生工作评估会议

市卫生监督所到桃江督查工作

全市技能竞赛颁奖

职业病防治安全生产宣传

桃江县疾病预防控制中心

世界肝炎日宣传活动

世界艾滋病日宣传接受采访

举办健康教育讲座

开展伤寒疫苗接种宣传

桃江县妇幼保健院

举办演讲比赛

国际护士节操作技能比赛

迎新春文艺晚会

幼儿园小朋友慰问医护人员

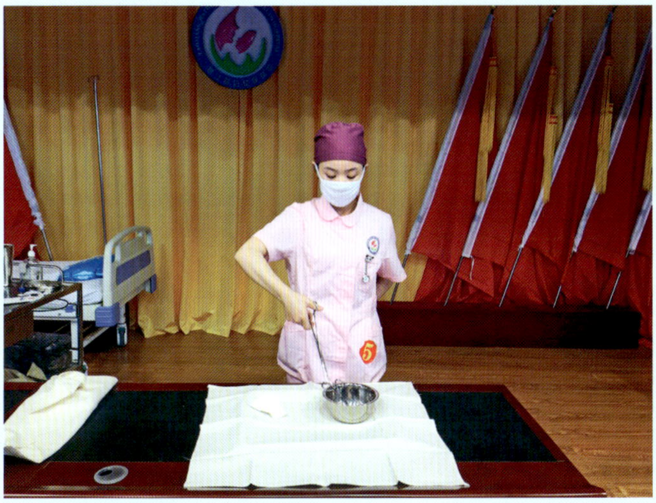

操作技能比武

婴幼儿情景式运动中心

桃江县工商行政管理局

县委书记谭建华调研工商工作

颁发首张“三证合一、一照一码”营业执照

取缔一非法改装车辆窝点

查获假冒“金杯”电缆

优质服务获锦旗

中国邮政储蓄银行桃江县支行

省分行行长李晓良到桃江调研

验收“职工小家”建设

客户送锦旗

开展工会活动

表彰优秀共产党员

开展打击非法集资宣传

党员庄严宣誓

桃江县桃花江镇

离退休老干部观摩镇域经济发展重点项目

芙蓉社区工作人员入户采集居民信息

经济工作会

崆峒村环山公路

镇计生协会活动文艺汇演

获评全国文明村镇

新桃缘生态农庄一隅

桃江县浮邱山乡

党员爱心资金捐资仪式

老年协、老科协现场会

“学雷锋 送温暖”

学习扩大会议

文艺演出

乡敬老院

桃江县修山镇

“平安家庭”示范户授牌

“爱路护路”特别行动队

镇中心小学安全知识培训

舞凤山石砚获批市非物质文化遗产

阡陌农业基地

省首家鳗鱼基地

创建“全国无邪教警示教育示范基地”

石长铁路复线全线通车

桃江县鸬鹚渡镇

机关工会运动会干部合影

张子清烈士纪念馆开馆

成品锑锭

“欢乐潇湘·歌唱桃江”文艺汇演

玉溪养老中心

凤凰山茶业

中能生物质有限公司竹炭生产车间

仁和茶业

镇卫生院获评全国群众满意卫生院

桃江县大栗港镇

"生育关怀献爱心"活动

人大代表开展扶贫献爱心活动

湖南腾煌雄辉实业有限公司

美丽乡村朱家村

烟花爆竹整治行动

禁毒宣传

"火炬助学"活动

镇中心学校

桃花新城效果图

桃江县武潭镇

《仇鳌传》赠书仪式合影

生物质热电联供项目施工现场

武潭中心卫生院

莲花坪茶叶基地

新建的镇中心完小

二广高速施工现场

镇区新装路灯

桃江县马迹塘镇

“竹聚缘”杯摄影大赛

农贸综合大市场开业

市竹笋产业培训现场会

竹笋专业合作社成立

竹笋加工车间

马迹塘竹笋基地

桃江县石牛江镇

三八妇女节庆祝会

表彰优秀学子

镇楹联书法协会义务写春联

少先队到敬老院志愿服务

表彰平安家庭示范户

土地整理项目

桃江县牛田镇

第五届人大三次会议

团结务实的党政领导班子

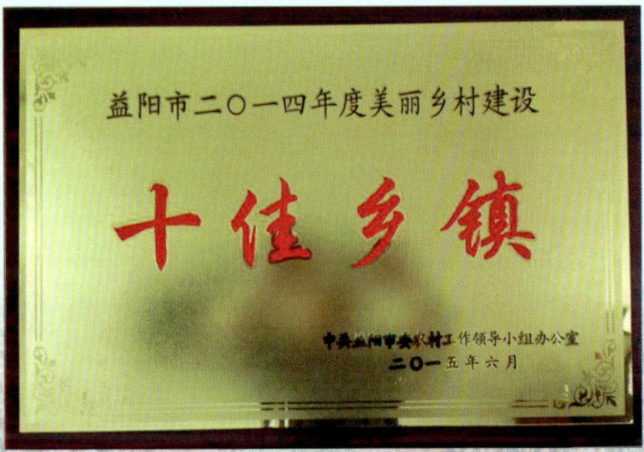

益阳市十佳乡镇奖牌

峡山口村放养娃娃鱼

镇中心学校第三届中小学生艺术节

峡山口村的百亩杜鹃花基地

桃江县松木塘镇

经济工作会议

镇中心校开展山洪地质灾害避险演练

关山口奖学助学基金会成立

对全镇8名道德模范进行表彰

进行放鱼增殖活动

樟溪村发现一块清朝古碑

开展“安全生产月”活动

东方水泥有限公司

桃江县灰山港镇

东方财富

污水处理厂

宇峰混凝土外加剂有限公司

向阳能源科技有限公司

改造一新的古松巷

南方水泥生产线一角

证　书

湖南省桃江县灰山港镇：

经复查合格，继续保留“全国文明村镇”荣誉称号。

中央精神文明建设指导委员会办公室

2015年2月

全国文明村镇

镇公交车站